2019

中国渔业年鉴

China Fisheries Yearbook

农业农村部渔业渔政管理局　主编

中国农业出版社

中国渔业年鉴理事单位

中国水产科学研究院 （2017—2019）
水利部中国科学院水工程生态研究所 （2019—2021）
中国渔业互保协会 （2019—2021）
上海海洋大学 （2017—2019）
广东海洋大学 （2019—2021）
大连海洋大学 （2019—2021）
宁波大学海洋学院 （2019—2021）
江苏省淡水水产研究所 （2019—2021）
宏东渔业股份有限公司 （2019—2021）
山东宝来利来生物工程股份有限公司 （2019—2021）
山东安源水产股份有限公司 （2018—2020）
杭州众测生物科技有限公司 （2018—2020）
通威股份有限公司 （2017—2019）
盘锦光合蟹业有限公司 （2018—2020）
山东东方海洋科技股份有限公司 （2017—2019）
中水集团远洋渔业股份有限公司 （2018—2020）

中国渔业年鉴编辑部

通讯地址 北京市朝阳区麦子店街18号楼418室
邮政编码 100125
电　　话 (010) 59194981
59194435
传　　真 (010) 65005665

中国渔业年鉴编辑委员会

中国渔业年鉴编辑部

2018年2月11日，农业部召开全国渔业安全生产工作视频会议，深入学习贯彻习近平新时代中国特色社会主义思想和党的十九大精神，总结2017年渔业安全生产工作，安排部署2018年重点工作。农业部副部长于康震出席会议并讲话。

2018年6月11日，农业农村部在北京集中开展养殖水域滩涂规划编制发布工作督导。农业农村部副部长于康震听取情况汇报并讲话。

2018年5月25日，辽东湾水生生物增殖放流活动在辽宁葫芦岛举办。农业农村部渔业渔政管理局局长张显良出席活动。

2018年10月29日，2018中国国际海洋牧场大会在大连召开。农业农村部渔业渔政管理局局长张显良出席活动并致辞。

2018年6月1～3日，第四届亚太水产养殖展览会在福州举办。农业农村部渔业渔政管理局副局长李书民出席展会。

2018年4月9日，涉渔“三无”船舶现场拆解活动暨“中国渔政亮剑2018”江苏海洋伏季休渔执法誓师大会在南通吕四国家中心渔港举行。农业农村部渔业渔政管理局副局长刘新中出席活动。

2018年5月8日，全国首届中华白海豚保护宣传日活动启动仪式及系列宣传活动在珠海长隆中华白海豚科普教育基地举行。农业农村部渔业渔政管理局副局长韩旭出席活动。

2018年11月30日，第二届全国稻渔综合种养产业发展论坛暨2018年度稻渔综合种养模式创新大赛和优质渔米评比推介活动在盱眙县举办。农业农村部渔业渔政管理局副巡视员江开勇出席论坛并讲话。

中国水产科学研究院

王小虎院长考察国家级海洋渔业生物种质资源库建设现场

中国水产科学研究院作为国家级水产科研机构，担负着全国渔业重大基础、应用研究和高新技术产业开发研究的任务。经过40余年的发展，已发展成为拥有13个独立科研机构及院部、5个共建科研机构，学科齐全、布局合理、在国内外具有广泛影响的国家级研究院，在解决渔业及渔业经济建设中基础性、方向性、全局性、关键性重大科技问题，以及科技兴渔、培养高层次科研人才、开展国内外渔业科技交流与合作等方面发挥着重要的作用。

截至2018年年底，全院在职职工2 919人，其中科技人员1 904人，基本形成了由院士、国家级专家、部级专家、院首席科学家以及中青年优秀人才组成的层次结构较为合理的科研团队。全院拥有1个国家实验室、1个国家地方联合工程实验室、1个国家地方联合工程研究中心，2个国际参考实验室、19个部级重点实验室、9个部级科学观测试验站、6个省级重点实验室、11个省级工程技术研究中心、14个院重点实验室、14个院工程技术研究中心、95个院功能实验室、7个部级水产品质量安全风险评估实验室、2个国家级和8个部级质量检测中心、5个国家水产品加工技术研发中心及分中心、3个国际水产技术培训中心（基地），2艘1 000吨级、4艘300吨级渔业资源调查船和38个科研试验基地。全院研究内容涵盖渔业资源保护与利用、渔业生态环境、水产生物技术、水产遗传育种、水产病害防治、水产养殖技术、水产加工与产物资源利用、水产品质量安全、渔业工程与装备、渔业信息与发展战略等十大学科领域。

建院以来，全院科技工作者攻克了渔业发展中的一系列基础性、关键性技术难题，取得了一大批对产业发展具有较大推动作用的成果。全院共取得各类科研成果近4 000项，有700多项成果获国家和省部级奖励，其中国家奖58项。全院以占全国水产科研单位20%左右的科技人员，取得占全国水产行业50%以上的国家级和省部级奖励。

2018年，全院新上科研项目1 020项，合同经费7.15亿元。获得省部级以上奖励21项，其中，牵头的“长江口重要渔业资源养护技术创新与应用”和参与的“扇贝分子育种技术创建与新品种培育”两项成果，分别获得2018年度国家科技进步二等奖和技术发明奖二等奖；发表论文1 259篇，其中SCI或EI收录461篇；出版专著25部；获得软件著作权65项；获国家授权专利502件，其中发明专利160件。成功举办绿色渔业发展大会，半潜桁架结构大型智能化渔场研制并海试成功，海带碘代谢应对海洋酸化研究取得新突破，两种基因组精细图谱解析技术建立及应用，全雄杂交鳢培育首获成功并实现规模化生产，我国首台数字多波束探鱼仪研制成功并海试，研发云南哈尼梯田稻渔综合种养及冬闲田生态养殖新技术，微塑料对渔业生物的毒性效应研究取得新进展，国产化渔用海洋卫星浮标研制成功，西藏尖裸鲤苗种培育取得突破，抗病转基因罗非鱼“珠研1号”获准转基因生物中间试验。编制实施农业农村部“‘一带一路’水产养殖科技创新合作”专项，获批“一带一路”海水养殖技术培训基地。联合中国农业科学院成功申报水产一级学科学位授权点。牵头第二次全国水产养殖业污染源普查技术工作，牵头开展全国水产品质量安全风险评估，建立的中国工程院渔业专业知识服务系统正式上线运行。2艘3 000吨级调查船成功下水，国家级海洋渔业生物种质资源库开工建设并完成主体结构封顶。

首届绿色渔业发展大会在北京召开

白洋淀生态修复示范项目在雄安新区启动实施

牵头完成的“长江口重要渔业资源养护技术创新与应用”获得国家科技进步二等奖

2艘3 000吨级海洋渔业综合科学调查船“蓝海101”“蓝海201”下水

水利部中国科学院水工程生态研究所

水利部中国科学院水工程生态研究所成立于1987年，是专门从事水生态保护与修复的科研事业单位，现有职工150人；是水利部水工程生态效应与生态修复重点实验室和湖北省水生态保护与修复工程技术研究中心的依托单位、中国水利学会水生态专业委员会的挂靠单位，建设有水利部水生态与生物资源研究试验基地和博士后科研工作站，出版学术期刊《水生态学杂志》。

建所以来，开展了大量水生态保护与修复科学研究与实践，是国务院批复的三峡后续工作总体规划、《长江流域综合规划（2012—2030年）》，以及长江重要支流和主要湖泊规划的编制单位。以水利水电工程影响区为重点开展了大量水生态监测工作，积累了近20年水生态的系列基础资料，为流域规划、水电工程建设等提供了重要的基础支撑。在基础研究方面，承担了“973”项目、国家科技支撑计划、国家自然科学基金等国家和地方各类重大科研计划项目或课题100多项，重点研究探讨了水文要素对不同层次生态系统组分的影响及作用机理。

在关键技术研究与应用方面，攻克了中华鲟、岩原鲤、圆口铜鱼、中华倒刺鲃、白甲鱼、齐口裂腹鱼、长薄鳅、泉水鱼、鲈鲤等10多种珍稀特有鱼类的人工繁育技术，承担了索风营等20余座水电站的鱼类增殖放流站设计、建设和运行工作，形成了鱼类增殖放流站规划设计、设备制造安装、珍稀特有鱼类人工繁育、运行管理等系列技术体系。研提的金沙江干支流水生生境保护方案被相关部门采纳，承担了丹东三湾水利枢纽、广西右江鱼梁枢纽、湘江长沙综合枢纽等40多项过鱼设施建设的前期研究和规划设计工作；提出的专利及其相关成果指导的乌江彭水水电站集鱼平台属国际首创，过鱼设施关键设计指标测试技术已经得到国内主管部门的认可，并作为重要组成内容纳入行业标准规范。开展了乌江下游、金沙江中游梯级水库生态调度需求研究，构建了鱼类自然繁殖的水文需求模型，初步提出了梯级水库生态调度参数，为流域梯级水库群生态调度提供了支撑。编制了三峡水库生态调度方案建议，完成了三峡水库针对四大家鱼自然繁殖的生态调度试验效果监测12次，为三峡水库、汉江中下游水库生态调度等相关促进水生态的恢复工作提供了重要技术支撑。

水库生态调度监测

过鱼设施规划设计与运行管理

三峡珍稀特有水生动物种质资源库

中国渔业互保协会

中国渔业互保协会（以下简称协会）是经中华人民共和国民政部批准、农业农村部主管，由从事渔业生产经营或为渔业生产经营服务的单位和个人以及开展渔业互助保险的社会组织自愿组成，实行互助保险的全国性、非营利性社会组织，是我国首个具备独立法人资格的全国性农业互助合作保险组织，总部位于北京。

在农业农村部的领导下，在农业农村部渔业渔政管理局的具体指导和相关司局的帮助下，经过多年发展，渔业互助保险事业取得长足发展，现已成为我国渔业保险领域的主力军，业务范围覆盖所有沿海、内陆主要省份和香港、澳门特别行政区，保险种类包含渔船财产保险、渔民人身意外伤害保险、渔船船东雇主责任保险、渔业安全生产责任保险和水产养殖保险等。2018年，全国渔业互助保险系统共承保渔民71.1万人（次），渔船5.79万艘（次），养殖水面3.11万公顷，养殖鱼类4 092.5吨，提供风险保障3 968.49亿元，同比增长5.57%；共支付经济补偿金9.83亿元，同比增长20.91%，在促进渔业产业发展、保障渔民群众生命财产安全和维护渔区社会稳定方面做出了重要贡献。

协会将按照全国渔业安全生产工作视频会精神，紧紧围绕全国渔业渔政工作要点，坚持以服务渔民会员为主线，坚定走互助保险发展道路，主动应对各种风险挑战，努力克服多种困难，积极稳妥推进渔业互助保险事业改革发展，进一步为现代化渔业建设提供有力支撑。

2018年1月30日，中国渔业互保协会联合全国水产技术推广总站、中国水产学会在合肥召开了“水产养殖保险工作推进会”，标志着渔业互助保险系统与水产技术推广系统合作全面深化

2018年7月19日，“玛莉亚”台风理赔兑现大会在福建霞浦举行，福建省渔业互保协会为现场82位参保养殖户兑现台风指数保险理赔金3 160万元，为当地养殖户灾后重建复产提供了有力支持

2018年9月12～16日，作为首届“中国农民丰收节”渔业系列活动中的一项内容，“大美渔村、平安渔业”中国渔业摄影周在浙江省宁波市象山县与第21届中国(象山)开渔节同期举办。农业农村部副部长于康震参观了摄影展，农业农村部渔业渔政管理局局长张显良出席了摄影周启动仪式

2018年12月12日，中国渔业互保协会与中国人民财产保险股份有限公司在浙江省舟山市联合召开了“远洋渔船油污责任保险和残骸清除责任保险业务推进会”，双方现场签署了《联合推进远洋渔船油污责任保险和残骸清除责任保险发展合作框架协议》

上海海洋大学

上海海洋大学是一所以海洋、水产、食品学科为特色，农、理、工、经、管、文、法等学科协调发展的多科性应用研究型大学，是上海市人民政府与国家海洋局、农业农村部共建高校。2017年9月入选国家“世界一流学科建设高校”。“十二五”以来，学校获国家级科技进步奖2项、省部级奖46项。植物与动物科学、农业科学2个学科进入ESI国际学科排名全球前1%。水产学在全国第四轮学科评估中获A+评级。该校主办的水产类英文期刊Aquaculture and Fisheries、承办的《水产学报》、主办的《上海海洋大学学报》均被CSCD核心库收录。

学校发挥学科与科研特色优势，立足上海，服务全国，组建渔业科技教授博士服务团，开展渔业科技服务与精准扶贫，成效显著。探索“党建+科技服务”的新模式，为陕西黄龙、云南德宏推介和指导河蟹养殖技术，助推渔业扶贫。

教授博士服务团在养殖塘口取样调查

上海海洋大学与联合国粮农组织合作举办稻田养鱼的社会效益国际推广计划研讨会（2）

“国际履约团队”部分成员

中葡海洋生物研讨会暨中葡海洋生物科学国际联合实验室揭牌仪式（2）

远洋渔业资源调查船“淞航”号

广东海洋大学

广东海洋大学是广东省人民政府和国家海洋局共建的省属重点大学，是一所以海洋和水产为特色、多学科协调发展的综合性大学，是教育部本科教学水平评估优秀院校，是具有学士、硕士、博士完整学位授权体系的大学，是入选广东高水平大学建设范围的高校。

学校坐落于祖国大陆最南端美丽的海滨城市——湛江市，校园总面积326公顷。现有全日制本科生、研究生、留学生近3.2万人。

学校坚持“质量立校、人才强校、学术兴校、特色扬校”的办学理念，实施“内涵发展、特色发展、创新发展”战略，立足广东，面向南海，辐射全国，以建设海洋和水产特色鲜明的高水平海洋大学为目标，服务国家海洋事业和地方经济社会发展。

学科专业齐全。学校现有水产、食品科学与工程和海洋科学等3个一级学科博士点。拥有6个省级重点学科，其中水产一级学科、水产品加工及贮藏工程二级学科被列为“攀峰重点学科”，海洋科学一级学科被列为“优势重点学科”。

师资力量雄厚。学校现有教职工1 983人，其中专任教师1 235人、副高职称以上人员691人、具有博士学位人员442人，博士生导师42人、硕士生导师278人，双聘院士5人，广东省高等学校珠江学者特聘教授2人、青年珠江学者1人。先后有123人次入选近4批广东省高等学校“千百十工程”培养对象，现有15人入选广东省高等学校优秀青年教师培养对象、14人入选广东省“扬帆计划”人才培养对象。现有10个省级教学团队、5个省级高层次研究团队、5名省级教学名师、8名教育部高等学校教学指导委员会委员、29名广东省高等学校本科教学指导委员会委员。

教学科研平台优良。学校现拥有1个国家级实验教学示范中心，32个省部级科研平台，13个省级实验教学示范中心，21个厅级重点实验室，1个国家级大学生校外实践教育基地、17个省级大学生实践教学基地，1个广东省协同育人平台，5个广东省联合培养研究生基地，98个校级教学科研实验室，2个全国海洋科普教育基地。

办学条件设施完备。学校拥有教学楼、科技楼、图书馆、体育馆、博物馆、校史馆、学生公寓、学生食堂以及海洋广场、文化广场、运动场和标准游泳池等完善的教学生活设施。

人才培养成效显著。建校83年来，学校为国家及地方输送了近20万名各类高素质专门人才，涌现出了以新中国第一位远洋船长陈宏泽、中国四大家鱼全人工繁育之父钟麟等为代表的一大批社会英才，为中国海洋水产事业和地方经济社会发展做出了重要的贡献。

科技创新能力显著增强。近五年，学校承担包括国家“973”计划、国家“863”计划、国家科技支撑计划、国家自然科学基金、国家社会科学基金等科研项目共2 425项，其中国家级项目286项，科研经费达7.4亿元。获得省部级以上科技奖励29项，获得授权专利590项。

大连海洋大学

大连海洋大学是一所以海洋和水产学科为特色，农、工、理、管、文、法、经、艺等学科协调发展的多科性高等院校。学校创建于1952年，前身为东北水产技术学校，1958年升格为大连水产专科学校，1978年升格为大连水产学院。2000年由农业部划转辽宁省管理。2010年经教育部批准更名为大连海洋大学。

学校坐落于美丽的海滨城市大连。有黄海校区、渤海校区和瓦房店校区3个校区，占地面积74万平方米，教学、科研使用海域面积67万平方米，总建筑面积40万平方米。学校现设有15个学院、1个教学部。有教职工近1 200人，全日制在校生13 600余人。有一级学科硕士学位授权点13个、二级学科硕士学位授权点47个、硕士专业学位授权领域12个，有46个本科专业。其中，水产一级学科为辽宁省“双一流”建设学科，该学科在教育部第四轮学科评估中并列第四。拥有国家级多学科协同创新平台——大连海洋大学新农村发展研究院。

学校有较为完备的教学科研平台。设有水产养殖学国家实验教学中心、农业农村部刺参遗传育种中心、国家海藻加工技术研发分中心、农业农村部北方海水增养殖重点实验室、设施渔业教育部重点实验室、教育部海洋法律与政策东北亚研究中心。拥有辽宁省科技厅重点实验室（工程中心）14个、辽宁省教育厅重点实验室（工程中心）6个、辽宁省发展改革委员会工程技术研究中心2个。“海水池塘高效清洁养殖技术研究与应用”“刺参健康养殖综合技术研究及产业化应用”分别于2012年、2015年获得国家科技进步二等奖，“刺参疾病的发生机制及无公害防控技术研究与示范”于2013年获得国家海洋局海洋科学技术二等奖；获批刺参“水院1号”、中间球海胆“大金”、菲律宾蛤仔“斑马蛤”、菲律宾蛤仔“白斑马蛤”和虾夷扇贝“明月贝”等水产新品种5个。“十二五”以来，学校承担了国家重点研发计划、国家“863”计划、国家科技支撑计划、国家自然科学基金、国家海洋公益专项等各级各类科研项目1 800余项。

学校拥有一支结构相对合理，学科领域覆盖较全的师资队伍，有专任教师831人，具有高级职称的384人。其中“双聘院士”5人，国家杰出青年基金获得者1人，国家“万人计划”科技创新领军人才1人，国务院水产学科评议组成员1人，“863”项目首席科学家1人，国家百千万人才工程人选2人，教育部新世纪优秀人才支持计划1人，教育部教学指导委员会副主任委员2人、委员2人，农业农村部农业科研杰出人才3人，农业农村部产业技术体系岗位专家5人，辽宁攀登学者1人，辽宁特聘教授5人，辽宁杰出科技工作者2人，享受各级政府特殊津贴51人。

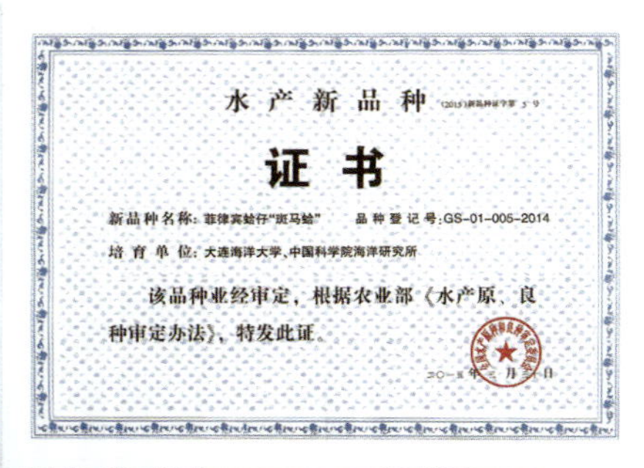
水产新品种

证书

新品种名称：菲律宾蛤仔“斑马蛤”　品种登记号：GS-01-005-2014

培育单位：大连海洋大学、中国科学院海洋研究所

该品种业经审定，根据农业部《水产原、良种审定办法》，特发此证。

国家科学技术进步奖

证书

为表彰国家科学技术进步奖获得者，特颁发此证书。

宁波大学海洋学院

宁波大学梅山校区大门

宁波大学海洋学院实验楼

宁波大学海洋学院是全国高校党建工作标杆院系、宁波大学国家一流学科群建设支撑学院。学院成立于2011年11月，因国家海洋局与宁波市政府共建宁波大学涉海学科而新建，前身为生命科学与生物工程学院，由浙江水产学院水产系和宁波师范学院生物系合并而成，办学历史迄今已有60年。海洋人不忘初心、牢记使命，紧紧围绕国家蓝色粮仓和乡村振兴战略，坚持“党建+学科（群）双促双进”模式，不断凝练学科特色，实现学院快速发展。

学院师资力量雄厚。现有教职工148名，其中正高职称40名、副高职称44名；博士生导师33名、硕士生导师75名。拥有全职院士、共享院士各1名，享受国务院特殊津贴人员2名，国家万人计划、国家优秀青年科学基金、中国青年科技奖获得者、教育部新世纪百千万人才、全国农业专业学位硕士教学指导委员会委员、全国本科水产类专业教学指导委员会委员各1名（人次），农业农村部现代产业技术体系岗位科学家3名，省级“151”人才等各类人才26名。

学院科研水平一流。拥有“海洋生物技术与工程”国家地方联合实验室等国家、省、市级重大科研平台12个，近5年分别承担国家、省部项目146项和141项，科研经费超1亿元；在核心期刊发表论文1 500余篇；成果获奖35项，其中国家科技进步二等奖1项、省部级奖12项；获国家认定水产新品种4个、授权发明专利237件。在海水经济物种育种、扩繁、养殖、疾控等领域连续攻破国际性科研难题，引领与支撑水产产业向“环境友好、质量保障”方向发展。

学院坚持学生为本。目前在读博士生119名、硕士生362名、本科生577名。建有水产养殖国家级实验教学示范中心、国家级大学生校外实践教育基地、国家特色建设专业。近5年海洋学子在“挑战杯”等全国竞赛中斩获国家奖37项，就业率保持在97%以上，考研率2019年突破40%。

学院狠抓学科建设。拥有“水产”一级博士点、“水产”与“生物学”一级硕士点、“海洋生物学”二级硕士点、“农业”专业学位硕士点、“水产养殖”等3个本科专业。动植物学科进入全球ESI前1%、水产学科是浙江省一流（A类）学科、位居全国前列，与英国爱丁堡大学、斯特林大学等国外多所知名院校建立良好合作关系。

学院致力地方服务。先后与地方合作共建16个产学研合作平台。目前组建了17个省、市级科技特派员服务团队，70余位省、市级科技特派员入驻地方生产一线。已有数百项科研成果得到产业化应用，生态、社会与经济效益显著。

宁波大学海洋学院水产支部书记母昌考在盐碱地指导青蟹养殖

2019年宁波大学海洋学院新一届党委合照

全国五一劳动奖章获得者苏秀榕教授团队

江苏省淡水水产研究所

江苏省淡水水产研究所前身为江苏省水产科学研究所，始建于1957年，隶属于江苏省农业农村厅，是江苏省综合性渔业研究中心。全所建有2个国家级遗传育种中心（国家级河蟹遗传育种中心、国家级斑点叉尾鮰遗传育种中心），1个省级工程技术研究中心（江苏省野生水生动物移植驯化及苗种繁育工程技术研究中心），5个省级行业研发中心（江苏省河蟹产业技术研究开发中心、江苏省斑点叉尾鮰种质改良研究开发中心、江苏省克氏原螯虾产业技术研究开发中心、江苏省淡水特色鱼类良种选育研究开发中心、江苏省水产品深加工科技研究开发中心），3个行业重点实验室（江苏省淡水水产种质资源保护与利用重点实验室、江苏省内陆水域渔业资源重点实验室、江苏省渔业产品质量安全重点实验室）。

该所拥有国家虾蟹产业技术体系克氏原螯虾种质资源与品种改良岗位科学家、国家虾蟹产业技术体系中华绒螯蟹种质资源与品种改良岗位科学家、国家特色淡水鱼产业技术体系鮰种质资源与品种改良岗位科学家等3个国家岗位科学家，国家特色淡水鱼产业技术体系南京综合试验站、国家大宗淡水鱼产业技术体系南京综合试验站等2个综合试验站（简称“三岗两站”）；建立中华绒螯蟹、克氏原螯虾和斑点叉尾鮰等3个省级现代渔业产业技术体系（简称“三大体系”）。组建了河蟹、斑点叉尾鮰、克氏原螯虾、沙塘鳢、锦鲤等5个养殖品种团队，种质资源、渔业环境、水产健康养殖、病害监控、质量安全等5个科研创新团队。已获得国家级奖励1项，省部级奖励93项，选育出我国具有自主知识产权的中华绒螯蟹“长江1号”“长江2号”和斑点叉尾鮰“江丰1号”等新品种，各项成果和新品种均已转化并在生产中推广应用，获得了显著的社会、经济和生态效益。

江苏省特色鱼类信息平台公众号

江苏省鮰鱼产业技术体系公众号

江苏省克氏原螯虾产业技术体系公众号

江苏省河蟹产业技术体系公众号

江苏省淡水水产研究所公众号

水产新品种

证书

新品种名称：斑点叉尾鮰“江丰1号”　品种登记号:GS-02-003-2013

培育单位：江苏省淡水水产研究所、全国水产技术推广总站、

该品种业经审定，根据农业部《水产原、良种审定办法》，特发此证。

斑点叉尾鮰“江丰1号”水产新品种证书

水产新品种

证书

新品种名称：中华绒螯蟹“长江2号”　品种登记号:GS-01-004-2013

培育单位：江苏省淡水水产研究所

该品种业经审定，根据农业部《水产原、良种审定办法》，特发此证。

中华绒螯蟹“长江2号”水产新品种证书

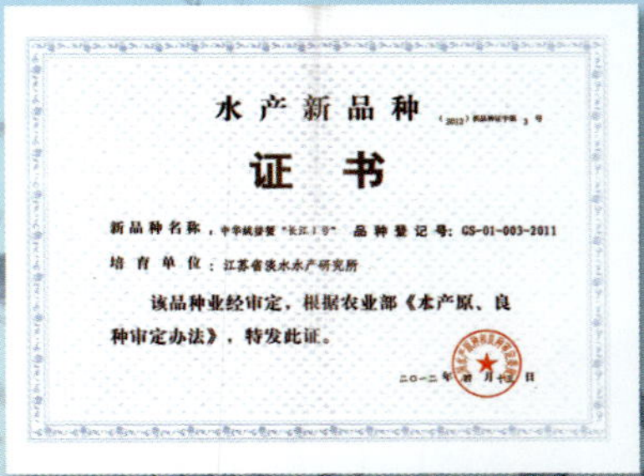
水产新品种

证书

新品种名称：中华绒螯蟹“长江1号”　品种登记号：GS-01-003-2011

培育单位：江苏省淡水水产研究所

该品种业经审定，根据农业部《水产原、良种审定办法》，特发此证。

中华绒螯蟹“长江1号”水产新品种证书

宏东渔业股份有限公司

宏东渔业股份有限公司创立于1999年，位于福州市自由贸易试验区，现有员工3 100人。旗下拥有宏东国际（毛塔）渔业发展有限公司、福州宏东食品有限公司、福建宏东控股有限公司、福州宏东海产品贸易有限公司、连江宏东水产品市场管理有限公司、福州瀚麟渔业有限公司、香港（辰宇）海运有限公司、越泽企业有限公司、福州瀚麒渔业有限公司等分支机构。目前公司拥有各类作业船舶170艘，常年在太平洋公海、印度洋公海、毛里塔尼亚等海域进行捕捞作业。有围网、拖网、笼捕、流网、延绳钓等多种作业方式，捕捞鱼种达90多种，公司产品为纯天然远洋捕捞产品，深受国内外水产贸易和水产食品加工、餐饮、商超、电子商务等客户及消费者的青睐，产品远销欧洲、非洲、东南亚、俄罗斯、日本、韩国、澳大利亚、美国等国家和地区。公司在马尾工业园区内拥有约10 000平方米加工厂房、万吨冷库、办公楼、物资仓库及相关附属设备楼等；在连江县分别投资建设占地逾33公顷的宏东远洋渔业产业园区（涵盖水产品加工、海洋生物、冷链仓储等产业）与70 000多平方米的连江海产品交易市场。公司是一家集远洋捕捞、远洋渔业基地运营、冷链物流服务、水产品加工、海洋生物为一体的具有完整产业链的远洋渔业企业。公司贯彻落实“一带一路”国家战略，着眼世界丰富渔场资源的持续性开发，已经与毛里塔尼亚建立合作，并将以其合作模式为蓝本，继续扩大与产业链上下游的合作共赢，开发更多优秀世界渔场资源，力求稳定持续地为客户提供更多营养、安全、健康、美味的纯天然海洋水产食品。

董事长兰平勇向毛里塔尼亚总统阿齐兹介绍公司渔获产品

董事长兰平勇介绍公司产品

宏东毛里塔尼亚渔业基地全景

山东安源水产股份有限公司

山东安源水产股份有限公司成立于2006年，是集刺参育苗、养殖、加工、饲料销售和休闲渔业为一体的现代化大型企业。现有员工230人，总资产4.2亿元，建筑面积约为160 000平方米，育苗净水体80 000立方米，省级海洋牧场246公顷，年产优质多刺海参苗种180万斤（1斤=0.5千克）、成品多刺海参100万斤、海参饲料5 000余吨。公司始终坚持绿色、有机生产，采取室内育苗、室外育养、海上网箱、深海底播等多种形式和技术措施，刺参养殖技术在全国处于领先地位，完成了4项科技成果鉴定，主要产品均已通过了农业部无公害农产品认证。

该公司是农业部健康养殖示范场、国家级刺参原种场、中国渔业协会常务理事单位、山东省农业产业化重点龙头企业、山东省刺参协会副会长单位。2015年“刺参健康养殖综合技术研究及产业化应用”项目获得国家级科技进步二等奖，“刺参生态苗种培育与健康养殖技术建立与应用”项目获得山东省级科技进步二等奖。

该公司注册的“蓬安源”牌刺参被评为烟台市名牌农产品。2014年“蓬安源”牌刺参被评为济南市“精品海参”；2015年“蓬安源”牌刺参被评为烟台市“海参十大品牌”；2017年该公司荣获烟台市海参行业“匠心企业”称号，同年该公司“蓬安源”牌成品参和“蓬安源”牌刺参饲料获得“山东省知名农产品品牌”称号。

山东安源水产股份有限公司未来将继续坚持科学化育养、推进品牌与商标建设，大力发展科技创新健康刺参产品，最终实现“追求人类梦想，造福人类健康”的奋斗目标。

新品种介绍

山东安源水产股份有限公司多年来始终坚持科技创新发展，重视良种培育工作，通过群体选育的方式培育出具有稳定遗传性状的新品种“安源1号”。新品种的优点：体重较对照组提高14.37%，疣足数较对照组增加59.67%。三年在山东、福建、辽宁等地推广3 600余亩（1亩=1/15公顷），平均亩产增加15%以上，平均疣足数量45个以上。鉴于新品种生长速度快、棘刺数量多、加工出成率高的特点，同等规格的商品参的销售价格比普通商品参高10%以上，提高了刺参养殖的经济效益，具有广阔的推广前景。目前该公司每年可提供亲参10万头以上，苗种30万斤以上，可以满足我国海参主产区养殖生产的需要。

海参专用配合饲料

纯淡干特级海参

杭州众测生物科技有限公司

杭州众测生物科技有限公司（以下简称“众测生物”），是一家以重组酶介导链替换核酸扩增技术（简称RAA技术）为核心的多方向应用、研发、生产、技术服务为一体的生物技术领域研发型的国家高新技术企业。

企业管理理念

公司始终坚持走“以人为本、科技创新、品质卓越”的发展之路，将产品质量视为企业的生命。该公司以科技为先导，弘扬尊重员工、鼓励创新、努力拼搏、积极合作的企业精神。以“严格管理、质量管理”为公司的管理理念，以“诚实、诚恳、诚信”为公司的企业文化，以“客户至上”为公司的宗旨。

企业发展近况

该公司于2016年入选杭州市高新区5050计划企业；2017年12月，入选杭州市高新技术企业；2018年3月，入选浙江省科技型中小企业；2018年11月，入选国家高新技术企业；2019年8月，入选杭州市企业高新技术研发中心，为杭州高新区重点培育企业。

浙江省科技型中小企业

在水生动物疫病防治领域，公司基于RAA技术，开发了虾病、鱼病系列诊断产品，具体如下。

虾类水产：对虾白斑综合征病毒（WSSV）分子检测试剂、传染性皮下及造血组织坏死病毒（IHHNV）分子检测试剂、虾肝肠胞虫（EHP）分子检测试剂、虾虹彩病毒（SIV）分子检测试剂、对虾急性肝胰腺坏死病（AHPND）分子检测试剂、虾肝胰腺细小病毒（HPV）分子检测试剂、哈维氏弧菌（VHV）分子检测试剂、虾桃拉病毒（TSV）分子检测试剂、传染性肌肉坏死病毒（IMNV）分子检测试剂、对虾偷死野田村病毒（CMNV）分子检测试剂、虾黄头病毒（YHV）分子检测试剂等。

鱼类水产：鲤春病毒血症病毒(SVCV) 分子检测试剂、草鱼出血病I型病毒(GCRV I) 分子检测试剂、草鱼出血病II型病毒(GCRV II) 分子检测试剂、锦鲤疱疹病毒（KHV）分子检测试剂、锦鲤疱疹病毒II型（CyHV-2）分子检测试剂、传染性造血器官坏死病毒（IHNV）分子检测试剂、病毒性出血败血症病毒（VHSV）分子检测试剂、传染性脾肾坏死病毒（ISKNV）分子检测试剂、淡水鱼细菌性败血症分子检测试剂等。

杭州市企业高新技术研发中心

国家高新技术企业

通威股份有限公司

通威股份有限公司是由通威集团控股，以饲料工业为主，同时涉足水产研究、水产养殖、动物保健、食品加工等相关领域的大型农业科技型上市公司，系农业产业化国家重点龙头企业。通威正坚定不移发展农业和新能源两大主业，其中农业主业以饲料工业为核心，全力延伸和完善水产及畜禽产业链条，打造全球健康安全食品供应商。同时，在新能源主业方面，通威业已成为拥有从上游高纯晶硅生产，中游高效太阳能电池片生产，到终端光伏电站建设的垂直一体化光伏企业。

近年来，通威积极探索、研究行业发展变化趋势，研发“365”健康养殖、智能“手机养鱼”、PRAS池塘循环水、FCI闭合式等养殖模式等新型科学养殖模式，并在全国200余个示范点全面推广，经济效益得到较大提升。同时，通威借助发展分布式光伏的独特优势，与现代渔业相结合，打造“渔光一体”模式，推进传统产业的全面升级。目前，通威正在全国各地推广和建立“渔光一体”基地，优质而清洁的光伏电力正源源不断地惠及千家万户。项目建成后，8～10年即可收回成本，除养殖收入外，发电收入可达45万～60万元/公顷，经济效益显著提高。目前，通威已在江苏、湖北、天津等14个省份建成和在建20个“渔光一体”养殖基地，未来几年将建成1.33万～4万公顷“渔光一体”养殖鱼塘。

该公司相继荣获国家科学技术进步二等奖、中国质量奖提名奖、中国民营上市公司100强等近百项殊荣。2018年，通威品牌价值达550.29亿元，连续15年入列“中国500最具价值品牌”榜。2018年，通威股份独立完成的“现代水产产业链技术创新工程”项目，以及合作完成的“草鱼健康养殖营养技术创新与应用”项目同时荣获四川省科技进步奖一等奖。2019年1月，通威参与的“猪抗病营养技术体系创建与应用”项目再次荣获国家科技进步二等奖。

通威股份有限公司与四川农业大学、浙江大学等单位联合完成的“猪抗病营养技术体系创建与应用”喜获国家科技进步二等奖。

通威股份“现代水产产业链技术创新工程”荣获四川省科学技术进步奖一等奖

四川省科学技术进步一等奖

“草鱼健康养殖营养技术创新与应用”项目获奖证书

2018企业信用等级牌匾

中水集团远洋股份有限公司

金枪鱼钓船

鱿鱼/秋刀鱼船

昌荣4号

中水集团远洋股份有限公司是由中国农业发展集团有限公司控股的主要从事远洋渔业和国际经贸合作开发的股份制上市企业。公司股票于1998年2月在深圳证券交易所A股市场挂牌交易（股票代码000798）。

公司主要从事远洋捕捞生产和经营,是我国较早开发太平洋、大西洋金枪鱼和南美鱿鱼资源的龙头企业之一，拥有各类远洋渔船近70艘,在大西洋、印度洋、太平洋从事捕捞生产。主要产品有阿根廷鱿鱼、秘鲁鱿鱼、秋刀鱼和金枪鱼及兼捕鱼种等海产品及加工制品。目前,公司在境内外设有12个分支机构，在北美、南美、南太平洋地区设有5家代表机构及控股公司。此外，公司还开展水产品贸易、船舶修理、渔船渔机和渔需物资进出口等业务。

公司依靠良好的资金保障、扎实的主业基础、强大的股东依托，资产规模位居我国远洋渔业企业前列，是目前国内最大的专业金枪鱼捕捞公司及我国三大远洋渔业上市企业之一。凭借良好的资源获取能力、突出的集约管理能力以及良好的经营管理团队和企业文化，公司致力于将自己打造成海洋渔业资源开发的现代化企业、我国境外远洋渔业基地管理运营创新的示范者以及水产品市场消费的引领者。

金枪鱼

中国水产（斐济）控股有限公司

中水北美公司

编辑说明

一、《中国渔业年鉴》由农业农村部主管，农业农村部渔业渔政管理局主持编撰，中国农业出版社有限公司中国渔业年鉴编辑部负责编辑、出版。

二、本年鉴是一部反映中国渔业年度基本情况的权威性资料工具书，每年出版一卷，以出版年份标序。

三、本年鉴所载资料全部截止到2018年年底。

四、年鉴文稿主要由全国渔业行政机构、企事业和科研单位、水产院校等部门的管理人员和专业技术人员撰写。全部文稿由中国渔业年鉴编辑部负责编辑修改或删节，由农业农村部渔业渔政管理局审定后发表。

五、各省、自治区、直辖市及计划单列市，按全国行政区划顺序排列。

六、各类资料数据均未包括台湾省和香港与澳门特别行政区。

七、本年鉴在编撰过程中，得到全国各级渔业行政主管部门和有关单位的大力支持，在此表示衷心感谢。

目　录

发 展 综 述

渔 业 管 理

长江流域渔政管理

渔业科技与推广

各 地 渔 业

全国渔业重点事业单位

渔业社会团体

法律法规文献

渔业经济统计

领 导 讲 话

2018年渔业大事记

索　　引

发 展 综 述

全国渔业发展概况

【概况】 2018 年，我国渔业经济发展保持向好势头，渔业供给侧结构性改革持续推进，绿色发展进展加快，产业结构进一步优化，提质增效成效显著。全年水产品总产量 6 457.66 万吨，同比增长 0.19%，渔民人均纯收入 19 885.00 元，同比增长 7.76%。按当年价格计算，全社会渔业经济总产值 25 864.47 亿元，其中渔业产值 12 815.41 亿元，渔业工业和建筑业产值 5 675.09亿元，渔业流通和服务业产值 7 373.97 亿元。

1. 渔业生产总体稳定 水产养殖产量 4 991.06 万吨，同比增长 1.73%，捕捞产量 1 466.60 万吨，同比降低 4.73%，养殖产品与捕捞产品的产量比例为 77.3∶22.7；海水产品产量 3 301.43 万吨，同比降低 0.61%，淡水产品产量 3 156.23 万吨，同比增长 1.04%，海水产品与淡水产品的产量比例为 51.1∶48.9。远洋渔业产量 225.75 万吨，同比增长8.21%，占水产品总产量的 3.50%。全国水产品人均占有量 46.28千克，比上年减少 0.09 千克、降低 0.19%。

2. 水产品市场健康运行 全国水产品批发市场交易量、交易额均呈现上升态势，综合平均价格 23.48 元/千克，同比上涨 2.79%。其中，海水产品价格上涨 3.79%，淡水产品价格上涨 1.53%。水产品交易成交量同比上涨 4.80%，成交额同比增长 4.50%。水产品进出口贸易保持高位运行。据海关总署统计，我国水产品进出口总量 954.42 万吨，进出口总额 371.88 亿美元，同比分别增长 3.33% 和 14.44%。其中，出口量 432.20 万吨，出口额 223.26 亿美元，同比分别下降 0.40% 和增长 5.56%；进口量 522.22 万吨，进口额 148.61 亿美元，同比分别增长 6.64% 和 30.99%。贸易顺差 74.65 亿美元，比上年同期减少 23.39 亿美元。

3. 产业转型升级成效显著 加快推进养殖水域滩涂规划工作，县级规划编制完成 1 173 个，出台 487 个。水产健康养殖示范创建活动继续深入开展，创建部级渔业健康养殖示范县 10 个，创建（综合提升）水产健康养殖示范场 1 259 个。大型智能养殖装备试验示范不断推进，世界最大的全潜式大型网箱、亚洲第一大深远海智能网箱“深蓝 1 号”在山东成功建造并下水。公告经全国水产原种和良种审定委员会审定通过的 19 个水产新品种，水产新品种总数累计达到 201 个。开展国家级稻渔综合种养示范区创建活动，全国 17 个省份申报创建示范区 45 个。《中国稻渔综合种养产业发展报告（2018）》首次发布，总结提出稻渔综合种养五大发展阶段和稻鱼、稻蟹、稻虾、稻鳖等七大类 24 种典型技术模式。全国稻渔综合种养面积增加 26 万多公顷，增幅超过 15%，总面积达 213 万多公顷，带动农民增收超过 550 亿元。

4. 渔业资源总量管理取得实效 海洋捕捞渔船船数和功率数“双控”深入推进，减船转产工作顺利实施。《渔业捕捞许可管理规定》修订发布，对渔船管理和捕捞许可制度进行重大改革。启动渔船分类分区管理，实行以船长为标准的渔船分类方法，下放小型渔船“双控”指标制定权和管理权，明确以底拖网禁渔区线为界进行渔船分区作业管理，强化属地管理责任和渔船建造、购置、报废、船籍港管理制度。限额捕捞试点全面推进，浙江浙北渔场梭子蟹、山东莱州湾海蜇、辽宁普兰店对虾、福建漳厦海域笼壶作业、广东珠江口蓝蛤限额捕捞试点工作全面启动，工作机制不断完善，捕捞量控制、专项捕捞、定点交易、渔获物统计和监管、观察员派驻等制度不断建立健全。

5. 水生生物资源养护持续推进 国务院办公厅印发《关于加强长江水生生物保护工作的意见》，明确长江水生生物保护工作的指导思想、基本原则和重点举措，提出到 2020 年长江流域重点水域实现常年禁捕等目标。渔业资源保护制度体系加快完善，首次发布黄河流域禁渔期制度，规定 4 月 1 日起黄河流域实行为期 3 个月的禁渔期，填补了黄河流域性水生生物资源养护政策的空白。首次发布重要经济鱼类最小可捕标准及幼鱼比例管理规定，公布带鱼、小黄鱼等 15 个品种最小可捕规格，规定单航次渔获物中幼鱼最高限制比例，切实加强幼鱼资源保护。水生野生动物旗舰物种保护不断加强，全国斑海豹保护联盟和海龟保护联盟相继成立，发布《海龟保护行动计划（2019—2033年）》，印发《濒危野生动植物种国际贸易公约》（CITES公约）附录物种国内核准目录。农业部办公厅、中华人民共和国海关总署办公厅、国家工商行政管理总局办公厅、中国海警局司令部、国家濒危物种进出口管理办公室等5部门联合开展海龟保护专项执法行动，查获救助海龟28只、处理行政案件12起、移交司法案件3起。举办第九届水生野生动物保护宣传月活动，组织开展中华白海豚保护宣传日、世界海龟日科普教育活动。资源增殖放流深入开展，第四届"全国放鱼日"活动在江西鄱阳湖举办，在河南、辽宁、福建、青海等省分别举办省部联办增殖放流活动，全年增殖放流苗种超过300亿尾。组织召开首次全国海洋牧场建设工作现场会，全方位展示海洋牧场建设新装备、新要素，厘清现代海洋牧场新思路、新理念。注重示范带动，开展国家级海洋牧场示范区示范创建活动，截至2018年年底，共创建国家级海洋牧场示范区86个，全国已建成海洋牧场233个，投放鱼礁超过6 094万空立方米。注重规范发展，发布《国家级海洋牧场示范区年度评价及复查办法（试行）》，加强海洋牧场后续监管。

6. 涉外渔业规范有序发展 远洋渔业规范管理水平不断提升，以"零容忍"态度对经调查核实的32家违规远洋渔业企业、59艘违规渔船及有关责任人员依法进行处罚，取消或暂停发生重大违规事件的5家远洋渔业企业从业资格。严厉打击非法、不报告和不管制（IUU）渔业活动，妥善处置外籍渔船非法转载南极犬牙鱼案件，依法扣押外籍渔船"安德烈"号非法转载货物，组织对涉案南极犬牙鱼货物进行公开拍卖，将拍卖款165万元捐给南极海洋生物资源养护委员会，建立中国基金，支持发展中国家能力建设，树立负责任渔业大国形象。双边远洋渔业合作深入推进，举办首届中国－塞拉利昂渔业混合委员会会议；举办第一届中国－坦桑尼亚桑给巴尔渔业联合委员会会议，签署首份中桑渔业合作谅解备忘录。周边渔业合作不断加强，开展中俄边境水域、中韩暂定措施水域、中越北部湾渔业资源联合增殖放流，投放鲟鳇鱼、大小黄鱼等各类苗种8 000多万尾（粒），共同养护渔业资源。开展中俄、中韩、中越、中日渔业联合委员会谈判，积极维护我周边渔业权益，稳定周边水域渔业秩序。

7. 渔业安全水平提升 渔业安全生产工作全面加强，组织成立全国渔业安全事故调查专家委员会，进一步强化渔业安全事故调查处理工作，建立完善渔船事故调查制度。组织开展渔业安全生产约谈，建立渔业安全生产约谈机制。开展安全生产与应急业务培训，增强应急事件处置能力和安全管理业务水平。组织开展2018年全国渔业安全生产督查，加强渔船作业、涉外安全、渔船在港管理、隐患排查治理、应急值守救援等。2018年全国各级渔业行政主管部门及其渔政渔港监督管理机构共组织渔业救助1 003起；渔业行政执法船艇参与救助118艘（次），渔船参与1 311艘（次）；救助渔船1 188艘，救助渔民7 130人；实际投入救助费用2 249.23万元，挽回经济损失56 379.36万元。水生动物疫病防控持续加强，水产苗种产地检疫试点范围扩大到天津、安徽、浙江、山东、广东5省（直辖市）。全面实施《国家水生动物疫病监测计划》，对阳性场进行净化处理，全年未发生重大水生动物疫情。水产品质量安全状况平稳向好，全年未出现重大水产品质量安全事件，产地水产品抽检合格率达到99.6%。

8. 渔政执法监管继续加强 "亮剑2018"渔政系列专项执法内容扩大到九大领域，首次开展黄河全流域、国家级保护区、近海养殖水域滩涂、海洋渔船规范管理等专项执法行动，实现了海洋、大江大河、内陆边境交界水域和重点水域渔政专项执法行动全覆盖。伏季休渔执法行动保持"最严"，组织沿海11省（自治区、直辖市）开展交叉执法督察活动，各地查办违法违规涉案人员1.09万人，没收违法渔获物3 867.56吨。取缔涉渔"三无"船舶战果扩大，全年各地共清理取缔涉渔"三无"船舶9 745艘，开展公开拆解活动345场。违规渔具清理整治深入开展，首次启动清理整治"清网"行动，全年清理取缔违规渔具50万余张（顶）。"亮剑2018"全年累计出动执法人员140.87万人次，执法车辆（船艇）32.8万辆（艘）次，巡查里程222.52万海里，查获违规违法案件3.45万件，向公安机关移送涉嫌犯罪案件4 356件，移送涉案人员8 132名。

9. 渔业保障与支持体系建设加强 渔业科技支撑进一步增强，推进国家渔业科技创新联盟建设，加强国家深蓝渔业、渔业装备、大黄鱼、罗非鱼、海洋牧场、河蟹、鳗鲡、虾夷扇贝、刺参等9个科技创新联盟作用，加速渔业科技成果转化应用。新建9个国家水产品加工技术研发专业中心，先后共建设43个国家中心，推进水产品加工业创新发展。《草鱼出血病诊断规程》等26项国家标准获国家标准化管理委员会批准实施，《灌江纳苗技术规程》等39项水产行业标准经农业农村部批准实施。渔业扶贫深入推进，发布《2018年渔业扶贫及援疆援藏行动方案》，召开全国渔业扶贫及援疆援藏工作会议，成立渔业科技援藏工作组，举行渔业科技援藏启动仪式。在云南省红河哈尼族彝族自治州举办哈尼梯田稻渔综合种养产业扶贫技术培训活动,在甘肃省景泰县举办盐碱水渔农综合利用典型模式现场观摩活动。多方筹措资金,加大对定点扶贫地区、大兴安岭南麓片区、新疆、西藏以及广西三江、云南红河等开展渔业产业扶贫技术示范的支持力度。印发《全国沿海渔港建设规划(2018—2025年)》,明确全国沿海渔港建设的指导思想、基本原则、总体目标、区域布局和建设内容,这是中华人民共和国成立以来发布的第一个全国性沿海渔港建设规划,首次提出了渔港经济区的概念,标志着我国沿海渔港建设和渔区社会经济发展进入了一个新的阶段。

(农业农村部渔业渔政管理局　王　良)

渔 业 投 入

【概况】 2018年,中央财政对渔业的投入达到6.42亿元。其中,基本建设投入2.42亿元,主要用于水产种业、水生动物防疫和数字渔业等基础设施建设;专项转移支付4亿元,主要用于渔业增殖放流。

(农业农村部渔业渔政管理局　郭　钰)

水产养殖业管理

【概况】

1.加强水产养殖绿色发展顶层设计　推动出台《关于加快推进水产养殖业绿色发展的若干意见》,加快编制起草工作,广泛征求意见,并对各方意见进行了反复沟通协调和依法吸收采纳。积极营造水产养殖业绿色发展社会氛围,组织发起全球水产养殖论坛、水产生态养殖论坛等"水产养殖绿色发展"系列活动,积极研究当前环保风暴下大水面水产生态养殖的发展方向。加强水产养殖环境问题治理攻坚对策研究,积极参加"渤海综合治理""长江保护修复"和"农业农村污染治理"三大攻坚战作战方案编制,坚持依法科学合理规范水产养殖生产。《农业农村污染治理攻坚战行动计划》《渤海综合治理攻坚战行动计划》已经国务院同意,并分别于11月6日由生态环境部和农业农村部联合发布,11月30日由生态环境部、国家发展和改革委员会和自然资源部联合发布。

2.加快推进养殖水域滩涂规划工作　6月,农业农村部印发《关于进一步加快养殖水域滩涂规划编制发布工作的通知》,组织开展规划集中督导会。7月,将规划编制发布相关工作纳入污染防治攻坚战,作为下一步环保督察考核指标。11月,农业农村部办公厅印发《关于各省养殖水域滩涂规划编制发布工作有关情况的通报》,同时抄送各省级人民政府办公厅,要求地方进一步提高政治站位,落实相关责任,加快工作进度,年底前保质保量完成既定工作任务。截至11月底,县级规划编制完成1 173个,出台487个。

3.全面推进生态健康养殖示范

(1)深入开展水产健康养殖示范创建。4月,农业农村部印发《关于开展2018年全国水产健康养殖示范创建活动的通知》,启动2018年全国水产健康养殖示范创建活动,目标为创建部级渔业健康养殖示范县10个以上,水产健康养殖示范场500个以上。创建重点:一是实施依法兴渔,着力强化养殖生产规范管理;二是实施绿色兴渔,全力促进养殖生态环境保护修复;三是实施质量兴渔,不断提高养殖产品质量和效益。全年共创建部级渔业健康养殖示范县10个,创建(综合提升)水产健康养殖示范场1 259个。

(2)积极推进深远海大型智能养殖装备试验示范。加大协调推动力度,引导有实力的大型企业开展深远海大型智能养殖装备试验示范。山东和海南已分别与中船重工签订了深远海智能养殖装备建造合同,计划在两省相关海域布局建设5个深远海大型智能网箱,打造深远海"养殖航母",江苏、福建、广东等省也与中船重工进行了意向性洽谈。5月4日,首座全潜式深远海大型智能养殖装备"深蓝1号"率先在山东成功建造并下水,这是目前世界上最大的全潜式大型网箱,也是亚洲第一大深远海智能网箱,标志着我国在深远海智能养殖装备设计建造方面取得了重大突破。

(3)认真实施深水抗风浪网箱建设项目。5月,在福建省组织开展中央财政渔业油补政策调整专项转移支付深水抗风浪养殖网箱项目集中督导,总结2016—2017年项目执行有关情况和问题。据统计,两年来,各地共利用项目资金建设深水抗风浪网箱1 909只,有力推进了近岸养殖向湾外和深远海养殖转移,有效减少了水产养殖病害和用药,养殖效益逐步显现。落实2018年项目资金2亿元,继续支持浙江、山东等8个省份推广深水抗风浪养殖网箱。

4.强化水生动物疫病防控工作

(1)扩大水产苗种产地检疫试点。5月初,印发《关于扩大水产苗种产地检疫试点的通知》,推广江苏省水产苗种产地检疫试点成果经验,将试点范围扩大到天津、安徽、浙江、山东、广东5省(直辖市)。组织编写了《江苏省检疫试点工作范本》,组织举办了全国水产苗种产地检疫培训班,编制了《水产苗种产地检疫十问十答》,普及相关知识,推动试点工作顺利进行。7 月,在青岛开展了试点工作进度集中督导,各试点省份均已发布试点方案,开展了渔业官方兽医确认,部分省份还开出省内第一张水产苗种的《动物检疫合格证明》,产地检疫试点取得成效。

(2)全面实施《国家水生动物疫病监测计划》。继续实施《2018 年国家水生动物疫病监测计划》,在全国范围监测鲤春病毒血症、白斑综合征等 8 种重大水生动物疫病,采样监测 4 250 个样品,及时掌握我国重大水生动物疫病病原分布情况,提高疫病风险防控能力。为做好新发疫病风险预警和防控,印发《农业农村部办公厅关于增加 2018 年国家水生动物疫病监测任务的通知》,增加对鲤浮肿病等 4 种新发疫病的监测,监测任务 4 010 个。各省级水生动物疫病预防控制机构积极有效应对阳性监测结果,及时上报本级渔业主管部门,及时采取隔离、限制流通、消毒净化等无害化处理措施,组织开展流行病学调查和病原溯源工作。针对我国南美白对虾疫病发生情况进行专题调研,并向农业农村部领导专报了相关情况。

(3)继续开展水生动物防疫系统实验室能力验证工作。印发《农业农村部办公厅关于开展 2018 年水生动物防疫系统实验室检测能力验证的通知》,部署开展 7 种疫病病原检测能力验证。全年共有 28 个省份的 315 家单位参加了 877 个项目的检测能力验证,满意结果获得率超过 95%。

5. 加强水产苗种管理

(1)加强水产新品种管理。5 月,农业农村部发布第 28 号公告,公告经全国水产原种和良种审定委员会审定通过的异育银鲫"中科 5 号"等 19 个水产新品种,水产新品种总数累计达到 201 个。组织全国水产技术推广总站起草完成了《水产新品种审定办法》修订草稿,12 月在全国水产原种和良种审定委员会年会上开展了专题研讨,待进一步征求意见继续完善。

(2)加强水产苗种进出口管理。按照重要水产苗种进出口审批标准规范和有关要求,农业农村部渔业渔政管理局对水产苗种进出口行政审批事项进行严格把关,批准进口水产苗种和亲本 1.2 亿尾(粒、只),免除进口环节增值税 1 600 余万元。依法暂停批准风向标扇贝首次进口,坚决防止外来物种入侵危险。依法积极妥善处理有关企业反映美国种虾公司(API)亲虾进口有关问题。

(3)推动水产种业品质提升。委托全国水产技术推广总站完成了翘嘴红鲌、四大家鱼等 13 家国家级水产原良种场到期复查工作。指导地方创建裙带菜、中国对虾两家国家级水产良种场并通过验收。积极推动对虾联合育种,持续推进现代水产种业建设。

6. 严格水产品质量安全监管 加大国家产地水产品质量安全监督抽查力度,3 月底前印发全年产地监督抽查计划,抽检范围涵盖全国 31 个省(自治区、直辖市),21 个主养品种,6 种禁用药物,抽检样品近 5 000批次。狠抓"三鱼两药"专项整治,严格实施检打联动,对不合格水产品坚决 100% 依法查处。加强质检机构建设,组织开展质检机构检测能力验证和数据复核,确保监测结果的有效准确。4 月在北海市召开全国水产品质量安全监管工作会,对十八大以来的水产品质量安全监管工作做了总结回顾,对今后的监管重点工作进行安排部署。9 月在包头市召开在水产品质量安全中期会商会,及时研讨解决上半年监管工作中存在的问题,确保工作实效。积极推进产地水产品质量安全监督抽查纳入国务院食品安全委员会对省级政府的水产品质量安全考核,提高地方政府抓水产品质量安全的积极性和主动性。全年产地水产品监督抽检合格率 99.6%,水产品质量安全水平持续稳定向好,未出现重大水产品质量安全事件。另外,依托行业协会和企业,针对大菱鲆、鳗鲡、乌鳢、大黄鱼 4 种经济价值较高、管理基础较好的品种安排建设 4 个水产品质量安全可追溯试点,在试点单位对试点品种实现"信息可查询、来源可追溯、去向可跟踪、责任可追究"。

(农业农村部渔业渔政管理局 朱健祥 刘莎莎)

近海捕捞

1. 近海海洋捕捞生产量值稳定 据全国海洋捕捞动态采集网络监测数据分析,2018 年我国海洋渔业总体状况好于 2017 年,全年全国海洋捕捞产量和产值评估结果为 760.02 万吨和 681.01 亿元,比 2017 年的 733.35 万吨和 630.2 亿元,分别增长 3.64% 和 8.06%。拖网、流刺网、围网和张网渔业构成全年海洋渔业的主体;鳀鱼、带鱼、鲹类、鲐鱼、青鳞鱼、小黄鱼、马鲛鱼、鲳鱼、沙丁鱼和鲣等资源种类是我国海洋渔业的主要利用对象,但资源利用结构仍以当年和低龄鱼为主。分品种渔获量与 2017 年相比,鲹类、鲐鱼、马鲛鱼、沙丁鱼和鲣产量均有明显增加,鳀鱼和带鱼有小幅增加,而青鳞鱼、小黄鱼和鲳鱼有明显下降。全年各渔港多数渔获种类的销售价格相比 2017 年有所上涨;经济鱼类比例相比 2017 年有所提高;渔业生产燃油成本和人力成本相比 2017 年虽均有明显增加,但捕捞渔民的总体收益仍好于 2017 年。

2. 近海主要作业类型生产特点

单拖作业:黄渤海产量相对较高水域出现在大沙

渔场、沙外渔场和滦河口渔场。东海产量相对较高水域出现在长江口渔场、舟山渔场和鱼外渔场。南海产量相对较高水域出现在北部湾南部及海南岛西南部渔场、西沙西部渔场和北部湾北部渔场。全国单拖作业整体生产情况继续差于上一年度。

双拖作业:黄渤海产量相对较高水域出现在石东渔场、渤海湾渔场和烟威渔场。东海产量相对较高水域出现在台北渔场、鱼山渔场和舟山渔场。南海产量相对较高水域出现在粤西及海南岛东北部渔场、东沙渔场和北部湾南部及海南岛西南部渔场。全国双拖作业整体生产情况差于上一年度。

桁杆拖虾作业:黄渤海产量相对较高水域出现在大沙渔场、吕四渔场和连青石渔场。东海产量相对较高水域出现在鱼外渔场、温台渔场和鱼山渔场。南海产量相对较高水域出现在东沙渔场、粤东渔场和其他渔场。全国桁杆拖虾作业整体生产情况继续差于上一年度。

围网作业:黄渤海产量相对较高水域出现在沙外渔场、连东渔场和连青石渔场。东海产量相对较高水域出现在闽中渔场、闽东渔场和江外渔场。南海产量相对较高水域出现在粤西及海南岛东北部渔场、台湾浅滩渔场和其他渔场。全国围网作业整体生产情况好于上一年度。

光诱敷网作业:黄渤海产量相对较高水域出现在连东渔场、连青石渔场和石岛渔场。东海产量相对较高水域出现在舟外渔场、闽中渔场和鱼外渔场。南海产量相对较高水域出现在海南岛东南部渔场、中沙东部渔场和其他渔场。全国光诱敷网作业整体生产情况好于上一年度。

流刺网作业:黄渤海产量相对较高水域出现在海州湾渔场、吕四渔场和连青石渔场。东海产量相对较高水域出现在鱼外渔场、长江口渔场和鱼山渔场。南海产量相对较高水域出现在台湾浅滩渔场、东沙渔场和粤东渔场。全国流刺网作业整体生产情况好于上一年度。

帆式张网作业:黄渤海产量相对较高水域出现在大沙渔场和沙外渔场。东海产量相对较高水域出现在长江口渔场。全国帆式张网作业整体生产情况差于上一年度。

定置张网作业:黄渤海产量相对较高水域出现在连青石渔场、吕四渔场和海州湾渔场。东海产量相对较高水域出现在鱼山渔场、温台渔场和舟山渔场。南海产量相对较高水域出现在北部湾南部及海南岛西南部渔场、北部湾北部渔场和粤西及海南岛东北部渔场。全国定置张网作业整体生产情况好于上一年度。

钓具作业:黄渤海 2018 年和 2017 年仍未出现生产。东海产量相对较高水域出现在台东渔场和闽南渔场。南海产量相对较高水域出现在东沙渔场、台湾浅滩渔场和西沙西部渔场。全国钓具作业整体生产情况差于上一年度。

笼壶作业:黄渤海产量相对较高水域出现在吕四渔场、沙外渔场和大沙渔场。东海产量相对较高水域出现在舟山渔场、江外渔场和长江口渔场。南海产量相对较高水域出现在台湾浅滩渔场、粤东渔场和中沙东部渔场。全国笼壶作业整体生产情况差于上一年度。

3. 近海主要经济渔业种类资源动态

带鱼:全年主要汛期为 9 ~ 12 月。生产情况相对较好的水域分布在南沙东北部渔场、南沙中北部渔场和舟山渔场。整体资源状况比 2017 年略有增加。

小黄鱼:全年主要汛期为 9 ~ 12 月。生产情况相对较好的水域分布在石岛渔场、连东渔场和石东渔场。整体资源数量在 2017 年减少的基础上,2018 年继续大幅减少。

鲳鱼:全年主要汛期为 9 ~ 11 月。生产情况相对较好的水域分布在沙外渔场、连东渔场和大沙渔场。整体资源数量比 2017 年大幅减少。

马鲛鱼:全年主要汛期为 4 月和 9 ~ 11 月。生产情况相对较好的水域分布在青海渔场、长江口渔场和石岛渔场。整体资源数量在 2017 年微幅增加的基础上,2018 年继续大幅显著增加。

鲐鱼:全年主要汛期为 4 月和 8 ~ 12 月。生产情况相对较好的水域分布在石岛渔场、石东渔场和舟外渔场。整体资源状况比 2017 年小幅增加。

鲹类:全年主要汛期为 4 月和 8 ~ 11 月。生产情况相对较好的水域分布在东沙渔场、鱼山渔场和珠江口渔场。整体资源状况比 2017 年大幅增加。

鳀鱼:全年主要汛期为 3 月和 9 ~ 12 月。生产情况相对较好的水域分布在石东渔场、舟外渔场和江外渔场。整体资源数量在 2017 年略有增加的基础上,2018 年呈持平向好。

虾蟹类:全年主要汛期为 8 ~ 11 月。虾类生产情况相对较好的水域分布在温台渔场、鱼山渔场和舟山渔场。蟹类生产情况相对较好的水域分布在长江口渔场、舟山渔场和大沙渔场。整体资源状况比 2017 年大幅增加。

头足类:全年主要汛期为 3 月和 9 ~ 11 月。生产情况相对较好的水域分布在南沙中西部渔场、南沙中北部渔场和南沙东部渔场。整体资源状况比 2017 年略有减少。

4. 近海渔业资源养护措施实施效果显著 休渔

期结束后首月全国总产量可用作对比历年休渔效果的差别。据全国海洋捕捞动态采集网络监测数据结果，2018年休渔期结束后9月全国海洋捕捞总产量在2017年同期增加的基础上，继续增长7.93%，可见2018年伏休期对资源的养护效果依旧明显，伏休制度对海洋渔业资源的养护作用十分显著。其中，黄渤海区伏休前后产量差别最大，伏休后（9月）产量比伏休前（4月）增加3.13倍，增幅略低于2017年同期；其次为东海区，伏休后（9月开捕半月）产量比伏休前（4月）增加1.73倍，增幅高于2017年同期；而南海差别最小，伏休后（8月开捕半月）产量比伏休前（4月）仅小幅增加13.77%，其全年最高产量并非出现在伏休后的8月，而是出现在9月。

（全国海洋捕捞动态采集网络）

远 洋 渔 业

【概况】 据统计，2018年获得农业农村部远洋渔业企业资格的企业共169家，作业渔船2 654艘，同比增加163艘。新投产渔船199艘，其中新建90艘、汰旧建新109艘。受投产渔船增加、公海鱿鱼资源旺发以及优质水产品价格坚挺影响，远洋渔业总产量和总产值实现双增长，分别达226万吨和263亿元，同比分别增长8%和11%；远洋渔业企业运回自捕水产品138万吨，占总产量的61%，同比增长5%。远洋渔船作业海域分布在42个国家的专属经济区及太平洋、印度洋和大西洋公海及南极海域。

（1）公海大洋性渔业产量增长明显。公海作业渔船1 517艘，产量151万吨，产值185亿元，分别比上年增长9%和12%。其中鱿鱼钓船数达680艘，产量56万吨，产值73亿元，产量和产值分别比上年增长13%和16%，是公海产量产值的主要增长点。公海拖网、围网作业船数182艘，产量41万吨，产值39亿元，产量同比下降15%，产值同比增长21%。大型拖网加工船8艘，产量9万吨，产值6亿元，产量和产值分别增长50%和79%，其中捕捞南极磷虾产量4万吨。

（2）过洋性渔业（即在他国管辖水域作业）保持稳定。作业渔船数量1 137艘，产量74万吨，产值78亿元，产量和产值同比分别增长6%和10%。亚洲区域受印度尼西亚项目尚未恢复，朝鲜东部海域项目因执行联合国安理会制裁措施决议予以暂停的影响，部分渔船转移至非洲国家，非洲项目船数达到历史最高。亚洲项目共包括9个入渔国家，船数共297艘，产量19万吨，产值19亿元。非洲项目共包括17个入渔国家，船数达795艘，产量50万吨，产值49亿元。南美洲项目包括3个入渔国家，渔船45艘，产量6万吨，产值10亿元。

【远洋渔业管理】

1. 强化远洋渔业规范管理

一是妥善处置重大违法违规案件。根据群众多次来信反映福州东鑫龙远洋渔业有限公司涉嫌重大违法违规问题，农业农村部组成联合督导组进行现场督导检查并组织专家实船勘验，查明东鑫龙公司存在重大违法违规问题。经认真调查研究，农业农村部对涉事公司予以严厉处罚，取消其远洋渔业从业资格，撤销其所属远洋渔业项目。同时，积极妥善处置烟台京远渔业有限公司所属"京远626"船因涉嫌越界捕捞被阿根廷海警鸣枪追击并被国际刑警组织紫色通报事件。会同外交部、驻阿根廷大使馆与阿方进行交涉，指导涉事公司派人赴阿协调处置，事件得到妥善解决。

二是严厉打击非法捕捞行为。坚持"有报必查、查实必处、处则必严"的原则，以"零容忍"态度严厉打击各种非法捕捞行为。2018年共发出调查函18份，对涉嫌违规的32家远洋渔业企业、79艘渔船进行调查，先后发布2批违法违规情况通报，对经调查核实的32家违规远洋渔业企业、59艘违规渔船及有关责任人员依法进行了处罚，对发生重大违规事件的5家远洋渔业企业予以取消或暂停从业资格。

三是对被暂停从业资格企业进行现场整改验收。按照程序组成验收组，先后对福建省安达远洋渔业有限公司、宁波远通海外渔业有限公司、福州宏龙远洋渔业有限公司、大连晟航远洋渔业有限公司、大连连润远洋渔业有限公司、青岛荣昌远洋渔业有限公司等6家被暂停从业资格的企业进行现场整改验收，并组织所在地其他企业现场旁听，以案示法，起到较好警示教育作用。

四是召开远洋渔业规范管理经验交流座谈会。10月12日，在浙江省舟山市召开全国远洋渔业规范管理经验交流座谈会。总体来看，各地对远洋渔业强化规范管理、实施转型升级已经形成广泛共识，远洋渔业管理制度进一步完善，船队规模得到有效控制；各远洋渔业企业真心拥护打击违法违规行为，渔船遵纪守法意识明显提高，海上作业秩序明显好转，恶意违规行为得到有效遏制，规范有序发展氛围已初步形成。

2. 创新远洋渔业管理制度措施

一是建立新增远洋渔船专家论证制度。严格落实《"十三五"全国远洋渔业发展规划》，在保持远洋渔船总数稳定在3 000艘、远洋渔业企业数量"零增长"前提下，以"公开申报、专家论证、择优批准"的方式，针对已有双边政府间合作机制和一定合作潜力的国家海域，建立新增远洋渔船专家论证制度。

二是着力提升国际渔业履约能力。会同上海海洋大学成立了远洋渔业国际履约研究中心，定位为我国国际渔业智库功能，统筹相关方面科研力量，提升我国履行多双边渔业公约义务的能力，为维护我国国际渔业权益提供智力支撑。同时，积极研究建立远洋渔业履约评价制度和风险评估制度，促进远洋渔业企业切实提高履约能力，不断提高我国际渔业履约能力和管理水平。

三是大力开展远洋渔业资源探捕和海外基地建设。为寻找后备渔场，提高我国对公海渔业资源管理的话语权，履行国际义务，2018 年组织 6 家企业所属 6 艘渔船实施远洋渔业资源探捕工作；派出 2 艘渔船赴南极海域 48 区和 58 区实施南极磷虾资源探捕，共捕捞南极磷虾 4.2 万吨。批准 3 家远洋渔业企业建设 3 家远洋渔业海外基地，提高我国远洋渔船后勤保障能力。组织中国水产科学研究院渔业机械仪器研究所等专家对农业农村部前期发布的远洋渔船船型标准化船型参数进行论证完善，新发布《远洋渔船标准化船型参数系列表(2018 版)》，提升我国远洋渔船装备技术水平。

3. 强化国际渔业合作

一是推进双边政府间渔业合作。加强中国－塞拉利昂渔业合作。6 月 18 日，农业农村部副部长于康震和塞拉利昂共和国渔业与海洋资源部部长艾玛·科娃在塞拉利昂首都弗里敦举行第一届中塞渔业混合委员会会议，我国驻塞拉利昂大使吴鹏和经济商务参赞张学谦出席会议，在塞拉利昂总统朱利奥·马达·比奥见证下签署第一届中塞渔业混委会会议纪要。11 月 5 日，农业农村部副部长于康震在京会见塞拉利昂渔业部部长艾玛·科娃，再次就加强中塞渔业合作等事宜进行磋商。开拓中国－桑给巴尔渔业合作。3 月 29 日，农业农村部渔业渔政管理局局长张显良率团赴坦桑尼亚桑给巴尔，与桑给巴尔渔业部部长朱马举行会谈并商定渔业合作谅解备忘录文本。9 月 3 日，在中非合作论坛北京峰会期间，在农业农村部部长韩长赋与坦桑尼亚总理见证下，农业农村部副部长屈冬玉与桑给巴尔渔业部部长朱马签署中桑渔业合作谅解备忘录。9 月 6 日，农业农村部副部长于康震与桑给巴尔渔业部部长朱马举行第一届中桑渔业联合委员会会议并签署会议纪要。加强中国－阿根廷渔业合作。8 月 28 日，农业农村部渔业渔政管理局副局长刘新中率团赴阿根廷，与阿方举行第 10 届中阿渔业分委会会议并签署会议纪要。此外，还与索马里等多个国家渔业部长和驻华使馆官员研究推进双边渔业合作，配合国家发展和改革委员会做好圣多美和普林西比民主共和国渔业合作事宜。

二是积极参与多边渔业谈判。积极参与南太平洋区域渔业管理委员会、北太平洋渔业委员会、印度洋金枪鱼委员会、东太平洋金枪鱼委员会、养护大西洋金枪鱼委员会、中西部太平洋渔业委员会、南极海洋生物资源养护委员会等 7 个涉远洋渔业的区域渔业组织相关事务，认真研究国际渔业资源养护和管理趋势，全力维护和争取我国渔业利益，在多边机制下积极提出中国方案、发出中国声音、贡献中国智慧，提升我国话语权。在印度洋，我国履约分数在所有成员中列第一位；在北太平洋，我国积极推动多边机制打击公海 IUU 渔业活动，阻止日本出台秋刀鱼配额管理措施；在大西洋，我国鲜明阐述履行委员会决议、加强港口管理的做法，得到会议主席和与会代表高度赞赏。在南极，承诺将外籍 IUU 渔船“安德烈”非法转载的南极犬牙鱼货物公开拍卖的剩余款项 165.6 万元捐给南极国际组织，受到与会国和秘书处的赞赏。11 月 20 日，农业农村部渔业渔政管理局局长张显良会见了南极秘书处执秘戴维·阿格钮，代表中国政府将 165.6 万元拍卖款捐赠给南极委员会秘书处，设立中国基金，用于支持发展中国家能力建设。

(农业农村部渔业渔政管理局　刘立明)

水产品加工业

【概况】 10 月，在大连召开了全国渔业一二三产融合发展大会，农业农村部副部长于康震出席会议并讲话；推进加工技术研发体系建设，与原农业部农产品加工局共同组织 2018 年度国家农产品加工技术研发专业中心评选工作，新增 9 家国家水产品技术研发专业中心，截至 2018 年年底，共评选发布一个国家中心，44 个专业中心。委托国家大宗淡水鱼产业技术体系、国家水产品加工技术研发中心、中国水产流通与加工协会等，举办了加工技术与产业发展需求对接活动，中国海洋大学、江南大学、中国农业大学、上海海洋大学等 17 家高等院校和科研院所以及近 60 家水产品加工相关企业参加了对接活动。支持中国水产流通与加工协会牵头组织召开 2018 中国水产加工大会，为产、学、研各方面开展对接和交流提供平台。

截至 2018 年年底，全国水产加工企业已达 9 336 个，水产冷库 7 957 座。水产加工品总量 2 156.85 万吨，同比下降 1.79%。其中，海水加工产品 1 775.02 万吨，淡水加工产品 381.83 万吨，同比分别下降

0.73%和6.46%。用于加工的水产品总量2 653.41万吨,同比下降0.99%,其中,海水产品2 099.02万吨,淡水产品554.39万吨,同比分别下降0.36%和3.33%。

（农业农村部渔业渔政管理局 李 乐）

水产品市场运行

随着国内环保治理和资源养护力度加强,以及消费需求平稳较快增长,2018年全国水产品市场交易量价齐升,市场交易价格总体稳中有涨。但受猪肉等替代产品价格走低及淡水鱼短期供给增加影响,淡水鱼价格低迷。

【水产品市场价格稳中有增,超半数品种价格上涨】 据可对比的57家水产品批发市场成交情况统计,2018年全国累计成交水产品1 124.44万吨,同比增长4.8%,成交额2 402.32亿元,同比增长4.5%。据对全国80家水产品批发市场成交情况统计,水产品综合平均价格整体上行,同比上涨2.79%,达到23.48元/千克。监测的49个品种中,有27个品种价格上涨,占比55.1%,其中,甲鱼、克氏原螯虾、花蟹价格同比上涨幅度超过20%;11个品种价格下跌,鲫鱼、带鱼、紫菜、鳊鲂、草鱼、鲍鱼等跌幅在6%以上;11个品种价格稳定,涨跌幅度在1%以内(见表1)。与其他肉禽产品价格相比,水产品价格波动较为温和,除2~3月外,水产品居民消费价格指数全部在105以内,1~10月畜肉类产品价格全部下跌,年底价格才回升,蛋类价格1~10月同比涨幅全部超过10%,年底价格才回落。水产品价格对稳定菜篮子价格水平做出了重要贡献。

表1 2018年水产品平均价格涨跌幅度较大的品种

品种	均价(元/千克)	同比增减(%)
甲鱼	59.75	26.82
花蟹	151.57	21.44
克氏原螯虾	62.64	20.86
贻贝	5.50	15.85
扇贝	45.77	13.69
日本对虾	246.82	13.34
蛙	19.86	13.11
鱿鱼	34.09	12.49
虾蛄	73.95	10.96
墨鱼	36.49	10.56
鲫鱼	14.21	-9.67
带鱼	27.51	-8.66
紫菜	87.20	-6.95
鳊鲂	15.97	-6.71
草鱼	12.95	-6.62
鲍鱼	153.39	-6.23
黄颡鱼	24.77	-5.06
南美白对虾	69.38	-4.48
虹鳟	37.98	-3.46
黄鳝	56.78	-3.03

【海水产品对价格总水平上涨起到主要作用】 2018年海水产品综合平均价42.53元/千克,同比上涨3.79%,对价格总水平贡献率为71.3%;淡水产品综合平均价16.19元/千克,同比上涨1.53%,对价格总水平的贡献率达到28.7%。在八大类监测品种中,海水藻类和淡水鱼类产品价格同比下跌,海水鱼类价格稳定,其他品类价格均上涨(见表2)。从月度价格变化来看,春节后水产品价格开始下滑,4~8月,海、淡水产品价格走势分化,海、淡水产品价格走势分别呈倒U型和U型变化,8月之后,随着上市高峰来临,海、淡水产品价格全部下行,年底翘尾。

表2 各品类涨跌幅度及对价格总水平的贡献率

	同比涨跌幅(%)	对价格总水平的贡献率(%)
水产品总体	2.79	
海水产品	3.79	71.3
海水鱼类	-0.09	-0.4
海水甲壳类	4.54	31.3
海水贝类	5.93	35.8
海水头足类	9.57	6.8
海水藻类	-3.13	-2.2

（续）

	同比涨跌幅（%）	对价格总水平的贡献率（%）
淡水产品	1.53	28.7
淡水鱼类	-2.17	-26.9
淡水甲壳类	6.78	38.7
淡水其他类	24.13	16.9

【六成以上海水产品价格上涨】 在29个监测海水品种中，有18个品种价格上涨，占比62%，4个品种价格下跌，7个品种与上年同期基本持平。海水甲壳类、海水贝类、海水头足类价格上升，同比涨幅分别达4.54%、5.93%、9.57%，海水藻类价格同比下跌3.13%，海水鱼类价格与上年基本持平。

（1）海水鱼类价格总体与上年持平。海水鱼类价格总体与上年同期基本持平。从具体品种变化来看，监测的10个海水鱼品种中，带鱼（27.51元/千克）价格同比下跌8.66%，大黄鱼（37.13元/千克）、马鲛鱼（35.59元/千克）、银鲳（116.32元/千克）、海鳗（39.65元/千克）价格与上年基本持平，其他品种均呈上涨态势。大菱鲆（51.80元/千克）价格涨幅最大，同比上涨10.35%，价格上涨原因是受2015年以来行情复苏的周期性变化影响，并与北方工厂化对虾养殖挤占其部分养殖空间，导致投苗量下降有关。蓝圆鲹（11.28元/千克）、马面鲀（30.49元/千克）价格涨幅较大，同比分别上涨8.26%和5.98%，小黄鱼（75.93元/千克）、鲐鱼（7.20元/千克）上涨幅度均在4%以下。虽然海水鱼品种涨多跌少，但受下跌品种权重较高的影响，海水鱼类价格总体与上年基本持平。

（2）海水甲壳类价格上涨。海水甲壳类品种以上涨为主，8个监测品种中有6个价格同比上涨，对价格总水平贡献率达到31.3%。从月度变化看，上半年海水甲壳类价格相对处于高位，6月以后价格持续下行，11～12月再度走高。虾类产品方面，南美白对虾（69.38元/千克）价格跌幅明显，同比下跌4.48%。2018年全球多个主产区产量增加，对虾市场供应充足，加上我国主产区夏季的持续阴雨和台风、暴雨天气导致病虾被大量抛售，南美白对虾价格同比明显下滑。其他虾类产品价格均上涨，其中，日本对虾（246.82元/千克）和虾蛄（73.95元/千克）价格涨幅均超过10%，斑节对虾（193.83元/千克）和鹰爪虾（43.73元/千克）价格涨幅在3%以内。蟹类产品方面，梭子蟹（153.48元/千克）和花蟹（151.57元/千克）价格涨幅很高，同比分别上涨10.20%和21.44%，青蟹（138.55元/千克）价格与上年持平。

（3）海水贝类和头足类价格同比均大幅上涨。贝类产品价格表现抢眼，同比上涨5.93%，对价格总水平的贡献率达到35.8%。监测的6个贝类品种中，贻贝（5.50元/千克）、扇贝（45.77元/千克）价格同比涨幅均在15%上下，牡蛎（15.84元/千克）价格上涨约3.85%，蛏（26.48元/千克）和杂色蛤（14.24元/千克）价格与上年持平，只有鲍鱼（153.39元/千克）价格同比下跌6.23%。

头足类价格自2018年年初起全线上涨。海蜇（38.93元/千克）、鱿鱼（34.09元/千克）、墨鱼（36.49元/千克）价格同比分别上涨5.69%、12.49%和10.56%。

【淡水产品不同品类价格走势差异大】 监测的20个淡水品种中，有9个品种价格上涨，7个品种价格下跌，4个品种与上年同期基本持平。按类别分，淡水鱼类价格同比下跌2.17%，淡水甲壳类和淡水其他类价格上涨，同比涨幅分别为6.78%和24.13%。

（1）淡水鱼类价格低迷。与前两年相比，2018年的淡水鱼行情明显低迷，除1～2月价格较好外，3月开始，淡水鱼价开始持续震荡下行，批发价显著低于前两年同期水平。14个淡水鱼监测品种里有半数淡水鱼价格下挫，且跌幅较大。其中，草鱼（12.95元/千克）、鲫鱼（14.21元/千克）、鳊鲂（15.97元/千克）价格大幅下跌，同比跌幅分别达到6.62%、9.67%和6.71%。个别地区草鱼出塘价甚至跌破了每千克4元。罗非鱼（15.14元/千克）、黄鳝（56.78元/千克）、虹鳟（37.98元/千克）和黄颡鱼（24.77元/千克）价格跌幅较大，同比分别下跌1.79%、3.03%、3.46%和5.06%。鲤鱼（11.37元/千克）和鲈鱼（28.31元/千克）价格与上年同期基本持平。鲢鱼（6.99元/千克）、鳙鱼（13.69元/千克）价格上涨，但涨幅不高，均在3%以内；鳜鱼（71.34元/千克）和乌鳢（22.99元/千克）价格上涨幅度较大，同比涨幅分别为7.24%和10.54%。

（2）淡水甲壳类和淡水其他类价格大幅上涨。淡水甲壳类价格同比上涨6.78%，依据价格权重测算，淡水甲壳类对水产品价格总水平的贡献率达到38.7%，是贡献率最高的品类；淡水其他类产品价格上涨幅度是各品类中最大的，同比上涨24.13%，对价格总水平的贡献率为16.9%。其中，克氏原螯虾（62.64元/千克）、甲鱼（59.75元/千克）价格涨幅在20%以上，蛙（19.86元/千克）价格同比上涨13.11%，青虾（113.82元/千克）、中华绒螯蟹（112.64元/千克)价格同比分别上涨2.23%和4.04%,罗氏沼虾(65.20元/千克)和田螺(8.96元/千克)价格稳定。

【市场价格变化的原因】 第一,市场价格总体稳中有升与经济大环境的稳定密切相关。虽然2018年国内外经济环境出现了很多不稳定因素,但在积极应对风险、挑战的背景下,我国经济增长总体保持平稳,经济结构继续优化升级,经济运行在合理区间。在此带动下,消费市场规模平稳增长,消费结构不断升级,消费对经济增长的基础性作用持续增强。根据国家统计局统计,2018年我国社会消费品零售总额380 987亿元,比上年增长9.0%,最终消费支出对经济增长的贡献率达到76.2%,比上年提高18.6个百分点。水产品市场价格总体平稳及多个品类价格上涨都离不开消费大环境的支撑。

第二,在市场总体稳定的同时,淡水鱼市场低迷受多种因素影响。与往年规律不同,2018年淡水鱼价格自二季度以来一路震荡下行。淡水鱼价格低迷部分是受到猪肉等替代产品价格走低影响,但更主要的是短期供给增加超过了市场需求所致。一方面,随着各地拆网禁养期限临近,市场受到网箱养殖淡水鱼集中上市的冲击。另一方面,一季度淡水鱼价格显著高于前两年,刺激了养殖户投苗,部分之前转养藕或其他品种的养殖户随鱼价回暖出现回流,造成淡水鱼存塘量增加,价格下跌。

(农业农村部渔业渔政管理局 宋丹丹)

水产品进出口贸易

根据中华人民共和国海关总署统计,2018年,我国水产品进出口总量954.42万吨,总额371.88亿美元,同比分别增长3.33%和14.44%,进出口总量和总额均创历史新高。全年贸易顺差74.65亿美元,同比收窄23.39亿美元。

【出口情况】 2018年,水产品出口量432.20万吨,同比减少0.40%,出口额223.26亿美元,同比增长5.56%。

(1)一般贸易出口呈量额双增,主要品种调结构显成效。2018年,水产品一般贸易出口量308.34万吨,出口额164.49亿美元,同比分别增长0.43%和5.16%,分别占水产品出口量和出口额的71.34%和73.68%。其中,头足类、罗非鱼、鳗鱼、藻类、大黄鱼是一般贸易主要出口品种(见表1)。鳗鱼表现抢眼,出口量额同比分别增长12.03%和31.21%,达4.64万吨和11.30亿美元。大黄鱼强势扭转上年量额双降的形势,出口量额同比分别增长24.39%和34.27%。罗非鱼出口企业成功开拓了非洲、墨西哥等其他国际市场,出口量额同比分别增长9.31%和11.64%。淡水小龙虾面对供不应求的国内市场,出口量额分别下降42.45%和11.52%。

表1 一般贸易主要出口品种

出口品种	占一般贸易出口额比例(%)	2018年		同比增减(%)	
		数量(万吨)	金额(亿美元)	数量	金额
头足类	22.00	52.38	36.19	5.04	9.43
对虾	11.86	16.08	19.51	-1.10	2.02
贝类	7.36	21.67	12.11	-7.69	-7.97
罗非鱼	8.40	44.60	13.82	9.31	11.64
鳗鱼	6.87	4.64	11.30	12.03	31.21
蟹类	4.80	6.22	7.89	-3.75	-12.01
鲭鱼	4.04	31.96	6.64	-15.26	-7.84
藻类	3.01	7.25	4.96	15.93	11.18
大黄鱼	1.75	3.90	2.87	24.39	34.27
淡水小龙虾	1.15	1.09	1.89	-42.45	-11.52

(2)迎难而上,来进料加工贸易出口量减额增。2018年,面对生产要素成本上涨、加工原料价格大幅波动、东南亚等地区同构竞争加剧等因素影响,我国来进料加工贸易顶住压力、迎难而上,出口额同比增长5.80%,达55.66亿美元,出口量105.96万吨,同比减少2.00%。细分来看,进料加工出口量86.71万吨,同比下降2.50%,出口额42.47亿美元,同比增长5.06%。来料加工出口量19.25万吨,出口额13.18亿美元,同比分别增长0.31%和8.29%,出口额占来进料加工出口总额比例为23.69%。

(3)主要出口市场有起有落,对美出口量额双增。对美国、欧盟、中国台湾、韩国市场出口均量额齐增,对日本、东盟市场出口则量减额增(见表2)。

表2 主要出口市场

出口市场	数量(万吨)	同比增减(%)	金额(亿美元)	同比增减(%)
日本	60.96	-2.83	40.30	4.77

（续）

出口市场	数量（万吨）	同比增减（%）	金额（亿美元）	同比增减（%）
美 国	56.13	1.28	34.28	6.42
东 盟	60.56	−9.52	27.69	1.37
欧 盟	55.57	0.84	25.32	6.66
中国台湾	14.27	3.42	19.45	7.89
韩 国	54.01	12.72	19.04	19.93
中国香港	18.40	−1.54	17.63	−4.99

（3）出口区域布局基本稳定。福建、山东、广东、辽宁、浙江、海南等沿海省份仍是我国水产品主要出口区，出口量额之和分别占全国水产品出口总量额的98.40%和96.86%。福建和山东继续位居主要出口省份水产品出口额和出口量排名首位。内陆省份中，江西、吉林和湖北依旧位列前三。受小龙虾出口下降影响，湖北全年水产品出口量额同比分别下降59.29%和44.75%（见表3）。

表3 主要出口省份

地区	数量（万吨）	同比增减（%）	占出口总量（%）	金额（亿美元）	同比增减（%）	占出口总额（%）
沿海						
福建	91.96	−1.82	21.28	63.74	9.49	28.55
山东	110.36	0.85	25.53	51.58	5.71	23.10
广东	60.40	5.21	13.97	35.83	4.29	16.05
辽宁	85.45	−0.16	19.77	31.14	5.11	13.95
浙江	49.89	−0.31	11.54	20.32	9.41	9.10
海南	14.50	−0.76	3.36	4.52	−4.95	2.03
江苏	5.33	10.21	1.23	4.48	20.29	2.01
河北	3.16	−15.60	0.73	2.60	1.21	1.16
广西	4.23	−20.19	0.98	2.03	−31.70	0.91
内陆						
江西	0.73	2.64	0.17	2.04	12.75	0.91
吉林	2.94	−33.28	0.68	1.30	−20.63	0.58

（续）

地区	数量（万吨）	同比增减（%）	占出口总量（%）	金额（亿美元）	同比增减（%）	占出口总额（%）
湖北	0.69	−59.29	0.16	0.95	−44.75	0.43

【进口情况】 2018年，我国水产品进口量522.22万吨，进口额148.61亿美元，同比分别增长6.64%和30.99%。

（1）进口结构看，食用水产品进口大增，鱼粉进口量有所下降。来进料加工原料进口量113.83万吨，进口额28.69亿美元，同比分别增长8.55%和15.40%。鱼粉进口量有所下降，为146.08万吨，同比减少7.05%，进口额为22.21亿美元，同比增长0.20%。其他以一般贸易方式进口（主要供国内食用）产品进口量160.24万吨，进口额76.70亿美元，同比分别增长61.21%和80.21%。其他方式（边境小额贸易、保税区仓储等）进口量102.07万吨，进口额21.01亿美元，同比分别减少20.44%和11.97%。

（2）进口市场看，普遍实现量额双增。我国从俄罗斯进口上涨，进口量额分别增长8.24%和42.85%，其中冻鳕鱼、冻大马哈鱼、蟹类等进口量额涨幅较大；从东盟进口量额同比分别增长30.01%和54.09%，其中自越南进口量额大增；从澳大利亚和厄瓜多尔进口额同比分别增长115.11%和177.97%（见表4），激增品种分别为龙虾和对虾。

表4 主要进口国家和地区

国家和地区	占进口总额比例（%）	2018年		同比增减（%）	
		数量（万吨）	金额（亿美元）	数量	金额
俄罗斯	14.92	116.12	22.17	8.24	42.85
东盟	14.79	84.24	21.98	30.01	54.09
越南	4.92	31.84	7.31	36.91	83.77
印度尼西亚	4.91	34.91	7.29	24.92	48.87
秘 鲁	9.96	88.58	14.81	−10.16	−0.89
美 国	9.57	44.26	14.23	−16.94	−5.49
加拿大	6.82	11.90	10.13	3.70	34.45

（续）

国家和地区	占进口总额比例(%)	2018 年		同比增减(%)	
		数量(万吨)	金额(亿美元)	数量	金额
智 利	4.82	20.00	7.17	8.33	19.95
澳大利亚	4.58	1.75	6.80	25.38	115.11
挪 威	3.95	17.58	5.87	-11.52	23.82
厄瓜多尔	3.59	10.79	5.34	36.67	177.97
欧 盟	3.32	14.08	4.93	7.52	38.51

（农业农村部渔业渔政管理局　宋丹丹）

国际交流与合作

【概况】 2018 年,渔业国际交流合作工作围绕渔业转方式调结构和政治外交大局,以维护我国渔业权益和周边稳定为重点,以服务渔业转型升级、促进渔业可持续发展为目标,全面加强周边、双边和多边渔业合作,不断开创新局面,取得积极成效。

【稳定周边秩序,在周边协定谈判中突出维护权益】

1. 做好中韩渔业协定谈判、执行及相关工作

一是组织做好 2018 年协定实施工作,部署加强涉韩渔船管理。为落实 2017 年年底签署的第 17 届中韩渔业联合委员会(以下简称中韩渔委会)年会纪要,农业农村部及时组织协调有关省份渔业部门做好渔船入渔组织和管理工作,指导中国渔业协会做好有关入渔渔船的申请、发证、通报、担保等大量日常工作。为有效加强涉韩渔船管控,减少中韩渔业纠纷和突发事件,农业农村部渔业渔政管理局有关负责同志于 5 月带队赴山东、浙江两省开展调研督导,召集涉韩省份渔业部门集中研究和部署。2018 年入韩渔船作业秩序总体稳定并继续好转,总体违规率和严重违规率双双下降,特别是严重违规大幅下降,且未出现暴力抗法及重大涉外事件,得到各方肯定。

二是筹备并完成第 18 届中韩渔委会谈判工作。根据双方商定,筹备并召开了第 18 届中韩渔委会第一次筹备会、第二次筹备会,配合中国水产科学研究院黄海水产研究所、中国海警局召开了资源专家组会、执法工作会谈,为顺利举行渔委会年会奠定了坚实基础。农业农村部渔业渔政管理局有关负责同志率团出席关键会议,最终就入渔规模和捕捞配额达成共识,并签署了会议纪要。

三是积极参与相关涉韩会议及活动。农业农村部渔业渔政管理局负责同志率团出席在韩国举办的中韩联合增殖放流活动,为中韩两国渔业关系增加正能量,韩方对此高度重视、周密筹备,韩国电视台专门采访中方代表,活动在韩国取得积极反响。派员参加了中韩外交部门渔业问题磋商,积极表达我国渔业立场。协助中国水产科学研究院黄海水产研究所筹划并参加中韩海洋生物资源专家组第十五次会议,成功签署纪要。协助中国渔业协会周密筹划并参加涉韩渔民培训会议,邀请韩方专家介绍有关情况,韩国海洋水产部、西海渔业管理团和韩国水产会派员参加交流,增进了双方理解和互信。

2. 做好中越北部湾渔业协定谈判、执行及相关工作

一是筹备并完成中越北部湾渔业联合委员会(以下简称中越渔委会)会谈。根据双方商定,筹备并召开资源专家组会、筹备会议,提前组织相关单位召开协调会,研究与会方案。5 月 30 日,第十五届中越渔委会会谈在越南岘港举行,中方与越方进行了会谈并成功签署会议纪要。双方首次提出了对违反协定规定的渔船实行入渔限制,确定了开展协定实施 15 周年总结与评价以及继续开展联合增殖放流等活动。

二是组织落实中越渔委会会谈纪要。积极组织协调有关省份和中国渔业协会做好我国渔船在共同渔区生产组织、发证等日常工作,协调中国海警局加强共同渔区渔船管理和执法工作,打击越方非法侵渔活动。委托中国渔业协会开展协定到期后续合作研究并征求有关部门意见,经其研究后向越方提出我方初步建议。组织相关单位集中研究拟订协定纪念活动和表彰事宜,确定初步工作方案。

三是组织开展中越北部湾渔业资源联合增殖放流活动。协调中央外事工作领导小组办公室、外交部、中国海警局和相关省份以及越方于 5 月 8 日举办了第二次中越联合增殖放流活动。农业农村部副部长于康震出席了活动,中央电视台和越南国家通讯社等媒体进行了报道,该活动得到了中越双方的高度评价,成为中越海上合作领域的亮点。

四是参加中越有关海上合作磋商。参与外交部牵头与越方进行的海上共同开发磋商和低敏感领域合作相关磋商会谈,提供渔业相关材料和会谈口径,这些工作组也都将增殖放流活动作为其成果并积极评价。同时,根据外交部向越方提出的进行南海渔业共同开发和湾口外渔业共同开发的有关思路,做好相关应对准备。

3. 做好中俄渔业合作混合委员会谈判及相关工作

一是筹备并召开第27次中俄渔业合作混合委员会。中方与俄方经过艰苦谈判，就海洋捕捞、水产品贸易、资源养护等达成共识，成功签署会议纪要。最终积极争取狭鳕捕捞配额；在执行IUU协定方面，向俄方提出了切实加强俄国内捕捞和出口环节监管的建议；积极推动俄方同意在黑龙江下游入海口采取秋鲑保护及合理利用的补充措施。同时，积极组织落实混委会纪要，一方面积极推动俄方履行承诺，最终签发所有捕捞配额文件；另一方面，敦促中国远洋渔业协会组织相关企业依法生产，没有出现违规现象。

二是统筹推进中俄渔业全面合作。会同黑龙江省组织举办2018中俄边境水域联合增殖放流活动，农业农村部副部长于康震和俄方代表出席活动；配合俄方与中华人民共和国海事局协调，协助调查涉俄IUU渔船；加强中俄在南北极、CITES等多边场合的立场协调，推动双方合作；配合俄方组织圣彼得堡国际渔业经济论坛，协助俄方参加中国国际渔业博览会，推动双边贸易合作。

4. 做好中日渔业协定谈判、执行及相关工作 协调举办中日渔业联合委员会（以下简称中日渔委会）筹备会谈。2017年以来，因日方提出苛刻条件，第18次中日渔委会磋商至今未果。2018年2月、6月、10月，中方先后与日方举行了3次磋商，但日方仍然坚持原立场并提出新的附加条件，双方没有能够达成一致。中方对此高度重视，多次进行会商，召集各有关单位集中研究，呼吁从高层和外交层面加强交涉，切实维护国家渔业权益和渔民实际利益。此外，根据有关方面要求，与日方协调处理日本鳗养护、国际捕鲸委员会、中日韩农业部长会谈、中日海洋事务高级别磋商等事宜。

【加强双边合作，在服务外交大局中突出渔业特色】

1. 继续推动中菲渔业合作 在2017年合作基础上，积极组织开展中菲渔业合作各项工作。一是委托中国水产科学研究院南海水产研究所等单位，周密筹划并成功实施向菲赠送第二批东星斑鱼苗及淡水鱼苗，2017年赠送鱼苗养成的成鱼成功游上了菲律宾国宴。二是参加外交部中菲南海问题磋商，并牵头与菲方开展渔业工作组会谈，双方充分肯定渔业合作成果，达成进一步加强合作的共识，根据外交部要求，我向菲方提出了开展联合增殖放流、统一南海休渔等建议。三是积极开展人员交流和培训，协调中国水产科学研究院各所先后为菲方65名渔业技术人员进行培训，协调中国水产流通与加工协会派员赴菲介绍中国水产品市场和贸易情况，促进双边水产品贸易。四是积极推动有关企业合作项目，协助企业落实部分经费支持。上述有关工作成果纳入了习近平主席访菲联合声明，得到各界肯定。

2. 继续开展中美渔业合作交流 筹备召开第三次中美渔业对话。2018年6月13日，根据现有机制召开了中美双边渔业对话第三次会议，双方就双多边场合关注问题交换意见、协调立场，确定了中美双方可以进一步合作或扩大合作范围的领域和安排。

3. 继续开展中欧渔业合作与交流

一是加强与欧方沟通协商，对双方拟联合发布的《中欧建立海洋蓝色伙伴关系：向着更好的海洋治理、可持续渔业和繁荣的海洋经济宣言》进行修改，大幅增加涉渔内容。通过与外交部、自然资源部努力协调，成功争取由农业农村部领导和自然资源部领导在中欧领导人见证下共同代表中方签署宣言，并在宣言中充分体现渔业合作机制、合作成果和农业农村部的主体地位。

二是统筹做好中欧打击IUU工作组工作和输欧水产品合法性认证工作。协助接待欧盟专家对中国输欧水产品卫生状况的例行检查，协调将水产品输欧合法性认证在内的所有行政服务项目纳入农业农村部政务服务系统。

4. 继续开展与大洋洲国家渔业合作

一是推进中澳、中新渔业合作。中澳双方于4月在北京举行工作层技术磋商，做好与澳方工作层对接讨论，并起草了中澳渔业合作备忘录草案文本征求澳方意见。中方与澳、新方分别举行了中澳渔业合作会谈和中新第二次渔业对话，就广泛议题交换意见、沟通立场，达成诸多共识，并与澳方草签中澳渔业合作备忘录。两个会谈受到澳、新方面高度重视，多部门参加会谈并表达出与我合作的积极意愿。

二是推进我与太平洋岛国合作。中方渔业代表团访问斐济、瓦努阿图，推动落实农业农村部领导出访成果，协调接待斐济渔业部长访华，研究推动南太地区远洋渔业规范有序发展。成功推动签署中国斐济渔业合作谅解备忘录，由我驻斐济大使代签，纳入APEC峰会成果清单。

5. 统筹开展其他双边渔业合作 包括召开第四次中国加拿大渔业合作分委会，参加中日韩三国农业部长会，协助办理塞拉利昂渔业部长访华，接待泰国渔业局访华等。

【加强多边合作，在参与国际渔业治理中突出中国声音】

一是多方位参与国际渔业治理规则顶层设计。派员参加联合国国家管辖海域外海洋生物多样性协定(BBNJ)谈判,努力与外交部、原国家海洋局协调立场,与各国代表开展磋商,全力维护我渔业利益;委托专家参加联合国大会可持续渔业决议磋商,认真组织研究与会方案,并与驻联合国使团加强协调沟通,努力在磋商中表达我立场和重要关切;积极参加联合国粮食及农业组织亚洲及太平洋渔业委员会会议,发出中国声音,推动形成公平合理、可持续的国际渔业治理机制。

二是切实加强区域渔业治理规则制定有关工作。组织协调加入南印度洋渔业委员会有关事宜。为维护我印度洋渔业权益,加强该区域远洋渔船规范管理,开展了前期研究,确定了尽早加入的方案。会议期间,分别约见了各缔约方代表团团长和大会主席及执行秘书进行密集磋商,进一步协调立场,最终推动会议修改了联合国粮食及农业组织(FAO)作为公约文本保存方的规定。积极参加南太平洋渔业管理委员会年会,认真研究制定与会方案,会议期间积极参加大会和会间双边谈判,在有关IUU渔船名单、福远渔冷999船、公海登临检查、渔船转载、财务预算等重点议题上,据理力争,最终取得了积极成果。

三是加强重要国际渔业条约的研究并推动成果转化。加强与外交部、交通运输部协调,在前期研究基础上,组织召开港口国措施协定加入论证内部研讨会,利用农业农村部渔业渔政管理局与交通运输部海事局工作协调机制进行协商,并根据中华人民共和国海事局意见起草了批约评估报告,提交领导审阅。委托专家积极参与联合国鱼类种群协定非正式磋商,跟踪了解全球批约和履约进展。加强北极渔业研究协调工作。组织协调外交、海洋、渔业科研等部门和单位共同研究落实协定要求,加强北极渔业研究工作事宜。参加中日韩、中俄北极对话,在与俄罗斯、加拿大等双边合作中积极推动开展北极渔业合作。配合外交部门起草请示上报国务院批准,授权我驻丹麦大使参加了在格陵兰举行的十方协定签署仪式。

四是参加有关国际渔业会议,发出中国声音,维护我方利益。派员参加东亚地区论坛“东南亚可持续渔业管理与粮食安全会议”。在会前积极策划确定会议议题,增加了有关水产养殖方面的两个议题;同时,积极组织渔业科研院所专家参会,并提前研究分工落实研讨任务,在会上专家多次发言阐明我方立场,积极引导会议走向。其他方面,协助派员参加WTO渔业补贴谈判,委托专家参加“建立打击与渔业有关犯罪区域公约”技术工作组会议、FAO渔具标识专家会议、港口国措施协定工作组会议、FAO中亚高加索渔业委员会,协助外交部门派代表参加大西洋金枪鱼养护公约修约工作组会议等。同时,根据有关方面要求,积极组织研究国际捕鲸委员会参会事宜及议题协调、海洋国际大会参会事宜及议题协调、APEC峰会联合声明涉渔内容修改、日本鳗养护立场协调、全球环境基金项目申报、推荐FAO玛格丽塔奖章候选人等,并与外方或有关部门沟通协调,明确我方意见和立场,努力维护我方渔业利益。

此外,根据工作需要,继续为我方参与的国际渔业组织申报会费与捐款预算并做好缴纳工作。

【加强归口管理,在保障渔业发展大局中突出统筹服务】 根据工作需要,申报出国境团组计划,保障渔业对外合作工作顺利开展,服务我渔业发展大局。同时,统筹渔业系统国际合作工作,形成整体合力,做好归口管理和服务工作。

其他方面,包括研究提出全国和自贸区负面清单中涉及渔业的意见、海南自贸区优惠政策涉及渔业的意见、南海行为守则要素清单初步意见,参加外交部门周边工作会议和培训班、参加中央外办有关会议,为各部门提供涉渔口径材料等。同时,为农业农村部渔业系统有关单位做好外事服务工作,包括各类会签、接待安排、办理出国境手续、报销手续等事务性工作,认真负责,做好服务。

(农业农村部渔业渔政管理局 于沛民)

休闲渔业

【概况】 据监测,2018年全国休闲渔业产值为832.83亿元,同比增长17.56%,占渔业经济总产值的4%。其中,休闲垂钓及采集业产值259.55亿元,同比增长10.42%;旅游导向型休闲渔业产值356.65亿元,同比增长24.73%;观赏鱼产业产值90.37亿元,同比增长39.89%;休闲渔业钓具、钓饵、观赏鱼渔药及水族设备产值112.68亿元,同比增长17.49%。全国休闲渔业经营主体达122 767个,全年接待游客2.54亿人次,同比增加0.34亿人次。

休闲渔业在产值规模增长的同时,积极转向高质量发展。各地纷纷结合自然、文化和历史资源举办了多种休闲渔业赛事、渔业文化节庆和会展,象山开渔节、盱眙小龙虾节和哈尼梯田稻花鱼丰收节等社会影响不断扩大,休闲渔业成为当地渔业一二三产融合发展的引擎;查干湖、千岛湖等大湖渔业已成为休闲渔业的典范,冬捕节和巨网捕鱼等特色项目实现了生态保护和休闲旅游融合发展;福建省创建渔业与旅游、休闲和文化等产业结合的“水乡渔村”150家,建设休闲海钓示范基地10个，并建设了一批渔业特色小镇；四川省创建的第一批25个“美丽渔村”渔业经济总产值超过5亿元。

1. 加强人才队伍建设，夯实持续发展根基 围绕培育提升管理有创新、经营有办法、引导有方法、发展有成效的休闲渔业人才队伍与运营模式，农业农村部渔业渔政管理局分别于4月和11月，在江苏和福建举办了休闲渔业带头人和管理人才培训班，参训学员200余人。11月7~9日，在福建省厦门市成功举办了第三届中国休闲渔业高峰论坛，各省（自治区、直辖市）和计划单列市渔业行政主管部门、水产技术推广部门、渔业相关单位及休闲渔业经营主体代表等共300余人参加。中国新闻网、《中国渔业报》等众多媒体参与报道。

2. 编制产业发展报告，厘清产业发展现状 首次编制了中国休闲渔业发展报告，内容涵盖发展概况、区域分布、发展形势、存在问题及发展对策等5个方面，全面梳理我国休闲渔业产业发展现状、剖析产业经营状况、分析存在问题并展望未来发展方向，产生良好社会反响，为休闲渔业持续规范健康发展起到引领和指导作用。

3. 强化品牌建设，推进产业规范发展 进一步完善休闲渔业品牌动态管理机制，做好休闲渔业品牌建设，加强典型推介，组织开展地区间技术交流，组织最美渔村、休闲渔业主题公园督导检查。设计并发布了中国休闲渔业公共品牌标识，编印了休闲渔业发展典型案例与精品休闲渔业旅游路线，初步构建了休闲渔业品牌管理系统和全国休闲渔业人才库，为后续的品牌建设打下基础。

4. 开展渔业文化遗产研究，重视渔文化挖掘利用 加强渔业文化遗产的调查与评价工作，摸清家底、全面推进文化保护，科学推动渔业文化遗产发展，促进渔业供给侧结构性改革，初步开展了典型渔业文化遗产试认定工作，组织编写了《休闲渔业国际经验及启示》《渔文化与休闲渔业》等书籍。

（农业农村部渔业渔政管理局　宋丹丹）

渔 业 管 理

渔业法制建设

【概况】 2018年,各级渔业行政主管部门紧紧围绕转型升级,以渔业法修改为主线,以配套部门规章和规范性文件为突破口,不断完善渔业法律法规体系,为渔业高质量发展提供有利的法治保障。

1. 深入推进《中华人民共和国渔业法》修订 《中华人民共和国渔业法》(以下简称《渔业法》)列入第十三届全国人大常委会立法规划二类。农业农村部高度重视,持续推进《渔业法》修订工作。一是成立起草工作机构。农业农村部成立了渔业法修改起草领导小组和工作小组。领导小组组长由于康震副部长担任,成员包括法规司、渔业渔政管理局、长江流域渔政监督管理办公室有关负责同志以及相关单位专家。召开了领导小组第一次会议,于康震副部长出席会议并讲话。他强调,要把渔业法修改摆在更加突出位置;要深化调查研究,完善相关条款规定,确保做到有法可依、切实可行;要加强立法协调,争取尽快出台。二是开展立法调研。在扎实做好《渔业法(修订草案)》的起草、征求意见等工作的基础上,会同全国人大常委会法制工作委员会、司法部等相关部门负责同志多次赴渔区开展立法调研,并通过座谈会等形式广泛吸取地方及行业内外专家对《渔业法》的修订意见,对修订草案不断修改完善。

2. 完善配套规章和规范性文件 根据涉渔法律新规定和渔业管理的新要求,组织对相关规章和规范性文件进行了制(修)订。一是贯彻国务院关于渔船分类分级分区管理的新规定和"放管服"改革的新要求,修订了《渔业捕捞许可管理规定》。重点加强了渔船规范管理,实行了以船长为标准的分类标准,明确以机动渔船底拖网禁渔区线为界进行渔船分区作业管理;下放了审批权限,将海洋大型拖网、围网及跨省购置渔船审批和渔业捕捞许可证发放权限下放至省级渔业主管部门;取消了在渔业捕捞许可证上手工贴附功率凭证的规定,规范了审批行为,强化了事中事后监管,对渔捞日志内容、提交方式、违规处罚措施等做出了具体规定,建立了失信惩戒制度,提高制度的可操作性。二是根据《中华人民共和国野生动物保护法》有关规定,组织制定了《〈濒危野生动植物种国际贸易公约〉附录水生动物物种核准为国家重点保护野生动物名录》,为水生野生动物保护执法提供了保障。

3. 扎实做好立法协调 在《水下文物保护管理条例》《中华人民共和国计量法》《中华人民共和国房地产税法(草案)》《中华人民共和国生物安全法》等重要涉渔法律、行政法规的制(修)订中,积极做好协调,为全国渔业发展和管理工作创造良好的法制环境。

(农业农村部渔业渔政管理局 李文旭)

渔 业 标 准 化

【基础性工作】

(1)进一步完善渔业标准体系。根据现代渔业建设需要,适时提出2018年渔业国家标准制定和修订计划建议,组织全国水产标准化技术委员会及各分技术委员会开展2019年农业行业标准制(修)订渔业指南项目征集推荐工作。

(2)加强渔业标准化队伍建设。组织全国水产标准化技术委员会及淡水养殖、海水养殖、水产品加工、渔业机械仪器、渔业资源分技委以及水生动物防疫标准化工作组召开标委会年会,对委员进行标准化知识培训,强化委员履职意识和能力,推进提高标准制(修)订质量。制订计划,由全国水产标准化技术委员会组织实施,对国家和行业标准制(修)订计划项目进行跟踪指导,组织编写标准化知识培训教材,定期举办培训班,2018年,50多名水产标准起草人员接受培训,对提高标准起草质量起到积极作用。同时,全国水产标准化技术委员会还积极组织专家开展标准宣传贯彻和咨询服务活动,对科研、技术推广、企业部门技术和管理人员等进行标准化知识培训和咨询服务,全年授课十多次,培训和咨询服务近千人次。

【水产标准制(修)订】 加快标准制定和修订进度,提高标准起草与审查质量,组织召开了12次标准审定会,审定标准65项,其中,审定国家标准16项、行业标准49项。《草鱼出血病诊断规程》等26项国家标准获国家标准化管理委员会批准实施,《灌江纳苗技术规程》等39项水产行业标准经农业农村部批准实施。

【技术性贸易措施官方评议】 持续组织开展WTO/TBT-SPS技术性贸易措施官方通报评议,对收到的水产品相关通报87项进行了评议,其中初评60项,深入评议27项,对外提出19项评议意见,对内提出27项预警建议。评议意见全部被WTO/TBT-SPS国家咨询中心农业农村部联系点采纳,有7条对外评议意见被中国WTO/SPS国家通报咨询中心采纳报出。其中,对澳大利亚有关审议供人消费虾及虾产品进口条件草案通报提出的评议意见,受到澳方重视,其农业与水利部动物生物安全司给我国WTO/SPS国家通报咨询中心来信,表示将在其官方网站公布我国评议意见。7月,派专家参加了WTO/SPS委员会第72次例会,主动就澳大利亚虾和虾产品强化进口措施与澳方开展双边磋商,有针对性地从其措施的科学性、与国际标准的一致性以及与WTO合规性等角度提出意见,并就合理解决输澳虾及虾产品技术性贸易措施问题表达中方诉求,得到澳方采纳我方评议意见修订相关措施的积极回应。

【国际交流合作】 持续跟踪水产相关国际标准的制(修)订动态。4月派专家参加了国际食品法典农药残留委员会(CCPR)第50届年会,7月派专家参加了在意大利召开的国际食品法典委员会(CAC)第41届大会,积极提出中国水产品相关建议。举办水产品技术性贸易措施通报评议培训班,加强官方评议队伍能力建设,强化水产标准化、科研教学、技术推广、行业协会及企业、质检、海关、商务等相关等部门在官方评议和国际标准化工作的交流与合作。

【国家和行业标准目录】

2018年发布国家标准和行业标准目录

序号	标准号	标准名称
		一、国家标准
1	GB/T 18674-2018	渔用绳索通用技术条件
2	GB/T 21441-2018	牙鲆
3	GB/T 35896-2018	脊尾白虾
4	GB/T 35897-2018	条斑紫菜　半浮动筏式栽培技术规范
5	GB/T 35898-2018	条斑紫菜　全浮动筏式栽培技术规范
6	GB/T 35899-2018	条斑紫菜　海上出苗培育技术规范
7	GB/T 35902-2018	毛蚶
8	GB/T 35903-2018	牙鲆　亲鱼和苗种
9	GB/T 35907-2018	条斑紫菜　冷藏网操作技术规范
10	GB/T 35938-2018	条斑紫菜　丝状体培育技术规范
11	GB/T 35940-2018	海水育珠品种及其珍珠分类
12	GB/T 35941-2018	水产养殖增氧机检测规程
13	GB/T 36187-2018	冷冻鱼糜
14	GB/T 36190-2018	草鱼出血病诊断规程
15	GB/T 36191-2018	真鲷虹彩病毒病诊断规程

（续）

序号	标准号	标准名称
16	GB/T 36192－2018	活水产品运输技术规范
17	GB/T 36193－2018	水产品加工术语
18	GB/T 36194－2018	金鱼造血器官坏死病毒检测方法
19	GB/T 21290－2018	冻罗非鱼片
20	GB/T 21678－2018	渔业污染事故经济损失计算方法
21	GB/T 36395－2018	冷冻鱼糜加工技术规范
22	GB/T 15805.5－2018	鲤春病毒血症诊断规程
23	GB/T 37107－2018	暗纹东方鲀人工繁育技术规范
24	GB/T 37115－2018	鲍疱疹病毒病诊断规程
25	GB/T 37063－2018	淡水育珠品种及其珍珠分类
26	GB/T 37062－2018	水产品感官评价指南
二、行业标准		
27	SC/T 1136－2018	蒙古鲌
28	SC/T 2083－2018	鼠尾藻
29	SC/T 2084－2018	金乌贼
30	SC/T 2086－2018	圆斑星鲽　亲鱼和苗种
31	SC/T 2088－2018	扇贝工厂化繁育技术规范
32	SC/T 4039－2018	合成纤维渔网线试验方法
33	SC/T 4043－2018	渔用聚酯经编网通用技术要求
34	SC/T 9601－2018	水生生物湿地类型划分
35	SC/T 9602－2018	灌江纳苗技术规程
36	SC/T 9603－2018	白鲸饲养规范
37	SC/T 9604－2018	海龟饲养规范
38	SC/T 9605－2018	海狮饲养规范
39	SC/T 9606－2018	斑海豹饲养规范
40	SC/T 9607－2018	水生哺乳动物医疗记录规范
41	SC/T 9608－2018	鲸类运输操作规程
42	SC/T 2078－2018	褐菖鲉
43	SC/T 2082－2018	坛紫菜
44	SC/T 2087－2018	泥蚶　亲贝和苗种
45	SC/T 2089－2018	大黄鱼繁育技术规范

（续）

序号	标准号	标准名称
46	SC/T 3035－2018	水产品包装、标识通则
47	SC/T 3051－2018	盐渍海蜇加工技术规程
48	SC/T 3052－2018	干制坛紫菜加工技术规程
49	SC/T 3207－2018	干贝
50	SC/T 3221－2018	蛤蜊干
51	SC/T 3310－2018	海参粉
52	SC/T 3311－2018	即食海蜇
53	SC/T 3403－2018	甲壳素、壳聚糖
54	SC/T 3405－2018	海藻中褐藻酸盐、甘露醇含量的测定
55	SC/T 3406－2018	褐藻渣粉
56	SC/T 4041－2018	高密度聚乙烯框架深水网箱通用技术要求
57	SC/T 4042－2018	渔用聚丙烯纤维通用技术要求
58	SC/T 4044－2018	海水普通网箱通用技术要求
59	SC/T 4045－2018	水产养殖网箱浮筒通用技术要求
60	SC/T 5706－2018	金鱼分级　草金鱼
61	SC/T 5707－2018	金鱼分级　和金
62	SC/T 6010－2018	叶轮式增氧机通用技术条件
63	SC/T 6076－2018	渔船应急无线电示位标技术要求
64	SC/T 7002.8－2018	渔船用电子设备环境试验条件和方法　正弦振动
65	SC/T 7002.10－2018	渔船用电子设备环境试验条件和方法　外壳防护

（农业农村部渔业渔政管理局　郭　薇）

渔业船舶水上安全事故及救助情况

【事故情况】 2018年，全国共发生渔业船舶（不含特殊船舶）水上安全事故178起，死亡（或失踪）217人。其中：水上生产安全事故发生145起，死亡104人；水上交通事故15起（未按《中华人民共和国渔业船舶水上事故统计规定》减半），死亡51人；自然灾害事故发生18起，死亡62人。

1. 按事故分类划分

（1）生产安全事故。生产安全事故发生145起，死亡104人，分别占全年水上安全事故总数的81.46%和47.93%，沉船41艘。同比事故起数减少22起，死亡人数增加25人。

在生产安全事故中，触损5起，死亡2人；风损3起，死亡1人；火灾13起，死亡5人；机械损伤33起，死亡27人；碰撞11起，死亡1人；溺水43起，死亡45人；自沉20起、死亡8人；其他17起，死亡15人。2018年各类生产安全事故所占比例与上年同期比较情况见图1～图4。

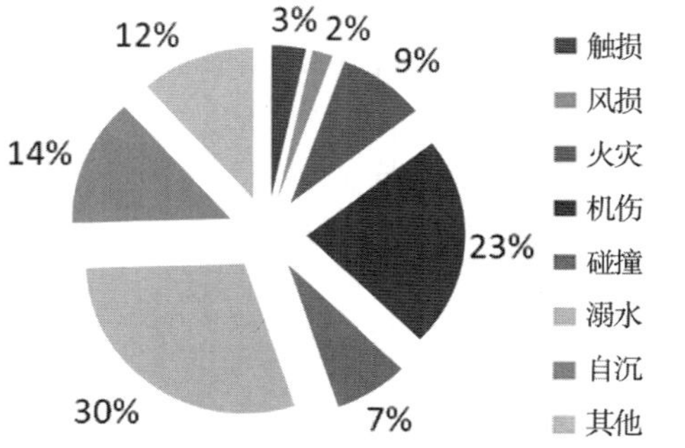

图1　生产安全事故起数比例

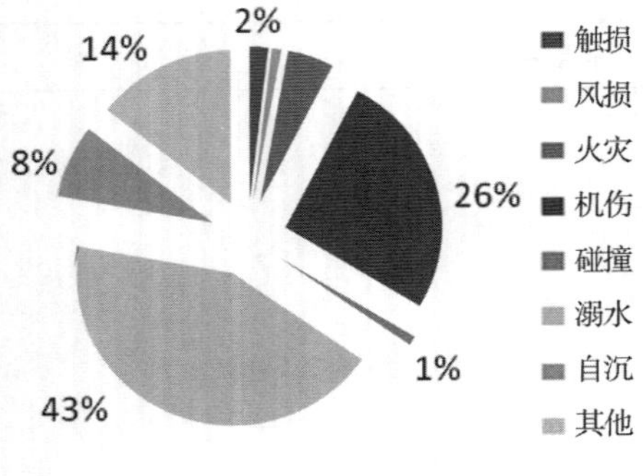

图 2 生产安全事故死亡人数比例

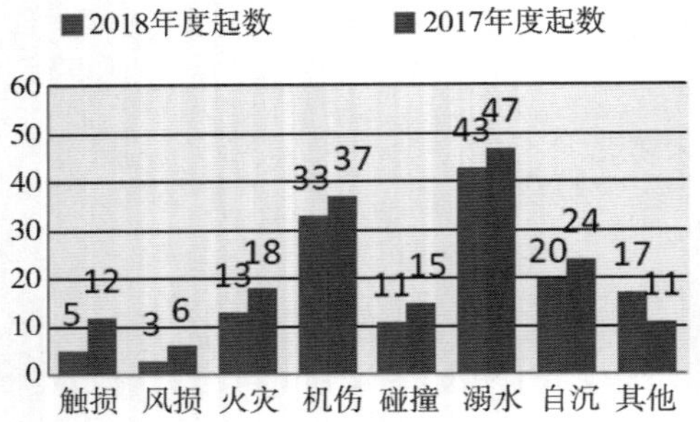

图 3 生产安全事故发生起数比较

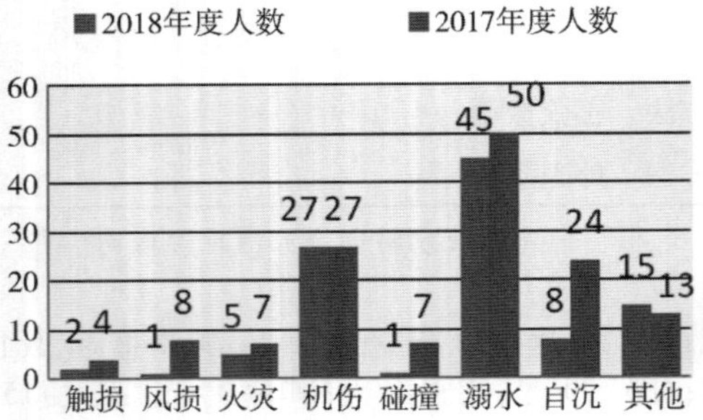

图 4 生产安全事故死亡人数比较

(2)水上交通事故。水上交通事故发生 15 起,死亡 51 人,分别占水上安全事故的 8.43% 和 23.50%,沉船 9 艘。同比事故增加 9 起,死亡人数增加 44 人。其中,辽宁省发生一起重大商船与渔船碰撞事故,死亡 10 人。

(3)自然灾害事故。自然灾害事故共发生 18 起,死亡 62 人,分别占水上安全事故的 10.11% 和 28.57%,沉船 15 艘。同比事故减少 6 起,死亡增加 17 人。其中,大风造成事故 13 起,死亡 58 人;台风造成事故 2 起,未造成人员伤亡;其他原因造成事故 3 起,死亡 4 人。分别占自然灾害事故的 72.22%、93.55%,11.11%、0%,16.67%、6.45%。

2018 年事故分类与上年比较和所占比例情况见图 5~图 8。

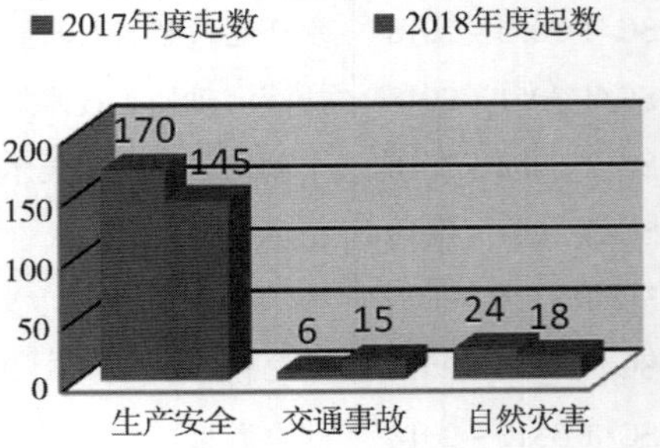

图 5 事故发生起数比较

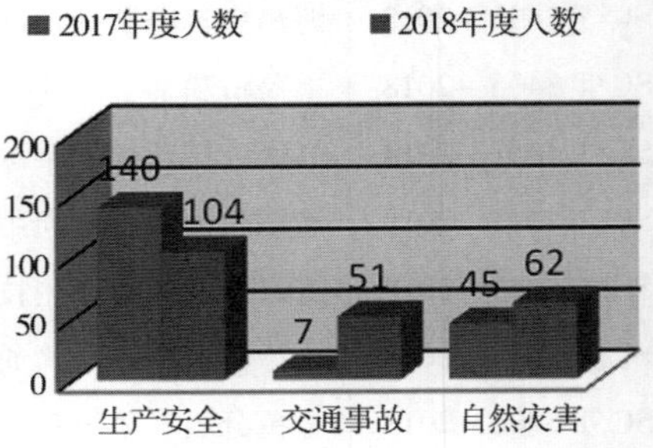

图 6 事故死亡人数比较

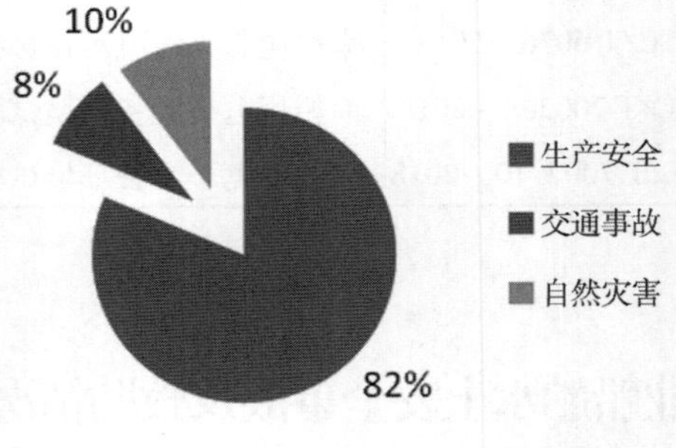

图 7 事故分类起数比例

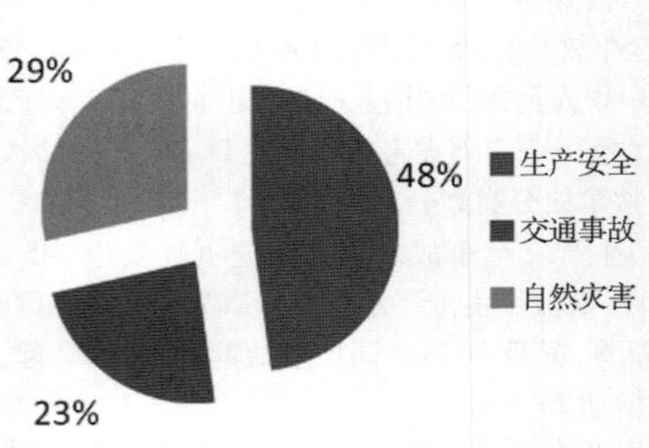

图 8 事故分类死亡人数比例

2. 按事故等级划分

（1）一般事故。一般事故发生 159 起，死亡 111 人，分别占 2018 年事故总数的 89.33% 和 51.15%。同比事故起数减少 29 起，死亡人数减少 11 人。

（2）较大事故。较大事故发生 17 起，死亡 85 人，分别占 2018 年事故总数的 9.55% 和 39.17%。同比事故起数增加 6 起，死亡人数增加 28 人。

（3）重大事故发生 2 起，死亡 21 人，分别占 2018 年事故总数的 1.12% 和 9.68%。同比事故起数增加 1 起，死亡人数增加 8 人。

（4）特别重大事故。无特别重大事故发生。

2018 年事故等级与上年比较和所占比例情况见图 9～图 12。

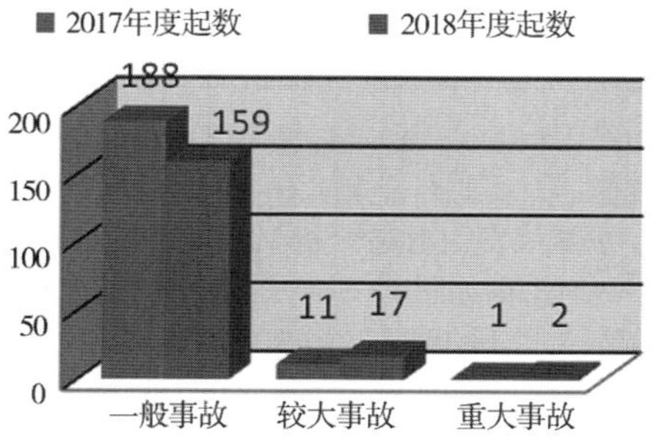

图 9　事故等级发生起数比较

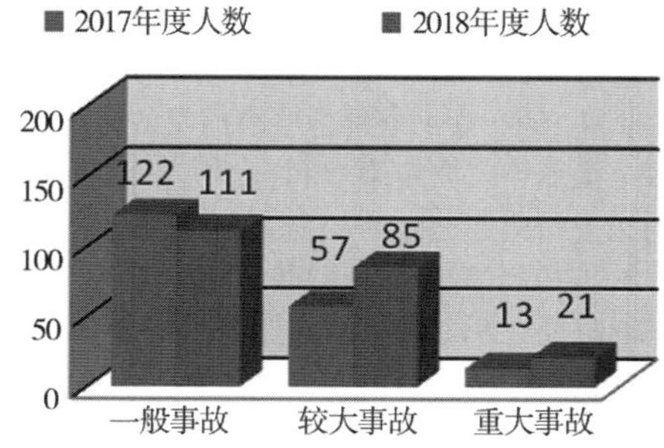

图 10　事故等级死亡人数比较

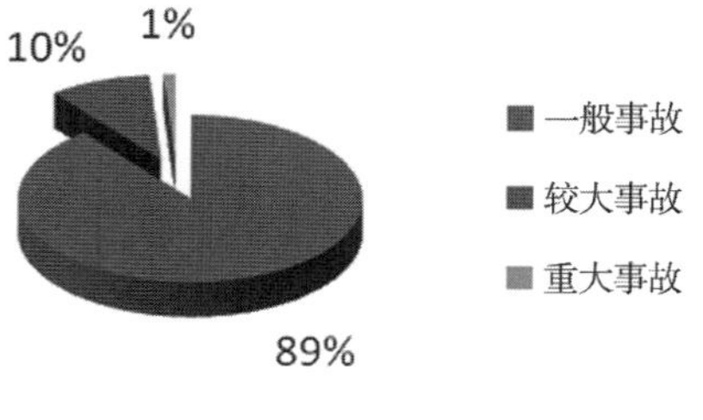

图 11　事故等级起数比例

图 12　事故等级死亡人数比例

3. 按照事故发生省份划分　2018 年度各省渔业船舶水上安全事故发生情况见表 1。

【事故特点与原因】

1. 按事故类型分析

（1）生产安全事故最多。2018 年共发生 145 起，死亡 104 人，分别占事故总数的 81.46% 和死亡人数的 47.93%（图 13）。安全生产意识淡薄是造成生产安全事故的最大隐患，另外，违反安全操作规程也是安全事故的重要原因之一。

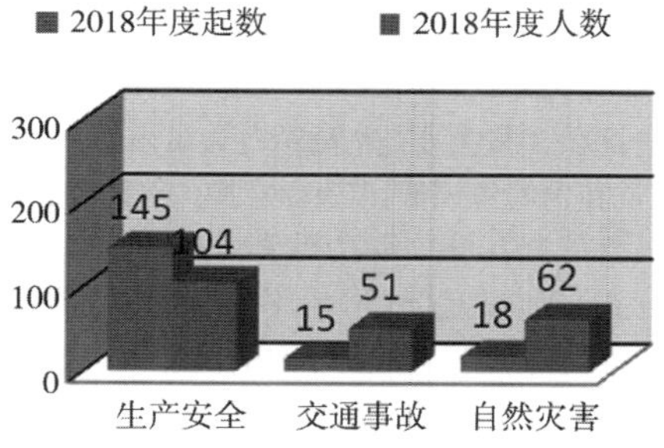

图 13　渔业安全事故

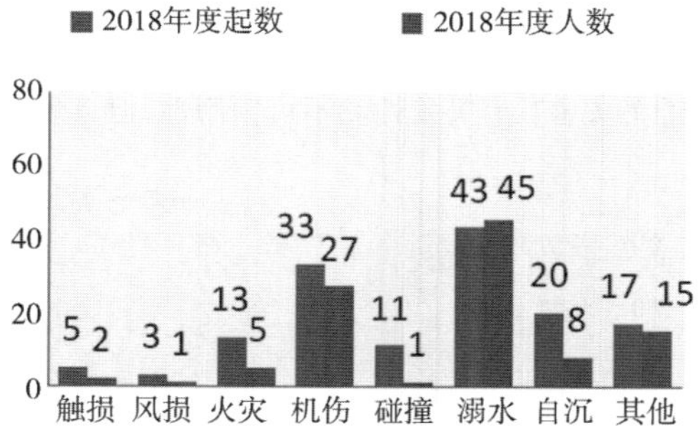

图 14　水上生产安全事故分类

（2）溺水事故多发。溺水事故共发生 43 起，死亡 45 人（图 14），分别占第二季度生产安全事故的 29.66% 和 43.27%，死亡人数均位居生产安全事故之首。

表 1 2018 年度渔船水上安全事故汇总表

地区	事故总数		生产安全事故		水上交通事故		自然灾害事故	
	事故起数	死亡人数	事故起数	死亡人数	事故起数	死亡人数	事故起数	死亡人数
辽宁	29	50	21	20	5	20	3	10
河北	0	0	0	0	0	0	0	0
天津	1	1	1	1	0	0	0	0
山东	7	16	3	2	3	8	1	6
江苏	32	28	28	22	0	0	4	6
上海	4	1	4	1	0	0	0	0
浙江	40	63	32	32	3	12	5	19
福建	25	29	20	4	1	4	4	21
广东	3	7	2	1	1	6	0	0
广西	26	13	24	13	1	0	1	0
海南	11	9	10	8	1	1	0	0
合计	178	217	145	104	15	51	18	62

2018 年 1 月 15 日 12 时，“琼儋渔 31790”船在北部湾海域生产作业时，两名船员不慎落水。跟帮渔船琼儋渔 31026、琼儋渔 31458、琼儋渔 31247、琼儋渔 31210、琼儋渔 31440、琼儋渔 31783 渔船得知消息后，立即停下作业赶往事发地点搜救，经过 8 天搜救终于找到遇难两名夫妇。

溺水事故多发主要与内陆劳务人员出海作业缺少专业培训，防范风险意识低，以及违章操作等因素有关。

(3) 自然灾害事故伤亡严重。自然灾害事故发生 18 起，死亡 62 人，沉船 15 艘，平均每起事故导致 3.44 人死亡，而且自然灾害事故导致的沉船率也比较高，其中由于大风导致的事故占 72.22%。

2018 年 10 月 11 日 10 时左右，“闽东渔 61648”船在闽南渔场 E118°33′N23°02′附近海域遭遇狂风巨浪袭击，造成渔船倾覆后沉没，船上 13 名船员全部落水，2 人获救，11 人失踪。

自然灾害具有突发性和不可预测性，但自然灾害事故的伤亡和损失，也与船员的冒险心理、出海经验和航海技能等人员的综合素质有一定的关系。

2. 按事故发生时态分析 2018 年渔业船舶水上安全事故时态图如图 15 所示，全年平均每月发生事故 14.83 起，死亡 18.08 人。10 月事故最多，发生 28 起，6 月事故最少，发生 3 起；10 月死亡人数最多，35 人死亡，6 月死亡人数最少，3 人死亡。上半年发生事故 76 起，死亡 100 人；下半年发生事故 102 起，死亡 117 人。下半年事故数量较上半年增长 34.21%，死亡人数较上半年增长 17.00%。

事故发生起数和死亡人数折线图走势基本吻合，其中 1、4、9、10 月 4 个月是事故高发的月份，伤亡人数较多。渔船生产安全事故和自然灾害事故发生时态趋势与以上折线趋势也有相似之处，见图 16。

3. 按捕捞渔船作业类型分析 刺网渔船发生事故 67 起，死亡 91 人，拖网渔船发生事故 66 起，死亡 76 人。分别占事故总数的 37.64%、41.94% 和 37.08%、

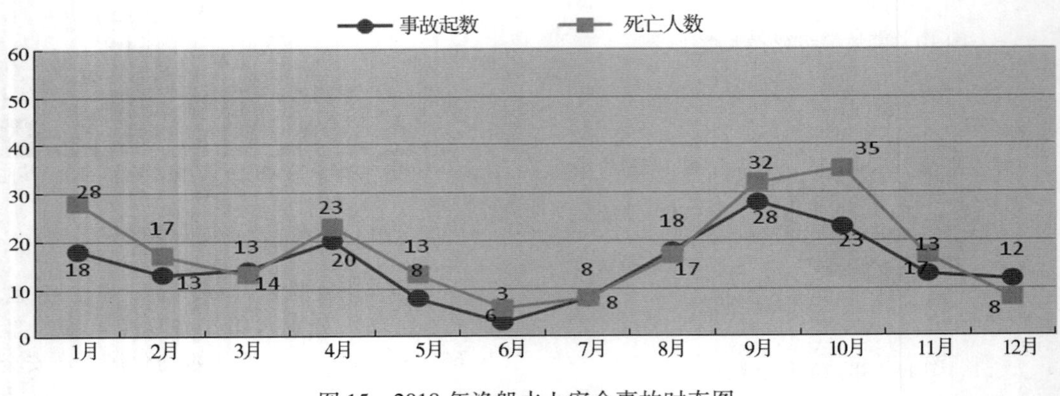

图 15 2018 年渔船水上安全事故时态图

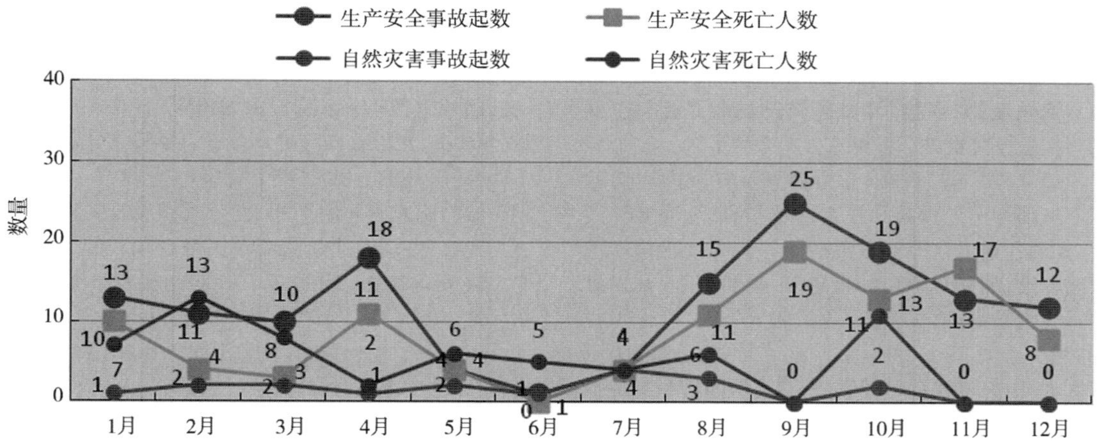

图 16 2018 年渔船生产安全事故、水上交通事故时态图

35.02%。刺网渔船和拖网渔船是捕捞渔船事故中发生事故数量和死亡人数最多的两种渔船，这主要与两种渔船的数量较多，基数较大有关（图 17）。

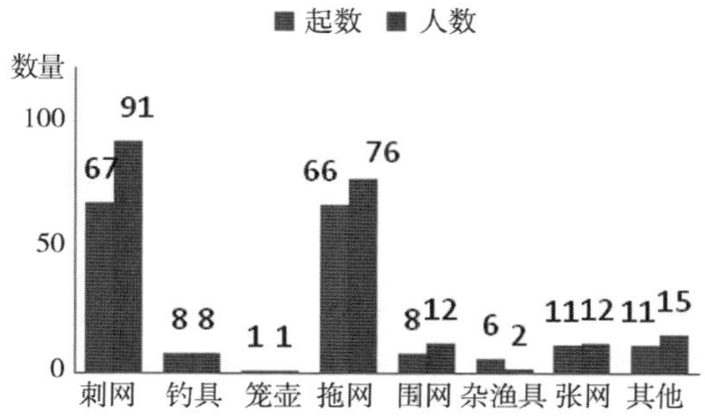

图 17 不同作业类型渔船事故起数及死亡人数

【渔业海难救助概况】 2018 年，全国各级渔业行政主管部门及其渔政渔港监督管理机构共组织渔业救助 1 003起；渔业行政执法船艇参与救助 118 艘（次），渔船参与 1 311 艘（次）；救助渔船 1 188 艘，救助渔民 7 130人；实际投入救助费用 2 249.23 万元，挽回经济损失 56 379.36 万元。2018 年渔业海难救助具体情况见表 2。

表 2 2018 年渔业海难救助情况表

地区	救助起数（起）	救起渔民（人）	救起渔船（艘）	调度救助船舶（艘）		投入救助费用（万元）	挽回经济损失（万元）
				公务船	渔船		
天津	3	3	24	2	23	2.4	51.1
河北	34	55	50	1	50	36	686.2
辽宁	39	142	25	12	66	125.8	5 490
山东	30	169	66	9	52	190.46	1 726.8
上海	11	77	10	2	11	21.8	1 265
江苏	34	148	37	17	40	156.79	2 896
浙江	736	5 693	821	44	788	1 221.02	20 476.56
福建	56	629	63	14	132	358	23 179.5
广东	3	2	8	3	6	8	0
广西	7	23	14	0	14	19.3	242
海南	46	185	70	13	126	109.66	366.2
重庆	4	4	0	1	3	0	0
全国总计	1 003	7 130	1 188	118	1 311	2 249.23	56 379.36

（农业农村部渔业渔政管理局 赵中榜）

捕捞许可和渔船管理

1.海洋渔船"双控"和减船转产成效显著 全面贯彻落实国务院批准印发的《农业部关于进一步加强国内渔船管控实施海洋渔业资源总量管理的通知》，农业农村部切实加强督导检查，组织赴重点渔区开展调研，推动各地出台配套政策措施。大力推进捕捞渔民减船转产，加强对项目的指导、推动和管理，开发推广项目监管平台，适时调度、通报完成情况，确保项目顺利实施。7月27日，组织在广东湛江举行渔船集中拆解活动，中央电视台新闻联播、整点新闻进行宣传报道，受访参与央视新闻网30分钟现场直播，《农民日报》及各主流网站专题跟踪报道，引起社会广泛关注。截至2018年年底，共完成拆解渔船1.7万余艘、压减功率100多万千瓦，分别占总目标任务的86%和69%。

2.渔船管理现代化信息化水平大幅提升 组织开展渔船管理业务梳理，启动全国渔船动态管理系统升级改造，优化完善系统功能，推进渔船各管理环节无缝对接，有效支撑新修订的规章制度实施和渔船检验机构改革到位。组织开展海洋渔船数据清理，指导各地对重复和"有证无船"等无效数据予以公示并剔除，确保数据真实、准确。组织开展"船证不符"和"异地挂靠"渔船清理整治，研发全国海洋渔船"船证不符"整治平台，于7月1日起全面启用，有效确保了渔船证书记载参数与船舶实际情况相一致。渔船管理"三级"纠错功能进一步优化，业务操作回退机制全面建立，数据实时交换共享基本实现。全国统一渔船动态管理系统已成为渔船规范化、渔业现代化管理的重要抓手，也是农业农村部唯一以部门规章形式确立的管理系统，对提升管理水平、方便渔民群众发挥了重要作用。

3.港澳流动渔船管理机制逐步完善 落实港澳流动渔船合作安排，农业农村部副部长于康震带队开展港澳流动渔民发展专题调研，参加香港流动渔民团体举办的香港回归庆祝活动。进一步强化流动渔船规范管理和政策推进落实，实施与内地渔船相同的更新改造补贴政策，落实补助资金1 000多万元，大力推进港澳流动渔船"先建后拆"试点。研究下发实施文件，对船舶适航水域与实际生产作业水域不一致问题进行全面整改，有效解决历史遗留问题。会同国务院港澳事务办公室联合召开专题座谈会，就进一步完善流动渔民管理机制，研究解决重大政策问题达成初步共识。

4.南沙渔业管理规范有序 研究制发加强南沙生产渔船管理通知，部署安排2018年度南沙专项许可和监督管理，指导南海3省（自治区）和南海渔业中心，加强渔民培训教育，强化渔船船位动态监控，保持南沙渔业生产形势稳定。落实南沙渔业生产扶持政策，组织开展2018年度专项柴油补贴申报审核和发放工作，提出补贴方式和资金管理办法调整工作建议。积极参与国家国防动员相关工作，积极反映渔业部门意见建议，推动渔业船联网军民融合项目建设。根据中央决策部署，配合有关部门组织南沙专项生产行动，指导地方制订工作方案，做好渔船组织动员、渔民培训、证书发放、船位监控、信息上报工作，确保行动顺利进行，得到中央充分肯定。

5.渔船和捕捞许可审核公正公平 渔船和捕捞许可审批工作量大、涉及面广、政策性和时效性强，农业农村部始终坚持公开透明、规范审批。据统计，全年共受理审核国内渔船船网工具指标和捕捞许可审批203件，涉及渔船264艘。同时，大力推行全国一体化在线服务，推动实现渔船证书证件审核发放"一网通办"和无纸化办公，努力给地方管理部门和渔民提供便捷、优良的服务，对审批中遇到的矛盾和问题，及时沟通协调，妥善解决。

（*农业农村部渔业渔政管理局 张信安*）

渔业节能减排

2018年，农业农村部渔业渔政管理局继续通过实施渔业节能减排项目，开展水产养殖节水减排技术示范、渔船污染物排放抽样检测和调查、节能减排宣传教育等工作，持续推进渔业绿色可持续发展。

1.水产养殖节能减排技术示范工作进一步推进 2018年，重点在天津、河北、江苏、浙江、山东、广东、四川和大连等地实施了池塘工程化循环水养殖（跑道鱼）、工厂化循环水养殖、零用药零排放生态养殖节水沾排技术模式示范，为进一步推广应用这些技术模式探索了经验，提供了可复制的样板。其中：天津市开展的工厂化循环水养殖示范，以半滑舌鳎为主养对象，针对水质、营养饲料、疫病防治、高效养殖设施设备、环境调控、管理等环节，集成高效循环水养殖技术科研成果，实现日换水率低于15%，与传统的流水养殖模式相比，节水80%以上，同时用药量大幅降低。山东省开展的海水工厂化循环水养殖技术示范，水循环系统日添水量仅为5%，采用鱼池自动排水与排污系统，有效去除三态氮35%，进入鱼池的水质指标COD小于5毫克/升，悬浮物小于2.0毫克/升，非离子氨小于0.02毫克/升，细菌量低于自然海水，溶解氧大于8.0毫克/

升。尾水符合国家渔业用水标准，可达标排放，实现环境友好型生产。大菱鲆单产达到32.5千克/平方米，半滑舌鳎单产达到30.6千克/平方米，牙鲆单产达到35.2千克/平方米；鱼生长速度平均提高21.5%，养殖存活率平均提高20.54%，达到96.12%；养殖耗电低于10千瓦时/千克，达到8千瓦时/千克；产品达到行业标准要求。浙江省开展的池塘工程化循环水养殖（“跑道鱼”）模式示范，取得了良好的经济、生态效益。主养草鱼产量达18 050 ~20 200千克/槽（折合亩产约3 000 ~3 300千克），黄金鲫产量达12 768 ~17 538千克/槽（折合亩产约2 000~2 900千克），梭鱼产量达3 750 ~8 000千克/槽（折合亩产550 ~1 100千克），单产比传统池塘养殖增加2倍以上，鱼规格较均匀，解决了传统池塘养殖个体差异较大，需多次分池养成的难题，提升了产品上市优势；加上外塘套养的水生动物（鱼、虾、贝、鳖等）及水生蔬菜等综合产出，该养殖模式整体经济效益比传统池塘提升40%以上。该模式将“跑道”废物沉淀区的鱼类粪便、饵料残渣等定期通过吸污泵抽到废物净化处理池曝气后用于植物花卉种植或固液分离处理。同时，通过外塘生态系统中低营养级的水产动物、浮游动物、水生植物的比例搭配和生态调控，达到对营养盐、有机物和排泄物的有效利用和转化。基本实现池塘养殖尾水的原位处理，实现资源节约、循环生态的可持续养殖。同时，通过科学管理和调控水质，实现示范点疾病零暴发，养殖全程未使用渔药。四川开展的基于生物絮团技术的内陆零换水零用药对虾排队渐进式生态养殖模式，以满足工厂化对虾高密度养殖对一定盐度的需求，降低整个养殖周期的盐度需求和海盐的使用量，采用零换水零用药技术路线，避免了此类对虾养殖过程导致环境污染的潜在可能。示范养殖实现了养殖水重复利用，且零用药、零排放，避免了环境污染；养殖对虾单产可达4 ~6千克/平方米，平均约4.8千克/平方米，如2 000平方米达到预期产量，可实现经济效益38.4万元/造，利润率50%，该养殖模式达到了良好生态和经济效益，得到养殖生产者认可。

2. 开展渔船污染物排放及防治调研 2018年，通过开展国内机动渔船含油污水产生和排放情况抽测调研工作，探寻沿海渔船出海作业及油污水排放规律，调查用油情况、检测油污水成分含量、选择科学方法进行分析测算，得出我国海洋机动渔船通过含油污水排入海里的油量对环境造成一定程度污染的结论，同时提出了具体防治渔船环境污染的措施建议。

3. 持续进行渔业节能减排技术宣传教育 2018年，持续开展收集国内外相关节能减排信息、科技创新情况，编印《渔业节能减排通讯》，开展多种形式的渔业节能减排技术宣传教育，提高渔业从业人员节能减排意识和技能水平。2018年开展形式多样的节能减排知识科普宣传、现场技术推广交流活动等40余次，累计发放宣传资料2 000余份，开展科普咨询活动5 000余次。

（农业农村部渔业渔政管理局　郭　薇）

水生生物资源养护与水域生态环境修复

1. 完善资源养护制度建设并抓好贯彻落实

一是出台黄河禁渔期制度并组织实施。以农业农村部通告下发《关于实施黄河禁渔期制度的通告》；在河南小浪底水库组织开展黄河禁渔期制度启动仪式，农业农村部副部长于康震参加；在《人民日报》刊发解读黄河禁渔期制度的文章，在《农民日报》、中央电视台新闻联播及原军事·农业频道等媒体开展黄河禁渔期制度宣传。

二是出台重要经济鱼类最小可捕标准及幼鱼比例管理制度。以农业农村部通告下发《关于实施带鱼等15种重要经济鱼类最小可捕标准及幼鱼比例管理规定的通告》，向沿海各省份发放通告宣传页和宣传彩页。

三是进一步优化完善海洋伏季休渔制度。连续两年对伏季休渔制度进行调整完善，2018年将定置作业休渔时间由各地自定不少于3个月统一为5月1日休渔，时间不少于3个月，规定为捕捞渔船配套服务的捕捞辅助船休渔时间原则上执行所在海域的最长休渔时间规定，以进一步加强对产卵亲体和幼鱼的保护以及对捕捞辅助船的监管。

除上述制度外，上半年农业农村部还发布了伏休专项捕捞方案等相关配套制度；与原环境保护部、水利部联合发布《重点流域水生生物多样性保护方案》；对黄河流域渔业资源管理委员会进行了换届并修订了章程；启动了松花江、辽河、海河禁渔期制度研究。

2. 积极推进海洋牧场建设和管理

一是推动海洋牧场可持续有序发展。制作全国海洋牧场宣传视频，提出支持海南海洋牧场建设方案，联合国家发展和改革委员会指导山东省制定《现代化海洋牧场建设综合试点方案》。在山东烟台召开全国海洋牧场建设工作现场会，传达中央领导同志关于海洋牧场的重要指示批示精神，展示海洋牧场建设成就，总结交流推广海洋牧场建设先进经验和成功模式，研究部署下一步海洋牧场建设工作，农业农村部部长韩长赋出席并讲话。

二是加强国家级海洋牧场示范区建设管理。组织各地创建第四批国家级海洋牧场示范区。经专家评审和农业农村部渔业渔政管理局局务会审议，新建国家级海洋牧场示范区22个，国家级海洋牧场示范区数量达到86个。加强国家级海洋牧场示范区管理，发布《国家级海洋牧场示范区年度评价及复查办法(试行)》。

三是加强人工鱼礁建设项目监管。进一步加强人工鱼礁项目管理，发布《人工鱼礁建设项目管理细则》。及时调度人工鱼礁项目实施进展情况，组织开展项目督查，严把建设质量和效果。组织对申报2018年人工鱼礁项目的实施方案进行专家审查，提出项目安排建议。组织开发国家级海洋牧场示范区管理信息系统，将人工鱼礁项目实施纳入系统管理相关模块，实现项目申报、审核、进展汇报、验收的电子化。

3. 积极开展水生生物增殖放流

一是组织实施好重大增殖放流活动。在江西鄱阳湖组织开展第四届“全国放鱼日”同步增殖放流活动，农业农村部部长韩长赋参加。活动期间全国举办增殖放流活动300多场，增殖各类水生生物苗种近50亿尾。4月、5月、6月分别与河南省、中国海洋石油集团有限公司、辽宁省、福建省和青海省联合举办省部联办水生生物增殖放流活动。2018年全社会共投入增殖放流资金超过11亿元，开展增殖放流活动2 000余次，放流各类苗种超过374亿尾。

二是进一步加强增殖放流规范管理。以农业农村部办公厅文件印发《实施水生生物增殖放流供苗单位违规通报制度的通知》，进一步加强水生生物增殖放流苗种供应单位监管。发布第六批珍稀濒危水生野生动物增殖放流苗种供应单位。

4. 渔业资源环境保护其他方面工作

一是加强国家级水产种质资源保护区管理。组织对第十一批国家级水产种质资源保护区面积范围和功能分区进行实地复核，以农业农村部办公厅文件形式公布第十一批国家级水产种质资源保护区面积范围和功能分区。印发《国家级水产种质资源保护区调整申报材料编制指南》和《关于进一步明确涉渔工程水生生物资源保护和补偿有关事项的通知》，进一步加强对水产种质资源保护区的管理。

二是组织开展渔业水域环境监测。与环保部联合发布《中国渔业生态环境状况公报(2017)》。制订2018年渔业生态环境监测方案，组织全国渔业生态环境监测网成员单位，对海洋和内陆重要天然渔业水域和养殖水域环境状况进行监测。组织开展水产养殖业面源污染普查。

(农业农村部渔业渔政管理局　吴珊珊)

水生野生动植物保护与管理

1. 扎实推进建章立制工作　发布《濒危野生动植物种国际贸易公约附录物种核准为国家重点保护水生野生动物名录》。《国家重点保护水生野生动物及其制品价值核算办法》《水生野生动物及其制品罚没管理办法》《水生野生动物收容救护管理办法》《水生野生动物保护实施条例》《水生野生动物利用特许办法》等一系列配套法规规章已经过多轮修改。参与最高人民法院《关于审理破坏野生动物资源刑事案件具体应用法律若干问题的解释》起草工作。

2. 广泛开展保护宣传　组织制作中国水生野生动物保护宣传片，编制《水生野生动物保护 中国在行动》《中国珍稀濒危水生野生动物保护》《水生生物放生手册》等宣传材料。举办第九届水生野生动物保护宣传月。利用中华白海豚保护宣传日、世界海龟日、放鱼日等重要时间节点，开展大型宣传活动，各大主流媒体纷纷报道，其中央视网对世界海龟日主题宣传活动的现场直播点击率达500多万次，直播热度当日第一。

3. 切实加强重点物种保护管理　开展海龟保护联合执法，联合海关、工商、海警、濒管办在全国开展了为期一个月的专项执法行动，共出动执法人员5万余人次、执法车(船)近1万辆(艘)次，共查获救助海龟28只、处理行政案件12起、移交司法案件3起、发放宣传材料10万余份、宣传教育30多万人次。组织海洋馆内在养海龟普查，为下一步制定管理措施提供基础。印发《海龟保护行动计划(2019—2033年)》，对未来一个时期内的全国海龟保护工作做出部署。成立斑海豹保护联盟和海龟保护联盟，组织落实好斑海豹和中华白海豚保护行动计划。支持汕头大学等单位召开鲸豚物种保护国际研讨会。

4. 广泛开展对外交流和国际履约　派员参加第30届CITES动物委员会和第69届常委会，积极应对水生野生动物相关议题。加强与美国、德国、欧盟等国家和地区CITES履约交流，派员参加欧盟环境署野生动植物执法工作组会议，参与黄海大海洋生态系项目。加强与自然资源保护协会(NRDC)、世界自然保护联盟(IUCN)、保护国际基金会(CI)等非政府组织(NGO)的交流合作，促进相互理解，推动保护工作的开展。组建新一届濒危水生野生动植物种科学委员会，提高履约能力。

5. 做好水生野生动物行政许可审批　印发《农业农村部办公厅关于规范濒危野生动植物种国际贸易公

约附录水生动物物种审批管理工作的通知》,进一步明确了相关物种的人工繁育、出售购买利用和进出口审批的管理要求。持续深化“放管服”改革部署要求,取消水生野生动物及其产品进出口初审,切实提高审批效率和便民服务水平。认真组织开展水生野生动物繁育研究、科普展示等特许活动的评估工作,进一步加强海洋馆、水族馆等展演场馆水生野生动物利用管理。截至2018年12月31日,国家重点保护水生野生动物行政许可事项920批次,其中经营利用许可事项293批次、人工繁育许可事项7批次、进出口许可事项620批次。

(农业农村部渔业渔政管理局　张　宇)

周边渔业协定执行情况

【中韩渔业协定执行情况】 《中韩渔业协定》是在中韩两国尚未完成海域划界的情况下,就两国渔业问题做出的临时性安排。近年来,中韩双方在该协定框架下开展了一系列务实渔业合作,对于稳定黄海渔业秩序起到了积极作用。

根据第十七届中韩渔业联合委员会年会纪要,2018年韩方许可中方渔船赴其管辖水域作业的生产渔船为1 500艘,运输船等辅助船为58艘,捕捞配额57 750吨。全年共有1 418艘生产渔船、55艘辅助船申请了入渔许可证。全年实际入渔的生产渔船为1 247艘(入渔率83.1%),辅助船为51艘(入渔率87.9%),完成配额40 800吨(配额完成率70.7%)。

中方渔业管理部门在强化渔船管理方面开展了大量工作,严格管理入渔韩国管辖水域的中方渔船,同时严厉打击涉渔“三无”船舶和违规网具。2018年以来,农业农村部继续组织开展“亮剑”渔政执法行动,仅2018年就取缔涉渔“三无”船舶9 745艘、同比增长39.2%,清理“绝户网”等违规渔具55.1万张(顶),同比增长36.7%。据不完全统计,2018年全年,韩方共抓扣我方渔船257艘,同比下降7.9%,其中有证渔船210艘,同比下降4.1%,无证等严重违规渔船47艘,同比下降18.3%。

【中日渔业协定执行情况】 2018年,中方积极推动中日渔业合作。一是积极开展中日渔业联合委员会机制下的谈判工作。中方积极与日方有关部门对接,协调举办中日渔委会机制下的双边会谈,做好中日渔业协定谈判、执行等相关工作。从2017年开始,因日方在我方渔船入渔规模、条件和渔船管理等方面提出了苛刻条件,双方未就渔船入渔等重要问题达成共识,未签署会议纪要。2018年2月、6月和10月,中方与日方举行了3轮磋商,但日方仍然坚持原立场并提出新的附加条件,双方未达成一致。中方对此高度重视,多次召集有关单位集中研究,进行会商,尝试从多种渠道加强对日交涉,切实维护我渔业权益和渔民实际利益。二是通过多种渠道与日方保持密切沟通。渔业部门主动服务大局,积极配合外交部门,协调处理日本鳗养护、国际捕鲸委员会、中日海洋事务高级别磋商等事宜,并利用中日韩农业部长会谈机会,与日方保持密切接触,继续开展合作。

【中越北部湾渔业合作协定执行情况】 2018年是《中越北部湾渔业合作协定》实施的第十四年。经过中越双方共同努力,北部湾渔业生产秩序基本稳定,渔业生产稳步发展,协定执行情况总体良好。

根据中越北部湾渔业联合委员会第十四届年会纪要,2017—2018年度允许进入北部湾共同渔区己方一侧水域的对方作业渔船数量和马力数分别为1 190艘和128 286.5千瓦。中方安排到共同渔区越方一侧生产的渔船数量为383艘、占允许指标的32.18%,总功率为104 457.6千瓦、占允许指标的82.72%;越方安排到共同渔区中方一侧生产的渔船数量为563艘、占指标47.31%,渔船总功率126 173.2千瓦、占允许指标的99.91%。捕捞许可时间段为2017年12月1日至2018年11月30日。协定执行过程中,双方作业渔船基本遵守协定有关规定,悬挂有效标志牌,凭捕捞许可证生产,渔业生产秩序良好。双方渔民实际申请进入共同渔区对方一侧水域船数和渔船总功率均未达到纪要限制数。

(农业农村部渔业渔政管理局　于沛民)

渔情统计监测与渔业信息化

【渔情统计监测】 2018年,面对复杂严峻的国内外形势,全国各级渔业部门和广大渔情监测统计工作者坚决贯彻新发展理念,以推进供给侧结构性改革为主线,聚焦渔业统计法定职责的履行,健全工作体系、优化调查制度,加强信息共享和数据发布机制,为渔业发展提供决策依据,推动我国渔业经济沿着正确方向前进。

1.攻坚克难,渔业全面统计工作稳步推进 渔业全面统计工作坚持以习近平新时代中国特色社会主义思想为指导,完善统计体制,推进改革创新,展现了新气象,开创了新局面,取得了新成就。2018年,全国各级渔业主管部门和有关单位充分履行职责,不断加强渔业全面统计工作,在组织领导、队伍建设、资金保障等方面加大工作力度。尤其是在机构调整中,各有关省份相关单位,克服困难,讲政治、讲大局,顺利完成职能转移和工作交接,保证了渔业统计工作职能明晰、责任单位明确、队伍不散、工作不断,圆满完成渔业全面统计工作各项工作任务。2018 年是渔业统计年报数据依据第三次农业普查(以下简称"三农普")结果调整后的第一个数据上报年。各级渔业主管部门坚持依法统计、科学统计和真实统计,避免了"三农普"后的数据振荡,保障了数据的平稳过渡,实现了渔情监测统计与"三农普"数据的顺利对接,并获得了国家统计局的高度认可。

2. 持之以恒,渔情监测统计工作取得新进展 各级渔业主管部门和有关单位贯彻落实大渔情工作理念,在全面统计之外坚持做好渔民家庭收支、渔业生产情况和水产品市场情况等日常监测工作。组织开展了新一轮渔民家庭收支调查样本轮换工作,重新选取了 219 个县及 9 960 个渔民家庭作为新一轮渔民家庭收支调查的样本县和样本户,确保了样本的代表性。进一步完善了水产品市场价格信息采集体系,价格监测和服务水平稳步提升,为指导生产、促进流通和引导消费发挥了重要作用。养殖渔情及海洋捕捞等动态信息采集系统拓展了信息采集范围,提供了海量有价值的信息,促进了渔情监测统计从单纯静态统计向静态收集和动态分析相结合的方式转变。一年来,渔情监测统计工作可谓成果丰硕,为现代渔业发展提供了强有力的信息服务支撑。

3. 改革创新,渔情监测统计工作整体水平不断提升 2018 年,各渔情监测统计单位不断创新渔情信息的生产方式,逐步建立统一、规范的报表及数据会商制度;进一步完善了信息采集系统,实现渔情信息的高度共享、便捷查询和深度加工;广泛应用大数据分析方式,加强海洋捕捞、养殖渔情、水产品批发市场等信息采集系统的互通互联,拓展信息来源,全面提升渔情信息的真实性和可靠性。

(农业农村部渔业渔政管理局 李欣童 高宏泉)

【渔业信息化】 2018 年,面对复杂多变的国内外形势和艰巨繁重的改革任务,全国渔业渔政系统坚持以习近平新时代中国特色社会主义思想为指导,坚决贯彻新发展理念和中央"三农"决策部署,积极作为,狠抓落实,持续推进渔业转型升级,信息化支撑渔业发展质量明显提升。

1. 强化整合,开展渔业政务信息资源整合共享 按照农业农村部政务信息资源整合的推进步骤和整体要求,渔业渔政管理局组织部里渔业相关单位,建立了渔业政务信息资源整合共享工作机制,制定共享整合工作方案,组织编制、审定渔业结构化信息资源和非结构性资源目录。组织原渔业船舶检验局、长江流域渔政管理办公室、中国水产科学研究院、全国水产技术推广总站、中国水产学会等单位,共同编制了《农业部政务信息资源整合"渔业渔政"板块信息系统整合需求分析报告》,在农业农村部设立的九大板块中,"渔业渔政"板块整合需求分析报告无论从报告质量、需求分析、进度要求等都排在前列,得到农业农村部办公厅的肯定。

2. 重点突破,实施好海洋渔船通导与安全装备项目建设 在 2018 年渔业油价补贴资金项目调整中央转移支付项目中,安排渔船通导与安全装备建设项目 2 亿元,用于各地渔船渔港、岸台相关装备配备和升级改造;按照《海洋渔船通导与安全装备建设项目管理细则》要求,成立了海洋渔船通导与安全装备建设项目专家库,开发了海洋渔船通导与安全装备配备项目管理系统,进一步提高项目管理的规范性、科学性;重点加快推进了海洋渔船渔港动态监控系统异地灾备中心项目建设,共同就项目资金安排、组织程序、招标管理和建设运维等进行研究,严格规范开展项目建设。

3. 服务渔民,着力提高渔业行政管理效率 2018 年,中国渔政管理指挥系统拥有各类用户 17 000 多个,涉及从中央到县市的各级渔业机构 3 000 多个,在功能上实现了渔船管理从中央到县级在同一平台办理业务,从建造申请到最终发证全过程在线完成。系统共计办理相关业务 531.65 万件,其中渔船证件 347.5 万件、养殖证 30.64 万件、渔业油价补助申报 153.51 万次。

(农业农村部渔业渔政管理局 赖 宇 徐 硕)

渔 政 执 法

2018 年,全国渔政队伍在党中央国务院的关怀下,在农业农村部党组和地方各级党委政府的领导下,在有关部门的配合下,坚持围绕中心、服务大局工作总基调,以"中国渔政亮剑 2018"系列专项执法行动(以下简称"亮剑 2018")为载体,着力强化执法攻坚,为贯彻落实党的十九大精神、实施乡村振兴战略、加强渔业水域生态文明建设、推动渔业高质量发展做出了积极贡献。

【工作成效】 "亮剑 2018"是"亮剑 2017"的升级版,行动范围扩大到九大执法任务,执法领域大幅拓展,执法力度持续加强,海洋伏季休渔深化了"史上最严执法”，清理取缔涉渔“三无”船舶和“绝户网”等违规网具战果持续扩大，长江以南内陆水域禁渔执法不断加力，黄河全流域禁渔执法首战告捷，中俄、中朝、中老边境水域渔业秩序保持平稳有序，水生野生动物保护力度进一步加大，渔业资源得到休养生息，近海养殖水域滩涂环境明显好转，海洋渔船规范化水平进一步提高。

从执法力量上看，各地累计出动执法人员 140.9 万人次、执法车船 32.8 万辆(艘)次，检查渔船 133.4 万艘次、渔港(水产交易市场、渔船网具修造厂等) 21.3万个次，水上巡查达到 222.5 万海里，以上指标较 2017 年均增长 70% 以上。

从执法机制上看，青川甘宁、京津冀、苏浙沪、粤闽、粤桂琼等区域间渔政联动执法机制逐步成熟。渔政与公安、海警等部门间执法协作机制取得新进展，合力作用开始显现，行刑衔接有力推进，进一步提升了执法效果。

从执法结果上看，各地累计清理取缔涉渔“三无”船舶 9 745 艘、“绝户网”等违规网具 55.1 万张(顶)，同比分别增长 39.2%、37.8%；查办各类涉渔违法违规案件 3.45 万件，查获涉案人员 2.7 万名，向公安机关移送涉案人员 8 132 名，同比分别增长 130%、101.5%、174.5%；行政罚款 8 642 万元，向公安机关移送涉黑涉恶线索 300 余条。

【主要做法】 2018 年，各级渔业渔政部门及其渔政执法人员充分发扬“特别能吃苦、特别能战斗、特别能奉献、特别有作为”的中国渔政精神，科学谋划、周密部署，主动担当、积极作为，主要做法体现在以下几个方面。

一是加强总体谋划部署。“亮剑 2018”是“亮剑 2017”的升级版，执法任务从 5 项扩大到 9 项，进一步扩展执法行动的深度和广度。农业农村部印发了行动方案，成立了执法行动指挥部，组织召开了“亮剑 2018”执法行动部署会，农业农村部副部长于康震亲自到会并讲话。10 月，专题部署了打击电鱼专项执法行动，部署各地从电鱼器具制造、销售和使用 3 个环节入手，开展打击电鱼活动专项执法行动。各地渔业渔政部门按照农业农村部要求，建立领导机制，结合本地工作实际制定具有地方特色的行动方案，明确工作目标，层层压实责任。

二是推动重大执法行动。2 月，举办“亮剑 2018”暨春季禁渔启动活动；3 月底 4 月初举办黄河禁渔专项执法行动和涉渔“三无”船舶拆解现场会；5 月举办海洋伏休执法启动仪式；6 月组织黄河流域交叉执法督查行动，配合做好青岛上海合作组织成员国元首理事会安保；7 月进行伏休执法调度，发布伏休期间十大典型案例，配合东方经济论坛安保部署开展相关执法，举办渔业行政执法资格统一考试；8 月组织召开了伏季休渔交叉督察活动；9 月派员参加扫黑除恶专项督导检查工作；10 月部署打击电鱼专项执法行动。逐月开展的重大行动使各地始终绷紧弦，在执法上不放松。

三是积极营造良好氛围。伏休专项执法行动启动活动和执法交叉督察活动通过央视新闻联播进行了报道，央视早间新闻、《人民日报》以及地方主流媒体还对伏休执法行动进行了深度报道。黄河禁渔执法启动活动和省际交叉渔政联合执法行动上了央视《新闻联播》，农业农村部渔业渔政管理局局长张显良的专访上了央视《新闻直播间》。此外，各地渔业渔政部门广泛利用报纸、电视、网络和微信、微博等媒体开展宣传，凝聚社会共识。在全国各地的共同努力下，“亮剑”已经成为渔政执法工作“品牌”，各级领导和社会各界高度肯定、支持、关心渔政工作的良好氛围逐步形成。

四是积极配合国家重大行动。农业农村部派员参加上海合作组织青岛峰会等重大活动安保工作，协调指导地方强化管理，派员参加安保集中办公，高质量地完成了中央交办的各项任务。梳理渔业行业涉黑涉恶主要问题及其表现，并纳入农业行业扫黑除恶专项斗争工作方案。将扫黑除恶斗争与“亮剑”行动有机结合，组织地方深挖涉黑涉恶线索，及时向公安部门进行移交，派员参加中央扫黑除恶专项斗争督察，一批海洋捕捞涉黑涉恶团伙被依法查处。

五是稳步推进队伍建设。组织完成 2018 年全国渔政人员执法资格考试，5 400 余人参考、3 200 余人通过考试，渔政队伍能力素质得到进一步提升。围绕新时代基层渔政执法能力建设、渔政执法与乡村振兴等 10 个主题，在全国范围内开展征文活动。本次征文涌现出一批具有较强思想性和实践指导性的优秀作品，对明确新时代中国渔政发展思路具有重要参考价值，达到了预期目的。

(农业农村部渔业渔政管理局　徐丛政)

渔业政务信息与宣传

1. 主动开展宣传工作，展现渔业发展成就 2018 年，全国渔业系统贯彻新发展理念和中央“三农”决策部署，以转方式调结构为主线，着力推进渔业供给侧结构性改革，创新渔业资源管理举措，渔业发展延续和巩固了十八大以来的好形势。全国各级渔业主管部门充分利用各类信息渠道和各种新闻媒介，积极宣传汇报新成果和新成就，使渔业工作得到社会各界的关注、重视和支持。为更加全面、准确、及时地向国内外公众介绍我国渔业的重大政策、重要部署及其执行情况和取得的成效，增进国内外公众对我国渔业发展情况的了解，农业农村部渔业渔政管理局专门组织召开由中央主流媒体记者参加的媒体通气会，加强媒体与政府部门之间的对接；通过召开新闻发布会、局领导书面文章等形式积极对外宣传行业重大政策，扩大宣传效果；组织协调《中国渔业报》、《中国水产杂志》、中国渔业政务网进一步发挥渔业宣传的主渠道作用，及时、全面反映全国渔业经济发展和渔业渔政工作开展情况。一年来，农业农村部渔业渔政管理局组织的全国渔业渔政工作会、6月6日全国同步放鱼日活动、海洋牧场现场会、黄河禁渔、“亮剑2018”渔政执法行动、渔船柴油补贴政策调整、全国渔业安全生产大检查、渔业渔政重点工作督查等重大会议和重要活动得到媒体广泛宣传报道，效果明显。据不完全统计，一年内，渔业工作先后10余次在央视《新闻联播》播出，《人民日报》、新华社、《经济日报》、中央电视台、中央人民广播电台等中央主流媒体有关渔业的正面宣传报道达200多次。

2. 强化信息报送工作，反映渔业实时动态 农业农村部渔业渔政管理局持续加强信息报送力度，积极开展渔业政务信息报送活动，充分调动全体人员的积极性，信息报送工作取得明显进步。报送每日要情113条，采用95条；农业农村部信息17篇，采用8篇。有的信息被中办、国办有关信息刊物采用，或得到部领导批示。除上报信息外，还组织全国渔业系统向农业农村部渔业渔政管理局报送信息，通过编写《渔业情况》、渔业渔政管理局大事记和编发中国渔业政务网等途径，及时报告和通报渔业发展重大情况和工作进展。一年来，共编辑印发《渔业情况》简报18期，编发渔业渔政管理局网站信息500余条，为各级领导了解渔业发展情况、部署有关工作、制定有关措施政策提供重要参考，有效促进了相关工作的开展。

3. 规范信息公开工作，保障公众合法权益 农业农村部渔业渔政管理局严格执行《中华人民共和国政府信息公开条例》和《农业部信息公开规定》等有关制度，坚持以“公开为原则，不公开为例外”的原则，加大主动公开力度，并就工作难点不断改进工作方式，保障信息公开工作全面、准确、按时完成。按照农业农村部政务公开领导小组统一部署，切实把行政审批信息作为政务公开的重要内容，按规定将每项行政许可的法律依据、办事条件、办理程序、承诺时限、收费标准和审批进程等通过农业农村部网站予以公开，并及时将审批内容、审批条件等制度要求变化情况书面告知农业农村部办公厅综合办公室，杜绝网上信息与实际办理脱节，所有审批项目的相关信息均做到规范公开。

全年共主动公开信息126余条，主动公开率、按时公开率达100%，得到农业农村部办公厅的充分肯定；办结申请公开事项21件，依申请公开率达到100%，均做到按规定的方式及时答复申请人，有效保障人民群众知情权、参与权、表达权和监督权；做好与农业农村部办公厅行政审批综合办的协调工作，多次协助部办公厅综合办清理、整合行政审批事项，按时保质完成行政审批工作。

（农业农村部渔业渔政管理局　党子乔）

长江流域渔政管理

2018年，在深化党和国家机构改革的大背景下，在农业农村部党组的坚强领导下，长江流域渔政监督管理办公室认真践行习近平生态文明思想，紧紧围绕中央1号文件有关精神和农业农村部9项重点工作、农业绿色发展五大行动要求，开展了以长江禁捕为重点的一系列生态资源保护修复工作，初步构建了“政府主导、企业配合、全民参与、国际支持”的工作格局，推进长江水生生物资源保护不断取得新成效。

【推动出台长江大保护纲领性文件，绘就长江水生生物保护蓝图】 推动出台《国务院办公厅关于加强长江水生生物保护工作的意见》，农业农村部副部长于康震、长江流域渔政监督管理办公室主任马毅出席国务院新闻办公室政策例行吹风会并答记者问。会同生态环境部、水利部共同发布《重点流域水生生物多样性保护方案》。积极参与《中华人民共和国长江保护法》立法工作和《中华人民共和国渔业法》修订工作，启动实施《长江水生生物资源保护规定》修订和《长江水生生物保护工程建设规划》编制工作。

【成功举办长江生物资源保护论坛，提出共同保护长江生态环境的行动愿景】 以“保护生命长江、建设美丽中国”为主题，联合湖北省人民政府共同发起举办了长江生物资源保护论坛，农业农村部部长韩长赋作了《保护长江水生生物资源　确保生命长江永续发展》的主旨发言。论坛通过了《保护生命长江武汉宣言》和《保护长江生物资源共建美丽生命长江倡议书》。农业农村部副部长于康震主持论坛，沿江省（自治区、直辖市）政府分管领导，生态环境部、交通运输部、水利部、国家林业和草原局等相关部门和中国工程院、中国科学院有关负责人出席，有关国内外保护组织、澜湄国家渔业部门、科研院所和高校共100余家单位参加。

【加快推进长江流域重点水域常年禁捕，努力让长江水生生物得以休养生息】 在强化长江、珠江、淮河等内陆水域禁渔期管理的基础上，自2018年1月1日起率先在长江流域332个水生生物保护区逐步施行全面禁捕，今后新设立的长江流域水生生物保护区全部自动纳入禁捕范围。会同财政部、人力资源和社会保障部组织起草《长江流域重点水域禁捕和建立补偿制度实施方案》，加快推进长江流域水生生物保护区、长江干流和重要支流、大型通江湖泊等重点水域，分类分阶段实施常年禁捕。专题研究论证了长江刀鲚、凤鲚、鳗苗、中华绒螯蟹专项捕捞许可退出机制和钱塘江禁渔期制度。

【切实加强珍稀濒危水生生物保护，整体提升长江水生生物保护水平】 5月17日，农业农村部会同四川省人民政府和中国长江三峡集团有限公司在宜宾市举办长江鲟（达氏鲟）拯救行动计划启动仪式暨增殖放流活动，发布并实施《长江鲟（达氏鲟）拯救行动计划（2018—2035）》，开展长江鲟增殖放流，农业农村部副部长于康震出席活动。6月7日，江西省委书记、省长刘奇，农业农村部部长韩长赋在余干县出席2018年“全国放鱼日”主会场活动，启动实施鄱阳湖长江江豚昼夜移动形式和分布特征重大研究。7月24日，农业农村部组织召开新闻发布会，公布2017年长江江豚生态科学考察及长江珍稀物种拯救行动实施情况，农业农村部副部长于康震出席发布会并回答记者提问。继续实施长江江豚迁地保护行动，加快推进全人工环境下的长江江豚繁育研究，积极推动提升长江江豚保护等级。组织开展渔业资源和生态环境本底调查、中华鲟自然繁殖监测等资源环境调查活动，促进中华鲟野生种群恢复。加强针对四大家鱼的三峡生态调度、跟踪监测和效果评估，实施长江上游重要栖息地生态修复工程。

【切实加强长江渔政执法监督检查，全力维护长江流域渔业管理秩序】 联合渔政、公安、水警、海警、海事等多部门执法力量，组建长江渔政特编执法船队并制定管理办法。实施“中国渔政亮剑2018”——春季禁渔同步执法行动、长江刀鲚专项捕捞联合执法检查、鄱阳湖“打击非法捕捞 保护长江江豚”联合执法检查、打击电鱼活动、涉保护区建设项目专项执法检查等各类执法行动3.07万次，累计查处各类违规案件5 691件、行政处罚6 260人次、没收“三无”船舶1 144艘、电捕鱼器具8 265套、取缔违禁渔具13.3万张（顶）。

【持续深化渔业国际合作交流，切实维护我国负责任生态大国形象】 进一步加强澜沧江－湄公河机制合作。先后组织赴越南、柬埔寨、泰国等国家开展内陆渔业和生物多样性保护合作交流活动，议定合作备忘录；联合老挝开展“澜沧江－湄公河”渔政联合执法行动暨增殖放流活动，合力打造澜湄流域经济发展带。不断深化中美绿色合作伙伴关系。6月，组织赴美国参加“长江－密西西比河”绿色合作伙伴交流活动，与TNC、五大湖渔业管理局和美国鱼类及野生动物管理局等相关单位开展交流，推动延续长江－密西西比河合作伙伴关系。认真履行国际条约。7月，分别组织赴意大利参加联合国粮食及农业组织渔业委员会第三十三届会议、赴瑞士参加CITES动物委员会第30次会议。

【努力创新长江水生生物保护机制，凝聚新时期长江水生生物保护合力】 与水利部长江水利委员会签署《共抓长江水生态保护 力推美丽长江建设（2018—2022年）行动方案》，联合交通运输部长江航运公安局印发《关于做好2018年长江水域打击涉渔违法犯罪行为工作的通知》，与公安部治安管理局签订《共同开展长江大保护执法合作备忘录》，与上海海洋大学共同成立长江水域生态保护战略研究中心，整合资源共同推进新时期长江水生生物保护工作。

（农业农村部长江流域渔政监督管理办公室 朱文超）

渔业科技与推广

2018年度 现代农业产业技术体系 渔业体系

【国家大宗淡水鱼产业技术体系】 2018年,国家大宗淡水鱼产业技术体系共有2项体系重点任务、4项研究室任务,以及数据库任务、扶贫任务、跨体系任务和水产品竞争力提升工作等,通过全体系人员的共同努力,全面完成了各项任务的考核指标。2018年体系获国家审定新品种2个,分别为异育银鲫"中科5号"和福瑞鲤2号;获得相关奖励13项,其中国家科技进步二等奖1项,省部级二等奖1项、三等奖3项,地市级二等奖2项,中国水产科学研究院一等奖2项,其他各类奖励4项;获批准行业标准1项,地方标准20项;获授权国内发明专利56件、实用新型专利39件、软件著作权6件,申请国内发明专利59件、实用新型专利16件;出版论著12部;发表论文393篇,其中SCI刊源229篇,EI刊源4篇;获得国家级人才称号4人次,省部级人才称号15人次。

1.引领科技创新 完成核心示范点14种典型模式的提炼,对核心示范点进行总体规划布局,规划集成核心示范点相关核心技术集成率80%以上;异育银鲫"中科5号"和福瑞鲤2号获得国家审定新品种;形成大宗淡水鱼加工和贮藏保鲜技术与工艺14项;获得饲料氨基酸平衡技术13项,获得能量平衡技术7项。

2.推动农业提质增效 体系依托30个综合试验站,与基层渔业技术推广体系进行对接,充分发挥岗位科学家的作用,就新品种苗种扩繁、池塘生态养殖、病害防控、水产品质量安全、饲料营养及投喂技术、微生态制剂的使用、高效养殖模式等新技术、新知识在全国进行了广泛的示范应用;为基层渔业技术人员和养殖户开展了各类培训班221次,现场指导、现场调研、科技入户234次,产业咨询165次,应急救灾服务166次,派出体系技术人员2 144人次,组织培训和服务基层渔业技术人员40 291人次;发放高产技术示范规程、各类明白纸、技术手册、技术资料、科技简报9万余册(份)。

3.推进农业绿色发展 体系研究优化绿色高效养殖模式3项,提高良种覆盖率、综合效益和节水减排效果;获得饲料绿色添加剂技术22项,建立精准营养调控技术12项;研究应用新型替代药物与疫苗,完成1种替代抗生素的中草药提取复配药物,初步制备2种病毒病疫苗,推进无抗化养殖,助推产业绿色发展。

4.促进农民增产增收 体系以富裕渔民为目标,采取产业引导、科技扶贫、生态扶贫、人才培养等多种方式实实在在、坚定不移地推进渔业扶贫。大宗淡水鱼产业技术体系精准扶贫工作从开展至今已经取得显著成效,通过体系精准扶贫工作,建立了43个养殖示范区,因地制宜示范丘陵山坳池塘节水养殖技术、稻田综合种养(莲、鱼、龙虾、甲鱼等)技术、池塘大宗淡水鱼环境友好型养殖模式、池塘循环流水养殖技术等60余项技术,建立示范户约550户,带动贫困户约3 000户,其中脱贫250户。

5.支撑政府决策 为主管部门及规模企业提出"重视休闲渔业发展,推进渔业供给侧结构性改革——以渔家乐为例""长江生态实验室建议书""新时期农业科技创新意见建议""渔业装备发展需求建议""广西稻渔生态综合种养发展情况调研报告"等各类建议措施200余条,积极建言献策,支撑政府决策。

【国家虾蟹产业技术体系】 虾蟹产业技术体系2018年开展了体系重点任务和6个研究室重点任务的研发工作,全面完成了合同任务书考核指标和农业农村部各相关司局临时交办的任务。获得国家级与省部级奖励各1项,发表学术论文244篇(其中SCI 135篇),参编专著10本;授权国内专利52件,受理国内专利90

件,获软件著作权4件;发布国家标准3项,地方标准6项,行业标准3项,企业标准9项;在全国各地举办培训班200余次,培训基层技术人员6 800人次,培训农民数量2万余人。体系以虾蟹产业重大需求为导向,坚持产业面临的重大问题优先,坚持为"乡村振兴"和"脱贫攻坚"提供技术支撑,深入实施虾蟹产业绿色健康养殖技术模式攻关,较好地引领了虾蟹产业的可持续发展。

1.引领科技创新 继续构建和完善4种对虾、3种淡水虾和3种蟹类种质资源库;抗逆、抗病性状良种选育进展良好,建立4种培育和筛选SPF虾蟹种苗生产技术,构建基于遗传多样性的育种制种技术共4套,基于家系BLUP育种值评价技术1套,建立良种扩繁技术共4套;中国对虾、凡纳滨对虾、罗氏沼虾、日本沼虾、中华绒螯蟹、三疣梭子蟹等自主产权良种覆盖率进一步提升。初步建成了凡纳滨对虾、斑节对虾、罗氏沼虾、日本沼虾、中华绒螯蟹营养需求数据库和饲料原料营养数据库;开发2种对虾功能性饲料和2种能提高对虾抗逆性能的饲料添加剂(果寡糖加复合益生菌的合生元以及肌醇)以及1种高效环保配合饲料;示范证明中华绒螯蟹可以全程使用人工配合饲料。开发出6种养殖环境调控产品和1套基于生物絮团的零排放水的对虾养殖系统。进一步完善2套稻田虾蟹养殖系统、1套对虾－贝类－湿地循环水养殖系统。对虾免疫研究进一步引领国家发展,初步完成虾虹彩病毒、肝肠胞虫流行病研究;初步建立1套防控对虾肝胰腺坏死症的集约化－生态化耦合养殖模式。进一步完善了低压静电场联合气调包装进行凡纳滨对虾保鲜关键技术研究;完成了即食小龙虾产品加工关键技术研究,研发即食小龙虾产品1个,12个加工产品已经产业化应用;与企业产学研合作,进一步完善了"HACCP质量管理体系在河蟹分割加工中的应用";针对虾加工副产物中的虾青素、甲壳素等活性物质,开发了新型绿色提取技术,高效提取虾青素与甲壳素;针对甲壳素的高值化深加工与应用,开发了甲壳素酶等加工专用酶,开发了甲壳素纳米纤维化新型酶固定化载体。

2.推进农业绿色发展 2018年示范推广25项虾蟹绿色养殖技术。示范推广1套工厂化循环水养殖模式、6套基于白斑综合征生物防控技术的"对虾－鱼"共作模式、2套"对虾－鱼"轮作模式、2套"对虾－植物"共作模式、1套"对虾－贝－湿地"耦合水体零排放模式,示范1套"克氏原螯虾－中华绒螯蟹－水稻"共作模式、示范推广1套"克氏原螯虾－水稻"共作模式,示范推广1套"罗氏沼虾－水草"共作模式、1套"日本沼虾－水草"共作模式,推广2套"中华绒螯蟹－水稻"共作模式、2套"中华绒螯蟹－鱼类"共作模式,推广1套"三疣梭子蟹－贝－虾"多营养级共作模式,集成示范1套"青蟹－水草"共作模式。

3.支撑政府决策 编写《新时期农业科技创新意见建议》《虾蟹产业发展趋势与政策建议》《国家虾蟹产业技术体系实用技术手册》等材料,积极为国家水产养殖产业的发展建言献策。此外,认真落实政府单位交办的任务,如:完成全国水产技术推广总站病防处交办的2018年我国养殖甲壳动物病害发生趋势和防控技术调研工作;完成农业农村部渔业渔政管理局交办2项任务,包括:研究湖泊围网养殖对环境影响以及协助渔业渔政管理局回复广西人大代表提出发展红树林生态养殖的议案等。最后,体系充分发挥专业优势,开启乡村振兴和脱贫攻坚工作,国家虾蟹产业技术体系、国家特色淡水鱼体系联合与安徽水产主管部门和安徽宣城市宣州区政府签署乡村振兴合作协议,与安徽3个水产合作社签订协议,落实三方协议。体系从自身的技术特点出发,根据不同贫困地区及贫困人民的情况,因地制宜,分别在西藏、新疆、贵州、江西、江苏、浙江、河北、安徽、山东、辽宁等地开展科技扶贫工作等。

【国家贝类产业技术体系】 贝类体系2018年开展了1个体系重点任务和6个研究室重点任务的研发工作,全面完成了任务书考核指标和农业农村部各相关司局临时交办的任务。共获省部级奖励4项,发表学术论文131篇(其中SCI 83篇),参编专著3部;申请国内专利25项,授权国内专利22项,获软件著作权1项;主持或参与国家标准6项,地方标准5项,行业标准4项,企业标准3项;举办培训班、现场会等58次,培训人员3 700余人次。贝类体系秉持"良种良技良境"理念,在种质改良、健康养殖、饵料营养、疾病防控、采收加工、质量安全控制等方面进行技术研发与示范推广,推进贝类品牌建设,有效推动产业提质增效和绿色发展。

1.引领科技创新 育成贝类新品种2个,良种覆盖率进一步提升。研发拥有全套自主知识产权的贝类全基因组选择育种评估系统,解决了数据降维和精准度冲突的难题,建立了贝类全基因组选择育种技术体系,引领了水产育种技术的发展趋势。

2.推动产业提质增效 针对人工成本逐年增高的发展瓶颈,在人工育苗、养成管理,采收采捕、流通加工等环节研发多种设施设备,在减少人力支出的同时,大幅提升作业效率,助推产业提质增效。

3.推进产业绿色发展 正式启动典型海区养殖

容量标准研究制定工作，示范推广浅海、池塘等多种形式的多营养层次综合养殖模式，浅海筏式标准化生态养殖模式综合经济效益提升40%以上，实现了“减量增收”，以贝藻综合养殖为主体的多营养层次综合养殖模式引领了世界生态养殖的发展。作为碳汇渔业的代表，贝类养殖年固碳900余万吨，发挥了重要的生态服务功能。

4. 促进产业转型升级 依托以牡蛎单体、生食销售为主的市场模式，着力打造以“乳山牡蛎”“钦州大蚝”为代表的、建立在养殖生产标准化基础上的贝类品牌，通过组织国际论坛等形式积极推介，塑造品牌国际影响力，助推牡蛎进入国际高端消费市场，带动产业由数量增长型向质量效益型转变。

5. 支撑政府决策 为中央和主产区地方政府提供政策咨询建议23项，其中省部级2项（《现代海洋食品产业科技创新发展战略研究》《全国淡水珍珠产业发展调研报告》），市级3项，县级18项。应用构建的病害防控预警预报系统，预测长海县虾夷扇贝会出现滞长及大规模死亡现象，形成《关于长海县浮筏/底播养殖虾夷扇贝滞长及死亡预警的通报》，并上报地方政府主管部门，以支撑政府决策并有效开展防灾减灾。

【国家特色淡水鱼产业技术体系】 特色淡水鱼体系2018年开展了1个体系重点任务和6个研究室重点任务的研发工作，全面完成了合同任务书考核指标和农业农村部各相关司局临时交办的任务。共获省部级奖励3项，发表学术论文208篇（其中SCI 63篇），参编专著2本；授权国内发明专利17件，实用新型专利26件；受理国内发明专利66件，实用新型专利23件；获软件著作权2件；发布国家标准2项，地方标准9项，企业标准8项；举办培训班30余次，培训人员3 400多人次。体系坚持生态优先、绿色发展，积极推进供给侧结构性改革，深入实施渔业绿色健康养殖技术模式攻关，大力实施稻渔综合种养，较好地引领了特色淡水鱼产业的发展。

1. 引领科技创新 建立了较为完善的特色淡水鱼种质资源库和资源共享平台，建立了特色淡水鱼良种规模化保种、扩繁和推广体系。“秋浦豹花鳜”，杂交黄颡鱼“黄优1号”和吉富罗非鱼“壮罗1号”分别申报了新品种，鳜传染性脾肾坏死病灭活疫苗产业化研究取得重要进展，顺利完成了农业农村部的三方复核试验。

2. 推动农业提质增效 物联智能控制技术、工程化养殖等技术在产业中的应用助推产业提质增效，研发的特色淡水鱼水产养殖智能管控系统，推动池塘工程化生态养殖模式的全面实施和示范。

3. 推进农业绿色发展 开展养殖池塘环境生态修复技术研究与应用示范，推广池塘循环流水零排放生态养殖模式，渔业养殖尾水生态治理效果显著，采用“三坝四池”或“两坝四池”进行尾水治理；构建完善了养殖区集中连片尾水治理模式与技术，形成了一套可复制和推广的以鱼秀水“德清经验”。

4. 促进农民增产增收 以稻渔综合种养模式为抓手，为农业增产增收提供示范；体系在滇桂黔石漠化区、四川老凉山地区以及乌蒙山区，因地制宜，一地一策，使得稻田单位产出大幅提高，生态环境得到有效保护；云南红河县推广应用以“稻鳅共作”为主要模式的“稻渔共作”综合种养模式；广西总结推出可复制、可推广、具有广西特点的“广西稻渔种养十大模式”。

5. 支撑政府决策 编写并提交《特色淡水鱼养殖绿色发展有关情况的总结》《新时期农业科技创新意见建议》和《渔业装备发展需求建议》等材料，积极建言献策，支撑政府决策。此外，体系充分发挥专业优势，为贫困地区渔业主管部门、养殖企业等提供决策咨询。如针对安徽望江县、东至县等贫困县（区）政府和养殖企业提出的湖库密集、大水面传统养殖区如何适应环境治理政策，池塘养殖尾水处理方式和标准等一系列问题，体系执行专家组开展了广泛、系统的回应和政策解读。

【国家海水鱼产业技术体系】 2018年，海水鱼体系开展了2项体系重点任务和6项研究室重点任务的研发工作，全面完成了合同任务书考核指标和农业农村部各相关司局交办的各项任务。共获省部级奖励2项，发表学术论文199篇（SCI 115篇），出版专著4部；授权国际专利3件，国内发明专利20件，实用新型专利17件，软件著作权4件；申请国内发明专利59件，实用新型专利5件，软件著作权2件；发布国家标准1项，行业和地方标准2项，企业标准2项；举办培训班55次，培训人员4 400余人次。体系以推动海水鱼传统养殖模式转型升级和构建深远海养殖新模式为重点，进行产业链关键技术研发、试验与示范，有力支撑了海水鱼产业的稳步发展。

1. 引领科技创新 研发了我国第一艘浮体与桁架混合结构的万吨级半潜式智能渔场，设计建造了3个大型生态围栏（网），研发了移动式水质监测和智能化饵料投喂系统，开展了黄条鰤、卵形鲳鲹、尖吻鲈等鱼类深远海养殖试验与示范，加速推进深远海养殖装备与技术研发进程；大菱鲆鳗弧菌灭活疫苗获得临床试验批件，基因工程活疫苗（MVAV6203）新兽药注册申报通过复核，建立石斑鱼虹彩病毒 SGIV 灭活疫苗制备工艺并完成临床批件申请实验。

2. 推动渔业提质增效 开发主养鱼类新型蛋白源、肠道有益微生物和添加剂 23 种，示范发酵饲料 2 万多吨，支撑高效饲料研发与应用；研发了鱼类活体贮运、保鲜、药残与过敏原检测技术 6 项，提升了养殖产品质量安全保障水平与市场价值。

3. 推进渔业绿色发展 开展了近海网箱升级改造、工程化池塘精养、工业化循环水养殖及物联网构建等技术研发，优化了养殖操控装备和配套工艺。

4. 促进农民增产增收 通过为产业提供优质苗种与健康养殖示范实现增产增收。全年累计培育大菱鲆“多宝 1 号”、牙鲆“北鲆 2 号”、石斑鱼“虎龙杂交斑”“云龙斑”及大黄鱼、海鲈、卵形鲳鲹、河鲀等海水鱼优质苗种 2.55 亿尾；示范深水网箱高效养殖 158 万立方米，池塘工程化养殖 40 公顷，工厂化循环水养殖 99 550 平方米。

5. 支撑政府决策 体系为农业农村部和地方主管部门提供《新时期农业科技创新意见建议》《体系产业重大难题》《体系标志性成果》《渔业养殖与水产品加工装备发展需求建议》等咨询报告和政策建议 21 项。对《海水养殖尾水排放要求》水产行业标准进行研讨并提出了修订建议。同时，积极应对碳九泄露、中美贸易摩擦等产业突发事件以及台风、高温等自然灾害、突发病害等，为降低产业经济损失做出了贡献。开展了援疆援藏渔业帮扶和云南食品加工技术援助工作，支撑了当地渔业相关产业发展，促进贫困地区脱贫摘帽。

【国家藻类产业技术体系】 藻类体系 19 个岗位科学家、11 个综合试验站团队，在 2018 年围绕两个体系重点任务，5 个研究室重点任务开展了全面研发工作，完成了合同书全部指标以及农业农村部各相关司局临时交办的任务。体系获得的成果包括“褐藻加工盐渍前处理水的膜处理与微生物降解结合处理技术”等在内的 25 项新技术、工艺、设备和产品；引进、建立和评价了 792 份藻类遗传种质材料；建立了国家、地方和行业标准 14 项；申请和获批专利分别为 24 项和 15 项；申报海藻新品种 1 个；新增国家、省部级人才 6 人次；为农业农村部提供各类研究报告、建议、简报和信息动态 17 份，为地方政府提供各类报告和建议 20 份；召开各类形式的培训现场会 52 次；完成了 222 次生产调研和技术咨询；培训基层技术人员、农民 2 116 人次；在藻类主产区大规模主推了 23 个海藻栽培品种（系）；完成了 12 次生产应急性技术服务；发表科技论文 60 篇，专著 5 部。

1. 引领科技创新 体系在国内外开展了种质资源收集、保存、引进和开发利用，新增各类经济藻类种质资源近 800 份，实现种质资源保有量 5%～25% 的提升，进一步夯实了未来新品种创制的材料基础；针对北方地区海带苗生产所面临的疑难问题（畸形、烂尖、白点、下海脱苗、附着基成本高、劳动力密集型等），开展多次实地调研、现场指导，保障了海带种苗生产顺利完成，成为历史上少有的大丰收年；在裙带菜育苗领域完成了技术革新，提出若干解决出苗密度不足、下海出苗效果不好等传统问题的技术改进措施，保障了生产任务的完成；在褐藻酸钠和琼脂生产工艺上进行技术革新，提高了生产效率和经济效益。

2. 推动农业提质增效 体系先后在辽宁、山东、江苏、浙江和福建等地开展了大规模藻类优质新品种的推广应用和若干新品系生产测试，总计有 15 个国家级海藻品种得到大面积栽培生产，总栽培面积超过 3 万公顷，有 20 多个新品系正在进行规模化测试，测试栽培面积超过 0.67 万公顷，新品种在我国沿海各地的广泛使用，帮助百姓实现了增产增收的目的；多品种复合养殖的生态模式在山东、江苏和福建等地进行了推广，有效提高了单位面积养殖水域的经济产出；藻类栽培产业提质增效的一个有效手段是提高不同阶段机械化水平，节约劳动力使用，降低生产成本，体系研发团队设计了海带机械化采收、切割、烫煮预处理一体化作业方案，研制出机械化采收船载平台及采收成套装备试验样机 1 套，为未来全套成型设备的研制成功打下了基础。

3. 推进农业绿色发展 针对海带晾晒劳动力严重不足的问题，体系创新了自然晾晒、通风与热泵级联干燥新模式，保证了海带干燥品质，节约了干燥能耗，降低了干燥成本，实现了干燥过程零排放；针对褐藻初级产品加工过程产生的废水排放问题，研发出絮凝剂及配方，沉降盐渍前处理水中大分子物质，协同筛选培育特异微生物，降解水体中的有机物，结合超滤、反渗透等膜分离处理技术，净化水质，使水体达到国家标准中海水水质二类标准，同时还可有效回收盐渍前处理水中的大量甘露醇，使得企业污染排放达标。

4. 支撑政府决策 体系编写并提交了《藻类产业绿色发展建议》《关于规范海洋牧场建设，助力海洋经济发展的建议》《减免海带苗种生产的税收的建议》《关于提请磋商出口日本海带配额问题的建议》《热带特有经济海藻资源修复及产业发展》《中韩渔业谈判中有关铜藻问题的报告》以及《盐渍海带、裙带菜废水排放情况调研报告》等多份政策、发展建议，积极建言献策，支撑政府决策；体系工作人员为沿海渔业主管部门、养殖企业等提供了多项决策咨询，解答生产疑问和技术问题，比如针对山东地区的海带苗生产工艺问题，针对北方地区褐藻初级加工废水治理问题等，都提出了科学可行的解决方案，为藻类产业的健康发展做出了实质性的贡献。

“蓝色粮仓科技创新”重点专项 2019 年项目发布

蓝色粮仓是以优质蛋白高效供给和拓展我国粮食安全的战略空间为目标，利用海洋和内陆水域环境与资源，通过创新驱动产业转型升级，培育农业发展新动能，基于生态优先、陆海统筹、三产融合的具有国际竞争力的新型渔业生产体系。

我国渔业亟待实施科技创新和产业升级。当前，我国渔业产业面临“水产生物种业工程体系尚不能支撑产业发展需求、养殖模式粗放且结构布局不合理、生境修复和资源养护工程化水平不高、远洋高效捕捞技术亟待突破、水产品精深加工和安全保障水平低”等突出问题，严重制约了产业健康发展。必须围绕产业发展需求，按照科技创新链要求，突破种质创制、健康养殖、生境修复、友好捕捞、绿色加工等重大科学问题和重大技术瓶颈，引领和支撑我国现代渔业的持续健康发展。

为推进我国现代渔业科技创新，驱动我国渔业产业转型升级与持续发展，依据《国家中长期科学与技术发展规划纲要(2006—2020 年)》和《国务院关于深化中央财政科技计划(专项、基金等)管理改革方案的通知》等精神，启动实施“蓝色粮仓科技创新”重点专项。

专项围绕水产生物种质创制、健康养殖、资源养护、友好捕捞、绿色加工等产业面临的重大科学问题和重大技术瓶颈，贯通基础研究、重大共性关键技术、应用示范科技创新全链条，进行一体化组织设计，聚焦淡水渔业的提质增效和转型升级，以绿色生态养殖为着力点，突破水体环境控制、产品质量安全等瓶颈制约，实现从增量到提质的转变；强化海洋渔业的装备能力提升和产业空间拓展，近海以引领现代化海洋牧场发展为主线，深远海以提升智能装备技术水平为突破点，远洋以提高精准捕捞和一体化加工能力为抓手，推动海洋渔业产业迈上新台阶，增加优质蛋白有效供给。创建池塘绿色生态养殖、现代化海洋生态牧场、深远海智能化养殖等新模式，构建智慧养殖、智能捕捞和绿色加工等新生产体系，形成三产融合、链条完整的产业集群和技术标准体系，实现我国渔业科技由并跑向领跑跨越。

专项按照产业链布局创新链、一体化组织实施的思路，围绕总体目标，根据专项的统一部署，结合蓝色粮仓科技创新链条的特点与规律，2019 年度指南发布 21 个任务方向，其中重大共性关键技术任务方向 20 个，应用示范任务方向 1 个。拟安排国拨总经费约 6.50亿元。

【重要养殖动物病害免疫防治与生态防控技术】

1. 研究内容 针对重要养殖动物病害免疫防治与生态防控的共性关键技术瓶颈，研究鱼、虾蟹、贝、参等重要养殖动物细菌和病毒性病原现场快速检测和诊断新技术，开发针对重要养殖鱼类特定病原的安全高效疫苗，研制主要养殖鱼类疫苗机械化注射装备，研发具有绿色治疗作用的抗病生物制品和安全高效药物，研究鱼类等免疫防治和生态综合防控新技术，构建重要疾病的全国性监测预警和信息发布平台。

2. 考核指标 开发 6 种病原检测试剂盒或试纸条，2 个疫苗或新药获得国家新兽药注册证书，突破鱼、虾蟹、贝、参等重要病害的生态防控技术 5 套；研制疫苗注射装备 1 台(套)，提高疫苗注射效率 30% 以上；构建重要疾病的全国性监测预警和信息发布平台 1 个；授权病害防控相关发明专利 10 项，制订病原检测或生态防控技术标准 5 项；建立养殖动物病害免疫与生态防控技术体系，重大疫病发生率降低 20%，为健康增养殖模式区域示范提供病害防控技术支撑。

【养殖动物新型蛋白源开发与高效饲料研制】

1. 研究内容 针对水产养殖动物新型蛋白源与高效饲料开发的共性关键技术瓶颈，筛选养殖动物新型高效非粮蛋白源，建立有毒有害物质酶解、发酵和吸附等系统消减技术；研发促进营养物质利用和养殖动物健康的功能性添加剂；研究不同条件下营养需求、配方和投喂策略和营养精准调控技术；开发新型蛋白源在高效配合饲料中的利用技术，建立高效节能加工工艺与技术，研制水产动物全价高效配合饲料。

2. 考核指标 研发 3 种新型蛋白源，有效替代鱼粉和豆粕 30% 以上，开发 5 种功能性饲料添加剂，建立有毒有害物质消减技术 3 套以上，建立高效节能加工工艺 5 种以上，研制 5 种新型高效配合饲料；授权营养品质安全、高效饲料等发明专利 10 项，制定蛋白源和加工技术标准 5 项；建立养殖动物新型蛋白源开发与高效饲料研制技术体系，为健康养殖模式区域示范提供新型蛋白源开发和高效饲料研制技术支撑。

【淡水池塘生态养殖智能装备与渔农综合种养模式】

1. 研究内容 针对淡水池塘养殖高效装备与综合种养的共性关键技术瓶颈，研究淡水池塘养殖环境生态工程化调控、精准化养殖、尾水治理等关键技术，研制池塘养殖水质调控、投喂、捕获等精准作业装备和智能化养殖管控系统，构建绿色生态工程化养殖模式；研究渔农综合种养的物种配比、茬口衔接、配套病虫草害防控等核心技术，研发新型渔农工程化耦合生态种养系统，建立多元复合型渔农综合种养利用生产模式。

2. 考核指标 研制淡水池塘生态养殖投喂、调控与尾水处理智能装备6台（套），养殖作业效率提高30%；形成绿色生态工程化和渔农综合种养关键技术10项，建立淡水池塘生态养殖模式2个，氮磷排放降低25%，经济效益提高30%；建立渔农综合种养模式2个，化肥和农药使用减少50%以上，经济效益提高50%；授权淡水池塘绿色养殖和渔农综合种养相关发明专利10项，形成技术规范或标准5项。建立淡水池塘生态养殖与渔农综合种养技术体系，为淡水池塘养殖与渔农综合种养区域示范提供技术支撑。

【海水池塘和盐碱水域生态工程化养殖技术与模式】

1. 研究内容 针对海水池塘和盐碱水域养殖工程化设施与装备的共性关键技术瓶颈，研发海水池塘养殖智能化投喂、自动化管控等装备，研究水质控制、营养物质资源化高效利用、盐碱水质综合改良调控与绿色养殖等技术；研究海水池塘养殖系统主要生物类群的结构与功能优化技术，筛选、移植、驯化盐碱水质适宜养殖种类，构建海水池塘多营养层次生态养殖和盐碱水渔业综合利用模式。

2. 考核指标 研制海水池塘智能化投喂与管控设施装备5台（套），形成海水池塘环境控制与资源利用关键技术2项；建立海水池塘生态养殖模式2个，氮磷排放降低25%，经济效益提高30%；建立盐碱水综合养殖模式2个，经济效益提高30%；授权海水池塘和盐碱水域绿色养殖相关发明专利10项，形成技术规范或标准6项。建立海水池塘和盐碱水域绿色养殖技术体系，为海水池塘和盐碱水域养殖工程化示范提供技术支撑。

【工厂化智能净水装备与高效养殖模式】

1. 研究内容 针对工厂化智能净水装备与养殖模式的共性关键技术瓶颈，研制精准投饲、分池作业、水体智能净化、新能源高效利用等设施装备；研究工厂化苗种繁育和养殖源水精细处理、水体循环利用、排放水无害化处理等技术；研究主养种类高效清洁循环水养殖生产技术，构建大规格健康苗种工厂化培育、鱼类智能化循环水精准养殖、虾参循环水清洁养殖等系统模式。

2. 考核指标 形成工厂化循环水处理等关键技术8项，研制精准管控装备8台（套）、智能净水装备5台（套）和新能源利用设施装备2台（套），建立工厂化智能养殖系统模式3个，作业效率提高30%，经济效益提高30%；授权工厂化养殖相关发明专利10项，形成技术规范或标准5项。建立高效智能工厂化养殖技术体系，为工厂化高效养殖应用示范提供技术支撑。

【湖泊生态增养殖技术与模式】

1. 研究内容 针对湖泊水生生物资源增养殖的共性关键技术瓶颈，研究典型湖泊水域种质保障与种群重建、容量评估技术，研发湖泊水域生境营造、渔业增殖与定量捕捞等关键技术，建立水生生物生产力综合管理、生境营造等生态增养殖模式；研究湖泊生态效应评估技术，开发湖泊生态增养殖管理与控制信息系统，构建湖泊水域净水渔业技术体系。

2. 考核指标 形成典型湖泊水域增养殖关键技术5项，建立湖泊增养殖效果、容量与生态效应评估技术2项，开发湖泊生态增养殖管控信息系统1套；建立典型湖泊水域生态增养殖模式5个，水质标准提高1个等级，综合效益提高30%；授权湖泊生态增养殖相关发明专利10项，编制湖泊增养殖容量评估标准等技术规范或标准5项。建立湖泊水域净水渔业技术体系，为湖泊资源增养殖与净水渔业模式示范提供技术支撑。

【滩涂增养殖技术与生态农牧化新模式】

1. 研究内容 针对滩涂综合增养殖与生态农牧化的共性关键技术瓶颈，研制滩涂动植物工程化生态增养殖、机械化采收设施与装备，研究典型滩涂区域耐盐植物规模化种植和动物增养殖技术，研发生境改良和贝－藻/草综合增殖技术，开发生物资源循环利用新技术，建立滩涂生态农牧化空间功能优化配置技术，构建滩涂贝－藻/草等综合增养殖与生态农牧化开发新模式。

2. 考核指标 建立滩涂增养殖、生物资源循环利用、空间优化配置等新技术5项，研制滩涂增养殖设施与采收装备4台（套），养殖轻简化效率提高30%；建立滩涂增养殖与生态农牧化新模式3个，经济效益提高30%；授权滩涂增养殖与生态农牧化相关发明专利10项，制定滩涂生态农牧化规范或标准3项；构建滩涂增养殖与生态农牧化技术体系，为滩涂增养殖区域功能优化与生态农牧化开发示范提供技术支撑。

【浅海生态增养殖机械化装备与模式】

1.研究内容 针对浅海生态增养殖机械化与工程化的共性关键技术瓶颈，研发筏式养殖大型藻类自动化夹苗、机械化采收等装备，研制浅海增养殖动物机械播苗、精准计量、深水生物识别和高效采捕等设施；开发标准化筏式养殖技术和基于生境营造的底播增养殖技术；构建筏式、底播多营养层次生态增养殖模式；建立浅海智能生态养殖大数据分析、自动化反馈和养殖全过程信息化平台。

2.考核指标 研制浅海增养殖、机械化生产装备4台(套)，养殖轻简化效率提高30%；构建智能化浅海生态养殖大数据分析平台1个；构建3种浅海增养殖新模式，经济效益提高20%；授权浅海机械化生产和增养殖相关发明专利10项，制定浅海增养殖技术规范或标准3项；建立浅海生态增养殖技术体系，为浅海生态高效增养殖区域示范提供技术支撑。

【开放海域和远海岛礁养殖智能装备与增殖模式】

1.研究内容 针对开放海域和远海岛礁养殖装备与模式的共性关键技术瓶颈，研发适于开放海域和远海岛礁的潜浮式智能网箱、大型生态围栏及海珍品增殖等设施与技术；开发台风等海洋灾害环境下增养殖设施的安全评估与预警系统；筛选适宜开放海域和远海岛礁的增养殖种类，研制自动投喂、高效起捕、远程监测等机械化与智能化装备，构建陆海接力养殖和生态增殖新模式。

2.考核指标 研制适应－30米以深的潜浮式智能网箱(2万立方米以上)1套，创制工程化生态围栏(10万立方米)1套和远海岛礁增殖设施1套，研发智能操控与管理装备6台，开发台风等海洋灾害环境下增养殖设施的安全评估与预警系统1套，建立陆海接力养殖和生态增殖模式3种，经济效益提高30%；授权开放海域和岛礁生态增养殖相关发明专利10项，制定技术规范或标准3项；建立智慧渔场国际合作机制，构建开放海域和远海岛礁设施化增养殖技术体系，为开放海域与岛礁生态增养殖示范提供技术支撑。

【深远海工业化大型养殖装备与模式】

1.研究内容 针对深远海工业化绿色养殖的共性关键技术瓶颈，研发深远海大型养殖工船与专业化智能养殖平台装备及污损生物防附着技术，研究温度等环境因子可控的平台设施结构，研制深远海养殖环境安全预报、能源综合管理及自动化管控系统；筛选深远海适宜养殖种类，研究深远海主导养殖物种的养殖关键技术，研发深远海工业化、程序式养殖工艺，构建工业化、订单式养殖模式。

2.考核指标 研制深远海大型工船与智能化养殖平台装备10台(套)，单体养殖容量5万立方米以上，水产品年生产能力3000吨以上，开发深远海养殖与自动化管控系统1套，建成深远海养殖新模式2种，经济效益提高30%；授权深远海工业化养殖相关发明专利10项，制定深远海养殖技术规范或标准3项；建立深远海工业化养殖技术体系，为深远海工业化养殖区域示范提供技术支撑。

【渔业水域环境监测装备与预警技术】

1.研究内容 针对渔业水域环境实时高效监测的共性关键技术瓶颈，研发渔业水域微塑料样品采集、分离等装置与技术，建立微塑料快速检测方法；研发重金属、抗生素等多种混合污染物现场快速检测筛查技术和便携式仪器；开发渔业水域典型有机污染物高通量快速分析技术；开发典型渔业水域水质生态环境多参数原位在线监测技术，研制渔业水域水质多参数预警及管理决策支持系统。

2.考核指标 开发渔业水域微塑料、重金属、抗生素、有机污染物等检测/监测新技术8项，研制渔业水域关键环境因子的原位监测设备和超标报警系统3台(套)，实时快速检测和筛查装备3台(套)，构建渔业水域评价模型3个，构建渔业水域水质多参数预警及管理决策支持系统1套，制(修)订水域环境监测与检测技术规范或标准3项，授权监测、检测技术与装备等发明专利8项，为示范区渔业水域环境监测提供技术支撑。

【典型渔业水域生境修复与生物资源养护技术】

1.研究内容 针对典型渔业水域生境修复和生物资源养护的共性关键技术瓶颈，研究河口、湖泊、岛礁毗邻海域等典型渔业水域生态健康评估技术；研发基于自然恢复和工程修复相结合的典型渔业水域生境修复共性技术，研制重要渔业物种栖息地功能恢复专用设施；创建不同典型渔业水域资源种群复原与养护技术及相关核心设施，建立河口、湖泊、岛礁毗邻海域等典型渔业水域生境修复与资源养护模式。

2.考核指标 建立河口、湖泊、岛礁毗邻海域等典型渔业健康评价技术3项和生境修复技术4项，研制修复和养护设备或设施3台(套)，建立典型渔业水域生境修复与资源养护模式3个，修复区生物资源量提高30%，授权典型渔业水域生态修复技术发明专利8项，制(修)订标准和技术规范3项；构建河口、湖泊、岛礁毗邻海域典型生态系统生境修复与资源养护技术体系，为渔业水域生态系统修复和养护区域示范提供技术支撑。

【现代化海洋牧场构建与生态安全保障技术】

1.研究内容 针对海洋牧场构建与保障的共性关键技术瓶颈，评估典型海域国家级海洋牧场的生态系统承载力，研发海洋牧场渔业生物功能群构建设施，研究海洋牧场食物网结构优化与生物操纵技术；开发海洋牧场最大持续产量预测技术，构建海洋牧场渔业资源动态预测与持续利用模式；研发现代化海洋牧场自动化监测预警与安全保障平台，开发现代化海洋牧场智能化管理系统。

2.考核指标 研制现代化海洋牧场监测预警与安全保障平台1套，开发海洋牧场智能管理系统1套，突破现代化海洋牧场构建关键技术4项，构建海洋牧场渔业资源持续利用模式1个，经济效益提高30%；授权海洋牧场技术发明专利8项，制(修)订海洋牧场技术规范或标准3项；建立现代化海洋牧场国际合作机制，技术支撑50%以上的国家级海洋牧场示范区建设，为现代化海洋牧场区域示范提供技术支撑。

【远洋生物资源立体探测与渔场解析技术】

1.研究内容 针对远洋生物资源探测与渔场渔情预报的共性关键技术瓶颈，研发卫星遥感洋面与声学探测水下海洋因子与鱼类行为信息获取等关键技术，研发远洋渔场海天立体探测与栖息地评价新技术；研制深远距离与高分辨率鱼群探测数字声呐装备；研究鱼群探测信息精确解析与远洋渔业资源评估新技术，探究公海渔业资源分配国际治理机制；开发多功能远洋渔情分析预测与捕捞生产服务信息系统。

2.考核指标 研制远洋渔场立体探测装备或信息终端6台(套)，系统探测精度提高30%；形成栖息地评价、资源评估等技术3项；开发多功能远洋渔情分析预测与捕捞生产服务信息系统1套；授权远洋资源捕捞信息技术相关发明专利10项，形成技术规范或标准6项，提出公海渔业资源分配国际治理的中国方案。建立远洋生物资源立体探测与渔场解析应用技术体系，为远洋渔业新资源开发应用示范提供技术支撑。

【远洋渔业资源友好型捕捞装备与节能技术】

1.研究内容 针对远洋渔业选择性捕捞与高效节能装备的共性关键技术瓶颈，研究高效船型与“船－机－桨－渔(网)具”优化配置技术；研制具有选择性功能的友好型过洋性深水渔场连续变水层拖网；研究大洋金枪鱼鱼群聚集、无人机巡察和围捕技术与辅助装备；研发大洋秋刀鱼、头足类等高效节能光诱技术与捕捞系统装备；开发大洋性低营养级生物资源连续高效捕捞技术、船载加工与智能化装备。

2.考核指标 研制选择性捕捞渔具、作业辅助、船载加工等远洋资源友好型捕捞装备15台(套)，单船捕捞作业效率提高30%；研发高效节能船型1个，单位渔获物能耗降低20%；授权远洋资源捕捞装备和加工一体化发明专利15项，形成技术规范或标准10项。建立远洋资源友好型捕捞装备与节能技术体系，为远洋渔业资源开发与综合利用示范提供技术支撑。

【水产品陆海联动保鲜保活与冷链物流技术】

1.研究内容 针对水产品保鲜保活与冷链物流的共性关键技术瓶颈，研究水产品保鲜保活与冷链物流过程中品质变化规律以及监测与评估技术；研发生态冰温和无水保活等远距离高密度流通、流态冰冷和快速冻结保鲜、无氨氟蒸发冷舱贮运等陆海联动保鲜保活及其品质过程控制等关键技术；研制海陆一体化水产品保鲜保活流通装备，研发基于物联网技术的冷链物流追溯技术体系。

2.考核指标 研发海陆一体化保鲜保活新装备5台(套)，建立鱼虾贝等5种远距离高密度(鱼水比1:2以上)保活、流通技术体系，72小时存活率达90%；鲜态水产品72小时保持Ⅰ级鲜度，冻藏水产品270天保持Ⅰ级鲜度；建立水产品冷链物流溯源技术体系3套；授权水产品保活、冷却冷冻保鲜及冷链物流等发明专利10项，制订保鲜保活等标准化操作规范5项，为水产品绿色加工区域示范提供保鲜保活与冷链物流技术支撑。

【水产品危害物质检测与质量控制技术】

1.研究内容 针对水产品危害物质检测与质量控制的共性关键技术瓶颈，开发非法添加物、环境污染物、腐败菌等非定向检测、现场痕量筛选及智能化前处理等技术；创建水产加工及流通过程中特定危害性细菌(病毒、寄生虫)、过敏原、羰基化合物等内外源危害的削减控制新技术，研发高值生食产品的生物净化及非热控菌技术；研发水产品典型危害物风险评估技术，开发智能储运及质量安全控制技术。

2. 考核指标 建立水产品危害物检测、评估新技术5~8项、消减及控制新技术10~12项；研制样本前处理、远程微环境控制等新装置3~5套；建立全供应链智能储运及品质控制体系2个；生食水产品质量安全指标提高40%以上；授权危害物质检测与质量控制相关发明专利10项，制订检测技术(产品)标准或规范5项，为水产品绿色加工区域示范提供质量安全保障技术支撑。

【水产品智能化加工装备与关键技术】

1. 研究内容 针对水产品高效加工装备的共性关键技术瓶颈，研究水产原料精准识别与预处理、冷冻加工品质保持与智能调控、干燥品质提升和过程控制、新型杀菌工艺与品质保障、生物活性组分高效分离提取与稳态化等关键技术；研发水产原料智能化预处理、活性组分高效分离等加工装备，构建现代水产品加工的机械化、智能化、成套化技术体系。

2. 考核指标 研发水产原料精准识别等加工新技术5项，创制预处理、干燥、杀菌和高效分离等智能化加工核心装备10台(套)，作业效率提高30%以上；建立中试生产示范线3条，加工能耗降低10%以上；授权水产品冷冻品质调控等发明专利8项，制(修)订处理加工等设备技术规范或标准4项，为水产品绿色加工区域示范提供智能化技术支撑。

【水产品高质化生物加工新技术与产品开发】

1. 研究内容 针对水产品精深加工的共性关键技术瓶颈，研发酶工程、发酵工程、细胞工程等水产品生物加工关键技术，开发水产品加工专用酶，研发水产功能萜类、脂类、类胡萝卜素、生物寡糖等产品的酶催化加工技术；研发鱼露、咸鱼、鱼糜等水产品的发酵过程控制关键技术，研究水产品萜类、脂类功效因子的微生物合成与生物转化技术；开发新型食品功能基料、生物材料等水产生物制品。

2. 考核指标 建立水产品生物加工关键技术5项，效率提高20%以上；创制水产品加工专用酯酶、糖水解酶等5~8种；开发水产萜类、脂类、特定聚合度寡糖、类胡萝卜素、发酵制品及生物材料等产品8~10种；授权水产品生物加工相关发明专利8项，制(修)订水产品生物加工技术规范或技术标准4个；构建水产品生物加工技术体系，为水产品绿色加工区域示范提供高质化生物加工技术支撑。

【低值水产品及副产物高值化利用与新产品创制】

1. 研究内容 针对低值水产品及副产物综合利用的共性关键技术瓶颈，研发低值水产品蛋白改性与风味改良技术；研究活性肽的标准化序列分析、稳态化、缓释等技术；研究新型鱼糜的质构重组纤维化技术；研究水产动植物多糖及寡糖加工新技术；研究水产方便食品、休闲食品、中餐工业化食品加工新技术，开发蛋白食品、营养食品、方便食品、休闲食品等高附加值产品。

2. 考核指标 研发水产蛋白、多糖及寡糖加工新技术3~5项，制备率提高20%以上；开发鱼糜纤维化加工和新技术3~5项，弹性保持率大于70%；开发低值水产品/副产物源蛋白、肽、多糖/寡糖营养食品10种以上，方便食品、休闲食品等新产品10种以上，主导水产品加工利用率提高50%以上，经济效益提高30%以上；授权风味改良、质构重组相关发明专利8项，制(修)订蛋白、鱼糜制品等技术规范或标准4项，为水产品绿色加工区域示范提供高值化利用技术支撑。

【黄渤海现代化海洋牧场构建与立体开发模式示范】

1. 研究内容 针对黄渤海现代化海洋牧场构建与海域分层立体开发利用模式示范等问题，集成人工鱼礁构建、渔业生物功能群构建、海珍品底播增殖、承载力评估与产量模型预测、绿色加工与综合利用等技术，应用自升式海洋牧场监测与保障平台、环境友好型海上风机及其配套装备、海上风电环保型施工和智能运维等技术，优化海洋牧场环境预警预报和专家决策系统，实施海洋牧场与海上风电融合发展布局设计与优化，建立黄渤海“蓝色粮仓+蓝色能源”立体开发新模式，逐步形成具有黄渤海区域特色的海洋牧场综合开发利用技术体系和产业。

2. 考核指标 优化海珍品增殖礁3~5种，建立功能群构建与优化技术2~3种，开发2~3种海珍品加工工艺与模式，构建承载力评估与产量模型预测模型1个，开发海洋牧场环境预警预报与专家决策系统1套，应用自升式海洋牧场监测与保障平台5~8个，开发具有低噪声等性能的新型海上风机等适用于海洋牧场的海上风电及基础装备5~8台(套)，构建海洋牧场与海上风电融合发展新模式1种。

建成“蓝色粮仓+蓝色能源”立体开发与综合利用模式示范区1~2个，示范面积1.33万公顷，产品达到绿色食品标准，贝参加工率达到80%以上，经济效益提高20%以上；制(修)订海洋牧场立体开发标准或规范5项，申请或授权海洋牧场与海上风电相关发明专利5项；举办培训课程3~4次，培训技术人员200人次以上，新增就业100人以上。

稻渔综合种养产业高质量发展

2018年，农业农村部渔业渔政管理局会同中国水产科学研究院、全国水产技术推广总站、上海海洋大学、现代农业产业技术体系相关渔业体系和省级渔业部门，按照"稳粮增收、生态绿色、质量安全、三产融合"的发展要求，全力推进稻渔综合种养转型升级、规范发展，取得了显著成效。初步估计，2018年全国稻渔综合种养面积增幅超过15%、增加26.67万公顷，总面积达213.33万公顷，稳定1 600万吨优质稻谷和100多万吨生态水产品产量，带动农民增收超过550亿元，被群众喜称为"小粮仓、小银行、小水库、小环保厂"，全国稻渔综合种养产业进入高效发展阶段。预计到2020年末，全国稻渔综合种养面积可达到266.67万公顷，可带动农民增收超过700亿元。

【主要工作】 2018年，农业农村部渔业渔政管理局按照农业农村部部长韩长赋的指示要求，向时任副总理汪洋报送了《我国稻渔综合种养发展成效显著》的信息专报。同时遵照"要把稻渔综合种养作为推动农业绿色发展、农民增收、农业提质增效、产业扶贫、融合发展的一个重要抓手抓紧抓好"的批示精神，全力推动稻渔综合种养发展。

1.推进国家级稻渔综合种养示范区创建工作 2017年的示范区创建工作得到各地政府和稻渔种养从业者积极响应，纷纷提出希望加大国家级示范区创建工作力度。为此，农业农村部渔业渔政管理局在上年工作基础上，重点从规范发展和辐射带动方面，进一步明确了示范区申报材料和条件，继续组织开展国家级稻渔综合种养示范区创建工作。尽管受到机构改革影响，各地还是克服困难、积极推进，全国17个省份共申报45个示范区，经材料审查和现场考核，34个符合要求，将按程序以农业农村部公告正式公布。同时，在颁布《稻渔综合种养技术规范 通则》的基础上，加快《稻鲤》《稻虾》《稻蟹》《稻鳅》和《稻鳖》5个系列标准的制定步伐，2018年底已完成征求意见工作，将于2019年正式发布。

2.首次发布中国稻渔综合种养产业发展报告 2018年11月，指导全国水产技术推广总站和上海海洋大学举办第二届全国稻渔综合种养高峰论坛，在论坛上首次发布了《中国稻渔综合种养产业发展报告(2018)》，受到媒体转载报道和评论，成为稻渔产业发展最权威报告。中国稻田综合种养产业技术创新战略联盟同期举办了2018年全国稻渔综合种养模式创新大赛和优质稻米评比推介活动，吸引了全国105个稻渔综合种养企业和渔业部门、科研教学推广单位代表共400余人参加，评选出模式创新特等奖2个，渔米金奖10个。

3.举办全国稻渔综合种养现场观摩交流活动 2018年9月，农业农村部渔业渔政管理局在辽宁盘锦组织举办了2018年全国稻渔综合种养现场观摩活动。邀请唐启升和桂建芳院士做了专题讲座，22个省份的代表、国家农业产业技术体系渔业体系的专家结合观摩活动对稻渔综合种养先进技术模式进行了研讨。会议要求在总结前期稻渔综合种养发展成效的基础上，分析和研判形势，推动全国稻渔综合种养发展迈上新台阶。

4.大力开展稻渔综合种养产业扶贫工作 2017年以来，农业农村部渔业渔政管理局开展了稻渔综合种养产业扶贫推进行动，先后在云南红河哈尼族彝族自治州、内蒙古兴安盟、黑龙江泰来、贵州铜仁和遵义、陕西延安等贫困地区，推进稻渔综合种养产业扶贫，开展稻渔综合种养技术指导与培训，取得了很好的效果，受到了当地政府和群众的欢迎。在武陵山区的湖南永顺县颗砂乡开展了稻渔综合种养扶贫项目，示范面积13.33公顷，取得了"亩产千斤优质稻、亩产百斤生态鱼"的佳绩，村支部书记张顺星深有感触地说道："脱贫要富首抓产业，部里的稻渔综合种养扶贫抓到了点子上"。

5.开展试验示范和技术培训工作 2018年，农业农村部渔业渔政管理局克服资金短缺困难，在黑龙江和吉林开展稻渔综合种养技术示范工作，示范带动两省稻渔综合种养发展。湖北、安徽、黑龙江、吉林、江苏、广西和四川等省份也在农业农村部带动下，开展了大规模的稻渔综合种养技术示范工作。支持唐启升院士在云南红河建立了院士工作站，加强稻渔综合种养技术攻关、模式示范和学术交流。联合全国水产技术推广总站在云南和甘肃举办了2期稻渔综合种养技术培训班，面向基层人员讲授实用技术，培训两省稻渔综合种养技术骨干和种养大户260多人。

【主要成效】 发展稻渔综合种养经济上划算，政治上得民心，经济、社会和生态效益显著。各地纷纷出台支持稻渔综合种养发展的政策和规划，全面实现了从"要我发展"到"我要发展"的转变。湖南全省创建10个稻渔综合种养示范县，每个县给予400万元的专项支持，连续支持2年；广西在36个县(区)实施稻渔生态综合种养开发项目，财政支持资金4 562万元；宁夏近年来累计投入4 000多万元支持稻渔综合种养发展;湖北规划到2020年年底稻渔综合种养面积突破40万公顷;安徽计划每年新增综合种养面积6.67万公顷,最终达到66.67万公顷;四川明确到2020年年底,全省达到37.33万公顷以上。据不完全统计,全国有14个省份制定了稻渔综合种养产业发展扶持政策。

1.促进了农业绿色发展 开展稻渔综合种养可有效降低水稻种植面源污染。客观上,通过生物共生互促,显著降低了化肥和农药使用需要;主观上,农民为了确保水产品的安全,主动减少农药使用。根据上海海洋大学、浙江大学等技术依托单位研究结果,稻渔综合种养平均可减少化肥使用量30%~60%,减少农药使用量68%以上。湖北省农业科学院监测发现,稻虾共作模式较单一种稻模式土壤耕作层增加5~10厘米,耕作层中土壤有机质和全氮含量均有升高趋势,温室气体甲烷排放降低了7.3%~27.2%,二氧化碳排放降低了5.9%~12.5%。

2.促进了农民增收 实践表明,由于减少农药化肥使用,每亩水稻生产可节本50~80元以上,国家级稻渔综合种养示范区亩均可节本100元以上;稻米价格一般较普通稻米高50%以上,国家级稻渔综合种养示范区至少高1倍以上,有的高5~6倍;此外,水产品收入亩均基本在1 000元以上。综合来看,稻渔综合种养亩均增效1 500元以上。全国约有3 000万公顷稻田,据专家估算,近667万公顷适合开展稻渔综合种养,按每公顷增加15 000元收益计算,每年可为农渔民增收超过1 000亿元。

3.促进了优质食物生产 稻渔综合种养是天然的绿色生态系统,生产的稻米品质明显优于单一种植水稻的稻米,养殖的水产品也安全优质。实践表明,稻渔综合种养可实现水稻稳产甚至增产,平均亩产500千克以上。湖北稻渔综合种养带动了13.33万公顷低洼冷浸田开发,相当于增加了13.33万公顷优质稻田;浙江德清县数千亩鱼塘改为稻渔综合种养,四川、云南等地一些山区抛荒田块被开发利用开展稻渔综合种养,既增加了水稻种植面积,又增加了农民收益。目前,全国稻渔综合种养每年可稳定生产优质稻米1 600万吨左右,生产优质水产品100多万吨。

4.促进了产业扶贫 稻渔综合种养相对简单易行,从南到北具有广泛适应性,且投资小,见效快,抗风险能力强,易引导农民投入生产,是进行精准扶贫的好产业。云南、广东、广西、贵州等地通过开展稻渔综合种养有效促进了脱贫致富。广东省连南瑶族自治县建设了200公顷稻渔综合种养示范园区,惠及农户近3 000户,辐射带动近2万农户脱贫致富;四川广元市昭化区开发利用抛荒田80余公顷开展稻渔综合种养,带动500余户2 150名贫困人口脱贫摘帽。

5.促进了三产融合发展 稻渔综合种养产业链长,价值链高,具有三产融合的天然优势,极大地促进了各地渔业一二三产融合发展。有的地方,稻渔综合种养与旅游、教育、文化、健康养老等产业深度融合,如浙江德清、宁夏广银和山东大芦湖稻渔综合种养已成为当地休闲旅游热点。各地纷纷打造稻渔综合种养品牌,带动稻米和水产品加工销售,初步估计全国稻渔综合种养稻米品牌超过200个,水产品品牌超过100个。

6.促进了农业文化遗产保护 云南红河哈尼梯田是世界文化遗产和全球重要农业文化遗产,梯田遗产保护的核心是继续开展农业生产,而维持梯田农业需要确保农民收益和涵养水土环境。稻渔综合种养调动了当地农民从事梯田农渔业生产的积极性,促进了梯田水土环境的保持,对哈尼梯田农耕文化的传承与保护做出了重要贡献。同时,哈尼梯田稻渔综合种养国家级示范区创建也在2018年通过了农业农村部的现场考核,成为全国稻渔综合种养产业发展的示范样板。广东、广西和福建的稻田养殖"禾花鲤"具有上千年的悠久历史,在近年来稻渔综合种养的发展中更加焕发光彩,有效实现了"在发掘中保护、在利用中传承、在传承中发展"。

印发《农业农村部关于乡村振兴战略下加强水产技术推广工作的指导意见》

实施乡村振兴战略是新时代做好"三农"工作的总抓手。为深入贯彻落实中央关于实施乡村振兴战略的工作部署,把握乡村振兴战略下水产技术推广体系的新使命新任务,强化工作部署,激发体系活力,充分发挥水产技术推广工作在推动渔业绿色转型发展、助力乡村振兴中的作用,提出以下指导意见。

【总体目标和基本原则】

1.总体目标 围绕乡村"五个振兴",聚焦渔业绿色转型、高质量发展新要求,强化职能、稳定体系,理顺体制、创新机制,建强队伍、充实基层,逐步建成职能明确、运行高效、装备优良、服务到位的新型水产技术推广体系和结构合理、技术精湛、作风优良、业绩突出的新时代水产技术推广队伍,在推进乡村振兴中努力成为渔业提质增效技术服务的主力军,现代技术模式创新与推广的主导者，基层渔业技术人才培养的主渠道，渔业资源生态养护服务的主攻手，渔民增收致富的好帮手，为乡村振兴战略实施和现代渔业建设提供有力的技术和人才支撑。

2. 基本原则

（1）坚持服务中心。以创新、协调、绿色、开放、共享发展理念为引领，围绕渔业提质增效、减量增收、绿色发展、富裕渔民的发展目标，按照绿色兴渔、质量兴渔、品牌强渔等工作要求，建立健全工作体系，全面提升服务乡村振兴、服务现代渔业的能力和水平。

（2）坚持依法履职。国家推广机构要按照《农业技术推广法》赋予的公益性职责，充分发挥公共服务机构的优势和作用，瞄准服务新渔业、培育新渔民、打造新乡村，积极拓展新职能，不断提升推广工作影响力。

（3）坚持创新引领。以提升服务效能为导向，跟踪科技前沿，加快技术创新、模式创新、管理创新。推动前瞻性引领性技术模式创新和示范应用，打造一二三产融合发展新业态、新范式，为渔业转型升级注入新动能。

（4）坚持联合协作。充分利用国家推广体系资源，积极打造政产学研推用"六位一体"工作体系、协作机制、服务平台，形成上下贯通、左右衔接、优势互补、服务高效的"一主多元"推广工作新格局。

（5）坚持充实基层。进一步下移工作重心，重点健全建强县级水产技术推广体系，合理布局渔业重点地区区域站，健全完善乡镇和村级水产技术服务队伍，不断提升基层推广体系服务能力和水平。

【稳定推广体系队伍，提升履职活力效能】

1. 强化公益性职责 围绕乡村振兴对推广体系提出的新要求，推动工作重点从注重产量增长转向注重质量提高，工作领域从服务产业向服务"产业 + 乡村"拓展，进一步巩固技术示范、疫病监测、质量检测、环境监测、渔民培训、信息服务等公益职能，积极拓展生态健康养殖、资源环境养护、休闲渔业服务、产业融合发展等新职能，全面提升推广体系服务乡村振兴的履职能力。

2. 稳定基层推广机构 积极争取水产技术推广机构为公益一类事业单位，明确机构编制、岗位设置和人员配备。稳定县级水产专业站，在渔业主产区推行"三权归县、服务在乡"的县管模式，鼓励以县站派出方式建立水产区域站，积极争取在农技综合站中明确水产推广专职岗位和人员，确保基层水产技术推广体系稳定。

3. 加强推广队伍建设 严格落实推广人员公开招聘、竞争上岗、择优录用的聘用制度，明确岗位职责要求，确保新录入人员素质。建立健全推广队伍知识更新、技能提升长效机制，试点开展推广人员定向委培，鼓励基层推广人员参与科技研发创新项目，探索实施"特聘农技员"计划，鼓励科技教育、企业、合作社等参与技术推广服务，壮大基层服务力量。

4. 创新推广工作机制 完善提升新型责任渔技制度，创新考核激励机制，构建推广体系的实验室、培训教室、信息平台、示范基地等公益性平台资源共享和联合协作机制，组织开展推广技术先进性、安全性和适用性验证评价，在有条件的地方探索公益性机构与新型经营主体融合发展的新机制。

【强化现代模式引领，助力乡村产业振兴】

1. 加强生态健康养殖模式集成示范 全面贯彻落实水产养殖绿色发展"八字诀"，重点集成创新和示范推广一批资源节约型、种养循环型、绿色生态型、潜在资源开发型等现代渔业生产模式和一批尾水生态处理、资源循环利用、质量安全可控、防灾减灾等渔业关键技术，力争在5年内，建成国家级水产健康养殖示范场100个，集成示范渔业主推技术50项。

2. 加强现代水产种业服务 研究完善新品种审定评价指标和程序，推动建立商业化育种体系，推进"育繁推"一体化。依托水产推广体系试验示范基地和有条件的养殖企业，打造一批水产新品种生产性能测试基地。通过新品种中间试验和生产性试验，示范推广一批优质、高效、多抗、安全的水产养殖新品种。

3. 促进产加销融合发展 发挥加工业对现代水产产业链打造的带动作用，联合企业开展便捷化、调理化、可即食、耐存储的加工产品开发。以水产技术推广体系为依托，建设渔业品牌化公共服务示范平台。联合开展品牌推介、产品展示、技术发布、经济分析等产业促进活动，扩大品牌影响力，引导水产品消费。按照因地制宜、合理规划、突出特色、示范带动的要求，协助各地培育一批水产特色区域公共品牌，扶持企业品牌建设，促进渔业提质增效。

4. 做好产业精准扶贫工作 做好深度贫困地区产业扶贫的技术指导，结合扶贫地区资源优势、渔业产业特点和民族文化特色，因地制宜构建稻渔综合种养、集装箱养殖、盐碱水养殖、生态休闲渔业等产业精准扶贫新模式。支持贫困地区致富带头人培育，开展贫困地区优质水产品市场对接和品牌推介活动。完成环京津对口帮扶、定点扶贫、片区扶贫及援疆援藏等扶贫重点任务，促进贫困地区农民脱贫致富。

【强化实用人才培养,助力乡村人才振兴】

1. 培养推广服务领军人才 通过项目合作、部门协作、农企联作等方式,积极引导科研教育单位、龙头企业、专业合作社、协会学会、现代示范园区等多元主体的高水平技术人员开展推广公益性服务,加强技术推广服务的领军人才和骨干人才的遴选培养,壮大推广服务人才队伍。鼓励创建劳模创新工作室,发挥领军人才在推广服务中的创新引领作用。

2. 加强新型职业渔民培育 围绕乡村现代渔业产业发展需求,以国家水产技术推广体系为主要依托,联合相关科研教育单位和新型经营主体的培训力量,开展多渠道、多层次、多形式的新型职业渔民培训。大力推进渔业行业技能鉴定,引导渔民通过职业培训和技能鉴定,增强就业技能、职业素养和创新创业能力。

3. 加强新主体双创人才培养 围绕乡村新型渔业经营主体发展的需求,以新型经营主体为培养和孵化平台,打造人才实训基地,加强企业科技创新骨干、现代青年渔场主、渔业经理人、返乡创业人员等创新创业带头人培育。组织开展渔业技术模式创新大赛、职业技能大赛等新渔民返乡下乡创新创业活动。建立健全渔民创新创业技术帮扶体系。

【推进渔业文化发展,助力乡村文化振兴】

1. 弘扬传统渔文化 做好传统渔文化的挖掘、保护和传承,联合组织开展最美渔村的遴选推介,协助制定传统渔业文化遗产的保护目录和认定办法。积极引导各地通过观赏鱼大赛、垂钓比赛、饮食文化节、放鱼节、开渔节、美术摄影比赛等活动形式,促进观赏、餐饮、民俗、休闲等传统渔文化的保护和传承。

2. 培育现代休闲渔业文化 以提升推广体系引领现代休闲渔业文化发展能力为目标,建立休闲渔业文化公共服务平台和专家队伍。以渔村、渔港、海洋牧场等渔业设施为依托,以增殖放流、休闲垂钓等渔业活动为载体,培育文化娱乐型、都市观赏型、竞技体育型、观光体验型等现代休闲渔业示范和文化展示基地。加强水产养殖场生态化休闲化景观化改造技术指导,联合组织休闲渔业主题公园和渔业特色小镇的认定和推介,做好休闲渔业人才培养,促进现代渔业文化发展。

3. 提高渔民文化素养 以提升乡村渔民科学和文化素养为目标,以普及渔业科学知识、示范先进技术模式、展示现代渔业文化为重点,组织开展一批渔业科普下乡活动,打造一批水产科普教育基地,编写一批渔业科普和渔民文化素质教材,培养一批渔业科普骨干人才,充分发挥渔业科技在助力乡村文化振兴中的作用。

【加强资源养护服务,助力乡村生态振兴】

1. 加强乡村水域生态环境治理服务 充分发挥水产技术推广体系在乡村水域生态环境监测、污染事故和重大生态灾害监测及应急处置中的作用,着力拓展水域污染治理等相关技术服务,积极参与水域生态修复相关工作。防范水域生态危害,助力重塑水清岸绿、鱼翔浅底的优美乡村水域生态环境。

2. 加强渔业资源生态修复服务 科学评估水生生物资源,坚持以自然恢复为主,加强水生生物放流监管与指导的技术支撑,提高增殖放流的科学性和规范性。开展水生生物资源养护相关技术集成与示范。建立水生生物增殖放流苗种质量评估服务机制,强化放流苗种检疫和放流效果评估技术服务。加强各类开放水域水生生物放生行为引导,全面提升推广体系在渔业增殖放流中的服务能力。加强海洋牧场技术支撑和示范推广,推动现代化海洋牧场建设。

3. 加强水生野生动物保护服务 积极承担水生野生动物保护管理相关技术支撑工作,拓展水生野生动物保护公益性、基础性技术服务,联合科研、教学机构及社会团体组织构建水生野生动物保护支撑服务体系。加强水生野生动物人工繁育研究,推动水生野生动物规范利用,促进保护和可持续利用协调发展。

【健全基层公共服务组织,助力乡村组织振兴】

1. 健全疫病防控及防灾减灾服务体系 落实全国动植物保护能力提升工程,健全水生动物疫病防控体系。加强水生动物疫病监测预警和风险评估,强化阳性养殖场水生动物疫病净化和突发疫情处置,提高重大疫病防控和应急处置能力。加强水产苗种产地检疫、无规定疫病苗种场创建,防止疫病随苗种传播。实施病死养殖水生动物无害化处理。建立渔业政策性保险技术支持机制,提升乡村渔业防灾减灾能力。

2. 健全水产品质量安全技术服务体系 指导养殖生产者依法建立健全水产养殖投入品使用记录制度,加强水产养殖用药指导,严格落实兽药安全使用管理规定、兽用处方药管理制度以及饲料使用管理制度。督促养殖生产经营者合法使用养殖投入品。实施水产养殖用药减量行动,开展水产主养品种致病菌的药物敏感性普查和水产养殖规范用药科普下乡活动。强化水产健康养殖示范县(场)创建,推进企业和合作社建立水产品质量安全可追溯制度试点,加强养殖水产品质量监控技术服务。

3. 健全渔业公共信息服务体系 积极应用物联网、大数据、云计算、移动互联等现代信息技术,建立“智能渔技”综合信息服务平台。建立水产技术大数据标准规范,促进中央与地方、公益主体与市场主体政务信息资源共享,积极推动渔业物联网及数字化技术应用示范基地建设。开展技术集成示范与集中展示、全产业链质量安全追溯、渔业生产和市场信息分析及预测预警等方面信息服务。

【切实加强组织领导,确保目标任务落实】

1.切实加强谋划指导 各级水产技术推广部门要紧紧把握乡村振兴战略下水产技术推广体系的新使命新任务,提高认识,增强责任感和紧迫感,深入开展调查研究,对照目标任务,制订实施方案,加强绩效考核,做好宣传动员,确保各项工作举措落实到位。

2.多方争取经费投入 积极争取《农业技术推广法》和"一个衔接,两个覆盖"扶持政策落实,力争将渔业重点地区纳入农技推广体系改革与建设补助项目扶持范围。积极争取国家和省级水产技术推广专项资金,充分利用现代种业提升、动物防疫等相关规划,加强县乡基层水产技术推广机构的条件建设。引导渔业科研教育机构、合作经济组织、龙头企业增加水产技术推广的投入,形成多元投入水产技术推广工作新格局。

3.发挥基层组织作用 积极发挥推广体系基层党组织战斗堡垒和党员干部的先锋模范作用,大力宣讲党和国家关于乡村振兴战略的方针政策和决策部署,发扬推广体系贴近产业、贴近前沿、贴近问题、贴近渔民的优良作风,以推进渔业技术进步为己任,立足职能,开拓进取,扎实工作,为渔业转型升级、绿色发展和渔民增收致富做出新贡献。

(农业农村部渔业渔政管理局 李 乐)

各 地 渔 业

北京市渔业

【概况】 2018年，北京渔业全面贯彻落实"节水、减排、高效、安全"的发展方针，以扩大渔业生态服务价值为核心、以满足市民多元功能需求为导向、以发展高端高效生态产业为重点、以行业人才科技素质提升为保障，通过大力实施渔业基础设施建设，深入开展渔业资源养护与增殖，不断推动渔业产业转型升级，努力保障渔业安全生产，全面推进水产品质量安全监管和着力加快渔业科技创新等重点任务，加快了生产要素集聚，形成了一批高端、高效的特色渔业。

2018年全市渔业水域面积3.16万公顷，其中淡水养殖面积逾2 600公顷，水生生物资源养护面积2.9万公顷。水产品总产量3万吨，渔业总产值29.63亿元，其中休闲渔业产值7.31亿元。

1.积极推进渔业转型升级 一是抓紧编制养殖水域滩涂规划，成立了由农业、发改、水务、环保等部门参加的领导小组和技术小组，做到专题会议部署、专业培训促进、专项经费保障、专班人员编制、专门督查推动，目前市级规划初稿已经完成。二是养殖基础设施设备进一步升级，利用农业专项转移支付资金622万元和农机购置补贴资金，支持6家养殖场循环水技术应用和设备升级，推动水产养殖场向园林化设计、现代化设施、融合性发展加快转型。三是推动休闲渔业发展，开展市级休闲渔业示范基地创建活动，新评定6家基地，推荐1家水产养殖场获评北京农业好品牌。四是推进流水养殖尾水排放治理，怀柔和密云分别制定了水源保护区内水产养殖场腾退政策，按照适当经济补偿原则，引导有序退出，纳入腾退计划的共有水产养殖场144家、面积67.38公顷。

2.渔业生态涵养功能不断增强 累计投入资金1 926万元，在密云水库等2.2万公顷水面，增殖放流滤食性鱼类和地方濒危鱼类1 230万尾，发挥了削减水中氮磷、固碳释氧、调节水域生态平衡的重要作用。成功举办"全国放鱼日" 活动，于6月6日在延庆夏都公园和玉渡山水域，放流北京市二级保护鱼类瓦氏雅罗鱼、细鳞鱼4.5万尾。规范增殖放流工作程序，严格资金使用管理，确保了增殖数量与质量。严格落实禁渔区、禁渔期、禁钓区制度，渔政执法力度不断加强，全国"亮剑2018"系列渔政专项执法行动取得丰硕成果，严厉打击了电鱼、炸鱼以及销售和使用禁用网具等破坏渔业资源的行为。

3.渔业"两个安全"保持稳定 "十二五"期间，渔业部门按照生产与资源养护、生态保护协调发展的原则，在全市主要水域继续深入开展水生生物增殖放流活动，充分发挥鱼类的水域生态修复作用，5年间累计投放鲢、鳙、草、匙吻鲟、细鳞斜颌鲴等各类水生生物1亿尾以上。为恢复濒危水生生物种群，维护生物多样性，组织开展了多鳞白甲鱼、细鳞鱼等野生保护动物的驯养繁殖工作。同时，进一步完善了水生野生动物监管网络，推广执法联动，对涉重点水生保护动物的养殖、经营单位实施了全面监管。

4.行业管理水平继续提升 认真落实"简政放权、放管结合、优化服务"的要求，完成行政职权梳理，及时公布权力清单，优化审批程序，提高办事效率，作出行政许可244件。将"风险分级、量化监督、档案管理"执法模式与双随机抽查制度有机结合，强化事中事后监管，规范执法行为，全年开展渔政执法检查5 418次，立案263起，移送司法机关5起，罚款34.4万元，有效规范了渔业生产、经营秩序。创新技术强化产业支撑，重点推广生态池塘、全封闭工厂化和温室循环水养殖模式。在6个示范点开展了生态池塘循环水推水系统试验，配备了液氧系统5套；继续推广生物浮床技术和中草药治疗鱼病技术，在7个区30个养殖场，设置了生物浮床2 350套、应用中草药3 500千克。

【重点渔业区基本情况】

北京市重点渔业区基本情况

地区	总人口（万人）	渔业产值（万元）	水产品产量（万吨）	其中		养殖面积（公顷）
				捕捞	养殖	
平谷区	33.7	19 180	0.84	0	0.84	658.87
通州区	77.5	20 560	0.45	0	0.45	637.40
顺义区	61.4	11 332	0.52	0	0.52	441.80
房山区	59.1	11 018	0.25	0	0.25	261.80
密云区	28.0	7 626	0.25	0.23	0.12	138.40

【大事记】

[1]3月15日，农业农村部渔业渔政管理局渔政处郭云峰处长等一行到北京市渔政站检查指导工作。对北京渔政工作表示肯定，指出北京的渔政工作无小事，要求北京渔政部门一定抓住自身特点，寻突破、搞创新、强宣传、保生态。强调渔政工作一定要助力于生态文明建设，积极做好水生生物资源保护，改善水域生态环境，为首都生态文明建设添砖加瓦。

[2]3月21日，北京市渔政站组织全市渔政执法骨干开展了渔政执法业务技能培训，邀请北京市水务局河长制办公室副处长赵祥就北京市河长制的制定背景、推动进展和下一步方向等方面进行了详细的授课、解读。

[3]3月23日，北京市渔政站对全市渔政执法骨干开展"两法衔接"业务培训，邀请北京市公安局森林公安分局干警介绍了行刑衔接的工作要求和具体内容，从移送程序、移送材料和证据标准等方面进行了深入分析，为水生野生动物两法衔接工作夯实了基础，进一步提升渔政执法人员办案能力。

[4]4月1日，农业农村部渔业渔政管理局、京津冀三地渔业主管部门和渔政监督管理机构在密云水库共同启动"亮剑2018"京津冀渔政联合执法行动。此次行动，一是三地将大力清理整治违规渔具，打击电鱼、违反禁渔期规定捕捞等渔业违法行为；二是严格落实禁渔期、禁渔区、禁钓区制度；三是持续推进渔业法制水平提升，进一步完善行刑衔接制度。

[5]4月4日，为贯彻落实全国农资打假专项治理行动电视电话会议精神和2018年北京市农业系统农资打假专项治理行动实施方案，北京市渔政站对大兴区耿继廷渔场、北京博兴养殖有限公司（两家为苗种及成鱼养殖场）进行了执法检查。

[6]4月16～20日，北京市水产技术推广站对辽宁省进行水产苗种药残抽检工作。涉及辽宁省的6个市及周边区域，共抽取样本20个，抽检品种为海参、海胆、鲤鱼、大菱鲆、扇贝和河蟹。

[7]4月25日，北京市水产技术推广站组织召开养殖鱼类主要疫病监测防控工作培训会议。邀请全国水产技术推广总站李清研究员讲解国家水生动物疫病监测计划和测报的相关工作及技术，对2018年北京市水生动物疫病监测和测报工作进行部署。

[8]6月6日，在延庆夏都公园，举办了"践行绿色理念，开展增殖放流"主题宣传活动，共有400多人参加。

[9]6月27日，北京市水产技术推广站邀请来自全国水产技术推广总站、中国检验检疫科学研究院、北京海关、北京市动物疫病预防控制中心的5位专家，对北京市水产技术推广站承建的"国家水生动物疫病监测参考物质中心建设项目"初步设计方案及实验室生物安全相关方面进行了论证。

[10]11月8日，北京市农业农村局正式挂牌成立。

[11]11月13日，北京市延庆区人民法院对北京市渔政站查获的本市首例非法捕捞水产品罪刑事附带民事公益诉讼案件进行了开庭审理。延庆区人民法院当庭作出宣判，依法判处被告人吴某拘役4个月缓刑6个月、被告人李某拘役3个月缓刑6个月，对涉案的电捕工具电瓶、升压器、探杆予以没收。同时，判处2人承担生态损害民事责任，赔偿生态修复费用5 691.39元，用于购买鱼苗开展增殖放流。

（北京市农业农村局水产管理处　杜英杰）

天津市渔业

【概况】 2018年,天津市水产品产量32.64万吨,同比增长1%;渔业产值73.69亿元,同比增长1.24%;渔民人均纯收入2.58万元,同比增长1.67%。全市水产养殖面积3.06万公顷,同比减少5.32%,其中:淡水2.78万公顷,海水0.28万公顷。投入远洋渔业生产渔船16艘,捕捞产量1.40万吨,产值1.13亿元。

1.现代渔业建设 天津市引进南美白对虾亲虾8.5万对,引进南美白对虾新品种3个,建立南美白对虾精养、鱼虾混养和一年两茬3种养殖模式示范基地20个,辐射带动3 333公顷。开展南美白对虾半咸水健康养殖技术推广,全市南美白对虾海淡水养殖面积1.95万公顷,占养殖总面积63.8%,比上年增长8个百分点。全市稻渔立体种养面积保持良好发展势头,达到2 667公顷。继续实施池塘改造建设任务,改造池塘1 196公顷,其中:静海区546公顷、西青区650公顷。组织实施水产种业发展扶持项目,对7家企业下达种业项目建设计划,包括基础建设、保种育种、繁育推广等,涉及海淡水种业项目补助资金350万元。打造休闲渔业示范典型,投入4 813万元,组织实施"天津市宝坻区观赏鱼无规定疫病养殖示范场建设项目"。

2.水产健康养殖 组织各区参与水产健康养殖创建活动。全年完成创建和复查11家,其中:新创建健康养殖示范场5家、复查验收6家。复审市级良种场9家,认定"2018年度天津市知名农产品品牌"3家。积极推广9种绿色水产养殖技术模式,编写《天津市绿色健康水产养殖技术明白书》,全面推广绿色生产方式。全年推广应用生态健康养殖面积807公顷,其中:静海区270公顷、西青区537公顷。西青区在大寺镇、王稳庄镇推广主养虾模式1 088公顷,养殖密度减少50%,亩均减少投放投入品60%。

3.渔业资源养护 积极开展渔业资源增殖放流,投入资金2 500余万元,放流中国对虾、三疣梭子蟹等各类苗种19.7亿单位。组织实施海洋牧场示范区建设,累计投入资金1 000万元,制作礁体1 944块。制定《2018年天津市国内渔业捕捞和养殖业油价补贴政策调整总体实施方案》,对7 046万元市级统筹资金和1 319万元中央专项转移支付项目资金使用方向进行了调整优化,全年拆解渔船48艘,核减功率1 371千瓦;更新改造渔船22艘。

4.水产品质量安全监管 积极推动放心水产品工程,建设放心水产品基地62个、乡镇级监测点8个,建设完成天津市放心水产品信息化管理平台。开展放心水产品工程建设培训班2期,培训人员340人次;印发《水产品质量安全相关法律法规文件汇编》100册,《放心水产品质量安全监管手册》200册。完成农业农村部及天津市自行开展的水产品质量安全专项监测12项,共进行快速监测1.2万个、监督抽检样品887个,检查水产品养殖场地480家次,产地抽检合格率为99.4%,位于全国上游水平。积极开展"三鱼两药"和"农资打假"专项整治,全年检查渔用兽药253家次、渔机渔具260家次、苗种30家次,出动执法人员1 009人次,移交属地管理部门处理案件3例。

5.渔政管理 从5月1日起,实施海洋伏季休渔,联合海警、公安(边防)等部门,构建海陆联合执法机制。组织全市渔政联合执法行动6次,出动执法人员3 886余人次,检查渔港码头121次,全天候巡航执法426船次,航行22 000海里,清理地笼网8 500条,处罚违规渔船190艘,全市共计罚款147.37万元;组织津冀交界海域渔政联合执法行动3次、海蜇专项品种执法行动1次;先后到山东石岛对天津籍渔船异地休渔情况进行检查6次。持续清理取缔涉渔"三无"船舶和"绝户网",全年清理违规网具7 500余条,处罚违规渔船80余艘,罚款70余万元;驱离外省涉渔"三无"船舶100余艘,报废拆解"三无"渔船7艘。扎实开展海洋渔船通导与安全装备项目,全年安装天津籍海洋捕捞渔船通导与安全装备1 187台(套)、采购安全装备6 779套;新建各类基站14座、升级主要渔港视频监控系统4个;新发放"渔业船舶水上移动通信业务标识码"385个。

6.渔业科技与推广 水产体系岗位专家和试验站开发新产品9个、饲料5种、微生态制剂3种、锦鲤免疫增强剂(芦荟粉、松花粉)2种;研发新技术30项,示范推广技术48个;制定行业技术规范、标准、技术要点16项;申请专利34项、授权专利54项、科技成果登记25项,获得天津市科技进步奖3项。开展专题培训20期,培训渔民及专业技术人员1 796人次。组建生态健康养殖技术、水生动物疾病免疫防治、天津水域渔业资源与环境动态监测评估及修复技术以及观赏鱼养殖关键技术研发与应用4个创新团队。9家龙头企业试点项目建设稳步推进,新增带动农户485户,池塘改造27公顷,设备购置1 208台套。

【重点渔业区基本情况】

天津市重点渔业区基本情况

地区	总人口（万人）	渔业产值（万元）	水产品总产量（吨）	其中				养殖面积(公顷)	
				海洋捕捞	海水养殖	内陆捕捞	内陆养殖	海水	内陆
武清区	80	90 044	62 952				62 952		5 030
滨海新区	98	96 900	55 317	27 002	7 452	760	20 103	2 526	4 651
宁河区	43	55 293	54 800		200	700	53 900	233	4 100
宝坻区	65	89 502	50 570			974	49 596		4 352
静海区	60	39 830	25 445			113	25 332		2 441

【大事记】

[1]5 月 22～24 日，全国水产技术推广总站书记张锋等一行 3 人到天津对水生动物疫病防控相关工作进行调研。

[2]11 月 8 日，天津市政府副市长李树起、市政府副秘书长李森阳到天津中心渔港海域实地调研指导天津市海洋水生态科技园、海洋牧场等渔业重点项目。

（天津市农业农村委员会　陈　莹）

河北省渔业

【概况】 2018 年，河北省渔业系统以党的十九大精神和习近平新时代中国特色社会主义思想为指引，深入贯彻全国渔业渔政工作会议、河北省委九届六次全会精神、河北省农村工作会议的决策部署，围绕乡村振兴战略的实施，持续推进渔业供给侧结构性改革，加快转方式、调结构，提升管理水平，以提质增效、减量增收、绿色发展、富裕渔民为目标，以健康养殖、适度捕捞、保护资源、做强产业为方向，强化政策引导、科技支撑、投入支持、法治保障，促进创新强渔、协调惠渔、绿色兴渔、共享富渔、开放助渔，提升渔业生产标准化、绿色化、产业化、组织化和可持续发展水平，提高渔业发展的质量效益和竞争力。全省水产品总产量 103 万吨，同比下降 11.58%。其中海洋捕捞产量 21.2 万吨，同比下降9.4%，超额完成农业农村部下达的每年降低5%的目标任务；海水养殖 49 万吨，同比下降 7.3%；淡水捕捞4.2万吨，同比下降 14%；淡水养殖 28.6 万吨，同比下降 5.9%。渔业经济总产值 264.5 亿元，比 2017 年增长 5.96%；渔民人均收入 16 790.71 元，同比增长10.8%。二、三产业产值 42.49 亿元，同比增长 1.97%。休闲渔业经济总产值 8 亿元，同比增长 11.4%。远洋渔业产量 6.5 万吨，产值 1.67 亿元。

1. 捕捞业　海洋捕捞产业结构更加合理。制定印发了《渔船减船转产和更新改造实施方案》，落实减船转产和更新改造专项转移支付资金 15 629 万元，其中渔民减船转产 7 270 万元，完成减船 234 艘、减少功率 12 937.23 千瓦，海洋捕捞渔船更新改造 8 359 万元，更新改造渔船 127 艘。每季度对减船、更新和信息化等油补项目进行督导调研，掌握项目进展情况、存在问题，按照实际情况，调整项目资金需求等，不断优化海洋捕捞作业结构，实现转型升级。出台实施《渔业船舶通导设备与使用管理规定（试行）》《2018 年度渔港视频动态监控试点建设指导意见》和《2018 年省级财政项目渔船渔港安全救助信息服务系统实施方案》，完成了渔船通导建设、岸台基站升级改造和容灾备份中心建设前期调研、设计方案制定和招投标工作，协调省财政落实项目建设资金，努力推进渔船渔港信息化建设步伐。巩固西非等过洋性远洋渔业生产，拓展大洋性鱿钓生产，年内新增 2 艘远洋渔船赴毛里塔尼亚海域生产，新建 3 艘鱿钓渔船下水生产，全年共 23 艘渔船从事远洋渔业生产；进一步引导渔船从事远海渔业生产，到东黄海海域生产的渔船数量达到 600 艘以上，据初步统计，远海远洋渔业生产效益十分显著，为下一步结构调整奠定了良好基础。

2. 养殖业　水产养殖业更趋健康生态。及时按照农业农村部统一部署，启动了养殖水域滩涂规划编制发布工作，衡水市、丰南区、曹妃甸区、滦南县、乐亭县、迁西县、黄骅市、海兴县、阜平县、三河市、围场满族蒙古族自治县、宽城满族自治县、丰宁满族自治县、隆化县等 14 个市（县、区）按时完成规划编制和政府发布工作；省级及沧州市、唐山市、秦皇岛市、邯郸市、保定市、廊坊市等6市完成了规划文稿编写。因河北谋划及时、措施得力,受到农业农村部副部长于康震2次点名表扬。继续开展农业农村部水产健康养殖示范创建活动,推广生态、健康、高效、环保的养殖模式,扩大辐射带动作用,已复查创建部级示范场25家,完成年度任务。加快渔业种业体系建设。新批准中国对虾、日本对虾、梭鱼、泥鳅等4家省级水产原良种场。及时组织了中华鳖"永章1号"新品种审核,并报农业农村部审定。组织制定启用了新版水产苗种生产许可证件,进一步规范许可管理工作。持续加大养殖基础建设,统筹渔业各项资金,支持工厂化循环水、池塘生态循环养殖、苗种繁育设施提升、数字渔业、渔业物联网等建设,提高现代化渔业装备建设水平。强化疫病害防控工作,开展对虾白斑综合征、草鱼出血病等12种重大水生动物疫病专项监测,检验样品500个,检出6种疫病22例阳性,并及时进行应急处置,未发生扩散蔓延或爆发现象。继续组织养殖病害测报,监测面积将近1.33万公顷,及时对15个品种发生26种病害进行预警。继续组织贝类毒素监测预警,发现贝类毒素增高现场及时预防和处置。

3.政策措施 政策创新引领作用不断凸显。河北省紧跟时代潮流,找准渔业工作热点,抓住推动渔业经济快速发展的牛鼻子,结合全省渔业发展实际,制定并印发了《2018年全省渔业渔政工作要点》等整体性政策文件,实施了《渔业转型升级推进方案》《2018年省级海洋渔业发展项目实施方案》,为全省渔业转型发展提供规范性指导意见和工作着力点。抓住油价补贴政策调整机遇,制定《2017年度河北省渔业油价补贴政策调整实施方案》和《关于印发河北省国内渔业油价补贴政策调整中央专项转移支付项目相关工作实施方案的通知》,争取渔业油价补贴中央专项转移支付资金2.13亿元,比原计划多争取中央转移支付油价补贴资金9 600多万元,落实了省级一般性转移支付资金共计4.66亿元。及时召开了全省渔业渔政工作会议及各类专项工作会议,分析渔业发展面临的形势,研究部署年度重点工作,确保各项任务工作顺利完成。平时加强了对渔业重点工作、重点项目的督导检查,极大促进了全省渔业现代化发展。

4.资源养护 渔业资源养护力度不断加大。河北省扩大增殖放流规模,严格增殖放流监督管理,按照《河北省渔业资源增殖放流督查验收工作规范》《渔业资源增殖放流管理办法》等规定规范实施,邀请渔民代表参与渔业资源人工增殖放流的全程监督,保证了放流苗种的质量和数量。在秦唐沧近海海域和白洋淀、衡水湖、潘大水库等内陆湖库增殖放流中国对虾、褐牙鲆、三疣梭子蟹、鲢鱼、鳙鱼、草鱼、青虾、中华鳖、细鳞鱼、池沼公鱼受精卵等10个品种5.58亿尾。6月6日在沧州黄骅市组织开展了国家"放鱼日"同步增殖放流活动。配合农业农村部启动了白洋淀水生生物资源环境调查及渔业生态修复示范活动,并组织了"增殖水生生物,共建美丽雄安"放流活动。加强海洋牧场示范区建设,第一批3个国家级海洋牧场示范区人工鱼礁项目建设加快推进,并组织编制了第二批4个国家级海洋牧场示范区人工鱼礁项目实施方案,已累计在国家级海洋牧场示范区投放人工鱼礁15.2万空立方米,圆满完成年初计划任务,海洋牧场建设规模位居全国第二。10月29~31日,河北省作为主要参展方参加了首届中国国际海洋牧场大会,积极组织全省国家级海洋牧场项目单位参展,荣获大会"最佳组织奖"和"特别贡献奖"两个荣誉称号。为理顺涉海工程渔业资源损害赔偿工作流程,明确渔业资源损失补偿标准和补偿责任,起草了《工程建设项目对海洋生物资源损害评估技术规范》,并广泛征求意见,通过专家评审后出台实施。

5.行政执法 渔业行政执法力度不断增强。印发《中国渔政"亮剑2018"河北系列专项执法行动实施方案》《2018年河北省海洋伏季休渔管理实施方案》和《河北省海洋违规渔具清理整治"清网"行动实施方案》,积极组织开展伏季休渔、"亮剑2018"系列渔政执法活动,严厉打击毒电炸鱼、使用涉渔"三无"船舶和违规网具等违法行为。有效落实海洋伏季休渔制度,全省伏季休渔期间累计出动执法人员27 693人次、执法船艇2 950艘次、执法车辆5 717台次,检查渔港及码头6 305个次、市场281个次,查获各类违法违规渔船152艘次,没收非法渔获物2.8万千克,收缴罚款201万元。向海警、公安部门移送涉刑案件59起。加大"绝户网"等违规渔具清理整治力度,累计出动渔政执法人员5 204人次,没收、清理各类违规渔具22 587条(副、张),基本实现滩涂不见禁用陷阱类作业、近岸不见禁用耙刺及地拉网作业、海上作业网目尺寸明显改善的工作目标。扎实推进违规渔具清理整治,省属渔政船全年累计出海368天,航行1.4万海里。共计没收、清理各类违规渔具、网具1 767条(张),共2万余米。积极做好水生野生动物保护工作,下发了《关于联合开展打击破坏海龟资源违法行为专项执法行动的通知》《关于开展打击红珊瑚等非法经营利用专项执法行动的通知》,严厉打击非法经营利用海龟、红珊瑚行为,加强对海洋馆、水族馆的监管力度,开展"水生野生动物保护科普宣传"活动,成功救助1头野生斑海豹幼崽。认真落实"谁执法谁普法"的普法责任制,起草制定了《河北省渔业行政处罚自由裁量基准》,简化办事流程,办理各类行政许可事项 54 项,并按要求进行了公示,按时办结率和群众满意度始终保持 100%。

6. 安全生产 渔业安全管理水平不断提高。河北省完成海洋渔船通导与安全装备建设项目,升级改造了超短波岸站 3 座,建设数字甚高频基站 4 座,智能海陆通信联通全语音融合平台 1 套,海上生产通讯安全保障能力进一步提高。及时印发《关于做好 2018 年春季海上渔业生产秩序稳控工作的通知》《关于加强海洋渔业秋冬季生产渔政执法工作的通知》,认真组织摸排渔事纠纷隐患。对各地上报纠纷认真受理并核实,提前介入排查纠纷隐患,积极参与调解工作,妥善化解矛盾,防止事态扩大。春季海上渔业生产期间,妥善化解渔事纠纷 3 起,确保了海上渔业生产秩序稳定,促进了渔区稳定。积极开展扫黑除恶专项斗争,印发《关于在渔业捕捞领域开展扫黑除恶专项斗争的通知》,对专项斗争进行部署;在全省渔业渔政工作会议、2018 年海洋伏季休渔会议、渔业安全生产集中谈话会议上,对扫黑除恶专项斗争进行再动员、再部署。到唐山、秦皇岛、沧州,对捕捞行业扫黑除恶专项斗争工作开展情况进行督导,实地听取各市工作汇报,检查部分渔港渔船,结合渔业生产秩序管理强化涉黑涉恶线索摸排,共摸排出 4 条涉黑线索,已移交当地公安机关。加强涉外渔业管理,强化"涉外无小事"的观念,积极推进涉外渔业规范化、科学化管理。印发《关于加强涉外渔业安全监管的实施方案》,明确涉外渔业管理目标、实施范围和工作重点。赴山东石岛等地督导调研涉韩渔船管理和登船检查发证工作,开展涉韩入渔和安全生产培训,共计培训船东、船长 300 人次,组织专业人员进驻山东石岛渔港成立办事处,从船员管理、安全教育、涉外渔业服务等方面,发挥船队党支部和党员在海上安全生产、依法依规生产等方面的先锋模范作用。2018 年全省 83 艘渔船取得入韩生产许可证,除发生 4 起技术性违规事件外,没有严重违规和越界捕捞事件发生,涉外渔业生产秩序保持了基本稳定。

7. 协同发展 京津冀渔业协同发展能力不断提升。作为主办方,河北省在唐山市曹妃甸区圆满召开了第三届京津冀渔业协同发展联席会议暨休闲渔业论坛。三地渔业主管部门、国家级休闲渔业专家及三地水产企业共计 130 余人出席会议。会议总结了 3 年来京津冀三地渔业合作发展所取得的显著成效,签订了休闲渔业合作协议,发布了京津冀休闲渔业旅游精品路线,并就休闲渔业如何与旅游深度融合进行了专题研讨。三地代表还现场参观了水产企业和休闲渔业基地。与北京、天津共同编著出版了《京津冀休闲垂钓游》,与北京市水产技术推广站在承德共同举办了休闲垂钓大赛等,联合京津冀渔政部门开展官厅水库、潮白河、拒马河、白洋淀等重要渔业水域执法行动,累计出动执法人员 232 人次,查获迷魂阵、小网目地笼等违规渔具 386 余套。京津冀 3 地渔政部门在交界水域联合执法逐步常态化,严厉打击了内陆水域非法捕捞行为,有效维护了重要渔业水域生产秩序,促进了京津冀水域生态文明建设。积极参加农业农村部"白洋淀水生生物资源环境调查及渔业生态修复工程示范"项目,对上游入淀河流、上游主要水库开展"淀区及主要流域水生生物栖息环境调查",为项目示范工程建设及白洋淀水域整治、生态系统修复和雄安新区建设提供技术支撑。

8. 科研力量 渔业科研人才和技术手段不断充实完善。渔业科研队伍建设保持良好势头,8 人直接参与国家海水鱼、贝类产业体系工作。1 人担任省产业技术体系特色海产品创新团队首席专家,3 人分别担任海水、淡水创新团队岗位专家。在研项目共计 43 项,包括农业农村部项目 11 项、河北省科技厅项目 4 项、河北省农业厅项目 12 项、国家海洋局项目 1 项、河北省海洋局项目 1 项、中国水产科学研究院黄海水产研究所和东海水产研究所项目各 1 项、烟台大学项目 1 项,委托横向项目 11 项。其中 2018 年新上科研项目(课题)19 项,验收项目 3 项,发表论文 10 篇,编写的《渤海西部海洋软体动物》已正式出版。各科研机构新增分析测定仪器设备 36 台(套),价值 826.27 万元;建成 300 吨级近海渔业资源调查船"渤海 001",建造快艇 1 艘并投入使用;完成海洋生物实验室改造和 328 万元船载实验仪器设备的采购工作。开展了"水质检测移动平台建设"和"河北省海洋牧场立体剖面监测及可视化展示系统构建",进一步提高了渔业水质移动检测能力和人工渔礁水下在线监测能力。

9. 存在的问题 一是基础设施升级改造和重点项目推进缓慢。河北现有渔业基础设施设备老旧、能耗高、科技含量低等问题突出,养殖池塘老化,苗种生产车间破旧、路电网等配套设施不健全,机械化装备水平低,阻碍了现代渔业的快速发展。渔业重点项目、重点任务落实还不到位。个别市(县)对渔业油价补贴政策调整适应慢,重视程度和思想认识不足,工作措施不力,虽然经多次督导,相关项目推进仍较迟缓,带动效应未达预期。二是水产养殖绿色发展推动迟缓。涉海工程、工业开发等占用养殖用海滩面积不断扩大,湖库网箱养殖逐步清理退出。水产养殖业数量规模和质量效益不平衡,大路货多,优质品牌产品少,二、三产业发展滞后。产业链短，附加值低，渔业发展新动能不足。池塘养殖尾水排放技术落地需要建设一定的设施和设备，增加了养殖成本，养殖户积极性不高。渔业养殖尾水处理关键技术研发还需要加大试验示范的力度，如池塘工程化循环水养殖技术落地，还有多个环节需要熟化和验证。三是渔业安全保障能力仍需进一步提升。渔业安全生产仍是短板，渔船渔港等基础设施建设落后，渔业信息化工作有待进一步提升。远海渔船和载人 10 人以上渔船安全风险依然较大，监管责任落实和源头治理措施有待进一步加强。养殖病害监测与应对能力仍待加强。突发疫病病因不清，防控措施缺乏，潜在危险不容小觑。水产品质量安全不容忽视，药残仍然是当前全省水产品质量安全的主要风险因素，应提高监督抽查的覆盖面。育苗环节违规用药的风险更高，是质量安全的薄弱环节。四是科技支撑能力仍需进一步提升。渔业科技研发和服务现代渔业发展的支撑能力较弱，科研创新成果和推广能力在全国排名靠后。一线科研人员总量不足、高层次科技人才匮乏。科研机构和人员还存在重应用轻基础研究的思想，企业对新技术、新机械、新方式的接受能力弱，科研成果产业化程度不高，向生产一线转化能力弱，科技和产业“两张皮”现象依然存在。再者，全省缺乏吸引或引进优秀人才的相应待遇，特别是在重大项目争取过程中仍处于弱势地位。

【重点渔业市(县、区)基本情况】

河北省重点渔业市(县、区)基本情况

市(县、区)	渔业户(户)	渔业人口(人)	水产品产量(万吨)	其中					养殖面积(公顷)	其中	
				海洋捕捞	海水养殖	内陆捕捞	淡水养殖	远洋捕捞		海水	淡水
北戴河新区	6 195	24 445	268 055	11 957	255 973	23	102		22 523	22 418	105
乐亭县	408	10 320	135 430	33 750	52 113	210	2 020	47 337	28 635	28 319	316
昌黎县	3 473	12 200	90 236	4 150	85 962	17	107		13 858	13 761	97
曹妃甸区	5 268	22 780	85 664	14 664	18 051	40	52 909		12 531	7 519	5 012
滦南县	3 708	14 062	76 578	31 200	28 245	608	16 525		14 480	13 302	1 178
丰南区	2 908	11 529	66 877	15 022	510	954	50 391		3 568	740	2 828
黄骅市	14 622	52 827	64 325	53 746	8 523		2 056		5 678	4 965	713
渤海新区	2 998	10 510	41 623	24 754	171			16 698			
唐山湾国际旅游岛			38 226	8 950	29 276				13 762	13 762	
南堡开发区	1 510	4 135	31 866	1 230	1 056		29 580		2 452	1 200	1 252

【大事记】

[1]1 月 8 日起，河北省农业厅联合河北省工商、海警、海关部门开展了为期一个月的打击破坏海龟资源违法行为专项执法行动。

[2]1 月 17～18 日，河北省农业厅在唐山市举办了全省渔业安全生产与应急管理培训班。

[3]2 月 5 日，河北省农业厅印发了《关于加强涉外渔业安全监管的实施方案》。

[4]2 月 27 日，河北省渔业安全生产管理视频会议在石家庄召开。

[5]3 月 5～7 日，河北省农业厅总渔业师闫建民带队对沿海 3 市渔业安全生产监管、春季渔事纠纷隐患排查调处、安全生产大排查大整治情况进行了督导检查。

[6]3 月 14 日，河北省农业厅印发《渔业捕捞领域扫黑除恶专项斗争通知》。

[7]3 月 16 日，河北省人大召开海防建设和管理

座谈会，河北省农业厅总渔业师闫建民参加并就渔业相关工作做了汇报。

[8]4月4日，河北省农业厅印发《海洋捕捞渔船船证不符专项整治方案》。

[9]4月12日，河北省农业厅印发《河北省2018年清理整治违规渔具专项行动实施方案》。

[10]4月16～18日，农业农村部渔业安全生产项目督导组到秦皇岛市和渔政处、船检处检查工作。

[11]4月18日，河北省农业厅印发《中国渔政"亮剑2018"河北系列专项执法行动实施方案》。

[12]4月18日，"白洋淀水生生物资源环境调查及渔业生态修复示范工程"项目启动会在雄安新区召开。

[13]4月19日，河北省农业厅印发《2018年河北省海洋伏季休渔管理实施方案》及《河北省渔业安全生产责任监管清单》。

[14]4月23日，河北省渔业渔政工作会议在保定涞源召开，河北省农业厅副厅长吴更雨与各市渔业部门领导签订了《渔业安全生产管理责任书》。

[15]4月23日，河北省伏季休渔工作会议在保定易县召开，河北省农业厅副厅长吴更雨与沿海3市和廊坊市渔业部门签订了《2018年海洋伏季休渔管理责任书》。

[16]6月5～6日，河北省农业厅副厅长吴更雨带队对沧州休渔情况进行了检查。

[17]6月20日，河北省农业厅印发《2018年省级财政项目渔船渔港安全救助信息服务系统项目实施方案》。

[18]6月27日，在沧州黄骅市南排河中心渔港，组织开展渔业安全生产宣传教育培训活动。

[19]7月13日，河北省农业厅在秦皇岛市召开海洋伏季休渔管理暨渔业捕捞领域扫黑除恶专项斗争推进会。

[20]7月16日，河北省海洋与水产科学研究院制定的《水生动物放生规范》《西伯利亚鲟种质鉴定规范》《龙须菜养殖技术规范》《海洋溢油污染水产养殖损害评估指南》等4个省级地方标准，由河北省质量技术监督局发布实施。

[21]7月17日，河北省农业厅印发《关于加强2018年海洋伏季休渔期间专项捕捞管理的通知》。

[22]7月，"一种提高青虾工厂化苗种培育成活率的饵料投喂方法""一种用于近海双船大型水母拖网的连接组件""近海双船表层有翼单囊大型水母拖网"3项科研成果获得国家发明专利。

[23]8月1～7日，全国海洋伏季休渔交叉联合执法督察组对河北省沿海3市进行督导检查。

[24]8月8～10日，全国渔业安全生产督查组对河北省渔业安全生产管理工作进行督导检查。

[25]8月21～24日，河北省农业厅总渔业师闫建民带队，对沿海3市渔业安全生产管理工作进行督导检查。

[26]9月6日，河北省农业厅印发《加强海上渔船管控的紧急通知》。

[27]9月13日，河北省农业厅印发《关于建立渔业行业安全生产暗查暗访(突击检查、随机抽查)工作制度的通知》。

[28]9月21日，河北省农业厅印发《河北省海洋违规渔具清理整治"清网"行动实施方案》。

[29]10月17日，河北省农业厅副厅长吴更雨、总渔业师闫建民带队开展海上渔政执法暨安全生产检查专项行动。

[30]10月18日，第三届京津冀渔业协同发展联席会议暨休闲渔业论坛在唐山市曹妃甸区召开。

[31]10月27日，河北省农业厅印发《关于开展渔业安全生产执法检查活动的通知》。

[32]11月12日，河北省农业农村厅印发《关于进一步加强当前渔业安全生产工作的紧急通知》。

[33]12月10日，河北省农业农村厅印发《河北省渔业安全生产风险分级管控与隐患排查治理指导手册》。

[34]12月19日，河北省农业农村厅印发《河北省渔业行业进一步深化安全生产大排查大整治攻坚行动整治方案》。

(河北省农业农村厅　周栓林)

山西省渔业

【概况】 2018年，山西渔业系统干部职工认真贯彻党的十九大精神以及习近平总书记视察山西重要讲话精神，持续推进"三基建设"，牢固树立"四个意识"，坚定"四个自信"，践行"两个维护"，不忘初心，牢记使命。根据全国渔业渔政工作会及全国渔业转型升级会议部署，坚持"提质增效、减量增收、绿色发展、富裕渔民"的总目标，围绕乡村振兴战略，加快推进渔业转方式调结构，各项工作顺利推进。全省水产品总产量47 773吨，较上年减少9.42%，其中：养殖产量45 451吨，较上年减少10.71%，捕捞产量2 322吨，较上年增长8.40%；养殖产量中池塘产量32 346吨，同比减少9.86%，占养殖产量的71.17%，位居第一；水库产量12 331吨，同比减少12.89%，占养殖产量的27.13%，位居第二。水产养殖总面积 11 305 公顷;渔业经济总产值 9.15 亿元,其中:渔业产值 7.06 亿元,同比增长 12.42%,渔业工业和建筑业产值 0.18 亿元,与上年持平,渔业流通和服务业产值 1.90 亿元,同比增长 2.15%;渔民人均纯收入 8 364 元。

1.积极推进水产养殖绿色发展

(1)按时完成养殖水域规划编制发布。列入农业农村部 2018 年年底前完成养殖水域规划编制发布工作的永济市、盐湖区、万荣县、云州区等 4 个县(区),按照农业农村部的时间节点要求,全部完成了规划编制和政府发布工作。

(2)严密监控产地水产品质量安全。印发《2018 年水产品质量安全专项整治与日常执法监管实施方案》及《2018 年山西省产地水产品和水产苗种质量安全监督抽查计划》,将水产健康养殖示范场、水产原良种场、无公害水产品产地等主要水产品生产基地和大中城市水产品批发市场全部纳入水产品质量安全药残监控范围。水产品质量安全监控范围覆盖全省 11 个市和 51 个县。全年开展两批产地水产苗种、三批产地水产品质量安全监督抽查。同时,配合农业农村部相关质检单位完成了 4 次市场水产品质量安全例行监测、2 次产地水产品质量安全监督抽查(合格率 100%)和 1 次产地水产苗种质量安全监督抽查(合格率 100%)任务。

(3)深入开展水产健康养殖示范场创建活动。新创建 5 家部级水产健康养殖示范场,8 家省级水产健康养殖示范场,复查合格 14 家省级水产健康养殖示范场。

(4)全面完成第二次全国水产养殖污染源普查项目。举办水产污染源普查抽样调查专题技术培训班。采取"先试点再推广"的普查模式,全力推进普查入户调查工作。山西省承担的入户调查纸质报表填报率达 99.9%,系统录入率为 98.9%,数据审核率达 90.9%,入户调查工作全面完成。

2.持续加强渔业资源环境养护

(1)规范开展年度渔业资源增殖放流工作。制定并印发《2018 年度山西省增殖放流工作指导性意见》。6 月 6 日在山西省汾河二库举办全国"放鱼日"山西同步增殖放流活动。运城豪德黄河甲鱼村携手运城乐省联盟在黄河临猗段开展了爱心公益放生活动,万余尾鲤鱼苗和黄河鳖苗放入黄河。

(2)扎实推进物种保护、利用和防控管理。对新建水族(海洋)馆进行评估,核发人工繁育许可证、经营利用许可证。组织开展水生野生动物保护专项整治行动,查办非法经营砗磲案件 1 起,涉案人员 2 人,已移交公安机关对其刑事拘留。配合农业农村部完成水生哺乳动物情况调查、海河流域山西段限捕区禁捕区划定调研核查工作。

(3)加强渔业生态环境监测。对 3 个水库及两个养殖场开展渔业环境例行监测工作,全年共监测水域 8 600公顷。继续开展《山西渔业志》编纂工作,完成了《山西岩溶泉域水生生物资源保护》的编写工作。

3.全力开展渔业综合执法能力建设

(1)加强渔政队伍建设。组织全省 62 名渔政执法人员报名参加第二批全国统一渔业行政执法人员持证上岗考试。

(2)打击非法捕捞,加强黄河禁渔期、禁渔区管理。制定并印发《山西省"渔政亮剑 2018"系列专项执法行动实施方案》。在垣曲县小浪底水库举行了山西省"渔政亮剑 2018"系列专项执法行动启动仪式。印发宣传资料 36 010 份,出动执法人员 707 人次,出动执法车辆 217 车次,出动执法船艇 19 艘次;检查渔港码头及渔船自然停靠点 18 个次,检查渔船 128 艘次,检查市场 22 个次,检查船舶网具修造点 5 个,水上巡查里程 816 海里。垣曲县小浪底渔政码头开始开工建设。

(3)参与农业农村部交叉执法行动。5 月底,山西省选派 4 名渔政执法人员赴甘肃省参与黄河禁渔交叉联合执法行动,依次对黄河临夏段等重点水域进行了巡查,查获非法网具 4 处共计 300 多米。同时,由内蒙古自治区渔业局带队的 4 名渔政执法人员到小浪底水库垣曲段开展此项行动,对黄河垣曲段等重点水域展开巡查,劝返垂钓人员 3 名,没收网具 4 张。

(4)继续开展渔船检验工作。全年渔船受检率达到 100%,渔业安全事故"零"发生。

4.存在的问题

(1)养殖生产成本高。受资源条件、客观自然条件限制,大宗水产品养殖成本偏高,加之鱼价低迷,导致养殖户增产不增收和养殖收益降低。

(2)社会化产业体系不健全。一方面,山西省目前缺乏产业规模较大、产业体系完善、行业影响力大的企业,也没有形成产业联盟。另一方面,全省社会化服务体系发展仍处在较低的发展阶段,专业合作组织作用发挥有限,抵御市场风险的能力和参与市场竞争的能力较低。

(3)渔业基础设施薄弱、技术装备和科技水平相对落后,标准化池塘等基础设施建设长期滞后,渔业科技创新能力不足。

(4)省级支渔资金投资逐步回落,渔业发展资金支撑乏力。

(5)从业人员年龄结构老化,从业人员文化水平偏低、思想观念陈旧,接受新模式、新品种、新技术程度差。

(6)环保督查导致养殖水域及养殖面积减少。

【重点渔业市(县、区)基本情况】

山西省重点渔业市(县、区)基本情况

市(县、区)	总人口(万人)	水产品产量(吨)	其中		养殖面积(公顷)
			内陆捕捞	内陆养殖	
永济市	44.76	16 340	932	15 408	543
万荣县	44.20	2 877	5	2 872	234
曲沃县	24.41	1 693		1 693	222
清徐县	35.08	1 485		1 485	291
尧都区	97.14	1 255		1 255	149
芮城县	39.73	1 248	230	1 018	43
襄汾县	45.59	1 211		1 211	145
洪洞县	75.20	980		980	89
垣曲县	23.25	976	719	257	13
沁县	17.22	890		890	355

【大事记】

[1]4月2日,由山西省渔政监督管理局和垣曲县人民政府联合举办的山西省"渔政亮剑2018"系列专项执法行动启动仪式在垣曲县小浪底水库举行。山西省水利厅副巡视员孟希雄、山西省渔业局局长曹庆、垣曲县县长麻军泽等领导及垣曲县沿河乡(镇)政府负责人、派出所所长、村组干部、渔民代表等共计200余人参加了本次活动。

[2]4月24~27日,山西省水利厅渔业局组织山西省水产科学研究所、山西省水产技术推广站、山西省水产育种养殖科学实验中心、山西省汾河二库管理局和山西省漳泽水产有限责任公司相关负责人等14人赴重庆、宁夏进行了考察学习。

[3]5月11日,黄河禁渔渔政联合执法工作研讨会在山西省汾河二库举办。

[4]7月4~5日,为强化山西省渔业统计人员的自身素质和能力建设,进一步提高渔业统计人员的工作能力和业务水平,提升渔业统计工作的科学性、规范性和时效性,保证渔业统计的工作质量和工作效率,根据《中华人民共和国统计法》、农业农村部《渔业统计工作规定》的要求和山西省渔业工作会议精神,山西省水利厅渔业局举办了全省渔业统计培训会暨2018年渔业统计工作布置会。

[5]7月15日,继续组织全省渔政执法人员赴西安市参加2018年全国渔业行政执法人员执法资格统一考试。

(山西省农业农村厅 王毅欣)

内蒙古自治区渔业

【概况】 2018年,内蒙古自治区渔业系统认真贯彻落实全国渔业转型升级推进会议精神、全区农牧业工作会议精神,围绕实施乡村振兴战略和农牧业高质量发展十大行动计划,坚持质量兴渔、绿色兴渔、品牌强渔的总目标,统筹养殖业、增殖业、捕捞业、加工业和休闲渔业协调发展,推进渔业转方式调结构,发展水产生态健康养殖,推广清洁生产,养护水生生物资源,强化科技支撑和品牌建设,加强渔政执法,强化水产品质量安全和渔业安全生产监管,构建平安渔业,推动渔业绿色发展。2018年,全区水产品总产量13.95万吨,渔民人均收入12 776元。

1. 渔业转型升级初见成效 一年来,内蒙古各地加快渔业转方式调结构步伐,持续推进水产生态健康养殖,积极推广清洁生产。一是按照十大行动农牧业产地环境净化行动计划要求,自治区农牧厅印发了《关于推进水产养殖业绿色发展的通知》,创建农业农村部水产健康养殖示范场13个。二是养殖水域滩涂规划编制发布工作取得新进展。2018 年年底前全区需单独完成养殖水域滩涂规划编制发布工作的 39 个重点旗(县、区)已完成编制发布工作。锡林郭勒盟、兴安盟、阿拉善盟、乌海市、呼和浩特市、通辽市已经发布了养殖水域滩涂规划。三是调整养殖结构,扩大名优特养殖规模,引进了福瑞鲤、福瑞鲤 2 号、中科 3 号异育银鲫、津新鲤、台湾泥鳅等名优品种。四是发展大水面生态增殖、稻田综合种养、池塘标准化养殖、生态立体养殖和循环水养殖。五是推进一二三产业融合发展,大力发展具有民族特色、地域风情的集文化宣传、科技展示、餐饮娱乐于一体的综合性休闲渔业,鼓励加工企业向生物制药、功能食品等领域延伸。六是组织渔业企业和盟市有关人员参加"第二届中国国际现代渔业暨渔业科技博览会"和"渔业科技支撑乡村振兴战略论坛",获得了中国渔业协会颁发的最佳组织奖。2018 年,巴彦淖尔市"河套黄河鲤"获农业农村部农产品地理标志登记保护认证;通辽早繁场通过农业农村部国家级水产原良种场复查;自治区水产技术推广站通过了农业农村部组织的鲤春病毒血症等 3 种鱼病检测项目的能力验证。

2. 渔业资源保护力度不断加大 内蒙古深入贯彻落实原农业部《"十三五"渔业资源增殖放流指导意见》,积极开展以"增殖水生生物、促进绿色发展"为主题的增殖放流活动,在全区境内河流、湖泊、大型水库累计投放鱼苗 7 764 万尾。6 月 6 日,全区 10 个盟市在 13 个放流点同步开展水生生物增殖放流。自治区农牧厅与巴彦淖尔市人民政府联合举办了"2018 黄河内蒙古巴彦淖尔磴口段水生生物资源增殖放流活动",邀请了中国水产科学研究院领导、全国水产技术推广总站领导、青海省等沿黄 5 省(自治区)渔业部门领导参加本次放流活动。6 月 8 日,自治区农牧厅渔业局与巴彦淖尔市农牧局联合举办了乌梁素海水生生物增殖放流活动。9 月 28 日,自治区农牧厅与呼伦贝尔市人民政府联合举办了呼伦湖水生生物增殖放流活动。推进"一湖两海"(呼伦湖、乌梁素海、岱海)生态治理涉渔工作。加强水生野生动物保护,强化水生野生动物特许利用管理,严格履行审批程序。10 月 27 日,自治区农牧厅在乌海市举办了 2018 年内蒙古自治区水生野生动物科普宣传月活动启动仪式,同日呼和浩特市、包头市、兴安盟、乌兰察布市等也开展水生野生动物保护宣传活动,加大了相关法律法规的宣传力度,进一步强化水生野生动植物保护工作。

3. 水产品质量安全得到有效监管 落实部门和属地监管责任以及生产者的主体责任,规范生产经营行为。加强养殖过程中饲料、鱼药等投入品监管,倡导不用药、少用药理念,鼓励养殖户使用新型替代药物。配合农业农村部抽检产地水产品 90 个批次,检测合格率 100%,农业农村部组织抽检通辽早繁场 5 个批次的苗种样品,检测合格率 100%。强化水生动物疫病防控,全区 83 个测报点监测到 12 种鱼类病害,监测结果及时报送全国水生动物疫病监测网。

4. 渔政管理持续加强 内蒙古组织开展渔业法宣传月活动,加强渔业法律法规的宣传。印发了《内蒙古自治区 2018 年禁渔期禁渔区渔政管理通告》,开展禁渔期、禁渔区专项执法行动,严厉打击私捕滥捞等违法违规行为。开展"中国渔政亮剑 2018"内蒙古自治区系列专项执法行动,为了落实农业农村部黄河全流域禁渔制度,4 月自治区农牧厅在黄河乌海段、鄂尔多斯段、巴彦淖尔段、包头段开展了执法检查;配合农业农村部开沿黄省(自治区)执法交叉检查,5 月底 6 月初,农业农村部第五交叉检查组对黄河巴彦淖尔段 6 个沿黄旗(县、区)的 9 个主要河段和渔船停靠点进行了执法检查,检查渔船 20 余艘,查处违规人员 3 人。据统计,2018 年全区开展各类执法检查行动 2 725 次,累计出动执法人员 8 590 人次、渔政执法船艇 110 艘、执法车 1 120 辆,清理整顿作业点 204 个,检查渔港码头和渔船自然停靠点 630 个,查获非法捕捞案件 3 起,没收渔获物 500 千克。加强渔政队伍建设,开展全区渔政执法人员培训,累计培训执法人员 300 多人次,组织全区渔政人员参加农业农村部组织的第二次执法人员从业资格考试,印制发放了 640 本渔业执法证。此外,根据《国务院关于取消一批行政许可等事项的决定》和《农业农村部办公厅关于落实〈国务院关于取消一批行政许可等事项的决定〉的通知》有关要求,取消了国家重点保护水生野生动物及其产品进出口初审许可事项。

5. 渔业安全生产不断强化 内蒙古认真落实《中共中央 国务院关于进一步推进安全生产领域改革发展意见》和《内蒙古自治区党委 自治区政府关于进一步加强安全生产工作的决定》文件精神,牢固树立安全第一的理念和责任意识,进一步落实渔业安全生产责任制,扎实开展渔业安全生产检查、隐患排查和工作督查,制定了《2018 渔业安全生产宣传教育活动实施方案》《2018 年渔业"安全生产月"活动实施方案》。对全区 11 个盟市 30 多个旗(县)渔业安全生产监管部门的监管责任落实情况和 40 多个渔业部门的主体责任落实情况进行了现场督查。配合农业农村部渔业安全生产第六检查组对全区渔业安全生产工作进行现场督察。8 月,在乌海组织开展全区渔业船舶水上突发事件应急演练。开展了渔业安全法律法规、知识技能、事故警示的宣传工作,2018 年,全区未发生重大渔业安全生产事故。

【重点渔业市(旗、县、区)基本情况】

内蒙古自治区重点渔业市(旗、县、区)基本情况

市(旗、县、区)	总人口(万人)	渔业总产值(万元)	水产品产量(吨)	其中		养殖面积(公顷)
				捕捞	养殖	
莫力达瓦达斡尔族自治旗	31.9	11 565	9 463	3 173	6 290	5 000
磴口县	12.3	14 774.15	6 364	1 391	4 973	3 692
杭锦后旗	31.3	7 493.8	6 330	300	6 030	2 195
土默特左旗	36.5	8 653.35	6 195		6 195	2 885
临河区	55	6 189.97	5 836	216	5 620	1 534
达拉特旗	33.1	12 363.06	5 261	65	5 196	811
九原区	20.1	9 167.88	4 874	189	4 685	516
托克托县	20	7 177.73	4 384	588	3 796	637
五原县	30	4 900.42	4 200	700	3 500	1 006
扎赉特旗	40	6 850	4 108	650	3 458	10 620

【大事记】

[1]4 月 1~30 日,内蒙古自治区农牧厅组织全区开展《中华人民共和国渔业法》宣传月活动。

[2]4 月 1~30 日,在黄河干流内蒙古段实施禁渔期制度。

[3]5 月 1 日至 7 月 31 日,内蒙古自治区农牧厅组织各盟市渔业主管部门及其所属的渔政执法机构,在黄河内蒙古段,贝尔湖、额尔古纳河等边界水域,自治区重要河流、湖泊、水库开展禁渔期渔政综合执法行动。

[4]6 月 6 日,内蒙古自治区农牧厅组织全区 10 个盟市在 13 个放流点同步开展水生生物增殖放流。

[5]6 月 6 日,内蒙古自治区农牧厅与巴彦淖尔市人民政府联合举办了"2018 黄河内蒙古巴彦淖尔磴口段水生生物资源增殖放流活动",邀请中国水产科学研究院领导、全国水产技术推广总站领导、青海省等沿黄 5 省(自治区)渔业部门领导参加了本次放流活动。

[6]6 月 8 日,自治区农牧厅渔业局与巴彦淖尔市农牧局联合举办了乌梁素海水生生物增殖放流活动。

[7]9 月 28 日,内蒙古自治区农牧厅与呼伦贝尔市人民政府联合举办了呼伦湖水生生物增殖放流活动。

[8]10 月 27 日,内蒙古自治区农牧厅渔业渔政管理局在乌海举办了 2018 年内蒙古自治区水生野生动物科普宣传月活动启动仪式。

[9]12 月 10 日,内蒙古自治区农牧厅在呼和浩特市召开全区渔业工作座谈会,会议的主要任务是认真学习宣传贯彻党的十九大精神,围绕实施乡村振兴战略和农牧业高质量发展,研究新形势下如何加快转方式调结构,推动全区渔业绿色发展。

[10]12 月 12 日,内蒙古自治区完成 39 个重点旗(县、区)养殖水域滩涂规划编制发布工作。

(内蒙古自治区农牧业厅渔业渔政管理局　冯阁春)

辽宁省渔业

【概况】 2018 年,辽宁渔业工作在农业农村部指导帮助下,按照辽宁省委、省政府总体安排部署,认真贯彻新发展理念,"四个着力""三个推进",扎实推进"重实干、强执行、抓落实"专项行动,以减量增收、提质增效、绿色发展、富裕渔民为目标,以推进乡村振兴战略和渔业供给侧结构性改革为主线,加快实施发展现代渔业的各项任务,全省渔业经济呈现稳中有进的较好态势。

1. 主要指标完成情况 全年渔业经济总产值实现 1 306 亿元,其中,渔业产值 638 亿元,占比 48.8%;渔业工业和建筑业产值 327 亿元,占比 25%;渔业流通和建筑业产值 341 亿元,占比 26%。

全省水产品产量实现 450.8 万吨。其中,海洋捕

捞产量52.4万吨,占比11.6%;远洋渔业28.2万吨,占比6.3%;海水养殖产量286.4万吨,占比63.5%;淡水捕捞3.9万吨,占比0.9%;淡水养殖79.9万吨,占比17.7%。

全年水产品加工总量实现249万吨,同比增长0.7%,其中淡水水产品加工3.7万吨,占比1.5%;海水产品加工245.2万吨,占比98.5%。用于加工的水产品385万吨,其中淡水产品4.8万吨,海水产品380万吨,加工产出率为64.5%。

2018年全省渔民人均纯收入实现18 958元,比上年增长3.4%。

2. 主要工作措施、成就和特点

一是大幅提升渔业基础设施。以淡水渔业主产区为重点,对集中连片老旧淤积池塘实施标准化改造,调剂油补资金1 000万元,引导渔民改造343公顷,开展清淤修堤、池塘护坡、塘形改造、道路硬化以及输电线路、进排水等基础设施建设,增加池塘有效容积19%,每公顷增加产值70 500元。盘锦市、绥中县共建成80套深水抗风浪养殖网箱,全部通过竣工验收。

二是特色品种养殖取得突破。充分利用全省稻田资源,大力发展稻田渔业。调剂油价补贴资金430万元,支持新增稻渔综合种养示范区1 333公顷,化肥、农药使用量减少30%以上。稻渔综合种养每公顷效益增加30 000元以上,成为农民增收致富的重要手段之一。2018年发展稻田养殖小龙虾75公顷,取得了突破性成功,每公顷效益达48 750元,是单独种植水稻效益的3倍。

三是保障水产品质量安全。一是开展监督抽查。全年开展各级各类水产品质量安全监测4 708批次,合格率为99%。配合国家开展4次例行监测检测样品192批次,合格率为96.9%。二是加强执法监管。深入开展"三鱼两药"专项整治、组织开展异地交叉执法检查,重点打击违法违规使用禁限用药行为,依法查处产地监督抽查不合格养殖生产单位。三是建设追溯体系。推进水产品质量安全追溯体系建设,以葫芦岛大菱鲆为水产品质量安全追溯试点,解决鲜活水产品挂标难的瓶颈问题,实现了从产地到餐桌的全程可追溯。

四是更新改良水产优势品种。一是实施优势品种更新改良。2018年调剂油价补贴资金620万元,实施虾、贝、鲍、蛤、鲆、鳟等18个水产优势品种引进更新与改良项目,促进主导品种结构优化。二是开展原良种场培育认定。开展省级水产原良种场认定、复查,对2018年到期的14家省级水产原良种场开展复查认定,通过10家,废业、主动放弃等不合格4家。新评审认定省级水产良种场5家。三是实施新品种研发攻关。组织实施遗传育种关键技术研究,从加拿大引进风向标扇贝,培育优质高产抗逆新品种或新品系。杂交苗种比普通虾夷扇贝苗种生长速度提高13.6%,成活率提高15.1%,产量提高20%以上。

五是养护增殖渔业资源。一是持续发展增殖放流。省本级筹措4 171万元,全省完成放流78.4亿单位。其中,海水放流42.8亿单位,淡水放流35.6亿单位。二是大力发展海洋牧场。锦州市海域国家级海洋牧场示范区人工鱼礁投放入海工程全部完成,投放2 550座43 293空立方米。丹东、盘山海域国家级海洋牧场示范区人工鱼礁建造投放工程收尾工程全部完成,并通过阶段验收,共投放入海人工鱼礁10 820座121 529空立方米。三是清理取缔"三无"船舶。清理取缔涉渔"三无"船舶3 128艘,其中2018年全省共查扣涉渔"三无"船舶404艘,已拆解取缔137艘。四是落实渔船"双控"制度。截至2018年年底,全省完成减船转产渔船2 025艘,压减功率8.4万千瓦。其中2018年完成847艘,压减功率4.7万千瓦。五是外海远洋渔业平稳有序。中韩渔船作业生产取得入渔资格渔船569艘,全省获农业农村部批准远洋渔业企业22家,外派远洋渔船313艘。

六是稳定伏季休渔秩序。面对伏季休渔管理难度加大、海上维稳管控任务繁重、渔业系统机构改革等多种因素叠加的形势,全省各级海洋渔业管理部门共出动执法船9 500余艘次,巡航检查21.6万余海里,出动执法车辆1.2万余台次,检查里程16.7万余千米,出动执法人员5.6万余人次,检查渔船3.8万余艘次,查处违规渔船1 297艘,涉案渔获物1 140余吨,罚款1 400余万元。全域未发生重大违法违规行为,休渔秩序稳定。

3. 存在的主要问题

一是渔业资源环境压力持续加大。捕捞业结构调整任务艰巨,近海捕捞强度仍然较高,渔业资源衰退趋势未得到有效遏制。受资源衰退影响,一方面幼鱼捕捞现象仍然存在,另一方面渔民非法越界捕捞时有发生,渔业管理难度加大。远洋渔业国际竞争越来越激烈,发展空间受到局限。二是渔业基础设施建设有待提升。渔船老旧化程度较高,小、木、旧船比重仍然较大。渔港设施薄弱,现代化水平、休闲功能等亟待提高。池塘淤积老化问题严重,水产原良种体系建设落后,影响生产质量效益。三是养殖业结构调整面临较大压力。养殖布局不合理、方式粗放、密度过大、污染严重等现象在某些地区仍然不同程度存在。淡水大宗品种总体上供大于求,鲤、鲢等传统品种产量居高不下,出现结构性过剩,市场需求不足,产品销路遇阻,价格降低。四是渔业基本水域制度建立任重道远。近年来,沿海经济带开发使大量滩涂、浅海被挤占,传统渔业生产水域面积缩减,并对渔业生态环境造成不良影响,编制养殖水域滩涂规划是建立渔业基本保护制度的有效手段。一方面受区域规划、动迁补偿等影响,各地编制积极性不高,地方政府对审批水域滩涂养殖证持谨慎态度;另一方面,规划编制涉及现场测量、外业踏勘和内业编制、图件制作等,经费严重紧缺。五是产业链条延伸和三产融合复杂艰巨。辽宁省渔业标准化程度较低,产业化经营总体水平不高,渔业社会化服务不足,缺乏新型商业业态。渔业二、三产业发展相对滞后,水产品加工附加值不高,水产品冷链物流体系尚不健全,休闲渔业发展档次需要提升。

【重点渔业市(县、区)基本情况】

辽宁省重点渔业市(县、区)基本情况

城市	总人口(万人)	渔业产值(万元)	水产品产量(吨)	其中				养殖面积(公顷)	
				海洋捕捞	海水养殖	内陆捕捞	内陆养殖	海水	内陆
大连市	213.9	3 465 755	2 159 740	477 221	1 676 358		6 161	472 688	7 386
丹东市	84.3	685 444	600 566	137 043	340 736	27 321	95 466	67 221	31 956
锦州市	103.5	261 673	176 438	39 800	116 819	580	19 239	54 366	3 734
营口市	88.7	478 839	478 518	39 678	309 932	3 496	125 412	35 903	5 085
盘锦市	47.2	417 452	202 339	20 742	45 082	3 361	133 154	27 047	65 791
葫芦岛市	98.8	348 558	460 075	60 646	374 707		24 722	35 965	3 930
沈阳市	268.1	277 962	210 801				210 801		15 572
辽阳市	68.5	130 728	87 769				87 769		3 047
鞍山市	120.1	56 832	54 866			2 921	51 945		4 645.67
抚顺市	85.1	143 624	14 681			1 299	13 382		7 394
本溪市	56.5	26 009	7 147			401	6 746		11 979.6
阜新市	67.8	2 857	2 460				2 460		1 861
铁岭市	111.1	37 964	18 266				18 266		8 415
朝阳市	113.0	3 710	3 205				3 205		6 238

【大事记】

[1]5月25日,由农业农村部、辽宁省人民政府、中国海洋石油集团有限公司主办,农业农村部渔业渔政管理局、辽宁省海洋与渔业厅、葫芦岛市人民政府和中国海油海洋环境与生态保护公益基金会承办的2018辽东湾水生生物增殖放流活动在葫芦岛举行。农业农村部渔业渔政管理局局长张显良宣布2018辽东湾水生生物增殖放流活动开始。中国海油海洋环境与生态保护公益基金会理事长武广齐参加活动仪式并致辞。辽宁省人民政府副秘书长甄杰在活动仪式上发表讲话并参加了放流活动,现场放流中国对虾、褐牙鲆等经济苗种500余万尾,放生近年来救助的斑海豹8头。

[2]10月11日,中共辽宁省委辽宁省人民政府转发《中共中央办公厅 国务院办公厅关于印发〈辽宁省机构改革方案〉的通知》的通知,将辽宁省农村经济委员会的职责,以及辽宁省海洋与渔业厅的渔业渔政职责进行整合,组建辽宁省农业农村厅,作为辽宁省政府组成部门。将辽宁省海洋与渔业厅的渔船检验和监督管理职责划入辽宁省交通运输厅。不再保留辽宁省农村经济委员会(辽宁省粮食局)、辽宁省海洋与渔业厅、辽宁省畜牧兽医局(辽宁省动物卫生监督管理局)。

(辽宁省农业农村厅 沙 爽)

吉林省渔业

【概况】 2018年,吉林省以实施乡村振兴战略为抓手,以渔业供给侧结构性改革为主线,以“提质增效、稳量增收、绿色发展、富裕渔民”为目标,大力发展渔业经济,不断强化渔业管理,全省渔业渔政工作取得明显成效。

2018年,吉林省共开展水产养殖面积32.5万公顷,比上年增长26.5%;完成水产品产量23万吨,比上年增长4.4%,其中养殖产量20.10万吨,增长10.95%。实现全口径渔业产值137亿元,较上年增长5.4%;渔民人均纯收入达到14 021元,较上年增长9.5%。水产品出口2.94万吨,占全国出口总量的0.68%;出口额1.3亿美元,占全国出口总额的0.58%,位居全国内陆省份第二位,比上年提高一位。

1.大力推进渔业转型升级 组织发展稻渔综合种养等循环农业,在全省范围内大面积推广稻田养殖鱼、蟹、鳅等,印发了《稻渔综合种养增收工程实施方案》,启动了第二轮3年规划。2018年,共建立稻渔综合种养核心示范区13处,其中2处被农业农村部评为国家级核心示范区,全省共实施稻-鱼、稻-蟹、稻-鳅、稻-虾等养殖模式4.39万公顷,较2017年扩大40%。推进冷水鱼提档升级,扶持以东部长白山区为优势区的名优冷水鱼养殖,标准化流水养殖和网箱养殖规模持续扩大,地产三文鱼首次实现商品鱼上市销售。积极发展休闲渔业,选取查干湖、大安嫩江湾等旅游景点申报全国休闲渔业旅游路线,将休闲渔业发展全面融入吉林省委省政府冰雪产业和避暑休闲产业工程,根据休闲渔业产业指标监测,全省休闲渔业产值达到21亿元,同比增长24%;加强渔业基础建设,提高保障能力,全年共落实财政投资5 091万元,建设了一批渔港、水生动物病害防治、渔政执法快艇、生态养殖等渔业发展项目。

2.加快促进水产养殖业绿色发展 按照农业农村部要求,将落实养殖水域滩涂规划制度作为推进水产养殖业绿色发展的根本举措,督促指导各地编制发布养殖水域滩涂规划,科学划定禁养区、限养区、养殖区。一年来,采取集中与分散相结合、会议和文件相结合、月调度与通报等多种方式进行督促指导,加快规划编制发布工作进度。6月26日,在长春市组织召开了全省养殖水域滩涂规划编制发布工作集中督导会议,各相关市(县)渔业主管部门主要领导参加会议。7月11日,将全省养殖水域滩涂规划编制发布情况向吉林省政府做了专题报告。截至2018年年底,全省32个应独立编制规划县(市、区),已全部由市(县)政府批准发布,全面完成年度任务。组织开展了水产健康养殖示范创建活动,25家单位被评为农业农村部水产健康养殖示范场;组织开展了“池塘标准化健康养殖技术”等21项省级水产技术推广项目。按照吉林省政府统一部署,完成了第二次水产养殖业污染源普查工作。

3.扎实开展水生生物资源养护工作 加强禁渔期管理,制定发布了2018年禁渔期通告,自5月下旬起,在松花江、鸭绿江、图们江、辽河及其附属水体实施为期30天的禁渔管理;同时,配合农业农村部启动了松花江、辽河实施全流域禁渔管理的可行性研究。组织开展了水生生物增殖放流活动,全省各地在松花江、图们江、鸭绿江等水域开展放流活动40余次,放流鱼苗1 464万尾。按照农业农村部统一部署,联合吉林省公安厅组织开展了“中国渔政亮剑2018”系列专项执法行动,严厉打击破坏渔业资源违法行为。一年来,全省共印发宣传材料86 320份,出动执法人员9 262人次,出动执法车辆2 442车次,出动执法船艇1 400艘次;检查渔港码头及渔船自然停靠点1 079个次,检查渔船6 109艘次,检查市场314个次,检查船舶网具修造厂5个次,水上巡查里程28 966海里;清理整治违规渔具5 143张,查办违法违规案件121件,查获涉案人员128人,移送司法机关处理案件10件,提起公诉5人,其中犯非法捕捞水产品罪,被判有期徒刑8个月缓刑一年2人、被判有期徒刑6个月缓刑一年3人。加强水生野生动物保护,做好《中华人民共和国野生动物保护法》宣传贯彻工作,组织开展野生动物保护宣传月活动。加大执法力度,强化对濒危水生野生动物人工繁育和经营利用管理,规范行政审批流程,强化证后监管,共办理野生动物利用特许证件13件,加强对水族馆、海洋馆、动植物园等展演场馆的监督管理。在全省范围内开展了以“生命至上、安全发展”为主题的渔业“安全生产月”和“安全生产万里行”活动,分别在松原、四平、白城、前郭、镇赉等地举办12期渔业船员安全教育培训班,培训船员1 500余人。

4.全面加强水产品质量安全监管 加强科学指导,围绕“农业质量年”有关部署,召开3次专题会议研究部署水产品质量安全监管有关工作,制定并下发了吉林省2018年“农业质量年”、全省水产品质量安全工作要点、水产品质量安全专项整治、渔业“双打”及农资打假专项治理行动等方案;加大整治力度,以渔业投入品、水产苗种、“三项记录”为重点开展监管检查,组织药残专项整治,加强无公害水产品证后监管,监管形势保持稳定向好;组织多层次抽检,配合国家监测246个水产样品,省级监测超过260个水产样品,快检筛查1 088个样品，产地水产品抽检合格率达到100%；全年共出动执法人员5 820余人次，开展执法检查370余次，检查企业及养殖户2 040余家次，排查市场210余次，组织指导培训410场次，培训3 220人次，发放各类宣传材料86 290余份，发送宣传信息2 430余条次。

5.持续提升渔业科技创新水平 实施国家、省科研项目和专项21项，获得吉林省自然科学学术成果奖二等奖1项，吉林省水产技术推广二等奖1项、三等奖1项。完成了大宗淡水鱼绿色高效养殖模式技术集成与示范。省级现代农业产业技术体系课题取得阶段性成果，在西部推广湖库生态养鱼技术示范面积3万公顷，在珲春、和龙、白山、临江、长白等地示范推广冷水鱼规模化繁育，共繁育细鳞鲑、美洲红点鲑、鸭绿江鲫鱼、哲罗鱼等苗种600余万尾。按照农业部渔业生态监测中心《2018年全国渔业生态环境监测网常规监测工作方案》要求，完成了吉林省重要渔业水域生态环境监测采样及检测工作全部内容。

水产技术推广体系改革与建设稳步推进，全省3个市（吉林市、四平市、白山市）、39个县共获得530万元资金扶持，集安市加挂基层水产技术推广机构牌子，全省48个县（市、区）基层水产站建设首次实现全覆盖，在2018年全国水产技术推广工作会上，作为典型在大会做了交流发言，获得农业农村部及全国水产技术推广总站的高度肯定。围绕水产养殖绿色发展方向，全省共组织开展了“池塘标准化健康养殖技术”“盐碱性湖泊生态养殖技术”等推广（示范）项目21项，立项数量突破历年水平，示范总面积达到4.88万公顷。全年落实稻渔种养增收工程项目面积4.39万公顷，建立了13个省级示范区和4处扣蟹养殖基地，生产鱼（蟹）700万千克，综合增效11.5亿元。在2018年第二届全国稻渔综合种养模式创新和优质渔米大赛中，代表吉林省参展的吉林市春新生态家庭农场的粳米获得优质渔米金奖，成为东北3省唯一获金奖企业。加强渔业标准化工作，制定和应用渔业地方标准12项，提高了渔业生产标准化程度；对33家省级水产良种场进行了抽查；完成了吉林省水产技术推广奖评选表彰工作，省政府下发表彰决定，对近3年来20项推广成果进行了表彰。

6.存在的主要问题 尽管渔业渔政工作取得了一定成效，但是，也存在一些突出问题：一是渔业经济总量不大，与资源潜力省份以及与发达省份相比，还有较大差距；二是发展方式粗放，生产经营分散，品种结构不优，组织化程度和产业化水平偏低；三是过度捕捞严重，部分水域渔业资源衰退和环境恶化问题突出；四是水产品质量安全、涉外渔业安全等不容忽视；五是历史遗留的渔业基础薄弱、装备落后问题成为制约产业发展的重要因素。

【重点渔业市（县、区）基本情况】

吉林省重点渔业市（县、区）基本情况

市（县、区）	总人口（万人）	渔业经济总产值（万元）	水产品总产量（吨）	其中		养殖面积（公顷）
				捕捞	养殖	
镇赉县	29.5	41 286	22 300	19 604	18 600	28 341
前郭尔罗斯蒙古族自治县	60	60 657	19 888	18 886	18 481	41 415
扶余市	77.17	27 665	16 500	12 914	11 875	7 154
大安市	43	27 220	10 115	9 285	8 714	31 390
吉林市	179	21 634	9 204		9 204	35 557

【大事记】

［1］全省32个渔业重点市（县）养殖水域滩涂规划全部经当地政府发布实施。

［2］吉林省渔业行政主管部门联合吉林省公安厅组织开展了“中国渔政亮剑2018”系列专项执法行动，严厉打击破坏渔业资源违法行为，取得明显成效。

［3］按照吉林省政府统一部署，组织开展了第二次水产养殖业污染源普查工作，完成了入户调查表填报和数据录入工作。

（吉林省农业农村厅 何衍林）

黑龙江省渔业

【概况】 2018年，黑龙江省渔业系统以供给侧结构性改革为主线，以渔业提质增效、渔民增收为目标，开拓创新、真抓实干，着力推进渔业转型升级绿色发展，全省渔业继续保持持续向好的发展态势。全省水产养殖面积突破40万公顷。水产品产量达到67.85万吨，比上年增长12.2%。其中，养殖产量63.04万吨，比上年增长14.2%；捕捞产量4.81万吨，比上年减少0.35万吨。渔业总产值达到105.7亿元，比上年增长7.4%；渔民人均收入达到18 157元，比上年增长17.5%。

1. 取得成绩

（1）特色优质水产品养殖取得新进展。河蟹、台湾泥鳅、鳜鱼、柳根鱼、方正银鲫等品种养殖形成规模；自主培育的“嫩江壹号”和光华1号大闸蟹养殖具有一定规模；龙岩鲫、黄金鲫、小龙虾等引进品种落户龙江；大口黑鲈、三角鲂养殖试验获得成功。全省特色水产品养殖产量15.6万吨，比上年增长15.6%。自然水域生态优质水产品产量19.7万吨，占总产量的29%。

（2）稻渔综合种养实现新突破。全省稻渔综合种养面积发展到4.7万公顷，比上年增长近41%，是全国增速最快的省份之一。稻蟹面积达到1.48万公顷，培育创建国家级稻渔综合种养示范区2处、省级示范县20个。全省万亩以上规模县13个。

（3）一二三产融合发展迈上新台阶。通过举办开湖节、冬捕节、垂钓大赛等系列活动，不断拓展休闲渔业内容。全省各类休闲渔业场馆接待人数达373万人次，比上年增长11%，冰雪休闲渔业活动参与人数达30万人次。休闲渔业产值6.56亿元，比上年增长26.4%。全省水产品加工量突破1万吨，比上年增长32.49%，加工业产值3.5亿元，比上年增长44%。

（4）渔业资源养护再上新水平。全省增殖放流各种鱼类苗种1.35亿尾，圆满完成中俄两国边境水域联合增殖放流活动。黑龙江省被农业农村部评为强化水生生物资源养护延伸绩效管理进步明显单位，并向省政府通报表扬。完成中央环保督导整改问题销号验收和3个省级水生生物自然保护区、25个水产种质资源保护区的确权定界和生态红线划定工作，对9个项目进行了渔业生态环境影响评估。

（5）渔政执法得到新加强。深入开展“渔政亮剑2018”系列专项执法行动和安全生产大检查，全省排查整改隐患渔船89艘，查处电鱼案件26起，拆除违规渔具5.8万件，清理取缔涉渔“三无”船舶145艘，俄罗斯东方经济论坛、国庆节等重大活动和节庆期间实现零越界。

2. 主要措施

（1）密切工作联动。建立省、市、县三级渔业主管部门密切配合，行政、科研、教学、推广单位密切协作，渔业企业、专业合作社和全省渔民共同参与，相关部门大力支持的横向协调、纵向联动的工作机制，有效推动了全省渔业渔政工作顺利开展。

（2）强化规范管理。超额完成了县级养殖水域滩涂规划编制发布工作。出台了《黑龙江省人民政府办公厅关于加强野生鱼类资源保护的意见》，相继出台10项管理办法、制度等规范性文件。黑龙江省连续6年国家产地水产品质量安全抽检合格率100%。全年培训渔政职务船员165人。

（3）加强科技示范。将淡水鱼纳入黑龙江省现代农业产业技术协同创新体系范围。发布了渔业主导品种及主推技术，实施了三大科技示范集成项目。组织开展了渔业技术人员和新型职业渔民培训，举办稻渔综合种养技术培训班。新创建21个部级水产健康养殖示范场、2个省级现代渔业产业园区和3个省级渔业科技园。

（4）加强主体培育。成立了方正银鲫产业联盟，召开水产品加工企业座谈会和河蟹产业经营主体与盘锦光合蟹业对接会。积极培育渔业新型经营主体，推广联合社和产业联盟形式，实现“五统一”，强化联合开拓市场的能力。鳙鱼分割、鲢鱼半成品、七彩鲑鱼籽和熏制品加工等加工企业不断发展。

（5）不断开拓市场。采取与国内餐饮企业、水产品营销企业对接合作，设立直销店、专营店、省内外水产品批发市场销售点，开展线上销售等方式，创新产品营销模式。与黑龙江省顺丰速运公司合作举办系列水产品推介活动，组织企业参加第二届中国国际现代渔业暨渔业科技博览会。黑龙江省优质水产品远销到国内外市场。

（6）积极争取政策。2018年，全省在渔港项目建设、水生生物增殖放流、边境渔政管理、稻渔综合种养、黑龙江省边防委员会浮动渔港建设等方面共争取财政资金1.3亿元。其中，中央财政资金10 383万元，省级财政资金2 300万元。均超过上年投资水平，有力推动了全省现代渔业建设。

（7）强化推介宣传。在组织开展冰雪渔业、休闲渔业、增殖放流、濒危物种保护、打击非法捕捞、中俄渔业合作等活动期间，中央和省内共40余家主流媒体从不同视角分别对全省渔业产业进行宣传报道，有效提升了黑龙江省渔业的影响力和水产品的知名度及美誉度。

3. 存在的主要问题

（1）养殖成本偏高。黑龙江省地处高寒地区，鱼类生长期只有近5个月时间，因而造成了单位产量相对较低，生产成本偏高，经济效益较低。

(2)基础设施薄弱。近一半的池塘年久失修、老化淤积严重,鱼池水质监测系统、增氧机、投饵机、注排水、道路和生产用电用房等养殖设施不配套,渔业发展扶持资金严重不足。

(3)产业化水平偏低。二、三产业发育不足,远远低于全国平均水平,尤其是省内水产品加工业较弱,用于加工的水产品 2 万吨,仅占水产品总产量的 2.9%。

(4)市场营销滞后。由于地处偏远,运输成本高,地产水产品批量进入省外市场还存在一定困难,目前还没有在全国形成有一定影响力的水产品品牌,省外市场占有量较小,优质优价机制尚未形成。

(5)新型经营主体发育不足。全省渔业专业合作社只有 158 家,渔业养殖企业 236 个,新型经营主体总量明显不足,组织化程度不高,养殖企业和养鱼户思想观念陈旧,开拓市场意识不强。省级渔业协会作用有待发挥。

【重点渔业市(县、区)基本情况】

黑龙江省渔业重点市(县、区)基本情况

市(县、区)	总人口(万人)	渔业总产值(万元)	水产品产量(吨)	其中		养殖面积(公顷)
				养殖	捕捞	
肇东市	93.00	71 501.39	39 317	39 024	293	15 049
杜尔伯特蒙古族自治县	23.98	92 574.16	32 970	26 484	6 486	58 046
北林区	89.90	46 774.77	31 014	30 956	58	7 417
哈尔滨市区	550.90	40 023.09	27 789	26 960	829	8 852
密山市	42.70	32 344.95	25 872	24 052	1 820	20 919
肇源县	47.00	48 054.93	24 673	21 249	3 424	18 230
安达市	52.00	26 910.12	19 232	17 862	1 370	16 000
大庆市区	320.00	32 642.05	19 211	19 211		18 280
巴彦县	70.70	23 491.19	18 266	17 894	372	4 600
汤原县	27.00	14 099.18	15 638	14 855	783	6 667

【大事记】

[1]1 月 16 日,黑龙江省农业委员会印发《黑龙江省产地水产品质量安全管理办法》,进一步推动全省各级渔业部门做好产地水产品养殖生产环节质量安全管理工作。

[2]1 月 16 日,黑龙江省农业委员会印发《黑龙江省渔港和渔业船舶安全管理办法》,为进一步加强渔港和渔业船舶安全管理提供保障。

[3]2 月 28 日,农业部在上海市召开"中国渔政亮剑 2018"专项执法行动部署会。黑龙江省被评为"亮剑 2017"系列渔政专项执法行动工作成绩突出集体,并做典型发言。

[4]3 月 5 日,出台《黑龙江省人民政府办公厅关于加强野生鱼类资源保护的意见》,为全省加强野生鱼类资源保护,保持水生生物多样性、生态系统完整性提供了制度保障。

[5]3 月 12 ~ 15 日,黑龙江省农业委员会渔业局局长周晓兵及有关人员参加了在厦门市举行的中俄渔业混合委员会第 27 次会议。黑龙江省代表团就 2017 年中俄《两江议定书》执行情况、2018 年合作计划及中俄渔业合作中遇到的其他问题与俄方进行了交流,并达成了一致性意见。

[6]4 月 9 日,推进全省渔业转型升级培训班在哈尔滨市举办。培训班总结回顾了 2017 年全省渔业渔政工作,分析了当前渔业渔政事业发展面临的形势,谋划部署 2018 年及今后一段时期全省渔业渔政工作目标任务。全省各市(县)渔业主管部门及直属单位、部分渔业企业代表共计 110 人参加了培训。

[7]4 月 24 日,黑龙江省农业委员会印发《全省"亮剑 2018"系列专项执法行动方案》,组织开展禁渔期执法、清理整治违规渔具、打击涉渔"三无"船舶、中俄边境水域执法、保护区执法检查、省界共管水域联合执法等 6 项执法行动。

[8]6 月 6 日,黑龙江省农业委员会和哈尔滨市农委、鸡西市农委共同举办了以"增殖水生生物 共建美

丽龙江”为主题的“全国放鱼日”黑龙江省同步增殖放流活动，共放流施氏鲟、翘嘴鲌、鲢、鳙、草鱼等340余万尾。

[9]6月14～16日，中国水产流通与加工协会联合杜尔伯特蒙古族自治县政府举办了水产养殖绿色发展系列活动之“连环湖水产生态养殖论坛”。同期举办了生态渔业与旅游融合现场会——“中国连环湖夏季渔猎文化节”“第二届中国连环湖鱼头争霸赛”。原农业部党组成员、中国农产品市场协会会长张玉香和黑龙江省农业委员会总经济师朱佳宁等领导出席开幕式。来自全国渔业行政主管部门、科研机构、相关协会、水产企业、餐饮企业及杜蒙县特各级相关单位及媒体代表近300人参加了论坛活动。

[10]6月20～28日，黑龙江省农业委员会与俄罗斯联邦渔业署联合对中俄界江黑龙江黑河－布拉戈维申斯克段进行春季渔政联合检查。

[11]7月15日，黑龙江省作为国家2018年渔业行政执法人员执法资格考区，迎来黑龙江、吉林及内蒙古3省(自治区)的301人参加考试。

[12]7月25日，黑龙江省农业委员会印发《黑龙江省水生野生动物保护管理办法》，为加强全省水生野生动物资源保护提供保障。

[13]7月26～27日，农业农村部渔业渔政管理局副局长李书民一行到北安市和北林区考察指导稻渔综合种养工作，对黑龙江省发展稻渔综合种养工作给予充分肯定，并希望再接再厉，争创国家级稻渔综合种养示范区。

[14]7月27日，黑龙江省农业委员会下发《黑龙江省农业科技集成与创新基地(科技园)省级创建单位名单》，肇源县鲶鱼沟养殖场河蟹养殖科技园、绥化市福恒现代渔业科技园区、青冈县新村乡玉丰渔业养殖专业科技园被提升为省级创建单位。

[15]8月1日，农业农村部印发《农业农村部关于表扬2017年度专项工作延伸绩效管理优秀及进步明显单位的通报》，黑龙江省被评为强化水生生物资源养护进步明显单位。

[16]8月1～2日，中俄两国在中国同江市和俄罗斯哈巴罗夫斯克市弗拉基米洛夫卡镇开展了鲟科鱼类增殖放流活动。中方共放流施氏鲟幼鱼13万尾、达氏鳇幼鱼7万尾，俄方共放流施氏鲟幼鱼34.8万尾、达氏鳇幼鱼13.43万尾。农业农村部渔业渔政管理局局长张显良和俄罗斯联邦渔业署驻华代表安德烈·金参加了同江市放流活动。

[17]8月21日，黑龙江省农业委员会渔业局联合黑龙江省顺丰速运有限公司在哈尔滨市举办了首届龙江河蟹品创经济论坛暨养殖企业与顺丰公司业务对接洽谈活动。黑龙江省农业委员会渔业局、黑龙江省水产技术推广总站、龙江顺丰速运有限公司、全省各地河蟹养殖企业(场户)等共计60余人参加活动。

[18]9月7日，全省稻渔综合种养暨特色水产品养殖培训班在北安市举办。各市(地)、黑龙江省农垦总局渔业局、有关县(市、区)渔业主管部门、部分市(县)水产技术推广站和渔业企业代表共计90多人参加了培训。

[19]9月13日，黑龙江省农业委员会渔业局与黑龙江省顺丰速运有限公司在哈尔滨市举办了河蟹产销对接会议暨品牌推介宣传活动。黑龙江省渔业协会与黑龙江省顺丰速运有限公司签订了营销速运合作框架协议，近20家龙江河蟹养殖企业在现场签署采购协议。黑龙江省农委渔业局、黑龙江省水产技术推广总站、哈尔滨市邮政管理局、黑龙江省渔业协会、黑龙江省快递行业协会、黑龙江省龙莱产业协会和近百家大型餐饮机构及兴业银行、广发银行等单位代表参加了活动。

[20]9月17～27日，以黑龙江省农业委员会总经济师朱佳宁为团长的中方代表团和以俄罗斯联邦渔业署阿穆尔流域管理局副局长杰尼斯为团长的俄罗斯代表团，对中俄界江黑龙江哈巴罗夫斯克段、犹太自治州段、同江段、抚远段和乌苏里江霍尔段、抚远段进行了秋季渔政联合检查。

[21]10月27日至11月26日，黑龙江省农业农村厅组织开展了以“关爱水生动物 共建和谐家园”为主题的2018年黑龙江省水生野生动物保护科普宣传月活动。省、市有关部门负责同志、渔政执法人员代表、社会志愿者、学生和热心市民400余人参加。

[22]11月18日，黑龙江省农业农村厅召开机构改革大会，原黑龙江省农业委员会渔业局更名为黑龙江省农业农村厅渔业渔政管理局(中华人民共和国黑龙江省渔政局)，取消内设渔业处、渔政处。

[23]11月20日，黑龙江省农业农村厅印发《黑龙江省边境水域渔业捕捞生产管理办法》，为加强边境水域渔业资源管理、规范捕捞生产作业秩序、保障边境地区和谐稳定提供遵循。

[24]11月23日，黑龙江省农业农村厅和黑龙江省财政厅联合下发《关于命名方正县等26个现代农业产业园为省级现代农业产业园的通知》，其中，肇源县和镜泊湖被命名为省级现代渔业产业园。

[25]11月26～30日，中俄黑龙江和乌苏里江边境水域渔政管理工作会议在哈尔滨市召开，双方通报了2018年《两江议定书》执行情况，拟定了2019年合

作计划，交换了2018年双方鲟科鱼类及秋鲑的增殖放流信息和捕捞产量信息，并就秋鲑洄游黑龙江等相关问题进行了深入探讨。黑龙江省农业农村厅渔业渔政管理局局长周晓兵和俄罗斯联邦渔业署阿穆尔流域管理局临时代局长杰尼斯出席会议。

[26]12月27日，黑龙江省农业农村厅印发《黑龙江省渔业产业发展规划（2019—2021年）》，为加快推进渔业产业转型升级和高质量发展提供遵循。

[27]12月27日，黑河市北安市乌裕尔水产专业养殖合作社和绥化市北林区稻米香米业有限公司荣获国家级稻渔综合种养示范区称号。

[28]12月28日，依据黑龙江省农业农村厅印发的《2018年黑龙江省水产健康养殖示范创建活动方案》要求，经各地组织申报、指导创建提升和考核验收，共有21家养殖场（户）首次获得农业农村部水产健康养殖示范场称号。

[29]12月29日，由黑龙江省农业农村厅、黑龙江省文化和旅游厅、大庆市政府主办的"鱼腾福地·水韵草原"中国·大庆第三届连环湖冰雪渔猎文化旅游节在大庆市杜尔伯特蒙古族自治县连环湖隆重开幕，也标志着全省冰雪渔业休闲活动正式拉开帷幕。

[30]12月31日，全省67个县按时完成养殖水域滩涂规划编制发布任务，并通过农业农村部绩效考核，规划编制发布完成率103%。

（黑龙江省农业农村厅渔业渔政管理局　饶仁钢）

上海市渔业

【概况】 2018年，上海市水产品总产量达26.43万吨，比2017年增长2.68%，其中海水产品产量16.84万吨，同比增长15.99%（包括近海捕捞产量1.37万吨，同比减少7.18%；远洋捕捞产量15.47万吨，同比增长18.62%）；淡水产品产量9.59万吨，同比减少14.54%。2018年全市渔业总产值达54亿元，比2017年减少11.97%。2018年渔民人均收入达28 584元，比2017年增长0.28%。2018年全市淡水养殖面积1.28万公顷，比2017年减少15.09%。全市现有各类渔船614艘（其中远洋渔船74艘，近海渔船275艘，内陆渔船252艘，长江渔船13艘），比2017年减少29.51%。

1.推进水产养殖绿色生产 对《上海市养殖业布局规划》进行细化完善，联合相关部门制定印发《上海市养殖水域滩涂规划工作方案》，召开工作会和培训会，全面推进上海市养殖水域滩涂规划编制和发布工作，进一步优化水产养殖业布局，保障养殖生产空间。加强水产养殖绿色生产顶层设计，完成科技兴农水产顶层项目"标准化池塘生态高效养殖模式集成示范"设计，确定23个科技兴农重大、重点水产项目；召开水产科技管理工作联席会议，围绕都市现代渔业绿色发展，编制2019年水产科技兴农项目指南；根据都市现代农业绿色发展三年行动计划部署，起草上海市都市现代绿色农业发展专项建设（2018—2022年）渔业有关实施意见，批复立项10个都市现代农业发展水产项目，试点多种绿色生态高效健康养殖新模式，发展生态健康养殖；起草水产品绿色认证补贴、水产养殖场尾水治理实施方案和排放操作规程等相关文件。印发《上海市水产养殖绿色生产操作规程（试行）》，明确水产养殖绿色生产环节的各项工作要求，在全市推行节能减排的水产养殖绿色生产方式。对全市203家水产养殖场310人开展绿色生产操作规程培训，按水产养殖绿色生产操作规程生产的面积达3 756公顷，覆盖率28.1%，完成了全年覆盖率20%以上的目标。加快标准化水产养殖场验收进度，至2018年年底全市已建成标准化养殖场11 467公顷；加强农业农村部水产健康养殖示范场认定工作，2018年新增15家全国水产健康养殖示范场，全市已有52家4 000多公顷通过农业农村部水产健康养殖示范场认定。组织各区、有关市属企业赴湖州市德清县学习渔业养殖尾水处理、种养结合、池塘循环流水养鱼等方面的先进做法和经验；试点133.33公顷多形式水产养殖场尾水处理设施建设，对养殖场排污设施进行装配、改造和优化，重点配套水处理设施设备和湿地面积，通过逐层过滤降解和处理，最终达到循环水再利用和达标排放；对已建标准化水产养殖场的人工湿地处理设施使用情况进行跟踪督查，并同期监测200家水产养殖场的外源水、池塘水、尾排水；拟定2019年农业生态专项（水产）任务清单，确定各区水产养殖尾水治理、水产绿色生产推广等任务。

2.加强渔业生态资源养护 稳步推进长江水生生物保护区全面退捕，至2018年8月，长江上海段开始实施常年禁渔，上海市185艘长江捕捞渔船全部退出捕捞，提前完成中央对长江退捕的2020年工作目标。根据上海市进一步加强国内渔船管控实施海洋渔业资源总量管理的工作方案，指导相关区出台长江渔船减船拆解方案，市、区两级财政安排4 556万元，用于全市长江渔民退捕和长江渔船减船拆解工作，目前崇明、浦东已有171艘长江捕捞渔船完成拆解，占全市长江捕捞渔船总数的93%。加强渔政执法监管，农业农村部"中国渔政亮剑2018"专项执法行动启动仪式在上海举行后，联合海警、海事等多部门全年多次组织开展近海、长江口水域联合执法行动,持续加强对非法捕捞、涉渔"三无"船舶等破坏水域生态环境违法行为整治,推进"行刑衔接",确保全市渔业捕捞生产秩序。2018 年上海市共组织开展联合执法行动 6 次,共计出动执法人员 2 042 人,办理案件 158 起,移交 6 起案件刑事立案追诉,清理各类违规网具 1 964 顶,保持了水上执法高压严管态势。加强水生生物增殖放流和生态修复工作,2018 年上海市共投入各类增殖放流资金 2 400余万元,在重要渔业水域放流各类苗种约 1.6 亿尾(只),其中在 6 月 6 日举行了"守护好一江碧水"2018 年长江口珍稀水生生物增殖放流活动,放流中华鲟 36 尾、胭脂鱼 2 万尾,中共中央政治局委员、上海市委书记李强,上海市委常委、政法委书记陈寅,副市长彭沉雷等领导出席放流活动。有序推进海洋牧场示范区建设,中央财政下达上海市海洋牧场(人工鱼礁)项目资金2 500万元,2018 年上海市已完成项目生态环境本底调查、人工鱼礁试验与设计、项目环境影响评价、项目实施方案编制等项目前期工作,即将完成招投标工作并开工建设。加强水生野生动物保护工作,2018 年办理发放各类水生野生动物许可证 18 件,转报农业农村部 53 件,在中国国际进口博览会期间承办农业农村部临时下放的进出口行政许可 4 件;接收救治珍稀濒危水生生物 20 余尾(头);积极推进中华鲟基地二期工程建设,开展了长江口中华鲟自然保护区申报国家级保护区以及管理立法工作。

3. 加强渔业安全监管 加强地产水产品质量安全监管,加强源头管控,规范水产养殖投入品使用,起草水产养殖业投入品使用管理制度,试点水产养殖节水减药减排技术,降低对外环境的影响;2018 年上海市组织抽检 300 家水产养殖场,444 份样品全部合格;实施农业农村部产地水产品质量安全和苗种监督抽查,95 份样品全部合格;实施农业农村部水产苗种监督抽查,5 份样品全部合格;完成 8 种水生动物疫病病原 441 批次监测,阳性 54 批次,对监测呈阳性的养殖场(池)进行隔离和消毒。加强渔业安全生产监管,落实安全生产工作责任制,积极做好防汛抗台各项工作。2018 年上海地区共发生渔业事故 4 起,死亡 1 人,伤残 3 人,直接经济损失 75 万元;调度渔政船和渔船 14 艘次,投入救助经费 21.8 万元,开展应急救助 12 起,救助渔船 11 艘,84 人获救,挽回经济损失 1 265 万元,全年无重特大渔业安全事故发生,渔业安全生产形势平稳可控。借助信息化系统,提升渔业安全监管效能,2018 年上海市渔船通导与安全装备配备及升级改造项目(硬件)已通过专家验收,共 412 艘渔船申报,项目资金 387 万元;渔船动态监控管理系统升级项目(一期)基本实施完毕,并通过专家验收。积极协助上海市长兴岛开发建设管理委员会办公室、崇明区政府共同推进实施国家发展和改革委员会、农业农村部批准的上海横沙渔港经济区发展规划(2018—2025 年)。

4. 推进种源渔业和"三虾一蟹"产业技术体系建设 确保种源渔业稳定和发展,组织开展 2018 年度水产原良种保种选育补贴工作,下达全市 12 家苗种场 31 个原种补贴资金 299 万元,3 家种源企业水产亲本更新补贴 176.2 万元;组织开展原种保种工作监督与检查,结果表明保种工作有序进行,原种数量满足保种需求。"三虾一蟹"产业技术体系建设顺利推进,2018 年虾类产业体系为上海郊区提供了大量优良虾苗,缓解了良苗供需矛盾,体系技术覆盖面进一步扩大,为上海虾类产业发展发挥了技术支撑作用;中华绒螯蟹"江海 21"种源辐射与影响不断增强,2018 年生产"江海 21"蟹苗超 20 吨、蟹种超 2 000 吨,覆盖养殖面积约 26 667 公顷,成为全国养殖面积最广的河蟹品种。

5. 稳步推进渔业产业融合和功能拓展 休闲渔业稳步发展,2018 年第十三届上海国际休闲水族展览会成功举办,上海休闲水族产业影响力和知名度进一步扩大。远洋渔业稳步推进,产业外扩和产品回国战略实施取得新成效,2018 年上海市远洋渔业企业共运回各类自捕水产品 9.74 万吨,同比增长 24.23%,更多优质、高档的深海水产品供应市民餐桌。

【重点渔业区基本情况】

上海市重点渔业区基本情况

地区	渔业人口(人)	渔业产值(万元)	水产品产量(吨)	其中				养殖面积(公顷)	
				海洋捕捞	内陆捕捞	长江捕捞	淡水养殖	海水	内陆
崇明区	13 375	125 227	49 307	12 733		42	36 532	3 992	
奉贤区	5 102	52 806	12 184	465		11 719	2 228		
青浦区	2 917	47 549	16 565		643		15 922	1 810	

（续）

地区	渔业人口（人）	渔业产值（万元）	水产品产量（吨）	其 中				养殖面积（公顷）	
				海洋捕捞	内陆捕捞	长江捕捞	淡水养殖	海水	内陆
浦东新区	1 464	27 387	14 167	2 721		12	11 434	2 032	
金山区	2 074	19 923	6 886	20	517		6 349	872	

【大事记】

［1］2 月 22 日，中共上海市委书记李强到上海市长江口中华鲟自然保护区基地调研。

［2］2 月 27 日，上海市副市长陈群到上海市长江口中华鲟自然保护区基地调研。

［3］2 月 28 日，农业部“中国渔政亮剑 2018”——春季禁渔同步执法行动启动仪式在上海举行，农业部副部长于康震、农业部渔业渔政管理局局长张显良、农业部长江流域渔政监督管理办公室主任马毅、农业部农村经济体制与经营管理司副司长江文胜、农业部渔业船舶检验局局长李昌健、交通运输部长江航务局副巡视员黄克艰、上海市农业委员会主任张国坤等领导出席。

［4］3 月 21 日，上海市农业委员会召开 2018 年上海市水产工作会议。上海市委农办、上海市农业委员会副主任王国忠出席会议并讲话。

［5］3 月 22 ~ 23 日，大连市海洋与渔业局副局长李俊一行来沪考察水产品质量安全监管和水产品牌创建工作。上海市农业委员会副主任王国忠等陪同考察。

［6］3 月 22 日，第 26 个“世界水日”，上海市农业委员会与闵行区人民政府联合举办以“养护水生生物资源 促进生态文明建设”为主题的 2018 年上海市水生生物增殖放流活动。农业部长江流域渔政监督管理办公室副巡视员董金和、上海市农业委员会副主任王国忠、闵行区人民政府副区长吴志宏等出席放流活动。

［7］4 月 11 日，中共上海市委常委、政法委书记陈寅登临中国渔政 31001 船，赴长江口水域调研长江春季禁渔工作。上海市委政法委副书记李余涛，中共上海市委农村工作办公室、上海市农委主任张国坤，上海市委农办、上海市农委副主任王国忠等陪同调研。

［8］4 月 17 日，中华人民共和国渔业船舶检验局副局长刘晴一行赴沪东中华造船（集团）有限公司调研 3 000 吨级海洋渔业综合科学调查船建造检验工作。

［9］4 月 27 日，2018 年苏浙沪两省一市海上渔业执法长效管理机制交流会在上海召开。中共上海市委农村工作办公室、上海市农委副主任王国忠出席会议并讲话。

［10］5 月 8 日，中华人民共和国渔业船舶检验局局长李昌健、副局长钟小金一行赴沪东中华造船（集团）有限公司，督查 3 000 吨级海洋渔业综合科学调查船建造检验工作。

［11］5 月 24 日，3 000 吨海洋渔业综合科学调查船建造检验交接会议在沪东（中华）造船有限公司召开，标志着两船的监督检验工作正式由上海渔业船舶检验局移交至中国船级社上海分社。

［12］5 月 25 日，中共上海市委农村工作办公室、上海市农委副主任王国忠一行赴横沙渔港调研，上海市长兴岛开发建设管理委员会办公室副主任陈波等参加调研。

［13］5 月 30 日，上海渔业船舶检验局与中国船级社上海分社召开上海地区远洋渔业船舶检验及产品检验业务交接会议，共移交远洋渔业船舶检验、设计图纸审查和船用产品认可等业务档案计 54 箱 495 盒 860 卷至中国船级社上海分社。

［14］6 月 6 日，“守护好一江碧水”2018 年长江口珍稀水生生物增殖放流活动在上海长兴岛长江口中华鲟自然保护区附近水域举行。中共中央政治局委员、上海市委书记李强，上海市委常委、政法委书记陈寅，副市长彭沉雷等领导出席放流活动。

［15］6 月 26 日，上海市渔政监督管理处在长兴岛横沙渔港周边水域组织开展渔政水上执法专项安全演练。上海市农委副主任刘金萍、上海市农委信访办主任肖志强等亲临指导。

［16］8 月 12 日，全国人大常委会副委员长沈跃跃到上海市长江口中华鲟自然保护区基地调研。

［17］8 月 16 ~ 17 日，由海南省海洋与渔业厅总工程师潘骏任组长的全国渔业安全生产大检查第七检查组来沪检查指导渔业安全工作，上海市农委副主任王国忠等陪同检查。

［18］9 月 7 ~ 10 日，由上海市农委水产办指导，上海水产行业协会主办，上海农业展览馆和上海海洋大学承办的“2018 第十三届上海国际休闲水族展览会”

成功举办,中国渔业协会常务副秘书长彭斌辉等到会指导观摩。

[19]9月18日,农业农村部农业对外合作部际联席会议办公室副主任、农业农村部国际合作司巡视员谢建民带领农业农村部农业走出去政策宣讲与调研团走访调研上海横沙一级渔港。

[20]9月28日,上海市水产研究所(上海市水产技术推广站)举行纪念建所40周年暨青年科研成果展示会。上海市委农办、上海市农委副主任王国忠出席会议并讲话。

[21]10月16日,应急管理部监管二司监察专员王力争、农业农村部渔业渔政管理局安全监管与应急处处长黄东贤一行,来沪调研上海市渔业安全管理信息化建设情况。

[22]10月18日,上海市农业农村委员会主任张国坤、副主任王国忠等一行赴金山区和松江区,调研"秸秆碳基生物新材料在水产生态循环养殖的研究与应用"和"集聚式内循环流水养鱼新技术实施应用"等"绿色水产"工作情况。

[23]10月27日,全国水生野生动物保护科普宣传月活动启动仪式在上海海昌海洋公园举行。农业农村部渔业渔政管理局副局长韩旭、国家林业和草原局国际合作司司长孟宪林、国家林业和草原局保护地司副司长周志华、中国水产科学研究院院长崔利锋、农业农村部长江办副主任赵依民、全国水产技术推广总站副站长张文、上海市农业农村委副主任王国忠、上海海洋大学副校长李家乐等出席启动仪式。

[24]11月13日,农业农村部副部长余欣荣到上海市长江口中华鲟自然保护区基地调研。

[25]11月21日,上海市农业农村委员会水产办公室、上海市渔政监督管理处收到中国国际进口博览局致谢函。在首届中国国际进口博览会筹备及举办期间,上海水产系统有关单位主动对接、提前谋划、精心落实,全力服务保障进博会顺利举办。

[26]11月22日,2018年上海市新型职业农民职业技能大赛(水产行业赛区)在上海市特种养殖业行业协会举行。

[27]11月23日,在沪中国科学院、中国工程院院士到上海市长江口中华鲟自然保护区基地调研。

(上海市农业农村委员会 田青霄)

江苏省渔业

【概况】

1.主要渔业经济数据 2018年,江苏省水产养殖面积64.9万公顷,同比增长2.67%。水产品总产量494.84万吨,同比下降2.51%,其中海洋捕捞47.51万吨,同比下降10.40%;淡水捕捞28.72万吨,同比下降6.64%;海水养殖91.83万吨,同比下降1.34%;淡水养殖325.3万吨,同比下降0.86%;远洋渔业1.48万吨,同比下降43.48%。渔业(一产)产值1 786亿元,同比增长5.08%;渔业经济总产值3 386亿元,同比增长5.10%;渔民人均收入26 954元,同比增长8.97%。

2.主要措施、成效与特点

一是加快渔业结构调整步伐。江苏省优化水产养殖布局,组织开展新一轮养殖水域滩涂规划修编,成立工作领导小组,出台指导意见,全省73个渔业重点县(市、区)划定了禁养区、限养区和养殖区。强化基础设施建设,围绕养殖尾水达标排放,深入实施《江苏省百亩以上连片养殖池塘标准化改造专项规划》,新建和改造标准化池塘2万公顷。强化产业载体平台搭建,泗洪县、盐城市盐都区、东海县获评国家级稻渔综合种养示范区;南京市高淳区固城湖螃蟹获评中国特色农产品优势区。大力发展特色水产养殖,组织制定《特色水产千亿级产业发展规划》,引导各地因地制宜发展适销对路的虾蟹等名特优水产养殖品种,打造河蟹、青虾江苏名特优水产品,全省特色水产养殖占比达77%。

二是加快推进生态健康渔业发展。江苏省加强湖泊渔业综合整治,按照中央环保督察整改要求,着力推进省政府挂牌督战的太湖3 000公顷及滆湖1 533公顷围网拆除工作,与苏州、无锡、常州3市政府联合发布太湖、滆湖围网拆除通告及相关补偿方案,太湖围网拆除工作实现签约、移交两个100%,滆湖签订拆除补偿协议并交付拆除达98%,其他重点湖泊退养还湖工作也在稳步推进。大力推进健康养殖,加大生态健康养殖发展技术、模式的推广应用力度,全省新增稻渔综合种养面积2万公顷,建设国家级水产健康养殖示范场100家,新建池塘工业化系统6万多平方米。完成了《太湖流域池塘养殖水排放要求》的修订和颁布工作。

三是切实加大水生生物资源保护力度。江苏省加大渔业增殖放流力度,在长江、太湖等江河湖海重要渔业水域组织开展各类渔业增殖放流活动,累计放流各类水生生物苗种20亿尾。推进长江流域重点区域禁捕工作,制定首批禁捕保护区名录,10处水生生物保护区率先列入禁捕范围。加强渔业综合执法。认真落实农业农村部"中国渔政亮剑2018"系列专项执法行动,突出关键领域,强化问题导向,狠抓措施落实,出台并施行了江苏省“史上最严”海洋伏季休渔政策、深入开展打击涉渔“三无”船舶、浮子筏、清理整治“绝户网”等违法违规渔具和禁(休)渔期执法等专项行动。2018年,全省累计出动执法人员7万多人次、执法车船近1.5万辆(艘)次,立案查处各类违法违规案件7 234宗,结案约7 200宗,结案率99.5%以上,行政处罚9 822人,刑事处罚702人。

四是强化渔业安全生产管理。江苏省认真落实水产品质量安全的属地管理责任和生产经营者主体责任,加强监管能力建设,加大“检打”联动力度,全省产地水产品抽检合格率稳定在98%以上,未发生重大水产品质量安全事件。扎实推进水生动物防疫工作,全省水生动物重大疫病监控种类扩大到11个,检测水生动物重大疫病监控样品2 470批次,水产养殖病害测报样品2 032个,开展了病原菌药物敏感性试验740批次,检疫水产苗种260多批次。强化渔业安全生产,加强隐患排查整治,全年组织开展渔业安全生产大检查10次,联合省安全生产监督管理局开展了“平安渔业”创建工作,确定高邮市为2017—2018年度“江苏省平安渔业示范县”。

3.存在的主要问题 随着经济快速发展,资源环境压力越来越大,原有的拼资源、拼投入、拼规模的传统老路已难以为继,亟须加快推进渔业绿色发展技术和模式,促进渔业高质量发展。

【重点渔业市(县、区)基本情况】

江苏省重点渔业市(县、区)基本情况

市(县、区)	水产品总产量(吨)	其中				养殖面积(公顷)	
		海洋捕捞	海水养殖	内陆捕捞	内陆养殖	海水	内陆
赣榆区	439 155	113 269	243 859	1 181	80 846	23 545	4 786
启东市	331 206	172 033	116 895	8 060	34 218	23 250	10 579
如东县	302 419	42 622	204 586		55 211	48 551	6 978
兴化市	298 027			12 188	285 839		34 349
射阳县	224 860	28 989	74 110	7 417	114 344	5 927	10 000
东台市	185 071	25 964	71 680	11 278	76 148	21 080	7 300
大丰区	174 562	11 649	60 713	14 100	88 100	17 750	9 400
高邮市	169 036			4 699	164 337		26 774
盐城辖区	163 995	885	13 790	1 850	147 470	2 065	40 668
宝应市	148 004			14 468	133 536		19 191

【大事记】

[1]2月9日,江苏省海洋与渔业工作会议在南京召开。会议回顾总结了2017年全省海洋与渔业发展成效,分析把握新形势、新要求,安排部署2018年工作。江苏省海洋与渔业局党组书记、局长汤建鸣做工作报告。

[2]4月20日,江苏省政协系统在南京市江宁区新济洲举办“增殖水生生物资源,修复长江生态环境”为主题的公益活动。江苏省政协党组副书记、副主席阎立参加了本次活动。江苏省海洋与渔业局党组书记、局长陶长生向参加放流的各界代表介绍了近年来江苏长江水生生物资源养护工作情况。活动由江苏省政协科技委副主任汤建鸣主持。

[3]5月8日,江苏省沿海片区生态渔业建设观摩会在昆山召开。沿海地区市、县学习观摩了昆山生态渔业建设的经验与做法。

[4]6月6日,按照农业农村部统一部署,全国同步增殖放流活动江苏主会场启动仪式在连云港连岛举行。江苏省海洋与渔业局局长陶长生、连云港市政府代市长方伟与社会各界代表一同出席活动。当天,全省同步举行增殖放流的还有盐城、南通、泰州、太湖、高宝邵伯湖、骆马湖等6个分会场及10多个放流点,全省共投入资金600多万元,放流重要经济水生生物苗种1亿尾以上。

[5]7月20日,江苏省海洋与渔业局在南京召开

全省海洋与渔业工作座谈会，总结上半年工作，分析当前形势，研究部署下半年工作。局党组书记、局长陶长生出席会议并讲话。

[6]8月19～21日，农业农村部督查组到江苏省开展渔业安全生产督查。督查组由广西壮族自治区海洋和渔业厅党组成员张光忠率领，云南省、四川省、青海省渔业渔政等负责同志参加。江苏省海洋与渔业局副局长夏前宝、海监渔政处处长史复金，江苏港监局、江苏省太湖渔业管理委员会办公室有关负责同志陪同参与检查。

[7]9月4日，江苏省海洋与渔业局、江苏省农业委员会、江苏省国土厅在盱眙联合召开全省稻渔综合种养工作推进会，大力推广稻渔综合种养的好经验、好做法，明确今后一个时期全省稻渔综合种养发展方向，推动渔业供给侧结构性改革，为产业增效、渔农民增收作出新贡献。

[8]10月19日，江苏省级机构改革动员部署会议在南京召开。《江苏省机构改革方案》明确：江苏省海洋与渔业局渔业管理职责划转到江苏省农业农村厅。

（江苏省农业农村厅　蒋泽敏）

浙江省渔业

【概况】 2018年，浙江省水产品总产量595.7万吨，比上年增长0.2%。其中国内海洋捕捞产量287.4万吨，比上年减少7.1%；海水养殖产量121万吨，比上年增长4.0%；内陆捕捞产量13万吨，比上年增长15.1%；淡水养殖产量113.3万吨，比上年增长2.3%；远洋渔业产量56.7万吨，比上年增长14.65%。2018年全省渔业经济总产值2 181亿元，比上年减少4.5%。其中渔业总产出1 064亿元，比上年增长6.4%。全省水产品进出口总量40.7万吨，进出口贸易总额16.7亿美元，比上年分别增长2.0%和2.3%。

1.水产养殖 2018年，浙江省水产养殖业坚持绿色发展导向，以强基础、强规范为主线，以改革创新为动力，引领水产养殖业朝着更高质量、更有效率、更可持续方向发展，着力打造全国水产养殖绿色发展新高地。全省强势推进县级养殖水域滩涂规划的编制发布工作，按照调结构、转方式、明空间、强管控原则，明确划定养殖区、限养区和禁养区。截至2018年年底，全省80个符合农业农村部文件要求的县（市、区）全部发布了养殖水域滩涂规划。此次全省县域规划养殖面积102.2万公顷，规划范围已养面积24.84万公顷。全省成功创建农业部水产健康养殖示范场297家，启动吴兴区、三门县和洞头区3个县（区）创建农业部渔业健康养殖示范县，全域推进健康养殖和规范管理。大力发展池塘循环水养殖模式，全省共建成并运行池塘循环水养殖水槽735条（包含海水池塘53条），覆盖面积467公顷。加快推广稻渔综合种养模式，建立16家省级新型稻渔综合种养示范基地，核心示范面积470.7公顷，辐射推广面积2万公顷以上。深入实施配合饲料替代冰鲜或冰冻小鱼虾养殖行动，建立核心试点67个，推广海水蟹、加州鲈等主导品种池塘应用配合饲料面积达到6 133公顷、海水网箱6.3万只以上。出台《浙江省水产养殖污染防治管理规范》，全省完成建设水产养殖尾水治理示范点563个，覆盖面积0.88万公顷。

2.海洋捕捞 2018年，浙江省海洋捕捞总产量287.4万吨，比上年减少7.1%；总产值575.4亿元。2018年年末，全省拥有机动渔船31 847艘，比上年再减少2 208艘，总功率450.1万千瓦，比上年减少0.7万千瓦。其中国内海洋捕捞渔船16 113艘，功率284.7万千瓦，分别比上年减少5.3%和0.9%；远洋渔船695艘，功率70.7万千瓦，分别比上年增长5.14%和9.9%；养殖机动渔船6 613艘，功率7.5万千瓦，分别比上年减少13.1%和10.5%。海洋捕捞呈现出四大特点：一是海洋捕捞产能继续压减。全省海洋捕捞减船转产工作持续推进，2018年年底，累计完成减船2 069艘，工作成效显著。二是新海洋伏季休渔政策严格执行。开启了史上规模最大的“打非治违”专项行动，严格执行新海洋伏休政策，实施最严的幼鱼保护制度，在保护幼鱼资源中实现季节性减量捕捞。三是持续推进作业结构调整。积极推动捕捞作业结构调整，引导发展资源节约型、环境友好型作业结构和方式，实现了捕捞结构性减量和捕捞规格提档。四是实现了捕捞品种质量提升。在总体减量的情况下，部分经济价值品种产量实现了提升。

3.远洋渔业 2018年，浙江省远洋渔业生产继续保持平稳发展态势，各项工作稳中有进，远洋捕捞项目涵盖太平洋、大西洋、印度洋，累计入渔10个国家。全省现有农业农村部远洋渔业资格企业43家，渔船695艘，远洋捕捞产量56.7万吨，比上年增长14.65%，捕捞产值68亿元，比上年增长12.98%。一年来主要工作及成效体现在以下5个方面：一是大力推动浙江省人民政府办公厅出台《关于促进远洋渔业健康发展的若干意见》。二是努力增强远洋渔船规模，落实责任，强化安全管理，确保全省远洋渔业持续健康发展。三是积极打造舟山国家远洋渔业基地建设，发展全产业链，招商引资企业一家。四是全省开辟了赤道鱿鱼新渔场，产量近20万吨，成效显著。五是完成远洋渔船更新改造37艘，全省远洋渔船水产品欧盟注册37艘。

4. 初级水产品质量安全监管 2018年是贯彻落实党的十九大精神开局之年，浙江省坚决贯彻党中央、国务院和省委及省政府有关食品安全会议精神，坚持质量兴渔、绿色兴渔和品牌强渔，以渔业质量年行动为主要载体，全面提升水产品质量安全水平，确保初级水产品质量安全合格率达98%，问题产品追溯查处率100%，不发生重大水产品质量安全事件。一是根据农业农村部有关要求，制定出台质量安全工作要点和渔业质量年工作行动方案，明确全年工作目标和重点工作任务。二是开展专项整治行动。以"大菱鲆、鳜鱼、乌鳢、温室甲鱼、牛蛙、海捕虾"养殖水产品为重点品种，硝基呋喃、孔雀石绿、氯霉素、海捕虾保鲜剂（三药一剂）等禁用兽药为重点药物，严厉打击养殖及"三前"环节违法使用硝基呋喃、孔雀石绿、氯霉素等违禁药物和其他有毒有害物质的行为，严格规范水产品中使用禁用或超剂量滥用保鲜剂（着色剂）行为。全省共检查各类场所9 730家，发放宣传资料31 670份，发放告知书7 875份，签订承诺书7 313份，出动执法人员18 292人次，查处案件16起，处罚金额6万余元，无害化处理问题水产品2.4万千克，移送司法机关案件5起。浙江省德清县农业局查处沈某某在黄颡鱼产品中使用孔雀石绿案被农业农村部评为农产品质量安全执法监管十大典型案例。三是强化初级水产品质量安全检测。全年完成产地水产品监督抽检近3 000批次，合格率为99.6%。四是加强赤潮期间应急管理。在浙江省海洋监测预报中心对赤潮持续监测基础上，及时印发《关于切实加强贝类水产品质量安全监管工作的通知》文件，并组织开展赤潮期间海水贝类产品监测工作，严防严控赤潮毒素污染贝类产品而带来质量安全风险。五是加快推进合格证管理。在全国率先推行水产品合格证制度。联合省级相关部门出台了《关于其他具有一定规模农产品生产者的认定标准（试行）》和《浙江省食用农产品合格证管理办法（试行）》两个规范性文件，并印发了《关于加快推进浙江省食用农（水）产品合格证管理的通知》，同时将这项工作纳入重点考核范围，分别纳入了浙江省政府对各市的食品安全目标责任制考核内容和双随机检查的重点内容，全面推进规模以上渔业主体合格证管理的落地。

5. 渔业安全生产监管 2018年，全面贯彻浙江省委、省政府关于安全生产各项决策部署，牢固树立安全发展理念，全面压实渔业安全生产责任，开展"平安渔业示范县"创建，升级渔船北斗船载终端设备，狠抓安全生产检查，强化安全警示教育，进一步提升安全生产预控能力，有效遏制重特大事故的发生。全省共发生渔船水上生产性事故39起、死亡（失踪）46人、直接经济损失567万元、沉船3艘，与上年相比，事故起数、死亡（失踪）人数、直接经济损失数分别下降了22.00%、22.03%、56.05%，沉船数持平；发生较大责任事故2起，死亡（失踪）8人；较好地控制在浙江省安全生产委员会下达给全省渔业领域事故控制目标之内，各类事故死亡人数占浙江省控指标的54.12%、较大事故起数占浙江省控指标的15.38%。2018年全省各级共救助海难事件743起（其中渔船互救701起），救助遇险渔民5 726人（其中被渔船救起5 633人），挽回经济损失19 826.2万元。

6. 渔港建设 2018年，全省渔港建设进展顺利，新开工苍南县信智二级渔港升级改造工程等9个项目，续建嵊泗中心渔港二期工程等16个项目，按计划完工岱山高亭中心渔港疏浚工程等4个项目，竣工验收温州洞头中心渔港东防波堤工程等5个项目。截至2018年年底，共完成渔港建设投资44 636万元，达年度计划目标任务的223%。同时经过努力，浙江省政府出台了《关于加强渔港建设管理推进渔港经济区建设的意见》，为加强渔港建设与管理、促进渔港经济发展提供了有力的政策保障。

7. 水生生物资源增殖放流 浙江省围绕建设美丽浙江、推进"五水共治"和修复振兴浙江渔场等战略部署，建立健全工作制度，提升管理水平和工作质量，组织各地规范开展水生生物增殖放流各项工作。一是全面实施《浙江省水生生物增殖放流工作规程》《浙江省水生生物增殖放流实施方案（2018—2020年）》和《关于做好增殖放流苗种疫病检测的通知》等文件，严格规范放流物种选择、供苗单位确定、苗种质量监管、验收投放等环节，明确了各级的管理职责和工作要求，同时结合各地实施情况，新增和调整了宽鳍鱲等4个增殖放流种类（规格），提高增殖放流工作的规范性、科学性和可操作性。二是结合"全国放鱼日"活动等载体，加大增殖放流对水环境治理和生物多样性保护等作用的宣传力度，积极营造全社会关注水生生物资源养护的良好氛围。据初步统计，浙江省全年共投入资金2亿多元，增殖放流各类水生生物苗种54.46亿单位，其中淡水苗种11.37亿单位，海水苗种43.09亿单位。为了加强增殖放流效果评估，组织浙江省海洋水产研究所、浙江省淡水水产研究所、浙江省海洋水产养殖研究所及舟山市等单位开展标记放流，并委托其对浙北海域、浙南海域、钱塘江流域、瓯江流域等重点放流水域进行了增殖放流效果跟踪调查。

8. 渔业互助保险 2018年，浙江省（不含宁波，下同）渔业互助保险承载风险保额1 434.8亿元，已决理赔案件5 947起，为会员支付赔款4.3亿元。会员享受各级政府财政补贴1亿元，其中中央补贴74.3万元、省级补贴7 970.6万元、市(县)级补贴2 186.8万元。2018年，全省渔业互助保险围绕全面实施乡村振兴战略部署要求，贯彻落实《浙江省政府办公厅关于加强政策性渔业互助保险工作的意见》，按照政府引导、市场运作、自主自愿、会员互助的原则，切实强化现代渔业风险保障体系建设。一是多措并举，助力渔业安全生产管理成效凸显。贯彻落实浙江省政府办公厅转发省安全生产监督管理局等部门《关于在高危行业全面推进安全生产责任保险的通知》，出台《关于全面推进渔业领域安全生产责任保险的通知》，配合各级渔业主管部门联合开展40余场宣传教育活动，充分发挥了渔业互助保险的经济杠杆作用。二是强本固基，渔业风险保障能力跃上新台阶。实现全省意外身故人均保额85.1万元；意外致残人均保额48.4万元；意外医疗人均保额20.9万元；开发并试点休闲渔船承运人责任险，继续推进涉渔单位团体意外、船厂财产、渔业基础设施、冷藏渔船货运险等涉渔领域互助保险业务。三是探索实践，养殖险试点工作继续推进。因地优化养殖险保险责任设置、差异化费率制定，完善气象指数保方案，深化与淡水地区水产技术推广机构、浙江省海洋预报监测中心合作，全年为会员提供风险保障3.6亿元，支付赔款5 528.9万元。四是狠抓严管，理赔工作质效明显提升。开展多层面会商，妥善处理重大疑难案件；开展省外委托查勘、重大案件沟通协作等工作；赴秘鲁、乌拉圭开展远洋渔业互助保险调研考察，与当地渔业公司签署境外代理协议，创建境外远洋渔船查勘定损新路子，着力破解境外查勘信息不对称问题。五是统筹管理，会员服务工作全面推进。进一步落实会员定点联系工作制度，全省设立115家协保单位，发展协保员184名；落实多项业务优惠政策，不断让利渔民会员，全年会员享受超省财政补贴标准保额部分费率优惠4 525.4万元；享受无理赔优惠4 566.6万元；享受全年参保优惠1 190.7万元；为经济困难和参与海上救助的会员提供有效的经济补助，全年累计发放经济补助632.8万元。

9.渔业科技与推广 2018年，浙江省大力加强渔业技术推广和渔业标准化工作。完善建立以首席渔业技术推广专家为龙头，渔技指导员为骨干，责任渔技员为基础，社会化渔技推广人员为补充的四级联动新型渔业技术推广体系。开展全国基层水产技术推广示范站复核暨遴选“十佳”示范站与全国百名“最美渔技员”评选工作，三门县站获“十佳”示范站、5名渔技人员获“最美渔技员”，2人获2018年度渔业科技创新和科技服务领军人物。组织25家推广站参加农业农村部水生动物疫病检测能力测试，培训基层渔技人员1 600人次，其中菜单式分类培训292人次，形成了8种“推广服务好做法”和15种“绿色发展好模式”，培训渔民6.48万人次。加快推进生态养殖模式与绿色先进技术应用，建立了157个示范基地、培育了科技示范户4 695户，推广了17个主推品种和17项主推模式与技术，全省辐射推广面积11.8万公顷。面向全省共征集到海洋与渔业领域省级地方标准制(修)订项目53项，根据专家认证评审，确定了淡水池塘养殖尾水净化技术规范、海捕虾冷链物流全过程可追溯操作规程、海水贝类养殖区监测划分技术操作规范等20个项目申报立项，加快标准体系建设，为质量强渔提供支撑。

10.渔业综合执法 根据农业农村部、浙江省委及省政府的总体部署和浙江省农业农村厅党组要求，全省各级渔政执法机构以渔场修复振兴暨“一打三整治”专项行动为中心，全力做好打“三无”、抓伏休、清网具、护幼鱼、健机制等各项工作，连续开展“亮剑”“三战”等专项执法活动，依法严厉打击各类渔业违规违法行为，推动浙江渔场修复进入“打、转、治”并举的新阶段。截至2018年年底，全省共计检查渔船25 838艘，陆上厂、场点42 111个，清缴违禁渔具18.5余顶(张)，查获各类违法违规案件2 524起、违禁渔获物182万余千克，其中，查处“三无”渔船1 397艘，移交刑事处理的案件195起、移送涉案人数705人。持续推进渔船安全执法检查工作，组织开展全省渔船安全执法检查行动。强化内陆渔政执法管理工作，加强初级水产品质量安全执法，加大对电、毒、炸以及无证作业等非法捕捞行为的打击力度，深入开展全省水生野生动物资源管理中的执法工作。全年各地共检查水产养殖场、苗场及“三前”相关场所2 703家，行政执法立案10起，收缴罚款3.25万元；检查内陆渔船9 442艘次，立案查处相关违法违规案件1 070件，行政处罚136.46万元；收缴、上交水生野生动物20头，放生天然水生野生动物131头，查处案件8起，收缴罚没款0.85万元。依法承担渔事纠纷的调查处理；参与渔船水上交通与生产事故的调查处理；协助有关部门开展海上综合治理。全年调解污染死鱼案件37件，查处渔业环保案件11件，为养殖户挽回经济损失21.5万元，渔业环保罚款或国有资源赔偿11.82万元。同时深入开展综合治理，严厉打击海上各类违法犯罪活动。全年共查获涉嫌走私成品油案件31起，涉案船舶31艘，查获走私成品油约3 400吨。

11.渔业外事 2018年，浙江省海洋与渔业局积极参与“一带一路”建设，牢牢把握自身海洋与渔业特色，开展渔业对外合作交流，共组织出国（境）团组8批27人次，出访的国家和地区有秘鲁、乌拉圭、俄罗斯、美国、日本、缅甸、韩国和我国台湾省等。接待来访的有泰国农业部、挪威诺德兰郡、坦桑尼亚桑给巴尔农牧渔业部、斯里兰卡中国商会和我国“国立台湾海洋大学”、台湾鱿鱼及秋刀鱼同业协会等。组织浙江省渔业推广总站、浙江省水产学会、浙江省渔经学会联合举办“浙台两岸渔业发展论坛”。主动对接印度尼西亚、斯里兰卡、俄罗斯、乌兹别克斯坦、乌拉圭等国政府和渔业机构，努力推动浙江省海洋与渔业“走出去”战略的实施。

【重点渔业市（县、区）基本情况】

浙江省重点渔业市（县、区）基本情况

市（县、区）	渔业总产值（万元）	水产品产量（吨）	其中					养殖面积（公顷）	其中	
			海洋捕捞	海水养殖	内陆捕捞	内陆养殖	远洋渔业		海水	内陆
普陀区	1 045 433	786 370	388 332	34 510		3 130	360 398	1 641	1 530	111
温岭市	1 035 368	583 557	441 767	107 208	485	8 840	25 257	5 783	4 978	805
象山县	943 441	555 440	389 443	127 393	1 600	11 404	25 600	13 037	11 450	1 587
岱山县	799 598	410 863	335 745	64 671		6 070	4 377	1 076	988	88
玉环市	575 673	240 932	145 716	88 087	4 080	3 049		4 042	3 364	678
嵊泗县	522 837	379 212	218 739	160 473				1 510	1 510	
三门县	513 350	284 603	14 720	266 603	380	2 900		14 030	13 600	430
宁海县	341 752	155 981	5 802	144 098	367	5 714		15 219	13 133	2 086
临海市	302 079	123 114	87 326	11 215	9 683	14 890		4 040	1 243	2 797
椒江区	299 109	228 934	209 947	9 902		4 799	42 86	466	239	227

【大事记】

[1]1月7日～10日，农业部渔业渔政管理局副局长韩旭一行到浙江省开展渔港综合管理工作调研，浙江省海洋与渔业局党组成员、副局长童加朝陪同调研。

[2]1月8日，浙江省远洋渔业协会第四届会员代表大会在杭州召开，全省50家远洋渔业企业代表出席会议。会议审议通过了曾岳祥代表第三届理事会所做的工作报告和《浙江省远洋渔业协会财务管理办法》，选举产生了新一届协会会长、副会长和秘书长。浙江省海洋与渔业局党组成员、副局长沈仁华出席会议并讲话。

[3]2月6日，全省海洋与渔业工作会议在杭州召开。浙江省海洋与渔业局党组书记、局长黄志平出席会议并讲话。

[4]3月6日，浙江省海洋与渔业局召开全省渔业安全生产监管工作视频会。局党组书记、局长黄志平出席会议并讲话，党组成员、副局长沈仁华、陈远景参加会议，党组成员、副局长童加朝主持会议。

[5]3月13日，浙江省海洋与渔业局印发《浙江省渔船北斗船载终端设备升级改造实施方案》，决定在全省范围内实施渔船北斗船载终端设备升级改造。

[6]3月30日，农业农村部科教司副司长李波一行莅临浙江省水产技术推广总站、浙江省海洋与渔业干部学校指导工作。

[7]4月8日，2018年全省“幼鱼资源保护战、伏休成果保卫战和禁用渔具剿灭战”工作视频会在杭州召开。会议由浙江省海洋与渔业局党组成员、副局长沈仁华主持。局党组成员、副局长童加朝做“三战”工作主报告。

[8]4月9日，浙江渔场修复振兴暨“一打三整治”

协调小组办公室印发2018年“三战”实施方案。

[9]4月10日,2018年全国水产品质量安全监管工作会议在广西召开。浙江省海洋与渔业局党组成员、总工程师孙晓明参加会议并以“践行绿色发展,创新监管载体,加快推进浙江渔业高质量发展”为题做典型发言。

[10]4月27日,舟山市举行国家绿色渔业实验基地海洋生态牧场建设暨海洋渔业执法亮剑行动启动仪式。农业农村部渔业渔政管理局副巡视员江开勇,浙江省海洋与渔业局党组成员、副局长陈畅,舟山市市委书记俞东来、市长何中伟出席启动仪式。

[11]5月3~4日,浙江省海洋与渔业局党组书记、局长黄志平赴舟山市调研舟山国家绿色渔业实验基地渔业管理改革工作。局党组成员、副局长童加朝及局党组成员、总工程师孙晓明随同调研,舟山市副市长姜建明陪同。

[12]5月28日,浙江省沿海“一打三整治”工作座谈会在宁波象山召开。浙江省海洋与渔业局党组成员、总工程师孙晓明主持会议。

[13]6月6日,浙江省2018水生生物增殖放流活动启动仪式在杭州建德富春江库区举行。浙江省海洋与渔业局党组成员、总工程师孙晓明出席仪式。

[14]7月16~19日,全国人大、农业农村部渔业发展及法制建设调研组深入浙江省德清县、淳安县、富阳区、定海区、普陀区进行调研。浙江省海洋与渔业局党组成员、副局长陈远景陪同调研。

[15]7月19~21日,基于渔业水域使用权的海洋渔业管理(TURF)国际研讨会在浙江舟山召开。农业农村部渔业渔政管理局局长张显良,浙江省海洋与渔业局党组成员、副局长陈远景出席研讨会开幕式并致辞。

[16]7月21日,浙台两岸渔业发展论坛在杭州举行。浙江省海洋与渔业局党组成员、副局长暨省水产学会理事长沈仁华,台湾海洋大学校长张清风到会并致辞。

[17]8月28日,浙江渔场修复振兴暨“一打三整治”推进会在宁波举行。浙江省委副书记郑栅洁出席会议并讲话,副省长彭佳学主持会议。

[18]9月16日,第二十一届中国(宁波象山)开渔节——中国农民丰收节系列活动开船仪式在象山石浦港举行。农业农村部党组成员、副部长于康震,农业农村部渔业渔政管理局局长张显良,浙江省委副书记、宁波市委书记郑栅洁,浙江省副省长彭佳学,浙江省海洋与渔业局党组书记、局长黄志平等有关领导出席活动,相关社会团体、高校负责人,全国道德模范代表和来自日本、韩国的国际友人等应邀参加。

[19]10月5日,北京大学国家发展研究院在舟山召开渔业经济研究项目专家咨询会。浙江省渔业经济学会副会长严寅央参加会议。

[20]10月16~17日,美国奥本大学William H. Daniels等3位专家赴浙江省淡水水产研究所访问交流。浙江省海洋与渔业局党组成员、副局长沈仁华接待了奥本大学访问团一行,并陪同参观了浙江省淡水水产研究所综合实验基地。

[21]10月24日,浙江省农业农村厅召开干部大会,并正式组建挂牌。浙江省副省长彭佳学、浙江省委组织部副部长温暖出席干部大会并讲话,会后为浙江省农业农村厅揭牌。浙江省农业农村厅厅长林健东主持干部大会及揭牌仪式,并做表态发言。浙江省农业农村厅副厅长张火法、童加朝、陈利江、刘嫔珺、孙飞翔、唐冬寿,总农艺师蔡元杰,副巡视员吴金良、徐建华参加。

[22]11月2~4日,浙江省农业农村厅副厅长童加朝会见联合国世界粮食计划署(WFP)执行干事大卫·比斯利一行,并见证了联合国世界粮食计划署与阿里巴巴集团签订战略合作协议,启动成立“数字变革工作小组”。

[23]11月28~29日,华东地区“7+3”省种业工作会议在杭州召开,浙江省农业农村厅副厅长唐冬寿出席会议并致辞。

(浙江省农业农村厅)

安徽省渔业

【概况】 2018年,安徽各级渔业部门坚持以习近平新时代中国特色社会主义思想为指导,按照全国渔业渔政工作部署,围绕乡村振兴战略实施,组织实施稻渔综合种养双千工程和“中国渔政亮剑2018”系列专项执法行动,全面推进现代渔业绿色发展,渔业生产逐步走上了高质量发展的道路。

1.主要渔业经济数据 从综合指标看,2018年安徽省水产养殖面积48.72万公顷,同比增长2.1%;水产品总产量224.96万吨,同比增长3.2%;渔业经济总产值854.6亿元,同比增长1.7%,其中一产产值527.4亿元,同比增长3.2%。

2.产业发展举措成效

一是水产养殖绿色发展迈上新征程。召开了全省渔业转型升级推进暨稻渔综合种养现场会、全省稻虾综合种养融合发展现场观摩会,持续推进稻渔综合种养双千工程实施。举办了全省山泉流水养鱼座谈会,编制了黄山市山泉流水养鱼产业发展规划,加强了核心区和传统养殖区的保护。加快养殖水域滩涂规划编制修订工作，组织开展农业农村部水产健康养殖示范创建活动，全面推广绿色健康养殖模式。2018 年，全省稻渔综合种养面积达 10.7 万公顷，新增 4.7 万公顷；发展山泉流水养鱼养殖池 1.03 万口，新增1 600口；建成池塘槽式循环流水养殖示范点 86 个，新增 20个；新创 81 家部级水产健康养殖示范场；有 6 个市、78个县全面完成规划编制和政府批准发布工作。

二是渔业资源养护和环境保护进入新阶段。印发了关于推进全省水生生物保护区全面禁捕工作的通知，出台了 2018 年渔业增殖放流工作的指导意见，连续 13 年开展大规模水生生物增殖放流活动。组织各地开展“三网”（围、栏网和网箱）清理活动，指导安庆市江豚自然保护区整改工作，专项督导 44 个水生生物保护区工作。2018 年，全省拆除网箱 827 公顷、围栏网 5.5 万公顷，放流水生生物 6 亿尾以上。

三是渔政综合管理工作取得新成效。认真落实禁渔期制度，连续 17 年开展长江禁渔工作，全省 20万公顷大水面禁渔步入常态化。制定了安徽省“中国渔政亮剑 2018”系列专项执法行动实施方案，开展打击电捕鱼专项治理，重点查处使用电、毒、炸方式及其他非法渔具进行水产品捕捞的行为，查处违法制造、销售电捕鱼器等非法渔具的行为。2018 年，全省开展渔政专项执法巡查 1 174 次，收缴电捕器 1 209台、非法渔具1 620件，乡规民约教育 300 余人，行政处罚 128 起，罚款 13.1 万元，行拘 15 人，刑拘 6 人，形成了从严治理电捕鱼等违法行为的强大声势和高压态势。

四是渔业安全生产监管开创新局面。出台了《安徽省渔业船员管理办法》，指导各地做好渔业船员培训、考试和发证工作。印发了 2018 年安徽省渔业“安全生产月”和“安全生产渔区行”活动方案、安徽省“渔业安全生产攻坚行动”工作方案、做好春节期间渔船（农民生产自用船）安全生产工作的通知，指导各地做好渔业安全生产日常管理工作。成立渔业安全生产宣讲团和渔业铸安志愿服务分队，赴芜湖、阜阳等地开展安全生产主题宣讲活动，在芜湖龙窝湖举行渔业船舶水上突发事件应急演练活动，全省未发生重大渔业安全生产责任事故。

五是渔业改革创新激发发展新动力。继续深化渔业油价补贴调整政策改革，印发了关于做好 2018 年渔业油价补贴资金项目等政策落实工作的通知，明确调整方向，优先保障捕捞渔民减船退渔，协同推进老旧渔船更新改造、稻渔综合种养为主的水产养殖基础设施建设等工作。组织开展了以县级全面自查、市级交叉互查、省级重点抽查三结合的 2016—2018 年渔业油价补贴资金项目专项督导检查行动，印发了督查通报，持续抓好整改工作。据统计，全省利用渔业油价补贴资金项目累计完成减船 2 996 艘，签订减船协议书 2 993艘，合计 5 989 艘，占渔船总数的 30%；建成稻渔综合种养面积 3 000 公顷、标准化改造养殖池塘面积 1 400公顷。会同安徽省统计局制定了第三次全国农业普查结果与安徽省渔业统计数据核定修正工作方案，依法依规核定修正历史年份渔业统计数据；印发了关于2017 年度全省渔业统计工作情况的通报，客观评价各市（县）渔业统计部门的工作业绩和存在问题，着力增强统计工作科学性、权威性。2016—2018 年，安徽连续 3 年在全国渔业油价补贴政策改革座谈会、培训班等相关会议上做经验交流发言；安徽省农业农村厅渔业局被农业农村部评为“2017 年度渔情监测统计工作表现突出单位”。

3. 存在的主要问题 一是安徽省种苗、养殖、加工、休闲、流通等渔业产业相对齐全，但三产融合发展能力不强，一产独大的局面难以扭转。二是全省渔船数量大、质量差、分布广、流动性强，特别是农民自备船管理的牵头任务落在安徽省农业农村厅，安全生产监管工作面临着人员、装备、经费等诸多困难。三是渔政执法难度大，特别是非法捕捞大多出现在夜间，农村沟渠、稻田时常发生背负式电捕鱼、甲氰菊酯毒鱼现象，群众反映强烈，但这些违法活动的隐蔽性、流动性强，造成侦察难、定位难、取证难、查处难。四是在环保新要求下，渔业发展空间受限，今后如何定位、如何转型，随之涌现的新业态、新模式等如何发展面临着很大的不确定性，需要进行新的布局与推动。

【重点渔业市（县、区）基本情况】

安徽省重点渔业市（县、区）基本情况

市（县、区）	总人口（万人）	渔业总产值（万元）	水产品总产量（吨）	其中		养殖面积（公顷）
				捕捞	养殖	
巢湖市	79.6	744 820	41 273	12 360	28 913	4 000

（续）

市(县、区)	总人口（万人）	渔业总产值（万元）	水产品总产量（吨）	其　中		养殖面积（公顷）
				捕捞	养殖	
当涂县	47.6	421 570	57 173	2 305	54 868	8 050
宿松县	62	391 775	83 916	5 290	78 626	40 007
庐江县	100.9	373 110	5 1860	4 550	47 310	10 100
无为县	105.4	303 433	61 410	6 085	55 325	12 561
天长市	62.4	300 319	71 850	2 580	69 270	10 785
枞阳县	71.4	295 856	61 500	5 838	55 662	16 014
望江县	55.1	258 929	66 932	3 339	63 593	19 668
肥东县	89.6	252 045	51 970	13 094	38 876	6 293
霍邱县	119.8	231 459	105 960	13 712	92 248	14 409

注：1. 渔业总产值排名前10名的市（县、区）；
2. 渔业数据来自2018年度安徽省渔业统计年报；
3. 人口数据（2018年末常住人口）抄自省统计局。

【大事记】

［1］4月4日，农业农村部下发了《农业农村部办公厅关于2017年度渔情监测统计工作情况的通报》，对各省份2017年度渔情监测统计工作综合考核评比情况进行了通报，安徽省在渔业全面统计工作上表现突出，受到通报表扬。至此，安徽省农业农村厅渔业统计工作已经连续9年荣获“全国渔业统计工作先进单位”称号，安徽省渔业局何银同志连续4年被评为“全国渔业统计优秀工作者”。

［2］4月22～23日，安徽省农业农村厅（原安徽省农委）在霍邱县召开全省渔业转型升级推进暨稻渔综合种养现场会，研究部署全省渔业转型升级工作。副厅长陈卫东出席会议并讲话，各市及水产（水稻）大县渔业主管部门、技术推广部门负责人，稻渔综合种养典型主体负责人，省直及委属有关单位，六安市、霍邱县政府负责人等参加会议。

［3］6月22～24日，第二届中国国际现代渔业暨渔业科技博览会在合肥滨湖国际会展中心举办，来自16个省份60多个地区近200家养殖企业联袂出席，集中展示水产养殖模式、物联网科技、水产养殖前沿技术、水产养殖设备、苗种、饲料、动保产品、养殖服务等。原省农委主任陶方启、副主任陈卫东出席相关活动。

［4］7月28日，2018第17届中国（合肥）龙虾节开幕式在包河区举办。据统计，合肥龙虾餐饮经营户已达1 000多户，有近20万人从事与龙虾相关的产业，合肥龙虾节也先后斩获中国节庆50强、国家级示范渔业文化节庆等称号，合肥更是被中国渔业协会授予“中国淡水龙虾之都”称号。

［5］8月22～23日，全国渔业油价补贴政策改革培训班在广西柳州举办，农业农村部渔业渔政管理局副局长李书民出席培训活动并讲话，各省（自治区、直辖市）及计划单列市渔业主管部门负责油补政策调整综合协调及专项管理工作的同志参加了此次培训。培训班上，安徽省以“深化渔业油价补贴政策改革　大力推进捕捞渔民减船退渔工作”为题做了典型发言。

［6］11月3日，长江生物资源保护论坛在湖北武汉举行。论坛以“保护生命长江，建设美丽中国”为主题，通过了《保护生命长江武汉宣言》和《保护长江生物资源 共建美丽生命长江倡议书》。农业农村部部长韩长赋出席论坛并作主旨发言，湖北省省长王晓东致辞，安徽省副省长张曙光出席。

［7］11月25日，安徽省农业农村厅在合肥市举行全省稻虾综合种养融合发展现场观摩会，厅长卢仕仁出席会议并讲话，副厅长陈卫东主持会议，来自稻渔综合种养主产区的相关市、县负责人及有关单位主管负责人等参加观摩会。

［8］12月29日，安徽省人民政府出台《安徽省人民政府办公厅关于加强长江（安徽）水生生物保护工作的实施意见》，提出实施生态修复工程、珍稀濒危物种拯救行动等15项任务，力争到2020年，长江（安徽）重点水域实现常年禁捕，水生生物保护区建设和监管

能力显著提升。

（安徽省农业农村厅 何 银）

福建省渔业

【概况】 2018 年，福建省实现渔业经济总产值3 100.11亿元，同比增长 10.71%；水产品总产量782.12万吨，同比增长 5.04%；海洋捕捞产量（含远洋）216.22 万吨，同比减少 0.42%；海水养殖产量478.83 万吨，同比增长 7.53%；淡水产品产量 87.08万吨，同比增长 6.04%；水产品加工产量 412.78 万吨，同比增长 12.24%，实现产值 1 038.02 亿元，同比增长14.71%；水产品出口创汇 63.64 亿美元，同比增长9.69%；渔民人均纯收入 21 417 元，同比增长9.36%。

1. 千亿产业链不断壮大 围绕《关于加快农业七大优势特色产业发展的意见》《福建水产千亿产业链建设实施方案》，大黄鱼、鳗鲡、石斑鱼、对虾、牡蛎、鲍鱼、紫菜、海带、海参、河鲀等十大水产特色品种产业链加快发展。2018 年全省十大水产特色品种产量 349万吨，同比增长 10%，占全省水产养殖总产量的 65%以上，大黄鱼、鲍鱼、海带、紫菜、鳗鲡、牡蛎等养殖品种产量居全国第一。十大特色品种全产业链产值超 950亿元，其中鲍鱼、鳗鲡、对虾、大黄鱼、紫菜、海带六大品种全产业链产值均超百亿元。

2. 种业创新不断推进 继续实施以海带、对虾、河鲀三大品种为重点的第三轮省政府水产种业创新与产业化工程，育成海带新品系 2 个，繁育海带苗种8.68万苗帘，推广良种面积 4 000 公顷；凡纳滨对虾育种研发取得新进展，选育种虾 13 万对，选育群杂交制种繁育健康虾苗 93 亿尾，推广良种面积约 2 800 公顷；育成双斑东方鲀新品系 1 个，繁育河鲀良种幼苗1 025万尾，推广良种面积 800 公顷。宁德国家级大黄鱼遗传育种中心通过验收。福建省福贝皱纹盘鲍良种场、福建省兆兴泥鳅良种场等 2 家单位通过省级水产良种场复审。

3. 生态养殖不断提升 建成标准化水产养殖池塘33 公顷，全省标准化水产养殖池塘面积达 1.73万公顷。建设工厂化循环水养殖车间近 10.5 万平方米，循环水养殖基地养殖节水、节地 90% 以上。制定《福建省设施渔业项目资金管理暂行办法》《福建省设施渔业项目建设技术要求》，首次将工程化循环水池塘养殖、莲（稻）渔综合种养和玻璃钢撑杆筏式养殖等生态养殖基地建设项目，纳入财政资金补助范围。连江县与上海振华重工合作，建成“振鲍 1 号”养殖平台。

4. 市场流通不断深化 开展第三批福建十大渔业品牌评选活动，安海土笋冻、建宁福源荷蟹、建瓯弓鱼、茭南虾皮、连江丁香鱼、闽北稻花鱼、平潭仙女蛤、桐江鲈鱼、云霄巴非蛤、漳州罗非鱼等十大品牌入选；新增福建省农业十大区域品牌 2 个；鼓励创建企业品牌，新增福建省名牌产品 24 个、福建省名牌农产品 6个。全省开建 4 万吨以上单体冷库 5 座，其中福建汉吉斯冷链物流有限公司和福建南北极冷链物流有限公司冷库建设规模达 10 万吨。举办 2018 中国（福州）国际渔业博览会 · 亚太水产养殖展。福建大黄鱼列入京东“超级品牌省”战略行动首个推广品牌；东山县与京东集团合作，开设京东 · 东山特产馆。福建獐子岛鲍鱼销售有限公司创新鲍鱼产业营销方式，开展冷链物流车配送活鲍鱼业务。

5. 养殖管理不断加强 继续推进养殖水域滩涂规划编制工作，全省应编县级养殖水域滩涂规划 67个，已全部完成并颁布实施。水产养殖设施整治清退海水养殖设施 7 653.12 公顷、淡水养殖面积 19.51 万平方米。全省共开展养殖整治执法巡查行动 4 537次，参与执法人员达 34 266 人次。推进宁德市海上养殖设施升级改造，建设环保型塑胶养殖网箱 4 150 口，深水抗风浪养殖网箱 168 口。

6. 远洋渔业稳步拓展 全省新增外派远洋渔船45 艘，外派渔船总数达 605 艘，全年完成远洋渔业产量 46 万吨、产值 40 亿元，分别同比增长 7% 和 20% 以上。开发新渔场，新增坦桑尼亚桑给巴尔远洋渔业项目，莆田市海洋渔业有限公司获得农业农村部批准建造 14 艘远洋渔船；启动福建中鸿渔业有限公司巴布亚新几内亚远洋渔业项目。拓展印度洋公海捕捞渔场，从北太平洋转场至印度洋项目渔船 43 艘。开发极地渔业资源，宏东渔业股份有限公司获农业农村部批复建造南极磷虾船 1 艘。推进印度尼西亚项目渔船改造转产及转场生产，全年共转场原印尼项目渔船 61 艘、福建省平潭县远洋渔业集团有限公司获批原印尼项目更新改造渔船 27 艘。

7. 质量安全持续向好 印发《关于开展 2018 年福建省水产行业治理“餐桌污染”建设“食品放心工程”工作方案的通知》《2018 年福建省水产品质量安全工作要点》《关于启动 2018 年渔业质量年工作的通知》。组织开展“食品安全宣传周”“水产品质量安全主题日”等活动，宣传《中华人民共和国食品安全法》《中华人民共和国渔业法》“食品安全两高司法解释”。省部级水产品产地抽检合格率达 99.8%，全省未发生重大水产品质量安全事件；组织开展水产品质量安全市场例行监测和风险检测8 100批次。落实产地准出和市场准入制度，推进水产品质量安全“一品一码”全程追溯，全省3 900多家水产养殖企业、专业合作社纳入系统监管。检查养殖企业和个体经营者3 862家，共查处水产品质量案件17起，其中移送公安机关7起，罚款8.68万元，销毁药残超标苗种109.9万尾，药残超标案件100%查处。应对泉港肖厝化学品泄漏事件，下发加强污染海域水产品质量安全管控的紧急通知，防止污染海域的养殖水产品流入市场；组织监测机构开展水产品特征有机污染物应急跟踪监测，及时发布监测结果。

8. 休闲渔业快速发展 制定《福建省休闲垂钓渔业船舶管理办法（试行）》，规范休闲垂钓渔业船舶管理。开展2018年休闲渔业质量提升年活动，打造“水乡渔村”特色品牌，组织申报第十一批“水乡渔村”项目，新认定14家“水乡渔村”。与农业农村部渔业渔政管理局联合举办全国休闲渔业发展论坛。弘扬传统渔业文化，农业农村部渔业渔政管理局与周宁县人民政府签订协议，共建鲤鱼溪国家级鱼文化主题公园；继续打造“大黄鱼节”“鲈鱼文化节”“开渔节”等特色渔业民俗文化品牌；惠安渔女文化、建瓯坑里弓鱼传统工艺等渔业文化得到弘扬和传承，建瓯弓鱼被列入省级非物质文化遗产。连江县茭南村开展海洋特色小镇示范建设，成为乡村振兴示范村。

9. 安全生产保障到位 印发《福建省渔业安全生产警示通报和约谈制度》，强化责任追究；制定《福建省休闲垂钓渔业船舶管理办法（试行）》，规范休闲垂钓渔业船舶管理。组织开展3次省、市、县（区）、镇四级渔船水上突发事件应急救援演练活动。制作《危海时速》——“海上联合救援”动画微电影，强化安全意识教育。渔业安全生产形势总体平稳，全年共发生各类渔业船舶水上生产安全事故24起，事故造成7人死亡失踪，沉毁（失踪）渔船14艘，直接经济损失1 487.8万元，没有发生较大及以上渔业安全生产事故。有效处置各类海洋渔业突发事件（海难救助）47起，救助遇险船舶47起（艘），获救遇险船员534人，挽回经济损失1.95亿元。全年共接渔业互助保险报案1 172起，赔付金额7 533.78万元。

10. 防灾减灾成绩显著 修订并下发了《福建省渔业防台风应急预案》《福建省风暴潮灾害应急预案》和《福建省近岸海域赤潮灾害渔业应急预案》；6月在福州组织开展全省沿海各县（市、区）灾情信息员培训；升级海洋预警报决策会商系统等业务平台；发布10类海洋预警报产品共1 388期，为海上搜救和应急指挥提供落水人员漂移轨迹预报6期，为“海峡号”航线等8个重点保障目标提供精细化海洋环境预报1 629期；完成3套大浮标故障海上登标修复工作，完成海峡1号大浮标的大修保养和布放，完成3套大浮标海上维护工作，回收2号大浮标并开展大修保养工作，完成海峡2号大浮标回收。有效应对11个影响福建省台风，其中8号台风“玛莉亚”在福建省连江登陆，共撤离转移海上作业渔船3.30万艘、船上人员7.92万人、渔排上养殖人员9.41万人，实现全省台风期间海上无人员伤亡目标。

11. 渔业执法有效实施 开展“中国渔政亮剑2018”行动，严格实施海洋伏季休渔及闽江禁渔执法监管，成立闽江流域渔业执法队，全年查办违法违规案件978起，清理取缔涉渔“三无”船舶318艘、违规渔具1.22万张；开展“海盾”“碧海”等专项行动，严厉打击各类海洋违法行为，立案查处“海盾”案件22宗，办结“碧海”案件202宗；开展水产养殖执法监管，成立水产品质量安全执法队，严厉查处水产养殖过程中违规使用禁用药物行为，7宗案件移送行刑衔接，有效遏制水产养殖过程违法使用禁用药行为。

12. 存在问题 经营主体发展不平衡，龙头企业发展不充分；产业结构不平衡，二、三产业发展不充分；产品结构不平衡，名优产品发展不充分；区域布局不平衡，湾外养殖发展不充分；要素投入不平衡，科技创新支撑不充分；基础设施建设不平衡，产业融合发展不充分。

【重点渔业市（县、区）基本情况】

福建省重点渔业市（县、区）基本情况

市（县、区）	总人口（万人）	渔业产值（万元）	水产品总产量（吨）	其中				养殖面积（公顷）	
				海洋捕捞	海水养殖	淡水捕捞	淡水养殖	海水	淡水
福清市	135.9	847 630	512 118	19 643	389 135	119	103 221	17 467	5 498
连江县	58.1	2 124 805	1 102 931	377 001	719 899	640	5 391	18 238	400

（续）

市（县、区）	总人口（万人）	渔业产值（万元）	水产品总产量（吨）	其中				养殖面积（公顷）	
				海洋捕捞	海水养殖	淡水捕捞	淡水养殖	海水	淡水
秀屿区	47.9	887 199	530 315	66 153	463 768	185	209	10 305	52
霞浦县	53	987 370	434 133	92 917	340 711	0	505	18 085	130
东山县	21.9	629 177	419 836	165 238	245 804	0	8 794	7 068	468
平潭县	42	536 544	423 275	120 187	302 903	0	185	7 891	46
惠安县	106	392 983	214 203	124 938	88 445	302	518	2 405	159
石狮市	63	500 351	421 710	362 968	58 297	0	445	1 208	50
龙海市	93.3	649 248	396 226	128 748	149 321	6 723	111 434	1 722	4 828
漳浦县	86.9	712 336	381 011	48 387	279 146	3 342	50 136	13 388	3 524

【大事记】

[1] 1 月 12 日，农业部公布第一批“国家级稻渔综合种养示范区”名单。松溪县稻花鱼国家级稻渔综合示范区榜上有名，成为全省首家获得该殊荣的单位。

[2]2 月 6 日，全国推进质量兴农绿色兴农品牌强农工作会议在福州召开，宣布启动“农业质量年”行动。会议期间，召开农业部支持福建国家级农业可持续发展试验示范区建设座谈会。

[3]2 月 20 日，农业部公布了 2016—2017 年度“全国平安渔业示范县”名单。福州连江县、漳州漳浦县、泉州晋江市、南平延平区荣获“全国平安渔业示范县”称号。

[4]3 月 26 日，确定了第三批“福建十大渔业品牌”名单，具体是：安海土笋冻、云霄巴非蛤、平潭仙女蛤、连江丁香鱼、茭南虾皮、闽北稻花鱼、漳州罗非鱼、桐江鲈鱼、建宁福源荷蟹、建瓯弓鱼。

[5]4 月 14 日，福建省渔业行业协会第三次会员代表大会暨第二届第四次理事会、第五次常务理事会在厦门召开，大会审议通过了协会工作报告、财务收支情况报告；选举漳州浯屿岛海洋开发有限公司总经理杨杰为协会休闲渔业分会第二任轮值会长。

[6]4 月 26 ~ 27 日，中国水产学会与福建省水产研究所在厦门联合举办多鱼种渔业捕捞限额管理国际研讨会。与会专家学者围绕多鱼种渔业管理、限额捕捞制度、渔业监测、资源评估和管理实践等主题，为促进海洋渔业资源的保护和可持续发展出谋划策。

[7]5 月 8 ~ 12 日，由国际鲍鱼协会主办，厦门大学、国家贝类产业技术体系、中国水产流通与加工协会鲍鱼分会承办的第十届国际鲍鱼研讨会在厦门召开。来自全球十几个国家和地区的近 300 名鲍鱼科研学术机构、企业的专家与代表，共同探讨鲍鱼资源的渔业管理、养殖与加工、市场与贸易等问题。

[8]6 月 1 ~ 3 日，2018 海峡（福州）渔业周 · 中国（福州）国际渔业博览会 · 亚太水产养殖展在福州海峡会展中心举行。西班牙、美国、挪威、澳大利亚、南非等 34 个国家和地区的 535 个展团或企业注册参展，境外展商占比达到 22%，福建省外展商占比达到 41%，总展位数 2 482 个。

[9]6 月 1 日，全球渔业交流合作会议在福州海峡国际会展中心召开。本次会议的主题是“渔业资源养护与可持续发展”。

[10]6 月 1 日，福州“中国鱼丸之都”“中国鳗鲡之都”“中国金鱼之都”复评授牌仪式及闽侯“中国金鱼之乡”授牌仪式在福州海峡国际会展中心举行。

[11]8 月 29 日，农业农村部和全国水产技术推广总站公布了 2018 年水生动物防疫系统实验室检测能力验证结果和满意单位名单，福建省水产技术推广总站（福建省水生动物疫病预防控制中心）、福州市海洋和渔业技术中心、连江县水产技术推广站，以及福建省水产研究所 4 家单位实验室通过了相应疫病的

检测能力验证。

[12]9月16日,首届"中国农民丰收节"暨2018宁德"开渔节"在宁德市霞浦县三沙中心渔港举行。

[13]10月16日,巴布亚新几内亚(以下简称巴新)东新不列颠省省长纳吉库斯·孔卡一行来福建省海洋与渔业局进行渔业合作交流。

[14]11月2日,"2018厦门国际海洋周"在厦门开幕,国家相关部委官员、国际组织机构代表及来自超过30个国家的110余名国外涉海官员、学者莅会交流,积极构建新型"蓝色命运共同体",共同实现海洋经济可持续发展。

[15]11月4日,为应对泉港肖厝海域化学品泄漏事件,福建省海洋与渔业局立即派出工作组赶赴现场,对现场水质、水产品进行应急监测,指导市、区海洋与渔业主管部门开展应急处置工作,帮助开展渔业损失调查培训。

[16]12月2日,福建省鳗鱼业协会第七届会员(代表)大会举行,大会选举产生了新一届理事会理事、副会长、执行会长、秘书长、监事长。

[17]12月23日,由中国城市会展协会联盟和海口市会展局主办的2018中国城市会展合作发展论坛暨中国城市会议展览业协会联盟年会在海口举办。期间,中国(福州)国际渔业博览会荣获中国城市会议展览业协会联盟颁发的"中国城市优秀会展项目奖"。

(福建省海洋与渔业局　徐　凯)

江西省渔业

【概况】 2018年,在江西省委、省政府的坚强领导下,在农业农村部渔业渔政管理局的关心指导下,江西省渔业渔政系统以习近平新时代中国特色社会主义思想为统领,按照"转方式、调结构、提质量,促加工、活流通、稳增长"的发展方针,以做强千亿产业,建设美丽中国江西渔业样板为总目标,加快提升优势产业、改造升级传统产业、培育发展新兴产业,全省渔业经济保持了稳中快进的发展态势,实现渔业经济总产值1 030亿元,同比增长2.86%,其中第一产业511.9亿元,增幅5.06%。水产品产量255.94万吨,保持稳定;捕捞产量224.0吨,同比下降0.9%;名特优水产品产量91.52万吨,占全省水产品产量的36%,同比提高2个百分点。养殖面积40.84万公顷,同比减少0.438万公顷;稻渔综合种养发展加速,面积突破6.7万公顷,增加2万公顷,增幅42%。水产品总体运行平稳,价格综合指数为98.9,略有下降;出口额达2.08亿美元,与2017年持平。渔民人均年纯收入达14 795元,同比增长7.3%,较2017年增加1 000余元。

1.水产养殖绿色发展开启新征程 充分发挥绿色生态优势,以中央环保督察"回头看"整改工作为契机,进一步推进水产养殖绿色生态发展。一是组织开展养殖水域滩涂规划编制。统筹渔业燃油补贴资金1 860万元,组织省内外大专院校、科研院所编制规划,完成94个县(市、区)规划并以政府名义发布,全面完成农业农村部的目标任务。二是开展水产健康养殖示范创建。创建126家农业农村部水产健康养殖示范场、2个渔业健康养殖示范县。截至2018年年底,全省已创建部级水产健康养殖示范场426家、示范县4个,示范面积9万余公顷。三是推广健康生态养殖模式。开展健康养殖模式试点示范与推广,建成池塘循环流水养殖水槽60余条、循环流水养殖集装箱10个、鱼-菜共生超过133公顷、养殖尾水处理基地133公顷。四是规范大水面养殖行为。全省已有11.7万公顷水面划定为禁养区、23万公顷水面划定为限养区,已清理围网5 960公顷、围栏4 027公顷、网箱250.69万平方米。

2.稻渔综合种养发展取得新突破 通过政策引导、典型引路、技术引荐、宣传引势,稻渔综合种养发展取得新突破。一是支持力度进一步加大。2018年安排水产业发展工程资金5 300万元,创建10个整县推进稻渔综合种养示范县,建设6 000多公顷稻渔工程基地;同时,全省有近40个县将稻渔综合种养纳入高标准农田建设,建设规模达4万余公顷。二是综合效益进一步突显。采取"请进来、走出去"的双向交流,培养了一大批技术骨干、种养能手,实现了良好的综合效益。据测算,每亩可减少化肥施用量30%、农药施用量40%以上,亩均增效1 600元以上,2018年可增加水产品产量4.6万吨,带动农渔民增收16亿元。三是种养模式进一步多元。集成推广了稻虾、稻鳖、稻蛙、稻鳅、稻鱼、稻蟹等六大模式,并实践探索创新了茭白-甲鱼、莲田-小龙虾、稻田禾花鱼、莲-鳖、稻-虾-鳜混养等多种模式,推动了稻渔综合种养在全省迅速发展。

3.水生生物资源养护迈上新台阶 积极修复水生生物资源。一是成功举办"全国放鱼日"主会场活动。2018年6月7日,成功承办"呵护生态鄱阳湖、共抓长江大保护"活动,江西省委书记刘奇、农业农村部部长韩长赋共同出席活动,社会反响巨大。二是组织全省60个县(市、区)在长江、珠江江西段、鄱阳湖以及赣、抚等五大河流开展人工增殖放流各类鱼苗2亿尾。三是以中央环保督察"回头看"整改工作为契机,强化保护区管理,坚决查处保护区内非法行为。四是强化江豚资源保护,健全江豚保护救护机制,明确巡护救护责任和台账。目前鄱阳湖内种群数量已升至457头,占据整个流域半壁江山。

4.“亮剑2018”系列执法行动取得新成效 一是坚持常抓不懈强执法。加强联合执法和办案,有效打击了电力捕鱼、机动底拖网捕捞、机械捕螺等非法捕捞行为,查获电捕鱼案件1 138起、炸(毒)鱼案件18起、违法捕捞船832艘,其中电捕鱼船146艘、非法捕螺船64艘,查处电捕器具2 252台套,销毁取缔定置网具3 824部、大型底拖网数87部。二是坚持监督检查促落实。2018年,先后开展10余次专项督查,深入重点水域、重点渔区、重要渔港督导,促进保护区禁捕、中央环保督察整改、省领导专项批示等工作落到实处。三是坚持健全机制提效率。建立健全联动工作机制,加强与工商、公安、涉水部门合作,严厉查处生产销售非法渔具门店窝点,打击涉渔犯罪和暴力抗法,加强禁渔重点水域巡查,鄱阳湖及长江、珠江江西段禁渔秩序明显转好。2018年共办理行政处罚案件743件,协助刑事处罚案件41件,刑拘人数74人。

5.渔业产业扶贫工作开创新局面 坚持“因地制宜、分类指导、市场导向、效益优先”的原则,大力推进渔业产业扶贫工作,召开了全省渔业产业扶贫暨稻渔综合种养推进会,制定了产业扶贫实施方案,成立了扶贫工作领导小组。依托稻田资源禀赋,利用高标准农田建设、水产业发展工程项目,投入扶贫资金2 110万元,新建、改造、提升了一批稻渔综合种养基地,建立了“公司+合作社+基地+农户”经营管理方式,通过流转土地、改建返租、投工投劳等形式,打造了余江稻鳖、彭泽稻虾、万载稻鱼等一批产业扶贫典型模式,壮大了一批稻渔生产经营主体,带动了一批贫困户脱贫致富。2018年全省有180余家渔业经营主体对接3 900余户贫困户,为其带来稳定增收。

6.渔业科技服务水平取得新突破 不断提高科技服务水平,推进全省渔业产业高质量发展。一是建立院士工作站。先后先引进曹文宣、唐启升、赵法箴、桂建芳等4位院士,在全省开展大水面生态渔业、稻渔综合种养、特种水产等方面研究,推进全省渔业产业发展和科技人才培养。二是加强科研攻关。组织协调参与国家大宗淡水鱼、特种水产产业技术体系,江西省大宗淡水鱼产业、特种水产、稻田综合种养产业体系以及水产业重大技术协同推广项目,围绕种业、养殖、病害、加工等方面开展科研攻关和技术提升,提高渔业科技支撑能力。三是强化技术指导。打造了12316惠农专家、病害远程诊断网、江西省家庭农场联合会稻虾产业联盟等平台,加强了专家与渔民之间的对接,有效解决了生产实际问题。

7.产业融合发展取得新进展 以“鄱阳湖”水产品牌建设为重点,坚持三产融合发展,做大渔业经济总产值。一是加强品牌授权管理。规范品牌授权程序及管理办法,鼓励使用、宣传、推广鄱阳湖品牌,2018年新增33家鄱阳湖品牌授权使用单位,新建30余家鄱阳湖品牌专卖店,全省商标授权企业87家,品牌专卖店达107家。二是加强水产品加工建设。组织江西省内外优势企业跨域、跨界合作,共同研发精深加工产品。2018年新增鳗鱼、鱼糜深加工企业各1家,加工能力提升1万吨,全省水产品加工企业达190家,加工品总量近40万吨。三是创建休闲渔业基地。创建6家国家级休闲渔业示范基地,新建20余家“鄱阳湖”休闲渔业示范基地,助推全省休闲渔业发展。

8.渔业渔政安全生产保持新稳定 一是执行水生动物病害测报制度。选择有地域及品种特色的30个县(市、区)开展病害监测,并于4~10月发布7期水生动物病害预测预报,有效指导渔民科学防病,减少因病损失。二是加大水产品抽检力度。开展产地、市场、苗种、稻渔综合种养风险监测等抽检,累计抽检670批次,抽检合格率均为100%,有效保障产地水产品质量安全。三是开展全程可追溯试点。建设50余家智慧渔业物联网基地,开展全程可追溯试点,实现从投入品到养殖产品全程可追溯,进一步提高水产品质量安全水平。四是确保渔业安全生产。制定了《鄱阳湖区渔政协同管理执法公约》,进一步完善渔业纠纷和安全生产调处工作机制,做好重点水域、关键时期、重点人群和渔船管控,消除渔业纠纷和安全隐患,确保了全省没有发生重大渔业纠纷群体事件和重大渔业安全责任事故。

9.存在的主要问题 一是渔业养殖空间挤压严重。随着环保压力的加大,江西省湖泊水库、“三网”养殖面临全部退养困境,水产养殖发展空间挤压严重。二是渔业养殖设施老化严重。省内大部分养殖基础设施存在年久失修、淤积老化严重、疫病防控能力较弱、质量安全存一定隐患等问题,且均无养殖尾水处理设施,难以符合当前渔业高质量发展的新要求。三是渔业发展政策扶持不足。渔业是一项投入高、风险大、见效快的产业,是大农业中率先进行市场化运作的产业,急需加大对渔业发展的扶持力度,出台有针对性、指导性和可操作性的政策性文件。四是渔政执法难度加大。渔民法制意识不强,非法捕捞渔民妨碍执行公务,暴力抗法的现象时有发生,甚至造成执法人员严重受伤。

【重点渔业市(县、区)基本情况】

江西省重点渔业市(县、区)基本情况

市(县、区)	总渔业人口(万人)	渔业产值(万元)	水产品总产量(吨)	其中		养殖面积(公顷)
				捕捞	养殖	
鄱阳县	186 744	362 031	167 518	19 661	147 857	29 974
南昌县	40 467	195 604	140 696	16 114	124 582	11 437
进贤县	8 834	286 765	125 684	21 401	104 283	28 479
丰城市	18 763	176 635.65	98 534	4 568	93 966	15 073
新建区	3 996	222 389	90 150	12 756	77 394	7 554
都昌县	28 710	165 528	88 905	15 575	73 375	12 493
柴桑区	4 148	89 428	47 793	2 420	45 373	8 585
彭泽县	7 580	116 142.59	56 732	3 666	53 066	7 595
永修县	21 183	118 957	54 410	4 660	49 750	9 568
余干县	65 170	255 337	146 140	13 720	132 420	25 919

【大事记】

[1]6月7日,江西省成功承办"呵护生态鄱阳湖、共抓长江大保护"活动,江西省委书记刘奇、农业农村部部长韩长赋共同出席活动。

[2]4月23日,进贤县成立稻渔综合种养院士工作站;9月4日,南昌县成立鄱阳湖淡水产品绿色生态养殖院士工作站;9月6日,共青城市成立淡水水产养殖技术研发与应用院士工作站;12月1日,南丰县成立龟鳖产业院士工作站。

[3]9月28日,南城、余干两县成功创建农业部渔业健康养殖示范县。

[4]11月29~30日,在第二届全国稻渔综合种养产业发展论坛暨2018年度全国稻渔综合种养模式创新大赛和优质渔米评比推介活动中,江西神农氏生态农业开发有限公司获优质渔米评比(粳米组)金奖;余江县田源水产养殖专业合作社、江西天天上农林科技有限公司获稻渔综合种养绿色生态奖。

[5]11月19日,国家级兴国红鲤良种场复评通过。

[6]12月31日,江西省94个市(县、区)完成养殖水域滩涂规划编制并以政府名义发布。

[7]2018年,彭泽、余江、进贤3县(区)成功创建国家级稻渔综合种养示范区。

(江西省农业农村厅渔业渔政局 傅雪军)

山东省渔业

【概况】 2018年,山东省水产品总产量861.4万吨,同比下降0.01%,其中,近海捕捞量170.2万吨,同比下降0.03%,海水养殖521.1万吨,同比增长0.003%,远洋渔业44.8万吨,同比增长0.04%,淡水养殖117.1万吨,同比下降0.04%,淡水捕捞8.3万吨,同比下降0.01%。渔业产值1 558亿元,同比下降0.01%。水产品贸易回暖,反贸易壁垒能力有所提升。全省水产品进出口总量228.9万吨,同比增长1.9%;进出口总额83.1亿美元,同比上升9.5%。渔民人均纯收入2.2万元,同比增长7.98%。

1. 产业发展的主要举措、成就与特点 全省渔业渔政系统认真践行新发展理念,以实施乡村振兴战略为引领,认真贯彻落实党中央、国务院和山东省委、省政府关于现代渔业建设的一系列决策部署,积极推进渔业供给侧结构性改革,把渔业作为大农业的一项基础性产业来培育,优化产业布局,创新发展方式,强化资源保护,努力促进渔业提质增效、提档升级、减量增收,渔业高质量发展取得显著成效。

一是高标准推进海洋牧场建设。认真落实海洋牧场"一体两带三区四园多点"的空间布局规划,差异化推进五类特色海洋牧场发展。2018年新增省级海洋牧场示范项目27个,省级以上海洋牧场示范区达83

处，涉及总海域面积6万余公顷，全省新增第四批国家级海洋牧场示范区11个，总数32个，占全国的37%。新建海上多功能平台21座，已建成总数达到37座，为发展深远海养殖提供了“海上空间站”。全国首台超大型智能网箱“深蓝1号”在日照下水，已在黄海冷水团水域成功养殖，单次养殖三文鱼可达1 500吨。2018年10月底全国海洋牧场建设现场会在山东省召开，农业农村部部长韩长赋、中共山东省委书记刘家义对山东省海洋牧场建设工作给予了充分肯定和鼓励。

二是努力提升渔业增殖放流科学化水平。强化增殖放流苗种管理，科学论证、重新选划中国对虾等19个物种省级渔业增殖站235处，组织评定18处省级渔业增殖示范站，进一步优化和夯实增殖放流苗种供应体系。发挥滤食性水生生物对水质的净化功能，继续在山东半岛沿海及内陆湖库大力实施“放鱼养水”工程，建立了县级实施、市级监督、省级抽查的监督制约机制。全省各级渔业主管部门通过多种形式组织“放鱼日”“放鱼节”活动，引导社会各界广泛参与，“放鱼养水”活动已经成为各市党委政府生态文明建设的重要组成部分。2018年，全省各级财政共投入增殖放流资金2.6亿元，其中省级以上放流资金2.3亿元，累计放流各类水产苗种82亿单位，超额完成年度计划。

三是不断完善水产绿色养殖保障体系。积极推进养殖水域滩涂规划编制工作。全省108个水产养殖主产县区全部完成养殖水域滩涂规划编制及政府发布工作。扎实推进水产种业体系建设。新增绿鳍马面鲀等适合深远海高效增养殖品种原良种场9家，省级以上水产原良种场总保有量达到80个。以南美白对虾为突破口，探索建立联合育种平台，已达到年生产30万对无特定病原优质种虾的能力，可满足我国北方南美白对虾养殖需求。水生动物疫病防控体系不断健全。开展省－市－县－场疫病防控体系建设，实现了省－市－县－场的远程诊断视频会商。启动了水产苗种产地检疫试点工作，举办渔业官方兽医骨干培训班，全省首批确认公布渔业官方兽医165名。

四是积极推进捕捞业转型升级。认真贯彻落实山东省政府《关于海洋捕捞业压减产能的意见》，积极压减近海捕捞产能，较好地完成了年度压减任务。稳步推进限额捕捞试点，建立了渔获物统计上报、定点交易、限额管理等多项管理制度，达到试点预期目的。全年核发远洋渔船更新改造资金2.1亿元，支持远洋渔船更新改造。全省具有远洋渔业资格企业已达37家，各类远洋渔船542艘。积极开发新渔场和新资源，西非毛里塔尼亚项目落地实施，2个过洋性项目获批。远洋渔业基地建设稳步展开，斐济、加纳和乌拉圭海外基地实施方案通过部局组织的专家评审，沙窝岛国家远洋渔业基地进展顺利。

五是持续强化水产品加工流通水平。新创建2家国家水产品加工技术研发中心，9家渔业企业取得星级冷链物流企业资质。30余家水产品加工企业成功申报国家、省级名优企业品牌，山东省水产品加工企业知名度进一步扩大。靖海、鑫发、赤山等加工企业通过FDA、HACCP、ISO 9000、欧盟食品卫生注册等国际质量体系权威认证。2018年全省水产品进出口交易量额再创佳绩，贸易结构不断优化。山东省远洋渔业产品回运比重从2014年的57.8%提高到70%，截至2018年年底，全省已有远洋渔业产品精深加工和冷链物流基地10个，加工企业1 752家，其中规模以上加工企业575个，水产加工产品总量699.3万吨。

六是积极培育休闲渔业发展新动能。借助“好客山东”休闲汇的平台，将旅游元素、观光元素、餐饮元素、竞技元素、体验元素融入渔业，积极培育新动能。发挥海洋牧场多元化功能，使“一条鱼”产生了“多条鱼”的价值。依托海洋牧场，开展休闲海钓业，全省省级休闲海钓基地已达15处、省级休闲海钓钓场达49处、审批海钓船235艘。“渔夫垂钓”品牌影响力不断提升，“到山东、有鱼钓”成为业界共识和山东旅游新热点。积极开展内陆休闲渔业公园创建、评定。与山东省旅游部门联合，年内新评定了8家省级内陆休闲渔业公园，全省总数达到15家。

七是加快推进法治渔业建设。积极开展亮剑渔政执法专项行动，开展伏季休渔管理、违规渔具清理整治、涉渔“三无”船舶清理取缔、涉外渔船综合管控等执法检查，全省共清理整治违规网具32 709张（套），移送司法处理案件5件，移送司法处理27人。全省共排查出涉渔“三无”船舶6 037艘，清理取缔涉渔“三无”船舶5 929艘，剩余108艘已按规定集中看押。建立违规渔船黑名单制度，强化行刑衔接，加大船东、企业违法违规成本，伏季休渔期间，全省共查处违法违规渔船1 209艘，罚款1 615余万元，移交公安机关追究刑事责任人员261人。加强涉外渔船管控，全年涉韩渔船违规共发生30艘次，比上年下降25%；全年未发生涉朝、涉日违规事件。渔业安全生产和涉外渔业管理制度不断完善，启动渔业安全事故和险情问责机制，并进行专项督办。突出抓好商渔船防碰撞工作，严厉打击商渔船违法行为，引导渔民群众依法入渔、合规生产，维护了渔民合法权益。

2. 存在的主要问题　一是与农业农村发展的整体性、协调性和融合性需要进一步增强，渔区渔村振兴需要主动纳入乡村振兴的大战略之中统筹实施。二是水产养殖业面临巨大压力和风险。水产养殖产业的传统发展空间被迫退让或挤占,渔业抵御极端天气风险的能力极较弱,将渔业保险纳入政策性保险范围还无法落实。三是渔业科技创新能力有待进一步提升,渔业高端人才外流,关键性设备、技术成为瓶颈,有待深入研究解决。四是远洋渔业发展后劲不足。组织化程度偏低,远洋渔业产业化经营程度不高,远洋产品附加值较低,缺乏有力的政策、资金支持,企业长远投资建设积极性不高。

【重点渔业市(县、区)基本情况】

山东省重点渔业市(县、区)基本情况

市(县、区)	水产品总产量(吨)	其中			养殖面积(公顷)	其中	
		海洋捕捞	海水养殖	淡水养殖		海水	淡水
荣成市	1 143 037	332 985	805 021	5 031	38 323	38 121	202
乳山市	434 637	33 462	394 410	6 765	12 197	11 861	336
长岛县	420 270	98 250	322 020		54 785	54 785	
威海市文登区	411 661	91 480	304 316	15 865	20 513	18 000	2 513
威海市环翠区	352 040	84 504	267 536		8 200	8 200	
青岛市黄岛区	350 234	62 579	284 473	3 182	12 076	11 650	426
莱州市	316 055	77 550	238 310	195	56 933	56 643	290
海阳市	295 745	99 943	192 736	3 066	13 187	12 381	806
青岛市即墨区	285 057	50 776	234 172	109	11 146	10 878	268
日照市岚山区	271 172	107 340	162 486	1 346	21 432	21 250	182

【大事记】

[1]10月25日,全国海洋牧场建设工作现场会议在山东省烟台市召开。提出推进海洋牧场建设,要坚持生态优先,科学把握现代化海洋牧场建设的定位,始终将资源环境保护放在首要位置,大力养护海洋生物资源,实现永续利用、可持续发展。坚持质量兴渔、绿色兴渔,充分发挥海洋牧场对海洋渔业的示范带动作用,加快推进海洋渔业转型升级,走绿色发展之路。坚持产业融合发展,把海洋牧场打造为涉渔产业融合发展的新平台,不断提高海洋渔业发展的质量效益和竞争力。坚持体制机制创新,推进海洋牧场与渔港经济区建设协调并进,发挥国家级海洋牧场示范区的先行先试和示范带动作用,提升渔港经济区发展整体水平。要将海洋牧场建设放在海洋经济发展和生态保护的大局中统筹谋划,不断提升全国海洋牧场发展的整体水平,确保海洋牧场建设取得实效。农业农村部部长韩长赋、副部长于康震,中共山东省委书记刘家义,山东省委常委、省委秘书长王清宪,山东省副省长于国安出席会议。

[2]6月,习近平总书记视察山东作出"海洋牧场是发展趋势,山东可以搞试点"的重要指示,山东省委、省政府高度重视,将深入贯彻落实习近平总书记重要指示精神、谋划实施现代化海洋牧场建设综合试点作为重大政治任务,迅即跟进部署、全面统筹安排,原山东省海洋与渔业厅和山东省发展和改革委员会密切配合,组织人员编制了《山东省现代化海洋牧场建设综合试点方案》,经山东省委常委会、省政府常务会议审议,12月14日,试点方案获国家发展改革委、农业农村部批复。

[3]11月,针对新兴海洋渔业装备制造缺乏技术标准的问题,2018年山东省海洋与渔业监督监察总队组织编写了《玻璃钢驳船式海洋牧场平台建造技术规范》《半潜式PE管架平台建造及检验技术规范》《钢制海洋牧场平台建设技术规范》等3个地方标准。其中,《半潜式PE管架平台建造及检验技术规范》已于11月由省市场监督管理局发布实施,其余两个规范也已报请省市场监督管理局发布实施。标准的发布填补了

山东省海洋牧场建造技术标准的空白，为海洋牧场检验提供了技术支撑。

（山东省农业农村厅 张收元）

河南省渔业

【概况】 2018年，河南省认真贯彻全国渔业转型升级推进会和全省水产工作会议精神，按照“提质增效、减量增收、绿色发展、富裕渔民”的要求，积极转变发展方式、调整产业结构，继续落实惠渔政策，重视科技创新，加强技术培训和推广，稳定先进的养殖模式和技术，加强渔业“三大”安全监管，开展资源养护和增殖放流，适时调整养殖品种结构，发展名优和品牌渔产品，渔业经济稳步发展，产品结构进一步优化，质量进一步提高。水产品总产量983 817吨；渔业利用水面299 194公顷，其中养殖面积148 052公顷；渔民人均纯收入15 000元，比上年增加1 267元，增长9.2%。

1. 绿色渔业 在巩固既有池塘健康养殖、精养高效模式的同时，调低过高养殖密度；大力发展大水面生态养殖，将大型水库和300公顷以上中型水库调整为增殖管理，合理投放；按河南省内统计口径，2018年养殖面积比上年减少49.1%，总产量减少20.7%。“减量增收”效果显著，渔业转方式取得重大进展。

（1）池塘健康养殖。按照《农业农村部关于开展2018年全国水产健康养殖示范创建活动的通知》要求，积极开展创建活动，潢川县成功创建为农业农村部渔业健康养殖示范县；全省20家养殖场成功创建为农业农村部水产健康养殖示范场。

（2）稻渔综合种养。大力发展稻渔综合种养，增渔稳粮，生态环保。年初下发《河南省农业厅 河南省扶贫开发办公室关于大力发展稻渔综合种养加快产业精准扶贫的意见》，整合省级渔业专项发展资金1 000万元，扶持全省20个县发展稻渔综合种养，稻渔综合种养面积达到2.8万公顷，并创建1个国家级稻渔综合种养示范区和9个省级稻渔综合种养示范区；稻渔综合种养县多是贫困县，稻渔综合种养项目覆盖带动贫困农（渔）民1.2万户，3.6万多人；稻渔综合种养项目发挥示范引领作用，全省稻渔综合种养面积比上年增加1.78万公顷。

（3）大水面增殖。合理增殖投放，加强水质监管。

2. 渔业“三大”安全

（1）水产品质量安全监管。制定了《2018年河南省产地水产品质量安全监管工作方案》，开展包括水产健康养殖、水产品质量安全与执法在内的全省渔业工作大检查。农业农村部在河南省抽检鲫鱼、草鱼和鲤鱼共120个样品，省级抽检172个，合格率为100%。抽检省内水产养殖用饲料24个和稻田养鱼品种（小龙虾、鲫鱼）20个样本，合格率100%。

（2）渔业安全生产。加强安全生产宣传、培训，特殊气象事先提醒、防范，对渔业机动船舶全面检查，全年零安全事件发生。印发了《河南省渔业船舶水上突发事件应急预案》《2018年全省渔业安全生产监管实施方案》和《河南省内陆渔业船员培训管理规定》等，成立了渔船安全生产领导小组；对登记渔船全部检验；培训了80名渔政船艇驾驶员和轮机员，提高管理水平和安全生产意识。

（3）渔业生态安全。认真执行《自然保护区管理条例》《水产种质资源保护区暂行办法》，坚持环境准入制度。严格执行《农业农村部办公厅关于进一步明确涉渔工程水生生物资源保护和补偿有关事项的通知》精神，完善业主单位自主生态修复模式。按照《河南省“绿盾2018”自然保护区监督检查专项行动实施方案》，由农业（渔业）、环保、水利、住建、林业等部门组成检查组对信阳、驻马店等市的渔业种质资源保护区进行专项监督检查，严格执行农业农村部、生态环境部要求，督导保护区内一些违建工程整改。完成了淇河鲫鱼国家级水产种质资源保护区、宿鸭湖褶纹冠蚌国家级水产种质资源保护区和伊河特有鱼类国家级水产种质资源保护区等3个保护区范围调整工作，推进保护区管理科学化、规范化。开展宿鸭湖褶纹冠蚌国家级水产种质资源保护区、黄河干流郑州段重要经济鱼类产卵繁殖场、淇河鲫鱼国家级水产种质资源保护区渔业生态环境监测，检测结果显示，水域生态环境总体变化趋好。积极贯彻落实《中国水生生物资源养护行动纲要》，不断强化生态意识，成立河南省水生生物资源增殖放流工作领导小组，制定、落实全省增殖放流方案；把增殖放流与“四水同治”“河长制”有机结合起来。

3. 渔政管理

（1）“禁渔期”执法。2018年黄河流域首次实行禁渔，至此河南省的淮河、长江（汉水）和黄河三大流域全面禁渔，加强禁渔期执法。印发《河南省农业厅办公室关于做好2018年黄河禁渔工作的通知》等；4月1日农业农村部在河南省小浪底水库开展黄河禁渔启动仪式并开展增殖放流活动，农业农村部副部长于康震、河南省人民政府副省长武国定等领导出席活动，进一步强调做好禁渔期渔政执法工作；5月31日，农业农村部渔业渔政管理局局长张显良带队对河南省黄河禁渔执法工作进行检查。

(2)打击电毒炸鱼和使用绝户网等行为。印发《河南省农业厅办公室关于印发打击电鱼专项行动实施方案的通知》和《河南省农业厅关于做好2018年违规渔具专项清理整治工作的通知》,按照农业农村部统一部署,统筹执法力量,加强部门联动,严打重要水域违法电鱼行为;明确工作重点,加大执法力度,全面清理禁用渔具,坚决取缔使用绝户网、抬网、迷魂阵等严重破坏渔业资源的渔具、渔法。2018年全省各地共出动宣传车450余次,张贴禁渔通告1.5万余份,挂、贴宣传标语3 000余幅,印发宣传资料4万余份,出动执法人员4 000余人次,执法车辆1 100余次,执法船艇130余次;共查处违法捕捞案件235起,涉案人员270余人,涉及刑事案件88起,刑事拘留55人,批准逮捕33人,移送起诉42人,查获电捕鱼器164台,没收渔网100余千米,没收各类网具260件,没收并放生非法渔获物2吨多。

4.涉渔二、三产业 重视水产品加工、休闲渔业发展,认真开展调研,积极宣传引领。

5.渔业基础保障体系

(1)基层推广体系建设。制定了《河南省2018年基层水产技术推广体系改革与建设实施方案》,结合2017年考评结果,2018年遴选53个基层水产技术推广体系改革与建设补助项目单位(县、场);完善全省渔业科技下乡联合行动技术专家库,部署全省渔业科技下乡联合行动。加强技术推广和培训,全年培训人员83 985人次。

(2)渔政渔港项目。淅川县丹江口水库、驻马店市宿鸭湖水库、洛阳市嵩县陆浑水库、信阳市南湾水库和新安县小浪底水库库区5个渔港(码头)项目建设稳步推进,顺利完成15艘渔政快艇建设项目。

(3)养殖水域滩涂规划编制。全力推进养殖水域滩涂规划编制工作,制定了《河南省养殖水域滩涂规划编制工作方案》和《河南省养殖水域滩涂规划编制工作指导细则》,统一规划编制标准,制定工作任务完成时间节点,建立工作进度月报(周报)制度,对进度迟缓的个别单位进行督促;11月底召开全省养殖水域滩涂规划编制推进工作视频会议。农业农村部确定的2018年应完成规划编制发布的渔业重点县(区、市)任务基本完成,规划划定了养殖区、限养区和禁养区,确定了渔业发展的基础资源,为渔业持续、科学发展提供了重要保障。

(4)其他。惠渔政策及信息宣传、渔业互保等工作有续开展,都为全年渔业绿色发展、科学发展提供有力支撑。

6.存在的主要问题 设施建设投入少,生产基础薄弱;名优品种养殖占比较少,苗种供应体系不健全;健康养殖模式不普遍,二、三产业结构不合理等。

【重点渔业市(县、区)基本情况】

河南省重点渔业市(县、区)基本情况

市(县、区)	总人口(万人)	渔业总产值(万元)	水产品产量(吨)	其中		养殖面积(公顷)
				捕捞	养殖	
中牟县	51.04	45 919	50 000		50 000	2 508
潢川县	67.65	41 228	49 710	1 030	48 680	9 414
固始县	178.15	48 339	38 956	3 758	35 198	10 083
汝南县	83.38	46 653	35 609	12 445	23 164	4 706
商城县	52.73	39 497	32 377	6 414	25 963	4 442

注:渔业总产值是渔业部门口径,即包含苗种产值。

【大事记】

[1]3月16日,印发《河南省农业厅 河南省扶贫开发办公室关于大力发展稻渔综合种养加快产业精准扶贫的意见》,明确了稻渔产业扶贫的原则、目标。

[2]3月30～31日,农业农村部副部长于康震一行考察长垣县和兰考县集装箱养鱼,强调要进一步完善集装箱养鱼高度集成的工业化养殖技术模式。

[3]4月1日,农业农村部在河南省小浪底水库开展黄河禁渔启动仪式并同时开展增殖放流活动,农业农村部副部长于康震、河南省人民政府副省长武国定等领导出席活动,强调要进一步做好禁渔期渔政管理执法工作。从4月1日至6月30日黄河流域首次实行禁渔期制度。

[4]5 月 22 日,全省水产工作会议在郑州召开,贯彻落实中央和河南省委 1 号文件、全国渔业转型升级推进会和全省农业工作会议精神,总结全省 2017 年水产工作发展成效,安排部署 2018 年水产重点工作。河南省农业厅副厅长赵耕讲话,河南省水产局局长张西瑞做工作总结和安排。

[5]在农业农村部组织的黄河流域联合交叉执法行动中,由长江办、河南、陕西组成第一执法工作组,河南省农业厅副厅长赵耕为组长,5 月 30 日始对黄河青海段进行为期一周的禁渔执法检查。

[6]5 月 31 日,农业农村部渔业渔政管理局局长张显良带队对河南省黄河禁渔执法工作进行检查,在小浪底水库进行跨省界检查。

[7]7 月 20 日,河南省农业厅副厅长赵耕带领由环保、水利、住建、林业等单位组成的第二检查组对信阳市、驻马店市水产种质资源自然保护区专项监督检查,督导保护区内一些违建工程整改。

[8]11 月 3 日,长江生物资源保护论坛在武汉举办,此次论坛河南省是发起单位(有关部委、沿长江省份政府、国家科研单位、国际组织等)之一,河南省副省长武国定做发言。

[9]11 月 25 日,组织 178 名考生参加全国第二批渔业行政执法资格考试工作,合格 88 人。

[10]潢川县成功创建为农业农村部渔业健康养殖示范县。

[11]濮阳市濮阳县王称堌镇万亩水产综合养殖基地一期工程投产。该项目为渔业产业扶贫项目,将利用低洼易涝地,建鮰鱼养殖区 200 公顷,小龙虾养殖区 67 公顷,泥鳅养殖区 67 公顷,常规鱼养殖区 100 公顷,鱼虾莲综合种养 233 公顷。

(河南省农业农村厅水产局　王建新)

湖北省渔业

【概况】 2018 年,全省水产养殖面积稳定在 53.1 万公顷,淡水水产品总产量 458.4 万吨,同比减少1.5%,连续 23 年居全国第一,其中养殖产量 440.3 万吨,捕捞产量 18.1 万吨。渔业经济总产值 2 589 亿元,同比增长 3.34%,其中渔业产值 1 106 亿元(不含苗种产值),同比增长 1.56%;渔业加工和流通服务业产值 1 384.1亿元,同比增长 4.78%。渔民人均纯收入 19 165元,同比增长 1.78%。

1. 产业发展

(1)养殖布局。发布水产养殖“三区”划定指导意见,明确禁养区、限养区、养殖区,不断优化养殖布局。大力推进重点县养殖水域滩涂规划编制工作,全省 74 个县(市、区)规划编制工作全部完成,其中 66 个县已由政府发布。

(2)健康养殖。加快渔业养殖设施改造升级,争取项目投资,全省精养池塘标准化改造 2.71 万公顷。开展养殖环境治理,推进各地“湖边塘”“河边塘”整治。下发生态健康养殖指导意见和行动方案,积极开展健康养殖示范创建活动,新创建 33 家农业农村部水产健康养殖示范场和松滋市、枝江市 2 个农业农村部渔业健康养殖示范县。

(3)绿色模式推广。重点是大水面生态增殖、池塘工程化生态养殖、工厂化循环水养殖、流道养殖、集装箱养殖等绿色养殖模式,防控水产养殖污染。专项资金重点倾斜,办点示范。

(4)稻渔综合种养。湖北省政府办公厅印发《湖北省推广“虾稻共作稻渔种养”模式三年行动方案》,创建全国稻渔综合种养示范区 4 个,全省新发展稻渔综合种养 6.18 万公顷,养殖总面积达 39.31 万公顷,同比增长 18.6%。

(5)特色产业。贯彻“一鱼一产业”战略,大力发展特色养殖,推进结构调整,不断壮大特色产业,促进渔业转型升级、提质增效,2018 年小龙虾产量 81.2 万吨,同比增长 28.6%,居全国第一;黄颡鱼产量 14 万吨,同比增长 2.23%。

(6)产业融合。全省有水产品加工企业 243 家、其中国家级龙头企业 9 家、省级龙头企业 53 家,加工产值达405.8 亿元,同比增长 6.26%。培育了一批水产品电商新型经营主体,打造了小龙虾电子商务“潜江模式”。培育了一批小龙虾餐饮名店、名菜、名厨,湖北小龙虾连锁餐厅遍布全国 20 多个省份。大力发展休闲渔业,2018 年全省休闲渔业产值 107.7 亿元,同比增长 29%。

(7)品牌建设。大力培育渔业精品名牌,支持“潜江龙虾”“洪湖清水大闸蟹”“荆州鱼糕”等水产品牌做大做强,支持举办潜江龙虾节、“荆州鱼糕”专场推介、监利黄鳝节、洪湖河蟹节等活动。在第十六届中国国际农产品交易会上,荆州“好味源”品牌获组委会金奖,20 个水产品牌获得水产展团金奖。深化湖北水产品牌自主创新,“洪湖诱惑”与京东生鲜成功牵手,“虾小弟”长期占据淘宝等电商平台人气榜首,10 万只湖北小龙虾助阵俄罗斯世界杯。

(8)现代渔业种业。完成 3 家国家级原良种场的复查工作。健全完善省级水产原、良种场退出机制,对 16 家省级水产原良种场进行复查,12 家复查合格。积极组织省级水产原良种场创建,新创建 10 家省级原良种场。2018 年全省苗种产量 1 182 亿尾。

(9)新型市场主体。大力培育新型经营主体,完善全省水产专业合作社数据库,培训水产养殖合作社 153 家、家庭渔场 272 个。在项目安排上对新型经营主体予以倾斜,支持合作社项目建设 39 个。2018 年全省农业合作社百强品牌,水产有 16 家,十强有 3 家。

2. 渔业科技

(1)科技成果。2018 年湖北省水产科学研究所研究成果“淡水养殖气象保障关键技术的研究与应用”,获得湖北省人民政府颁发的科技进步三等奖,授权实用新型专利 2 项,申请国家发明专利 2 项,编制省级地方标准 2 项。湖北省水产技术推广总站编制地方标准 3 项。

(2)示范推广。发布 2018 年全省渔业主推技术,虾稻生态种养技术、池塘网箱养鳝技术、池塘“3 + 5”分段养蟹可控技术、池塘工程化循环水养殖模式 4 项技术作为湖北省农业农村厅主推技术并入选《湖北省 2018 年农业主推技术指南》。省、市、县三级联动进行示范、推广和应用,建设核心示范样板基地 37 个,新品种、新技术、新模式示范推广面积达 22.47 万公顷。

(3)科技入户。3 月 7 日,在蕲春县八里湖农场举办 2018 年全省水产系统“送科技下乡”活动启动仪式,拉开了全省渔业送科技、送政策、送服务下乡活动的序幕。在全省整体推进渔业科技进村入户工程,全省 1 000 多名渔技人员活跃在湖边池头,开展水产科技推广“百千万工程”、新型职业渔民全产业链培训等活动,全省推广机构共计开展科技培训 1 535 场次,培训渔民 15 万人次,培植渔业科技示范户 3 万余家。

3. 水产品质量安全

(1)质量监测。科学制定全省 2018 年水产品质量安全监测计划,加大大宗养殖品种、名优品种和稻渔综合种养产品的抽检力度。2018 年共组织部省级例行监测、监督抽查及稻渔综合种养抽检 14 次,抽样水产品 849 批次,合格 845 批次,综合合格率 99.53% 。

(2)综合整治行动。印发“渔业质量年”行动方案,部署、启动并推进了以“渔业质量年”为主题的宣传、监测、执法等九大行动。部署实施了全省水产品质量安全综合整治行动,并把小龙虾投入品专项整治作为突出任务,牵头组织开展了多轮多部门联合整治行动。协调湖北省农业农村厅有关单位成立了整治工作专班,重点针对“非药品”类水产养殖投入品市场进行了拉网式清理整治。全省共检查生产经营企业 7 338 家次、出动执法人员 8 866 人次,确定重点整治区域 284 个,查处问题 141 起,立案查处 33 起,捣毁窝点 14 个,涉及金额 22 余万元。

(3)水生动物疫病监控。在全省 46 个县(市)级水生动物疫病防治站设立 150 个监测点,监测面积 28 869.28公顷,监测养殖品种 22 个。完成农业农村部下达给湖北省的水生动物重大疫情专项监测任务,开展了小龙虾、南美白对虾白斑综合征的监测与阳性样本流行病学调查。启动了水产苗种产地检疫工作。

(4)水产用药减量试点。开展水产养殖用药减量试点工作,在孝南三岔、仙桃通海口建立 13.33 公顷水产养殖用药减量行动核心示范区,推广绿色生态健康养殖技术,开展系列实验,全年核心示范区渔药使用量同比下降 10% 以上。

(5)监管信息化。新增 24 个县(市、区)开展可追溯体系建设试点,全省共有 55 个县(市、区)先后建设推行了水产品质量安全可追溯系统,920 个示范基地和 31 个流通企业已纳入追溯管理。

(6)无公害认证。制定印发了《湖北省无公害农产品(水产品)认定审核细则》。组织召开无公害水产品认证专家评审会,认定 96 个基地的 161 个水产品为无公害农产品,其中新申报产品 104 个,复查换证产品 57 个。

4. 依法治渔和渔业资源环境保护

(1)渔政执法。继续加大“两法”衔接力度,3 次与湖北省公安厅联合发文,相继组织了 2018 年度全省打击非法捕捞、“中国渔政亮剑 2018”、打击电鱼、清理整治违规渔具等 4 个专项行动,组织开展 6 次跨地市巡航检查。全省共查获违禁捕捞渔船 935 艘、取缔违规渔具 1.5 万余部、查处电捕鱼器 1 521 台(套)、查处电鱼案件 963 起、毒炸鱼案件 18 起、没收非法渔获物超 2 万千克(包括螺蛳)、没收“三无”船只 420 艘、行政处罚 1 267 人、移送刑事案件 228 起、罚款 196.2 万元,查处案件数量、行政处罚人次、刑事处罚人数分别较上年增长 44% 、61% 、13% 。

(2)涉渔环保督察。通过争取政府重视、部门协作、查漏补缺,组织专项督查 5 次,对督查情况印发通报并已持续督导整改落实到位,江河湖库拆围后续管理实行严管严查,涉渔环保督察事项未发现反弹。

(3)水生生物保护区环境问题整改。组织开展“绿盾 2018”保护区专项整治行动,7 个省级以上自然保护区排查存在问题 452 处,全面部署整改,整改工作实行月报制度,台账式、清单式管理,逐一整改销号。自查发现问题已完成整改 407 处,其中自然保护区 372 处。

(4)水生生物保护区全面禁捕。组织排查,摸清底数,掌握保护区基本情况,湖北省 83 个保护区,涉及水面38.87万公顷,58个县(市、区)的退捕渔民35 649人,渔船16 537艘(其中捕捞渔船9 159艘)。截至2018年12月19日,全省83个保护区所在地地方政府全部正式向社会发布禁捕通告。全省退捕渔船已拆解2 492艘,渔民转产安置工作稳步推进。2018年安排5 000万元作为回购禁捕渔船启动资金和购买禁捕执法船艇,中央安排的第一批退捕资金4.23亿元已及时下达。

(5)河湖长制工作。协调成立湖北省农业农村厅河湖长制领导机构和办公室。副省长童道驰巡察斧头湖并召开座谈会,副省长、龙感湖省级湖长杨云彦巡察龙感湖。强化开展巡湖工作,湖北省农业农村厅厅长肖伏清、湖北省水产局局长李水彬多次明察暗访梁子湖和斧头湖,针对巡湖发现的问题,致函武汉市、鄂州市、咸宁市河湖长制办公室《关于迅速开展梁子湖、斧头湖水质下降原因调查与问题整改的函》《关于巡查梁子湖、斧头湖有关事宜的函》,有效推进了低矮围,沿湖违规建筑物拆除以及污染防治工作。

(6)水生生物资源养护。增殖放流持续进行,编制《湖北省2018年水生生物增殖放流项目实施方案》,科学指导和组织全省各地开展增殖放流活动。据不完全统计,全省开展各类增殖放流活动75余场次,投入2 094.04万元,放流各种规格鱼类35 676.2万尾。连续第5年组织对救护的娃娃鱼进行野外放归,放归的数量已经超过150尾。组织开展湖北省2018年水生野生动物保护科普宣传月活动。农业农村部和湖北省政府联合举办的长江生物资源保护论坛11月3日在武汉成功举办,农业农村部部长韩长赋、湖北省委书记蒋超良,省长王晓东,省委副书记、武汉市委书记马国强,副省长万勇等省领导出席活动。

5.渔业水上安全管理

(1)渔业水上安全监管。印发《湖北省渔业安全生产"打非治违"专项行动工作方案》,在全省范围内组织开展渔业船舶违章载客超载专项整治行动。组织开展全省渔业安全生产大检查活动,对黄冈、荆州、黄石、孝感等12个市20个县(市、区)的渔船渔港安全进行了督查,对发现的30余个隐患或问题提出了书面整改意见,有关县(市)按要求100%整改落实到位。连续8年组织开展渔船水上突发事故应急演练活动,10月在黄冈市白莲河水库举办全省渔船水上安全应急救助演练活动。

(2)渔船检验。组织开展渔船及其产品检验工作质量检查活动,通过对渔船检验机构日常检验管理工作的检查,促进了全省4万余艘小型渔船年检质量的管理。加强了渔政执法船的安全管理,对不按规定申报检验、无证执法等问题进行了整治。完成了武昌造船厂建造的3艘福建省沿海300吨级渔政船的建造检验工作。

(3)安全培训。组织开展全省渔业船员管理系统师资培训班,并派遣新洲、赤壁等市(区)2名同志参加部局举办的第一期内陆验船师专业基础与检验实践培训班,全省渔船检验队伍素质进一步提升,渔船管理能力进一步增强。

6.渔业产业扶贫

(1)组织领导。成立产业扶贫工作领导小组,明确领导小组工作任务和处室单位职责分工,推动扶贫工作进规划、进年度任务、进领导讲话"三进"工作落实。

(2)资金投入。根据各地发展渔业资源情况,在生产项目和资金安排上,给予贫困县重点倾斜,2018年安排5 634万元。在鱼池改造、苗种繁育、技术推广、循环水养殖等方面精准施策,推动贫困地区渔业发展,通过增殖放流增加对贫困县生态扶贫的力度。

(3)技术支持。主推稻渔综合种养扶贫技术,全省派出技术服务人员580人次、技术服务(培训)1 535批次、培训3.5万人次。贫困县建立起渔民专业合作社145家,创建中国驰名商标2个、地理标志产品2个,创建部级水产健康养殖示范场68个、部渔业健康养殖示范县1个。

(4)典型宣传。以荆州、潜江稻虾共作典型技术和养虾致富的典型案例为突破口,加强扶贫成功典型的宣传,引导一批有资源有劳力的贫困户脱贫。如荆州市公安县麻豪口镇月湖村,是建档立卡贫困村,该村立足本地实际,大力发展虾稻共作,小龙虾产业为村集体每年增收40多万元,49户贫困户中,有劳动能力的23户全部靠虾稻连作脱贫,无劳动能力的贫困户通过土地流转也获得了收益。

(5)落实扶贫联系点制度。多次赴扶贫联系点宣恩县开展渔业产业扶贫调研,为开展产业扶贫出谋划策,走访看望结对帮扶贫困户。落实对宣恩县产业发展帮扶资金85万元,从省级部门预算中支持湖北省农业农村厅驻村工作队经费25万元。

7.抗灾救灾

(1)受灾情况。2018年1月发生两次雨雪冰冻灾情,据各地上报灾情统计,精养池塘受灾面积2万公顷,稻渔综合种养受灾面积3.73万公顷,水产品损失3.3万吨,直接经济损失6.2亿元。在汛期没有发生重特大渔业灾情,全省只出现局部暴雨,仅有长阳、当阳两地报灾,经济损失300多万元。

(2)抗灾措施。一是加强组织领导。主要领导亲自推动各项工作开展，严格责任落实，明确分工，责任到人。二是强化制度建设。强化应急值守制度，实行领导带班，专人值班，在防汛抗灾等重点时期，实行24小时值班制度和渔业灾情日报告制度。三是强化预警预报。加强与气象、海事、水利等部门的协调配合，在重点时期，安排专人负责关注天气变化，及时发布预警信息。2018年，湖北省水产局通过水产政务网发布各类预警预报信息20多次。四是完善基础设施。继续实施池塘标准化改造，推进备灾苗种场建设，提高渔业防灾抗灾能力。

【重点渔业市（县、区）基本情况】

湖北省重点渔业市（县、区）基本情况

市（县、区）	渔业人口（人）	渔业产值（万元）	水产品产量（吨）	其中		养殖面积（公顷）
				捕捞	养殖	
洪湖市	87 243	829 327	392 066	1 979	390 087	57 650
鄂州市	52 676	829 872	298 338	10 707	287 631	14 638
仙桃市	133 984	680 100	290 194	15 831	274 363	34 281
监利县	127 545	685 198	255 023	2 184	252 839	31 677
沙洋县	23 100	328 714	172 326	660	171 666	13 875
钟祥市	34 367	251 512	143 934	1 384	142 550	13 200
汉川市	37 864	288 708	143 473	2 807	140 666	21 833
潜江市	62 288	432 673	129 486	1 846	127 640	9 197
阳新县	21 473	310 980	124 239	5 340	118 899	9 250
公安县	23 350	247 047	121 689	3 495	118 194	12 263

【大事记】

［1］1月16日，以"尝荆州鱼糕、品荆楚文化"为主题的荆州鱼糕（武汉）品鉴推介会在武汉举办，湖北省水产局党委书记、局长李水彬出席并致辞。

［2］1月23日，渔业转型升级推进会在北京召开，农业部副部长于康震出席会议并讲话，湖北省水产局局长李水彬代表湖北做典型发言。

［3］2月7日，湖北省农业厅和湖北省公安厅联合印发《2018年度全省打击非法捕捞违法犯罪专项行动实施方案》。

［4］2月28日，湖北省水产局在宜昌组织召开了全省渔政管理暨推进水生生物保护区全面禁捕工作会议，湖北省水产局党委书记、局长李水彬出席会议并讲话。

［5］3月1日，"亮剑2018"——春季禁渔同步执法行动长江中游分会场在宜昌市胭脂园广场举行启动仪式，中国水产科学研究院副院长邓伟，湖北省水产局局长李水彬，宜昌市人民政府副市长刘洪福参加活动。

［6］3月7日，2018年全省水产工作会在蕲春县召开，湖北省农业厅党组成员、副厅长张桂华出席会议并讲话，湖北省水产局党委书记、局长李水彬做主题报告，黄冈市委常委、蕲春县委书记赵少莲致辞。

［7］3月7日，湖北省水产局在蕲春县八里湖农场举办2018年全省水产系统"送科技下乡"活动启动仪式。

［8］3月20日，湖北省农业厅党组书记、厅长肖伏清到洪湖国家级自然保护区和湖北长江新螺段白鱀豚国家级自然保护区开展涉渔环保问题整改"回头看"督查，湖北省水产局局长李水彬随同督查。

［9］4月9日，湖北省水产科学研究所承担的科技项目"淡水养殖气象保障关键技术的研究与应用"，获得湖北省人民政府科技进步三等奖。

［10］4月14日，湖北省水产局在孝南区启动全省水产养殖用药减量试点，湖北省水产局二级巡视员林伟华出席启动仪式并讲话。

[11]4月19~20日，全国水产技术推广总站站长、中国水产学会秘书长肖放等一行4人到湖北省调研，湖北省水产局局长李水彬及相关处室负责人陪同调研。

[12]4月25~26日，全省水产技术推广工作会在武汉蔡甸召开，湖北省水产局党委书记、局长李水彬出席会议并讲话。

[13]5月18~19日，全国水产技术推广总站站长肖放一行赴武汉调研，湖北省水产局局长、党委书记李水彬陪同调研。

[14]5月18~20日，第二届中国（潜江）国际龙虾·虾稻产业博览会暨第九届湖北（潜江）龙虾节成功举办。

[15]6月11~13日，湖北省公安厅联合湖北省水利厅、环保厅、农业厅等有关业务执法部门，对长江流域湖北段开展涉污涉砂涉渔联合执法，湖北省水产局代表湖北省农业厅组织参与了打击行动。

[16]6月12日，农业农村部渔业渔政管理局局长张显良一行到武汉调研，湖北省水产局局长李水彬、武汉市农委主任谭本忠陪同调研。

[17]6月20~21日，湖北省副省长、龙感湖省级湖长杨云彦到龙感湖巡查，黄冈市委书记刘雪荣，黄冈市委副书记、市长邱丽新分别陪同，湖北省政府办公厅副主任管俊、湖北省住房和城乡建设厅副厅长傅继成，湖北省水产局局长李水彬等参加。

[18]7月12~13日，全省水产品质量安全监管工作会议在荆门召开，湖北省水产局党委书记、局长李水彬出席会议并讲话。

[19]7月15日，2018年全国渔业行政执法人员执法资格统一考试湖北考点开考。

[20]7月31日，全省现代渔业建设培训班在武汉举办，湖北省水产局党委书记、局长李水彬出席培训班并讲话。

[21]7月31日、8月8日、8月27日，湖北省副省长万勇先后召开专题会议，研究打造小龙虾品牌及产业发展工作，提出实施推广“虾稻共作、稻渔种养”模式三年行动方案。湖北省发展和改革委员会、财政厅、农业厅、工商局等有关厅局参加会议并汇报有关工作。

[22]8月20日，湖北省农业厅党组书记、厅长肖伏清一行赴梁子湖调研河湖长制工作。

[23]9月14日，湖北省政府办公厅印发《湖北省推广“虾稻共作 稻渔种养”模式三年行动方案》，湖北省农业农村厅制定了具体落实工作方案。

[24]9月14日，湖北省水产局在武汉组织开展了2018年度全省水生生物保护区培训班暨全省水生生物保护区非法活动整改推进会。

[25]10月17日，湖北省副省长童道驰调研斧头湖湖长制落实情况和生态环境保护工作，并召开现场推进会。湖北省政府副秘书长陈惠霞、农业厅厅长肖伏清、水利厅厅长周汉奎、环保厅副厅长李瑞勤、水产局局长李水彬、武汉市政府副秘书长张军、咸宁市市长王远鹤等参加。

[26]10月18日，湖北省渔业水上安全应急救助演练活动在黄冈市白莲河水库举行。

[27]11月1~5日，湖北省水产局组织20家水产企业、57种优质水产品参展第十六届中国国际农产品交易会，荆州市“好味源”速冻小龙虾获得金奖殊荣。

[28]11月3日，由农业农村部和湖北省人民政府主办的长江生物资源保护论坛在武汉举行。农业农村部部长韩长赋出席主论坛并做主旨发言。湖北省委副书记、省长王晓东致辞。农业农村部副部长于康震主持主论坛。贵州、西藏、云南、四川、重庆、河南、湖南、江西、江苏等省（自治区、直辖市）做大会发言。湖北省委副书记、武汉市委书记马国强，水利部长江水利委员会主任马建华，国家林业和草原局副局长李春良，中国工程院副院长邓秀新等出席论坛。湖北省副省长万勇宣读《保护生命长江武汉宣言》。阿拉善SEE生态协会会长艾路明宣读《保护生命长江倡议书》。中央有关部委、省直部门、国际组织、科研机构和企业负责人，湖北省政府秘书长别必雄参加活动。论坛采用主会场和分会场形式召开，设4个分会场。

[29]11月3日，湖北省委书记蒋超良，省委副书记、省长王晓东在武汉与农业农村部部长韩长赋座谈。湖北省委副书记、武汉市委书记马国强参加座谈。蒋超良代表湖北省委、省政府对韩长赋一行来鄂参加长江生物资源保护论坛和调研指导表示欢迎，对农业农村部长期以来关心支持湖北农业农村及脱贫攻坚工作表示感谢。农业农村部副部长于康震和有关方面负责同志；湖北省委常委、省委秘书长梁伟年，副省长万勇，省政府秘书长别必雄，省农业厅负责同志参加座谈。

[30]11月10日，第五届洪湖清水螃蟹节开幕，湖北省水产局局长李水彬宣布螃蟹节正式开幕。

[31]11月17~20日，湖北省水产局组织40家水产企业参展第十五届中国武汉农业博览会，湖北省水产局获得“突出贡献单位”荣誉。

[32]11月30日，第二届全国稻渔综合种养模式创新和优质渔米金银奖大赛在江苏盱眙举行，湖北省6家企业参赛，获5个奖项。

[33]12月19日，全省83个保护区所在地地方政府全部正式向社会发布禁捕通告，基本实现了湖北省

水生生物保护区全面禁捕。

（湖北省水产局 吕金龙）

湖南省渔业

【概况】

1.渔业主要经济指标

（1）水产品产量。2018年，湖南省水产养殖总面积41.93万公顷，同比2017年增加0.18万公顷，增长0.44%。水产品总产量246.93万吨，同比增加5.4万吨、增幅2.24%，其中，水产养殖产量237.95万吨，同比增加5.9万吨、增长2.55%；捕捞产量8.99万吨，同比减少5 059吨、减幅5.33%。

（2）苗种生产及水产加工。2018年湖南省生产鱼苗499.96亿尾，同比2017年增长75.46%；鱼种生产43.32万吨，同比增长38.19%；全年投放鱼种34.32万吨，同比增长24.76%。2018年，湖南省有水产品加工企业170家、同比增长15.65%，水产品加工能力35.37万吨、同比增长7.55%；全省水产品加工总量15.19万吨、同比增长10.07%，其中，水产冷冻品加工8.58万吨、增长14.6%，鱼糜制品及干腌制品6.05万吨、增长4.39%，小龙虾加工2.18万吨、增长43.09%。

（3）渔民收入。2018年，湖南省渔民家庭人均纯收入16 411元，同比增长1.85%；渔民人均可支配收入15 408.69元，同比增长2.23%。

2.养殖结构调整

（1）名优水产品养殖。2018年，湖南省以虾、蟹、龟、鳖为主的名优水产品养殖增长明显，其中，甲壳类养殖产量25.84万吨，同比增加10.41万吨、增长67.48%，甲壳类在水产养殖产量中的占比从2017年的6.65%提升到10.86%；龟鳖等其他类养殖产量4.52万吨、同比增长4.84%，特别是龟类养殖产量0.34万吨、同比增长62.46%，鳖类养殖产量2.39万吨、同比增长9.58%。

（2）池塘和工厂化养殖。2018年，湖南省池塘养殖面积25.53万公顷、同比增长6.15%，其中精养池塘面积18.33万公顷、同比增长0.5%；全年池塘养殖产量175.06万吨，比上年增长0.72%。推动绿色渔业发展，全省湖泊养殖面积同比减少7.06%，水库养殖面积同比减少9.14%，网箱养殖面积同比减少5.17%；湖泊、水库和网箱养殖产量同比分别下降31.93%、14.16%和34.56%。全省工厂化养殖面积较2017年同期增长13.63%，工厂化养殖产量同比增长10.85%。

（3）稻渔综合种养。2018年，湖南省整合资金4 000万元，创建10个稻渔综合种养示范县，每县年新增稻渔综合种养面积超过1 333公顷。推广和引导发展稻鱼、稻虾、稻蟹、稻蛙、稻龟等多形式的绿色生态综合种养模式，华容县天星州稻虾种养专业合作社被农业农村部评为全国稻渔综合种养示范区。2018年，全省发展稻田养鱼面积30.01万公顷、同比增长35.49%，稻田水产养殖产量29.8万吨、增长56.69%。主推稻虾综合种养模式，2018年全省小龙虾养殖产量23.76万吨，比2017年增加10.19万吨、增长75.06%。特别是南县大力推广“稻虾生态种养”模式，建有高标准集中连片万亩稻虾示范基地7个，67公顷以上集中连片稻虾标准化生产基地22个，以稻虾产业为主的现代农业特色产业园20多个，有稻虾种养、销售、加工等新型经营主体200余家，全县发展稻虾种养面积3.33万公顷、年产小龙虾8万吨、稻虾米24万吨，综合产值100亿元。“南县小龙虾”“南洲稻虾米”获中国国家地理标志证明商标；2018年5月“南洲稻虾米”被湖南省粮食行业协会作为标准发布湖南省“好粮油”稻虾米产品团体标准；9月，南县被中国粮食行业协会命名为“中国虾稻米之乡”。

（4）休闲渔业。2018年湖南省有休闲渔业经营主体8 043个，其中规模以上休闲渔业企业1 685个，全年接待人数1 038.6万人次，休闲渔业产值23.45亿元。2018年全省生产养殖观赏鱼1 273.13万条，同比增长8.86%。

3.养殖方式转型

（1）水产健康养殖示范创建。组织开展渔业健康养殖示范县创建活动，整县推进水产健康养殖，安乡县、望城区获农业农村部“渔业健康养殖示范县”称号。开展水产健康养殖示范场创建，湖南省将创建部级水产健康养殖示范场工作纳入省政府绩效考核内容，2018年组织105家水产养殖企业、合作社和家庭渔场参加示范场创建活动，最终有68家水产养殖企业通过现场检查验收。

（2）养殖水域滩涂规划制订。落实农业农村部部署要求，到2018年年底，湖南省应单独编制养殖水域滩涂规划的102个重点县（市、区），已全部由所在县级人民政府发布了规划；除岳阳市之外的13个市（自治州）均由所在市（自治州）人民政府发布了规划。

（3）规范天然水域养殖行为。湖南省人民政府继续将养殖污染治理纳入2018年河长制湖长制工作重要内容，纳入对市、县、乡镇政府绩效考核，水产养殖方面主要包括天然水域禁止投肥养殖和拆除饮用水源地网箱养殖等工作。湖南省畜牧水产局成立全省养殖业环保工作领导小组，明确责任分工，加大督查督办，推进养殖环保工作，督促和指导地方政府压实问题整改责任、落实整改措施，严防退养反弹。2018 年全省饮用水水源地一级保护区水产养殖全部完成退养，共拆除饮用水源保护区网箱 866 口、面积 7.94 万平方米。明确天然水域范围，组织全省各地依法确认、调整或终止所辖天然水域经营权，规范天然水域养殖行为，2018 年底全省河流、湖泊等天然水域全面实现禁止投肥养殖。此外，湖南省财政安排 300 万元专项资金，支持岳阳县、赫山区开展养殖尾水治理试点工作。引导发展池塘循环微流水养殖，望城乡里里手农业科技有限公司等 5 家企业引进池塘循环水养殖新技术，已建成投产水槽 87 条。

(4)水产品质量安全监管。推广《“两型”水产养殖》等资源节约型、环境友好型养殖业地方标准，推进生态健康养殖。组织全省开展水产品禁用药物和有毒有害物质、养殖业农资打假等专项整治行动，严厉打击质量安全违法犯罪行为。2018 年，湖南省省级组织抽取水产品样品 372 批次，检测质量合格率 99.2%；在农业农村部组织开展的畜禽水产品例行监测中，湖南省水产品监测合格率为 96.9%。

(5)养殖科技研发推广。湖南省水产科学研究所“观赏鱼工厂化循环水养殖实验基地”建成并投入使用。加强渔业工作管理基层能力建设，湘阴县水产技术推广站获“十佳全国水产技术推广示范站”称号；刘明丽(苏仙区)、杨从华(中方县)、陈军燕(长沙县)、彭英海(湘西土家族苗族自治州)、程明亮(安乡县)等 5 名基层渔业工作者被评为全国百名“最美渔技员”。

4. 渔业行政管理

(1)打击非法捕捞。3 月 1 日，“中国渔政亮剑 2018”春季禁渔同步执法行动启动仪式在湖南省常德市诗墙排云阁码头举行，此次执法行动启动仪式由农业农村部分别在长江上游、中游、下游，洞庭湖，鄱阳湖，淮河干流和珠江流域统一组织开展，启动仪式设上海主会场，湖南洞庭湖分会场系全国 6 个分会场之一。启动仪式上，省、市、县渔政、公安、海事执法人员共同宣誓，常德、岳阳、益阳市组织渔政、公安、海事共 12 艘执法船艇参加巡航检阅。从 3 月 1 日至 6 月 30 日，洞庭湖区 3 市在各管辖水域开展联合执法，严打电毒炸鱼和违反禁渔期、禁渔区等规定从事非法捕捞的行为，严查重处迷魂阵、矮围、网围等非法作业方式，以及制造、销售、使用禁用渔具的违法行为，依法查处涉渔“三无”船舶，并追究违法者相应法律责任。省、市、县成立渔政执法领导小组，强化禁渔工作目标管理考核，压实地方春季禁渔责任，严格禁渔期制度。开展打击非法捕捞专项整治行动，在全省集中开展违规渔具渔法专项清理整治，将“打非治违”工作特别是“电毒炸鱼”纳入省河长制、湖长制对各市(自治州)政府的绩效考核内容，强化水上巡查和现场执法，严打非法渔具渔法，同时，多地将“生态修复补偿机制”引入办案过程，在惩治犯罪的同时，按照“谁破坏、谁补偿”的原则，责成当事人通过增殖放流修复被破坏的渔业资源和生态环境。2018 年全省清理整治违规网具 3.97 万张(顶)，查办违规违法案件 1 811 件、涉案人员 2 161 人，移送司法处理案件 116 起、146 人。

(2)水生生物资源养护。6 月 9 日，2018 年湖南省大型放鱼活动在长沙橘子洲公园战备码头举行，活动以“放鱼三湘四水，建设美丽湖南”为主题，现场向湘江投放 10 厘米以上春片鱼种 50 万尾、四大家鱼亲本 500 组、3 厘米以上夏花鱼种 3 277 万尾，以及国家重点保护珍稀水生生物胭脂鱼 10 万尾、湘华鲮 2 万尾、背瘤丽蚌 15 万只。2018 年，湖南全省共组织增殖放流活动 160 多次，放流鲢、鳙、草、青、鳊、鲴、黄颡鱼、中华鳖等苗种、亲本及受精卵等共 10.1 亿尾(粒)，其中放流银鱼受精卵 3.4 亿粒；放流大鲵、胭脂鱼、背瘤丽蚌等珍稀水生物种 32 万尾(只)，共投入放流资金 4 376万元。据湖南省水产科学研究所 2018 年鱼类增殖放流效果评估显示，洞庭湖区渔获物中“四大家鱼”的比例比 2017 年度提升了 7.57%；湖南省长江中下游鱼类人工增殖放流鱼种对洞庭湖贡献率约为 1.29%；对水体的生态净化效益投入产出比为1:2.19。强化渔业法制建设，7 月 19 日，湖南省人大常务委员会通过《关于修改〈湖南省渔业条例〉的决定》，进一步规范过鱼设施建设等渔业资源生态补偿措施。出台《湖南省渔业资源保护行政执法与刑事司法衔接工作暂行规定》，进一步加强全省渔业资源保护行政执法与刑事司法衔接工作，完善了涉渔犯罪案件的线索通报、案件移送、资源共享和信息发布等工作机制，为严厉打击破坏渔业资源违法犯罪行为奠定了制度基础。

(3)大鲵自然保护区监管。深入开展“绿盾 2018”水生生物自然保护区监督检查专项行动，推进湖南大鲵国家级自然保护区内违法违规问题整改。一是全面取缔涉保护区采砂项目。张家界市政府发布《关于在全市范围内实行河砂全面禁采的公告》，关停取缔涉保护区内 29 个采砂、采矿类项目，并实施生态修复。二是分类整改涉保护区水电开发项目。对涉保护区 60 个水电开发项目按所属功能区、水坝用途和发电规模等实际情况，实行立即关闭一批、限期退出一批、整改保留一批的分类整改措施，2018 年退出水电站 16

个。同时，按照"生态优先、依法依规、实事求是"原则优化调整整改方案。三是开展生态修复，组织保护区内的60个水电站开展人工放流，共投入资金378万元，安装宣传牌295块，建设人工鱼巢4 970平方米，人工放流大鲵7 736尾、常规鱼类217.5万尾。制定保护区7个天然大鲵出苗点的生态修复工作实施方案。印发《涉大鲵保护区开发建设项目生态补偿措施落实整改方案》，严格督促相关业主单位整改，推动落实农业部13个批建项目生态补偿资金及措施。四是实施保护区"四网一设施"清零行动。全面整治清理涉保护区网箱、抬网、拦网、定制张网及水上餐饮娱乐等违法违规设施，制定自然保护区网箱等违法违规人工设施整改工作方案，先后下发督办函和法律文书，至12月31日，累计拆除保护区内网箱155 807平方米、拦网71 211平方米、抬网757个（全部拆除）、定制张网34处424 563平方米（全部拆除）、水上餐饮娱乐设施12处。五是严格保护区监督执法。加强日常巡护，建立"保护区管理处牵头，区（县）渔政执行，社区参与"的共管机制，全年开展巡护活动100余次，制止或移交违法违规问题23个。11月保护区管理处联合市（区、县）畜牧兽医水产局、公安局、河长办等22个单位开展全市联合执法行动，收缴刺网10条2 000米、拖网1张64平方米、地笼55个400米、强拆张网1个2.2万平方米，监督渔民自行拆除张网2个共20万平方米、强拆抬网65个1.27万平方米，涉非法捕捞案件人员18人。对4个未批先建项目下达《行政处罚书》，处罚款24.65万元，对保护区内的网箱下达限期退出执法文书。六是加强科研救护与资源恢复。建立230尾大鲵亲本的生长档案，繁育幼苗7 000余尾，救护2尾，放流亲本190尾、幼鲵2 310尾。

（4）洞庭湖矮围、网围清理整治。湖南省委、省政府坚决贯彻习近平总书记等中央领导同志关于南洞庭下塞湖非法矮围整治重要批示精神，落实"共抓大保护、不搞大开发"生态文明理念，6月3日全面打响拆除下塞湖矮围、网围战役，至6月15日全部拆除下塞湖矮堤18 692.6米、节制闸3座，实现内外湖完全连通，彻底根除下塞湖矮围网围问题。同时，湖南省委、省政府全面组织开展洞庭湖区矮围、网围清理整治行动，7月4日湖南省人民政府办公厅印发《关于开展洞庭湖区矮围、网围清理整治的通知》，要求按照新标准，彻底清理拆除矮围、网围，包括泥堤、节制闸、水泥拦墙以及加高加固的尼龙网、铁丝网、钢筋和竹木立桩等设施；泥堤、水泥拦墙拆除到原地表生物着生地海拔高程，原闸口位置开挖底宽不少于15米的内外贯通沟；拆除的尼龙网、铁丝网、钢筋和竹木立桩等设施全部运离现场并进行妥善处理，消除安全隐患，恢复洞庭湖水域、滩涂、湖洲本来面貌，确保不反弹。根据属地负责制，由洞庭湖区相关市、县（市、区）人民政府负责组织矮围、网围的清理摸底和全面拆除工作；湖南省农业委员会成立洞庭湖区矮围、网围清理整治工作领导小组及办公室，牵头组织湖南省发改委、国土资源厅、环保厅、公安厅、卫生计生委、水利厅、林业厅等省直相关部门进行协调和督查，建立矮围、网围清理整治"一单四制"（问题清单，调度制度、报送制度、销号制度、问责制度）和"两报"（简报、通报）制度，实行"一围一档、一围一策"，依法铁腕治理，做到应拆尽拆。湖南省财政共投入1.2亿元矮围、网围拆除奖补资金，至2018年12月底，湖区3市共拆除矮围网围472处并经3市人民政府验收合格销号，共清除面积8.30万公顷、拆除围堤2 818.04千米、拆除网围375.94千米，全面完成洞庭湖矮围、网围清理整治任务，并同步采取生态措施逐步恢复洞庭湖自然生态，实现了"恢复洞庭湖水域、滩涂和湖洲本来面貌"的目标。

（李书庚）

【重点渔业市（县、区）基本情况】

湖南省重点渔业市（县、区）基本情况

市（县、区）	渔业人口（人）	渔业产值（万元）	水产品产量（吨）	其中		养殖面积（公顷）
				捕捞	养殖	
岳阳市	161 999	862 139	503 831	33 398	470 433	77 773
常德市	212 727	601 292.98	444 422	9 804	434 618	82 170
益阳市	107 057	629 943.50	412 428	18 301	394 127	53 769
华容县	30 341	285 060	142 226	10 695	131 531	17 809
沅江市	43 452	26 1533	154 700	7 950	146 750	11 803

（续）

市(县、区)	渔业人口(人)	渔业产值(万元)	水产品产量(吨)	其中		养殖面积(公顷)
				捕捞	养殖	
大通湖区	1 800	31 100	36 560	360	36 200	10 750
汉寿县	25 600	186 426.2	78 325	1 775	76 550	16 440
湘阴县	52 655	261 676	171 558	6 987	164 571	19 809
鼎城区	32 286	64 980	60 540	617	59 923	13 375
澧 县	26 980	83 990	59 007	850	58 157	10 200
安乡县	54 500	139 840	135 000	900	134 100	14 933
衡阳县	2 600	65 900	47 760	1 470	46 290	8 880
资兴市	28 215	37 475	30 878	853	30 025	11 900

【大事记】

[1]9 月 15 日，由农业农村部和湖南省人民政府共同推动，农业农村部渔业渔政管理局、长江流域渔政监督管理办公室和湖南省农委、岳阳市政府联合主办，岳阳市农委、安监局承办，岳阳市农业综合执法支队负责实施的“2018 全国内陆渔业水上突发事件应急演练”活动在湖南省岳阳市举行。按照“贴切、真实、周全”原则，这次演练模拟了渔船失火、动力故障和渔船互碰致人员落水、小船侧翻等内陆水域多发、易发事故。演练全程遇险求救处境、应急处置流程、指挥调度气氛、自救互救专业救助场景真实。演练实战检验了湖南省落实应急处置预案的情况，检验了相关部门在应急处置的组织、调度和反应能力，强化了各成员单位的协作意识，积累和丰富了渔业水上安全突发事件应急处置的经验，增强了渔民群众应急救援意识和安全防范意识。

[2]7 月 31 日，湖南省人民政府发布《关于禁止猎捕野生动物的通告》，在全国范围内率先全面禁捕水生野生动物。通告对列入《国家重点保护野生动物名录》《湖南省地方重点保护野生动物名录》的水生野生动物实行全面禁捕，对科学研究等 5 种特殊情况需捕捞的严格审批。禁捕期自 2018 年 8 月 1 日起至 2023 年 7 月 31 日。通告的发布为严厉打击破坏水生野生动物资源提供了法律保障，特别是为打击破坏省级重点保护动物资源填补了法律空白。

[3]2018 年，湖南省积极推动渔业行政执法与刑事司法衔接，湖南省农业农村厅联合湖南省公安厅、人民检察院下发《湖南省渔业资源保护行政执法与刑事司法衔接工作暂行规定》，内容主要涉及案件移送与法律监督、证据收集与使用、联合执法与协作机制、信息共享和通报机制建设等。此系湖南省首次在渔业行政执法领域出台与刑事司法衔接的工作办法。

[4]7 月 19 日，湖南省第十三届人民代表大会常务委员会第五次会议通过《关于修改〈湖南省渔业条例〉的决定》，新《湖南省渔业条例》明确了湘、资、沅、澧四水等主要干流的水上建筑，必须同步设计、同步施工、同步使用过鱼设施，同时明确鱼道建设、规范运行及监管等内容，这是湖南省率先从法律层面解决拦河坝的过鱼设施建设问题。《湖南省渔业条例》自 1988 年 5 月 8 日正式颁布以来，已于 1994 年 7 月、1997 年 11 月、2002 年 3 月、2004 年 7 月作出 4 次修正。与 2004 年版相比较，这次新修订的《湖南省渔业条例》，一是删除了第十三条、第十五条。二是将第十八条第三款修改为：“新增、更新改造捕捞船舶，须经县（市）渔业船舶检验部门检验合格。”三是第二十六条增加一款，作为第二款：“禁止在禁渔区、禁渔期进行捕捞。禁止使用小于最小网目尺寸的网具进行捕捞。捕捞的渔获物中幼鱼不得超过规定的比例。在禁渔区或者禁渔期内禁止销售非法捕捞的渔获物。”四是将第二十七条“须经省渔业行政主管部门批准”修改为“须经省渔业行政主管部门批准，在指定的区域和时间内，按照限额捕捞”。五是将第三十条“进行水下爆破施工”修改为“进行水下爆破、勘探、施工”。六是增加两条，分别作为第三十条、第三十一条：“（第三十条）在湘江、资江、沅江、澧水干流以及其他鱼、虾、蟹洄游通道建

闸、筑坝或者建设其他涉水工程时，建设单位编制的环境影响评价文件应当包括对水生生物环境和水生生物资源影响评价内容，环境保护行政主管部门对环境影响评价文件进行审批时应当征求同级渔业行政主管部门的意见。”“前款规定的建设项目，对渔业资源有严重影响的，建设单位应当根据经批准或者核准的环境影响评价文件建造过鱼设施或者采取其他补救措施，并与建设项目同步实施。”“（第三十一条）过鱼设施使用管理单位应当对过鱼设施进行日常维护，保障过鱼设施正常运行。”七是增加第三十五条：“违反本条例第三十条规定，建设单位未按照规定建设过鱼设施或者采取其他补救措施的，由县级以上人民政府渔业行政主管部门责令改正；对建设单位直接负责的主管人员和其他直接责任人员，依法给予处分。”

（湖南省畜牧水产事务中心 李书庚 任 妮 周 俊）

广东省渔业

【概况】 2018 年，广东省渔业工作在广东省委、省政府的坚强领导和农业农村部的正确指导下，全省各级渔业主管部门坚持以习近平新时代中国特色社会主义思想为指导，深入学习贯彻习近平总书记对广东工作的重要讲话和指示批示精神，坚持围绕中心、服务大局，贯彻落实“提质增效、减量增收、绿色发展、富裕渔民”目标任务，加快推进渔业转型升级和供给侧结构性改革，全省渔业保持平稳较快发展，为脱贫攻坚、乡村振兴提供了重要支撑。

2018 年，全省渔业经济总产值 3 453 亿元，同比增长 9.74%：其中水产品产值 1 415 亿元，同比增长 8.32%；渔业工业与建筑业（第二产业）产值 363 亿元，同比减少 8.48%；渔业流通与服务业（第三产业）产值 1 674 亿元，同比增长 16.04%：其中休闲渔业产值 106 亿元。

2018 年，广东省水产品总产量 842 万吨，比上年增长 1.07%。其中海洋捕捞产量（不含远洋）127 万吨，同比下降 11.80%；远洋渔业 5 万吨，同比增长 10.75%；内陆捕捞产量 11.5 万吨，同比下降 4.22%；海水养殖产量 317 万吨，同比增长 4.56%；淡水养殖产量 382 万吨，同比增长 3.26%。水产养殖面积略有增加，其中海水养殖面积 16.6 万公顷，同比增长 2.43%；淡水养殖面积 31.3 万公顷，同比增长 0.39%。

1. 产业发展的主要举措成就与特点

（1）支渔惠渔政策得到有效全面落实。2018 年，国家安排广东省渔业油补资金 36.84 亿元。其中，专项转移支付 8.71 亿元，一般性转移支付 28.13 亿元。安排专项资金，补助 2 720 艘海洋渔船完成通导和安全装备配备升级改造，发放国际渔业资源开发利用资金 4 980 万元；设立“助保贷”项目，拉动超过 20 多亿元银行贷款支持渔船更新改造；评定公布标准渔船船型 45 款；加快渔船油价补贴发放，顺利完成 2017 年度发放任务，实施“阳光油补”工程，全面公示公开渔船油补信息，广泛接受社会监督，确保油补资金发放公开透明。渔业互助保险面进一步扩大，承保 11 万渔民、近 9 000 艘渔船参加互助保险，办理理赔案件 830 宗，给付补偿款、慰问金 3 700 万元，为平安渔业、和谐渔区建设发挥了重要作用。

（2）海洋捕捞结构逐步优化。有序推进海洋渔船减船转产。调整油补省级统筹资金 2.24 亿元，用于支持渔民减船转产。全省累计完成减船转产 3 357 艘、功率 19 万千瓦，完成渔船更新改造 2 570 艘。协助农业农村部在湛江市成功举办减船转产渔船集中拆解活动，中央电视台《新闻联播》等媒体进行了宣传报道，取得良好社会效果。

推动海洋捕捞业向深远海发展。全省共有 18 家远洋渔业企业、198 艘远洋渔船在他国海域或公海生产，执行 23 个远洋渔业合作项目，生产作业主要分布在中西太平洋、印度洋、东南太平洋、西南大西洋等海域。落实省级财政扶持资金，加快建造南沙骨干生产船队，得到广东省政府和广东省军区领导的充分肯定。

组织开展海洋限额捕捞试点。积极探索适合广东省的近海限额捕捞管理制度，在珠江口海域开展为期 2 个月的白贝限额捕捞试点，参与试点渔船 181 艘，顺利完成了限额捕捞试点任务，达到预期效果，为实施限额捕捞制度提供了实践。

落实港澳流动渔民支持政策。完成《港澳流动渔民雇佣境内渔工管理办法》修订并经广东省政府颁布实施，有效维护内地渔工和港澳流动渔民的合法权益，促进港澳渔业生产发展。推动将港澳流动渔船纳入更新改造补助范围，解决了流动渔船更新改造缺乏补贴问题。明确符合条件的港澳籍辅助船可以申办辅助船证书，解决了港澳籍辅助船身份问题。珠海、台山等地港澳流动渔民工作办公室邀请党校专家，为港澳流动渔民作党的十九大报告专题宣讲辅导，成功举办港澳流动渔民社团联谊活动，开展港澳流动渔船安全培训，组织港澳流动渔民参观爱国主义教育基地，进一步增强港澳流动渔民认同感、归属感。

（3）绿色生态养殖加快发展。组织编制养殖水域滩涂规划。按照农业农村部渔业渔政管理局的部署，召开专题会议推进编制养殖水域滩涂规划，印发了

《广东省养殖水域滩涂规划编制工作方案》,全省统一底图、统一技术标准。截至2018年年底,省级规划已上报省政府,全省117个市、县(区)完成初步编制,35个市(县、区)完成规划发布。

持续推进水产生态健康养殖。印发《关于加强水产品质量安全 促进水产养殖绿色发展的实施意见》。清远、韶关等地积极发展稻田综合种养,水产品价格为同品种塘鱼价格的4~5倍,有效促进了渔业提质增效和农民增收。支持在珠海市开展半潜式大型智能化渔场建设试点。推动江门市台山市鳗鱼产业园、茂名市茂南区罗非鱼产业园、清远市连南瑶族自治县稻鱼茶产业园、汕尾市城区水产产业园、阳江市阳东区对虾产业园等5个产业园纳入省级现代农业产业园建设。

加大水产养殖科技推广力度。围绕渔业增效和渔民增收,支持新品种科技攻关和新技术推广,遴选发布白金丰产鲫等7个省级主推水产养殖新品种和集装箱陆基推水养殖等6项新技术。承办农业农村部集装箱循环水养殖推广现场会,积极推广集装箱循环水养殖,全省建成集装箱循环水养殖530多个。中山大学、广东省海洋渔业中心等单位联合完成的"重要南方海水养殖鱼类良种培育及应用",获得广东省农业技术推广一等奖。省级现代渔业发展专项取得丰硕成果,掌握了罗非鱼、石斑鱼、珍珠贝等良种选育关键核心技术,为渔业科技创新推广提供了重要支撑。

加强水产品质量安全监管。制定实施2018年广东省水产品质量安全监控计划,加强重点时段、重点区域、重点品种的抽检,为水产养殖绿色发展提供了有力支撑。完成重大水生生物疫病监测预警和防控,指导开展台风、洪水等灾后防疫消毒、疫病监测等工作。

(4)渔业产业加快融合发展。加大产销对接力度。何氏水产、八达水产等产销联合体与北京市建立了水产品"产销对接"合作模式,建立集活鱼养殖、检测、采购、暂养、运输和溯源于一体的全程可追溯供应链管理平台,实现了活鱼来源、运输车辆、运输时间及市场流向等信息全程可追溯查询,有力推动了广东活鱼北运。何氏水产首创活鱼冷链运输模式,实现了鲜活水产品长途"零添加"运输,得到农业农村部部长韩长赋和广东省省长马兴瑞的充分肯定。联合广东省食品药品监督部门召开推介会,推广何氏活鱼冷链运输新技术。

推进发展特色渔业。水产品加工流通协会积极组织渔业企业参加第九届广东省现代农业博览会,组织参展的罗非鱼采购、加工、餐饮等系列活动,得到了广东省省长马兴瑞、时任副省长叶贞琴的充分肯定。组织参加第十七届广东省种业博览会,为省级博览会增添活力和色彩。推动成立中国水产流通与加工协会海鲈分会,建成以海鲈产业为核心内容的珠港澳现代农业园,成功举办中国海鲈产业发展论坛,为海鲈产业发展注入了新活力。

加快培育休闲渔业。开展休闲渔业带头人和管理人才培训,培训各级休闲渔业带头人和管理人才120人次。组织休闲垂钓比赛,开展垂钓知识和技能培训。韶关市水产协会大力推动稻鱼种养,亩均利润在6 000元以上,打造"岭南稻乡"品牌,有力促进了稻渔种养提质增效。韶关市成功举办"万众渔乐庆丰收"——2018连南稻田鱼文化节系列主题活动,让禾花鱼走进了千家万户。广东省远洋渔业协会为广东省内企业积极争取远洋渔船指标,协调解决远洋渔业事务。水族、垂钓、龟鳖等行业协会积极组织参加展会,开展科普教育活动,有效促进渔业产业融合发展。

(5)渔业发展基础不断夯实。加快渔港基础设施建设。组织申报了7个渔港升级改造和整治维护项目,督导8个渔港升级改造和整治维护项目开工建设。积极推动中央财政支持的15个标准渔港项目建设,完成11个标准渔港项目验收。加快推进省级财政支持的13个现代渔港项目建设,已建成待验收项目3个、工程完成超过60%的9个。制定《广东省渔港规范管理标准(试行)》,安排1 500万元开展6个渔港标准管理示范试点。

加强渔业资源管理养护。落实全国海洋牧场建设现场会部署,推动8个国家级海洋牧场示范区开展礁区和在线监控系统建设,加大海藻种植增殖力度,建成以人工鱼礁、海藻场和经济鱼虾类增殖放流为主的养护型海洋牧场3万多公顷。2018年全省共放流淡水经济物种4 200万尾、海水经济物种3.6亿尾、珍稀濒危物种7.75万尾。

(6)渔业安全生产持续向好。推进渔业安全生产改革。认真贯彻广东省委、省政府《关于推进安全生产领域改革发展的实施意见》,从完善安全生产责任、健全安全生产预防控制制度、排查渔业安全生产隐患、强化安全宣传培训、加强安全生产整治、提高安全保障支撑能力等方面入手,实施系列改革举措并取得实效。开展渔船进出渔港报告试点,利用微信公众号和渔船管理系统自动判断是否符合出港条件,防止渔船"带病"出海。

持续强化安全生产监管。组织开展渔业安全月活动,认真落实依港管船、依港管人、依港管渔获物、依港管安全制度,实施渔船安全检查、渔业行政执法检查"全覆盖"。健全渔船安全责任体系,压实乡镇属地管理责任和船东(船长)主体责任。利用休(禁)渔期间开展渔船专项核查,重点检查异地挂靠、船名及标识不规范、船证不符、存在安全隐患等情况，全省共检查渔船4万余艘，发现隐患渔船4 076艘，并督促及时整改到位。

做好防灾减灾应急管理。2018年，登陆或影响广东省的台风共有9个。在防台期间，各级渔业主管部门和渔政队伍按照农业农村部和广东省委、省政府的部署，认真落实渔业防台各项工作，从严、从细、从实做好防台工作，尤其是成功应对超强台风“山竹”，取得了渔业领域从业人员零伤亡的重大战果，充分体现了渔业主管部门和渔政队伍强悍的执行力，得到了广东省委、省政府主要领导的充分肯定。

(7)海洋渔业系列执法敢于亮剑。有力开展渔业系列执法。组织中国渔政“亮剑2018”系列专项执法，开展清理取缔涉渔“三无”船舶专项行动，以陆上巡、港内查、海上搜的方式集中打击“三无”船舶，没收涉渔“三无”船舶330艘。开展清理整治违规渔具专项行动，对使用禁用渔具的行为予以坚决打击，全省共清理违规网具7 515张、13.54万米。深化海洋伏季休渔执法监管，针对重点水域、交界水域、违法高发水域开展专项执法行动，联合海上相关部门开展综合执法、交叉执法，对违反休渔规定的渔船实施严厉处罚，并约见地方政府领导，落实属地管理责任，保障了休渔秩序平稳和渔区社会稳定。

全方位落实渔船检验监管。开展全省海洋渔船安全技术状况监督检查整治行动、船用产品质量整治专项行动。完成船用产品检验发证7.5万余件、国内渔船营运检验3.4万余艘、港澳流动渔船委托检验761艘、新建造海洋渔船检验发证540余艘。加强验船师队伍能力建设，培训船检人员120余名。

深入开展扫黑除恶专项斗争。认真落实国家和广东省关于扫黑除恶专项斗争工作部署，精心谋划，强力推进，重点对渔业捕捞领域9项内容进行线索摸排，上报涉黑涉恶线索127条，有力打击了一批涉渔黑恶势力，得到了国家和广东省扫黑除恶专项斗争领导小组的充分肯定。广东省渔政总队被全国扫黑除恶专项斗争领导小组评为“2018年度全国扫黑除恶专项斗争先进单位”。

渔业渔政工作得到了省委的充分肯定，广东省委常委叶贞琴在春节前到省总队慰问时，指出“在过去的2018年，全省渔政系统出色地完成了各项任务，在防御强台风、专属经济区巡航、涉外渔业管理等方面作出了突出贡献，取得成绩来之不易，是一支‘召之能来、来之能战、战之能胜’的海上执法利剑”。

2.存在的主要问题

虽然全省渔业渔政工作取得了一定成效，但仍然存在不少问题和短板，主要有。

一是渔业基础设施建设欠账较多。全省渔港、避风锚地抗风标准低，避风水域面积不足，配套服务设施落后，难以满足渔业安全生产需要。“小、旧、木质”渔船多，全省小型海洋捕捞渔船2.6万多艘，占75.8%，木质渔船占51.4%，安全生产隐患大。

二是渔业生产经营组织化程度低。全省超过90%的海洋捕捞渔船属于个体经营，跟帮生产、分工合作等制度落实不到位。水产养殖以分散经营为主，抵御风险能力差，质量安全监管难度大，渔业产业化经营仍处于低水平状态，产业整体竞争力不强。

三是渔业品牌建设滞后。全省有规模、有实力的渔业专业合作社或龙头企业少，对渔业产业的拉动作用不强，企业品牌建设和营销力度薄弱，缺乏市场竞争力。特别是远洋渔业发展严重滞后，缺乏有效的龙头带动。

四是渔业科技创新能力不足。经过全国水产原良种委员会审定的215个新品种中，广东省仅有30个，与渔业大省的地位不相称。全省仅有国家级原良种场5家，仅占全国的6%。工厂化养殖、绿色养殖、生态养殖模式占比不高，绿色发展压力大。

五是水产品质量安全形势不容乐观。水产养殖生产中滥用、乱用药物现象依然存在，水产品质量监管仍然存在不少盲点盲区，质量安全意识有待提高，质量安全检验检测能力有待提升。

【重点渔业市基本情况】

广东省地级市渔业基本情况

市别	总人口（万人）	渔业产值（亿元）	水产品产量（吨）	其中				养殖面积（公顷）	
				海洋捕捞	海水养殖	内陆捕捞	内陆养殖	海水	内陆
广州市	51 607	300 767.32	454 214	21 121	76 905	37 565	318 623	4 479.00	18 531.28
珠海市	93 900	723 926.63	313 635	20 278	84 477	1 755	207 125	14 243.86	11 453.26
惠州市	61 754	253 809.80	158 055	20 134	52 649	1 093	84 179	3 290.00	14 379.97

（续）

市别	总人口（万人）	渔业产值（亿元）	水产品产量（吨）	其中				养殖面积（公顷）	
				海洋捕捞	海水养殖	内陆捕捞	内陆养殖	海水	内陆
汕尾市	147 742	704 740.12	567 008	205 541	312 999	2 010	46 458	13 680.00	4 727.57
江门市	120 667	1 434 348.25	765 695	87 460	219 120	11 902	447 213	19 494.00	35 700.00
佛山市	168 124	1 324 792.05	675 086			6 052	669 034		34 888.48
阳江市	164 730	1 610 762.38	1 182 625	334 005	746 902	8 021	93 697	19 012.00	12 459.80
湛江市	483 753	2 016 369.67	1 234 025	234 803	818 417	5 231	175 574	54 349.50	27 032.00
茂名市	192 804	812 115.48	900 108	137 702	457 403	4 374	300 629	14 598.00	22 784.82
肇庆市	59 857	535 486.15	462 347			5 262	457 085		33 945.36

【大事记】

［1］6月23日，农业农村部部长韩长赋、广东省省长马兴瑞一行莅临何氏水产调研现代农业发展情况。何氏水产首创活鱼冷链运输模式，实现了鲜活水产品长途“零添加”运输。

［2］10月11日，广东省委、省政府根据《中共中央关于深化党和国家机构改革的决定》，制定并印发《广东省机构改革方案》，组建广东省农业农村厅，将广东省农业厅（省委农村工作办公室）的职责，以及广东省海洋与渔业厅的渔业渔政管理职责，广东省发展和改革委员会的农业投资项目、广东省财政厅的农业综合开发项目、广东省国土资源厅的农田整治项目、广东省水利厅的农田水利建设项目管理职责等整合，组建广东省农业农村厅，作为广东省政府组成部门，加挂广东省扶贫开发办公室牌子。广东省委农村工作办公室设在广东省农业农村厅，不再保留广东省农业厅。

［3］11月8～11日，第九届广东现代农业博览会在广州广交会展馆如期举行，组织参展的罗非鱼采购、加工、餐饮等系列活动，得到了广东省省长马兴瑞、时任副省长叶贞琴的充分肯定。

［4］12月13日，广东省政府令第257号公布实施《港澳流动渔民雇佣境内渔工管理办法》，通过致力解决港澳流动渔民雇工难问题，维护内地渔工和港澳流动渔民的合法权益，促进港澳渔业生产发展，保护水产资源，确保海边防安全。

（广东省农业农村厅　贺书岚）

广西壮族自治区渔业

【概况】 2018年广西渔业发展实现减速提质。全区渔业经济总产值658亿元，渔业产值532亿元，占农林牧渔业产值比重10%，其中海水养殖产值为211亿元，淡水养殖产值182亿元，海洋捕捞101亿元，淡水捕捞产值8.5亿元，水产苗种产值28.1亿元，广西渔业水产品加工产值为52.6亿元。水产品总产量多年来首次出现减速，全区水产品产量329万吨，同比增长3%，增速较上年同期减少1.5%；其中捕捞产量65万吨，同比减少8.8%，减量明显，资源总量管理取得实效。广西水产养殖总面积18.3万公顷，海水养殖面积4.8万公顷，淡水养殖面积13.5万公顷。休闲渔业发展保持良好势头，产值达4.7亿元，同比增长11.7%。渔民人均纯收入、渔业经济总产值、产品产量在全国分别排位第5位、第7位和第8位。全区现有渔业乡镇15个，渔业村207个，渔业户23.22万户，渔业人口102.97万人，渔业从业人员81.52万人，其中渔业专业从业人员41.2万人（捕捞业6.8万人，养殖业30.5万人，其他3.9万人）。

1.稻田综合种养业发展 稻渔生态综合种养工作得到了农业农村部和自治区领导的高度肯定，广西农业农村厅在全国稻渔生态综合种养工作现场会上做了典型交流发言。主要工作措施，一是创新工作思路，强化政策措施和工作措施，以创建国家级稻渔综合种养示范基地、加强稻渔综合种养项目绩效管理、总结推广“广西稻田综合种养十大模式”为切入点，推动全区稻渔综合种养从传统产业向现代产业跨越，取得了新发展、新成效。2018 年稻渔综合种养面积达 7 万公顷，亩均水产品产量达 55 千克以上。二是利用渔业油价补贴政策调整资金切块安排资金 4 562 万元，支持 36 个县(区)实施稻渔综合种养开发，其中支持 19 个县建设 14 公顷以上规模化稻渔综合种养示范基地共 25 个。通过田间工程改造，完善稻渔基础设施，进一步提升稻渔综合产能，项目支持建设稻渔综合种养基地面积超过 667 公顷。三是开展国家级稻渔综合种养示范区创建，广西桂林绿淼生态农业有限公司、广西桂平维军生态农业科技投资有限公司稻渔综合种养基地获“国家级稻渔综合种养示范区”称号，示范面积共 347 公顷。四是推进稻渔产品品牌建设，在全国稻渔综合种养模式创新大赛和优质渔米评比中，广西桂平维军生态农业科技投资有限公司选送的大米，获国家级“绿色生态奖”称号。

2. 绿色生态养殖 坚持绿色发展理念，推广一批具有广西特色、适合广西发展的生态养殖模式。一是生态养殖设施建设进一步加强，在渔业油价补贴政策调整资金中，安排 1.3 亿元发展渔业种业工程、稻渔生态综合种养、渔业示范园(区)等项目建设，促进乡村渔业产业发展。建成养殖(育苗)尾水处理示范基地 15 个、渔业生态养殖示范园区 34 个、新增深水抗风浪网箱 50 万立方米，改造水产生态养殖池塘超过 667 公顷。二是微生物在水产养殖得到广泛应用，沿海地区对虾养殖使用微生物制剂的面积已超过 95%，淡水养殖使用微生物制剂也达到 40% 左右。三是稻渔生态综合种养得到进一步提升，总结提炼推广了广西三江“一季稻 + 再生稻 + 鱼”等稻渔生态综合种养“十大模式”。

3. 水产品质量安全监管 一是制定《全区水产品质量安全监测计划》和《全区水产品质量安全监管工作方案》，全面开展水产品质量安全监管工作。二是制定《全区海水贝类产品卫生监测和生产区域划型工作实施方案》，监测面积 1 400 公顷。经监测评估，贝类生产区域全部达到二类以上生产区域标准，贝类产品质量安全状况良好。三是推进水产品质量安全信息化监管平台建设，成功开发和试运行了广西养殖环节动态监管软件，已有 20 家水产养殖企业联网使用广西养殖环节动态监管软件；支持企业参与开展产品追踪溯源信息化建设，落实 10 家无公害水产养殖企业开展产品挂标上市试点工作。四是结合“三鱼两药”、农资打假等专项整治行动等，组织开展了 4 次水产苗种和养殖生产环节质量安全专项检查；开展了以“放心农资进乡村，质量兴农保安全”为主题的“2018 年放心农资下乡进村宣传周”活动等。五是对兽药、饲料和水产畜牧产品生产经营活动中的违法违规行为保持高压严打态势，水产品总体合格率为 99.78%，对抽检不合格水产品生产单位执法查处率达 100%，监督抽查不合格产品查处率 100%。六是各市、县局与辖区内的投入品生产经营企业及养殖场签订产品质量安全责任状(承诺书)，全面落实质量安全承诺制度。

4. 水产养殖病害防控 一是继续开展水产养殖病害测报，在 20 个县(区)设置测报点 120 个，监测池塘 0.1 万公顷、网箱 4 万平方米，全年采样、检测病样 600 个，并编制《广西水产养殖动物病情测报月报》向社会发布。二是实施重大水生动物疫病监测，制定了《2018 年广西水生动物疫病监测实施方案》，对病毒性神经坏死病等 7 种疫病进行专项监测，全年完成采样 225 个。三是开展渔业类官方兽医资格认定工作，经考核评定 59 名在渔业部门工作的国家工作人员取得官方兽医资格，使全区具有渔业类官方兽医资格的人员达 130 名。四是探索布局 8 个水产苗种生产大县开展水产苗种产地检疫试点。

5. 水产健康养殖示范创建 一是及时部署开展全国水产健康养殖示范创建活动，完成 52 家参加水产健康养殖示范场创建单位上报备案。二是组织开展考核(复查)验收工作，完成资格到期复查验收 14 家、新创建 28 家养殖生产单位考核(复查)验收工作，经考核(复查)，评定为验收合格单位 23 家。三是完成考核(复查)验收拟评定为合格单位名单网上公示，经农业农村部审定，23 家单位获评 2018 年全国水产健康养殖示范场。四是进一步规范管理，清理已被取消资格养殖示范场，截至 2018 年年底，全区水产健康养殖示范场共 153 家，其中，农业农村部水产健康养殖示范场 141 家，广西健康养殖示范场 12 家。

6. 休闲渔业发展 一是开展休闲渔业发展能力提升行动，项目支持休闲渔业基地能力提升建设 15 家，改造提升基础设施设备，提高休闲渔业服务能力，拓展服务功能，增加活动形式和内容，提高休闲渔业市场竞争能力。二是组织开展休闲渔业宣传推广活动，编写休闲渔业发展典型案例 5 个和休闲渔业旅游精品路线 4 个并向农业农村部上报推荐，通过全国平台对外大力宣传推介广西休闲渔业。三是开展 2018 年广西休闲渔业示范基地创建活动，通过评审，获广西休闲渔业示范基地称号新增单位 10 家。截至 2018 年年底，全区在有效期内的“广西休闲渔业示范基地”共 50 家、全国休闲渔业示范基地 17 家、全国休闲渔业主题公园1家、全国最美渔村1家、国家级示范性渔业文化节庆1家。

7. 水产种业规范管理 一是完善水产原良种审定机构建设，成立了第三届广西水产原良种审定委员会，修改了《广西水产原良种审定委员会章程》，明确了审委会秘书处所在单位和人员组成，选出了更有代表性的审定委员会成员，为更好地开展水产原良种体系建设打下了良好基础。二是完成全区700多家水产苗种场调查，进一步掌握全区水产苗种场的生产、经营情况。三是进一步梳理完善了“水产苗种进出口审批”“水产苗种生产许可证审批”“水产原良种场苗种生产许可证审批”“水域滩涂养殖证审核”“水产新品种初审”等有关行政许可事项的办事流程，办理时限等，进一步简化、规范了有关行政许可的办理程序。四是完成水产苗种生产许可证信息录入系统，为实现信息共享打下基础。

8. 远洋渔业发展

(1)生产发展情况。2018年，广西2家企业实施远洋渔业项目。本年度广西派出境外作业的远洋渔船共23艘，主机总功率28 388千瓦，总吨位9 564总吨。其中，北海龙达渔业捕捞有限责任公司实施远洋渔业项目渔船9艘（新建2艘远洋渔船），广西祥和顺远洋捕捞有限公司实施远洋渔业项目渔船14艘。共派出船员人数245人，雇用外籍船员146人。全年实现捕捞产量21 912.8吨，比上年增加13 042.8吨，同比增长147.0%；产品产值15 594.0万元，比上年增加5 221.4万元，同比增长50%；自捕水产品运回量290吨，比上年增加21吨，大部分产品仍在国外销售。

(2)远洋渔业基地建设情况。广西祥和顺远洋捕捞有限公司（在毛里塔尼亚注册为日昇公司）在毛里塔尼亚努瓦迪布自贸区投资的广西远洋渔业综合开发园区项目，截至2018年年底，已完成第一期投资6.5亿元。其中投资2.5亿元，建成14艘渔船的大型远洋船队；投资3亿元建成园区核心加工基地，入园企业7家（广西籍2家）；投资1亿元初步建成具备公共服务能力的自营渔港。项目一期进入运营阶段，园区年度实现渔获总捕捞量8万吨，水产品加工总量12万吨，综合总产值4.5亿元。这是广西首家在国外建立的渔业园区，也是中国在非投资建设规模最大，建设标准最高，综合效益最强的渔业加工项目之一，成为中毛渔业合作的重点示范项目和毛里塔尼亚自由贸易区首个示范性项目。

9. 扎实开展渔政执法和巡航护渔 一是组织开展“中国渔政亮剑2018”广西系列专项执法行动，重点打击使用“绝户网”及电毒炸等违法犯罪行为，清理取缔涉渔“三无”船舶等各种涉渔违法犯罪行为，全区各级渔政机构出动执法人员3万余人次，出动执法船艇6 710艘次，出动执法车5 460辆次，查办违法违规案件337宗，移送司法机关追究刑事案件56宗，没收违规渔具和电鱼工具6 785张（套），清理非法网箱62口，处罚金额14.63万元。查处涉渔“三无”船舶98艘，有效遏制了涉渔各种违法违规行为。组织开展北部湾广西管辖专属经济区海域渔政巡航护渔行动16次，有效维护国家权益。二是实施珠江禁渔和海洋伏季休渔制度，发放宣传资料16万余份，利用媒体宣传387次，在休渔期开展各类渔业船员培训座谈518次，休禁渔期制度实施顺利。三是开展海洋渔政巡航护渔行动。进一步完善北部湾广西管辖海域渔政、海警常态化联合巡航护渔机制，结合海上渔业生产规律，适时组织开展北部湾巡航护渔行动。据统计，全年共下达巡航任务21次，出动渔政船878艘次、渔政人员1 701人次，巡航时间1 344.7小时，航程7 972.9海里，驱赶外国籍侵渔渔船72艘。

10. 加强渔业资源及生态环境保护监管 一是加强增殖放流指导与检查，统筹安排全区增殖放流工作，制定下发2018年中央财政项目广西水生生物增殖放流实施方案，指导各地开展增殖放流工作活动55次，投入资金1 804万元，投放水生生物苗种32 231万尾。二是开展海洋牧场建设，新建北海市银滩南部海域国家级海洋牧场示范区，续建防城港市白龙珍珠湾海域国家级海洋牧场示范区、钦州市三娘湾海洋牧场，新建人工鱼礁礁体约280座。三是积极组织开展水生野生动物及其制品管理工作，严厉打击非法收购、运输、出售珍贵、濒危水生动物及其制品和非法加工、经营、利用珍贵、濒危水生野生动物工作，救护绿海龟2只、大鲵2尾，放生经救护恢复的淡水龟类24只、大鲵3尾。参加农业农村部在海南省三亚市举办的“世界海龟日”，集中销毁砗磲制品30吨、海龟制品10只、海马干18袋，同时将罚没的1只活体海龟进行了放生。四是伏季休渔期间，发放伏季休渔宣传资料1 200多份，悬挂横幅10条，张贴《农业部关于调整海洋伏季休渔制度的通告》6份，出动执法宣传车10辆（次）、执法宣传快艇13艘（次），登临检查渔船85艘次，驱逐外籍渔船38艘次，起获地笼浮标55个，收缴地笼310个，捣毁地笼150个，清理整治流刺网24张，收缴灯光诱捕装置3组。设立伏季休渔值班和举报电话，制定伏季休渔值班工作制度，安排中国渔政45001、45003、45005船和中国渔政45901、45902艇轮流驻守南澫渔港，24小时监管出入南澫渔港的船只动态，确保伏季休渔制度有效贯彻落实。

11. 开展渔业安全生产管理,做好培训工作 2018年,按照上级部门渔业安全生产督查部署,广西渔港监督局4次对涉渔企业进行督查和调研,有效开展安全生产工作,确保大局持续稳定。一是开展2018年海洋船东船长安全生产管理培训1 700多人,海洋普通船员培训考试9 150人,内陆普通船员培训考试4 683人,职务船员培训考试300多人;发出渔业普通船员证书16 735本、职务船员证书9 257本、远洋职务船员证书23本。二是开展渔业船舶水上安全事故及救助。2018年广西海洋渔业船舶共发生渔业船舶水上安全生产事故27起,死亡失踪13人,重伤5人,直接经济损失2 987万元,沉船7艘,与2017相年比,事故起数增长27.3%、死亡失踪人数增长116.67%、直接经济损失增长58.85%、沉船数减少30%。内陆水上安全事故1起(梧州),死亡1人。

12. 存在的主要问题

(1)生产基础设施较薄弱。池塘养殖、工厂化养殖等主要生产设施老化或相对落后,普遍缺乏养殖尾水处理和污染防控设施。养殖(育苗)尾水处理设施建设缺乏相应的技术规范,对各地工作还未形成有效的指导,同时养殖(育苗)尾水处理的水平还比较低,达标排放的预期效果还不是很理想,养殖环境治理压力大。

(2)渔业产业结构不合理。广西水产品总量和渔业总产值及增加值偏小,渔业企业整体实力不强。一、二、三产发展不平衡,一产占比较大,二、三产业占比较小,产品附加值不高。生产组织形式仍以分散农户为主,专业合作组织和龙头企业数量少且实力不强,开拓国际市场和规模化经营的辐射带动作用不足,渔业产业链、价值链较短。

(3)渔港建设相对滞后。广西分布有大小渔港23座,其中中心港4座,一级渔港4座,二级渔港2座,三级及以下渔港13座,渔船安全避风容量6 200艘,有效避风率48.05%。渔港建设布局密度低,“船多港少容量小”的矛盾突出,不能满足渔船避风减灾需求,渔港规划滞后,建设标准低,功能作用单一,制约了现代渔港多元化功能的发挥。

(4)科技创新支撑能力弱。全区仅拥有省级水产科研机构3家、科技人员200多人,获得重大科技成果少、科技成果转化率低。基层科技推广能力建设滞后。现有的水产科技力量难以支撑全区渔业的发展需求。推动养殖升级、捕捞转型、加工提升、三产融合还有待进一步研究。

(广西壮族自治区农业农村厅 陈子桂)

海南省渔业

【概况】 2018年,海南省着力调整渔业产业结构,控制近海捕捞,发展外海捕捞,推进海洋牧场建设,拓展深远海增养殖,扶持水产养殖池塘标准化改造和水产苗种业建设,努力打造国家热带水产苗种繁育及供应基地,积极发展水产品加工业,探索休闲渔业发展路子。全省海洋捕捞生产渔船24 512艘,在西沙、中沙、南沙捕捞作业渔船近千余艘;全省水产养殖面积5.22万公顷;全省深水养殖网箱共8 808口,主要分布在临高、陵水、澄迈、昌江、三亚等市(县)近岸海域;水产出口加工企业18个,规模以上加工企业12个,年加工能力33.66万吨;全省水产苗种场505家,苗种业已初步形成了由亲本引进、幼体孵化、苗种培育、苗种销售、饲料供应等环节组成的完整产业链。2018年,全省水产品总产量175.82万吨,其中,养殖总产量约66.11万吨,捕捞总产量约109.71万吨,捕捞产量约占全省水产品总产量的62.4%。

全省水产品总产量1 758 188吨,其中,海洋捕捞1 083 880吨,海水养殖294 191吨,淡水捕捞13 256吨,淡水养殖366 861吨。

全省水产养殖总面积52 172公顷,其中,海水养殖21 372公顷,淡水养殖30 800公顷。

全省机动渔船数量24 864艘,其中,生产渔船24 667艘(海洋捕捞生产渔船24 512艘,约占全部生产渔船的99.37%),渔业辅助船等其他渔船197艘。

全省机动渔船功率1 376 162千瓦,其中,生产渔船1 340 453千瓦,海洋捕捞生产渔船1 331 024千瓦。

1. 提升海洋捕捞现代化水平 深化捕捞业供给侧结构性改革,压减近海渔业捕捞强度,提升渔船建造标准,鼓励渔船换装新能源装备,优化捕捞作业方式,鼓励发展外海捕捞,组建外海捕捞生产骨干船队,实现外海常态化、规模化捕捞,科学有度、有序开发南海渔业资源。加快推进海洋捕捞渔船减船转产项目,2018年共减船175艘、核减功率29 706.1千瓦、发放补助资金14 853.05万元。规范渔船审批管理工作,严格贯彻落实海洋捕捞渔船“双控”制度。规范完善海南省渔船拆解报废流程,解决海南省渔船停泊在异地且不适航无法返回本省进行拆解报废的问题。严格控制拖网、围网等对资源破坏严重的作业类型,推广刺钓、金枪鱼延绳钓等环境友好型作业方式,养护近岸渔业资源。推动渔民转产转业,加强渔民职业能力培训,培育和发展职业渔民,促进海洋捕捞现代化水平的整体提升。

2. 发展水产品养殖 坚持由近海养殖为主向深远海养殖为主转变的改革目标。清理规范近海养殖中高污染养殖池塘，发展生态型、高产值深水网箱、大型智能网箱。引进资本、扶持企业，使养殖产业实现集约化规模化。加强水产养殖保险、病害防治、科技等风险保障制度建设。主要养殖品种为对虾、石斑鱼、金鲳鱼、军曹鱼、方斑东风螺、罗非鱼等，主要养殖模式为池塘养殖、普通网箱养殖、深水网箱养殖和工厂化养殖。

3. 做强做优水产苗种业 立足支持发展南繁种业定位，依托海南良好的生态气候资源条件和较好的产业发展基础，做强做优水产种业，凭借海南全球动植物种质资源引进中转基地优势，建设全球优质水产种质资源库，吸引国内外科研机构和研发企业开展水产种质资源的保种、选育和研发，推广和繁育优质水产品种，树立国际水产种质品牌，做强做优水产苗种业。

4. 加快完善渔港等重点基础设施 深度融入海洋强国、"一带一路"建设、军民融合发展等重大战略，立足自由贸易试验区和自由贸易港建设，坚持陆海统筹，科学谋划布局渔业重点基础设施，创新渔港投建模式，吸引社会资本投入，高标准建设渔业基础设施，推动重点渔港建设升级，打造建设渔港经济区，高标准建设现代渔港体系，全方位提升渔业基础设施对南海资源开发和海洋维权管控的服务保障能力，深度挖掘渔港的经济功能。

5. 开展全省休闲渔业试点工作 在琼海、文昌、陵水、三亚、东方、儋州6个市(县)开展休闲渔业试点工作，及时掌握试运行情况，为海南省休闲渔业的立法工作奠定基础；印发并实施《海南省美丽渔村建设三年行动计划》《海南省休闲渔业品牌创建认定条件》；助力琼海、三亚和万宁开展全国休闲渔业品牌提升活动；强化做好休闲渔业监测工作，为休闲渔业发展和监管提供数据支撑。

6. 存在的主要问题

(1)渔业产业发展整体水平较低。一是渔业产业结构不够合理，目前捕捞产业占据主导，尤其是近岸捕捞规模过大，造成近岸渔业资源衰竭加速，养殖产业未能充分利用资源和生态环境优势，发展不规范，休闲渔业发展滞后，渔业一二三产融合发展态势尚未形成。二是渔业产业散、小、弱问题突出，养殖规模化程度和装备化水平低，模式粗放，养殖技术、管理落后，养殖种类单一；捕捞渔船结构不合理，渔船老、旧、小，捕捞装备和技术手段落后，捕捞业局限于近海区域。三是渔业发展布局不合理，陆小海大省情明显，发展空间在海洋，但渔业发展多局限于近岸和近海，深远海开发能力和力度不足。

(2)渔业基础保障能力较弱。一是渔港建设严重滞后，渔港建设密度低，布局不合理，半数以上渔业港湾没有渔业码头，船均占有码头岸线仅0.21米，远低于国内其他沿海省份标准，远不能满足渔船回港避风需求，渔港建设标准低，陆域配套设施不完善，也不能满足渔港经济区发展要求。二是三沙海域渔业生产保障设施严重不足，制约了南海渔业资源开发和海洋权益保护。三是渔业执法设备装备落后，渔业执法后勤保障基地还不完善。四是渔业军民融合发展机制尚未建立，制约了南海执法、信息发布、海上救助等服务能力建设。

(3)渔业的改革开放力度不够。一是渔业生产要素的市场化流转还很滞后，制约了社会资本对渔业发展的参与度，阻碍了渔业融资，直接影响渔业的规模化生产和渔民职业化发展，影响到渔业产业化和现代化建设，捕捞业仍存在着对内资和外资限制。二是渔港投资建设和管理机制还不顺畅，缺少更加灵活的投建管理机制，渔港建设局限于渔业生产保障功能和公益属性，经济和管理功能尚未充分挖掘。三是渔业发展过多重视生产，忽略市场体系构建，不能形成良好的产业生态。

(4)渔业的发展面临严格环保制约。一是海南省领海内35.1%的近岸海域已划定为生态保护红线区，不少市(县)已无深水网箱发展海域空间；因项目发展建设涉及生态保护红线问题，造成项目推进迟缓，部分项目无法验收，部分区域已建的深水网箱不得不迁往别处。二是受200米海岸带保护、生态保护环境红线和水产养殖禁养区限养区划定、退塘还林还湿还滩还海、污染治理等因素影响，各市(县)陆域和近岸海域水产养殖发展空间受到极大限制，水产种业项目受到极大影响。

【重点渔业市(县)渔业经济总产值】

海南省重点渔业市(县)渔业经济总产值

指 标	单位	临高县	琼海市	文昌市	万宁市	澄迈县
渔业经济总产值	万元	542 964.8	156 185	796 206.07	194 600	293 378.37

（续）

指 标	单位	临高县	琼海市	文昌市	万宁市	澄迈县
渔业（第一产业）	万元	519 025.8	119 185	706 528.07	173 625	142 820.12
海洋捕捞	万元	422 420.5	43 529	23 535.05	57 863	56 782.52
海水养殖	万元	91 497.1	37 720	375 146.2	99 905	45 323.74
淡水捕捞	万元	562.8	960	692.96	403	2 321.42
淡水养殖	万元	4 435.4	33 076	11 8007.86	13 988	37 197.43
水产苗种	万元	110	3 900	18 9146	1 466	1 195.01
渔业工业和建筑业（第二产业）	万元	17 321	35 900	61 781	11 038	14 6739.8
水产品加工	万元	1 432	35 900	61 781	7 428	12 2012
渔用机具制造	万元	14 655			930	783
渔船渔机修造	万元	8 187			601	208
渔用绳网制造	万元	3 218			120	352
渔用饲料	万元				1 340	22 575
渔用药物	万元				200	
建筑	万元	994			630	1 294.8
其他	万元	240			510	75
渔业流通和服务业（第三产业）	万元	6 618	1 100	27 897	9 937	3 818.45
水产流通	万元	629	500	27 897	6 080	2 790.25
水产（仓储）运输	万元	390			2 507	
休闲渔业	万元	98	600		1 190	473.2
其他	万元	5 501			160	555

（海南省农业农村厅　邓韶勇）

重庆市渔业

【概况】 2018 年，重庆市不断完善渔业产业链，提高渔业资源管护能力和水平，渔业绿色可持续发展、安全发展、规范有序发展、开放发展呈现良好态势。全市水产品总产量 52.9 万吨、渔业经济总产值 169 亿元、渔民人均纯收入 18 675 元，同比分别增长 2.8%、12.1%、9.5%。

1. 渔业绿色发展成效显著 大力推广水产绿色健康养殖技术。大力推广稻田种养、鱼菜共生、循环流水等三大主推技术，示范推广新型渔业机械设备应用、底排污生态化改造技术，取得显著成效，池塘“一改五化”、鱼菜共生、稻渔综合种养同比分别增长 7.2%、

6.6%和88.4%。积极开展水产健康养殖示范。水产健康养殖示范面积超过1万公顷，新申报成功部级水产健康养殖示范场30家，全市部级水产健康养殖示范场数量达到190家，覆盖渔业水面1.33万公顷以上。持续加大渔业绿色发展投入。2018年，地方专项投入中用于池塘标准化改造投入4 797万元，水处理设施设备投入391万元，工厂化养殖循环水改造投入766万元，池塘工厂化循环水改造投入1 263万元。“三新”示范引进实现新的突破。引进中科五号异育银鲫、松浦镜鲤、长丰鲫、团头鲂华海一号等新品种1 392万尾，积极引进受控式集装箱循环水养殖系统、涌浪机、水冷式水车增氧机、太阳能底质改良机等，节水30%以上。水产苗种繁育体系进一步完善。大力实施亲本换代工程，引进四大家鱼原种和特色鱼类原种亲本，全市生产各类规格鱼苗8.1亿尾，突破中华沙鳅和云南盘鮈人工繁育技术，引进长江原种后备亲鱼8 200千克。“互联网+”服务能力持续提升。在继续发挥重庆渔业信息网、重庆渔政信息网行业网站宣传主载体及相关养殖业主服务载体的宣传服务功能的基础上，建成了重庆市水产管理服务云平台，接入全国平台，申报了政务信息运维项目，启动渔业大数据平台建设。

2.渔业资源养护力度不断加大 进一步规范水生生物增殖放流。在认真推进部级增殖放流任务落实的同时，将规范化建设重点放在宗教界水生生物放生（增殖放流）活动方面；区（县）组织放流活动40余次，增殖放流水生生物4 359.05万尾；强化放流期间渔政执法，开展临时禁渔、跟踪监测及效果评估，确保放流效果。扎实抓好全市禁渔工作。开展“中国渔政亮剑2018”系列专项执法行动、禁渔期打击非法捕捞专项行动等，扎实抓好禁渔打非工作。加强水生生物保护区建设管理。加强保护区管理机构能力建设，开展基础调查，实施生态修复工程，建设人工鱼礁（巢）13处，总计23 240.94空方，覆盖流域面积20 122.57公顷；按照《国务院办公厅关于加强长江水生生物保护工作的意见》要求，有序推进保护区渔民退捕上岸工作，指导江津区完成306艘渔船的拆解工作。全力推进“绿盾2018”专项行动。认真贯彻落实全市深入推动长江经济带发展加强建设山清水秀美丽之地领导小组第一次会议精神，扎实开展“绿盾行动”。加快编制发布养殖水域滩涂规划。按照《农业部关于印发〈养殖水域滩涂规划编制工作规范〉和〈养殖水域滩涂规划编制大纲〉的通知》要求，积极推进28个区（县）及市级规划编制发布工作。研究起草重庆市人民政府办公厅关于加强长江水生生物保护工作的实施意见。按照市领导有关批示精神，加紧起草完成《重庆市人民政府办公厅关于加强长江水生生物保护工作的实施意见》。

3.大力抓好渔业安全监管工作 渔业船舶安全生产平稳有序。全市无渔船安全责任事故发生，全市渔船安全连续8年实现“零死亡”目标；渔船船员持证率、渔业船舶受检率、安全隐患排查整改率和相关渔民互助保险参保率均达100%。水产品质量水平持续向好。部级水产品、水产苗种质量安全监督抽查、市场例行抽查合格率分别为100%、100%、98.6%，市级产地水产品、水产苗种质量安全监督抽查、例行抽查合格率均为100%。强化水生动物疫病监测。开展市级水生动物疫病专项监测，加强水产养殖病害预测预报、国家级水生动物疫病监测；投入财政资金439万元，全市渔业养殖政策性保险参保面积2 067公顷，承包农户637户，解决赔款967万元。扎实推进市水产品质量监督检验测试中心和水产动物疫病监控中心改扩建。项目总投资5 582万元，其中中央资金900万元，市统筹预算内资金2 082万元，市财政专项补助1 850万元，自筹750万元，建设6 121.75平方米检测实验室和配套业务用房。

4.全面推进涉渔惠渔政策落地 继续全面落实禁渔期调整。继续在全市全面落实新的长江禁渔期制度；同时在禁渔期间，加强巡查与执法力度，有效维护了禁渔管理秩序，取得了良好的社会效果。全面落实渔业油补政策。将补贴资金与用油量彻底脱钩，补贴重点用于禁渔护渔、渔业资源养护及引导捕捞渔民减船转产等方面工作，各区（县）也分别制定了实施方案。积极开展产业扶贫。制订有关涉渔资金项目指导意见时，充分考虑市政府的有关要求和贫困区（县）对资金整合的需求，对贫困区（县）项目绩效考核有关指标未作约束，并明确可以进行资金整合用于扶贫工作。在安排渔业资源养护资金时，按照贫困区（县）相比2017年降幅不高于全市平均降幅原则，优先安排贫困区（县）资金。

5.扎实推进休闲渔业发展 结合美丽乡村、生态农业和休闲农庄建设，按照全市乡村振兴战略布局和要求，积极做好休闲渔业质量提升推介宣传工作，推动休闲渔业发展。全市休闲渔业总产值14.6亿元，同比增长69.8%。重庆有2家企业入选全国休闲渔业典型案例汇编。

6.存在的主要问题 一是渔业船舶安全隐患依然突出，渔政执法压力不断增加；二是渔业发展不平衡、不充分问题突出，尤其是面临当前环保压力，产业转型升级还需寻求新突破口。

【重点渔业区(县)基本情况】

重庆市重点区(县)渔业基本情况

区(县)	总人口(万人)	渔业产值(万元)	水产品总产量(吨)	其中		养殖面积(公顷)
				捕捞	养殖	
永川区	113.97	165 347	43 464	115	43 349	4 948
合川区	153.27	148 405	48 585	721	47 864	4 243
开州区	168.43	118 512	30 560	1 150	29 410	3 854
长寿区	89.49	115 316	38 080	1 180	36 900	10 315
万州区	174.14	88 120	23 210	815	22 395	4 343

【大事记】

[1]1 月 11～12 日,重庆市举办水产品质量安全快速检测技术和科学用药指导培训会。

[2]1 月 20～23 日,国家大宗淡水鱼类产业技术体系在重庆召开了 2017 年总结考评大会。

[3]1 月 23～26 日,农业部渔业环境及水产品质量监督检验测试中心(天津)技术人员到重庆实施 2018 年第一季度水产品市场例行抽查。

[4]2 月 9 日,重庆市生态渔产业技术体系在涪陵召开 2017 年度考评会。

[5]3 月 1 日,重庆市 2018 年春季禁渔同步执法行动启动。

[6]3 月 19 日,重庆市水产技术推广总站、重庆市水产学会组织召开了《稻渔综合种养技术规范》和《池塘水产养殖设施配置技术规范》两项渔业地方标准审稿会。

[7]4 月 13 日,重庆市水产学会休闲渔业专委会一届二次主任会议暨休闲渔业发展交流会在重庆市巴南区召开。

[8]5 月 11 日,全市渔业渔政工作会议召开。会议传达了全国渔业渔政工作会议精神,宣读了农业部有关表彰文件并授予奖牌,布置了 2018 年渔业船舶安全生产责任书签订事宜。

[9]5 月 25 日,重庆市渝东片区第一次学术年会在涪陵召开。

[10]5 月 31 日,重庆市渔政执法与刑事司法协作联席会议 2018 年度第一次会议在涪陵召开。

[11]5 月 31 日至 6 月 1 日,重庆市组团参加 2018 全球水产养殖论坛及现代水产种业展览展示活动。

[12]6 月 20～23 日,第二届中国国际现代渔业暨渔业科技博览会在合肥举行。重庆市参展并参加了本次论坛和渔博会。

[13]7 月 9 日,重庆市农业委员会组织召开了养殖水域滩涂规划编制发布工作集中督导会。

[14]7 月 24 日,全市健康养殖休闲渔业示范创建座谈会在沙坪坝区召开。

[15]8 月 7～8 日,全国水产技术推广总站对重庆市垫江县水产技术推广体系建设与改革情况进行了调研。

[16]8 月 9～11 日,重庆组团参加中国水产流通与加工协会三文鱼分会成立大会暨三文鱼产业发展论坛。

[17]8 月 23 日,为全面贯彻落实绿色发展理念,深入推进乡村振兴战略行动和渔业供给侧结构性改革,助推扶贫攻坚,重庆市农业委员会在潼南区召开了全市渔业绿色发展现场会。

[18]9 月 13～14 日,全国水产技术推广总站一行 4 人莅临忠县,对忠县新立镇华福村稻渔综合种养示范基地和重庆市三峡生态渔业股份有限公司忠县龙滩河水域牧场进行调研。

[19]10 月 16 日,重庆市水产学会联合重庆市大洪湖水产有限公司在长寿区万顺镇组织举办了“2018 重庆市大型水产科普宣传系列活动”。

[20]10 月 23 日,重庆市水产技术推广总站委托中国水产学会和中国水产科学研究院黄海水产研究所对主持的“池塘鱼菜共生尾水处理技术研发与推广”项目成果进行标准化评价。

[21]10 月 23 日,全国水产技术推广总站 2018 年渔业行业职业技能鉴定体系人才开发工作会在重庆召开。

[22]10 月 30 日,重庆市水产技术推广总站和重庆市水产学会联合举办了“重庆市 2018 年度渔业统计培训会”。

[23]11 月 5～17 日,重庆市水产技术推广总站在北碚区举办两期基层农技体系改革与建设项目农技人员水产培训班。

[24]11 月 13～24 日,重庆市水产技术推广总站在北碚区举办了新型职业农民水产养殖大户示范培训班。

[25]11 月 27～28 日,重庆市在开州区召开了“国家贝类产业技术体系重庆综合试验站 2018 年度工作总结会”。

[26]12 月 14 日,重庆市水产技术推广总站、重庆市水产学会在荣昌联合召开了“2018 年重庆市水产品价格信息采集工作总结暨产销形势会商会”。

[27]12 月 23～25 日,由国家贝类产业技术研发中心和中国科学院海洋研究所主办,西南大学、中国科学院南海海洋研究所和上海海洋大学联合承办的“国家贝类产业技术体系 2018 年终总结会”在重庆召开。

(重庆市农业农村委员会渔业处　任　军　许成帅)

四川省渔业

【概况】 2018 年,四川水产系统以习近平新时代中国特色社会主义思想为指导,以实施乡村振兴战略为总抓手,以水产产业供给侧结构性改革为主线,坚持质量兴渔、绿色兴渔、效益优先,深入开展“一五六三”行动,水产经济保持了平稳健康发展。

全省水产养殖面积达到 19.01 万公顷(不含稻田养鱼面积),比 2017 年增加 0.17 万公顷,增长 0.90%;其中池塘 9.84 万公顷,水库 7.03 万公顷,河沟 1.65 万公顷,湖泊及其他 0.49 万公顷。稻田养鱼面积 31.22万公顷,比 2017 年增加 0.26 万公顷,增长 0.84%。

全省水产品总产量 153.48 万吨,比 2017 年增加 2.73 万吨,增长 1.81%。其中,养殖产量达到 148.94 万吨,比 2017 年增加 3.57 万吨,增长 2.46%,占总产量的97.04%;另有捕捞产量 4.54 万吨。养殖产量中,池塘 81.2 万吨,水库 21.39 万吨,河沟 7.19 万吨,稻田 38.34 万吨,湖泊及其他 0.82 万吨。

草鱼、鲢鱼、鳙鱼、鲤鱼、鲫鱼等常规品种产量稳中有增,产量 113.11 万吨,比上年增加 2.88 万吨,增长 2.62%,占总产量比重 73.7%。名特优水产品养殖总体平稳,产量 40.37 万吨,比上年减少 0.15 万吨,下降 0.37%,占总产量比重 26.3%。

1. 绿色发展 把创建美丽渔村作为实施乡村振兴战略的重要抓手,在全省启动了 25 个美丽渔村创建工作。推进省、市、县三级养殖水域滩涂规划编制工作,109 个县完成编制或发布工作。以实施现代农业(水产)推进工程为抓手,通过科学规划、整合资源、统筹推动,建设了 80 个规模化、标准化水产养殖示范基地。全省共创建全国水产品质量安全示范县 1 个,认定无公害水产品 965 个、绿色水产品 3 个、有机水产品 9 个,登记水产品地理标志 10 个。新增农业部健康养殖示范场 57 个,总计达到 391 个。全省水库生态养殖面积超过 7 万公顷。全省稻渔综合种养蓬勃发展,新增近 1.1 万公顷,总计达到 11 万公顷,占稻田养鱼面积的 35.34%;产量 15.93 万吨、占稻田养鱼产量的 41.55%。创建省级稻渔综合种养示范区 54 个,创建国家级稻渔综合种养示范区 6 个。

2. 产业化经营 引导发展鲟鱼鱼子酱、鳗鱼等特色水产品加工,全省鱼子酱产量达到 20 吨。大力发展餐饮休闲、渔旅结合、渔业 + 康养等多种渔业新型业态,促进了水产一二三产业互动融合发展。大力培育龙头企业、专业合作社、渔场等新型经营主体,全省水产企业达到 1 830 个;全省新增水产专业合作社 93 个,水产专业合作社达到 2 112 个;家庭渔场达到1 940 个,水产养殖专业大户 9 895 户。全省各类休闲渔业基地超过 1 426 家。

3. 质量安全 深入实施农业质量年“八大行动”、农业农村部渔业健康养殖示范县、农业农村部健康养殖示范场、水产品质量安全标准化生产示范基地创建,扎实开展放心渔资下乡活动暨水产健康养殖技术培训,从源头不断提高质量安全管理水平。全面完成国家、省级水产品产地和市场例行监测、专项监测、监督抽查,共抽检完成 2 667 个样品,合格率为 99.5%。培育认定了 50 个水产龙头企业、专业合作社和水产加工经营品牌创建水产品牌示范单位。推荐“通威鱼”和“白龙湖亭子湖有机鱼”为省级优质品牌农产品,“新津黄辣丁”成功入围2017 年中国百强农产品区域公共品牌。在 121 个点开展水产养殖动植物疾病测报,开展国家水生动物疫病监测 110 个样。加强水产苗种产地检疫,新确认官方兽医(水生动物)72 名,新设 14 个水产苗种产地检疫申报点,全省全年共出证 373 张,其中跨省运输 206 张,省内运输 167 张。

4. 水产科技 在雁江区、东坡区、米易县等地开展了池塘工程化循环水养殖模式试点。在 18 个县(市、区)启动了陆基集装箱式健康养殖模式试点。新颁布 13 项省级水产地方标准,新立项标准 2 项,全省现行有效水产地方标准达到 88 个。在四川省政府公布的 2017 年度四川省科技进步奖中,水产行业获得四川省科技进步奖一等奖两项,三等奖两项。有 3 项水产成果入围 2018 年度四川省科技进步奖待评,3 项成果入围中国水产学会“范蠡奖”。组织各级水产技术推广工作相关人员开展水生动物病害防治员国家职业资格三级(高级)鉴定,考核合格61人。加强养殖渔情信息采集分析,推进水产养殖保险试点,成立了水产养殖保险技术服务专家库,明确了试点单位、运行机制和技术服务内容。

5.渔政管理和资源保护 一是全省天然水域春季禁渔、黄河流域禁渔、赤水河流域10年禁渔工作有序开展,并启动“中国渔政亮剑2018”春季禁渔同步联合执法行动,承办了由农业农村部、四川省人民政府、中国长江三峡集团有限公司联合主办的《长江鲟(达氏鲟)拯救行动计划(2018—2035)》启动仪式,开展长江鲟拯救行动。会同农业农村部、有关省份共同发起长江生物资源保护论坛,进一步联合沿江省份加强长江水生生物资源保护力度,改善和修复长江生态系统。积极开展水生野生动物科普宣传月活动,发放宣传资料两万份。二是强化渔政执法监督。全省共组织统一检查行动3 900多次,出动检查车、船6 700多次,参加执法人员3万人次,取缔违禁渔具2万多件,查处电鱼器378台(套),查获违禁捕捞渔船236艘,没收涉渔“三无”船舶132艘。收到水下工程涉渔影响评价申请36起,依法依规开展影响评价36起,办理率达到100%。省级批复涉渔影响评价23个,上报农业农村部长江流域渔政监督管理办公室项目9个。三是动员各级渔业主管部门、水下工程项目单位筹措资金,大力开展鱼类人工增殖放流活动。已落实中央农业专项转移支付资金渔业增殖放流项目资金1 493万元,放流鱼苗鱼种5 300万尾;全年人工增殖放流鱼苗鱼种1亿尾以上。四是督导各地对环保督察自然保护区涉渔问题进行整改,135个问题已全面完成整改并推进销号工作。

6.安全生产 以水产养殖和渔业船舶安全监管为重点,紧紧围绕生产旺季、汛期、重大节日等重点时段,及时发文指导地方做好安全度汛工作。四川省局部地区出现暴雨洪涝灾害,四川省水产局组织相关人员奔赴一线指导、协助地方抓好生产自救,避免渔业遭受更大损失。同时加强监督检查,排查整改安全隐患。组织全省渔业主管部门开展渔业安全生产和渔政专项执法交叉检查,2018年全省渔业行业安全事故实现零报告。

7.产业扶贫 2018年,四川省累计完成各级财政投资10 499万元,其中,在160个有扶贫任务的县落实渔业产业扶贫资金4 100万元,在88个贫困县落实资金2 300万元,在45个深度贫困县新增投入资金1 000万元。派出5名驻村农技员开展水产产业帮扶,在喜德、泸定等深度贫困县开展了陆基集装箱式健康养殖模式助推产业扶贫试点;贫困地区建成水产养殖基地19个,其中深度贫困县建成3个。

【重点渔业市(县、区)基本情况】

四川省重点渔业市(县、区)基本情况

市	县、区	总人口(万人)	渔业产值(万元)	水产品产量(吨)	其中		养殖面积(公顷)
					捕捞	养殖	
眉山市	仁寿县	160.00	126 711.00	51 434		51 434	7 641
乐山市	井研县	39.65	91 779.90	41 174	30	41 144	3 765
眉山市	东坡区	87.26	194 100.00	40 702	88	40 614	3 142
泸州市	泸县	109.00	56 809.00	38 780	558	38 222	4 435
乐山市	市中区	58.78	88 074.00	37 500	324	37 176	2 446
成都市	简阳市	150.69	55 300.00	31 782	683	31 099	4 464
内江市	资中县	124.61	100 320.00	30 356	799	29 557	2 606
内江市	隆昌市	76.93	104 466.00	28 643	1 102	27 541	1 878
内江市	东兴区	88.39	82 513.00	28 030	802	27 228	2 090
宜宾市	宜宾县	101.00	77 350.50	26 483	315	26 168	4 048

【大事记】

[1]1月11日,全省水产工作暨水产养殖新模式培训会在成都召开,四川省水产局局长赵勇主持会议并讲话。21个市(自治州)、21个水产重点县农业部门分管负责人和水产渔政部门主要负责人,部分水产科研单位、水产重点企业(合作社)负责人及四川省水产局领导班子成员、各部门主要负责人参加培训会。

[2]1月24~25日,四川省水产局局长赵勇代表四川省农业厅赴阿坝藏族羌族自治州理县走访慰问驻村农技员代表,并调研督导当地农业产业扶贫工作。

[3]1月29~31日,全国水产技术推广总站体系处副处长李颖一行对四川省水产技术推广体系建设与改革情况进行调研。

[4]1月31日,四川省农业厅联合四川省工商行政管理局、成都海关、国家濒危物种进出口管理办公室成都办事处在全省范围开展了破坏海龟资源违法行为专项执法检查联合行动。四川省水产局副局长漆乾余带队对成都市的水产品市场和海洋馆进行了专项检查。

[5]2月6日,四川省水产局在成都召开了四川省水产养殖保险试点研讨会。会议选定12个市的17个地区,开展由渔业主管部门指导、渔业互助保险等保险机构运营、水产技术推广部门提供技术支撑的水产养殖保险运行模式试点。四川省水产局副局长漆乾余出席会议并讲话。

[6]2月7~9日,农业部渔业渔政管理局副巡视员江开勇、国家统计局副巡视员黄家才、全国水产技术推广总站副站长胡红浪等一行5人,组成农业部渔业渔政管理局和国家统计局联合调研组,对四川省渔业统计工作进行了专题调研。四川省水产局局长赵勇等陪同调研。

[7]2月11日,四川省农业厅召开了全省渔业安全生产工作视频会议。四川省农业厅党组成员、副厅长卿足平出席会议并讲话,四川省水产局局长赵勇主持会议。

[8]2月23日,四川省水产局局长赵勇率局领导班子全体成员到四川省长吻鮠原种场调研工作并看望慰问了全场干部职工。

[9]2月28日,农业部以上海市为主会场,在长江上游的四川泸州、中游的湖北宜昌、洞庭湖区的湖南常德、鄱阳湖区的江西九江、淮河干流的江苏盱眙、珠江流域的广西梧州设立分会场,举行了"中国渔政亮剑2018"春季禁渔同步联合执法行动启动仪式。四川省农业厅副厅长杨朝波发布联合执法行动指令。来自长航公安、长江海事以及重庆、云南、贵州、四川渔业主管部门有关负责同志及执法人员,水生生物资源保护志愿者和渔民代表、新闻媒体等200余人参加启动仪式。

[10]2月28日,全国水产技术推广总站站长肖放、处长罗刚到合江县调研赤水河渔民转产工作开展情况。四川省农业厅副厅长杨朝波、四川省水产局副局长漆乾余等陪同调研。

[11]3月2日,四川省农业厅副厅长卿足平,乐山市委副书记田文,乐山市人大常委会副主任、县委书记郭正强一同深入马边县袁家溪乡冷水鱼繁育中心,实地调研水产业发展情况。

[12]3月8日,四川省水产局在成都市召开了全省养殖水域滩涂规划编制推进会,四川省水产局局长赵勇出席会议并讲话。各市(自治州)农业(农牧、畜牧水产)局(委)分管渔业负责人及部分科研院校代表共40余人参加了会议。

[13]3月12日,四川省水产局局长赵勇带队到内江市资中县检查春季禁渔工作开展情况。

[14]3月12~13日,四川省水产局局长赵勇率土肥处、水产局有关负责同志到内江资中县、隆昌市督导调研农业工作。

[15]4月2~3日,四川省水产学会2018年度学术年会在成都召开,学会会员、水产科研院校的专家学者及在校学生共200余人参加会议。四川省水产局局长赵勇出席会议并讲话。

[16]4月25日,四川省水产局在盐亭县举办了全省渔资打假暨放心渔资下乡活动。绵阳、德阳等8个市水产渔政局(处、站、科)负责人以及绵阳市各县(市、区)水产渔政站(股)负责人和盐亭县各乡镇畜牧兽医站工作人员、水产养殖业主、四川农业大学专家、渔药渔饲料企业代表共230余人参加活动。

[17]4月25~26日,四川省水产局局长赵勇率办公室及计财处有关负责人赴乐山市市中区、马边县和井研县调研美丽渔村创建和渔业产业扶贫工作。

[18]5月9~11日,四川省水产局局长赵勇率四川省农业厅、环境保护厅、水利厅组成的检查组,对泸州和雅安省级以上自然保护区整改情况进行了现场检查。

[19]5月15日,四川省农业厅副厅长卿足平率厅计财处、粮油作物处、水产局有关负责同志调研邛崃稻渔综合种养发展情况。

[20]5月17日,由农业农村部、四川省人民政府、中国长江三峡集团有限公司联合主办的《长江鲟(达氏鲟)拯救行动计划(2018—2035)》启动仪式暨增殖放流活动在宜宾市长江公园举行。农业农村部副部长

于康震，四川省政协副主席、四川省农业厅党组书记祝春秀，中国长江三峡集团有限公司副总经理沙先华出席活动并讲话。中国科学院院士曹文宣介绍了长江鲟渊源和命名背景，宜宾市市长杜紫平致辞，农业农村部长江流域渔政监督管理办公室主任马毅主持仪式。

[21]5月17日，农业农村部长江流域渔政监督管理办公室主任马毅、四川省水产局局长赵勇等登上"中国渔政010"船开展巡航执法，并慰问渔政船执法人员。

[22]5月29日，四川省水产局在成都举办全省水产品牌建设工作培训会，局长赵勇出席会议并讲话。全省21个市(自治州)水产渔政部门负责人和55个水产养殖、加工、经营单位负责人及四川省水产局领导班子成员、有关部门主要负责人参加培训。

[23]5月31日，四川省水产局局长赵勇带队到四川省长吻鮠原种场调研陆基集装箱式健康养殖模式试点示范项目建设运营情况。

[24]6月6日，四川省水产局、甘孜藏族自治州农牧供销合作局、雅安市农业局和国电大渡河大岗山水电开发有限公司联合主办的2018年全国放鱼日大渡河流域珍稀鱼类增殖放流在石棉举行，放流齐口裂腹鱼102 352尾，重口裂腹鱼102 812尾，长薄鳅12 051尾，共计217 215尾，其中重口裂腹鱼"T"标5 000尾，齐口裂腹鱼荧光标记5 000尾。

[25]6月14日，农业农村部中美渔业对话代表团一行15人考察四川水产业发展情况。四川省水产局局长赵勇、副局长漆乾余等陪同考察。

[26]6月20～21日，四川省农业厅国际合作处处长蔡军军一行在四川省水产局副局长孟庆刚等陪同下调研四川润兆渔业有限公司和都江堰日兴鲟鱼科技有限公司鱼子酱生产和出口销售工作。

[27]6月27～28日，四川省水产局在成都举办了全省水产苗种产地检疫培训班。四川省水产局副局长付洪出席并讲话，来自市(县)两级渔业主管部门(水产技术推广机构、水生动物疫病预防控制机构)共105名代表参加了培训。

[28]6月27～29日，四川省水产局在巴中市举办美丽渔村建设现场推进会暨业务培训会，局长赵勇出席会议并讲话，四川省农业厅公布第一批25个美丽渔村负责创建工作的市、县、村级110名负责人参加培训。

[29]7月5日，由农业农村部渔业渔政管理局主办，中国水产科学院承办的国家级水产种质资源保护区工作培训班在四川广元召开，来自全国水产种质资源保护区相关技术和管理人员、涉水产种质资源保护区工程环境影响评价工作技术和管理人员、有关渔业科技人员共150余人参加了培训会。

[30]7月15日，2018年全国渔业行政执法人员执法资格统一考试四川考区在四川省水产学校顺利开考，四川省和重庆市的考生共计351人参加考试。

[31]7月19日，四川省水产局在成都简阳市举行了2018年全省水产品质量安全专项整治培训会。成都、自贡等9市水产渔政局(处、站、科)负责人，成都市各县(市、区)水产渔政局、科、站负责人和养殖业主代表，四川农业大学专家、无锡渔愉鱼科技有限公司、成都坤宏动物药业有限公司等单位170余人参加培训会。

[32]7月20日，中国科学院水生生物研究所研究员、北京大学教授、国家自然科学基金委员会副主任、十一届全国政协常委朱作言院士到大英县调研现代旅游观光农业和郪江黄颡鱼国家级种质资源保护区保护管理工作。

[33]7月23日，四川省水产局局长赵勇率生产处、办公室等有关人员一行深入德阳市、绵阳市，了解察看洪灾渔业受灾情况。

[34]7月24～25日，四川省水产局在成都崇州市举办了全省陆基集装箱式水产健康养殖现场技术培训。四川省水产局局长赵勇出席会议并讲话，各试点市(自治州)农业(农牧、畜牧水产)局(委)分管水产的负责人和水产部门负责人，各试点县(市、区)水产部门和试点项目承担单位(业主)负责人、省内水产院校和研究所相关人员等共计105人参加培训。

[35]7月25日，农业农村部长江流域渔政监督管理办公室在四川省组织召开了2018年相关水域春季禁渔管理工作总结交流会。长江流域渔政监督管理办公室副巡视员董金和、四川省水产局局局长赵勇、农业农村部渔业渔政管理局渔政处处长郭云峰出席了会议。

[36]8月3日，四川省委农工委常务副主任、四川省农业厅党组书记、厅长杨秀彬率厅办公室、人事处、后勤中心负责人到四川省水产局、四川省长吻鮠原种场调研指导工作。

[37]8月8～10日，全国水产技术推广总站站长助理黄太寿一行来四川专题调研水产技术推广体系建设与改革工作情况。

[38]8月20日，四川省水产局局长赵勇率生产处和推广站调研德阳市什邡水产工作，德阳市农业局和什邡市农业局有关领导陪同调研。

[39]8月20日，四川省水产局局长赵勇率生产处、推广总站负责人一行分赴简阳生产一线单位进行

实地调研,指导水产产业发展。

[40]8 月 22～23 日,四川省水产局在乐山举办了2018 年全省渔业统计培训班。来自市(县)两级渔业主管部门共 127 名代表参加了培训。

[41]8 月 24 日,四川省农业厅副厅长卿足平率土肥处、四川省兽药监察所有关负责同志到眉山市调研水产工作。眉山市农业局局长熊英一同参加调研。

[42]8 月 29 日,江安县鑫水农业农民专业合作联社和中航安盟保险公司签订了水产养殖保险合同,这是四川省水产养殖政策性保险试点工作启动以来的第一单。四川省水产局副局长孟庆刚、江安县副县长王文华出席签订仪式。

[43]8 月 30 日,四川省水产局局长赵勇到凉山彝族自治州会理县调研水产工作。凉山州农牧局副局长胡定显等参加调研。

[44]9 月 12 日,四川省水产局组织召开了《“川鱼”产业振兴工作推进方案》研讨、评审会,会议邀请了四川大学、四川省水产研究所、通威集团有限公司等科研院所、龙头企业水产专家,部分市(县)水产主管部门代表,省农业厅相关处室代表参加研讨、评审。

[45]10 月 11 日,四川省水产局局长赵勇率队赴邛崃市调研特色水产业发展,四川省水产局副局长漆乾余、相关处室负责人一同参加调研。

[46]10 月 11 日,由四川省水产学会主办的“四川小龙虾产业发展研讨及中伦农业 2018 金秋品虾会”在崇州举行,四川省人民政府参事涂建华、四川省水产局局长赵勇等到会指导。来自全省 11 个市的农业和水产部门、科研院所、水产企业的领导、专家,金融、供应等平台以及创客代表等共 140 人参加了研讨。

[47]10 月 18 日,四川省水产局局长赵勇带队到成都市天府新区永兴水产专业合作社调研循环水养殖情况。

[48]10 月 22 日,四川省水产局局长赵勇一行在广安市武胜县、前锋区、邻水县等地采取现场检查、听取汇报等方式检查了该市 2017—2018 年渔业项目落实情况及水产行业扫黑除恶工作开展情况。

[49]10 月 24～25 日,四川省水产局局长赵勇带队到达州市调研检查渔业项目实施情况、扫黑除恶专项斗争开展情况。达州市农业局副局长李宗明、市水产局局长何忠一同参加调研。

[50]10 月 27 日,由四川省农业厅主办,四川省水产局和成都市统筹城乡和农业委员会、成都市浩海立方海洋馆有限公司承办的“关爱水生动物,共建和谐家园——四川省 2018 年水生野生动物保护科普宣传月活动启动仪式”在成都市浩海立方海洋馆举行。四川省水产局局长赵勇出席启动仪式并讲话。

[51]10 月 30～31 日,四川省水产局在资阳市举办了全省水产节能减排现场培训。全省 21 个市(自治州)水产主管部门和水产重点县节能减排工作负责人,以及水产院校、科研院所、水产企业专家等共 100 余人参加培训。

[52]11 月 3 日,由农业农村部和湖北省人民政府主办的长江生物资源保护论坛在湖北武汉举行。农业农村部部长韩长赋出席论坛并作主旨发言。四川省人民政府副省长尧斯丹出席论坛并交流发言。

[53]11 月 19 日,喜德县水产陆基集装箱健康养殖示范项目成果观摩暨贫困户分红现场会在该县红莫镇司金村举行。四川省水产局副局长付洪、凉山彝族自治州农牧局副局长胡定显等出席现场会并为贫困户代表发放了分红现金。

[54]12 月 14 日,四川美丽渔村创建总结交流会在成都举办。四川省水产局副局长付洪及有关部门负责人,全省各市(自治州)、县(市、区)、乡(镇)村负责美丽渔村创建工作同志共计 70 余人参会并交流创建经验。

[55]12 月 18 日,四川省农业农村厅和四川省应急管理厅授予苍溪县、安岳县、阆中市“2018 年度省级平安渔业示范县”称号。

(四川省水产局 郑华章 王 放)

贵州省渔业

【概况】 2018 年,贵州省渔业系统紧紧围绕推动水产养殖绿色高质量发展,各项工作取得了较好成效。全省网箱养殖全部清理取缔,水产品产量有所下降,据统计,全年完成水产品产量 23.73 万吨,与 2017 年同比下降 6.85%,其中:冷水鱼产量 1.15 万吨,同比增长 6.48%。全年渔民家庭人均收入达 1.15 万元,与上年同比下降 17.86%。

1. 全面取缔网箱养殖 2017 年 8 月 1 日,中央第七环境保护督察组向贵州省委、省政府反馈“网箱养殖失控,过量投饵加重水体富营养化”的督察意见,要求到 2018 年 1 月底以前,将乌江、珠江、清水江干流网箱养殖减少至 448 公顷的养殖规划面积以内,贵州省立行立改,截至 2018 年 1 月 31 日,拆除网箱 1 969 公顷,完成中央第七环保督察组提出的整改任务。2018 年 4 月 24 日,中央第四巡视组约谈贵州省农业委员会,要求“5 月 15 日前将全省乌江干(支)流、珠江干流、清水江干流网箱养殖(包括规划范围的网箱养殖)全部取缔”,贵州省制定方案,对标对表,全力整改,截至5月15日,共拆除网箱262.37公顷,占应拆除网箱总面积的100%,按时间节点圆满完成中央第四巡视组交办的任务。2018年5月25日,按照第55次贵州省委常委会和贵州省委、省政府领导指示精神,举一反三,联合贵州省环保厅,对全省网箱养殖进行摸底排查再核实,截至7月10日,将全省所有水域剩余网箱5.8公顷全面拆除。通过3个阶段的工作,全省共拆除网箱养殖2 247公顷,涉及25个县(市、区),在全国率先实现全域"零网箱"。

2. 养殖水域滩涂规划编制 按照《农业部关于印发〈养殖水域滩涂规划编制工作规范〉和〈养殖水域滩涂规划编制大纲〉的通知》要求,截至2018年年底,在全省养殖水域面积超过667公顷或养殖产量超过3 000吨的应制定养殖水域滩涂规划的44个水产养殖重点县(市、区)中,39个县(区、市)已完成规划编制工作,规划编制完成率88.6%,27个县(市、区)完成规划发布工作,规划发布完成率61.4%。

3. 推进生态渔业发展 网箱养殖取缔后,贵州省委、省政府审时度势,问诊把脉,守住生态发展底线,提出"零网箱·生态鱼"发展理念。2018年7月和11月,贵州省农委牵头组成考察组,先后赴浙江、湖北、江苏、安徽等地考察学习生态渔业先进经验。9月,贵州省农委制定印发《贵州省生态渔业发展实施方案》。11月,贵州省农委制定印发《贵州省大水面增养殖渔业管理办法》。截至2018年年底,全省已将生态渔业纳入农村产业革命的重点内容,围绕鱼苗繁育基地建设、湖库生态渔业、稻田养鱼示范基地建设、鲟鱼养殖产业化发展、池塘循环水生态养殖示范、水产品质量安全体系建设、现代渔业科技支撑体系建设、品牌和销售体系建设以及强化利益链接等9个方面,全面推进生态渔业发展。

4. 水产品高质量发展、示范建设及品牌创建 全省54家水产养殖单位创建为农业农村部水产健康养殖示范场,创建无公害水产品产地1.33万公顷;9个市(自治州)和50个县(市、区)启用全国水产养殖动植物病情测报信息系统,测报点87个,将全省的60家农业部水产健康养殖示范场全部纳入监测范围;贵州山至金生态渔业有限公司、贵州满地金现代农业发展有限公司分别被评为国家级稻渔综合种养示范区,示范面积100公顷,成为全省稻渔综合种养的领头羊;播州、湄潭、赤水等地开展池塘内循环养殖技术示范,建设完成示范养殖池75个,外塘26公顷,养殖品种7个,养殖产量约560吨。铜仁、安顺、毕节等地发展冷流水养殖和山区微流水养殖,培育养殖企业259家,特色大鲵养殖小区33个、养殖场15个,全年冷水鱼产量位居全国前列,成为贵州渔业一张靓丽的名片。

5. 渔政管理工作 3月5日,印发了《贵州省农业委员会办公室关于印发〈贵州省"中国渔政亮剑2018"专项执法行动实施方案〉的通知》,要求进一步严厉打击涉渔违规违法活动,确保渔业生产秩序持续好转。6月1~30日,贵州省渔业局抽调人员组成6个督查小组分赴各地,开展"中国渔政亮剑2018"专项执法行动,对各地组织实施、执法协作、案件查处和宣传引导等工作开展情况进行了督查检查。6月13~15日,开展"2018年乌江流域彭水库区跨省区禁渔期专项联合执法行动",共出动执法船艇12艘次,执法人员120人次,收缴、销毁刺网220铺,抬网6张,地笼网310张,滚钩170个,电鱼设备13台套,电机6台;拆除非法养殖网箱200平方米,检查船只130艘,纠正违章行为21起;放生鱼、虾、蟹13余万尾。

6. 水资源环境养护 全省30县(市、区)实施增殖放流项目,共投放青鱼、草鱼、鲢鱼、鳙鱼、黄颡鱼、中华倒刺鲃、昆明裂腹鱼等鱼种1 200余万尾,投入资金468万元。长江流域17个水产种质资源保护区已全部制定全面退捕方案,全面推进水产种质资源保护区禁捕工作。11月23日,在贵州龙川极地海洋世界(贵州省水生野生动物救护中心)举行水生野生动物保护科普宣传月活动贵州省分会场启动仪式,社会各界共300余人参加了科普月活动,进一步提高全社会水生野生动物保护意识。

7. 水产疫病防控 在全省9个市、自治州50个县、市已启用了全国水产养殖动植物病情测报信息系统,测报点共达87个,监测面积共计356.48公顷,其中淡水池塘39.80公顷,淡水工厂化面积3.27公顷,其他面积313.42公顷。监测品种有草鱼、鲢、鳙、鲤、鲫、鳊、泥鳅、鮰、鲑、鳟、长吻鮠、鲈、罗非鱼、鲟、月鳢、克氏原螯虾、中华绒螯蟹(河蟹)、蛙、大鲵等。

8. 技术宣传与人才培养 运用云平台,传播新技术。2018年,制作《稻渔综合种养技术》水产养殖技术教学视频,通过贵州省有线电视云平台面向全省播放,供农民观看学习,示范辐射面更加广阔,农渔民学习水产养殖技术途径更加方便快捷。此外还完成了《池塘内循环流水养殖技术》《稻田养成蛙技术》《稻虾连作共作种养技术》野外拍摄任务,正在进行后期剪辑制作工作。

加强人才培养,提高服务质量。9月上旬在贵阳市举办"2018年水生动物病害防治员培训"。参加人员包括各市(自治州)、县(区)水产技术推广人员,培训人数80人,考试合格率达98.75%,培训达到了预期效果。该培训已连续举办两年,培训总人数已达

200余人，为全省的鱼病防治、水产品健康养殖的稳步推进奠定了坚实的基础。2018年，贵州省有3名推广战线上的同志被全国水产技术推广总站评为“最美渔技员”。

9. 存在主要问题 一是产业带产业化发展程度不高，渔业综合生产能力不强，二、三产业占渔业经济总产值比重较小；二是资金投入不足，产业发展基础设施薄弱；三是自主创新能力不强，渔业科技成果的储备及有效供给不足；四是乡镇一级水产技术推广体系不健全。

【重点渔业市(县、区)基本情况】

贵州省重点渔业市(县、区)基本情况

市(县、区)	总人口(万人)	渔业产值(万元)	水产品产量(吨)	其中		养殖面积(公顷)
				捕捞	养殖	
晴隆县	24.75	26 327	10 531	300	10 231	13
罗甸县	26.09	12 640	6 700	500	6 200	161
瓮安县	39.31	15 971	6 410	210	6 200	298
望谟县	23.94	7 546.5	6 150	700	5 450	38
安龙县	36.35	10 584	5 780	605	5 175	179

【大事记】

[1]1月30日，贵州山至金生态农业有限公司、贵州满地金现代农业发展有限公司分别获得“国家级稻渔综合种养示范区”称号。

[2]4月27日，锦江河国家级水产种质资源保护区举行增殖放流活动，农业农村部长江流域渔政监督管理办公室副主任董金和参加。

[3]7月24~26日，全国水产技术推广总站站长助理王玉堂一行赴铜仁市江口县，遵义市湄潭县、播州区调研水产推广体系建设，并对湄潭县遴选“十佳示范站”进行现场评审。

[4]8月28~30日，北京市鲟鱼、鲑鳟鱼产业创新团队赴铜仁市江口县、万山区考察冷水鱼产业发展情况，并在江口县政府进行座谈，考察团主要成员有北京市水产技术推广站副站长张黎、专家办主任杨华莲等一行10余人。

[5]9月5~9日，贵州省农委参加“绿盾2018”专项行动，国家第八巡查组第4小组对百里杜鹃自然保护区和赤水河自然保护区开展巡查工作。

[6]9月20~21日，重庆市水产技术推广总站站长王波(研究员)等一行13人考察安顺市西秀区和遵义市播州区的稻渔综合种养、池塘绿色健康养殖、休闲渔业。

[7]9月4~7日，在贵阳市举办了2018年水生动物病害防治员培训班，参训人员有各市(自治州)、县(区)水产技术推广人员，培训人数80人，考试合格率达98.75%；

[8]9月28日，经贵州省人民政府同意，贵州省农业委员会印发了《贵州省生态渔业发展实施方案》。

[9]10月19日，在贵州省沿河土家族自治县举行全国内陆渔业水上突发事件应急演练。

[10]10月25日，贵州省遵义市湄潭县水产工作站被评为“十佳全国水产技术推广示范站”，同期贵阳市水产站马永兵、铜仁市渔业技术推广站贺兵、毕节市水产技术推广站詹会祥被评为“最美渔技员”称号。

[11]11月14日，贵州省农业委员会印发了《贵州省大水面渔业增养殖管理办法》。

[12]12月6日，全国渔民家庭收支年报汇总会商会在贵阳召开，全国水产技术推广总站副站长胡红浪出席会议并讲话。

[13]12月7日，全国水产技术推广总站副站长胡红浪一行赴毕节市考察昆明裂腹鱼省级良种场、鲑鳟鱼养殖场。

(贵州省渔业局 王 骥 余家辉 安元银 陈 蕾)

云南省渔业

【概况】 2018年，云南省各级渔业部门深入学习贯彻习近平新时代中国特色社会主义思想和视察云南时的重要讲话精神，按照中央农村工作会议、全国农业工作会议、全国渔业转型升级推进会议、全省农业工作会议的安排部署,以推进高原特色淡水渔业发展为主线,持续推进渔业供给侧结构性改革,加快转方式调结构步伐,促进渔业转型升级,扎实推进云南渔业高质量发展,助推乡村振兴战略实施,全省渔业保持又好又快的发展势头。

2018年,全省水产养殖面积达15万公顷、同比减少1.1%。水产品总产量达105万吨,同比增长1%。其中淡水养殖产量达94.4万吨,淡水捕捞达10.6万吨。渔业经济总产值达245.9亿元,同比增长0.6%。其中渔业产值达154.9亿元,同比增长3.6%;渔业加工和建筑业产值达21.9亿元,同比减少25.3%;渔业流通和服务业产值达68.9亿元,同比增长5.4%。第三产业中的休闲渔业年产值达11.8亿元,同比增长14.6%。渔民年人均纯收入达16 394.52元,同比增长7.69%。

2018年,围绕推进渔业转型升级、提质增效和高质量发展,紧紧抓住实施"一带一路"、建设"长江经济带"、打造"绿色食品牌"战略机遇,着力优化"三带三区"布局、构建"三大体系"、狠抓"六条措施",突出"五抓"多措并举推进渔民脱贫,全省渔业实现5个持续向好。

1.抓产业发展,持续提升渔业经济发展效益和质量 2018年,全省渔业经济总量保持稳定,渔业经济结构不断优化,二、三产业产值占总产值的比重进一步增加,休闲渔业已成为拉升渔业经济总产值的主要动力,垂钓、观赏、餐饮、游乐、度假、美食等不同类型的休闲渔业,正逐渐成为三产融合的结合点和新的渔业经济发展增长点。水产品"三品一标"认证工作进一步推进,无公害认证共23家企业,71个产品;认证规模1.5万公顷,产量24 282.9吨;抚仙湖抗浪鱼获得农产品地理标志,绿色食品鱼类2家5个产品。

2.抓资源养护,持续夯实渔业发展基础 一是做好以长江、珠江为重点的江河渔业资源保护工作。认真组织长江、珠江为期4个月的禁渔工作,对云南省赤水河流域、长江上游珍稀特有鱼类国家级自然保护区云南区域、滇池国家级水产种质资源保护区水域实行全年禁捕。贯彻《国务院办公厅关于加强长江水生生物保护工作的意见》,积极参加长江水生生物保护论坛。二是开展水生生物增殖放流,全年投放各种鱼类苗种5 261.25万尾。在全省渔业科研人员的努力下,先后攻克44种土著鱼类人工驯养繁殖技术,为扩大土著鱼放流规模、补充土著鱼类种群数量、有效保护水产种质资源创造了条件。三是做好涉保护区项目环境影响评价指导把关,督促业主采取土著鱼类增殖站建设及驯化繁殖研究、鱼类增殖放流、鱼类保种育种中心建设、渔业水质资源监测等,有效减缓工程建设对保护区造成的不利影响。四是组织开展"绿盾2018"国家级自然保护区监督检查专项行动,推进西双版纳与老挝开展渔政执法及渔业资源保护合作,持续开展"中国·老挝澜沧江-湄公河渔政联合执法行动暨增殖放流活动"。

3.抓绿色发展,持续推进渔业发展方式转变 一是推进养殖水域滩涂规划编制与发布工作,截至2018年年底,全省88个应制定养殖水域滩涂规划的县(市、区)已全部完成了规划编制与发布工作,占应规划编制与发布县(市、区)的100%。二是创建渔业健康养殖示范,麒麟区创建全国渔业健康养殖示范县获得批准,14家水产健康养殖示范场已通过农业农村部认定,示范面积1 833公顷;认定省级原良种场4个,核发水产苗种许可证96本;整治撤除无证网箱195公顷、网围5.2公顷;渔业乡村兽医登记人数达546人。三是集装箱养鱼、跑道养鱼、鱼菜共生等新技术推广力度加大,改变传统养殖高耗效、污染加剧等,通过种养结合促进富营养化水体生物治理。四是云南省桂建芳院士工作站以选育"云南六大名鱼"新品种为重点,以开展"丝尾鳠新品种选育及示范推广"项目为主要内容,共同开展云南土著鱼类新品种的选育工作顺利推进,培育云南土著鱼丝尾鳠新品系(种)。

4.抓稻渔综合种养,持续助推产业扶贫 稻渔综合种养具有"不与人争粮,不与粮争地""一水多用、一田多收、粮渔共赢"的优势,能减少农药化肥施用,有效促进粮食生产、实现农民增收、生态优化。云南省渔业部门围绕稻渔综合种养积极开展科技攻关和技术推广,形成"稻鱼鸭""稻鳅""塘田式""稻特""稻蟹""渔家乐""稻鱼节"等多种模式,对助推扶贫攻坚都具有显著的效果,每亩可增纯收入1 500~5 000元。大理荣江稻渔综合种养项目、元阳呼山众创公司稻渔综合种养项目获评国家级稻渔综合种养示范区。中海渔业公司红河哈尼梯田稻渔综合种养被评为国家级稻渔综合种养示范区。10月9日,中国工程院唐启升院士工作站在红河中海渔业有限公司揭牌,总结哈尼梯田稻渔综合种养、探索绿色发展模式,提升稻渔综合种养水平。

5.抓渔业三大安全,持续巩固平安和谐渔业局面 一是以渔船安全生产为核心的渔业安全生产无重特大事故,实现渔业安全生产连续10年零死亡的目标,在农业农村部组织的全国渔业安全生产交叉大检查中获得督察组的好评。二是水产品安全。年度国家产地水产品质量安全监督抽查、水产品苗种质量安全监督抽查、抽检水产养殖投入品抽检合格率均为100%，实现“吃放心鱼、放心吃鱼”的目标。三是水生生态安全。没有发生渔业水域污染事故和外来物种入侵事故，境内六大水系、九大高原湖泊水生物多样性持续巩固，高原特色淡水渔业持续健康发展，水生态安全得到有效保障。

6. 存在的主要问题

(1)网箱拆除，养殖空间受限。网箱养殖多在电站库区，其产量高、规格齐、质量好，多年来电站库区已发展成为增殖渔业、休闲渔业及网箱鱼菜共生立体养殖等多种养殖方式，且网箱设置面积远远小于库区水面的2.5‰。针对环境保护的压力和一些地方简单采取“一刀切”的做法，使得水产养殖空间受到挤压。云南省网箱养殖年产量近18万吨，网箱养殖的拆除，不仅给渔业发展带来严重影响，同时也给渔民带来了巨大的损失。

(2)资源与发展水平不匹配。云南省鱼类品种丰富、宜渔水域广阔、生态环境优越、市场需求旺盛，但发展不充分、发展水平不高，众多的优质土著鱼类得不到有效开发，“六大名鱼”形不成商品；水产品供给多为鲜活产品，水产加工市场化培育力度还不够，在世界一流“绿色食品牌”打造中动能不足，缺乏有影响、有市场、有规模、有效益并且可持续发展的品牌产品，难以提供多层次、多品种、多类别的产品和服务。

(3)渔业发展内生动力不足。全省渔业行政、科研、推广等部门和机构指导渔业发展思维还比较滞后、方法还比较单一，指导上还不够有力。渔业生产和管理基础设施较弱，渔业科技创新能力不足，市场经营主体不强，弱、小、散格局依然存在。水产养殖方式落后、养殖结构不够合理，水产关联产业严重滞后，三产融合度较低。

(4)金沙江禁捕监管难度较大。长江流域水生生物保护区实施全年禁捕，赤水河流域实行10年禁捕，珠江流域延长禁渔期时间、扩大禁渔区范围，这些措施使得渔政执法管理、退捕转产安置、捕捞渔民后续产业培植等都面临较多的新问题和新挑战。

【重点渔业市(县、区)基本情况】

云南省重点渔业市(县、区)基本情况

市(县、区)	渔业人口(人)	渔业产值(万元)	水产品产量(吨)	其中		养殖面积(公顷)
				捕捞	养殖	
罗平县	5 305	63 212	43 800	3 600	40 200	4 247
景谷县	9 739	44 666	36 570	8 025	28 545	2 094
墨江哈尼族自治县	7 452	42 481	33 000	7 324	25 676	528
富宁县	4 760	46 392	33 000	3 200	29 800	3 367
景洪市	8 641	40 236	31 643	289	31 354	2 720
双江县	662	35 770	27 535	4 025	23 510	735
普洱市思茅区	3 520	30 724	25 370	2 375	22 995	2 773
勐海县	7 890	34 601	25 043	775	24 268	1 962
曲靖市麒麟区	7 171	29 960	21 400		21 400	2 027
澜沧县	6 449	31 359	21 078	10 982	10 096	1 156

【大事记】

[1]2月6～7日，农业部渔业渔政管理局和国家统计局联合调研组到云南省开展渔业工作调研。

[2]2月11日，云南省农业厅在昆明市召开2018年全省渔业安全生产工作视频会议，厅党组成员、云南省渔业局局长张穆出席会议并讲话。

[3]4月1日，长江、珠江流域为期4个月的禁渔期制度正式开始实施，同步启动“云南省中国渔政亮剑2018”系列专项执法行动。

[4]6月6日，按照农业农村部、云南省农业厅的统一部署，由昆明市农业局主办、相关水域主管部门承办的6月6日全国“放鱼日”同步增殖放流活动在昆明举行，云南省农业厅党组成员、云南省渔业局局长张穆参加活动。

[5]8月11～12日，全国渔业安全生产第四督查组到华宁县进行渔业安全生产工作督查，深入到云南阿穆尔鲟鱼集团华宁县盘溪养殖场实地查看企业安全生产情况。

[6]10月9日，中国工程院唐启升院士工作站在红河中海渔业有限公司揭牌，总结哈尼梯田稻渔综合种养、探索绿色发展模式，提升稻渔综合种养水平。

[7]10月29日，“云南省2018年水生野生动物保护科普宣传活动”启动，云南省农业农村厅党组成员、云南省渔业局局长张穆出席活动并讲话。

[8]10月30日，为认真贯彻落实《国务院办公厅关于加强长江水生生物保护工作的意见》精神，云南省水产技术推广站在昆明举办水生生物资源保护暨渔业转型升级高质量发展培训班。

（云南省农业农村厅　杨晓雷）

西藏自治区渔业

【概况】 2018年是深入贯彻落实党的十九大精神、实施乡村振兴战略的重要一年。西藏自治区渔政管理工作在自治区党委、政府的正确领导和农业农村部渔业渔政管理局、长江流域渔政监督管理办公室的关怀支持下，立足建设生态西藏、美丽西藏的要求，继续加强禁渔休渔制度，积极开展增殖放流工作，加强水产种质资源保护区管理，渔业生产秩序良好，水域生态环境持续保持良好状态。全区水产品产量377吨，其中淡水捕捞334吨、淡水养殖43吨。

1.狠抓禁渔休渔工作 2018年全区各级渔业行政管理部门严格落实《中华人民共和国渔业法》《中华人民共和国野生动物植物保护法》《西藏自治区水污染防治行动计划工作方案》等法律法规，对所有湖泊、河流实施禁渔和禁渔期制度。继林芝市发布《林芝市野生鱼类保护办法》后，拉萨市以政府令发布了《拉萨市野生鱼类保护办法》，对区域内所有天然水域实行禁渔制度。其他地（市）每年的3月1日至7月31日实行休渔制度。通过禁渔休渔制度，全区高原湖泊、河流生态环境得到有效保护，野生鱼类资源达到有效增殖。

2.加大鱼类增殖放流 2018年中央财政安排渔业增殖放流资金417万元，渔业增殖放流鱼苗280万尾，比2010年增加227.5万尾，同比增长433%，增殖放流鱼苗种类由过去的5种增加到现在的7种，其中标记鱼苗15万尾。为补充水生生物群体，稳定渔业种类数量，保持物种多样，改善水域生态环境作出了积极贡献。

3.依法开展渔业执法亮剑系列活动 根据《农业部关于印发〈“中国渔政亮剑2018”系列专项执法行动方案〉的通知》和农业农村部长江流域渔政监督管理办公室《关于开展涉保护区建设项目专项执法行动的通知》要求，结合全区实际，制定了《西藏自治区“中国渔政亮剑2018”系列专项执法行动实施方案》。据统计，全区共组织专项渔政执法行动108次，出动执法人员220人次，执法车次50辆次；查处违法捕捞案件1起，收回捕捞证4本（其中，3本已过期），没收捕捞器具4套，依法没收违法捕捞的野生鱼10千克、销售的野生鱼3 500千克，并进行放流。批评教育和警告10人。

4.加强了涉保护区项目建设和管理 依据农业农村部长江流域渔政监督管理办公室《关于开展涉保护区建设项目专项执法行动的通知》，开展了涉及2个市5个县的5个国家级水产种质资源保护区建设项目专项执法检查行动。通过检查，全区涉保护区内已建项目4个，均办理了环境影响报告书、建设项目环境影响登记表。按照环评批文要求，项目管理单位每年增殖放流鱼苗10万余尾，同时对生产区域鱼类进行巡视保护工作，坚决杜绝捕捞垂钓事件的发生。

5.开展渔业管理宣传，加强渔业执法队伍建设 2018年全区认真落实“管行业必须管安全、管业务必须管安全、管生产经营必须管安全”和“全覆盖、严执法、重实效”的要求，积极宣传渔政管理、禁渔休渔制度。全年累计发放宣传资料2.4万余份，张贴禁渔告示及标语260张（幅）。按照农业农村部办公厅《关于做好2018年全国渔业行政执法人员执法资格统一考试的通知》精神，7月12～14日，组织全区124名渔业管理人员参加了全国渔业行政执法人员执法资格培训。7月15日，110名渔业管理人员参加了执法资格考试。通过培训考试，对加强渔业资源保护、维护良好渔业生产秩序将发挥重要作用。

6.存在问题 2018年，全区禁渔管理工作取得了一些成绩，但存在的问题也不容忽视：一是渔业管理力量还十分薄弱，与所承担的工作任务不匹配；二是执法手段比较落后，不能满足当前执法工作需要；三是水产养殖业发展还十分缓慢，水产品主要靠区外调运解决。

【大事记】

[1]4月14日，西藏自治区人民政府发布《研究色林错旅游开发项目建设推进事宜》专题会议纪要。

[2]5月30日，西藏自治区总河长办公室印发《西藏自治区关于全面落实湖长制加强湖泊管理保护的意见》。

[3]10月11日，西藏自治区江达县境内发生山体滑坡，堵塞金沙江干流河道，形成堰塞湖，蓄积5 000万立方水体。10月27日，自治区农业农村厅安排自治区畜牧总站与自治区农业科学院水产研究所专业技术人员实地进行论证，形成了《关于金沙江江达县堰塞湖鱼类资源保护调研报告》，为下一步保护金沙江流域特有鱼类资源提供了重要依据。

[4]11月3日，西藏自治区政府分管领导、西藏自治区农业农村厅主要领导参加全国“长江生物资源保护论坛”。

（西藏自治区农业农村厅 王晓明）

陕西省渔业

【概况】 2018年，全省渔业渔政工作以提质增效、稳量增收、绿色发展、富裕渔民为目标，以健康养殖、适度捕捞、保护资源、做强产业为方向，以转方式、调结构、促转型为抓手，以优化空间布局、治理养殖污染、推进健康养殖、保护产地环境、提升生态服务功能、强化执法监督为重点，实现渔业 养殖、增殖、捕捞、加工、休闲渔业协调发展，各项工作扎实推进，并取得显著成效。完成水产品产量18.36万吨，渔业经济总产值68.88亿元。

1. 渔业结构调整 开展水域滩涂规划编制工作，符合规划编制条件（年产3 000吨水产品以上）的27个市（县、区）全部完成规划编制，其中17个市（县、区）政府对规划进行了发布，全省基本完成水域滩涂规划编制工作。坚持因地制宜，突出地域特色，结合资源禀赋，调整产业结构、养殖结构、品种结构。深入到全省贫困县、渔业发展重点县开展技术服务和健康养殖、绿色养殖技术和规范用药培训，不断推进渔业新技术、新模式的试验示范，组织实施的斑点叉尾鮰、台湾泥鳅、小龙虾、中华鳖、杂交鲟、长丰鲢等6个主导品种和稻田综合种养技术、渔用膨化饲料应用技术、斑点叉尾鮰健康养殖技术、生态浮床技术等4个主推技术取得显著成效。

2. 稻渔综合种养 全省在榆林横山、靖边、安康旬阳、汉中洋县和渭南大荔、合阳等县（区）通过实施稻渔综合种养和黄河滩盐碱地名特优高产高效试点示范项目引导，积极发展了稻－蟹、稻－鳖、稻－虾、稻－鱼、稻－鳅和渔（蟹）－莲混养等模式，实现“一水两用”“一地双收”，农户普遍亩均增收1 000～3 000元。在稳定粮食产量的同时，每亩渔业产值在1 400元以上，纯收入一般在1 000元以上，新技术、新品种推广示范效果十分明显，稻渔（蟹）综合种养成为农民致富的重要抓手。安康市旬阳县荣获国家级稻渔综合种养示范县，渭南市合阳县荣获农业农村部渔业健康养殖示范县（第四批）。

3. 水产品质量安全 制定下发了《陕西省渔业环境保护与水产品质量安全监管工作方案》，进一步落实监管责任。配合农业农村部完成产地水产品例行抽检85个样品，检测合格率为100%。深入开展养殖生产环节水产品质量安全专项整治，开展了“2018年放心渔资下乡进村宣传周”活动和“渔资打假”专项行动。全年完成养殖环节水产品质量安全检测样品639个，合格率达到国家要求。

4. 渔业生态环境保护 在全省江河湖库开展增殖放流经济鱼类757.7万尾、珍稀水生动物大鲵和秦岭细鳞鲑2.3万尾，渭河流域鱼虾重现，汉丹江、黄河流域水生生物多样性有效恢复；组织开展了对引汉济渭二期输配水等20个工程建设涉及水生生物自然保护区和水产种质资源保护区专家论证，全部通过农业农村部审核批复；全省水生野生动物保护和保护区建设管理工作顺利通过中央环保督查“回头看”及“绿盾2018”保护区检查；黄河流域、汉丹江流域禁渔期制度全面实施，生态补偿制度全面落实。向社会发布了2018年度《渔业生态环境状况》和《水产养殖病害监测及防治状况》2个公报。

5. 渔业科技推广 依托国家大宗项目，引进和培育水产养殖新品种松浦镜鲤、长丰鲫、长丰鲢等苗种共计1.2亿尾，推广到西乡、勉县、汉阴等示范县（区）和扶贫点，总计推广面积达200余公顷。在横山区、大荔县开展了“陕西省沿黄地区河蟹养殖技术示范推广”项目，研究建立的蟹莲综合种养模式有利于养殖水质改善和河蟹品质提升，提高了河蟹养殖综合效益，全年实施面积847公顷，总产量、总产值和亩均纯收入均超过了年度计划任务。在临潼示范区和合阳示范县开展了草鱼病毒性出血病免疫防治，防控池塘面积超过4公顷，示范推广面积6.7公顷，有效控制了草鱼细菌病和病毒病的爆发。渔业技术创新与推广在推动转方式调结构中发挥了重要作用。

6. 渔政管理 组织完成17项行政审批事项纳入陕西省政府网上办理流程，依法行政、依法执法工作全面推进。按照农业农村部统一部署，开展了“中国渔政亮剑2018”系列执法行动、“绝户网”等违规渔具清理、水产品质量安全专项整治、涉渔“三无”船舶清理等执法工作。全省在3月1日、4月1日启动长江流域、黄河流域禁渔期,同时在黄河潼关－合阳段开展了禁渔期联合交叉执法行动。禁渔期间,全省累计组织检查行动1 579次,参加11 867人次。共计查获没收电捕鱼工具238台(套),没收违规网具253件,立案调查毒鱼案件11件,炸鱼案件4件,办结违法捕鱼行政处罚案件53人次,处罚款6.35万元,刑事处罚10人,没收"三无"船舶9艘,没收违法捕捞渔获物2 162千克,没收违法销售渔获物1 490千克。同时推行禁渔警示宣传制度,在重点河段设置了相对固定的禁渔标志、标识,有效遏制了毒鱼、电鱼、炸鱼等破坏渔业资源行为。

7.存在问题 一是转方式调结构工作还需要进一步落实和推动。二是渔政执法工作力度还不够,有些地方非法捕捞水生野生动物行为还相当严重。三是调查研究和督查检查工作还不深入。四是产业扶贫措施还需要进一步研究创新。

【重点渔业市基本情况】

陕西省重点渔业市基本情况

地区	渔业产值(万元)	水产品产量(吨)	其中		养殖面积(公顷)
			捕捞	养殖	
汉中市	252 641.64	44 086	1 363	42 723	7 248
安康市	195 284.1	41 421	3 549	37 872	14 444
渭南市	79 055.3	50 838	301	50 537	5 932
西安市	68 125	13 528		13 528	1 485
商洛市	20 386.75	4 866	130	4 736	731

(陕西省农业农村厅 段荣娟)

甘肃省渔业

【概况】 2018年,全省各级渔业部门认真贯彻落实新发展理念以及中央和甘肃省委、省政府出台的一系列决策部署,持续推进渔业转型升级,优化渔业结构,推进健康养殖,全省渔业保持稳健发展的良好态势。全省养殖水面2.38万公顷,水产品总产量1.6万吨,渔业产值2.26亿元。

1.渔业生态环境保护取得新进展 全省各级渔业部门坚持提高政治站位,牢固树立"四个意识",认真组织"绿盾2018"专项督查,强化责任,推进整改。全省水生生物自然保护区44项整改任务已完成整改40项,保护区内所有采砂场、畜禽养殖场、水电站等违规项目已全部关停。开展了省级以上自然保护区内网箱养殖设施的集中整治,288口网箱已迁移出保护区核心区和缓冲区。全省放流各种鱼类3 200多万尾,超额完成了农业农村部计划任务。对5个涉及农业农村部水产种质资源保护区工程项目开展专题影响评价,争取生态补偿资金453万元。

2.渔业转型升级取得新成效 永靖县、灵台县、景泰县、西峰区等8县(区)和嘉峪关市养殖水域滩涂规划已经当地政府发布。扎实开展水产健康养殖,全省农业农村部水产健康养殖示范场达到81家,健康养殖面积达到1 085公顷。水产养殖污染普查完成2个原位监测任务,完成166个养殖场入户调查。调整省级农业综合开发项目投向,在永靖县刘家峡水库改造深水环保型网箱近1万平方米。指导景泰县开展生态养鱼治碱,水产养殖面积达到667公顷,改良盐碱地400余公顷。

3.禁渔执法行动取得新成绩 组织开展黄河流域联合交叉执法行动,配合山西省和山东省执法人员,对黄河临夏段及甘南段进行了为期4天的联合执法,进一步规范了相关市(县)的执法程序。积极参加中国渔政"亮剑2018"系列专项执法活动,累计查处电鱼案件13起,查处非法捕捞案件65起,有力震慑了破坏渔业资源和渔业生态环境的行为。3名同志受到农业农村部表彰奖励。全省有501名渔业执法人员通过了农业农村部组织的渔业执法资格考试,461名执法人员取得了《中华人民共和国渔业行政执法证》,提升了渔业执法规范化管理水平。

4.渔业融合发展取得新突破 大力发展休闲渔业,休闲渔业面积0.125万公顷,休闲渔业企业600家,产值9 275.06万元,接待人数248.53万人次。渔业从业人员达6 242人。推动特色水产品养殖:一是以酒泉为代表的河西地区河蟹养殖取得新进展,养殖面积667公顷；二是白银景泰县南美白对虾、罗氏沼虾养殖取得成功，2018年自主引进淡化南美白对虾虾苗1亿尾，引进罗氏沼虾580万尾。

5. 渔业安全管理迈上新台阶 扎实开展水产养殖环节专项整治，加强产地水产品质量安全监督抽检和风险检测，部省产地水产品抽检样品合格率100%。组织对持有省级水产苗种生产许可证和水生野生动物特许利用许可证的47家企业开展“双随机”专项执法检查。坚持开展渔业安全生产事故应急演练，每季度开展1次渔业安全生产全面检查督查，每季度开展1次重点渔业水域安全生产拉网式排查，有效遏制了渔业安全生产事故的发生。

6. 主要问题 一是水产品供给的数量与质量不平衡，发展不充分；二是渔业规模经营化水平低，经营方式仍以粗放、分散式为主，缺少有辐射带动能力的龙头企业，产业化步伐发展不快；三是渔业生产发展和生态保护不平衡，生态保护不充分；四是从事渔业生产的各类经营主体与新型经营主体不平衡，新型经营主体发展不充分；五是养殖水域滩涂规划编制工作进展不平衡，对水产养殖业可持续发展有不同程度的制约。

【重点渔业市(州)基本情况】

甘肃省渔业重点市(州)基本情况

市(州)	总人口(万人)	水产品总产值(万元)	水产品总产量(吨)	其中		养殖面积(公顷)
				捕捞	养殖	
张掖市	122	900	2 445		2 445	839
临夏州	204	3 327	1 768		1 768	2 833
酒泉市	112	5 492	2 047		2 047	1 160
陇南市	288	2 211	1 296		1 296	881
白银市	173	2 136	1 388		1 388	780

【大事记】

[1]3月5日，甘肃省农牧厅印发《2018年甘肃省渔业渔政工作要点》。

[2]3月15日，甘肃省农牧厅联合陇南市人民政府在陇南举办了“中国渔政亮剑2018”系列专项执法及交叉督察行动启动仪式，拉开了“中国渔政亮剑2018”甘肃系列专项执法行动的序幕，来自全省的渔政执法人员和渔业行业的工作人员共260余人参加了启动仪式。

[3]3月29日，甘肃省渔业技术推广工作会议在天水召开，甘肃省农牧厅渔业处负责人出席会议并讲话，全省14个市(自治州)、52个县(区)渔业技术推广站站长共50多人参加会议。

[4]3月24日，甘肃省水产学会第九届会员大会在永靖县召开，大会特邀甘肃省民政厅民间管理局、甘肃省科协相关领导莅临指导，大会改选出了第九届理事45名，常务理事9名。

[5]4月19日，全省渔业渔政工作会议在天水市麦积区召开，天水市副市长霍卫平应邀出席会议并致辞，甘肃省农牧副厅长妥建福出席并讲话，各市(自治州)渔业主管部门主要负责同志、水产站站长，渔业重点县(区)水产站站长以及厅属有关单位主要负责同志共80多名代表参加了会议。

[6]4月20日，全省渔政站长工作座谈会在天水市召开，全省14个市(自治州)渔政机构及康县、靖远县、西峰区等16个县(区)渔政机构负责人、部分渔政执法骨干共计50余人参加了会议。

[7]6月6日，全国开展“放鱼日”同步增殖放流活动，甘肃省在兰州、临夏、天水、张掖和陇南等地设置了5个分会场，放流兰州鲶、重口裂腹鱼等经济鱼类308.35万尾，放流大鲵2 144尾。

[8]7月9~10日，首届甘肃省水产职业技能竞赛水生动物病害防治员省级一类决赛在甘肃农业大学举办。甘肃省农牧厅党组成员、副厅长妥建福出席活动，经过初赛选拔的14支代表队、42名队员参加了比赛。金昌市代表队获得团体成绩第一名；酒泉、张掖市代表队获得团体成绩第二名；兰州、天水、定西、庆阳、临夏、白银、平凉市等代表队获得团体成绩第三名。

[9]8月30~31日，农业农村部渔业渔政管理局副局长李书民带领计划财务处副处长鲁泉、养殖处曾昊到临夏回族自治州永靖县调研考察指导现代渔业发

展和渔政管理工作。

[10]8 月 31 日,农业农村部渔业渔政管理局、中国水产科学研究院、甘肃省农牧厅、白银市人民政府联合举办盐碱地渔农综合利用扶贫工程(景泰)现场观摩推进会。农业农村部渔业渔政管理局副局长李书民,中国水产科学研究院院长崔利锋,中国科学院水生生物研究所院士曹文宣,农业农村部发展计划司区域开发处处长崔泽民,全国水产技术推广总站副站长张文,甘肃省农牧厅副厅长妥建福,甘肃省财政厅党组成员、农业综合开发办公室主任江贵贤,甘肃省扶贫开发办公室巡视员张森,甘肃省科技厅副巡视员何维华,白银市委常委、宣传部部长陈其银,白银市人民政府副市长吴震等领导专家 100 余人参加了观摩和研讨会。

[11]10 月 15 ~ 16 日,农业农村部长江流域渔政监督管理办公室主任、全国水生野生动物保护分会会长李彦亮一行到定西市漳县指导自然保护区生态环境问题整改工作。

[12]11 月 2 日,甘肃省渔业船舶检验竞赛人员参加由农业农村部渔业船舶检验局、中国农林水利气象工会全国委员会主办的首届“平安护航”杯全国渔业船舶检验知识竞赛总决赛,在决赛中取得内河组笔试第四名,并获得优秀组织单位奖。

[13]11 月 6 日,甘肃省水产研究所承担的甘肃省科技重大专项计划国际合作项目“冷水鱼生产关键设备引进及技术转移输出”启动会在兰州召开。

(*甘肃省农业农村厅　陈彦龙*)

青海省渔业

【概况】 2018 年,青海省渔业工作在农业农村部渔业渔政管理局和青海省农业农村厅党组的正确领导下,全面贯彻全国渔业工作会议和青海省农村牧区工作会议精神,以绿色发展为主线,扎实推进渔业工作,回顾总结一年来全省渔业工作,在克服诸多不利因素的情况下,仍保持强劲发展势头。据统计,全年各类水产品产量达到 17 000 吨,比上年增加 1 000 吨,增长 6.3%。产值达到 7 亿元,比上年增加 0.8 亿元,增长 11.4%。其中鲑鳟鱼产量 14 800 吨,比上年增加 1 000 吨,增长 7.2%。池沼公鱼产量 1 900 吨,比上年增加 100 吨,增长 5.5%。河蟹产量 100 吨,与上年基本持平。其他鲤科鱼类产量 200 吨,与上年基本持平。全年共繁育鲑鳟鱼苗种 540 万尾,比上年增长 5.2%。受洪灾影响,2018 年冲毁网箱 4 000 平方米,网箱面积比上年减少 1.2%。2018 年网箱实有面积 322 545 平方米。

1. 渔业资源保护

(1)《国务院办公厅关于加强长江水生生物保护工作的意见》得到全面贯彻落实。为全面贯彻落实国务院办公厅《关于加强长江水生生物保护工作的意见》,结合本省实际,认真组织传达学习,提高认识,在充分调研的基础上,青海省政府办公厅印发了《关于加强长江青海段水生生物保护工作的实施意见》,明确到 2030 年全省长江流域水生生物保护工作的目标和主要任务,为今后全省水生生物保护工作起到了支撑作用。

(2)明确目标,压实责任。为确保年度封湖育鱼工作落到实处,建立绩效延伸考核管理机制,明确考核目标。省级渔业行政主管部门与市(自治州)渔业主管部门、县级渔业主管部门层层签订目标责任书,明确责任主体、责任人。建立问责制,层层传导压力,创建了责任落实到位,出现问题有人负责的良好工作局面。确保了渔业资源保护工作有人抓、有人管,资源保护工作得到进一步加强。

(3)青海湖及长江、黄河等流域实施全年禁渔。年内,相继印发了《关于开展 2018 年冬季打击盗捕贩卖湟鱼专项行动的通知》《2018 年夏季打击盗捕贩卖青海湖湟鱼专项执法行动方案》以及《关于开展黄河长江青海段以及青海湖流域渔政系列专项执法活动的通知》。为做好水生生物资源保护工作,对青海湖及长江、黄河等流域实施了全年禁渔制度。

(4)联合、交叉执法成为常态。组织多部门开展联合执法、交叉执法活动,使联合、交叉执法保持常态化。年内,省、州(县)渔政、公安、工商部门采取高频次联合执法、巡逻检查,夜晚蹲守抓捕等方式,针对发现的线索,紧盯不放,有效遏制了非法捕捞违法行为。同时选派 3 名业务精湛的渔政执法人员赴山东参与农业农村部组织的黄河流域联合交叉执法监督检查工作。2018 年,渔政执法检查累计出动执法人员 370 人(次),车辆 67 辆(次),清理网具 1 726 盘,没收渔获物 1 863 千克,检查餐馆、农家院 560 家。办理刑事案件 14 起,其中,行政案件 5 起,刑事案件 9 起,判刑 18 人。

2. 全力推进养殖水域滩涂规划工作　按照农业部《关于加快推进渔业转方式调结构的指导意见》和《关于印发〈养殖水域滩涂规划编制工作规范〉和〈养殖水域滩涂规划编制大纲〉的通知》精神,结合本省实际,通过实地调研并充分征求了省直相关部门和有关市(自治州)农牧主管部门意见的基础上完成了《青海省养殖水域滩涂规划(2018—2030 年)》编制工作。

3. 渔业环境监测　2018 年,在常规监测的基础上,将监测范围扩大到三江源区、国家级水产种质资源保护区、柴达木盆地、黑河等流域，共设置监测点82个，水质监测项目16项，水生生物监测5项，完成监测报告10余期。同时，开展了沿黄流域网箱养殖水域状况评估，重点对网箱养殖区域设置的30个点进行了水域环境监测，监测水质指标5项，年度监测频次达4次以上。通过监测，为建立生态保护预警方案提供基础数据。

4. 增殖放流 全省先后突破了青海湖裸鲤、花斑裸鲤、黄河裸裂尻鱼、极扁边咽齿鱼、齐口裂腹鱼等土著鱼类的人工繁育技术，特别是青海湖裸鲤人工孵化繁育成果获得省科技进步一等奖，为土著鱼类大规模增殖放流奠定了基础。2018年向青海湖投放裸鲤1龄鱼苗1 160万尾、向黄河、长江上游增殖放流花斑裸鲤、黄河裸裂尻鱼、齐口裂腹鱼等鱼类134余万尾。通过增殖放流，省长江、黄河青海段以及青海湖等重点水域水生生物资源得到了有效补充和恢复。其中青海湖裸鲤资源量恢复到8.8万吨，比2017年的8.12万吨增加了0.68万吨，增长了8.4%。花斑裸鲤等土著鱼类种群数量较增殖放流前明显增多，规格比较整齐，多为3龄、4龄左右的鱼，已形成稳定的补充群体。

5. 养殖渔业

(1)加快推进三文鱼产业联盟建设。以实施乡村振兴战略为引领，以供给侧结构性改革为主线，为加快冷水鱼资源整合，按照产业发展要求，成立了青海三文鱼产业联盟，旨在通过资源整合，统一生产标准、产品品牌、市场价格和销售渠道等措施，抱团拓展市场，全面提升优质冷水鱼产品价值。为进一步推进三文鱼产业联盟建设，青海省农牧厅、财政厅、发改委、工商局和西宁海关等5家联合印发了《关于加快推进青海省三文鱼产业联盟建设的通知》。中国青海绿色发展投资贸易洽谈会期间，成功举办了中国青海首届三文鱼产业发展论坛，通过专家报告、学术交流、产学研结合，力争将沿黄冷水鱼养殖区打造成为国家级现代冷水鱼养殖示范区。

(2)持续开展水产健康养殖示范创建活动。继续推进水产健康养殖示范场创建活动，鼓励各养殖场按照创建标准积极参与创建活动。2018年，对已到期的9家养殖场进行考核验收，7家通过验收，继续保留了农业部水产健康养殖示范场称号；另外2家由于专业转产，自动放弃健康养殖示范场称号。

(3)水生动物疫病防控得到加强。2018年，青海成为全国无规定疫病苗种场建设3个试点省份之一。通过“水产品疫病防控”“重大疫病监测”“无规定疫病苗种场建设”等项目带动，给重点渔区基层站提供工作经费，积极开展苗种产地检疫、重大疫病监测、病害预测报、无规定疫病苗种场建设等工作，近5年来未发生重大疫病，确保了产业持续发展。

(4)水产品质量安全监管得到强化。严格执行水产苗种出入境管理规定，对鲑鳟鱼苗种的输入输出进行严格管理。同时，在鲑鳟鱼网箱养殖区设立30个测报点，从苗种质量管理、养殖环境监测、养殖模式选择、疫病检疫及病害防治、投入品质量管理、水产品质量检测及养殖水产品质量可追溯制度等7个方面开展了水产品质量安全全程监控，确保了水产品质量安全。

(5)生态环保养殖开始起步。2018年，按照生态环保养殖的要求，投资2 060万元，其中，国家投入1 000万元，企业自筹1 060万元，用于“冷水鱼生产标准”制定，鱼粪及死鱼无害化处理装备、吸粪工船、自动循环水苗种培育车间建设，品牌宣传推介，自动投饵平台等项目建设。生态环保养殖技术、设备在全省开始推广应用。

(6)加强科技推广和技术培训。2018年，继续依托冷水鱼养殖实训基地，组成专家团对全省职业渔民、养殖技术人员进行现场手把手培训，全年共举办规范养殖标准、统一产品质量、网箱养殖技术、药残检测技术、鲑鳟鱼良种选育、专用饲料应用、鱼病防治等培训班6期，培训400余人次。通过培训，提高了冷水鱼养殖的管理水平和养殖技术。

(青海省农业农村厅　朱安福)

宁夏回族自治区渔业

【概况】 2018年，宁夏渔业系统紧紧围绕农业农村部实施乡村振兴战略的总体部署和宁夏现代渔业“十三五”发展目标，按照高质量发展要求，以确保宁夏渔民持续增收、确保宁夏渔业对西部地区水产品安全有效供给为核心，以渔业供给侧改革为主线，加快渔业转型升级，全区渔业经济持续稳定发展。全区水产品产量17.7万吨、比上年减少2.18%，水产养殖面积3.5万公顷、同比减少0.26%。从渔农民年均纯收入达到12 865.39元，比上年增长8.3%。全区人均水产品占有量达25.7千克，居西北地区首位。

1. 加强渔业新技术推广，渔业转方式调结构稳步推进 2018年，以设施渔业、池塘健康高效养殖、稻渔综合种养为重点，稳步推进渔业转方式调结构。设施温棚、日光温室等面积达到53.3万平方米；低碳高效池塘循环水流水槽达到136条，养殖工艺进一步优化；配套物联网智能养殖等“互联网+现代渔业”养殖技术和装备，稳产、高效、安全养殖水平进一步提升；推广稻渔生态综合种养2 170公顷，集成创新稻渔综合种养流水槽养鱼节能减排新技术新模式示范点2个，实现生态、循环、高效种养和养殖用水零排放,该模式被称为稻渔综合种养"3.0版"新模式在全国推介,全国稻渔综合种养示范区达到4个;积极推广集装箱循环水绿色高效养殖、人工潜流湿地养殖尾水处理、微孔增氧、底排污改造、粪污集中处理等技术模式,创建全国水产健康养殖示范场18个。

2. 积极改善水产养殖基地基础设施,"智慧渔业"建设稳步推进 全区改造养殖池塘1 000公顷,配套养殖池塘底排污、微孔高效增氧、水质智能监控等设施;以贺兰、灵武、平罗、青铜峡、沙坡头区等渔业重点县为主,建设集物联网智能养殖、渔业水体环境监控、水产品质量可追溯、鱼病远程诊断、市场信息服务等多种功能于一体的"互联网+渔业"养殖场点52家,试验示范池塘机械化捕捞技术,继续探索"四化"(装备工程化、技术现代化、生产工厂化、管理工业化)养殖技术,养殖管理水平、渔业预警和事故防范能力稳步提升。

3. 加强水产养殖全程监管,水产品质量安全水平稳步提升 严格落实属地管理责任和生产经营者主体责任,加大对养殖户鱼种、鱼饲料、鱼药等投入品的监管力度,从源头上保障水产品质量安全;调整渔业病害测报点位置,组织开展苗种检疫工作。全区共签订水产品质量安全责任书520份,建立养殖生产记录1 716本;检疫鉴评产地和外调水产苗种7.6亿尾(头),未发现Ⅰ型和Ⅱ类水生动物疫病;农业农村部抽检宁夏产地和市场水产品共6批次197个样本,检测结果未出现阳性样品,综合合格率100%;自治区自检产地和市场水产品共7批次645个样本,综合合格率100%。

4. 加强渔业行政执法监管,渔业生态安全稳步推进 以实施黄河禁渔、"亮剑2018"专项行动、违规渔具整治专项行动为抓手,大张旗鼓开展渔业水域生态保护宣传和执法检查、督查,共印发各类宣传资料5.5万份(副/盒),对黄河宁夏段397千米实施禁渔并延长禁渔期一个月,开展执法检查巡查319次,其中5月30日至6月3日开展水、陆昼夜执法检查,对各类违规捕捞行为起到了很好的震慑作用。组织开展重点河湖生态保护红线和禁养区、限养区划定,积极推进"以渔净水",对沙湖等重点河湖实施增殖滤食性鱼类、种植莲藕等的生物操控治理;开展国家级水产种质资源保护区涉渔工程生态补偿及增殖放流,放流各类经济鱼类4 066.5万尾。按照农业农村部统一部署,开展全国"放鱼日"、水生野生动物保护科普宣传月、水产养殖规范用药科普下乡宣传等活动,民众水生生物资源生态保护意识得到较大提升。

5. 存在的主要问题 一是养殖数量规模和质量效益不相称不相符、质量品牌价值体现不充分。二是渔业生产发展和生态保护不协调。三是传统的重视一产发展的思想根深蒂固,渔业一二三产业发展不平衡,二、三产业发展严重滞后。

【重点渔业市(县、区)基本情况】

宁夏回族自治区重点渔业市(县、区)基本情况

市(县、区)	总人口(万人)	渔业产值(万元)	水产品总产量(吨)	其中		养殖面积(公顷)
				捕捞	养殖	
贺兰县	26.17	59 877.05	46 465	127	46 338	5 651
平罗县	31.6	49 103.31	39 497	91	39 406	7 627
青铜峡市	28.4	24 623.57	19 790	74	19 716	3 500
沙坡头区	43	21 458.48	17 300		17 300	2 980
大武口区	30.36	17 804.38	14 932		14 932	2 400

【大事记】

[1]1月12日,经地方推荐、专家现场考核和农业部审核,农业部公布33个全国稻渔综合种养示范区,宁夏广银米业公司和灵武市金河渔业合作社名列其中。

[2]1月17日,第四届"全国十佳农民"暨第二届"十佳农技推广标兵"揭晓,宁夏贺兰县畜牧水产技术推广服务中心刘欣获全国"十佳农技推广标兵"。这也是宁夏水产技术人员首次获此殊荣,为全区渔业工作者树立了新榜样、新标杆。

[3]3月19日,自治区农牧厅印发《"中国渔政亮

剑2018"系列专项执法行动宁夏实施方案》,方案明确了全区开展专项执法行动的总体要求、目标任务、组织领导、主要工作、具体要求等。

[4]3月21～23日,自治区农牧厅渔业渔政管理局开展了"除隐患保安全"安全生产专项行动,对石嘴山、吴忠市、中卫市辖区内16家渔业企业、养殖户进行了重点检查。

[5]3月22日,自治区农牧厅印发《关于实行黄河禁渔期制度做好2018年黄河宁夏段禁渔工作的通知》,明确了禁渔时间、禁渔范围、禁止捕捞类型以及工作要求。

[6]3月27日,宁夏召开加快全区渔业转型升级推进会,会议传达了农业农村部渔业转型升级推进会议和"中国渔政亮剑2018"专项执法行动部署会议精神;总结了2017年全区渔业渔政工作,安排部署了2018年全区渔业渔政工作和水产技术推广工作。

[7]4月10日,自治区农牧厅印发《宁夏2018年违规渔具清理整治工作方案》,明确了全区开展违规渔具清理整治工作的指导思想、工作目标、重点任务、组织方式、时间安排、保障措施和要求。

[8]4月25日,自治区农牧厅印发《宁夏2018年国家级稻渔综合种养示范区创建工作实施方案》,明确了宁夏开展国家级稻渔综合种养示范区创建工作的原则、创建数量、程序和工作要求,同时印发了国家级稻渔综合种养示范区创建标准。

[9]4月25～26日,全国水产品市场信息员培训班在银川开班。全国水产技术推广总站副站长胡红浪、自治区农牧厅副厅长马新民参加开班仪式并分别讲话,宁夏等8个省(自治区)的市场信息员代表做了交流发言。重点培训了水产品分类及识别方法、全国水产品市场信息采集系统报送软件使用方法及政企合作监控市场行情发展状况等内容,并就全国水产品市场信息采集报送中存在的问题和新情况进行了分析研讨。

[10]4月28日,自治区农牧厅印发《宁夏2018年全国水产健康养殖示范创建活动实施方案》,明确了宁夏开展2018年全国水产健康养殖示范创建活动的目标、创建重点、活动内容、工作进度安排和要求,同时印发了全国水产健康养殖示范场创建标准(2018年版)。

[11]5月21日,自治区农牧厅就加快推进宁夏养殖水域滩涂规划编制(修订)工作作出再部署,要求各地切实提高做好此项工作重要性的认识,严格按照规范并明确进度加快推进工作,确保在2018年底前全面完成规划编修。

[12]6月5日,自治区农牧厅和银川市人民政府举办渔业资源增殖放流活动,共向银川市鸣翠湖放流经济鱼类3万多尾、10 078千克。

[13]7月17日,全国水产技术推广总站、宁夏水产学会等联合举办"宁夏2018年水产养殖规范用药科普下乡宣传活动启动仪式暨渔用抗生素安全使用培训班",共发放技术资料6 000余册,并就水产养殖绿色发展、鱼病防治、规范用药、渔用抗生素的正确使用等进行培训。

[14]7月20日,自治区农牧厅印发《全区渔业船舶专项治理工作方案》,提出了宁夏渔业船舶专项治理工作总体要求、工作目标和组织领导,明确了治理重点、时间步骤和具体要求。

[15]10月22日,自治区农牧厅印发《2018年水生野生动物保护科普宣传月活动实施方案》,明确了活动主题、时间、组织机构、宣传内容、宣传形式,并对宁夏开展活动提出了具体要求。

[16]10月27日,自治区农业农村厅在灵武市与全国同步启动"2018年水生野生动物保护宣传月"活动,同时举办2018年黄河宁夏段鱼类资源增殖放流活动。活动主题为:关爱水生生物,共建和谐家园;宣读了水生野生动物保护宣言,发放了科普宣传材料,向黄河放流黄河鲤等鱼类240万尾。

[17]10月29日至11月1日,自治区农业农村厅渔业渔政管理局组织有关人员,按照全国水产健康养殖示范场验收标准对宁夏第五批、八批全国水产健康养殖示范场进行了复查,对第十三批全国水产健康养殖示范场进行了考核验收。验收采取现场实地检查、查阅资料、考核打分等方式。

[18]11月6日,自治区农业农村厅办公室印发《宁夏开展打击电鱼活动专项执法行动方案》,明确了工作目标、主要任务、实施步骤和工作要求。

[19]11月25日,自治区农业农村厅在贺兰县召开渔业一二三产融合发展促进会。重点传达了农业农村部10月30日在大连召开的渔业一二三产业融合发展现场会和全国水产技术推广体系建设和人才培养工作会精神,银川市农牧局、贺兰县政府、中国农业大学分别与北京才华环宇商贸公司签订了水产品流通加工项目协议和技术指导协议。会议总结了2018年全区渔业工作和安排部署2019年全区渔业重点工作,5市及贺兰县简要汇报了"十三五"规划及2018年渔业重点工作落实情况和2019年工作计划。会后举办了水产品养殖与销售加工技能培训班。

[20]11月30日,宁夏共有13个县(市、区)政府发布了县级养殖水域滩涂规划,比目标任务多1个,

是全国率先完成此项工作任务的3个省(自治区)之一。

[21]12月27日,贺兰县波涛渔业有限公司、宁夏春华水产养殖有限公司、贺兰县海鹏水产养殖专业合作社、宁夏权瑞福生态养殖有限公司、宁夏万灵生态农业科技有限公司、石嘴山市惠农宏浩工贸有限公司、平罗县卧龙家庭农场、宁夏中宁天元枸杞科技有限公司8家养殖场通过第十三批农业农村部水产健康养殖示范场省级考核验收和农业农村部审核,获得“农业农村部水产健康养殖示范场(第十三批)”称号,有效期自2019年1月1日至2023年12月31日;原农业部第五批水产健康养殖示范场宁夏回族自治区水产研究所(有限公司)、灵武市金河渔业专业合作社、宁夏泰嘉渔业有限公司3家和第八批水产健康养殖示范场银川市西河滩渔业养殖专业合作社、宁夏蓝湾生态农业有限公司、宁夏明博渔业有限公司、青铜峡市瑞丰种植养殖专业合作社、青铜峡市辉瑞水产养殖专业合作社、中卫市天阔渔业农民专业合作社、中卫市惠大水产流通专业合作社7家通过复查和农业农村部审核,纳入农业农村部水产健康养殖示范场(第十三批)管理。截至2018年年底,宁夏全国水产健康养殖示范场达到78家。

[22]12月27日,经地方推荐、专家现场考核和农业部审核,农业农村部发布116号公告,公布第二批全国稻渔综合种养示范区34个,宁夏生瑞米业有限公司、银川市西夏区军华种植农民专业合作社名列其中。截至2018年年底,宁夏共创建4个全国稻渔综合种养示范区。

(宁夏回族自治区农业农村厅渔业渔政管理局 刘 巍)

新疆维吾尔自治区渔业

【概况】 2018年新疆渔业工作以党的十九大及十九届二中、三中全会精神为指导,认真落实中央、自治区党委农村工作会议和全国渔业工作会议精神,紧紧围绕社会稳定和长治久安总目标,以实施乡村振兴战略为总抓手,坚持“创新、协调、绿色、开放、共享”的发展理念,继续以渔业供给侧改革为主线,以“提质增效、减量增收、绿色发展、富裕渔民”为目标,推动形成绿色高效、安全规范、融合开放、资源节约、环境友好的渔业发展新格局。

(1)渔业经济产值。渔业经济总产值34.74亿元,同比增加5.52亿元,增幅18.88%,其中渔业产值29.34亿元(养殖25.09亿元、捕捞2.87亿元、苗种1.39亿元),增幅19.87%;渔业工业和建筑业产值2.43亿元,增幅20.26%;渔业流通和服务业产值2.97亿元,增幅9.00%。

(2)水产品总量。2018年全疆水产品总产量达到174 342吨,同比增加8 814吨,增长5.32%,其中淡水养殖产量160 302吨,增加7 497吨,增长4.91%,淡水捕捞产量14 040吨,增加1 317吨,增长10.35%。养殖产量占水产品总产量的91.95%。全疆水产品人均占有量7.01千克。

(3)养殖面积与产量。养殖面积12.04万公顷,产量160 302吨,其中池塘2.13万公顷,产量123 658吨;湖泊5.04万公顷,产量1 438吨;水库3.98万公顷,产量26 049;河沟0.08万公顷,产量1 264吨;其他0.81万公顷(包括坑塘、网箱、工厂化、稻田等水域),产量7 893吨。

养殖品种中,大宗鱼类产量141 629吨,其中草鱼55 287吨,鲢鱼24 663吨,鳙鱼8 590吨,鲤鱼40 280吨,鲫鱼12 809吨;名特优品种产量15 033吨,其中鳊鲂1 187吨,鮰鱼1 195吨,黄颡鱼113吨,鳟鱼3 282吨,鳜鱼350吨,池沼公鱼1 924吨,鲈鱼1 357吨,乌鳢218吨,罗非鱼813吨,鲟鱼684吨,虾类1 614吨,河蟹1 954吨。

(4)捕捞产量。鱼类13 667吨,甲壳类288吨(虾35吨,蟹253吨),丰年虫85吨。

(5)主要水产苗种。生产各类淡水鱼苗47.09万粒,增长19.25%,虾类育苗53.57万粒。

(6)渔业人口和从业人口。渔业村2个,渔业户3 294户,减少646户;渔业人口17 231人,渔业从业人员14 386人。

(7)水产品加工。水产品加工企业11个,减少2个。其中规模以上加工企业3个(年营业业务收入500万元以上的水产品加工企业)。全区水产品冷冻品5 836吨,生产鱼粉饲料2 190吨。

(8)渔业灾情。渔业受灾面积1 444公顷,水产品损失1 474吨,直接经济损失2 449.80万元。

(9)渔民人均收入。渔民人均纯收入18 609.24元,同比增加1 695.84元,增长10.3%。

(10)休闲渔业。2018年全疆休闲渔业产值1.34亿元,具备休闲渔业经营资质的单位(户数)244家,从业人员1 878人,年接待游客近390万人次。

1.加强水产品质量监管力度,有效确保水产品质量安全

(1)强化投入品管理。在重大节日和渔业生产旺季组织全疆各地(自治州、市)渔业主管部门开展水产品质量安全专项整治行动。强化水产养殖用饲料、兽药等投入品质量监管，依法建立健全水产养殖投入品使用记录制度，严格落实兽药安全使用管理规定，加强对水产养殖投入品使用的监督检查，严厉打击违法用药和违法使用其他投入品等行为。重点对水域滩涂养殖证、水产苗种生产许可证持证情况、“三项记录”（养殖记录、用药记录、销售记录）的真实完整情况、是否存在违禁药品和有毒有害化合物、饲料滥用情况进行检查。2018 年全疆各地共出动执法人员 115 人次、执法车辆 30 台次，检查各类场所 140 余处，发放各种宣传资料 2 000 余份。

（2）加强质量安全监管。强化水产品质量安全属地监管职责，落实生产经营者质量安全的主体责任，加大产地养殖水产品质量安全风险监测评估和监督抽查力度，深入排查风险隐患，推动养殖生产经营者建立健全养殖水产品追溯体系，推进行业诚信体系建设，保证水产品质量安全。

近年来，新疆没有发生重大水产品质量安全事件，产地水产品抽检合格率稳定在 98% 以上，水产品质量安全持续稳定向好。

累计创建农业农村部水产健康养殖示范场 181 个，创建西部省份首家健康水产养殖示范县 1 个（福海县），认定无公害养殖产地 106 个，认证无公害水产品 277 个，从源头上有效确保了水产品质量安全。自治区先后成立了水产品质量检测中心、乌鲁木齐市农产品（水产品）检测中心、喀什地区水产品检测中心，水产品质量安全监管保障水平逐步提高。

（3）加强疫病防控。健全水生动物疫病防控体系，推进水产苗种产地检疫和监督执法。壮大渔业执业兽医队伍，做好渔业防疫指导工作。加强重大水生动物疫病监测预警，完善疫情报告制度。加强病死水生动物无害化处理，提高重大疫病防控和应急处置能力。

（4）开展水产品质量安全宣传周活动。连续多年在全疆范围组织开展水产品质量安全宣传周活动，活动现场设立现场咨询点，发放宣传资料，讲解水产品质量安全法律法规，介绍水产品安全消费知识，解答消费者疑问，增强生产者、经营者和消费者的水产品质量安全意识，营造了水产品质量安全的良好社会氛围。

2. 科学布局养殖区域，合理开发优势渔业资源

（1）新疆可供冷水性鱼类养殖的水资源十分丰富，发展冷水渔业的潜力巨大。按照“突出重点、有序推进、结构优化、因地制宜、协调发展”的总体要求，推动建立以冷水性鱼类开发为主的北疆特色经济鱼类产业带和以土著鱼类开发为主的南疆特色渔业产业带，稳步推进现代渔业建设，做好 6 个渔业产业区区域布局的建设（阿勒泰产业区、伊犁产业区、博州产业区、乌鲁木齐－昌吉－石河子休闲渔业产业区、库尔勒－且末产业区、阿克苏－喀什产业区）。

（2）打造水产品生产加工基地，推进产业集群化。围绕“三大河流”“三大湖泊”，依靠渔业主产区打造水产品加工基地。发展水产品深、精加工，提升水产品加工市场规模、管理水平和流通能力，形成水产贸易市场、水产冷库、各类水产加工厂、废弃物利用、污水处理、产品营销企业配套发展的产业链和产、加、销一体的产业化经营格局，推进产业集群化。

近些年新疆水产品加工业进一步发展，建成了一批上规模、技术先进的企业，注册了“冰川鱼”“冰川小阿刁”“金梭”“龙斑五眉”“福海湖”“吉力湖”“骆驼湾”等商标 15 个，“冰川鱼”“吉力湖”已成为著名商标。

（3）健全渔业科技推广体系，加快渔业科技成果推广转化。通过本轮机关、事业单位改革，着力解决水产技术推广体系不健全的问题。加强渔业良种工程、先进养殖模式、疫病防治、质量安全、环境资源保护、节能减排等方面新技术推广，加大主导品种和主推技术的示范、推广力度，提高良种覆盖率和科技成果转化率。

3. 加强渔业资源监管力度，确保渔业资源可持续利用

（1）组织开展天然水域渔政专项执法行动，落实和完善渔业资源保护管理制度。全面落实新疆天然水域禁渔（区）制度，严厉打击境内额尔齐斯河、伊犁河、博斯腾湖、乌伦古湖等河湖非法捕捞行为，加大禁渔期、禁渔区执法力度，确保渔业水域生态环境得到保护。推进依法治渔，强化联动执法，通过开展地（自治州、市）间联合执法，提升执法效果，提高执法能力和水平。结合农业农村部渔业渔政管理局近两年开展的“中国渔政亮剑”系列专项执法行动，抓住关键领域，以对渔业资源环境破坏大、社会反映强烈的涉渔违法违规行为整治为突破口，打击涉渔违规违法行为。

“中国渔政亮剑 2018”系列专项执法行动中，全疆各地共印发宣传材料 26 460 份，出动执法人员 2 773 人次，出动执法车辆 989 台次，出动执法船艇 194 艘次，检查渔港码头及渔船自然停靠点 121 个次，检查渔船 892 艘次，检查市场 330 个次，清理整治违规网具 1 144张顶，查办违规违法案件 51 起，查获涉案人员 105 人。

（2）积极参与水生生态环境影响评价，监督水生生态环境保护措施的落实工作。在全区范围内开展对涉渔工程生态补偿措施的监督检查，监督责任单位落实生态补偿措施。

2018年，自治区水产局组织有关专家对《木扎提河三级水电开发项目鱼类增殖站设计方案》《新疆塔什库尔干河两河口水电站对“叶尔羌河特有鱼类国家级水产种质资源保护区”影响专题论证报告》及《艾比湖流域生态环境保护工程一期工程精河鱼类增殖放流站专题设计报告》进行审查并提出修改意见。

截至2018年年底，自治区水产局已对喀拉塑克水利枢纽鱼类增殖站、吉勒布拉克水电站鱼类增殖站、吉林台水电站鱼类增殖站、察汗乌苏水电站鱼类增殖站进行了督查，除吉勒布拉克水电站鱼类增殖站尚未投入运行外，其余增殖站运行状况良好，基本能满足生态补偿需求。已责成阿勒泰地区水产局协助吉勒布拉克水电站鱼类增殖站尽快完成招投标等前期工作，使鱼类增殖站早日投入运行。

（3）加强种质资源保护区建设。水产种质资源保护区是为保护水产种质资源及其生存环境，在具有较高经济价值和遗传育种价值的水产种质资源的主要生长繁育区域，依法划定并予以特殊保护和管理的水域。新疆共有农业部批准建立的12个国家级水产种质资源保护区。

（4）加大增殖放流力度，确保水生生物资源养护。认真贯彻落实《中国水生生物养护行动纲要》，严格按照《水生生物增殖放流管理规定》的要求，认真组织实施，强化管理项目目标，将增殖放流活动作为保护水生生物资源、恢复天然水域渔业种群、维护生态平衡工作的重要措施来抓；用好中央财政资金，完成增殖放流计划，进一步加大对水生生物资源养护和修复力度，促进渔业增效、渔民增收和生态文明建设。

2018年，中央财政拨付新疆渔业资源及生态保护资金1 213万元，其中自治区统筹整合用于贫困县脱贫攻坚343万元，2018年新疆实际用于渔业资源及生态保护项目补助资金871万元，各级渔政部门共组织淡水物种增殖放流活动43次，涉及全区12个地（自治州、市）的16个单位，计划放流鱼苗2 908.4万尾，实际放流27 809.31万尾，投入资金共计2 270.27万元，其中社会各界自筹1 400.27万元。

增殖放流实施范围以新疆重要的天然渔业水域湖泊、河流和大型水库等为主要增殖放流地点，具体放流地点涉及6个流域（伊犁河流域、额尔齐斯河流域、塔里木河流域、开都河流域、巩乃斯河流域、特克斯河流域）、7个湖泊（乌伦古湖、博斯腾湖、赛里木湖、艾比湖、黄羊泉兵湖、玛依湖、拉里坤湖）、48座水库和1个湿地（尼勒克县次生林公园）。

放流品种包括经济物种〔草鱼、鲢鱼、鳙鱼、鲫鱼、鲤鱼、白斑狗鱼、河鲈、梭鲈、贝加尔雅罗鱼、丁鲅、中华绒螯蟹、鲑鳟鱼类（仅限赛里木湖）和濒危物种（扁吻鱼、高体雅罗鱼、新疆裸重唇鱼、斑重唇鱼、北极茴鱼）〕，其中扁吻鱼为国家Ⅰ级保护水生野生动物，其他的为自治区Ⅰ级和Ⅱ级保护物种。

自治区经过连续多年开展水生生物增殖放流活动，经济效益、生态效益和社会效益已初步显现，水域中放流品种的渔业资源量增加；水域生态环境得到有效改善；渔民收入得到一定程度增加；增殖放流促进游钓、餐饮等休闲渔业的发展；带动了苗种繁育、增养殖产业发展和技术进步。

4.改善养殖环境，实现水产养殖业绿色发展

（1）大力推进《养殖水域滩涂规划》编制和发布工作。按照《农业部关于印发〈养殖水域滩涂规划编制工作规范〉和〈养殖水域滩涂规划编制大纲〉的通知》要求，自治区水产局于2017年8月成立了养殖水域滩涂规划编制工作领导小组、规划编写组，要求各级渔业行政主管部门加快推进养殖水域滩涂规划编制工作并明确了规划编制发布的相关任务。

2018年，自治区水产局先后于1月和7月两次召开了《养殖水域滩涂规划》（以下简称《规划》）编制和发布工作推进会，两次下发文件督促完成《规划》编制和发布工作，发函至喀什地区行署、和田地区行署要求督促莎车县、泽普县、墨玉县按期完成《规划》编制和发布工作，按照《农业农村部办公厅关于各省养殖水域滩涂规划编制发布工作有关情况的通报》要求，2018年年底前新疆维吾尔自治区需完成18个渔业重点县《规划》编制和发布工作。但精河县、伊宁市、乌鲁木齐市高新区3县（市、区）由于环境督查、水资源保护、城市扩建等因素导致近两年养殖水域滩涂面积、养殖年产量均未达到《规划》要求，自治区水产局已向农业农村部渔业渔政管理局申请此3县（市、区）暂缓开展水产养殖水域滩涂规划编制和发布工作。

截至2018年年底，全区沙湾县、阿勒泰市、布尔津县、福海县、昌吉市、呼图壁县、玛纳斯县、博湖县、拜城县、莎车县、墨玉县、温宿县12个县（市）已完成《规划》编制和发布工作；伊宁县、乌鲁木齐市米东区2个县（区）完成了《规划》编制工作，但尚未发布；泽普县未完成《规划》编制工作。

（2）为加强养殖水排放管理，自治区水产局于2018年下发了《关于加强池塘养殖尾水排放管理工作的通知》，对伊犁、阿克苏等重点区域进行了督导，确保排入河道养殖尾水达到二级标准。

5.加强渔政执法队伍建设，提高依法行政水平

加大渔政人员执法培训工作力度。自治区水产局每年组织1～2期全疆渔业行政执法培训班，培训人员主要为各地（自治州）和县级渔业机构负责人及业务骨干，培训内容包括渔业行政法律法规、渔业水域生态环境保护、水产品质量安全监管等。目的是全面提高渔业行政执法人员素质，推动执法队伍规范化建设。

6. 积极主动落实渔业援疆工作 按照农业农村部渔业渔政管理局《2018年渔业扶贫及援疆援藏行动方案》，积极主动向农业农村部渔业渔政管理局汇报对接，承办召开全国渔业扶贫及援疆援藏工作座谈会，与各援疆省份对接，签订渔业援疆对口合作协议16份。

7. 加强水生野生动物保护

（1）《新疆维吾尔自治区重点保护水生野生动物名录》发布14年以来，新疆水生野生动物种群资源状况发生了较大变化，部分物种资源状况不容乐观，亟待进一步依法完善保护制度，强化水生野生动物保护工作。为此，自治区水产局于2018年委托自治区水产科学研究所对《新疆维吾尔自治区重点保护水生野生动物名录》进行了修订，并于2018年12月汇总了全疆各地（自治州）及有关厅局的意见建议，对《新疆维吾尔自治区重点保护水生野生动物名录》修订稿做了进一步完善和修改并报自治区水利厅，由自治区水利厅转报自治区人民政府。

（2）根据《中华人民共和国水生野生动物保护实施条例》，进一步规范水生野生动物特许利用，对捕捉、驯养繁殖、经营利用、进出口等各环节进行规范管理。2018年办理水生野生动物捕捉证7个，驯养繁殖证5个，特许经营利用许可证1个。

（3）按照农业农村部渔业渔政管理局要求，组织全区各地（自治州）市渔业行政主管部门按要求开展水生野生动物保护科普宣传月活动，借此增强人民群众保护水生野生动物的意识，关爱大自然，促进人与自然和谐相处。

8. 加强安全生产管理 按照“党政同责、一岗双责、失职追责”和“管行业必须管安全，管生产必须管安全”的要求，切实落实各级渔业主管部门的安全生产监管责任。深入开展“平安渔业示范县”“文明渔港”创建和渔业安全生产大检查活动，加强渔业安全应急管理体系建设，完善渔业安全应急预案，开展渔业救助演练。

2018年，自治区水产局于3月、5月和6月分别在阿克苏地区沙雅县、巴音郭楞蒙古自治州博湖县、伊犁地区尼勒克县举办了渔业安全生产教育暨渔业船员培训班，共计244人（其中渔业普通船员139人、机驾长105人）参加了培训。

2018年，重点渔业县联合县安监局进行安全生产大检查，主要对湖区渔业水产捕捞水上作业渔船技术安全状况、消防器材配备等情况做了详细检查。检查中发现的主要问题有：一是个别渔民安全意识不足，应急手电亮度不足，穿戴救生衣有轻度老化现象；二是部分渔民的防火防风意识不强，电力线路老化。针对以上问题，检查组当场做出安全提示，并下发整改通知书，责令3天内整改完毕并已通过复检。

9. 科研推广工作不断迈上新台阶 2018年，自治区水产科学研究所申报各级各类科研项目15项，批准立项7项；签订横向技术服务项目6项，执行的延续项目18项；验收项目5项。申请地方标准6项，申请专利6项，获得专利6项。开展了松浦镜鲤、长丰鲢等水产名优新品种高效模式推广与示范，公益发放推广品种水花合计2 700万尾，示范推广鱼菜共生等新技术。“国家一级保护动物扁吻鱼全人工繁殖技术研究”项目获自治区科技进步二等奖。

（新疆维吾尔自治区农业农村厅 张 璐）

大连市渔业

【概况】 2018年，大连市有甘井子区、旅顺口区、金州区（金普新区）、瓦房店市、普兰店区、庄河市、长海县和中山区8个涉渔区（市、县），以及高新技术产业园区、长兴岛经济区和花园口经济区3个涉渔对外开放先导区；渔业乡、镇、街道33个，渔业村172个，渔业户5.9万户；渔业人口20万人，其中传统渔民12.2万人；渔业从业人员14.7万人，其中专业从业人员9.8万人。专业从业人员中，从事捕捞业4.1万人，从事养殖业4.3万人，其他1.3万人。

全市地方渔业（不含辽宁省属企业在大连分支机构）经济总产值734.42亿元，比上年下降12.71%，其中地方渔业产值（含苗种）346.6亿元。渔业经济增加值339.9亿元。渔业产值中，海洋捕捞产值62.1亿元，海水增养殖产值167.6亿元，苗种产值43亿元；淡水养殖产值1亿元。全市地方渔业水产品产量216万吨。

2018年大连市地方渔业产量及产值

地 区	产量（万吨）	产值（亿元）
大连市	216.0	346.6
长海县	53.4	64.5
庄河市	54.8	100.0

（续）

地　区	产量（万吨）	产值（亿元）
金州区（金普新区）	37.8	41.8
普兰店区	15.7	36.5
旅顺口区	18.0	23.5
瓦房店市	13.5	48.9
高新技术产业园区	7.2	5.6
甘井子区	4.9	5.2
花园口经济区	1.9	3.2
中山区	5.0	9.7
市直单位	2.6	3.1
长兴岛经济区	1.2	4.6

2018 年大连市地方渔业生产基本情况

项目	数量	比上年增长（%）
渔业经济总产值（亿元）	734.42	-12.71
渔业（含苗种）（亿元）	346.56	-26.78
渔业工业和建筑业（亿元）	228.49	4.78
渔业流通和服务业（亿元）	159.35	6.29
水产品总产量（万吨）	215.97	-2.38
海洋捕捞（万吨）	31.72	-3.79
海水养殖（万吨）	167.64	-2.80
淡水养殖（万吨）	0.60	-1.8
其他（万吨）	16	
养殖面积（万公顷）	47.97	
海水养殖（万公顷）	47.27	1.15
淡水养殖（万公顷）	0.70	
渔业船舶拥有量（万艘）	2.30	-4.33
渔业船舶总吨位（万吨）	34.90	0.14
渔业船舶总功率（万千瓦）	80.80	2.52

1. 渔业基础设施建设　2018 年，全市及区（市、县、开放先导区）各检验机构检验各类渔业船舶 1.8 万艘次。核查救生消防设备和通导设施，检查救生筏和检测报告。全市渔船安装北斗三代船载终端设备 660 套。至年末，全市有各等级渔港 152 座，其中国家中心渔港 3 座、国家一级渔港 6 座、国家二级渔港 37 座、国家三级渔港和自然渔港 106 座。

2. 渔业科技　2018 年，全市完成大连市渔业标准化体系建设与示范工程项目各项建设任务，取得阶段性成果。项目构建大连市渔业标准体系，包括水产健康养殖、水产品加工与流通、渔业生态与资源和渔业设施 4 个子标准体系，开发大连市渔业标准检索系统和大连市渔业标准体系化服务与决策系统 2 个软件，实现全市海洋渔业标准科学化管理、信息化服务。完成大连市渔业标准化体系建设与示范工程平台运行维护及系统完善服务验收工作。其中，收集大连市 2015—2017 年渔业标准、渔业产业、渔业标准化示范区等数据 386 条，数据标准化处理、入库、校核完成；新增标准项目专家功能；标准完备性、产业数据可视化分析等性能优化完成；运用平台辅助完成 2018 年大连市农业（渔业）标准规范制（修）订指南、标准化示范区评估、标准项目评审等工作，系统的访问量 18 720 次。年内，国家特色海产品标准化区域服务与推广平台项目获国家标准化委员会批复。制定《国家特色海产品标准化区域服务与推广平台建设（2018—2020 年）工作方案》，保障平台建设发展。制定大连市农业（渔业）标准规范 53 项，其中发布实施 48 项；推荐国家标准化管理委员会、全国水产标准化技术委员会、辽宁省海洋与渔业厅等国家、行业和辽宁省地方标准 104 项；征集大连市农业（渔业）标准规范项目建议 31 个，下达海洋牧场规划设计技术规程等项目计划 9 个，确保全市农业（渔业）标准规范制（修）订质量。推荐单体太平洋牡蛎筏式养殖技术、香螺底播养成技术规范等辽宁省地方标准 22 项。验收长海县虾夷扇贝可持续筏式养殖技术示范项目。该项目在长海县大长山、小长山、獐子岛、海洋岛等乡镇示范推广“大规格一龄虾夷扇贝养殖技术”“二龄虾夷扇贝生态疏密养殖技术”“虾夷扇贝吊耳养殖技术”等技术 226 公顷。进行长海县承担 2017 年基层水产技术推广体系改革与建设补助项目年度考评。该项目推广“虾夷扇贝一龄贝大规格健康养殖技术”280 公顷，推广“刺参底播增殖技术”1.35万公顷。遴选示范基地 3 个，科技示范户 12 户。将美国波士顿渔业展、比利时布鲁塞尔渔业展列为重点展会，组织全市渔业企业参展，参展企业 30 余家。将亚太水产养殖展览会、中国现代渔业暨渔业科技博览会、上海国际渔业博览会、中国国际农产品交易会、辽宁海参暨名优水产品博览会、中国国际渔业博览会列入国内推荐展会，组织全市渔业企业参展。3家渔业企业获得2018年最具影响力水产品企业品牌称号，大连市海洋与渔业局获农业部农产品交易会优秀组织奖。全年全市130余家企业参加国内推介展会，展位面积1万余平方米。组织60余家渔业企业参加第十三届上海国际渔业博览会，召开大连海鲜推介会，提升大连市名优水产品牌知名度，展示大连市水产产业整体形象；组织渔业企业参加第一届辽宁海参节暨名优水产品博览会，参展企业60余家，标准展位100余个，30个产品获评金奖产品，市海洋与渔业局获省农业农村厅优秀组织奖。

3.海洋渔业资源增殖放流 2018年，大连市继续开展海洋渔业资源增殖放流工作。全年投入苗种资金3 182万元，放流中国对虾、日本对虾、三疣梭子蟹和牙鲆鱼苗种22.87亿尾，放流增殖产量3 233吨，增加产值3.9亿元。2013—2018年，全市累计投入财政资金2.6亿元，增殖放流中国对虾、日本对虾、三疣梭子蟹、褐牙鲆鱼、淡水鱼等176.7亿尾，放流增殖产量2.5万吨，增加产值26.6亿元，财政资金投入产出比达1∶10以上。

4.海洋牧场建设 2018年，大连市持续推进海洋牧场建设，大长山岛海域龙腾湾、大李家海域迈童、七顶山海域新时代和大长山岛海域金砣获批农业部第4批国家级海洋牧场示范区。在全国已公布的86处国家级海洋牧场示范区中，大连市占14处。年内，獐子岛海域、海洋岛海域2处第1批国家级海洋牧场示范区项目投放全部人工鱼礁投放工作完成；开展第2批4处、第3批4处国家级海洋牧场示范区项目实施方案编制等前期准备工作。10月，由农业农村部渔业渔政管理局、全国水产技术推广总站为指导单位，中国水产学会、中国水产品流通加工协会、农业农村部海洋牧场建设专家咨询委员会、国家海洋牧场科技创新联盟、大连海洋大学、大连市海洋与渔业局共同主办的2018年中国国际海洋牧场大会在大连世界博览广场举办。大会以“生态 资源 绿色 共享”为主题，举办国际海洋牧场展览会及各项论坛，是世界范围内首个以海洋牧场为主题的大型国际展会。

5.海洋捕捞 2018年，大连市有渔业船舶22 642艘，比上年减少1 019艘，下降4.3%。其中，机动渔船22 329艘，非机动渔船313艘。机动渔船中，生产渔船21 839艘（含捕捞渔船9 693艘、养殖渔船12 146艘），辅助渔船490艘。全市有远洋项目渔船255艘。全年海洋捕捞产量48.7万吨，比上年下降18.7%。其中，近海捕捞产量31.7万吨。海洋捕捞产值62.1亿元，比上年下降32.29%。其中，近海捕捞产值41.8亿元，比上年下降41.5%。

6.远洋渔业 2018年，大连市有远洋渔业企业18家，比上年减少1家；远洋项目渔船255艘，比上年增加1艘。远洋项目渔船中，金枪鱼钓船51艘，专业鱿鱼钓船6艘，单拖网船196艘，运输船2艘。项目区域新增加莫桑比克海域；渔船分布莫桑比克、塞内加尔、毛里塔尼亚、利比里亚、安哥拉、喀麦隆、加蓬、几内亚比绍、冈比亚、科特迪瓦、几内亚、加纳、塞拉利昂、阿根廷、刚果（布）、太平洋、大西洋、印度洋18个项目海域。全年远洋渔业捕捞总产量16万吨（上年远洋渔业捕捞总产量15.2万吨），产值20.34亿元（上年产值19.34亿元），分别比上年增长5.3%和5.2%；运回国内水产品产量5.64万吨。

7.入韩渔船管理 2018年，大连市有获批赴韩国专属经济区管理海域从事捕捞生产资格渔船327艘，与上年持平，其中拖网船148艘、流网船146艘、围网船17艘、运输船16艘。大连市各级渔业行政主管部门加强对入韩渔船日常生产作业管理，汇总上报渔船进出通报3 700艘次、日生产作业通报2.8万艘次，通报准确率100%。组织具有进入“中韩协定水域”捕捞作业资格船长、船东集中培训，举办培训班16轮次，培训船长、船东860人次。入韩渔船均按照中韩两国渔业协定进行捕捞作业。

8.水产原良种场建设 2018年，大连市有国家级水产原良种场3家、省级水产原良种场25家，涵盖刺参、皱纹盘鲍、虾夷扇贝、黄海胆等品种。年内，大连富谷食品有限公司被新认定为黄条鰤省级良种场，大连德洋水产有限公司被新认定为中国对虾、褐牙鲆省级良种场；大连七水渔业发展有限公司西伯利亚鲟省级良种场、大连德洋水产有限公司大菱鲆省级良种场、大连万众海洋科技有限公司刺参省级良种场、瓦房店市信达海产品养殖有限公司刺参省级良种场4家单位通过省级良种场复查。

9.海水增养殖 2018年，大连市地方渔业海水养殖面积47.3万公顷（上年海水养殖面积46.7万公顷）；海水养殖产量167.6万吨，比上年下降2.8%；产值（不含苗种）240.5亿元；苗种产值43亿元。

10.水产健康养殖示范场建设 2018年，大连市有农业农村部认定的水产健康养殖示范场78家，养殖面积44.31万公顷，主要养殖品种有海参、扇贝、车虾等。年内，大连市金州区龙达海产养殖场、大连鑫玉龙海洋生物种业科技股份有限公司等6家养殖场企业通过2018年农业农村部水产健康养殖示范场复查认定。

11.水产养殖政策性保险 2018年，大连市继续开展水产养殖政策性保险工作，险种包括藻类养殖风力指数保险、海珍品养殖风力指数保险、网箱鱼养殖保险、工厂化鱼养殖保险、海水养殖巨灾保险、水产制种保险。至年末，全市水产养殖政策性保险保额4.1亿元，保费3 100余万元，其中30%的保费由市财政补助。

12. 渔业管理 2018年，大连市各级海洋与渔业主管部门发放水域滩涂养殖证244本，发证面积7 723.4公顷，累计发放养殖证7 587本，发证面积45.8万公顷；新发、换发水产苗种生产许可证366本，发、换证水体270万立方米；发放船员证书4 500本，其中职务船员证书3 400本、普通船员证书1 100本；大连市、区（市、县、开放先导区）各检验机构检验各类渔业船舶17 930艘次。

13. 渔业安全生产监管 2018年，大连市加强渔业安全生产监管。召开全市渔业安全工作季度例会4次。开展渔业安全生产宣传教育20场次，受教育船东、船长和基层渔业安全员2 700余人。签订海洋渔业安全生产承诺书、保证书、包保卡，履行属地包保主体责任。落实渔船安全生产主体责任，全市3 000余艘58.8千瓦以上有越界捕捞能力的渔船全部实现包保签状。开展渔业生产安全月宣教活动，组织活动229场次，受教育渔民30 106人次，发放宣传材料33 925份。推进渔船安全管理信息化装备建设，安装北斗二代船载终端设备660套、AIS防避碰终端1 800套。坚持安全监管关口前移、重心下移工作思路，全市29个渔港监督港口站、涉渔乡镇（街道）的332名基层渔业安全员监管阵线前置。开展渔业安全隐患专项监督整治行动，检查渔船36 461艘次，纠正超风级出海、超定员作业、超航区生产、超核载运输违章渔船2 049余艘次。加强与海事、救助、边防、气象、电信等部门工作联动，组织海上抢险救援行动19次，化解重大海上险情1次、较大海上险情11次，避免恶性事故发生和渔民群众生命财产重大损失；全年救助遇险渔民66人、渔船17艘，挽回经济损失3 120余万元。依据《大连市基层渔业安全员管理实施方案》，发放基层渔业安全员工作补贴经费332人166余万元。大连市渔业安全管理委员会评选金普新区、甘井子区、长兴岛经济区、普兰店区、高新园区5个全市海上渔业安全生产目标管理优秀单位。

14. 渔业监督执法 2018年，大连市按照《大连市捕捞渔船结构性改革实施方案》《大连市海洋捕捞渔船减船转产项目操作管理暂行办法（试行）》持续推进减船转产项目工作。至年末，全市拆解国内海洋捕捞渔船1 362艘，压减功率5.2万千瓦。加强伏季休渔管理，全市出动检查人员2.6万人次，执法船艇5 070航次，航程8.7万海里；出动执法车辆3 014辆次，行程5.1万千米；登临检查渔船1.8万艘次，查处违法违规渔船836艘，查办违法案件1 007件，收缴罚款9 465万元。休渔期期间，移交公安涉黑涉恶案件线索1条，没收渔获物109.4吨；移送司法处理案件15件，处理涉案人员538人，移送司法处理2人。全市发放清理整治“三无”（无船名船号、无船舶证书、无船籍港）渔船和违禁渔具宣传材料5万余份，在省、市电视台及报纸宣传26次，在新媒体宣传35次，清理取缔涉渔“三无”渔船35艘，查获违规渔具1.4万张（顶）。加强海砂开采执法管理，常态化检查全市各大港口、装卸海砂码头5 533次，检查水产品市场86个，严格实施海砂装卸上报制度。开展斑海豹冬季执法行动，出动执法人员682人次，检查渔船147余艘次，救助斑海豹幼崽2头，处理死亡江豚4头。

15. 水产品质量安全监督管理 2018年，制定《大连市2018年水产品质量安全专项整治工作方案》，加强水产品质量安全全面监督管理。各级渔业执法部门以工厂化育苗为重点整治环节，以海参为重点整治品种，以硝基呋喃类禁用渔药违法使用为重点整治内容，定期和不定期检查生产企业，出动执法人员800余人次，检查企业1 000余家。加强水产品质量安全检验检测。按照《2018年大连市水产品质量安全监控计划》，抽检10个涉海县（区）的鱼虾贝类藻类2 600样次，检测合格率100%。农业农村部在大连市水产品例行监测抽检鱼虾100个样品，合格率97%，达到“市长菜篮子”考核规定指标要求。辽宁省海洋与渔业厅对大连市产地海参例行监测150样次，合格率100%。县（市、区）辖区内例行抽检1 300样次，合格率100%。全市主要养殖品种监测实现全覆盖。2018年全国100个区域公用品牌评选中，辽参获评十佳百强农产品区域公用品牌。2018年辽宁名牌农产品评选认定中，大连市大洋岛海胆等6个水产品牌获评省名牌水产品称号。全省农、林、牧、渔4大类72个认定产品，辽宁名牌农产品（水产品类）全部被大连市获得。

（大连市农业农村局　印明昊）

青岛市渔业

【概况】 按照青岛市委、市政府建设国际海洋名城工作部署，青岛市着力保护海洋生态环境，加快渔业新旧动能转换，着力打造蓝色粮仓，全市渔业稳定发展。2018年青岛市渔业产业增加值114.5亿元，同比增长2.2%。国内水产品产量103.5万吨，同比降低3.8%，其中海水养殖产量82.0万吨,同比增长0.6%,淡水养殖产量1.4万吨,同比降低64.3%,国内捕捞产量20.1万吨,同比降低15.5%。2018年远洋渔业捕捞产量11.7万吨,实现产值13.2亿元,同比分别降低2.5%与6.4%。2018年渔业养殖面积3.5万公顷,同比降低18.6%,其中海水养殖面积3.2万公顷,同比降低0.02%,淡水养殖面积0.3万公顷,同比降低97.1%。

1.水产健康养殖 根据农业农村部渔业渔政管理局要求,2018年制定了青岛市养殖水域滩涂规划编制工作方案,完成《青岛市养殖水域滩涂规划》以及各县级区(市)养殖水域滩涂规划的编制工作,并顺利通过专家评审和风险评估,并上报青岛市人民政府待批。开展青岛市水产养殖业污染源普查工作,对渔业养殖户、养殖单位进行逐户调查,准确掌握当前渔业养殖情况;对养殖用水和养殖排放水进行水质检测,对重点区域内海、淡水养殖单位的养殖排放水进行监测试点,建立水质台账。引导有条件的企业发展工厂化循环水封闭式养殖、活动式循环水养虾、生态工程化循环水池塘养殖等生态养殖模式。积极发展深水抗风浪网箱养殖,制定了项目实施方案和网箱建设标准。同时健全项目监管机制,委托第三方机构对项目实施全程监管,同时强化项目完成后的监管措施,在每个新建成网箱上加装AIS北斗定位装置,通过网络实时监控,防止申报单位和个人弄虚作假,套取国家补贴资金。2018年全市新发展抗风浪网箱107个。

2.渔业资源修复 认真贯彻落实国家大力发展海洋牧场的决策部署,努力争取各级财政资金对海洋牧场建设的支持,全市在建17处海洋牧场区,总面积近6 000公顷,共投放礁体200多万空方,其中10处被评为国家级海洋牧场示范区。2018年共投入各级放流资金1 000多万元,放流优质水产苗种12亿多单位,近5年累计投入放流资金1.8亿余元,总放流水产苗种117亿单位,其中在牧场区海域投放恋礁鱼苗1 000多万尾,有效修复海洋生态环境、增加海洋生物资源。

3.远洋渔业 到2018年年底,全市远洋渔船165艘,其中作业渔船126艘,已批在建待建渔船39艘。积极推进远洋渔业开发合作,除在太平洋、大西洋、印度洋从事公海捕捞外,9家企业与缅甸、加纳、塞内加尔、刚果(布)等10个国家建立合作项目。按照"中国第一、亚洲一流、世界知名"的目标,规划建设中国北方(青岛)国际水产品交易中心和冷链物流基地项目建设。加大远洋渔业监管力度,定期组织研讨会、培训班等,对远洋渔业政策、国际涉渔新形势、船位监测系统使用等进行全覆盖、多领域的培训,组织企业定期开展安全生产隐患排查等集中行动,敏感时期加强相关渔船的管控,保障企业远洋项目安全实施。委托上海海洋大学开发了青岛市远洋渔船安全生产监督管理系统,已通过评审,2019年将投入使用。

4.水产品质量安全 严格落实质量安全主体责任和监管责任,建立健全市、区、街三级质量安全监管机制,市、区两级均配备质量安全日常管理机构、质量检测机构和执法队伍。明确年度质量监管实施方案,签订了《水产品质量安全监管责任书》,确保监管责任全覆盖。加大养殖水产品(含苗种)质量抽检密度,安排专项抽检经费,认真落实国家、省下达的监督检查和风险监测抽检任务,2018年完成水产品抽检1 135批次,合格率达到99.65%。认真完成上海合作组织青岛峰会鲜活水产品供应保障任务,严格遴选供应基地,选派监管人员实施重点监管,定期抽检基地产品质量,确保合格率100%,完善充氧泵等技术措施,保障水产品运输安全,共供应海参、鲍鱼、鲈鱼、黑头、六线鱼、三倍体牡蛎等10多个品种。组织开展了水产品质量安全"百日会战"专项执法行动,做好检打联动,建立和完善日常执法巡查检查制度,重点对可能存在风险隐患、大宗品种育苗和养殖单位等加大检查执法力度,倒逼企业落实主体责任。全市共执法206家,对4例检测报告呈阳性的养殖单位(业户)依法进行查处。开展水产健康养殖暨规范用药培训,共举办7期培训班,培训人员600余人。

5.渔业科技推广 根据绿色、节能、高效的现代渔业发展要求,积极推进水产良种的研究、开发与推广利用,培育南美白对虾良种5 000万尾,"蓬莱红2号"扇贝苗种1 000万粒,"海大1号"太平洋牡蛎苗种1 000万粒,抗高温海参苗种1 000万头。示范推广"黄海三号"中国对虾200公顷,"蓬莱红2号"扇贝30公顷,"海大1号"太平洋牡蛎30公顷。积极推行以离岸深水抗风浪网箱养殖、活动式工厂化循环水养虾等6种新模式为主导的水产健康养殖技术,推广离岸抗风浪网箱养殖河鲀、鲈鱼、斑石鲷等80个,南美白对虾工厂化养殖5万平方米,池塘综合生态养殖130公顷。

6.休闲渔业 把休闲渔业作为重要的渔业经济增长点来发展,全市休闲渔业已从渔家宴、渔家乐等传统的以食为主的方式向玩、游、乐并举的方向发展,极大促进了渔区劳动力转移。红岛蛤蜊节已连续举办14届,被命名为国家级农业旅游示范点。拥有500多年历史的田横祭海节,被列入第二批国家级非物质文化遗产名录,并荣膺首届节庆中华奖"最佳公众参与奖"。积极推广"渔夫垂钓"海钓品牌,成功举办全国休闲海钓邀请赛及全省休闲海钓基地推介会,城阳渔乐客电子信息平台运行，休闲海钓逐步成为岛城海上旅游产业"新名片"。截至 2018 年年底，全市拥有国家级休闲渔业示范基地 11 处、省级休闲海钓基地 3 处，省级休闲海钓场 14 处。

7. 渔船管控 针对渔港及停港渔船防火、商渔船防碰撞、船员持证上岗、休渔期渔船管控等渔业安全重要节点以及渔船违规载客、越界生产等违规行为，集中开展海上安全隐患风险评估及清理整治工作，组织开展各类检查活动 3 500 多次，参加检查人员 9 000 多人次，检查渔港和停泊点 360 多处，检查船厂、渔业生产企业 80 多家，检查渔船 8 000 多艘，发现并整改安全隐患 100 余处，印发致渔民朋友一封信、安全生产承诺书 5 万多份，组织安全生产培训 2 200 多人次，开展 20 多次渔港消防、人员救护等应急演练活动。积极开展渔船压减工作，年内拆解老旧渔船 99 艘，淘汰主机功率 3 922 千瓦，补贴资金 2 353.2 万元。2018 年申请中央专项转移支付资金 1 315 万元，更新改造渔船 30 艘。强化伏季休渔监管，有效落实"岸上盯紧、海上严查"的执法联动机制，实行渔船动态监控平台 24 小时值班，利用渔船北斗、AIS 平台系统对海上渔船进行监控，整个休渔期间没有发生群体性违规行为，全市休渔秩序稳定向好。

8. 渔政执法 强化伏季休渔执法，累计出动海陆执法检查人员 11 332 人次、车船 4 530 次，陆地检查渔船 28 100 艘次，海上检查渔船 526 艘次，共查处违规渔船 204 艘，罚款 109.36 万元，没收渔获物 4.7 万千克，没收网具 2 800 余顶（套），组织开展联合执法 27 次，扣减渔业生产成本补贴渔船 60 艘。全年共清理违规拖网 120 套，没收"地笼"3 000 余个、插网 4 000 余米、流刺网 1 000 余米。强化水产品质量安全执法，督查检查水产苗种和养殖单位 206 家，配合上级部门抽检水产品样品 403 批次，查处违规案件 1 起，罚款 1 万元。检查水生野生保护动物经营利用单位和业户 27 家，及时处理举报 4 件。

【重点渔业市（区）基本情况】

青岛市重点渔业市（区）基本情况

市（区）	总人口（万人）	渔业产值（万元）	水产品产量（吨）	其中			养殖面积（公顷）	
				海洋捕捞	海水养殖	淡水养殖	海水	淡水
崂山区	44.59	75 600	60 002	38 900	21 102		1 600	
西海岸新区	157.73	802 000	350 234	62 579	284 473	3 182	11 650	426
城阳区	72.05	193 650	237 444	23 060	213 571	813	6 465	263
即墨区	122.45	364 214	285 057	50 776	234 172	109	10 878	268
胶州市	90.05	158 000	98 492	25 843	66 593	6 056	1 751	525
平度市	137.89	2 610	1 719			1 719		463
莱西市	76.42	4 000	2 187			2 187		970

【大事记】

[1]1 月 25 日，全市海洋与渔业工作会议在八大关宾馆召开。会议总结了 2017 年全市海洋与渔业工作，研究部署了 2018 年工作任务。

[2]2 月 12 日，青岛市渔业技术推广站荣获"2017 年中国技能大赛——全国农业行业职业技能竞赛暨第二届全国水产技术推广职业技能竞赛"团体三等奖。

[3]4 月 2 日，青岛市副市长朱培吉主持召开 2018 年全市渔船管控暨浒苔处置工作会议，强调落实好属地管理责任，强化协调联动，切实维护海上形势安全稳定。

[4]4 月 17 日，山东省政协调研青岛市"高水平建设'海上粮仓'、国家级海洋牧场示范区"建设工作，提出正确处理海洋资源开发和保护的关系，推动实现政产学研金深度融合、协同发力。

[5]4 月 23 日，农业农村部渔业渔政管理局局长张显良调研山东省海洋生物研究院，听取疫病防控、疫苗研发、产业技术体系建设等工作的汇报，肯定青岛市在渔业技术研发和产业提升方面做出的突出贡献。

[6]6 月 9～10 日，上海合作组织 2018 年青岛峰会胜利召开，青岛市海洋与渔业局圆满完成上合峰会

鲜活水产品供应保障任务,获山东省政府“先进集体”表彰。

[7]6月12日,习近平总书记视察青岛海洋科学与技术试点国家实验室,强调必须进一步关心海洋、认识海洋、经略海洋,加快海洋科技创新步伐。

[8]7月10日,国家发展和改革委员会来青岛调研海洋牧场建设,与青岛市海洋牧场企业、驻青科研院校专家学者就海洋牧场发展问题举行专题座谈会。

[9]8月7日,新认定省级游钓基地9处,全市总数达到14处。

[10]9月2日,全国政协副主席李斌到青岛海洋科学与技术试点国家实验室调研海洋资源保护开发工作,听取海洋资源保护开发有关工作的情况汇报,对国家实验室在海洋资源保护开发工作中所取得的成绩给予充分肯定。

[11]10月9日,青岛市副市长朱培吉带队出访以色列、土耳其、埃及等国家,考察海洋经济、海洋渔业发展。

[12]10月17日,新认定10处省级海洋牧场区,全市总数达到17处。

[13]10月24日,青岛市副市长朱培吉主持召开全市渔业安全生产电视会议,部署渔业安全生产工作。

[14]11月5~6日,青岛市副市长朱培吉到崂山区、即墨区督导检查渔业安全生产工作。

[15]11月7~9日,2018中国国际渔业博览会在青岛召开,来自51个国家和地区的1 500多家企业参加,超过100个国家和地区的30 000多名采购商和供应商前来洽谈。

[16]11月8日,2018渔业科技国际创新大赛暨青岛市海洋科技成果推介会在青岛国际博览中心举办,来自国内外的企业代表、专家学者、超市电商等300余人参会。现场展示了22项国内外最先进的渔业科技成果。

[17]12月19日,青岛市海洋与渔业局、财政局联合印发实施《青岛市新渔业发展专项建设项目实施方案》,确定对海洋牧场优化升级、新型渔港打造给予政策支持。

[18]12月27日,青岛市新获批4处国家级海洋牧场示范区,全市国家级海洋牧场示范区总数达到10处。

(青岛市海洋与渔业局 王 鹏)

宁波市渔业

【概况】 2018年,宁波市渔业发展工作紧紧围绕贯彻落实农业农村部、省市关于渔业绿色发展的决策部署以及《全面实施乡村振兴战略三年行动计划(2018—2020)》(以下简称《行动计划》)的精神要求,加大创新驱动力度,紧紧围绕“提质增效、减量增收、绿色发展、富裕渔民”这根主线,做大做强渔业优势特色产业,大力实施“蓝色渔仓”建设工程,加快推进水产养殖转方式调结构;严格落实中央环保督查反馈意见,切实抓好整改工作;深入推进养殖尾水处理设施示范点建设,大力推广发展池塘生态循环水养殖、多层级生态养殖等多种生态健康养殖模式;紧紧抓住水产种业、水生动物疫病防控与农业农村部水产健康养殖示范场(县)与浙江省渔业转型发展先行区培育创建、休闲渔业、海洋牧场建设、远洋渔业等关键环节与时机,不断拓展渔业功能,加快提升渔业生产标准化、绿色化、产业化、组织化、信息化和可持续发展水平,积极推进一二三产业融合发展,渔业综合生产能力不断提升,渔业科技支撑和管理服务水平不断加强,水产品质量安全保障水平不断提高,渔民收入不断增长,渔业经济实现稳步发展。

全年水产品总产量96.79万吨,比上年下降3.23%,渔业经济总产值263.79亿元,渔业总产值127.07亿元,分别比上年增长6.77%和下降0.23%;渔民人均纯收入超3.1万元,比上年增长3.2%。

1.认真抓好养殖水域滩涂规划编制发布工作 根据农业部关于印发《养殖水域滩涂规划编制工作方案》和《养殖水域滩涂规划编制大纲》通知的文件精神以及中央环保督察整改要求,组织召开专题推进会,布置相关工作,象山县、宁海县、奉化区、慈溪市、鄞州区、余姚市已于2018年5月底前按计划要求完成养殖水域滩涂规划编制与发布工作;宁波市本级《养殖水域滩涂规划(2017—2030)》于2018年12月完成正式发布工作。

2.积极开展农业农村部水产健康养殖示范场(县)创建 根据农业农村部文件要求,积极推进水产养殖健康养殖、绿色养殖、生态养殖,完成下发《开展2018年全国水产健康养殖示范创建活动》的通知文件工作,要求在全市范围内积极开展农业农村部水产健康养殖示范场(县)创建工作,完成了新申报10个农业农村部水产健康养殖示范场创建以及对25家复查工作任务,并积极推进象山县全国水产健康养殖示范创建和积极培育创建省级渔业转型发展先行区等工作,加快促进全市渔业转型升级,推进渔业绿色、健康发展。

3.有序推进养殖尾水治理建设 为实现渔业绿色发展,大力推广生态化健康围塘养殖模式,积极推广循环养殖污水零排放的生态养殖模式,开展池塘立体混养、养殖尾水处理及水循环利用；要求各地结合实际，因地制宜，按总体目标要求编制出台《关于印发宁波市水产养殖尾水治理方案（2018—2022）的通知》与《关于印发宁波现代渔业绿色发展行动计划（2018—2020）的通知》。健全围塘养殖尾水处理设施，因地制宜建设沉淀池、过滤坝、曝气池、生物处理池、人工湿地等养殖尾水处理设施，实现围塘养殖尾水处理后达标排放或循环利用。逐步淘汰冰鲜鱼、动物源性饲料，落实省定推广使用人工配合饲料任务指标，促进养殖水域环境的改善，并加快推进水产养殖绿色发展工作，完成省局规定的60个养殖尾水治理示范点建设任务。

4.加快推进现代种业发展 2018年全市加强水产良种场基础性建设，宁波明凤中华鳖国家级良种场已经农业农村部验收合格并正式挂牌；象山县国家级大黄鱼保种场建设完成了竣工验收以及余姚国家级甲鱼保种场项目开工建设；加快推进全市优良水产种类的遗传育种工作，启动了岱衢族大黄鱼良种培育工程、梭子蟹良种培育工程和“宁波市水产增养殖种质资源库”建设，开展了泥蚶、缢蛏、文蛤等良种选育研究，先后突破了青蟹、黄姑鱼、银鲳、小黄鱼和马鲛鱼等本地野生经济种类的采捕和繁育技术难题。全市现有海水苗种企业153家，建设国家级水产原良种场4家、省级水产原良种场7家、省级优质规模化育苗场10家，水产原良种生产能力不断增强，水产良种覆盖率达到70%。同时，在种苗生产许可管理上采用双随机抽查机制，总体符合规范。

5.快速推进宁海三门湾现代渔业园区（蛇蟠涂区块）建设 按照中国水产科学研究院黄海水产研究所编制的园区建设规划，遵循“政府主导、企业主体、市场化运作”的原则，园区基础设施建设和招商引资工作有序推进。园区基础设施建设一期、二期已全面完成，三期工程已在进行。区内主干道路基本完成砼浇筑，进排水河港开挖完成，节制闸工程、主通道桥梁铺设已完工，大棚设施区块已完成招商，引进规模企业7家，且已全面投入养殖，正逐步努力把园区打造成宁波三门湾海洋经济产业集聚区的重要组成部分、浙江省现代海水养殖产业重要基地、东部沿海的海水养殖技术研发转化平台、国内先进、省内一流的现代渔业综合示范区。该园区建设规划定位为集生态养殖、设施渔业、水产种业、贸易加工与休闲观光于一体的现代渔业综合园区，其面积有1 187公顷，分为七大功能区推进建设。建成后将成为全省乃至华东地区最大的综合渔业园区。

6.着力抓好水生动物防疫工作 一是在全市开展水产病害检测及公益性技术服务。进行各类苗种检测300余批次，现场技术服务162人次。启动增殖放流苗种疫病检疫工作，覆盖放流苗种9.5亿尾（只、粒），共14个品种。全年以象山县为试点，开展南美白对虾苗种产地检疫服务，技术人员远赴广东、海南等地，首次对外来苗种进行产地检疫。二是提升全市疫病防检疫能力建设。组织各地防疫检疫站参加“2018年农业部水生动物检疫系统实验室能力验证”工作，其中市防疫检疫中心一次性获得通过，成为全国唯一一家所有项目得到验证的地市级推广机构。

7.加强初级水产品产地质量安全检测 全市制定了水产品与渔业投入品质量安全监控计划，对水产品、水产苗种、渔用饲料和渔药（包括非渔药的水质改良剂等）实施监督抽查和风险监测，抽检覆盖全市12个区、县、市所有涉渔乡镇。2018年超额完成市民生实事工程水产品质量安全抽检646批次，合格率99.7%。同时完成农业农村部水产品异地监督抽检110批次（合格率100%）和市场例行抽检100批次（合格率99%），对其中发现的市场例行抽检不合格样品及时函告宁波市食品安全委员会办公室和市场监管部门，不合格产品追溯查处率100%，检测结果纳入全市食品安全监测信息平台。2018年全市累计出动执法人员1 303人次，检查养殖场352家，捕捞渔船99艘次，检查苗种场22家，其他单位43家。在检查过程中对养殖单位发责令整改通知书12份，其中对发现的市场例行抽检不合格样品及时函告宁波市食安办和市场监管部门。

8.加强农（渔）村实用人才培训 按照宁波市全面实施乡村振兴战略实施意见，围绕基层渔区“产业振兴、人才振兴、生态振兴”发展思路，2018年度市海洋与渔业局组织开展现代渔业职业渔民培训工作。一是举办新型渔民培训。累计举办渔业主推模式（技术）、渔业标准化、无公害内检员及渔业实用技术等4期培训，培训新型职业渔民人员近370人次。二是组织技术示范推广联合行动。建立渔业科技示范户400户（示范面积3 300多公顷），主推生态综合养殖等技术15项，积极指导帮扶基层群众开展科学生产。三是开展重大关键技术攻关。重点突破海水池塘“跑道式”、围塘生态循环高效、配合饲料替代冰鲜鱼投喂以及重点名特优品种养殖等四种模式，为全市现代渔业发展提供技术支撑。

9.扎实推进国家级海洋牧场建设 渔山列岛海洋牧场是全市唯一的国家级海洋牧场示范区，宁波市委、市政府高度重视，积极支持海洋牧场示范区建设，2018年累计投放人工鱼礁4.6896万空方，增殖放流大黄鱼、黑鲷、条石鲷、厚壳贻贝等苗种3 120万尾

（粒）。而且在完成人工鱼礁投放后，邀请浙江大学等科研单位，对海洋牧场海域的水文、水体化学、鱼礁勘探、海洋生物等项目开展年度监测，利用监测数据对海水水质标准、目标生物资源量以及生物多样性指数等生态指标及人工鱼礁稳定性等进行分析评价。

10. 加快发展远洋渔业 全市将加快发展远洋渔业作为主动融入"一带一路"倡议的重要举措，先后出台了《宁波市人民政府关于发展远洋渔业的实施意见》与《关于印发宁波市远洋渔业发展专项扶持资金管理办法的通知》，促进全市远洋渔业规模和水平取得稳步发展。截至 2018 年年底，全市具有农业农村部远洋渔业资格的远洋渔业企业达 3 家，远洋渔船 32 艘，总功率 49 486 千瓦，年内又新建 2 艘。全市远洋渔业船队作业海域已覆盖到东南太平洋、西北太平洋、中西部太平洋和西南大西洋，涉及秘鲁、智利、阿根廷、日本、乌拉圭、阿曼、缅甸等多个国家专属经济区海域，全年产量 3.8 万吨、产值约 6 亿元。远洋渔业已成为全市外向型渔业经济的主要组成部分，也是渔业经济综合实力、发展水平和组织能力的集中体现。

11. 扎实做好减船转产工作 2018 年全市减船任务 544 艘 24 250 千瓦，已下达中央财政补助资金 12 127万元，经市、县二级政府共同努力，减船转产报废渔船拆解工作已基本完成，实现"船拆解、钱发放、人上岸"工作目标。

12. 存在的主要问题 全市在加快推进渔业绿色发展，实施渔业转方式调结构过程中，面临着诸多问题与困难。

一是渔业各类经营主体往往规模偏小，实力不强、带动能力不足，运行不够规范，"等、靠、要"思想还比较严重；二是从微观需求来看，渔业发展过程中同其他农业经营主体一样往往面临着土地、资金、劳动力、技术服务等多方面的现实约束；三是空间日趋缩小，除为满足工业发展和城市扩容的需要外，近期中央环保督察的严要求与高标准，渔业未来发展空间进一步受到环境要素的制约，向深远海拓展，受资金、配套装备设施滞后等制约。

【重点渔业市（县、区）基本情况】

宁波市重点渔业市（县、区）基本情况

市（县、区）	渔业总产值（万元）	水产品产量（吨）	其中				养殖面积（公顷）	
			海洋捕捞	海水养殖	内陆捕捞	内陆养殖	海水	内陆
象山	597 972	555 440	389 443	127 393	1 600	11 404	11 450	1 587
宁海	264 709	155 981	5 802	144 098	367	5 714	13 133	2 086
奉化	187 442	147 504	129 489	15 573	1 012	1 430	1 610	187
慈溪	156 018	43 963	1 999	15 062	9 893	17 009	5 849	3 916
余姚	56 849	23 350	1 405		4 107	17 838		1 698

【大事记】

［1］5 月，总投资 2 400 万元的中国渔政 33203 船等执法新装备交付使用，进一步提升海上执法保障能力。

［2］11 月，象山县国家级大黄鱼保种场建设项目竣工验收。

［3］11 月，总投资 1.5 亿元、建筑面积 6 092 平方米的象山港执法基地完成建设并通过质量验收。

［4］12 月，象山渔山列岛国家级海洋牧场综合示范区人工鱼礁项目完成建设任务。

［5］12 月，按计划完成市本级《宁波市养殖水域滩涂规划（2017—2030）》及象山县、宁海县、奉化区、慈溪市、鄞州区、余姚市的养殖水域滩涂规划编制与发布工作。

（宁波市农业农村局 *石钢德*）

厦门市渔业

【概况】 2018 年，厦门市渔业经济总产值为 70.20 亿元，同比上年增长 52.83%，其中第一产业（渔业）产值为 11.91 亿元，同比上年增长 19.35%；水产品总产量 7.05 万吨，同比上年增长 28.60%。第二产业（渔业工业和建筑业）产值 23.13 亿元，同比上年减少 4.09%，其中水产加工产值 17.18 亿元，同比上年减少 10.62%；第三产业（渔业流通和服务业）产值为 35.16

亿元,同比上年增长197.09%。一、二、三产比重为17∶33∶50,比上年第一产业比重略减,第二产业比重减少,第三产业比重增加。

(1)水产养殖业生产。水产养殖产量1.99万吨,同比上年增长6.42%,其中海水养殖1.01万吨,淡水养殖0.98万吨。养殖总面积2 360公顷,比上年增长5.03%,其中海水面积1 553万公顷,淡水面积807公顷。

(2)水产捕捞业生产。海洋捕捞产量5.06万吨,同比上年增长40.17%;其中远洋渔业捕捞4.77万吨,同比上年增长45.43%,近海捕捞0.29万吨,同比上年减少12.12%。

(3)主要水产苗种生产。水产苗种产量2 077亿尾,比上年减少0.68%,产值4.12亿元,同比上年增长7.85%。

(4)水产加工业。全市拥有规模以上水产品加工企业7家,加工总产量12.81万吨,比上年减少4.33%;加工总产值17.18亿元,比上年减少10.62%。

(5)水产流通和休闲渔业。厦门夏商国际水产中心水产品批发市场总交易量约19万吨,产值为33.98亿元,同比上年增长209.38%。休闲渔业产值为1.18亿元,同比上年的增长38.82%。

1.休闲渔业 推动策划高崎渔港渔市游项目,形成高崎渔港渔市游初步方案。发展观赏鱼产业,全市78家观赏鱼企业全年营业额超1亿元。小嶝休闲渔村示范带动作用明显,从业人员上百人,产值近1 000万元。开展休闲垂钓、旅游导向型休闲渔业、观赏鱼产业产值和休闲渔业钓具钓饵观赏鱼渔药及水族设备等4方面内容监测工作,2018年全市休闲渔业产值达1.18亿元。

2.远洋渔业 稳妥发展远洋渔业,现有远洋渔业企业5家、远洋渔船106艘。作业海域分布北太平洋以及几内亚、缅甸、莫桑比克,拥有印度尼西亚、缅甸、几内亚等8个境外远洋渔业基地。2018年远洋渔业捕捞总产量4.76万吨、产值3.07亿元,渔获物回运厦门3.88万吨,为市民菜篮子提供优质海产品。

3.水产品加工流通业 提升水产品加工水平,组织推荐福建安井公司申报,并获农业农村部评为国家冷冻调理水产品加工技术研发专业中心。水产批发市场交易量17万吨、同比增长99%,交易额103亿元、同比增长210%。高崎渔港对台水产品集散作用显现,从我国台湾省进口活石斑鱼50船次、800多吨,货值近400万美元。通过项目带动,培育厦门洋江食品有限公司、厦门东海洋水产品有限公司和厦门市岛之源生物科技有限公司等一批水产品加工与综合利用企业。

4.水产苗种业 制订加快水产苗种发展政策,厦门市政府专题会议已原则通过。鼓励苗种技术创新,通过项目推动厦门大学科研团队培育绿盘鲍、方斑东风螺"海泰1号"水产苗种新品系2个,已通过全国水产原种和良种审定委员会审定。

5.水产品质量安全监管 稳步提升水产品质量安全水平。继续推进创建国家食品安全城市工作,加强水产品质量安全"一品一码"追溯体系建设,健全完善水产品安全监管、监测、应急等各项制度。全年累计完成药残、重金属、贝毒等各类监测抽检777次,完成年度任务的130%。完成福建省海洋与渔业局水产苗种和水产品监督抽查18批次、合格率100%,2018年度农业农村部水产品质量安全市场例行监测厦门全年合格率99%,位居全国首位。稳妥应对泉港海域化学品泄漏,严格管控防止突发事件海域问题水产品进入厦门市场。

6.渔业科技培训与推广 充分利用厦门海洋与渔业高校和科研院所的优势,聘请厦门大学、集美大学、东海学院、海洋职业学院、福建省水产研究所等专家、教授,建立一支专家队伍,随时随地为渔民授课及现场讲解咨询。多渠道召集渔民参与培训,通过村委会、培训机构、各区水产渔业协会等各方力量开展送训上门,将培训从课堂延伸到渔村、渔场。2018年累计组织集中培训17期、参训渔农1 674人次。其中互联网+渔业培训6期602人次;职业技能鉴定2期95人次,94人获得职业技能鉴定证书;水产品质量安全"一品一码"追溯管理培训3期180人次,水产品质量安全应急处置培训2期144人次,渔船民培训4期429人次。

7.渔业对外合作交流 2018厦门国际海洋周期间,成功举办2018年海上丝绸之路国家海洋管理与蓝色经济发展部级研讨班暨发展中国家海洋渔业产业交流对接会。共有来自斯里兰卡等15个国家的政府部门官员、企业代表以及海洋领域的知名专家、学者出席会议,15家厦门市海洋渔业企业及12家福建省海洋渔业企业参与对接。

8.2018中国(厦门)国际休闲渔业博览会 成功举办2018年厦门休闲渔业博览会,面积1.1万平方米,展位510个,参展企业150多家,意向交易金额5 700多万元,参观人数近4万人,为休闲渔业各产业板块提供洽谈、交流交易服务平台。同时协助举办全国第三届休闲渔业高峰论坛暨农业农村部休闲渔业带头人管理培训班。

9.渔港与渔船建设管理 2018年,厦门登记在册渔业船舶 1 412 艘，其中捕捞渔船 764 艘，总吨位 2 274.5吨，主机总功率为 5 366.81 千瓦。捕捞渔船按作业类型分：拖网渔船 1 艘，灯光围网渔船 3 艘，刺网渔船 640 艘，张网渔船 2 艘，钓业渔船 11 艘，其他杂渔具渔船 107 艘。现有渔港 4 个，其中中心渔港 1 个，群众渔港 3 个，澳头对台渔业基地二期起步工程完成初步设计、施工图审查等前期审批工作。共检验渔业船舶 1 431 艘次，办理渔业船员证书 415 本。

10. 渔业安全生产与防御台风 落实渔业安全生产目标责任，制定厦门市海洋与渔业安全生产大检查、海洋与渔业安全生产执法专项行动、渔业安全生产专项大整治行动、年底海洋与渔业安全生产大排查大整治行动等方案并组织落实，组织 2018 年度厦门市海洋与渔业安全演习 2 次，对各区渔业行政主管部门开展 2018 年上半年安全生产目标责任暨渔业安全生产专项督查。2018 年渔业安全生产形势平稳，安全工作主要亮点有：一是渔业安全生产"零事故"；二是渔港避险设施建设到位；三是渔船通导在全省率先投入使用。

11. 渔业资源增殖放流 2018 年开展"6 · 6 全国放鱼日""6 · 8 全国海洋宣传日"和厦金海域增殖放流等 9 次增殖放流活动，累计放流日本对虾、长毛对虾、三疣梭子蟹、黑鲷、黄鳍鲷、花鲈、大黄鱼等鱼虾蟹苗 3.3 亿尾，超额完成农业农村部和厦门市生态补偿增值放流任务。

（厦门市海洋发展局　郑燕玲）

深圳市渔业

【概况】 2018 年，深圳市以习近平新时代中国特色社会主义思想为指引，深入贯彻落实"海洋强国"战略和"一带一路"重大倡议，积极贯彻落实乡村振兴战略，推进建设全球海洋中心城市，大力推动现代渔业发展，做好安全生产和民生保障工作，取得了良好成效。2018 年全市渔业增加值 14 亿元，占全市农林牧渔业增加值的 61%。全市水产品总产量 7.9 万吨，其中，深圳本地水产品产量 3.65 万吨（以远洋捕捞为主），深汕合作区水产品产量 4.25 万吨（主要为近海捕捞、水产养殖），全市渔业实现平稳健康发展。

1. 制定出台《深圳市推进乡村振兴战略实施现代农业提质增效工作方案（2018—2020 年）》，明确全市现代渔业的发展方向 依照中央、省实施乡村振兴战略工作部署，把乡村振兴摆在优先位置来抓。以产业兴旺为抓手，大力推进农业供给侧结构性改革，加快渔业企业转型升级和渔业现代化发展，实施推动休闲渔业基地建设工程、鼓励渔业企业"走出去"工程、美丽渔港建设工程以及水生生物资源养护工程等重点工作。

2. 大力发展深蓝渔业，远洋渔业走在全省前列 坚持"储近用远"的原则，保护近海资源，开发利用公海远洋资源。2018 年，全市远洋渔业企业共 11 家，其中获得农业农村部远洋渔业企业资格的企业共 10 家，设立境外公司 10 家，作业远洋渔船 167 艘（含在建远洋渔船 34 艘）；雇用船员 1 725 人；2018 年全市远洋捕捞总产量 3.1 万吨，产值 7.1 亿元。船数、产量、产值分别占广东省 66%、60%、78%。作业范围分布于亚洲（马来西亚、泰国、缅甸、伊朗）、非洲（莫桑比克）、太平洋岛国（密克罗尼西亚、马绍尔、库克、斐济）等 9 个国家的专属经济区和中西太平洋、南太平洋、西南大西洋、印度洋公海，大部分渔船作业方式为金枪鱼延绳钓，其余为拖网、刺网、定置网、鱿鱼钓等。捕捞品种包括金枪鱼、鱿鱼、带鱼、墨鱼、鲳鱼、马鲛鱼、姑鱼等 50 多个。

3. 坚持科技兴渔，部分水产种苗繁育工作走在全省前列 通过加强行业引导及扶持，全市部分水产种苗繁育技术日渐成熟，使中国龙虾、南美白对虾、石斑鱼、军曹鱼、鲥鱼、海马、大鲵（娃娃鱼）、鲳鱼、鲷科鱼类等名优品种种苗生产实现了产业化，位居全省前列，成为华南地区重要的水产种苗繁育基地。全市从事水产苗种生产及养殖的企业 30 多家，市内养殖总面积约 1 021 公顷，年产鱼苗约 13.5 亿尾、虾苗约 50 亿尾、贝类约 4.6 亿粒。养殖品种主要包括鲍鱼、美国鲥鱼、石斑鱼、军曹鱼、美国红鱼等名优特品种。水产种苗（石斑鱼、金鲳、斑节对虾）供应辐射整个华南及东南亚地区。

4. 发展水产品精深加工及休闲渔业，打造深圳渔业知名品牌 为了提高水产品的附加值，全市重点支持发展高档鱼、虾、贝、蟹类等名贵海产品的保鲜和水产品精深加工，开发多样化、系列化、标准化的方便食品，打造水产品知名品牌。全市从事水产品加工的企业约 20 家，加工产品包括罗非鱼、虾、牡蛎、海水鱼等 10 多个品种，产品销往全国各地，以及北美、欧洲和东南亚地区。目前较有影响力的水产品加工企业包括：荣获欧盟和美国双认证的深圳联合水产发展有限公司，以罗非鱼为主打产品进军美国市场；荣获广东省名牌产品、具传统地方特色的"沙井蚝"系列加工产品等。从事休闲渔业企业约 20 家，年产值约 1.2 亿元，包括观赏渔业、垂钓业、旅游观光、渔业文化 4 方面，已经打造成亚热带滨海旅游名牌城市。

5. 编制《深圳市养殖水域滩涂规划（2018—2030

年)》,推动水产养殖业绿色发展 基于深圳市水产养殖现状,综合考虑全市水域滩涂资源环境禀赋和承载力、经济社会发展和生态保护需要,组织开展《深圳市养殖水域滩涂规划(2018—2030年)》编制工作,划定养殖水域滩涂"禁止养殖区、限制养殖区、养殖区",明确各区域类型功能分级、可养面积、位置和管理措施等,加快推进水产养殖产业转型升级和绿色发展。

6. 加强海洋渔业资源养护,构建渔业生态文明 一是根据《深圳市国内渔业捕捞和养殖业油价补贴政策调整总体实施方案》要求,有序推进渔业油补政策调整工作。积极组织各区开展减船转产和渔船更新改造项目工作,2018年全市累计完成减船350艘,功率9 451.6千瓦;渔船更新改造17艘。二是切实做好南海伏季休渔工作。2018年全市应休渔渔船1 335艘全部按时休渔,未发现有违反休渔规定现象发生。同时,在休渔期间组织渔业资源增殖放流活动暨休渔放鱼日活动,共放流80万尾海水鱼苗、450万尾对虾苗,取得了良好的社会反响。三是制定并印发《深圳市加强海洋渔船管控和海洋渔业资源总量管理实施方案》,保障并促进海洋渔业资源科学养护和合理利用,实现海洋渔业持续健康发展。四是推动国家级海洋牧场、人工鱼礁区建设,建有杨梅坑、鹅公湾、东西涌3个人工鱼礁区,用海面积670公顷,在建大鹏国家级海洋牧场示范区,用海面积748公顷。五是加强水生野生动物保护工作,累计办理水生野生动物人工繁育许可证822件,经营利用许可证460件。

7. 开展渔政执法系列行动,执法成效显著 组织实施"亮剑2018"、"护渔2018"、水生野生动物保护和水产品质量安全执法行动、"国门利剑2018"打击走私联合专项行动、打击整治"洋垃圾"走私"蓝天2018"专项行动、"清网"专项行动等。全年查获各类违规船舶250艘(其中"三无"船只167艘),缴获非法网具17.6万米。一是宣传贯彻与执法并举,稳步推进休渔执法管理工作。全年开展各类渔业执法整治行动65次,出动渔政船446艘次,出动渔政快艇2 473艘次,执法人员13 035人次,查处渔政案件101宗,全部办结,收缴罚款29.32万元。认真开展辖区休渔政策宣传贯彻,加大休渔期执法力度,强化渔港监督,确实做到船进港、网封存、人上岸,安全渡休。二是深圳湾禁渔区管控到位,提前谋划新定位。借助高清视频监控系统,基本实现深圳湾禁渔区无缝隙监管,有效遏制非法捕捞,深圳湾生态环境明显好转。组织开展了禁渔区中期效果科学评估,及时掌握渔业资源环境现状及变化趋势,积极推动深圳湾禁渔区申请延期。

8. 狠抓渔业安全生产,建立安全管理长效机制 一是建立健全渔业安全管理制度,加强国内渔船、港澳流动渔船、远洋渔船安全生产和水产品质量安全监管。组织召开全市渔业安全生产暨休渔工作会议,全面分析安全生产形势,部署全年安全生产工作任务,确保层层落实责任。二是强化渔港渔船安全监督,全年开展渔港渔船安全大检查、远洋渔业企业安全检查共27次;检查隐患点63家次,渔业船舶956艘次,发现隐患61处,发出整改通知书40份。积极推进渔船检验"检管分离"改革试点,全年检验大中型渔船85艘,小型渔船900余艘。三是全力以赴做好防台和海上应急救助工作。全年组织开展海上应急演练共8次。组织开展渔港渔船防台大型宣传活动共4次。全年参与海上救助16宗,成功救助遇险人员22人。编制完成并实施《深圳支队防御热带气旋应急预案和操作手册》,全年共预警防御台风6个,集中力量部署应对超强台风"山竹",防台工作取得圆满成功,无人员伤亡。

9. 做好港澳流动渔民管理,努力构建港澳流动渔民和谐渔业 2018年,全市在册港澳流动渔船945艘(捕捞船556艘,辅助船369艘,养殖船20艘),主机功率为15万千瓦。2018年港澳流动渔船捕捞产量约22 657吨,港澳流动渔民缴纳渔业资源增殖费约53.2万元。一是积极落实惠渔惠民政策,减轻流动渔民生产成本。2018年审核发放2017年度港澳流动渔船431艘油价补贴资金总额975.01万元;落实港澳流动休渔船主及船员补助工作,发放补助金额221.71万元。二是做好港澳流动渔船雇用渔工作业证审核与港澳流动渔民入户、转户审核工作。2018年为渔民办理渔工作业证2 381份,注销渔工作业证2 247份。新入会换船主111艘;办理内地户口簿123本,新办出海船民证361张、注销出海船民证457张。

10. 存在的问题

(1)远洋渔业形势严峻。在国际上,国际海洋权益斗争日趋复杂,公海渔业资源管护措施日益严厉,开发利用门槛不断提高,涉外渔业风险加大,国际渔业组织实行远洋渔业配额捕捞。在国内,农业农村部实行全国远洋渔船规模总控(总量不超过3 000艘),推动远洋企业规范化生产管理。深圳远洋渔业产业链仍较为薄弱,海外远洋渔业综合基地数量偏少,远洋渔港、冷链物流及加工等配套设施缺乏,亟须加速远洋渔业基地和配套设施布局,加快完善远洋渔业产业链。

(2)传统捕捞养殖业难以为继。我国水域环境污染依然严重,过度捕捞长期存在,涉水工程建设不断加大,主要鱼类产卵场退化,渔业资源日趋衰退,珍惜水生野生动物濒危程度加剧。2018年农业农村部出台海洋捕捞渔船综合管控和资源总量管理实施方案，深圳海陆空间资源有限，渔业水域养殖空间不足，根据《深圳市海洋功能区划》，深圳海域已无海水养殖功能区，后续需逐步清理清退现有传统水产养殖。

【重点渔业区基本情况】

深圳市重点渔业区基本情况

重点渔业区	渔业总产值（万元）	水产品产量（吨）	其中			养殖面积（公顷）	
			海洋捕捞	海水养殖	内陆养殖	海水养殖	内陆养殖
大鹏新区	45 500	5 493	4 032	1 425	36	200	0.1
深汕合作区	147 094.2	42 464	26 752	12 980	2 732	676	250

【大事记】

[1]2月，制定出台《深圳市加强海洋渔船管控和海洋渔业资源总量管理实施方案》，保障并促进海洋渔业资源科学养护和合理利用，实现海洋渔业持续健康发展。

[2]3月，修订和印发《深圳市农业发展专项资金管理办法》，进一步规范全市农业发展专项资金管理，促进渔业科技和产业发展。

[3]4月，组织召开全市渔业安全生产暨休渔工作会议，全面分析安全生产形势，部署全年安全生产工作任务，确保层层落实责任。

[4]6月6日，在深圳湾公园北湾鹭港举行“深圳市2018年渔业资源增殖放流活动暨休渔放鱼日活动”，放流虾苗450万尾、鱼苗80万尾。

[5]8月，制定出台《深圳市推进乡村振兴战略实施现代农业提质增效工作方案（2018—2020年）》，明确全市现代渔业的发展方向。

（深圳市海洋渔业局　吴　璇）

新疆生产建设兵团渔业

【概况】 2018年，新疆生产建设兵团渔业工作紧紧围绕党的十九大精神，深入贯彻落实习近平总书记系列重要讲话精神，特别是在第二次新疆工作座谈会上的重要讲话、视察新疆和兵团时的重要讲话精神以及参加全国人大十二届五次全体会议新疆代表团审议时的重要讲话精神，深入贯彻落实中央农村工作会议精神、全国农业工作会议精神和全国渔业渔政工作会议精神，深入贯彻落实自治区第九次党代会精神、兵团第七次党代会精神，紧紧围绕社会稳定和长治久安的总目标，团结协作、奋发有为，以加快推进渔业转方式调结构为主线，紧盯提质增效、绿色发展、富裕渔工的目标任务，全力推进现代渔业建设，重点突出，工作扎实，较好地完成了各项任务。2018年，兵团水产品总产量5.76万吨，同比增长6.3%，占全疆水产品总量的31%，渔业经济总产值7.7亿元，同比增长2.7%，占全疆渔业总产值的30%。

1.切实抓好水产品质量安全监管 根据农业农村部和兵团食品安全委员会工作要求，兵团水利局印发了《关于做好2018年水产品质量安全监管工作的通知》，对各师做好水产品质量安全管理工作提出具体要求。6～9月，兵团水利局牵头组织相关各师开展水产品质量安全专项执法检查，分别对第一、三、四、六、八、十、十二师等重点渔业产区开展了渔业投入品现场检查，未发现违法用药和投喂过期饲料等行为；在中秋节和国庆节前夕，兵团水利局还组织各师水利局对重点渔业产区养殖水产品进行药残快速内部抽检，第一、四、八、十师水生动物疫病防治站分别对本辖区和各师送检的135个样品进行了呋喃唑酮代谢物、氯霉素和孔雀石绿等药物残留检测，合格率为100%。兵团水利局继续加大水产品质量安全宣传力度，制定了食品安全周宣传方案，制作宣传资料样板发至各师，指导开展相关工作。

2.积极推动水产健康养殖 兵团水利局以开展农业农村部水产健康养殖示范场创建活动为抓手，引导和鼓励发展节水减排、集约高效、种养结合、立体生态等标准化健康养殖，新创（复查）农业农村部水产健康养殖示范场9家。为加快推进节水减排养鱼新技术，组织兵团养殖大户到江苏、广东等地考察跑道式和受控式集装箱循环水养殖新技术。开展标准化池塘改造，按照“生态、健康、循环、集约”的要求，扶持6家有一定规模、生产技术基础好并在增加产品产量、提高产品质量方面有示范带动作用的水产健康养殖示范基地，进行标准化池塘改造。

3.切实加强渔业安全生产管理 兵团水利局印

发了《关于加强2018年度渔业安全生产工作的通知》,进一步落实渔业安全生产责任制,对相关渔业单位进行了多次安全生产检查,对渔业越冬生产、用火用电安全、防寒潮大风等方面存在的安全隐患开展排查。组织协调有关师开展渔业船员培训,共发放机驾长和普通船员证书126本。

4. 认真开展水生生物资源养护相关工作 兵团水利局继续开展以鱼类资源增殖放流为重点的水生生物资源养护工作。6月6日全国"放鱼节",组织第十师水利局在南关水库开展了鱼类增殖放流活动,投放河鲈、东方欧鳊、额河银鲫等特有经济鱼类苗种40万尾。3~4月和10~11月,水管单位分别在第一师塔水处所辖水库和新井子水库、第二师恰拉水库、第六师水管处所辖水库、第九师乌什水水库和乌拉斯台水库、第十师各中小型水库、第十二师冰湖水库等分别开展鱼类增殖放流,共投放鲢、鳙、草、鲤、鲫等各类鱼种近490万尾。

5. 渔政工作有序开展 根据农业农村部文件要求,做好了新版执法证的制证和发放工作,并根据着装执法的要求,重点协调督促执法制服的配备问题。目前兵团、各师渔政执法部门的渔业执法证和渔政服装已基本到位,执法体系逐步完善将对渔业行政授权的执行落实打下坚实基础;组织部分师(市)人员参加自治区水产局举办的渔政执法培训班;积极组织2017年未通过和新进人员参加2018年渔政执法全国统一考试。根据农业农村部统一部署,兵团水利局组织有关师在重点水域和渔业产区开展"亮剑2018"渔政专项执法行动,加大禁渔期管理和涉渔"三无"船舶清理整治工作力度,第十师水政(渔政)监察支队陈雪同志获得"农业农村部全国渔政执法工作先进个人"称号。

6. 加大渔业科技研究与技术服务工作力度 根据农业农村部重点推广的循环水养殖理念,兵团水产技术推广总站在第一师胜利水库养殖区指导建成了两个循环水养殖跑道,试验取得成功后将在全兵团范围内开展推广。7月16日"新疆兵团第十师大水面经济水生动物增殖放流评估和跟踪监测"项目,通过了农业农村部渔业渔政管理局的验收。兵团水产技术推广总站承担的兵团"十二五"科技攻关项目,获得第九届中国技术市场协会金桥奖优秀奖和先进工作者奖。兵团水产技术推广总站给第一、六、八、十师推广河鲈夏花50万尾,并开展多次现场技术指导。

【重点渔业生产单位基本情况】

新疆生产建设兵团重点渔业师基本情况

市(县、区)	总人口(万人)	渔业产值(万元)	水产品产量(吨)	其中		养殖面积(公顷)
				捕捞	养殖	
第二师	22.19		8 043	842	7 201	1 500
第四师	25.12		11 434	133	11 301	1 340
第七师	24.05		5 323		5 323	2 946
第八师	66.13		9 513		9 513	3 231
第十师	10.62		11 175		11 175	10 590

(新疆生产建设兵团水利局 闫 瑾)

全国渔业重点事业单位

中国水产科学研究院

【概况】 2018 年，在农业农村部的正确领导下，中国水产科学研究院认真贯彻落实党的十九大和十九届二中、三中全会以及中央农村工作会议等重要会议精神和部署要求，以实施乡村振兴战略为总抓手，以渔业供给侧结构性改革为主线，以提质增效、减量增收、绿色发展、富裕渔民为目标，坚持产业需求和问题导向，坚持质量兴渔和效益优先，不断增强科研工作的目的性、针对性和有效性，大力推进改革创新、科技创新和工作创新，着力提升全院谋划发展能力、科技创新能力、产业支撑能力和人才培养能力，推进全院"十三五"发展规划和各项任务落实，为渔业现代化建设、渔业绿色发展和渔业渔政管理提供更加有力的科技支撑。

1. 科研项目与成果产出 全院新上科研项目 1 020项，合同经费 7.15 亿元。获得省部级以上奖励 21 项，其中，牵头的"长江口重要渔业资源养护技术创新与应用"和参与的"扇贝分子育种技术创建与新品种培育"两项成果，分别获得 2018 年度国家科技进步二等奖和技术发明奖二等奖；发表论文 1 259 篇，其中 SCI 或 EI 收录 461 篇；出版专著 25 部；获得软件著作权 65 项；获国家授权专利 502 件，其中发明专利 160 件。成功举办"绿色渔业发展大会"，10 年《中国水产科学研究院院志》得以续写；启动实施"白洋淀水生生物资源环境调查及水域生态修复"示范项目；半潜桁架结构大型智能化渔场研制并海试成功；海带碘代谢应对海洋酸化研究取得新突破；两种基因组精细图谱解析技术建立及应用；全雄杂交鳢培育首获成功并实现规模化生产；我国首台数字多波束探鱼仪研制成功并海试；研发云南哈尼梯田稻渔综合种养及冬闲田生态养殖新技术；微塑料对渔业生物的毒性效应研究取得新进展；国产化渔用海洋卫星浮标研制成功；西藏尖裸鲤苗种培育取得突破；抗病转基因罗非鱼"珠研 1 号"获准转基因生物中间试验。

2. 科技支撑与公益服务 牵头第二次全国水产养殖业污染源普查技术工作，调查评估"桑吉"轮溢油事故对水生生物资源影响，完成增殖放流水产苗种 1 100余万尾（只）。开展全国水产品质量安全风险评估。建立的中国工程院渔业专业知识服务系统正式上线运行。积极落实农业农村部"为农民办实事"活动任务，举办推介、培训和现场技术指导 250 余场次，发放技术培训资料 4 000 余份，培训和服务渔民 2 万余次。开展苗种规模化繁育及配套技术研发，为哈尼梯田"稻渔共作"产业扶贫提供良种良法支撑；推动景泰盐碱水域渔农综合利用产业扶贫，共建水科院盐碱水域渔业工程技术研究中心景泰分中心，打造盐碱水域扶贫"景泰模式"。加大智力扶贫力度，选派优秀年轻干部深入贫困县、新疆和西藏挂职，组织专家科技人员开展技术培训，通过赠送鱼苗、现场指导等，扎实推进扶贫和援疆援藏取得实效。

3. 开放办院与国际交流 组织开展的中越、中菲渔业科技合作成果得到双方政府的重视和肯定。多次参加双多边渔业谈判和政府间国际组织科技活动，为国家外交和渔业"走出去"提供支撑；编制实施了农业农村部"'一带一路'水产养殖科技创新合作"专项，获批"'一带一路'海水养殖技术培训基地"，承担援外和培训项目的数量创历史新高。刊发《国际渔业观察》，国际渔业科技交流和信息发布平台不断完善。全院获国家留学基金 管理委员会资助 12 项，国际学术交流和科技合作氛围日趋活跃。编制和实施《院国际渔业研究中心五年规划》，初步形成了院所一体的国际合作体系。

4. 财政支持与条件建设 全院 2018 年财政拨款 12.48 亿元，规模得到进一步扩大。争取到"山竹"台风救灾专项补助 1 600 余万元，解决了有关单位的实际困难。2 艘 3 000 吨级调查船成功下水，即将交付使用；国家级海洋渔业生物种质资源库完成结构封顶。依托中国水产科学研究院建设的 8 个部级试运行重点实验室全部通过考核评估。院系统 5 个观测实验站入围第一批国家农业科学观测实验站名录。

5.人才队伍建设 全院获得省部级以上人才奖项10余次，在光华工程科技奖、创新人才推进计划中青年科技创新领军人才、中国科协青年人才托举工程等领域取得突破。一批科研工作者入选国家级项目核心专家名单。黄海水产研究所获批科学技术部创新人才培养示范基地。联合中国农业科学院成功申报水产一级学科学位授权点，高层次人才培养又迈进一步。

【黄海水产研究所】

1.科研项目与成果 2018年全所共主持、承担各级各类科研课题459项，在研课题合同总经费5.07亿元。其中主持973计划项目1项、973计划课题1项，国家重点研发计划项目7项，国家重点研发计划课题6项，主持国家自然科学基金重点项目2项，优秀青年基金1项，国际合作与交流项目1项，面上青年等各类项目56项；科技部国际合作项目1项，科技基础性工作专项1项。全所共申报各级各类科技奖励21项、已知获奖6项；发表论文397篇，其中SCI收录或其他英文期刊论文182篇，专著7部。申请专利并受理74件，获国家授权专利64件（发明42件，实用新型22件），申请并获得软件著作权21项；颁布实施标准26项，其中国标8项、行标17项、企标1项。

2.成果转化与科技支撑服务 获2018中国水产科技年度杰出成果转化奖（全国仅3家科研院所获奖）；"贝类毒素监测预警技术的建立及应用"获中国产学研合作创新成果二等奖。"青岛市极地渔业资源开发工程研究中心"获得青岛市发展和改革委员会批复；国家海洋技术转移中心渔业分中心首次联合中国水产学会完成了8项科技成果的评价工作，科技评价已面向全国展开。全所"四技服务"创收收入3 021万元；专利转让7项；办理认定技术合同51个，合同金额1 400多万元。新上院士工作站4个，挂牌基地（中心）4个。开展技术培训、技术指导等活动200多次，培训基层技术人员20 000余人次。组织成立"中国农村专业技术协会第五届理事会海水养殖专业委员会"。唐启升院士明确提出绿色发展与渔业未来，在"新时代渔业发展趋势研讨会""2018中国农业农村科技发展高峰论坛""长江生物资源保护论坛"等重要会议先后12次做相关报告，高屋建瓴地指明了新时代渔业大方向；受聘首届山东省人民政府决策咨询特聘专家，在第一次全体会议上就"海洋产业高质量发展"做重点发言，并向山东省人民政府提交"关于加大对虾养殖种业建设支持力度重塑我省'虾头'地位的建议"的院士建议书。积极参与政府间组织的谈判磋商、研讨交流活动，支撑南极磷虾渔业健康发展，为中韩渔业谈判提供强有力支撑，积极应对各类渔业灾害事件，圆满完成政府下达或社会委托的公益性任务。

3.学术交流与国际合作 2018年度农业农村部"一带一路"海水养殖技术培训基地获农业农村部批复成立。新上国合项目14项，合同经费2 504万元。举办科技部2018年发展中国家技术培训班计划"东南亚海水养殖技术培训班"、2018年农业农村部"扬帆出海"培训工程——渔业"走出去"企业主要负责人能力建设培训班暨涉渔农技协负责人国际合作能力建设培训班；与新西兰国立水与大气研究所、与墨西哥西北生物学研究中心、韩国国立水产科学院西海水产研究所签署3项合作备忘录；接待外宾来访31批次、154人次。

4.人才队伍建设 获第十二届光华工程科技奖1人，青岛市青年科技奖1人，入选国家"万人计划"1人，科技部中青年科技创新领军人才1人，农业农村部杰出青年农业科学家2018年度资助项目1人，2018年泰山产业领军人才1人，山东省有突出贡献中青年专家1人，山东省科协青年科技人才托举工程1人，改革开放40周年渔业科技突出贡献人物3人，改革开放40周年渔业科技纪念人物4人，2018渔业科技创新领军人才1人，2018年渔业科技服务领军人才1人。继续开展面向35岁以下突出成绩的青年（副）研究员遴选工作；2人获国家公派出国留学基金资助。

5.科研条件建设 国家级海洋渔业生物种质资源库项目建设顺利实施，已实现主体结构封顶。3 000吨级海洋渔业综合科学调查船"蓝海101"号主体结构工程顺利完工下水。"海洋渔业增养殖生态模拟试验基地建设项目"获初设批复，琅琊科研基地园区测绘和所本部院区规划方案设计顺利完成。按期完成"黄岛科研基地良种区改造项目""海洋渔业生物基因与细胞工程创新平台仪器设备购置项目""院海水健康养殖与质量控制功能实验室仪器设备购置项目"等建设内容。"北斗"号、"中渔科101"号、"中渔科102"号调查船共出海17个航次，累计海上作业202天，完成各种调查站位590个，全年累计安全航行约17 771海里。

【东海水产研究所】

1.科研项目与成果 在研项目662项，累计合同经费4.14亿元，其中新上项目208项，合同总经费1.14亿元，包括国家自然科学基金4项、国家重点研发计划课题（子课题）7项、科技基础条件平台专项1项、产业技术体系建设3项、国家和省部级其他项目64

项、国际合作项目3项。获各类奖励13项，其中主持的项目“长江口重要渔业资源养护技术创新与应用”获得国家科技进步二等奖。出版专著5部；发表论文215篇，其中SCI论文64篇、EI论文16篇、核心期刊105篇；申请专利116项，其中发明专利55项；授权专利74项，其中发明专利32项；授权软件著作权3项；发布行业标准1项。

2. 技术支撑与科技服务 继续开展东海区渔业资源、产卵场定点调查监测，以及东海区捕捞信息的实时采集与全国海洋捕捞信息汇总工作，编制发布了《2018年中国海洋捕捞状况》专辑。持续开展长江口渔业生态监测。完成了长江口渔业资源环境及其产卵场、索饵场和洄游通道调查监测等专项调查共计25航次200余站次，获取基础数据20 000余组。持续完善我国海洋捕捞渔具分类依据研究，向农业农村部提交《全国海洋捕捞渔具目录》草稿。牵头编制鳗鲡保护国家行动计划，首次实施鳗鲡亲体增殖放流。全年开展科技服务活动32次，培训及指导技术人员和渔民2 500余人次，赠送技术资料515册；开展“四技服务”项目45项，其中新上项目25项。

3. 学术交流与国际合作 主办或承办“现代渔业高端学术论坛”“第二届深远海养殖技术发展国际研讨会”“第16次中日暂定措施水域海洋生物专家会谈”等重要学术交流会议。积极响应“一带一路”倡议，承担“中国－塞拉利昂渔业资源联合调查专项”“中国－圣多美和普林西比渔业资源联合调查专项”的方案编制；参与澳大利亚蓝色经济联合研究中心项目第一阶段竞标并获成功，与澳方有关单位签署了第二阶段战略合作备忘录。所内专家参加第七届亚太绿色养殖与可持续渔业论坛和第35届亚太地区渔业委员会会议，并做主题发言。通过中拉渔业合作平台，重点开展针对墨西哥美洲大赤鱿资源评估与捕捞技术升级的合作。全年共派出31团组、55人次赴美国、韩国、南非等25个国家和地区开展技术和学术交流，先后邀请国际国内相关机构多位专家学者来所做学术报告。

4. 人才队伍建设 渔业科技创新领军人才1人，上海市农业领军人才1人，2017年度水生野生动物保护海昌技术奖1人，渔业科技服务领军人才1人，农业工程管理先进个人1人。选派青年科研骨干出国和参加国内培训研修活动101人次，2人成功获批国家留学基金委出国项目。

5. 财政保障与条件建设 全所2018年财政拨款批复2.18亿元，财政拨款（不含基建项目）预算执行进度（按国库口径）达98.09%。3 000吨级海洋渔业综合科学调查船“蓝海201”完成了主体建造，并成功下水；“中渔科211”和“中渔科212”等2艘300吨级海洋渔业综合科学调查船全面投入使用，先后执行了“桑吉轮”事故海域渔业资源监测、近海渔业资源、网具调整试验等20个航次的调查任务。浙江宁海试验基地主要设施完成结构封顶，水生动物防疫专业试验基地正式开工建设，福鼎、赣榆试验基地等基础设施改造进入尾声，全所科研条件设施进一步得到完善。

【南海水产研究所】

1. 科研项目与成果 农业农村部“南海生物资源调查评估”专项（南锋专项II期）正式启动。主持国家重点研发计划“蓝色粮仓”重点专项第一批启动项目课题1项、参加课题17项；主持国家重点研发计划“海洋环境安全保障”重点专项课题1项、参加课题2项。全年承担在研各级各类纵向科研项目197项，其中，新上项目141项；全所合计纵向、横向项目年度到位总经费合计达到1.54亿元。发表学术论文338篇，其中SCI/EI收录142篇；出版专著4部；申报专利85项，获得授权专利132项，其中授权发明专利17项，获得软件著作权15项。获国家标准样品研制立项3项，制定并发布《活水产品运输技术规范》等国家标准4项、团体标准1项。获中国水产科学研究院科技进步奖2项、广东省农业技术推广奖2项、中国水产科学研究院大渔创新奖1项。

2. 科技支撑与成果转化 积极配合农业农村部渔业渔政管理局履行南沙渔业管理职责，圆满完成南沙渔业安全应急值班和船位日常监控管理任务；组织开展南海渔业战略与政策研究，全年共向部局和省厅提供研究报告、专题报告56份。编制完成《广东省沿海人工鱼礁建设规划（2018—2025）》，为广东沿海大规模人工鱼礁建设提供指导；协助深圳建立国家级海洋牧场示范区2个，先后为广东珠海、深圳、陆丰等地编制各类规划、实施方案、申报书等12部，切实推进南海国家级海洋牧场示范区建设与发展。完成国家及广东省水产品质量安全监控任务5大类13项，完成国家农产品质量安全风险评估重大专项2项，出具检验报告约2 000多份。牵头成立“广东省海鲈产业科技创新联盟”，助力海鲈产业提质增效、绿色发展。组织科技下乡与培训活动42次，为广东、海南各地培训人员3 670人次，发放技术资料5 460余份。全年推广斑节对虾优质苗种3.5亿尾，推广养殖面积2 667公顷；推广养殖四指马鲅优质苗种1 000多万尾；推广养殖卵形鲳鲹优质苗种100多万尾。

3. 学术交流与国际合作 助力“一带一路”，向非律宾赠送第二批 10 万尾东星斑鱼苗和 1 万尾淡水鱼苗，被写入《中华人民共和国与菲律宾共和国联合声明》；承担中越北部湾渔业资源增殖放流与养护项目，联合举行第二次中越北部湾联合增殖放流活动，共向北部湾水域投放石斑鱼、真鲷、黑鲷、长尾对虾、墨吉对虾等鱼虾类苗种近 4 300 万尾；承担中国－东盟现代海洋渔业技术合作及产业化开发示范项目，集中为缅甸等国 30 多名渔业人员进行技术培训，并通过派出多名专家赴柬埔寨、马来西亚、斯里兰卡等国家实地开展培训。全年组织 16 个团组出访，42 人次因公出国（境）参加培训和学术交流合作。主办的《南方水产科学》影响因子蝉联水产学类期刊第一。

4. 人才队伍建设 探索深化职称制度改革并推动落实《实施优才计划暂行办法》，聘任 14 人为所“优才计划”特聘岗位。1 人获第十四届广东省丁颖科技奖，2 人入选“珠江科技新星”，4 人入选院第四批“百名科技英才培育计划”。深化与涉渔高校战略合作与交流，与河北农业大学、河南师范大学、大连海洋大学签署战略合作框架协议；践行本科生“3＋1”培养方式，与广州大学和仲恺农业工程学院动科学院合作实施“校企协同育人班”和“应用型卓越农林人才”培养方案。

5. 科研条件建设 300 吨级渔业资源调查船建设项目通过院组织的竣工验收和财务决算，“中渔科 301”号渔业资源调查船交付使用。南海水产研究所珠海试验基地基础设施改造、南海渔业科学调查船体系仪器设备购置、热带水产研究开发中心基础设施改造等 3 个修购项目获立项支持。北部湾海洋渔业研究中心完成概念性规划设计工作。

【黑龙江水产研究所】

1. 科研项目与成果 承担各类科研项目 201 项，合同总经费 8 776 万元，其中，新上项目 96 项。农业财政专项“西北地区重点水域渔业资源与环境调查”、黑龙江省“主养鱼类品种培育及高效生态养殖技术集成”立项实施。发表科技论文 95 篇，其中 SCI（含 EI）收录 35 篇；出版专著 2 部；发布行业标准 2 项；获得软件著作权 10 项；申报专利 50 项（其中发明专利 17 项），获得授权专利 66 项（其中发明专利 5 项）。获得黑龙江省科技进步二等奖、三等奖各 1 项，黑龙江省农业科技进步一等奖 2 项，院科技进步一等奖 1 项。

2. 成果转化与科技服务 签订所企所地战略性合作协议 10 项。组织科研人员 150 多人次先后在新疆、陕西、云南、辽宁和黑龙江等省（自治区）渔业主产区开展科技讲座、现场指导，累计培训技术人员和渔民 2 000 多人次，发放各类技术资料 2 500 余份；推广松浦镜鲤、易捕鲤等优质水花、乌仔、夏花共计 2 700 余万尾，哲罗鱼、虹鳟、亚东鲑等鲑鳟鱼发眼卵 600 万粒。完成检测监测任务，向上级主管部门提供数据 6 400 余个。发挥科技优势，召开专项探讨会、编制意见建议和区域渔业发展规划等，支撑黑龙江渔业生态保护和产业健康发展。

3. 国际合作与学术交流 继续推进院国际渔业研究中心中亚分中心建设。主办“中、俄、蒙、白四国渔业种质资源现状与开发利用”国际学术研讨会。参与制定《中国与俄罗斯远东及贝加尔地区农业发展规划——渔业部分》草案。与乌兹别克斯、美国、马来西亚、挪威、俄罗斯、西班牙等国家开展学术交流和技术援助。主办各类国内学术交流活动 15 场次，参加各类国内学术交流会议 300 人次，在大会上作报告 16 人次。

4. 人才队伍建设 1 人获黑龙江省政府特殊津贴，选派 1 人赴国外学习深造，3 人参加国内短期培训。继续派出技术干部赴甘肃、新疆等西部地区挂职锻炼。招收联合培养硕士研究生 12 名；1 人获黑龙江省博士后资助及中国博士后面上资助。

5. 科研条件建设 协调推进渤海试验基地建设项目前期工作；宽甸鸭绿江试验基地建设项目验收准备工作取得重要进展；按计划稳步推进呼兰试验场基地维修改造和北方鱼类遗传育种实验室仪器设备购置项目实施工作；完成呼兰站基础设施改造项目和渤海站基础设施维修改造项目等 4 个项目的验收及准备工作。

【长江水产研究所】

1. 科研项目与成果 承担各类科研项目 271 项，合同总经费 1.81 亿元，其中新上项目 144 项；出版专著 1 部；发表论文 184 篇，其中 SCI 91 篇；申请发明专利 9 项，获得授权国家专利 35 项（其中 11 项发明专利），获得授权软件著作权 1 项。牵头蓝色粮仓课题 1 项、承担研究任务 8 项，承担国家自然科学基金青年基金 3 项。中华鲟物种保护技术入选改革开放 40 周年渔业科技 50 项标志性成果。获湖北省科技进步三等奖 1 项，院科技进步二等奖 1 项。

2. 科技支撑与服务 助力长江大保护，开展长江流域渔业生态调查与监测工作，牵头编制《2018 年长江流域渔业生态公报》；长江特有鱼类圆口铜鱼和长鳍吻鮈苗种规模化人工繁育取得突破性进展；联合举办国内首次主题为“人、水与鱼和谐共处”的“世界鱼类洄游日”宣教和放流活动，重点围绕我国国家一级保护动物、大型江海洄游性鱼类——中华鲟为对象进行了宣传教育。参加"中国农民丰收节"系列活动暨长江水生生物增殖放流活动等6次珍稀水生生物放流活动。连续9年开展四大家鱼原种亲本标志放流活动,共放流四大家鱼原种亲本822组、13 459千克。农业农村部淡水鱼类种质监督检验测试中心和农业农村部水产品质量安全风险评估实验室(武汉)完成农产品质量安全例行监测(风险监测)、异地产地水产品质量安全监督抽查等任务,共计抽检330批次样品,完成孔雀石绿、氯霉素、磺胺类、喹诺酮类及硝基呋喃类代谢物等2 800余个指标检测。参与或举办各种科技培训14次,实地进行养殖技术指导及鱼病诊断与防控指导25人次,培训基层水产专业技术人员和养殖人员1 800多人,培训活动现场发放相关技术资料1 850多册。

3. 国际合作与学术交流 专家组赴古巴执行援古巴第五期淡水养鱼技术援助项目;接待国外专家5人;与日本北海道大学和俄罗斯科学院西伯利亚分院分子与细胞生物学研究所签订合作研究协议。参加国内学术交流会议50多人次,并做相关汇报。组织开展水产创新讲座6期;主办"长江水生生物多样性保护与利用"暨建所60周年学术研讨会;承办长江生物资源保护论坛长江生态系统保护与修复分论坛。加强国际渔业研究中心长江所分中心和中捷联合实验室管理工作。

4. 人才队伍建设 3名青年科研人员分别获得2018年国家公派高级研究学者、访问学者、博士后项目资助。改革开放40周年渔业科技突出贡献人物1人,2018年度渔业科技创新人才1人。获中国博士后科学基金第64批资助2项、2018年湖北省博士后创新岗位资助1项。

5. 科研条件建设 中国水产科学研究院长江水产研究所太湖试验基地(荆州)建设项目、水生动物防疫综合实验室建设项目、鲤鲫鱼类新品种生产性能测试中心建设项目等均已按期开工并进展顺利。2个修缮购置项目通过验收。

【珠江水产研究所】

1. 科研项目与成果 组织申报各类项目103项,新上纵向项目82项,在研项目合同总经费6 869万元。主持蓝色粮仓重点专项课题2项,参与课题9项。获广东省科技进步二等奖1项;广东省农业技术推广二等奖2项;院科技进步三等奖2项;大渔创新奖1项。发表论文164篇,其中SCI/EI 57篇;出版专著4部;申请专利72项,授权专利62项。

2. 成果转化与科技服务 签订四技服务项目合同92项;转让专利权和许可使用权4项。组织特色淡水鱼岗位科学家到广西三江开展技术扶贫工作,赠送鱼苗约3 000万尾;技术支撑广东省首个国家级稻渔综合种养示范区——中冲富民国家级稻渔综合种养示范区正式挂牌。拓展所地所企合作渠道,与5家企业、多地推广站签订合作协议。举办各类技术培训班54次;组织推荐了广州农业主导品种和主推技术14项。履行好珠江流域渔业管理委员会职能,协助农业部长江流域渔政监督管理办公室开展渔政巡航执法任务,历时44天,出航15人,总航程2 560海里,航时150小时,主要巡查水域为珠江流域广东、广西段,开展了20次联合执法,出动检查人数200余人次;组建了珠江流域渔业管理委员会专家咨询委员会。

3. 学术交流与国际合作 举办2018年休闲渔业学术研讨会,围绕"观赏性水生生物繁育与养殖、休闲渔业资源开发与可持续利用、休闲渔业经济和产业规划"等议题设10个专题报告。邀请德国动物健康研究院病原学研究所等外方机构共14位专家学者到所进行学术交流。邀请复旦大学等国内机构专家学者到所举办10场次学术交流活动,累计600余人参与。执行因公出国(境)任务9个团组26人次赴德国动物健康研究院病原学研究所等国家和机构开展学术交流访问和提供援外培训。与德国动物健康研究院病原学研究所续签《双边科技合作协议修正案》。

4. 人才队伍建设 制定印发《珠江水产研究所特聘岗位选聘工作实施方案》。选派2名中层干部作为扶贫驻村工作队人员。组织参加改革开放40周年渔业重大科技成果与突出贡献人物遴选推介活动,1人评为渔业科技纪念人物、1人评为渔业科技突出贡献人物。组织开展中华农业英才奖候选人、2018年国家"千人计划"推荐工作。组织申报2018年因公出国培训项目2项。

5. 科研条件建设 水生动物防疫综合实验室建设、所区污水处理系统建设、养殖生态工程试验基地建设等项目稳步推进。广东省水产良种工程技术研究中心仪器购置项目完成;高要水产科技园基础设施改造项目和高要水产科技园罗氏沼虾培育室改造项目等2项投资计划完成申报。

【淡水渔业研究中心】

1. 科研项目与成果 主持和参与国家、省部级等科研项目285项,合同经费21 826.43万元,到位经费9 727.68万元。新上项目140项(省部级以上70项),合同经费9 154.85万元,到位经费5 913.07万元。组织科技成果评价2项;获国家科技进步二等奖1项(第二完成单位),省部级科技成果奖励4项、市级科技奖励2项。发表学术论文182篇,其中SCI和EI收录论文82篇、核心期刊74篇;出版专著2部。申报国家专利86项,其中发明专利58项;获授权国家专利40项,其中发明专利14项;获软件著作权登记2项。青虾“太湖2号”、福瑞鲤2号、滇池金线鲃“鲃优1号”获国家水产新品种证书,暗纹东方鲀“中洋1号”通过全国水产原良种委员会审定 。

2. 成果转化与科技服务 开展长江江豚保护研究及长江资源环境监测,加强禁渔期巡航督查,科技支撑“长江大保护”。深入推进哈尼梯田稻渔综合种养产业扶贫工作,助推云南省红河县脱贫攻坚和哈尼梯田可持续保护。加强新型职业农民培训,举办各类培训班33个,培训3 210人次,发放资料1 972本。加强福瑞鲤2号、吉富罗非鱼“中威1号”、青虾“太湖1号”等水产新品种的示范推广,提升良种覆盖率。牵头组建江苏省青虾产业联盟、建设江苏省青虾产业技术体系。深化所地、所企合作,与地方政府签订科技合作协议6项,与企业签订科技合作协议7项。

3. 学术交流 接待了包括美国、乌干达、肯尼亚等国家和组织的8批58人次国际专家学者、研究人员及官员来访交流。选派23批46人次专家赴新加坡、俄罗斯、埃及等23个国家进行访学、参加国际学术会议、开展合作研究和境外技术指导。承担“长江生物资源保护论坛”-澜湄流域生物资源保护分论坛等6项重要国际交流合作项目。举办“全国水产遗传育种学术研讨会”等国内大型学术会议5个,与会代表1 000余人。主办的《科学养鱼》出版发行12期,发行量和影响力持续增强。

4. 国际培训与国内教育 国际培训项目立项18项,其中商务部项目16项,联合国粮食及农业组织(FAO)、东盟合作基金项目各1项,为58个国家和地区培训了678名渔业技术和管理官员。首次承办埃及境外培训班,再次承办葡语国家研修班。贯彻博鳌论坛精神,推进“技术援外精品项目”建设,推动“一带一路”沿线4个国家与宁夏回族自治区农牧厅签署合作谅解备忘录。入选“中国-FAO南南合作特别贡献机构”。南京农业大学无锡渔业学院,水产学一级学科评估全国排名第6;荣获中国学位与研究生教育学会“研究生教育成果奖”二等奖;招收全日制硕士研究生66人,博士研究生8人;毕业研究生73人,10人获得校级优秀毕业生;毕业本科生44人,25人获得了校、院两级优秀毕业生。积极推进留学生教育,20名专业型留学生毕业,招收18名留学生攻读专业型硕士学位。

5. 人才队伍建设 入选国务院政府特殊津贴1人、“无锡市有突出贡献中青年专家”1人、江苏省“333高层次人才培养工程”第三层次中青年领军人才2人、江苏省“六大人才高峰人才”1人。新增南京农业大学博士生导师2人、硕士生导师13人,水科院优秀科技创新团队1个、中青年拔尖人才1人、百名科技英才3人。

6. 科研条件建设 2014—2015年修购项目通过验收,修购项目“青虾良种场基础设施改造”完工,青虾育种创新基地建设项目通过竣工验收,扬中试验基地建设项目投入试运行,“一带一路”国际水产养殖试验基地建设项目主体结构、蚌埠渔政基地岸边工程和趸船建设完成,推动靖江科研试验基地规划建设,编制完成“水生动物防疫专业实验室”“国家农业科学渔业资源环境滨湖观测实验站”“国家数字渔业创新示范中心”等3个建设项目的可研报告。

【渔业机械仪器研究所】

1. 科研项目与成果 主持承担各类科研项目(课题)82项,新上项目40项。发表论文76篇,其中SCI、EI收录3篇;申报发明专利61项,实用新型19项,国际专利2项,软件著作权3项;获得发明专利授权23项,实用新型14项、国际专利1项,软件著作权3项。获海洋工程科学技术奖二等奖1项;中国航海学会科学技术奖二等奖1项。

2. 科技支撑产业 与地方政府、科研院所、企业签订6项科技合作协议,1项专利使用许可。质检工作服务渔业质量及安全多个领域;渔船审图相关工作有序开展;玻璃钢渔船标准化和玻璃钢渔船产业发展联盟秘书处工作稳步推进;落实标准制(修)订及相关工作。落实科技服务及培训10余次,培训渔民及渔业科技人员1 640余人次,发放《水产品质量安全手册》等资料260余份;组织落实科技入疆活动2次,提供技术支撑并助力提升技术人员的能力,从产业到人才实现全面精准扶贫。

3. 国际合作与学术交流 确定了渔业装备国际合作研究以欧美先进国家为主、技术转移以东南亚及“一带一路”渔业国家为主的国际合作策略。全年办理8个团组出访;接待来访国外客人2批次。与泰国、挪威等国家涉渔机构交流合作进展顺利。以“推进深远海养殖和海上风电结合技术产业化”为主题,召开“青龙问海”学术沙龙;组织开展“渔业科学思想与真知实践”学术沙龙讲座;派专家参与“绿色渔业发展大会——科技促进绿色发展”“南极磷虾渔业装备国际技术交流会”“深远海养殖国际学术交流会”“东亚海洋科技合作论坛”等学术活动。

4. 人才队伍建设 申报各类人才奖 13 项、创新团队 2 个，其中获改革开放 40 周年渔业科技十大突出贡献人物 1 人，2018 年度渔业科技创新领军人才 1 人，千岛湖保水渔业产业发展杰出贡献人物 1 人，入选海门市“东洲英才”引进计划项目 1 人。招收研究生 8 人，招聘录用员工 6 人，安排 6 名 2017 级硕士研究生入所学习。

5. 科研条件建设 与苏州国家高新技术产业开发区浒墅关镇人民政府就建立“中国水产科学研究院渔业生态工程研究综合试验基地”项目签订合作框架协议；完成拟在江苏海门港新区建设的海洋渔业船舶与装备研究实验基地规划编制。完成 2019 年新购大型仪器设备评议、2019—2021 年中央级科学事业单位修缮购置专项规划（第五期）和 2019 年修缮购置专项申报 8 项，全部通过专家评审；完成 2016 年渔业装备科学数据平台仪器设备购置项目 31 台（套）仪器设备的购置和验收工作；完成 2017 年养殖基地基础设施改造项目施工建设、四方验收，建设项目审价和第三方审计；完成 2018 年水产健康养殖实验室仪器设备购置项目全部仪器设备采购。

【渔业工程研究所】

1. 科研工作 在研课题 25 个，其中延续课题 14 个、滚动课题 2 个、新上课题 9 个。取得实用新型专利 1 项、软件著作权 3 项；发表学术文章 12 篇，其中 SCI 收录 1 篇、CSCD 期刊 1 篇、核心期刊 2 篇。完成 2019 年所内科研储备库项目入库审查 7 项。

2. 技术支撑与服务 渔业管理信息化项目建设及技术支撑工作保障有力，完成全国渔船动态系统管理、全国渔港建设信息系统管理、渔业船舶无线电台识别码管理等工作。渔港建设及规划支撑工作进展明显，编制完成《全国渔港建设规划（2018—2025 年）》并正式发布，编制完成《中心渔港、一级渔港投资建设方案》，完成《渔业油价补贴政策实施绩效评价及效果评估项目》申报等工作。深入推进远洋渔业规范有序发展，制定《远洋渔业海外基地建设项目实施管理细则（试行）》，开展 2018 年度远洋渔业海外基地建设项目专家论证会。持续推进渔港升级改造与整治维护工作。农产品质量安全监管项目绩效评价和物种资源保护（渔业）项目稳步开展。

3. 交流合作 派 2 人参加商务部“援突尼斯对虾养殖中心二期项目准备性技术研究项目”考察；派 2 人赴澳大利亚参加亚太电信组织 2019 年世界无线电通信大会第三次筹备会议；派 3 人赴瑞士日内瓦参加国际电信联盟无线电部第 5 研究组第 20 次会议，派 3 人赴瑞士日内瓦参加国际电联无线电通信部 WP5B 工作组第 21 次会议。依托浙江大洋碧海公司，就渔港工程、生态修复、海域使用和环评、波浪泥沙数模等课题与浙江大学、河海大学等单位开展合作。召开 2018 年度现代渔港与渔业工程建设研讨会，共有 15 家单位、70 名专家学者参会。

4. 人才队伍建设 协助培养“院百名科技英才培育计划”1 人，安排参加总结汇报，组织选定国内高校、科研院所研修和出国学习等工作。2018 年招录应届毕业生 2 人，社会招聘 1 人。完成 2018 年度职称评定、岗位分级和考核推优工作。

（中国水产科学研究院）

全国水产技术推广总站
中国水产学会

2018 年，在农业农村部党组和于康震副部长的坚强领导下，在农业农村部渔业渔政管理局和相关司局的指导帮助及兄弟单位的支持配合下，全国水产技术推广总站、中国水产学会（以下简称总站学会）深入贯彻落实党的十九大精神，深刻领会乡村振兴战略意义，紧紧围绕农业农村部党组决策部署和渔业中心工作，团结带领全国水产技术推广体系和水产学会系统不断提升先进技术引领能力、现代模式示范能力、体系改革发展能力、学术交流与科普传播能力，为推进现代渔业建设提供有力支撑。

【水产技术推广体系与人才队伍建设有新举措】

1. 研究部署水产技术推广体系建设 召开了全国水产技术推广体系建设和人才培养工作交流会，总结了全国水产技术推广体系建设和人才培养经验成效，赴 21 个省份开展专题调研，研究部署乡村振兴战略下全国水产技术推广体系建设和人才培养工作举措，编写了《全国水产技术推广体系发展报告 2006—2017》，起草了《乡村振兴战略下加强水产技术推广工作的指导意见》，跟踪指导基层水产技术推广体系开展改革工作。

2. 加强水产技术人才培养 组建了学会决策咨询委员会和学会高端智库。首次遴选出“十佳”示范站和 100 名“最美渔技员”，首次开展水产技术推广体系进校园宣讲活动，推广体系首次成为新型职业渔民示范培育工作牵头单位之一，首次承担培育新型渔业经营主体相关工作。组织编写了《水生生物病害防治员》国家职业标准、教材和试题库，连续6年开展基层水产技术推广骨干人员培训班，累计培训技能人才7 000多名。成立学会青年工作委员会，挖掘、培养和打造优秀青年科技人才团队，大力发展学会会员，会员总数已超过2万人。

3.实施人才推举工程 全年共推荐全国优秀科技工作者代表6人，中国青年女科学家奖2人，中国科协青年托举工程项目2个。单位凝聚力、影响力再次提升，荣获"农业农村部2016—2018年度文明单位"称号。

【绿色生态模式示范与现代种业建设有新发展】

1.稻渔综合种养模式规范发展 与稻渔联盟共同对《稻渔综合种养技术规范》进行宣传贯彻，指导联盟举办了第二届稻渔综合种养产业发展论坛，启动制定稻-鱼、稻-虾、稻-蟹、稻-鳖、稻-鳅等主导模式系列分标准，配合农业农村部渔业渔政管理局开展了国家级稻渔综合种养示范区创建工作，34个示范区上榜，推广面积超过200万公顷，编写并联合农业农村部渔业渔政管理局发布了《中国稻渔综合种养产业发展报告(2018)》，相关工作获农业农村部渔业渔政管理局领导批示表扬。

2.集装箱养殖模式列入引领性农业技术 启动实施了2018年农业引领性技术示范项目，新建示范基地50多个，累计在21个省份推广养殖箱体1 300多个，开展了2次集装箱养殖现场观摩活动，制定了集装箱养殖标准体系表，完成了技术成果评价，启动编制团体标准2个，成立了中国集装箱式水产养殖技术创新战略联盟。总站学会北京基地集装箱养殖试验获得成功。

3.池塘工程化循环水养殖模式示范稳步推进 制定了《池塘工程化循环水养殖模式示范与推广项目实施方案》，印发了《关于规范池塘工程化循环水养殖模式示范的通知》，提出了规范示范的技术意见。在15个省份确立示范点100个，建成跑道水槽2 771条，面积30.5万平方米，覆盖池塘近2 667公顷。

4.重大示范推广项目成功立项 成功申报《池塘养殖转型升级绿色生态模式示范》项目，试验示范池塘转型升级一揽子综合技术解决方案，批复项目预算3年4 500万元。

5.现代种业服务与原良种场管理有序进行 全年受理水产新品种申报23项，14个新品种通过审定，对近两年审定的19个水产新品种予以公告和宣传推介。与相关科研院所推进南美白对虾、斑点叉尾鮰、克氏原螯虾、红螯螯虾、呆鲤联合育种创新工作。组织编写了《中国水产种业发展报告(2018)》，联合打造了"优苗网"供需服务平台，为种苗企业、养殖业者供信息服务。完成2个新申报国家级原良种场验收和11个到期场的复查工作，组织开展国家级场水产原良种管理培训及保种、选育的技术指导工作，组织编印了《2013—2017年国家级水产原良种场工作总结》，促进信息交流。

【疫病防控和水产品质量安全有新提升】

1.扎实落实疫病监测任务 制定《2018年国家疫病监测计划》，协助开展水产苗种产地检疫试点，组织30个省份和24个机构对重大疫病、新发疫病和外来疫病开展监测和调查，在全国水产健康养殖示范场等主体设置监测点5 000个，监测病害种类近百种，监测样品近万份，监测面积30多万公顷，发布了《2017年中国水生动物卫生状况报告》等权威性报告6份，发布预测预报150余期，审定通过了8个国家标准，优化疫病监测和预警信息系统，推动水生动物无规定疫病苗种场试点建设。

2.提升全国水生动物防疫体系能力 组织28个省份的315家单位参加了877个项目的检测能力验证，满意结果获得率超过95%。推动国家水生动物防疫参考物质中心、国家水生动物疫病专业试验基地等14个项目开工建设，涉及资金1.9亿元，全国水产技术推广总站承担的国家水生动物疫病监测及流行病学中心建设项目筹备工作取得新进展。

3.组织开展养殖用药减量行动 在14个省份对10个主要养殖品种开展了减量用药行动，打造了15个用药减量核心示范区，核心示范区渔药使用量较2017年下降30%以上。组织14个省份对11个养殖品种开展水产养殖动物病原菌耐药性普查，进行试验2万余次，测试了13种国标抗生素类渔药的敏感性。编写了《水产养殖用药指南》等技术资料，继续开展水产养殖规范用药科普下乡活动，吸引17余万人次参与其中，发放各类材料40余万份。

【渔业资源养护和生态环境保护有新行动】

1.强化海洋牧场建设技术支撑 组织海洋牧场建设专家咨询委员会召开三次专题会议，开展了人工鱼礁建设项目和第四批国家级海洋牧场示范区创建评审，协助农业农村部渔业渔政管理局起草印发《国家级海洋牧场示范区年度评价及复查办法(试行)》，开发了国家级海洋牧场示范区管理信息系统，组织8个工作组赴16省(自治区、直辖市)开展示范区运行和海域使用金缴纳情况专题调研，协助农业农村部渔业渔政管理局召开全国海洋牧场建设工作会议、首届中国国际海洋牧场大会，组织召开全国海洋牧场建设与管理培训班和现代化海洋牧场建设产业发展高峰论坛，促进海洋牧场技术交流与合作。

2. 增强增殖放流苗种监管技术服务 协助农业农村部渔业渔政管理局起草印发增殖放流违法违规供苗单位通报制度，组织开发供苗单位信用管理系统，开展了第六批珍稀濒危供苗单位评审，起草制定《中央财政增殖放流项目绩效评价办法》，完成了项目绩效考核目标设置和资金分配测算。依托总站学会日照基地，开展增殖放流工作，放流鱼苗570.4万尾，超额完成任务。

3. 着力推进水野保护 积极参与长江水生生物保护工作，组织开发了《长江流域水生生物保护区管理App》；参与制定水野保护配套制度规范，收集整理全国水生生物自然保护区基本信息和图文资料，完成《中国水生野生动物重要栖息地》全书初稿；启动了《外来水生物种防控识别手册》编撰，推进外来水生物种防控工作。

4. 积极开展养殖水域环境治理工作 开展推广体系养殖污染防控调研，提出加强养殖污染防控的对策建议，参与养殖尾水排放标准制（修）订，召开全国渔业节能减排技术现场交流会、渔业水域生态修复技术研讨会，对资源养护成效标志性指标进行了研讨，总结汇编了水产养殖节能减排实用技术16项。首次举办水产养殖尾水治理技术培训班，各地渔业主管部门和推广机构代表150余人参训，有力引导全国推广体系积极参与水产养殖尾水治理工作。

【渔业公共信息平台建设与服务有新进展】

1. 不断完善信息资源整合共享 加快推进"智能渔技"综合信息服务平台整合建设步伐，完成了《"智能渔技"综合信息服务平台总体方案设计》，做好信息系统等级保护定级、备案工作、政务内网延伸工作，完成近30份政务信息资源整合。

2. 持续推进渔业统计和渔情监测工作 "三农普"数据衔接工作平稳有序，在农普公布面积和产量都有下降的情况下，渔业占农林牧渔业的产值继续保持稳定。启动了新中国成立以来渔业统计数据汇总和分析应用数据库建设，开展了渔业统计指标说明的修订工作。推进优化渔业统计和养殖渔情监测，建立了由25位推广体系专家负责31个重点监测品种的专家队伍，完成养殖渔情信息采集标准制订，配合农业农村部渔业渔政管理局做好《2018中国渔业统计年鉴》《2017年各省、自治区、直辖市主要渔业统计指标情况》等统计材料的出版发行和信息发布。开展了全国渔民家庭收支调查、内陆捕捞抽样调查试点、海洋捕捞抽样调查试点。

3. 加强国内外水产品市场信息采集、发布 不断完善信息采集的两个月报、两个日报制度，汇总整理价格条目22多万条，成交量条目21万条，组织发布80家批发市场动态月报800余篇，组织发布26个省（自治区、直辖市）级水产市场运行分析月报150篇，其中8月撰写的月度形势分析报告得到农业农村部领导的肯定，并指示修改后上报国务院。针对中美贸易摩擦，加强渔业对外贸易监测，向农业农村部渔业渔政管理局提供监测报告10多份。积极开展"百万养殖户"市场信息服务行动，为106万水产养殖户提供供需和价格信息。

4. 打造《中国水产》宣传新阵地 举办《中国水产》创刊60周年回顾交流系列活动，邀请唐启升、桂建芳、包振民等院士专家畅谈新时代中国渔业新发展。以服务渔业中心工作为宣传重点，《中国水产》杂志全年刊登涉渔文章400余篇。"中国水产微信公众号"及时采编报道全国渔业重要新闻2 000余条，开辟了水产品市场信息、规范用药、渔业政策法规、渔业扶贫等专栏，配合重要活动开发投票功能，点击量超过百万。"中国水产"App收录了《中国水产》自1958年创刊以来的所有刊登内容，渔业影像资料库新收录图片及影像资料1.6万份，成功建立了我国现代渔业发展历程的数据库。

【学术交流和科普宣传有新拓展】

1. 加强学术交流 研究制定了《中国水产学会团体标准管理办法（试行）》，提升学会标准引领能力。围绕现代渔业科技创新和产业发展的重点、难点、热点问题，举办了2018年中国水产学会学术年会，组织开展了淡水养殖、海水养殖、水产生物技术、渔业资源与环境、观赏鱼、鱼类工业化养殖、海洋牧场、水产加工、期刊、渔业装备等专题学术交流活动。组建4个院士工作站、16个学会服务站，积极助力地方渔业经济发展。

2. 开展技术成果总结评价 制定并印发了《优化中国水产学会范蠡科学技术奖的方案》，开展了第四届中国水产学会范蠡科技奖申报推荐工作，范蠡科技奖影响力不断扩大。完善了渔业主推技术遴选程序和推介方式，构建了渔业主导技术备选库，推介6项技术入选农业主推技术、1项技术纳入农业农村部重大引领性农业技术。创新标准化科技评价方法，完成了10个技术成果评价。相关工作多次得到中国科学技术协会的表彰,中国水产学会顺利进入50家世界一流试点建设学会行列。

3.扩大渔业科普范围 继续举办了水产科技活动周和全国科普日活动,新建成6支科学传播专家团队,为新一批"全国水产科普教育基地"授牌,在此基础上组建"全国水产科普教育基地联盟",实现资源共享、平台共建、产品共创、人才共育。

【休闲渔业与产业融合发展有新活动】

1.举办改革开放40周年系列活动 联合组织开展了改革开放40周年渔业重大科技成果与突出贡献人物遴选推介活动,遴选出科技标志性成果50项、渔业科技突出贡献人物20名和渔业科技纪念人物24名,形成了国内最全的渔业重大科技成果和先进人物的资料库。配合办好首届中国农民丰收节,成功策划并组织实施了中国农民丰收节系列活动—"盘锦蟹稻家欢乐节"和"元阳稻花鱼丰收节",得到了农业农村部渔业渔政管理局领导的充分肯定。

2.推进休闲渔业高标准优质发展 构建了全国休闲渔业品牌管理系统,设计并发布了中国休闲渔业公共品牌标识,开展休闲渔业品牌督导检查,编印了休闲渔业发展典型案例与精品休闲渔业旅游路线,举办了第三届全国休闲渔业高峰论坛,编写并联合农业农村部渔业渔政管理局发布了《休闲渔业产业发展报告2018》。

3.编写特色水产品种产业研究报告 围绕小龙虾、石斑鱼、海带、裙带菜、紫菜等重点关注品种,组织开展专题研究,编写研究报告,特别是与农业农村部渔业渔政管理局联合发布的《中国小龙虾产业发展报告(2018)》引起了社会广泛关注,100多个新闻和金融门户网站第一时间进行了报道和转载。

【产业扶贫与援疆援藏有新成效】

1.哈尼梯田产业扶贫精准高效发展 帮助云南元阳完成2018年生态循环农业项目的成功落地,组织专家开展了梯田生态维护方案研究,并向元阳县提供了技术性工艺方案,编制印发了哈尼梯田稻鱼鸭综合种养技术标准和操作规范,举办了培训班、开设田间课堂,为元阳脱贫发展提供智力支撑。组织开展了集装箱养鱼新模式示范,帮助注册了"哈尼哈巴"品牌,协助参加全国稻米评比,7月20日云南省委书记陈豪在元阳调研期间,对总站学会的工作给予了充分肯定和高度评价。

2.环京津对口帮扶成效逐步显现 与涿鹿县人民政府签订了《环京津产业扶贫帮扶合作协议书》,制定了联合工作方案,组建了渔业、粮食、蔬菜、林果、畜牧等5个特色产业,助力形成"一个产业+一批专家"的帮扶机制。推动集装箱养殖模式落地,试验渔旅结合的休闲农业新模式,创新打造精准脱贫新产业。

3.片区、定点扶贫及援疆援藏工作稳步推进 支持大兴安岭南麓片区开展稻田综合种养技术示范推广项目,建立示范基地面积33公顷,辐射面积667公顷;支持湖北省恩施土家族苗族自治州开展特色水产养殖示范与推广项目,示范带动500多大鲵养殖专业户发展;组织专家编制定点扶贫地区湖南省永顺县产业发展规划和颗砂乡太坪村精准扶贫规划,支持湖南省湘西土家族苗族自治州开展稻田综合种养技术示范推广项目,总结编制了《湘西山区稻田生态养鱼技术规程》,为湘西地区推广稻田生态养鱼提供技术支撑;支持新疆沙湾县、温宿县、昌吉市开展池塘微孔增氧技术应用与示范项目,亩直接增收1 057元;支持西藏林芝市开展高原集装箱循环水养殖示范项目,每天可为林芝地区提供鲜活水产品700千克。

【国际合作交流与贸易应对有新内容】

1.深度参与国际贸易问题研究和应对 积极应对《美国海洋哺乳动物保护法》,组成8个课题组进行研究,制订了5年过渡期应对方案,牵头就中美实施《美国海洋哺乳动物保护法》进行了技术层面的视频磋商会,美方同意将我国淡水产品和陆上海水养殖产品排除在《美国海洋哺乳动物保护法》规制范围之外,占我国出口美国50%的养殖水产品将不受影响。受农业农村部渔业渔政管理局委派就农产品、水产品纳入首批我国对美加征关税清单以及美国关税与非关税壁垒措施、中美贸易存在的风险点等重大涉渔问题向中央有关部门汇报意见,参与撰写了"中美贸易摩擦对我水产品输美的影响及相关建议"并上报中办和国办,为国家应对中美经贸摩擦提供决策意见。参与WTO渔业补贴和自贸区议题研究以及国务院关税税则委员会关于关税改革与调整工作,总站学会提交的"关于水产品关税调整建议"得到采纳,并获得财政部关税司的肯定。

2.加强渔业科技国际交流与合作 与美洲水产学会、美国环保协会和大自然保护协会等8个国际组织合作开展了系列活动,完成了赴泰国、法国、澜湄国家和我国台湾地区开展水产养殖技术和学术交流活动,向外界讲中国渔业发展故事,传播渔业科技和文化。

(全国水产技术推广总站 中国水产学会
李胜利 王祖峰)

渔业社会团体

中国渔业协会

2018年2月，中国渔业协会（以下简称协会）与行政机关脱钩，实现了与农业农村部在机构、职能、资产财务、人员管理、党建和外事等方面的五分离。协会面对新形势、新环境，积极适应，有效应对，实现了持续稳定发展，2018年各项工作均取得了较好成效。

【完成农业农村部向我会购买的服务】

（1）继续协助农业农村部渔业渔政管理局做好执行中韩、中日、中越北部湾渔业协定相关工作。审核和发放我国渔船赴韩国专属经济区管理水域和中越北部湾共同渔区入渔许可证，通报中方渔船到韩国水域和韩方渔船来中方水域入渔信息，向有关省份渔业主管部门及时通报我国渔船违规信息和韩方对我渔船的行政处罚措施。作为涉韩渔船违规担保金缴纳唯一窗口，2018年，为207艘次有证渔船缴纳担保金99.84亿韩元（约6 115.34万元人民币）。积极协调处理涉韩入渔紧急事件，与韩方执法部门交涉，维护我国渔民合法权益。协助我国渔船通报入韩紧急避风545艘次，协助海上紧急救助6起。承担中韩、中日、中越北部湾3个渔业联合委员会8次相关会议的会务组织工作。在辽宁大连、山东石岛、江苏连云港、浙江台州和瑞安等地开展8次涉韩入渔培训，就涉韩入渔形势、入渔规则变化、安全作业规则、捕捞日志填写、多发违规案例等内容，向地方入渔管理人员和渔船船长进行宣讲。

（2）协助农业农村部农产品质量安全监管局开展重点水产品质量安全防控形势调查，掌握我国重点养殖水产品质量安全现状、水产病害防控形势及化学生物产品、微生物制品和天然物质等投入品在水产养殖中的使用情况。先后对大鳞鲆和南美白对虾两个品种的质量安全情况开展了全面调查，组织专家赴辽宁兴城、河北昌黎、山东青岛等地，深入相关企业和合作社实地调研，并与主管部门和养殖业者进行交流，了解真实情况和问题，对重点企业进行了问卷式调查。协会人员还赴中国水产科学研究院黄海水产研究所进行专题调研，就相关品种质量安全、投入品使用情况及养殖、加工、流通、销售等环节存在的问题，听取专家和业者的分析介绍。

（3）继续做好养殖河鲀鱼源基地备案及管理工作。对3家企业新申报的3个河鲀鱼养殖基地进行了现场审核，经专家组审核通过和公示无异议后，予以备案。

（4）协会还完成了渔业渔政管理重大舆情追踪、采访、监测及分析；推进渔业转方式调结构调研；渔区渔民宣传教育和渔业安全生产管理情况调研等政府购买服务项目。

【纪念改革开放40周年，宣传渔业科技成果和杰出人物】

（1）与中国水产学会联合开展改革开放40周年渔业重大科技成果与突出贡献人物遴选推介活动。评选出改革开放40周年渔业科技标志性成果50项、渔业科技突出贡献人物20名和渔业科技纪念人物24名；评选出2018年渔业科技创新领军人才和科技服务领军人才各20名。此次活动得到了社会的广泛关注，网络投票总数近322万人次，访问量近6 800万人次，大力宣传了我国渔业自改革开放以来的科技成果和杰出人物。

（2）开展评选和表彰“改革开放40周年渔业行业领军企业家”和“新时代渔业行业新锐企业家”活动，评选出17名领军企业家和10名新锐企业家，并在协会举办的2018第二届中国国际（合肥）现代渔业暨渔业科技博览会上举行了授奖仪式。

（3）开展评选和表彰“改革开放40周年水族行业领军企业家、新锐人物、表彰人物”活动，评选出12名领军企业家、16名新锐人物和12名表彰人物。并于12月在辽宁鞍山举办的中国水族产业发展论坛上进行了授奖。

【举办两个渔业博览会】

(1) 6月22~24日,协会在安徽合肥举办了第二届中国国际现代渔业暨渔业科技博览会。博览会共设置了渔业科技、渔业现代装备和智能设施、现代水产食品、渔文化、休闲渔业、渔业信息化、现代水产食品推荐体验、区域特色水产品和境外水产品九大展区,展览面积2.3万平方米,包括26个省、自治区、直辖市及日韩两国近500家单位参展。博览会评选了最佳组织奖、博览会金奖、博览会创新奖、绿色发展突出贡献奖等奖项,共有248项产品或技术成果获奖。博览会期间还举办了渔业大数据应用研讨会、现代渔业技术模式报告会、国际河豚鱼协会交流会、一对一采购洽谈会、渔文化创意大赛启动仪式等15场相关活动。

(2)9月22~24日,协会受浙江台州市三门县政府委托,在三门县举办了首届三门中国小海鲜博览会。博览会以"绿色、品牌、科技"为主题,集中展示了我国小海鲜、海洋文化、渔业科技和休闲渔业等内容,广泛宣传了"中国小海鲜之乡"——三门,推动了三门小海鲜优势产业的市场化发展。

【举办渔业科技支撑乡村振兴论坛】 为助力实施乡村振兴战略,交流研讨渔业科技发展方向,6月22日,协会与中国水产学会在安徽合肥市联合举办了"渔业科技支撑乡村振兴论坛"。来自农业农村部、各地渔业管理部门、水产技术推广单位、科研单位、企事业单位和协会会员等近500名代表与会。农业农村部长江流域渔政监督管理办公室主任马毅出席论坛并致辞。中国科学院院士、中国科学院水生生物研究所学术委员会主任曹文宣,全国水产技术推广总站站长、中国水产学会常务副理事长兼秘书长肖放,中国水产科学研究院副院长邓伟,中国人民大学农业与农村发展学院教授、中国三农经济发展促进会会长、中国饲料工业协会副会长张利庠,通威股份有限公司总裁助理刘辉芬等嘉宾,分别就渔业科技发展的新趋势、运用现代技术模式引领水产养殖转型升级、科技助力产业扶贫与乡村振兴、大力发展田园综合体、创新现代水产产业链等内容做了精彩演讲,与大家交流了思想,并提出了各自的建议。

【创建渔业区域公用品牌】

(1)为了推动我国渔业区域公用品牌建设,做大做强地区优势渔业产业,实现渔业的品牌化、高质量发展,协会继续与有关渔区共同开展渔业区域公用品牌创建工作。分别与福建省福鼎市、闽侯县,浙江省临海市、丽水市、青田县和山东省鱼台县,立足当地白对虾、金鱼、胖头鱼、坛紫菜、娃娃鱼、小龙虾、田鱼等特色产业,共同打造特色渔业区域公用品牌。组织专家实地调研,为当地渔业规划和发展提供咨询和指导,并通过各种渠道,广泛宣传和推介这些品牌,增强这些地区的渔业竞争力和影响力。

(2)编辑出版了《中国特色水产之乡——中国渔业协会渔业品牌十年创建纪实》一书,对渔业区域公用品牌创建工作进行了全面回顾和总结,再次集中宣传和展示了相关特色水产之乡的发展历程与成就。

(3)协会大力支持各地开展渔业品牌宣传,协助有关渔区举办了第十八届中国盱眙国际龙虾节、第九届湖北(潜江)龙虾节、第五届中国鲈鱼文化节、第五届中国甲鱼节、第三届中国大黄鱼文化节、第二届中国鱼台龙虾节和首届大连国际河豚鱼节等品牌节庆活动。

【推动传统渔业向智慧渔业转型发展】

(1)为加快推进渔业转型升级,助力渔业补齐发展短板,满足渔业日益增长的信息化需求,促进信息技术与渔业的优势互补、深度融合,切实服务渔企、渔区、渔民,协会积极参与渔业信息化建设,引导和推动我国传统渔业向智慧渔业转型发展,经协会理事会审议通过,决定增设中国渔业协会智慧渔业分会。12月28日,智慧渔业分会成立大会暨第一次全国会员代表大会在北京召开,来自大数据、物联网、云计算、人工智能等方面的专家和企业代表近140余人参会。智慧渔业分会的成立,将促进信息技术企业与渔业产业的对接合作,助力渔业精细化、智能化、网格化管理,为我国渔业转型升级和供给侧结构性改革做出贡献。

(2) 我国不仅是渔业大国,也是渔业数据大国,为了围绕我国渔业大数据开展创新应用研究,促进"数字渔业"建设,充分发挥大数据在"预警、预测、决策、智能"等方面的功能,提升我国渔业数字化支撑能力,以信息化手段助力我国渔业现代化发展,协会与九次方大数据信息集团有限公司联合成立了中国渔业大数据研究院。6月23日,双方在安徽合肥市举办了第一届中国(合肥)渔业大数据应用研讨会,百余名业内人士共同探讨了我国渔业全产业数据开放、融合、共享和应用等话题,农业农村部市场预警专家委员会秘书长许世卫等嘉宾做了主题演讲并提出了发展建议。

【牵头制订淡水珍珠养殖行业标准】 为了推动解决

淡水珍珠产业因环保压力而面临的发展困局，加强行业自律、促进绿色发展，应有关企业和组织的要求，由协会牵头，联合中国水产科学研究院、中华环保联合会、中国水利学会、中国珠宝玉石首饰行业协会、上海海洋大学、有关省份水产技术推广部门、科研部门和主要珍珠行业企业，共同开展了《淡水珍珠蚌鱼混养技术规范》水产行业标准的制订工作，通过标准化引导淡水珍珠产业采用生态模式养殖珍珠蚌，以实现产业的绿色可持续发展。为了全面掌握淡水珍珠养殖产业情况，为有关主管部门制定决策提供参考，有效解决行业面临的问题，指导行业转型升级发展，协会还与上海海洋大学联合开展了全国淡水珍珠养殖产业调研，先后实地走访了浙江、江苏、江西、湖南和安徽 5 省珍珠养殖主产区，并编撰了《中国淡水珍珠养殖产业发展报告》。

【增设分支(代表)机构】 为提升协会的专业化服务水平，满足有关产业的发展需要，应相关企业的要求，协会增设了水产养殖投入品分会、红螯螯虾分会、市场分会、七彩神仙鱼分会、水产动保分会和智慧渔业分会 6 个分支机构。

为加大在有关地区的工作力度，不断提升协会的工作覆盖面和影响力，协会还新设立了山东代表处、浙江丽水代表处和广东湛江代表处 3 个代表机构。

【增进国际渔业交往与合作】

(1)密切与韩日渔业机构的工作联系。5 月，在北京接待韩国水产会专务理事一行，就研讨两国渔具和渔法的区别，及开展渔民交流、观摩渔场清扫等事项交换意见；6 月，邀请韩国海洋水产部、西海渔业管理团和韩国水产会人员，在浙江宁波市与我赴韩作业渔民代表，就韩方海上执法流程及处罚标准进行座谈交流；10 月，组织有关会员赴韩国釜山参加中韩日民间渔业协议会，就维护海上作业秩序、解决有关海事案件、保护海洋渔业资源等问题与两国同仁进行探讨，会后还参观了釜山国际水产品进出口博览会；12 月，在海南举办了中韩民间渔业协议会，就涉韩渔船担保等双方合作事项进行研究。

(2)增进国际渔业交往，拓展合作领域。7 月，协会组织会员企业参加了“中国 – 东盟产业对接会”，与新加坡、菲律宾、缅甸等国驻华大使及商务参赞进行了业务交流；9 月，协会人员拜访菲律宾驻华使馆，讨论菲方虎虾在我国拓展市场和推介宣传等事项；同月，协会人员还参加了“2018 中国国际水产养殖峰会”，就水产养殖用药标准及可持续健康发展的解决方案，与来自美国、加拿大、挪威等国代表开展交流；10 月，协会人员与海洋管理委员会(MSC)负责人就在华合作开展特定水产品种及海洋牧场可持续发展认证问题进行了探讨。

(中国渔业协会　王心怡　关翌博)

中国渔业互保协会

【概况】 2018 年，中国渔业互保协会(以下简称协会)在农业农村部的领导下，在农业农村部渔业渔政管理局的具体指导和相关司局的帮助下，按照于康震副部长在全国渔业安全生产工作视频会上的重要讲话精神，坚持以服务渔民会员为主线，坚定走互助保险发展道路，主动应对各种风险挑战，努力克服各种困难，积极稳妥推进渔业互助保险事业改革发展。

据统计，2018 年，全国渔业互助保险系统共承保渔民 71.1 万人(次)，渔船 5.79 万艘(次)，养殖水面 3.11 万公顷、养殖鱼类 4 092.5 吨，提供风险保障 3 968.49亿元，同比增长 5.57%；共计支付经济补偿金 9.83 亿元，同比增长 20.91%。

【持续加强业务建设】 承保方面，出台了《协会承保管理规定》，并在核心业务系统中嵌入渔船造价评估系统，优化调整保险业务政策；重点推广渔船综合险，使全年参保渔民的保障范围大幅提升；制定了《广西沿海地区渔船渔民互助保险承保展业考核办法》，探索借鉴符合保险行业特点的展业激励机制；深化与全国水产技术推广总站合作开展水产养殖保险技术服务试点工作，推动地方互助保险机构与推广机构密切对接，探索构建水产技术推广系统与水产养殖保险相结合的新模式。

理赔方面，为了对渔业防灾减灾政策的制订和调整提供科学的数据支撑，协会组织编印了《中国渔业船舶安全分析报告(1994—2015)》；组织召开全国理赔工作会议，积极推动建立跨区域理赔案件协调处理工作机制，牵头各地方协会共同签署《理赔业务合作备忘录》，从建立行业联动、工作协调、信息共享和培训合作机制方面加强沟通协调，密切协作配合；进一步规范广西壮族自治区理赔业务管理，实行“协会—省(自治区)办事处—分理处(代办处)”的三级管理模式，为渔民会员提供承保和理赔一站式服务。

统计方面，为适应保险监管，实现系统“业财一体化”总思路，协会拟定了与业务系统实施相关的核心系统、生产中心、灾备中心、监管平台和财务系统等项目的同步开发，为体制改革后的顺利接轨提供保障。

【稳步推进会员服务工作】 2018年，协会不断加强和改进会员服务工作，完成了“关爱渔民会员——渔业互保在身边”主题系列活动的后续收尾工作，使惠渔措施落实落地；继续开展“渔业互保扬帆助学行动”活动，全系统共完成了对87名渔区贫困家庭大学生总计43.5万元的助学教育资助；同时还为32名身故及高残会员的子女提供了总计9.65万元的教育资助；与河北省、浙江省等渔业互保协会共同开展会员防灾服务和海上救援支持活动，为会员免费发放保温杯、雨衣等物资并提供资金支持；在天津、广西和四川等地开展形式多样的互助保险宣传活动，加大渔民会员服务工作力度。

【强化财务规范化建设】 大力推广POS机收取保费，实现海南13个分理处、广西沿海4个分理处的全覆盖，解决了经办人员结算出错、保费拖缴等问题，保证保费的及时收缴和资金安全；推行使用办事处会计核算办法，陆续在南海区、四川和安徽等3个办事处开立专用存款账户，逐步规范办事机构财务行为；制定并出台了《协会采购物资和服务招标管理办法》，强化内部控制和规范管理。

【统筹推进专业化队伍建设】 在全系统内开展以中高级管理人员为培训对象的针对性培训，侧重保险合规运营理念和市场化管理思维的培养，为今后全系统积极应对机构改革推进转型发展统一行动方向；同时进一步加强机构队伍专业化建设，为地方专业化队伍建设提供支持和帮助，分层次分地区开展业务培训，完善人才培养体制，加大岗位培训力度，健全考核激励机制，逐步将薪资与绩效贡献匹配挂钩，有效调动员工积极性和创造性；不断强化秘书处和直属机构人力资源规范化管理，调整秘书处部门职责分工，合理分工、明确职责，同时强化省级机构管理能力，推动沿海直属市县级机构独立运作，逐步将绩效管理向基层延伸。

【着力提升互助保险品牌影响力】 进一步加强协会文化建设，扩大渔业互助保险的品牌影响力，树立良好的社会形象，协会继续联合有关文联团体组织策划“大美渔村、平安渔业”中国渔业摄影展主题活动，作为农业农村部首届“中国农民丰收节”的重要活动，于康震副部长亲临展览现场并给予充分肯定。继续加强与《中国渔业报》《中国水产》的宣传合作，充分利用网络媒体和手机媒体，探索“互联网+”宣传新模式，加大网站和微信订阅号的更新和推送力度，提升宣传工作质量。

（中国渔业互保协会 刘春晓）

中国水产流通与加工协会

2018年，中国水产流通与加工协会（以下简称协会）围绕“创新、协调、绿色、开放、共享”五大发展理念积极开展工作，在理事会的领导下，秘书处全体工作人员扎实工作，顺利完成如下任务：

【当好政府助手，推动行业健康发展】

1.完成农业农村部委托的相关主要工作 承担水产品质量安全监管、水产品应急宣传引导处置项目。建立舆情监测体系，编制并发布《水产品质量安全舆情专报》《水产品信息周报》及对重大舆情事件进行跟踪分析的热点舆情专报近100期。发布《关于水产品谣言制造与传播的追责声明》，开展科普宣传，组织编写发布《鱼有了寄生虫还能不能吃?》等十余篇水产品安全科普文章，遏制谣言传播；承担出口水产品合法性认证审核。配合主管部门为400余家出口企业审核签发输欧海洋捕捞水产品《合法捕捞证明》《加工厂声明》以及《输智水产品合法来源证明》2万余份。处理欧洲联盟、智利等官方发起的协助核查50多起；开展中国鲨类贸易利用、保护管理及CITES履约监测。举办鲨鱼履约执法培训班，召开动植物科学保护与利用及可持续发展论坛，并建立联席会议机制，为科学利用和保护发声，反对虚假动物保护宣传；开展水产加工信息收集与发布，搭建完成水产品加工业发展景气指数统计平台；完成养殖河鲀加工企业审核项目、水产品加工促进项目及农业农村部农产品质量安全监管司河鲀可追溯等项目。

2.完成生态环境部水产加工业环境保护相关主要工作 参与《排污单位自行监测技术指南 农副食品加工业》标准研讨和审定；与中轻食品工业管理中心共同承担“第二次全国污染源普查—水产品加工业”课题研究工作；参与《水产品加工行业排污许可证申请与核发技术规范》工作，调查了解水产品加工废水排放情况；参与农副食品加工行业清洁化改造工作，根据行业特点，提出清洁化改造方案建议。

3.完成国家市场监管总局相关主要工作 对《食品安全抽样检验管理办法》提出修订意见；参加食品、保健食品欺诈和虚假宣传整治行业座谈会，并汇报水产行业存在的主要问题和建议。

4.体现社会责任,开展精准扶贫 按照扶贫攻坚的战略部署,开展精准扶贫。向湖南省湘西土家族苗族自治州永顺县颗砂乡太平村捐赠党建帮扶专项款15万元;银鱼分会对5个以上贫困县开展帮扶工作,通过开展劳动力技术培训,解决部分贫困家庭劳动力就业;在青海省海南藏族自治州共和县召开三文鱼产业会议,开展产业扶贫技术培训。

【创新合作模式,打造共赢平台】

1.加强国际合作,扩大国际影响力 加强与美国、俄罗斯、智利、厄瓜多尔、挪威、秘鲁等国驻华使领馆,联合国粮食及农业组织(FAO)、国际鱼粉鱼油协会(IFFO)、阿拉斯加海产协会等政府组织或国际机构的联系;组织召开国际水产品可持续发展大会;继续推进江苏宝龙小龙虾、莆田菲律宾蛤仔MSC可持续改进项目,把项目做成中国小规模渔业改进项目的示范案例,同时逐步增强在FIP领域的经验积累和影响力,推动中国渔业可持续发展;完成世界自然基金会(WWF)委托的"中国水产品消费现状基线调查与标准梳理"项目,对中国水产品消费现状做基线调查,并对中国市场上能够甄别水产品的环境和社会低风险的有关标准或认证进行梳理和对比分析,更有效地推动环境和社会友好型或低环境和社会负面影响的水产品消费和生产,以便更有效地在中国推动可持续水产品消费和生产;应邀出席"第二届俄罗斯全球渔业论坛",并在主题为"水产养殖: 2050年,渔业养殖和发展预测"的会议上,发表了题目为"新时代中国水产养殖业发展"的主题演讲,提升中国在国际市场的话语权;组织考察美国小龙虾产业;参与世界自然基金会(WWF)和美国食品技术协会(IFT)共同发起的全球海产可追溯系统(GDST)项目;与美国渔业协会蟹委会、Ocean Outcomes合作开展福建省漳州海蟹资源可持续管理项目、黄海-东海太平洋褶柔鱼改进项目。

2.与地方政府合作,促进区域渔业经济发展 完成大连金石滩国家旅游度假区管理委员会委托的金普新区鱼粉产业发展规划和裙带菜产业发展规划项目,推动大连金普新区鱼粉、裙带菜生产加工整合,促进产业环境友好、可持续发展;与湖南省商务厅、江苏连云港市、湖北潜江市、河北唐山市曹妃甸区、山东东营市垦利区等多家单位合作,分别举办首届中国国际渔业空中丝路发展论坛、2018新时代绿色渔业(连云港)研讨会、第二届中国(潜江)国际龙虾·虾稻产业博览会、唐山河鲀文化节、黄河口大闸蟹专场品鉴会和国际(大连)河豚鱼饮食文化节等地方特色节庆等,促进区域经济发展。

【加强行业自律,规范产业发展】

1.完善团体标准工作机制,组织制定发布团体标准,顺应产业发展需求 组织成立协会标准化技术委员会,设立标准化技术委员会秘书处,审议通过了《中国水产流通与加工协会团体标准管理办法》《中国水产流通与加工协会标准化技术委员会章程》及《中国水产流通与加工协会标准化技术委员会秘书处工作细则》。先后制定发布《活淡水小龙虾》《冻小龙虾尾》等9项团体标准。

2.积极参与国家标准、行业标准制(修)订 组织征集会员企业对GB2760《食品安全国家标准 食品添加剂使用标准》《冻生食水产品》等国家标准和行业标准制(修)订意见;参与《食用螺旋藻粉》《海胆制品》等国家标准及行业标准的审定。

3.有序推进行业诚信自律体系建设 自2004年组织制定签署第一份自律公约——罗非鱼行业自律公约开始,截至2018年年底,已经由各分支机构组织制定签署19份相关产业的自律公约,强化各产业领域的自律行为。

【加强产业引领,着力推动传统产业转型升级】 为了适应行业和产业发展,应广大从业者的请求,2018年协会陆续成立了小龙虾产业分会、三文鱼分会、鳄鱼产业分会、海鲈分会、蛤仔分会和生鲜供应链分会,并积极筹建帝王蟹分会。

组织召开相关产业的研讨会,从全产业链角度梳理产业发展思路,探讨三产融合的发展举措,推动了产业的健康发展。主要会议有:5月在福州举办全球水产养殖论坛和对虾产业发展研讨会,会议代表突破500人,会议围绕生产和贸易形势、产业新进展、市场供需变化、内销拓展、品牌塑造,以及产业升级等方面进行集中交流研究,解决产业难题。6月在黑龙江省杜尔伯特蒙古族自治县举办连环湖·水产生态养殖论坛,规模达300人。论坛以"生态优先 绿色发展"为主题,紧紧围绕生态增养殖、技术创新、新消费形势等热点话题,分享最新动态,深化交流合作、共谋产业发展。餐饮企业的深度参与,促进了水产业和餐饮业的紧密融合。6月在福建省福州市举办第三届全球水产冻品大会,搭建国内外产品对接与合作平台,探索水产冻品企业品牌推广、营销新渠道。8月在青海省海南州召开中国国际三文鱼产业发展论坛,会议规模近300人。大会围绕"合作共赢 共谋发展"的主题,从全产业链角度梳理三文鱼产业发展思路,探讨三产融合的发展举措。10月底,在辽宁省大连市组织召开2018中国水产品加工大会。会议以"创新引领、融合发展"为主题，吸引了各地渔业主管部门代表、科研院所、相关高校的专家学者、企业代表，以及相关业界人士700余人参加，为政、产、学、研搭建了沟通与交流的平台，实现了中国水产品加工业的大团聚。大会帮助政府主管部门深入了解了产业发展现状、需求和瓶颈问题；为专家学者们科技成果的市场化应用和推广，增加了展示与对接的窗口；同时，也为水产品加工企业，寻找技术创新与产品研发的合作伙伴，构建了有益桥梁。10月在湖北省嘉鱼县召开鲶鱼产业分会2018年会，就我国鲶鱼出口形势、加工技术、品牌建设、菜品研发和餐饮对接等话题进行交流。10月于湖南省长沙市召开鳄鱼产业分会成立大会，就当前产业所存在的问题进行了深入剖析，从政策上对产业发展进行引导扶持，并坚持保护优先、综合利用、严格监管的原则，引导企业加强自律，平衡好保护与产业发展的关系。12月在广东省珠海市召开了海鲈产业发展论坛。论坛作为农业农村部2018水产养殖业绿色发展系列活动之一，紧紧围绕海鲈养殖技术、品种改良、新消费形势等热点话题，分享最新动态，深化交流合作、共谋产业发展。这些专业会议的举办对相关产业的发展、品牌推广、技术交流、新产品研发、市场供求趋势等起到了积极的推动与引领作用。

【以会展促贸易，推动产业供给侧改革】 5月，在福建省福州市举办亚太水产养殖展，通过展览展示与会议交流联动，展示成果、交流经验、推动转化，致力于打造亚太地区乃至全球水产养殖界交流的专业平台，为养殖企业了解和掌握新技术、新设施、新理念贡献力量。经过几年的培育，展会有了一定的影响。本次展会立足养殖主题，同时在品牌与食材方面进行了探索。展会吸引了来自23个省份近200家企业参展，展品覆盖从苗种到水产养殖、加工流通的全产业链条。

继续承担中国国际农产品交易会渔业展区组展工作，获得农交会组委会颁发的优秀组织奖和设计银奖。

作为“中食展”水产品专区多年的组织方，携手挪威海产局、海洋管理委员会（MSC）、水产养殖管理委员会（ASC）以及会员企业，精心策划了“海鲜美食配美酒”为主题的鲜生活现场活动，以现场烹饪—观众品尝—现场洽谈的互动方式，为水产企业搭建产品展示平台，加强与观众的互动体验，提升了水产品牌知名度。

协会已成为北美水产品展览会、全球水产品博览会、日本东京水产技术展览会三大世界知名水产展会最重要的合作伙伴。在三大展会期间及展后，根据企业需求积极与国际组织合作，策划并参与多场商务活动：召开首届中美企业家对话圆桌会议、美国新农场法案最新进展情况交流会、鱿鱼类渔业可持续发展圆桌会议、福建拥剑梭子蟹渔业改进项目产业对话会、第二届中日河鲀交流会、江苏小龙虾可持续渔业改进项目圆桌会议等；应邀出席GDST全球可追溯会议、水产养殖管理委员会（ASC）合作伙伴沙龙、Intrafish水产领袖午餐会、海产业未来论坛、ASC交流会等；组织企业考察当地市场，深入了解当地水产行业的现状；与其他国家展团、企业代表面谈，积极寻求合作机会。

【开展产业调研，解决行业实际问题】 为落实农业农村部部长韩长赋调研广东何氏水产有限公司及农业农村部副部长于康震对水产品流通方面的有关要求，进一步促进水产品流通发展建设，组织水产品市场分会成员赴广东佛山、广州进行水产品流通调研，深入了解了水产品物流、质量安全管控、品牌建设、消费流通等情况；赴广州黄沙、上海江阳等市场进行三文鱼来源、流通情况、经营户诉求等调研，以进一步规范、促进三文鱼的生产和市场流通；赴上海江阳等7个市场考察，加强市场间的交流，学习先进经验和管理理念；赴日本东京、横滨、静冈、名古屋等地水产市场、渔港进行考察，进一步加强与世界先进批发市场的沟通与交流，学习并借鉴发达国家批发市场建设和管理经验。对大水面分会企业经营现状进行了调研，了解行业内比较典型的大水面养殖企业遇到的问题、网箱拆除后业务的调整，收集了业内专家和从业者的观点和建议，对当前大水面养殖的主要模式：人放天养模式和生态网箱养殖等进行了整理归纳，以期探索大水面生态养殖更好的发展模式。

带领北洋佳美、海南翔泰渔业股份有限公司等5家会员企业参加中国质检协会举办的28家西北华联超市“三同”年货节兰州启动仪式，有效助推会员企业顺利入驻西北华联超市。

召开海洋牧场贝类增养殖风险预警与应对策略研讨会。分析獐子岛集团海洋牧场灾情原因，对海洋牧场增养殖方式进行了系统性风险评估，并对海洋牧场风险应对策略提出具体建议。

针对中美贸易战罗非鱼出口受阻，大力开展罗非鱼内销市场的推广活动，先后在成都举办2场、昆明举办1场、北京举办3场罗非鱼推广活动，力求快速扩大罗非鱼内销市场份额，为罗非鱼出口减压，取得了较好的成效。

为帮助会员单位深入了解阿里巴巴新零售的战略布局及发展情况，解决水产板块新零售及电商业务发展中的实际问题，于9月组织了140多位会员代表赴阿里巴巴杭州总部进行考察交流，并与天猫生鲜、盒马鲜生、淘鲜达等平台零距离交流对接。

【加强组织建设，提升会员服务和管理水平】

1. 以党建促业务，增强党支部凝聚力　按照农业农村部渔业机关党委的部署和要求，协会党支部严格落实党建工作制度，坚持开展组织生活和民主生活，以党建促进业务水平提升，不断提升党支部的凝聚力和创造力。

2. 健全民主商议制度，完善管理体系　增设外联部办事机构，扩大改善了办公场所；建立会员管理平台，从会员、分会、财务、会议四大模块对会员进行网络化管理，提高服务效率；加强财务核算和监督，杜绝不合理开支；12 月 7 日在珠海召开协会六届二次理事会，审议并通过 2018 年度工作报告及 2019 年工作思路，讨论审定协会重大事项。

3. 加强信息服务与宣传　办好会刊，推进网站、微信公众号运营，提高微信平台的发布频率和数量。与专业媒体合作，拓展媒体渠道，扩大活动影响力。

（中国水产流通与加工协会　陈丽纯）

休闲垂钓协会

2018 年，休闲垂钓协会（以下简称协会）积极响应农业农村部和农业农村部渔业渔政管理局相关要求，通过休闲垂钓与旅游推广相结合，不断探索挖掘协会在休闲渔业领域的特色优势。在农业农村部渔业渔政管理局和全国水产技术推广总站的指导和支持下，在协会全体同仁的共同努力下，休闲垂钓协会有序开展各项工作，合作渠道不断拓宽，活动形式丰富多彩，协会影响力、凝聚力不断提升，为会员和爱好者服务的能力不断增强。

【加强自身建设，提高工作能力】

1. 协会内设机构建设　为了推动休闲渔业快速发展，适应市场细分的需要，在广大爱好者支持下，协会 2018 年成立了异型鱼分会、两栖爬行动物保护分会、七彩神仙鱼分会、矶钓分会和七星钓分会，分会设置呈现出专业化、功能化的特点，为广大会员提供更精准的服务。协会为了加强西南、西北地区休闲渔业和垂钓活动的组织能力，设立了云南代表处和陕西代表处。

2. 强化行业自律行为，发布《休闲垂钓宣言》　休闲渔业作为我国渔业五大支柱产业，深受地方政府的重视和广大群众的喜爱。为了阐明对休闲垂钓的理解、主张和行动纲领，昭示垂钓行为，展示垂钓风采，传播垂钓正能量，强化行业自律行为，协会于 4 月在北京发布了《休闲垂钓宣言》，倡议全国钓鱼人要保护珍稀鱼类，爱护自然水域生态环境，使用符合农业农村部颁《人工钓饵标准》的环保饵料垂钓，杜绝毒鱼、电鱼、炸鱼等不法行为，为创造更好的垂钓环境和行为而努力。

3. 成立赛事委员会，注重裁判员培训　协会秘书处制定了《休闲垂钓协会赛事委员会垂钓赛事工作暂行管理办法》和《裁判员暂行管理办法》，要求负责承办协会 1 ~ 3 级赛事和裁判员培训的单位均按照管理办法施行。

【完成农业农村部委托的工作，促进休闲渔业发展】

1. 组织征集评定休闲渔业公共品牌标识工作

2018 年 5 月 7 日，农业农村部办公厅印发了《农业农村部关于开展 2018 年休闲渔业质量提升年活动的通知》，指出要提升品牌主体的管理水平和基础条件，形成一套品牌管理措施，推介精品旅游项目，宣传行业典型。在品牌建设系列任务中明确了要制定并正式发布全国休闲渔业统一标识，制定使用管理规定，明确适用范围，提高公共品牌识别度，提升品牌影响力。协会受农业农村部渔业渔政管理局委托，承担组织开展征集评定休闲渔业公共品牌统一标识工作。经征集、初选、网络投票、专家评审等环节，最终形成标识方案，在厦门举行的第三届休闲渔业高峰论坛上，由农业农村部渔业渔政管理局、全国水产技术推广总站、中国水产学会和协会共同发布了“中国休闲渔业”品牌标识，供今后获得农业农村部休闲渔业荣誉称号的单位使用。

2. 开展产业调研，反映行业诉求　针对行业发展中存在的问题，协会与农业农村部有关单位和农业农村部渔业渔政管理局相关处室就休闲渔船与游钓艇、人工钓饵的监管以及垂钓许可等问题进行专题调研和探讨，向主管部门反映了行业现状、存在的问题和难点，并提出了相关建议。

3. 完善《人工钓饵》标准相关工作　协会与中国农业科学院国家饲料质量监督检验中心签订了合作协议，为协会开展人工钓饵检测工作提供了有力保障。协会通过官网、官微、理事会微信群等多种渠道向会员企业发布了《关于开展标识申报工作的通知》，号召行业内的生产企业，率先申报人工钓饵标识，起到示范引领的作用。

【创建休闲渔业品牌，做好会员服务工作】

1. 组织开展各类活动　协会与地方政府和会员企业合作，主办和联合主办了各类、多场休闲渔业活动,提升了协会和举办地的知名度和影响力,带动了地方休闲渔业发展。主要活动有:2018 中国霞浦休闲海钓大赛,“一带一路·敖包相会”主题活动之孟家段湖泊会暨蒙东垂钓邀请赛,2018 中国黄金海岸休闲海钓大赛(温州站)暨美丽海洋增殖放流系列活动,2018 全国海钓大师积分赛,2018 首届(北京)农民丰收节钓鱼大赛,2018 中国镜泊湖第二届全国休闲垂钓大奖赛、2018 穿透王野钓英雄之江湖争霸赛决赛、龙王恨渔文化节暨全国钓鱼大奖赛等。

协会各个分会举办的活动也是精彩纷呈、锦上添花。如海钓分会主办的“勇闯天涯、游钓海角”2018“天涯杯”中国(三亚)休闲海钓邀请赛,“海上丝绸之路”杯 2018 中国潭门休闲海钓系列邀请赛;筏钓分会主办的 2018 中国龙岩·永定“欧贝丝特”杯筏钓俱乐部超级联赛,2018 中国山东·泰安“淡水筏”杯混双团体筏钓赛,2018 中国湖南·沅陵“欧贝丝特”杯筏钓锦标赛;矶钓分会主办的沈家门全国精英赛,2018“回归杯”全国矶钓邀请赛,2018 第四届“红海湾”杯国际矶钓精英邀请赛,2018 洞头全国矶钓邀请赛,“丰盟汇”杯全国矶钓精英邀请赛等。

孔雀鱼分会和异型鱼分会在 2018 年 8 月上海第十届国际观赏鱼及水族器材展览会中承办了世界孔雀鱼冠军挑战赛和首届世界异型鱼大赛。

协会希望通过举办更多的休闲渔业活动,充分发挥行业榜样的力量,从而带动各地区乃至全国休闲渔业的健康快速发展。

2.展会论坛促发展,休闲渔业树品牌 2018 年年初,协会在北京举办了 2017 休闲渔业产业大会暨中国休闲渔业旅游推介盛典,鼓励 2017 年度为中国休闲渔业旅游做出突出成绩的人物和单位,共 35 家单位和个人获得了此次推介。作为 2018 年世界海洋日暨全国海洋宣传日大连主场活动,协会与大连星海会展有限公司联合主办了 2018 大连海上嘉年华暨第十一届中国大连国际游艇展览会,为期 4 天的展会为公众呈现了一场国际化海洋文化节庆活动。协会与中国水产学会、厦门新天会展有限公司共同主办第三届休闲渔业高峰论坛暨 2018 年休闲渔业带头人和管理人才培训活动,来自各省、自治区、直辖市及计划单列市渔业主管和推广部门,农业农村部渔业系统相关单位以及休闲渔业品牌主体代表等 300 余人参加论坛,论坛同期还举办了第十一届中国(厦门)国际休闲渔业博览会。

【拓展国外垂钓项目,丰富会员活动】 协会为了丰富会员服务功能,满足会员赴海外垂钓的需求,经与日本株式会社东北新社合作,结合当地海钓特点,拟定了特色精品垂钓游路线,推出了日本冲绳休闲垂钓游活动。与 3A 新西兰传媒与体育文化产业公司合作,设计规划了新西兰垂钓游项目,已进入探钓考察阶段。

【加强休闲渔业文化建设和信息服务】 2018 年,协会注重信息化建设,加大了协会活动的宣传报道力度。发布了《休闲垂钓协会微信公众号运营维护管理暂行办法》《休闲垂钓协会网站运营维护管理暂行办法》,要求建有微信公众号和网站的各分支机构都遵照协会制定的相关管理办法执行。微信公众平台体系建设中增加了分支机构、代表处二级版块,细化了对各分支机构和代表处的介绍,方便会员对协会进行更全面的了解;增设微信端会员注册和积分查询功能。完善了协会网站广告栏的更新与调整,丰富了网站内容维度,将休闲渔业相关宣传融入其中;协会会员在线登记注册、会员积分、裁判员登记注册和升降级系统也已正式上线试运行。

(休闲垂钓协会 王 伟)

法律法规文献

渔业捕捞许可管理规定

农业农村部令 2018 年第 1 号

第一章　总　　则

第一条　为了保护、合理利用渔业资源，控制捕捞强度，维护渔业生产秩序，保障渔业生产者的合法权益，根据《中华人民共和国渔业法》，制定本规定。

第二条　中华人民共和国的公民、法人和其他组织从事渔业捕捞活动，以及外国人、外国渔业船舶在中华人民共和国领域及管辖的其他水域从事渔业捕捞活动，应当遵守本规定。

中华人民共和国缔结的条约、协定另有规定的，按条约、协定执行。

第三条　国家对捕捞业实行船网工具控制指标管理，实行捕捞许可证制度和捕捞限额制度。

国家根据渔业资源变化与环境状况，确定船网工具控制指标，控制捕捞能力总量和渔业捕捞许可证数量。渔业捕捞许可证的批准发放，应当遵循公开、公平、公正原则，数量不得超过船网工具控制指标范围。

第四条　渔业捕捞许可证、船网工具指标等证书文件的审批实行签发人负责制，相关证书文件经签发人签字并加盖公章后方为有效。

签发人对其审批签发证书文件的真实性及合法性负责。

第五条　农业农村部主管全国渔业捕捞许可管理和捕捞能力总量控制工作。

县级以上地方人民政府渔业主管部门及其所属的渔政监督管理机构负责本行政区域内的渔业捕捞许可管理和捕捞能力总量控制的组织、实施工作。

第六条　县级以上人民政府渔业主管部门应当在其办公场所和网上办理平台，公布船网工具指标、渔业捕捞许可证审批的条件、程序、期限以及需要提交的全部材料目录和申请书示范文本等事项。

县级以上人民政府渔业主管部门应当按照本规定自受理船网工具指标或渔业捕捞许可证申请之日起 20 个工作日内审查完毕或者作出是否批准的决定。不予受理申请或者不予批准的，应当书面通知申请人并说明理由。

第七条　县级以上人民政府渔业主管部门应当加强渔船和捕捞许可管理信息系统建设，建立健全渔船动态管理数据库。海洋渔船船网工具指标和捕捞许可证的申请、审核审批及制发证书文件等应当通过全国统一的渔船动态管理系统进行。

申请人应当提供的户口簿、营业执照、渔业船舶检验证书、渔业船舶登记证等法定证照、权属证明在全国渔船动态管理系统或者部门间核查能够查询到有效信息的，可以不再提供纸质材料。

第二章　船网工具指标

第八条　海洋渔船按船长分为以下三类：

（一）海洋大型渔船：船长大于或者等于 24 米；

（二）海洋中型渔船：船长大于或者等于 12 米且小于 24 米；

（三）海洋小型渔船：船长小于 12 米。

内陆渔船的分类标准由各省、自治区、直辖市人民政府渔业主管部门制定。

第九条　国内海洋大中型捕捞渔船的船网工具控制指标由农业农村部确定并报国务院批准后，向有关省、自治区、直辖市下达。国内海洋小型捕捞渔船的船网工具控制指标由省、自治区、直辖市人民政府依据其渔业资源与环境承载能力、资源利用状况、渔民传统作业情况等确定，报农业农村部批准后下达。

县级以上地方人民政府渔业主管部门应当控制本行政区域内海洋捕捞渔船的数量、功率，不得超过国家或省、自治区、直辖市人民政府下达的船网工具控制指标，具体办法由省、自治区、直辖市人民政府规定。

内陆水域捕捞业的船网工具控制指标和管理，按照省、自治区、直辖市人民政府的规定执行。

第十条　制造、更新改造、购置、进口海洋捕捞渔船，应当经有审批权的人民政府渔业主管部门在国家或者省、自治区、直辖市下达的船网工具控制指标内批准，并取得渔业船网工具指标批准书。

第十一条　申请海洋捕捞渔船船网工具指标，应当向户籍所在地、法人或非法人组织登记地县级以上人民政府渔业主管部门提出，提交渔业船网工具指标申请书、申请人户口簿或者营业执照，以及申请人所属渔业组织出具的意见，并按以下情况提供资料：

（一）制造海洋捕捞渔船的，提供经确认符合船机桨匹配要求的渔船建造设计图纸。

国内海洋捕捞渔船淘汰后申请制造渔船的，还应当提供渔船拆解所在地县级以上地方人民政府渔业主管部门与渔船定点拆解厂（点）共同出具的渔业船舶拆解、销毁或处理证明和现场监督管理的影像资料，以及原发证机关出具的渔业船舶证书注销证明。

国内海洋捕捞渔船因海损事故造成渔船灭失后申请制造渔船的，还应当提供船籍港登记机关出具的灭失证明和原发证机关出具的渔业船舶证书注销证明。

（二）购置海洋捕捞渔船的提供：

1. 被购置渔船的渔业船舶检验证书、渔业船舶国籍证书和所有权登记证书；

2. 被购置渔船的渔业捕捞许可证注销证明；

3. 渔业船网工具指标转移证明；

4. 渔船交易合同；

5. 出售方户口簿或者营业执照。

（三）更新改造海洋捕捞渔船的提供：

1. 渔业船舶检验证书、渔业船舶国籍证书和所有权登记证书；

2. 渔业捕捞许可证注销证明。

申请增加国内渔船主机功率的，还应当提供用于主机功率增加部分的被淘汰渔船的拆解、销毁或处理证明和现场监督管理的影像资料或者灭失证明，及其原发证机关出具的渔业船舶证书注销证明，并提供经确认符合船机桨匹配要求的渔船建造设计图纸。

（四）进口海洋捕捞渔船的，提供进口理由、旧渔业船舶进口技术评定书。

（五）申请制造、购置、更新改造、进口远洋渔船的，除分别按照第一项、第二项、第三项、第四项规定提供相应资料外，应当提供远洋渔业项目可行性研究报告；到他国管辖海域作业的远洋渔船，还应当提供与外方的合作协议或有关当局同意入渔的证明。但是，申请购置和更新改造的远洋渔船，不需提供渔业捕捞许可证注销证明。

（六）购置并制造、购置并更新改造、进口并更新改造海洋捕捞渔船的，同时按照制造、更新改造和进口海洋捕捞渔船的要求提供相关材料。

第十二条　下列海洋捕捞渔船的船网工具指标，向省级人民政府渔业主管部门申请。省级人民政府渔业主管部门应当按照规定进行审查，并将审查意见和申请人的全部申请材料报农业农村部审批：

（一）远洋渔船；

（二）因特殊需要，超过国家下达的省、自治区、直辖市渔业船网工具控制指标的渔船；

（三）其他依法应由农业农村部审批的渔船。

第十三条　除第十二条规定情况外，制造或者更新改造国内海洋大中型捕捞渔船的船网工具指标，由省级人民政府渔业主管部门审批。

跨省、自治区、直辖市购置国内海洋捕捞渔船的，由买入地省级人民政府渔业主管部门审批。

其他国内渔船的船网工具指标的申请、审批，由省、自治区、直辖市人民政府规定。

第十四条　制造、更新改造国内海洋捕捞渔船的，应当在本省、自治区、直辖市渔业船网工具控制指标范围内，通过淘汰旧捕捞渔船解决，船数和功率数应当分别不超过淘汰渔船的船数和功率数。国内海洋大中型捕捞渔船和小型捕捞渔船的船网工具指标不得相互转换。

购置国内海洋捕捞渔船的船网工具指标随船转移。国内海洋大中型捕捞渔船不得跨海区买卖，国内海洋小型和内陆捕捞渔船不得跨省、自治区、直辖市买卖。

国内现有海洋捕捞渔船经审批转为远洋捕捞作业的，其船网工具指标予以保留。因渔船发生重大改造，导致渔船主尺度、主机功率和作业类型发生变更的除外。

专业远洋渔船不计入省、自治区、直辖市的船网工具控制指标，由农业农村部统一管理，不得在我国管辖水域作业。

第十五条　渔船灭失、拆解、销毁的，原船舶所有人可自渔船灭失、拆解、销毁之日起12个月内，按本规定申请办理渔船制造或更新改造手续；逾期未申请的，视为自行放弃，由渔业主管部门收回船网工具指标。渔船灭失依法需要调查处理的，调查处理所需时间不计算在此规定期限内。

第十六条　申请人应当凭渔业船网工具指标批准书办理渔船制造、更新改造、购置或进口手续，并申请渔船检验、登记,办理渔业捕捞许可证。审批机关应当同时在渔业船网工具指标批准书上记载办理情况。

制造、更新改造、进口渔船的渔业船网工具指标批准书的有效期为18个月,购置渔船的渔业船网工具指标批准书的有效期为6个月。因特殊原因在规定期限内无法办理完毕相关手续的,可在有效期届满前3个月内申请有效期延展一次,延展期不得超过原船网工具指标批准书核准的有效期。

船网工具指标批准书有效期届满未依法延续的,审批机关应当予以注销并收回船网工具指标。

第十七条 渔业船网工具指标批准书在有效期内遗失或者灭失的,船舶所有人应当在1个月内向原审批机关说明遗失或者灭失的时间、地点和原因等情况,由原审批机关在其官方网站上发布声明,自公告声明发布之日起15日后,船舶所有人可向原审批机关申请补发渔业船网工具指标批准书。补发的渔业船网工具指标批准书有效期限不变。

第十八条 因继承、赠与、法院判决、拍卖等发生海洋渔船所有权转移的,参照购置海洋捕捞渔船的规定申请办理船网工具指标和渔业捕捞许可证。依法拍卖的,竞买人应当具备规定的条件。

第十九条 有下列情形之一的,不予受理海洋渔船的渔业船网工具指标申请;已经受理的,不予批准:

(一)渔船数量或功率数超过船网工具控制指标的;

(二)从国外或香港、澳门、台湾地区进口,或以合作、合资等方式引进捕捞渔船在我国管辖水域作业的;

(三)制造拖网、单锚张纲张网、单船大型深水有囊围网(三角虎网)作业渔船的;

(四)户籍登记为一户的申请人已有两艘以上小型捕捞渔船,申请制造、购置的;

(五)除专业远洋渔船外,申请人户籍所在地、法人或非法人组织登记地为非沿海县(市)的,或者企业法定代表人户籍所在地与企业登记地不一致的;

(六)违反本规定第十四条第一款、第二款规定,以及不符合有关法律、法规、规章规定和产业发展政策的。

第三章 渔业捕捞许可证

第一节 一般规定

第二十条 在中华人民共和国管辖水域从事渔业捕捞活动,以及中国籍渔船在公海从事渔业捕捞活动,应当经审批机关批准并领取渔业捕捞许可证,按照渔业捕捞许可证核定的作业类型、场所、时限、渔具数量和规格、捕捞品种等作业。对已实行捕捞限额管理的品种或水域,应当按照规定的捕捞限额作业。

禁止在禁渔区、禁渔期、自然保护区从事渔业捕捞活动。

渔业捕捞许可证应当随船携带,徒手作业的应当随身携带,妥善保管,并接受渔业行政执法人员的检查。

第二十一条 渔业捕捞许可证分为下列八类:

(一)海洋渔业捕捞许可证,适用于许可中国籍渔船在我国管辖海域的捕捞作业;

(二)公海渔业捕捞许可证,适用于许可中国籍渔船在公海的捕捞作业。国际或区域渔业管理组织有特别规定的,应当同时遵守有关规定;

(三)内陆渔业捕捞许可证,适用于许可在内陆水域的捕捞作业;(四)专项(特许)渔业捕捞许可证,适用于许可在特定水域、特定时间或对特定品种的捕捞作业,或者使用特定渔具或捕捞方法的捕捞作业;

(五)临时渔业捕捞许可证,适用于许可临时从事捕捞作业和非专业渔船临时从事捕捞作业;

(六)休闲渔业捕捞许可证,适用于许可从事休闲渔业的捕捞活动;

(七)外国渔业捕捞许可证,适用于许可外国船舶、外国人在我国管辖水域的捕捞作业;

(八)捕捞辅助船许可证,适用于许可为渔业捕捞生产提供服务的渔业捕捞辅助船,从事捕捞辅助活动。

第二十二条 渔业捕捞许可证核定的作业类型分为刺网、围网、拖网、张网、钓具、耙刺、陷阱、笼壶、地拉网、敷网、抄网、掩罩等共12种。核定作业类型最多不得超过两种,并应当符合渔具准用目录和技术标准,明确每种作业类型中的具体作业方式。拖网、张网不得互换且不得与其他作业类型兼作,其他作业类型不得改为拖网、张网作业。

捕捞辅助船不得从事捕捞生产作业,其携带的渔具应当捆绑、覆盖。

第二十三条 渔业捕捞许可证核定的海洋捕捞作业场所分为以下四类:

A类渔区:黄海、渤海、东海和南海等海域机动渔船底拖网禁渔区线向陆地一侧海域;

B类渔区:我国与有关国家缔结的协定确定的共同管理渔区、南沙海域、黄岩岛海域及其他特定渔业资源渔场和水产种质资源保护区;

C类渔区:渤海、黄海、东海、南海及其他我国管辖海域中除A类、B类渔区之外的海域。其中,黄渤海区为C1、东海区为C2、南海区为C3；

D类渔区：公海。

内陆水域捕捞作业场所按具体水域核定，跨行政区域的按该水域在不同行政区域的范围进行核定。

海洋捕捞作业场所要明确核定渔区的类别和范围，其中B类渔区要明确核定渔区、渔场或保护区的具体名称。公海要明确海域的名称。内陆水域作业场所要明确具体的水域名称及其范围。

第二十四条　渔业捕捞许可证的作业场所核定权限如下：

（一）农业农村部：A类、B类、C类、D类渔区和内陆水域；

（二）省级人民政府渔业主管部门：在海洋为本省、自治区、直辖市范围内的A类渔区，农业农村部授权的B类渔区、C类渔区。在内陆水域为本省、自治区、直辖市行政管辖水域；

（三）市、县级人民政府渔业主管部门：由省级人民政府渔业主管部门在其权限内规定并授权。

第二十五条　国内海洋大中型渔船捕捞许可证的作业场所应当核定在海洋B类、C类渔区，国内海洋小型渔船捕捞许可证的作业场所应当核定在海洋A类渔区。因传统作业习惯需要，经作业水域所在地审批机关批准，海洋大中型渔船捕捞许可证的作业场所可核定在海洋A类渔区。

作业场所核定在B类、C类渔区的渔船，不得跨海区界限作业，但我国与有关国家缔结的协定确定的共同管理渔区跨越海区界限的除外。作业场所核定在A类渔区或内陆水域的渔船，不得跨省、自治区、直辖市管辖水域界限作业。

第二十六条　专项（特许）渔业捕捞许可证应当与海洋渔业捕捞许可证或内陆渔业捕捞许可证同时使用，但因教学、科研等特殊需要，可单独使用专项（特许）渔业捕捞许可证。在B类渔区捕捞作业的，应当申请核发专项（特许）渔业捕捞许可证。

第二节　申请与核发

第二十七条　渔业捕捞许可证的申请人应当是船舶所有人。

徒手作业的，渔业捕捞许可证的申请人应当是作业人本人。

第二十八条　申请渔业捕捞许可证，申请人应当向户籍所在地、法人或非法人组织登记地县级以上人民政府渔业主管部门提出申请，并提交下列资料：

（一）渔业捕捞许可证申请书；

（二）船舶所有人户口簿或者营业执照；

（三）渔业船舶检验证书、渔业船舶国籍证书和所有权登记证书，徒手作业的除外；

（四）渔具和捕捞方法符合渔具准用目录和技术标准的说明。

申请海洋渔业捕捞许可证，除提供第一款规定的资料外，还应提供：

（一）申请人所属渔业组织出具的意见；

（二）首次申请和重新申请捕捞许可证的，提供渔业船网工具指标批准书；

（三）申请换发捕捞许可证的，提供原捕捞许可证。申请公海渔业捕捞许可证，除提供第一款规定的资料外，还需提供：

（一）农业农村部远洋渔业项目批准文件；

（二）首次申请和重新申请的，提供渔业船网工具指标批准书；

（三）非专业远洋渔船需提供海洋渔业捕捞许可证暂存的凭据。

申请专项（特许）渔业捕捞许可证，除提供第一款规定的资料外，还应提供海洋渔业捕捞许可证或内陆渔业捕捞许可证。其中，申请到B类渔区作业的专项（特许）渔业捕捞许可证的，还应当依据有关管理规定提供申请材料；申请在禁渔区或者禁渔期作业的，还应当提供作业事由和计划；承担教学、科研等项目租用渔船的，还应提供项目计划、租用协议。

科研、教学单位的专业科研调查船、教学实习船申请专项（特许）渔业捕捞许可证，除提供第一款规定的资料外，还应提供科研调查、教学实习任务书或项目可行性报告。

第二十九条　下列作业渔船的渔业捕捞许可证，向船籍港所在地省级人民政府渔业主管部门申请。省级人民政府渔业主管部门应当审核并报农业农村部批准发放：

（一）到公海作业的；

（二）到我国与有关国家缔结的协定确定的共同管理渔区及南沙海域、黄岩岛海域作业的；

（三）到特定渔业资源渔场、水产种质资源保护区作业的；

（四）科研、教学单位的专业科研调查船、教学实习船从事渔业科研、教学实习活动的；

（五）其他依法应当由农业农村部批准发放的。

第三十条　下列作业的捕捞许可证，由省级人民政府渔业主管部门批准发放：

（一）海洋大型拖网、围网渔船作业的；

（二）因养殖或者其他特殊需要，捕捞农业农村部颁布的有重要经济价值的苗种或者禁捕的怀卵亲体的；

（三）因教学、科研等特殊需要，在禁渔区、禁渔期从事捕捞作业的。

第三十一条 因传统作业习惯或科研、教学及其他特殊情况，需要跨越本规定第二十五条第二款规定的界限从事捕捞作业的，由申请人所在地县级以上地方人民政府渔业主管部门审核同意后，报作业水域所在地审批机关批准发放。

在相邻交界水域作业的渔业捕捞许可证，由交界水域有关的县级以上地方人民政府渔业主管部门协商发放，或由其共同的上级人民政府渔业主管部门批准发放。

第三十二条 除本规定第二十九条、第三十条、第三十一条情况外，其他作业的渔业捕捞许可证由县级以上地方人民政府渔业主管部门审批发放。

县级以上地方人民政府渔业主管部门审批发放渔业捕捞许可证，应当优先安排当地专业渔民和渔业企业。

第三十三条 除专业远洋渔船外，申请渔业捕捞许可证，企业法定代表人户籍所在地与企业登记地不一致的；申请海洋渔业捕捞许可证，申请人户籍所在地、法人或非法人组织登记地为非沿海县（市）的，不予受理；已经受理的，不予批准。

第三节 证书使用

第三十四条 从事钓具、灯光围网作业渔船的子船与其主船（母船）使用同一本渔业捕捞许可证。

第三十五条 海洋渔业捕捞许可证和内陆渔业捕捞许可证的使用期限为5年。其他种类渔业捕捞许可证的使用期限根据实际需要确定，但最长不超过3年。

使用达到农业农村部规定的老旧渔业船舶船龄的渔船从事捕捞作业的，发证机关核发其渔业捕捞许可证时，证书使用期限不得超过渔业船舶检验证书记载的有效期限。

第三十六条 渔业捕捞许可证使用期届满，或者在有效期内有下列情形之一的，应当按规定申请换发渔业捕捞许可证：

（一）因行政区划调整导致船名变更、船籍港变更的；

（二）作业场所、作业方式变更的；

（三）船舶所有人姓名、名称或地址变更的，但渔船所有权发生转移的除外；

（四）渔业捕捞许可证污损不能使用的。

渔业捕捞许可证使用期届满的，船舶所有人应当在使用期届满前3个月内，向原发证机关申请换发捕捞许可证。发证机关批准换发渔业捕捞许可证时，应当收回原渔业捕捞许可证，并予以注销。

第三十七条 在渔业捕捞许可证有效期内有下列情形之一的，应当重新申请渔业捕捞许可证：

（一）渔船作业类型变更的；

（二）渔船主机、主尺度、总吨位变更的；

（三）因购置渔船发生所有人变更的；

（四）国内现有捕捞渔船经审批转为远洋捕捞作业的。有前款第一项、第二项、第三项情形的，还应当办理原渔业捕捞许可证注销手续。

第三十八条 渔业捕捞许可证遗失或者灭失的，船舶所有人应当在1个月内向原发证机关说明遗失或者灭失的时间、地点和原因等情况，由原发证机关在其官方网站上发布声明，自公告声明发布之日起15日后，船舶所有人可向原发证机关申请补发渔业捕捞许可证。补发的渔业捕捞许可证使用期限不变。

第三十九条 有下列情形之一的，渔业捕捞许可证失效，发证机关应当予以注销：

（一）渔业捕捞许可证、渔业船舶检验证书或者渔业船舶国籍证书有效期届满未依法延续的；

（二）渔船灭失、拆解或销毁的，或者因渔船损毁且渔业捕捞许可证灭失的；

（三）不再从事渔业捕捞作业的；

（四）渔业捕捞许可证依法被撤销、撤回或者吊销的；

（五）以贿赂、欺骗等不正当手段取得渔业捕捞许可证的；

（六）依法应当注销的其他情形。

有前款第一项、第三项规定情形的，发证机关应当事先告知当事人。有前款第二项规定情形的，应当由船舶所有人提供相关证明。

渔业捕捞许可证注销后12个月内未按规定重新申请办理的，视为自行放弃，由渔业主管部门收回船网工具指标，更新改造渔船注销捕捞许可证的除外。

第四十条 使用期一年以上的渔业捕捞许可证实行年审制度，每年审验一次。

渔业捕捞许可证的年审工作由发证机关负责，也可由发证机关委托申请人户籍所在地、法人或非法人组织登记地的县级以上地方人民政府渔业主管部门负责。

第四十一条 同时符合下列条件的，为年审合格，由审验人签字，注明日期，加盖公章：

（一）具有有效的渔业船舶检验证书和渔业船舶国籍证书，船舶所有人和渔船主尺度、主机功率、总吨

位未发生变更,且与渔业船舶证书载明的一致;

(二)渔船作业类型、场所、时限、渔具数量与许可内容一致;

(三)按规定填写和提交渔捞日志,未超出捕捞限额指标(对实行捕捞限额管理的渔船);

(四)按规定缴纳渔业资源增殖保护费;

(五)按规定履行行政处罚决定;

(六)其他条件符合有关规定。

年审不合格的,由渔业主管部门责令船舶所有人限期改正,可以再审验一次。再次审验合格的,渔业捕捞许可证继续有效。

第四章 监督管理

第四十二条 渔业船网工具指标批准书、渔业船网工具指标申请不予许可决定书、渔业捕捞许可证、渔业捕捞许可证注销证明、渔业船舶拆解销毁或处理证明、渔业船舶灭失证明、渔业船网工具指标转移证明等证书文件,由农业农村部规定样式并统一印制。

渔业船网工具指标申请书、渔业船网工具指标申请审核变更说明、渔业捕捞许可证申请书、渔业捕捞许可证注销申请表、渔捞日志等,由县级以上人民政府渔业主管部门按照农业农村部规定的统一格式印制。

第四十三条 县级以上人民政府渔业主管部门应当逐船建立渔业船网工具指标审批和渔业捕捞许可证核发档案。

渔业船网工具指标批准书使用和渔业捕捞许可证被注销后,其核发档案应当保存至少5年。

第四十四条 签发人实行农业农村部和省级人民政府渔业主管部门报备制度,县级以上人民政府渔业主管部门应推荐一至两人为签发人。

省级人民政府渔业主管部门负责备案公布本省、自治区、直辖市县级以上地方人民政府渔业主管部门的签发人,农业农村部负责备案公布省、自治区、直辖市渔业主管部门的签发人。

第四十五条 签发人越权、违规签发,或擅自更改渔业船网工具指标和渔业捕捞许可证书证件,或有其他玩忽职守、徇私舞弊等行为的,视情节对有关签发人给予警告、通报批评、暂停或取消签发人资格等处分;签发人及其所在单位应依法承担相应责任。

越权、违规签发或擅自更改的证书证件由其签发人所在单位的上级机关撤销,由原发证机关注销。

第四十六条 禁止涂改、伪造、变造、买卖、出租、出借或以其他形式转让渔业船网工具指标批准书和渔业捕捞许可证。

第四十七条 有下列情形之一的,为无效渔业捕捞许可证:

(一)逾期未年审或年审不合格的;

(二)证书载明的渔船主机功率与实际功率不符的;

(三)以欺骗或者涂改、伪造、变造、买卖、出租、出借等非法方式取得的;

(四)被撤销、注销的。

使用无效的渔业捕捞许可证或者在检查时不能提供渔业捕捞许可证,从事渔业捕捞活动的,视为无证捕捞。

涂改、伪造、变造、买卖、出租、出借或以其他形式转让的渔业船网工具指标批准书,为无效渔业船网工具指标批准书,由批准机关予以注销,并核销相应船网工具指标。

第四十八条 依法被没收渔船的,海洋大中型捕捞渔船的船网工具指标由农业农村部核销,其他渔船的船网工具指标由省、自治区、直辖市人民政府渔业主管部门核销。

第四十九条 依法被列入失信被执行人的,县级以上人民政府渔业主管部门应当对其渔业船网工具指标、捕捞许可证的申请按规定予以限制,并冻结失信被执行人及其渔船在全国渔船动态管理系统中的相关数据。

第五十条 海洋大中型渔船从事捕捞活动应当填写渔捞日志,渔捞日志应当记载渔船捕捞作业、进港卸载渔获物、水上收购或转运渔获物等情况。其他渔船渔捞日志的管理由省、自治区、直辖市人民政府规定。

第五十一条 国内海洋大中型渔船应当在返港后向港口所在地县级人民政府渔业主管部门或其指定的机构或渔业组织提交渔捞日志。公海捕捞作业渔船应当每月向农业农村部或其指定机构提交渔捞日志。使用电子渔捞日志的,应当每日提交。

第五十二条 船长应当对渔捞日志记录内容的真实性、正确性负责。

禁止在A类渔区转载渔获物。

第五十三条 未按规定提交渔捞日志或者渔捞日志填写不真实、不规范的,由县级以上人民政府渔业主管部门或其所属的渔政监督管理机构给予警告,责令改正;逾期不改正的,可以处1 000元以上1万元以下罚款。

第五十四条 违反本规定的其他行为,依照《中华人民共和国渔业法》或其他有关法律法规规章进行处罚。

第五章 附 则

第五十五条 本规定有关用语的定义如下：

渔业捕捞活动：捕捞或准备捕捞水生生物资源的行为，以及为这种行为提供支持和服务的各种活动。在尚未管理的滩涂或水域手工零星采集水产品的除外。

渔船：《中华人民共和国渔港水域交通安全管理条例》规定的渔业船舶。

船长：《渔业船舶国籍证书》中所载明的船长。

捕捞渔船：从事捕捞活动的生产船。

捕捞辅助船：渔获物运销船、冷藏加工船、渔用物资和燃料补给船等为渔业捕捞生产提供服务的船舶。

非专业渔船：从事捕捞活动的教学、科研调查船，特殊用途渔船，用于休闲捕捞活动的专业旅游观光船等船舶。

远洋渔船：在公海或他国管辖海域作业的捕捞渔船和捕捞辅助船，包括专业远洋渔船和非专业远洋渔船。专业远洋渔船，指专门用于在公海或他国管辖海域作业的捕捞渔船和捕捞辅助船；非专业远洋渔船，指具有国内有效的渔业捕捞许可证，转产到公海或他国管辖海域作业的捕捞渔船和捕捞辅助船。

船网工具控制指标：渔船的数量及其主机功率数值、网具或其他渔具的数量的最高限额。

船网工具指标：渔船的主机功率数值、网具或其他渔具的数额。

制造渔船：新建造渔船，包括旧船淘汰后再建造渔船。

更新改造渔船：通过更新主机或对船体和结构进行改造改变渔船主机功率、作业类型、主尺度或总吨位。

购置渔船：从国内买入渔船。

进口渔船：从国外和香港、澳门、台湾地区买入渔船，包括以各种方式引进渔船。

渔业组织：渔业合作组织、渔业社团（协会）、村集体经济组织、村民委员会等法人或非法人组织。

渔业船舶证书：渔业船舶检验证书、渔业船舶国籍证书、渔业捕捞许可证。

第五十六条 香港、澳门特别行政区持有广东省户籍的流动渔船的船网工具指标和捕捞许可证管理，按照农业农村部有关港澳流动渔船管理的规定执行。

第五十七条 国内捕捞辅助船的总量控制应当与本行政区域内捕捞渔船数量和规模相匹配，其船网工具指标和捕捞许可证审批按照捕捞渔船进行管理。

国内捕捞辅助船、休闲渔船和徒手作业捕捞许可管理的具体办法，由省、自治区、直辖市人民政府渔业主管部门规定。

第五十八条 我国渔船到他国管辖水域作业，应当经农业农村部批准。

中国籍渔业船舶以光船条件出租到境外申请办理光船租赁登记和非专业远洋渔船申请办理远洋渔业项目前，应当将海洋渔业捕捞许可证交回原发证机关暂存，原发证机关应当出具暂存凭据。渔业捕捞许可证暂存期不计入渔业捕捞许可证核定的使用期限，暂存期间不需要办理年审手续。渔船回国终止光船租赁和远洋渔业项目后，凭暂存凭据领回渔业捕捞许可证。

第五十九条 本规定自2019年1月1日起施行。原农业部2002年8月23日发布，2004年7月1日、2007年11月8日和2013年12月31日修订的《渔业捕捞许可管理规定》同时废止。

农业部关于调整海洋伏季休渔制度的通告

农业部通告〔2018〕1号

为进一步贯彻落实《渔业法》《中国水生生物资源养护行动纲要》以及生态文明建设要求，更好地保护海洋渔业资源，我部本着总体稳定、局部优化、减少例外、利于监管的原则，决定对海洋伏季休渔制度进行调整完善。现将调整后的海洋伏季休渔制度通告如下。

一、休渔海域

渤海、黄海、东海及北纬12度以北的南海（含北部湾）海域。

二、休渔作业类型

除钓具外的所有作业类型，以及为捕捞渔船配套服务的捕捞辅助船。

三、休渔时间

（一）北纬35度以北的渤海和黄海海域为5月1日12时至9月1日12时。

（二）北纬35度至26度30分之间的黄海和东海海域为5月1日12时至9月16日12时；北纬26度30分至“闽粤海域交界线”的东海海域为5月1日12

时至8月16日12时。在上述海域范围内,桁杆拖虾、笼壶类、刺网和灯光围(敷)网休渔时间为5月1日12时至8月1日12时。

(三)北纬12度至"闽粤海域交界线"的南海海域(含北部湾)为5月1日12时至8月16日12时。

(四)定置作业从5月1日12时起休渔,时间不少于三个月,休渔结束时间由沿海各省、自治区、直辖市渔业主管部门确定,报农业部备案。

(五)特殊经济品种可执行专项捕捞许可制度,具体品种、作业时间、作业类型、作业海域由沿海各省、自治区、直辖市渔业主管部门报农业部批准后执行。

(六)捕捞辅助船原则上执行所在海域的最长休渔时间规定,确需在最长休渔时间结束前为一些对资源破坏程度小的作业方式渔船提供配套服务的,由沿海各省、自治区、直辖市渔业主管部门制定配套管理方案报农业部批准后执行。

(七)沿海各省、自治区、直辖市渔业主管部门可以根据本地实际,在国家规定基础上制定更加严格的资源保护措施。

(八)"闽粤海域交界线"是指福建省和广东省间海域管理区域界线以及该线远岸端(东经117度31分37.40秒,北纬23度09分42.60秒)与台湾岛南端鹅銮鼻灯塔(东经120度50分43秒,北纬21度54分15秒)连线。

四、实施时间

上述调整后的伏季休渔规定,自本通告公布之日起施行。

农业部
2018年2月8日

农业部关于实行黄河禁渔期制度的通告

农业部通告〔2018〕2号

为养护黄河水生生物资源、保护生物多样性、促进黄河渔业可持续发展和生态文明建设,根据《中华人民共和国渔业法》有关规定和《中国水生生物资源养护行动纲要》要求,我部决定自2018年起实行黄河禁渔期制度。现通告如下。

一、禁渔区

黄河干流;扎陵湖、鄂陵湖、东平湖等3个主要通江湖泊;白河、黑河、洮河、湟水、大黑河、窟野河、无定河、汾河、渭河、洛河、沁河、金堤河、大汶河等13条主要支流的干流河段。

二、禁渔期

每年4月1日12时至6月30日12时。

三、禁止作业类型

所有捕捞作业类型。

四、其他要求

(一)各省(自治区)可根据本地实际,在上述禁渔规定基础上,适当扩大禁渔区范围,延长禁渔期时间。

(二)在上述禁渔区和禁渔期内,因科学研究和驯养繁殖等活动需采捕黄河天然渔业资源的,须经省级以上渔业主管部门批准。

五、实施时间

本通告自2018年4月1日起实施。

农业部
2018年2月8日

农业部关于实施带鱼等15种重要经济鱼类最小可捕标准及幼鱼比例管理规定的通告

农业部通告〔2018〕3号

为切实保护幼鱼资源,促进海洋渔业资源恢复和可持续利用,根据《中华人民共和国渔业法》有关规定和《中国水生生物资源养护行动纲要》要求,我部决定自2018年起实施带鱼等15种重要经济鱼类最小可捕标准及幼鱼比例管理规定。现通告如下。

一、15种重要经济鱼类最小可捕规格

15种重要经济鱼类最小可捕规格见下页表,未达到最小可捕规格的为幼鱼。

二、15种重要经济鱼类幼鱼比例

2018、2019和2020年,在单航次渔获物中,上述品种幼鱼重量分别不得超过该品种总重量的50%、30%和20%。2020年之后,按2020年要求执行。

三、处罚措施

渔获物中幼鱼超过规定比例的,依据《渔业法》第三十八条予以处罚。

单位:毫米

种　　类	渤海、黄海、东海	南海
带鱼(*Trichiurus japonicus*)	肛长 ≥210	肛长 ≥230
小黄鱼(*Larimichthys polyactis*)	体长 ≥150	
银鲳(*Pampus argenteus*)	叉长 ≥150	叉长 ≥150
鲐(*Scomber japonicus*)	叉长 ≥220	叉长 ≥220
刺鲳(*Psenopsis anomala*)	叉长 ≥130	叉长 ≥130
蓝点马鲛(*Scomberomorus niphonius*)	叉长 ≥380	
蓝圆鲹(*Decapterus maruadsi*)	叉长 ≥150	叉长 ≥150
灰鲳(*Pampus cinereus*)	叉长 ≥180	叉长 ≥180
白姑鱼(*Argyrosomus argentatus*)	体长 ≥150	体长 ≥150
二长棘鲷(*Paragyrops edita*)	体长 ≥100	体长 ≥100
绿鳍马面鲀(*Thamnaconus septentrionalis*)	体长 ≥160	体长 ≥160
黄鳍马面鲀(*Thamnaconus hypargyreus*)	体长 ≥100	体长 ≥100
短尾大眼鲷(*Priacanthus macracanthus*)	体长 ≥160	体长 ≥160
黄鲷(*Dentex tumifrons*)	体长 ≥130	体长 ≥130
竹筴鱼(*Trachurus japonicus*)	叉长 ≥150	叉长 ≥150

注:测量方法见 GB/T 12763.6—2007 中 14.3.4.1.1 的规定。

四、其　他

各省(自治区、直辖市)渔业主管部门可在本规定基础上制定更加严格或覆盖范围更广的标准,并针对幼鱼运输、加工、交易和利用等环节制定相应管理规定。本通告自 2018 年 8 月 1 日起正式实施。

农业部

2018 年 2 月 11 日

渔业经济统计

一、经　济　核　算

(一)总产值

全国渔业经济总产值
(按当年价格计算)

单位:万元

指　　标	2018 年	2017 年	2018 年比 2017 年增减(±)
渔业经济总产值	**258 644 732.15**	**247 612 203.78**	**11 032 528.37**
1.渔业	128 154 129.31	123 138 456.82	5 015 672.49
其中:海水养殖	35 720 005.13	33 073 954.05	2 646 051.08
淡水养殖	58 842 681.35	58 762 497.43	80 183.92
海洋捕捞	22 287 573.77	19 876 514.82	2 411 058.95
淡水捕捞	4 657 715.05	4 617 538.97	40 176.08
水产苗种	6 646 154.01	6 807 951.55	-161 797.54
2.渔业工业和建筑业	56 750 934.70	56 666 171.57	84 763.13
其中:水产品加工	43 367 909.15	43 050 766.78	317 142.37
渔用机具制造	3 848 943.61	3 583 056.17	265 887.44
其中:渔船渔机修造	2 311 046.24	2 263 880.53	47 165.71
渔用绳网制造	1 361 687.19	1 200 587.16	161 100.03
渔用饲料	6 471 452.71	6 465 927.00	5 525.71
渔用药物	194 976.24	184 496.34	10 479.90
建筑业	1 936 329.03	2 351 750.53	-415 421.50
其他	931 323.96	1 030 174.75	-98 850.79
3.渔业流通和服务业	73 739 668.14	67 807 575.39	5 932 092.75
其中:水产流通	58 392 955.22	54 439 786.51	3 953 168.71
水产(仓储)运输	4 128 041.97	3 725 846.28	402 195.69
休闲渔业	9 022 548.17	7 644 100.37	1 378 447.80
其他	2 196 122.78	1 997 842.23	198 280.55

各地区渔业经济总产值、渔业产值
（按当年价格计算）

单位:万元

地区	2018 年		2018 年比 2017 年增减(±)		渔业产值占农业产值比重(%)
	渔业经济总产值	其中:渔业产值	渔业经济总产值	其中:渔业产值	
全国总计	**258 644 732.15**	**128 154 129.31**	**11 032 528.37**	**5 015 672.49**	**10.7**
北京	296 325.46	61 631.15	-11 745.04	-48 790.65	2.1
天津	800 760.00	736 919.00	4 776.05	9 003.64	20.6
河北	2 645 913.96	2 220 942.00	148 777.43	140 558.38	3.6
山西	91 453.36	70 632.70	-7 368.36	-7 810.30	0.5
内蒙古	271 775.75	196 002.51	-132 954.87	-126 879.44	1.1
辽宁	13 053 650.00	6 374 872.00	-210 831.42	-341 777.42	15.9
吉林	1 370 230.00	406 584.21	70 151.10	-25 176.49	1.8
黑龙江	1 292 331.10	1 100 286.00	97 199.48	73 880.27	1.9
上海	640 851.75	527 826.50	-72 849.94	-72 145.09	19.8
江苏	33 859 874.97	17 863 162.97	1 644 223.35	863 685.97	23.7
浙江	21 814 592.00	10 640 899.00	-1 038 343.00	641 306.00	33.5
安徽	8 545 982.81	5 273 937.89	171 366.81	194 218.81	10.8
福建	31 001 114.45	13 645 754.25	3 001 034.52	1 169 220.28	31.2
江西	10 300 750.73	5 119 006.20	286 807.24	246 666.17	15.1
山东	41 330 730.00	15 582 170.00	1 461 835.28	-128 984.61	15.2
河南	2 280 217.00	1 348 553.00	6 143.20	132 111.50	1.5
湖北	25 893 157.00	12 052 032.00	830 579.00	198 179.00	17.8
湖南	6 056 006.07	4 429 350.38	603 966.47	208 804.23	7.8
广东	34 525 370.80	14 153 875.76	3 064 573.75	1 087 424.84	21.6
广西	6 581 159.62	5 323 650.37	366 860.75	334 338.17	10.5
海南	5 659 656.96	4 096 707.73	129 940.06	132 504.95	24.8
重庆	1 690 016.00	1 116 792.00	185 726.00	57 068.00	4.9
四川	4 417 959.45	2 716 917.48	343 048.75	141 217.80	3.4
贵州	610 265.00	580 494.07	-80 023.29	-69 060.88	1.7
云南	1 702 995.45	1 053 486.09	37 014.17	118 646.81	2.4
西藏	3 653.30	2 933.30	-797.76	-338.06	0.1
陕西	520 453.00	296 676.00	36 546.33	971.40	0.9
甘肃	22 455.17	19 451.46	-2 241.42	-2 161.01	0.1
青海	56 003.70	56 003.70	21 601.65	21 601.65	0.9
宁夏	389 289.72	220 842.90	9 624.41	6 046.71	3.3
新疆	347 447.57	293 446.69	55 187.67	48 641.86	0.8
中农发集团	572 290.00	572 290.00	12 700.00	12 700.00	

各地区渔业经济总产值(一)
(按当年价格计算)

单位:万元

地区	总计	一、渔业产值			
		合计	海水养殖	淡水养殖	海洋捕捞
全国总计	**258 644 732.15**	**128 154 129.31**	**35 720 005.13**	**58 842 681.35**	**22 287 573.77**
北京	296 325.46	61 631.15		40 704.35	7 212.00
天津	800 760.00	736 919.00	70 821.00	505 516.00	118 104.00
河北	2 645 913.96	2 220 942.00	1 052 270.11	493 432.72	456 167.89
山西	91 453.36	70 632.70		66 383.60	
内蒙古	271 775.75	196 002.51		156 169.33	
辽宁	13 053 650.00	6 374 872.00	3 393 225.00	1 183 922.00	1 115 537.00
吉林	1 370 230.00	406 584.21		332 418.00	
黑龙江	1 292 331.10	1 100 286.00		952 206.23	
上海	640 851.75	527 826.50		265 913.86	242 325.21
江苏	33 859 874.97	17 863 162.97	2 822 773.00	10 550 026.00	2 403 852.00
浙江	21 814 592.00	10 640 899.00	2 134 693.00	2 281 732.00	5 754 278.00
安徽	8 545 982.81	5 273 937.89		4 215 878.12	
福建	31 001 114.45	13 645 754.25	7 800 446.91	1 710 102.24	3 522 286.09
江西	10 300 750.73	5 119 006.20		4 232 297.00	
山东	41 330 730.00	15 582 170.00	9 098 346.00	2 043 782.00	3 513 763.00
河南	2 280 217.00	1 348 553.00		1 155 946.00	
湖北	25 893 157.00	12 052 032.00		10 752 111.00	
湖南	6 056 006.07	4 429 350.38		4 005 725.09	
广东	34 525 370.80	14 153 875.76	6 039 940.00	6 135 722.00	1 477 213.00
广西	6 581 159.62	5 323 650.37	2 116 765.00	1 826 728.00	1 014 960.00
海南	5 659 656.96	4 096 707.73	1 190 725.11	538 855.26	2 089 585.58
重庆	1 690 016.00	1 116 792.00		902 380.00	
四川	4 417 959.45	2 716 917.48		2 334 409.72	
贵州	610 265.00	580 494.07		474 220.70	
云南	1 702 995.45	1 053 486.09		898 789.94	
西藏	3 653.30	2 933.30		967.50	
陕西	520 453.00	296 676.00		263 666.00	
甘肃	22 455.17	19 451.46		18 767.75	
青海	56 003.70	56 003.70		56 003.70	
宁夏	389 289.72	220 842.90		196 991.24	
新疆	347 447.57	293 446.69		250 914.00	
中农发集团	572 290.00	572 290.00			572 290.00

各地区渔业经济总产值(二)
(按当年价格计算)

单位:万元

地区	一、渔业产值(续)		二、渔业工业和建筑业		
	淡水捕捞	水产苗种	合计	水产品加工	渔用机具制造
					小计
全国总计	**4 657 715.05**	**6 646 154.01**	**56 750 934.70**	**43 367 909.15**	**3 848 943.61**
北京	3 840.80	9 874.00	13 073.87	5 382.87	
天津	16 870.00	25 608.00	7 360.00		
河北	73 002.28	146 069.00	257 805.32	222 380.50	9 733.00
山西	2 616.40	1 632.70	1 781.13		
内蒙古	29 928.57	9 904.61	16 127.00	16 127.00	
辽宁	71 386.00	610 802.00	3 266 834.00	2 769 500.00	104 698.00
吉林	57 826.00	16 340.21	610 493.04	602 608.04	220.00
黑龙江	104 793.77	43 286.00	58 352.00	35 410.00	
上海	4 781.93	14 805.50	101 158.25	101 158.25	
江苏	1 302 052.00	784 459.97	4 395 626.98	2 613 278.01	253 976.20
浙江	262 004.00	208 192.00	5 513 282.00	4 494 117.00	273 129.00
安徽	695 017.14	363 042.63	1 309 789.78	488 744.06	690 851.37
福建	149 204.76	463 714.25	11 802 094.85	10 380 244.00	684 214.00
江西	508 476.00	378 233.20	2 937 848.23	2 154 282.90	43 728.54
山东	144 609.00	781 670.00	14 047 418.00	11 081 718.00	1 604 380.00
河南	71 173.00	121 434.00	220 717.00	52 755.00	975.00
湖北	307 889.00	992 032.00	5 417 887.00	4 057 807.00	14 426.00
湖南	106 388.91	317 236.38	573 963.57	255 983.37	61 108.10
广东	185 342.00	315 658.76	3 632 467.62	2 188 439.00	72 873.53
广西	84 413.00	280 784.37	608 672.67	528 355.26	3 185.00
海南	23 222.18	254 319.60	1 334 887.17	1 230 461.94	27 753.07
重庆	101 555.00	112 857.00	106 846.00	8 413.00	2 554.00
四川	144 961.28	237 546.48	265 668.93	10 120.10	217.00
贵州	73 514.60	32 758.77	3 979.00	3 883.00	45.00
云南	90 837.02	63 859.13	149 592.08	58 710.73	244.80
西藏	1 965.80				
陕西	10 890.00	22 120.00	32 619.00	30.00	122.00
甘肃		683.71	10.00		
青海					
宁夏	489.42	23 362.24	40 286.64	1 344.00	
新疆	28 665.19	13 867.50	24 293.57	6 656.12	510.00
中农发集团					

各地区渔业经济总产值(三)
(按当年价格计算)

单位:万元

地　　区	二、渔业工业和建筑业(续)					
	渔用机具制造(续)		渔用饲料	渔用药物	建　筑	其　他
	渔船渔机修造	渔用绳网制造				
全国总计	**2 311 046.24**	**1 361 687.19**	**6 471 452.71**	**194 976.24**	**1 936 329.03**	**931 323.96**
北　京			7 511.00	180.00		
天　津			7 360.00			
河　北	7 780.00	1 370.00	22 975.86		2 058.00	657.96
山　西			382.00	1 399.13		
内蒙古						
辽　宁	67 544.00	28 155.00	183 117.00	11 248.00	166 187.00	32 084.00
吉　林	45.00	44.00	635.00	30.00	7 000.00	
黑龙江			21 342.00	660.00	930.00	10.00
上　海						
江　苏	140 637.76	100 294.03	1 195 954.99	71 022.36	161 653.25	99 742.17
浙　江	161 267.00	105 729.00	525 580.00	3 075.00	99 457.00	117 924.00
安　徽	10 182.65	680 668.72	110 135.70	7 466.54	10 039.43	2 552.68
福　建	627 195.00	54 646.00	492 463.00	1 849.00	58 779.00	184 545.85
江　西	23 073.00	20 655.54	504 177.79	17 591.02	179 448.27	38 619.71
山　东	1 181 493.00	292 339.00	187 568.00	11 590.00	751 035.00	411 127.00
河　南	19.00	956.00	160 490.00	3 611.00	2 299.00	587.00
湖　北	2 498.00	11 788.00	918 990.00	27 206.00	396 613.00	2 845.00
湖　南	24 813.78	36 294.32	222 902.16	16 146.94	11 126.00	6 697.00
广　东	42 521.89	18 982.67	1 286 765.46	10 227.20	49 882.66	24 279.77
广　西	2 645.00	516.60	72 948.32	1 682.88	2 224.00	277.21
海　南	17 587.16	8 042.51	69 124.30	2 310.99	2 472.89	2 763.98
重　庆	765.00	1 095.00	80 269.00	862.00	14 248.00	500.00
四　川	217.00		251 248.83	4 080.00		3.00
贵　州	45.00		32.50	18.50		
云　南	204.00	40.80	82 355.56	1 019.98	5 876.53	1 384.48
西　藏						
陕　西	13.00	60.00	13 660.00	567.00	13 890.00	4 350.00
甘　肃					10.00	
青　海						
宁　夏			38 942.64			
新　疆	500.00	10.00	14 521.60	1 132.70	1 100.00	373.15
中农发集团						

各地区渔业经济总产值(四)
(按当年价格计算)

单位:万元

地区	三、渔业流通和服务业				
	合计	水产流通	水产(仓储)运输	休闲渔业	其他
全国总计	**73 739 668.14**	**58 392 955.22**	**4 128 041.97**	**9 022 548.17**	**2 196 122.78**
北京	221 620.44	144 256.00	4 286.00	73 078.44	
天津	56 481.00	2 200.00	1 800.00	38 159.00	14 322.00
河北	167 166.64	57 340.80	18 253.00	79 588.52	11 984.32
山西	19 039.53	12 780.50	604.12	5 644.91	10.00
内蒙古	59 646.24	25 014.48	3 628.50	31 003.26	
辽宁	3 411 944.00	2 428 670.00	347 375.00	451 303.00	184 596.00
吉林	353 152.75	132 879.09	7 114.60	211 622.06	1 537.00
黑龙江	133 693.10	61 170.00	5 450.00	65 637.10	1 436.00
上海	11 867.00	30.00		11 837.00	
江苏	11 601 085.02	9 741 944.36	423 650.70	1 043 160.45	392 329.51
浙江	5 660 411.00	4 777 734.00	246 175.00	294 714.00	341 788.00
安徽	1 962 255.14	1 464 774.17	117 058.96	348 927.11	31 494.90
福建	5 553 265.35	4 980 139.58	228 583.72	78 552.50	265 989.55
江西	2 243 896.30	1 866 507.40	96 337.63	255 613.99	25 437.28
山东	11 701 142.00	7 028 999.00	1 513 586.00	2 498 900.00	659 657.00
河南	710 947.00	564 018.00	62 337.00	82 721.00	1 871.00
湖北	8 423 238.00	6 749 839.00	382 750.00	1 265 057.00	25 592.00
湖南	1 052 692.12	599 632.03	131 333.16	234 545.09	87 181.84
广东	16 739 027.42	15 407 394.41	194 816.30	1 058 027.00	78 789.71
广西	648 836.58	510 057.21	74 108.48	46 804.88	17 866.01
海南	228 062.06	171 844.29	17 112.79	13 063.10	26 041.88
重庆	466 378.00	276 264.00	34 982.00	145 932.00	9 200.00
四川	1 435 373.04	807 843.64	169 945.85	450 192.53	7 391.02
贵州	25 791.93	5 498.35	966.00	18 831.58	496.00
云南	499 917.28	354 384.00	21 810.41	118 837.75	4 885.12
西藏	720.00	720.00			
陕西	191 158.00	109 090.00	8 878.00	67 850.00	5 340.00
甘肃	2 993.71	105.03	71.44	2 814.98	2.26
青海					
宁夏	128 160.18	99 091.44	11 767.11	16 732.25	569.38
新疆	29 707.31	12 734.44	3 260.20	13 397.67	315.00
中农发集团					

(二)渔民家庭收支

全国渔民人均纯收入

单位:元

地区	2018 年	2017 年	2018 年比 2017 年增减(±)	
			绝对量	幅度(%)
全国总计	**19 885.00**	**18 452.78**	**1 432.22**	**7.76**
北京	19 299.44	18 729.56	569.88	3.04
天津	25 823.05	25 378.11	444.94	1.75
河北	16 790.71	15 151.18	1 639.53	10.82
山西	8 747.45	8 490.40	257.05	3.03
内蒙古	12 776.73	12 586.40	190.33	1.51
辽宁	18 957.55	18 337.26	620.29	3.38
吉林	14 021.47	12 802.75	1 218.72	9.52
黑龙江	18 157.12	15 448.14	2 708.98	17.54
上海	28 583.68	28 504.68	79.00	0.28
江苏	26 954.67	24 752.57	2 202.10	8.90
浙江	27 637.41	24 822.36	2 815.05	11.34
安徽	16 919.73	16 887.20	32.53	0.19
福建	21 417.11	19 583.63	1 833.48	9.36
江西	14 794.83	13 789.18	1 005.65	7.29
山东	22 427.12	20 769.87	1 657.25	7.98
河南	14 999.88	13 732.51	1 267.37	9.23
湖北	19 165.34	18 829.97	335.37	1.78
湖南	16 411.11	16 113.28	297.83	1.85
广东	20 287.12	16 962.79	3 324.33	19.60
广西	21 969.43	21 953.80	15.63	0.07
海南	15 950.95	15 262.61	688.34	4.51
重庆	18 675.63	17 060.02	1 615.61	9.47
四川	18 494.80	16 940.13	1 554.67	9.18
贵州	11 511.37	14 015.02	-2 503.65	-17.86
云南	16 394.52	15 223.40	1 171.12	7.69
西藏				
陕西	14 891.99	13 994.11	897.88	6.42
甘肃	9 007.75	8 167.66	840.09	10.29
青海	15 337.37	15 111.77	225.60	1.49
宁夏	12 865.39	11 879.64	985.75	8.30
新疆	18 609.24	16 913.40	1 695.84	10.03

各地区渔民家庭收支调查(一)

单位:元/人

地区	一、家庭总收入	(一)家庭经营收入	其中:经营渔业	(二)工资性收入	其中:渔业	(三)财产性净收入	1.红利收入
全国总计	**71 146.11**	**64 433.91**	**60 242.58**	**3 872.72**	**1 383.00**	**408.46**	**90.03**
北京	67 968.19	61 812.06	59 955.48	3 117.72	631.22	972.92	2.25
天津	194 989.27	185 067.08	182 498.43	6 609.95	2 941.29	1 712.64	
河北	143 243.11	137 918.59	135 596.61	1 306.65	219.31	459.92	
山西	88 740.29	87 781.46	85 925.63	211.11	54.19	75.09	
内蒙古	44 930.57	42 998.01	32 405.74	926.61	231.48	194.62	
辽宁	79 085.54	70 782.48	64 559.20	3 669.64	1 334.80	539.58	85.89
吉林	38 070.72	36 969.09	30 030.55	724.90	37.28	103.00	
黑龙江	93 315.57	91 261.77	79 107.32	781.05	204.31	403.83	2.39
上海	139 203.37	124 055.38	122 839.61	8 154.77	1 114.34	1 048.39	
江苏	112 457.98	100 226.60	96 980.47	5 520.89	1 351.53	1 359.95	132.77
浙江	78 785.97	64 932.30	61 338.69	10 448.37	4 769.08	354.21	242.73
安徽	53 797.87	48 236.73	44 492.41	4 310.16	1 284.35	306.50	86.19
福建	76 344.69	68 552.59	64 171.04	4 547.38	2 312.46	372.72	262.39
江西	46 334.80	42 360.12	39 258.62	1 938.67	525.41	344.15	90.67
山东	96 192.88	87 620.98	83 779.29	2 816.57	1 249.67	578.21	76.64
河南	45 795.40	41 148.08	38 745.87	3 439.52	679.01	342.49	1.99
湖北	41 324.25	34 068.19	30 020.58	4 985.06	746.50	280.28	31.93
湖南	39 691.01	33 452.35	27 668.52	4 184.37	1 580.22	530.86	264.40
广东	53 372.64	45 876.95	43 758.92	5 183.37	2 174.23	190.82	172.39
广西	77 493.61	68 578.92	64 899.76	5 838.08	2 590.28	282.08	
海南	34 818.65	33 542.66	30 622.73	971.74	133.64	88.27	
重庆	92 491.98	87 226.19	80 372.24	3 954.02	1 099.86	584.07	40.73
四川	44 222.69	35 971.03	31 856.38	4 990.29	936.72	300.56	85.45
贵州	20 393.05	17 440.53	15 038.69	2 483.61	1 978.54	10.01	
云南	81 356.55	78 359.34	72 883.07	2 377.70	1 770.59	210.01	47.67
西藏							
陕西	124 869.57	122 608.70	122 608.70	2 021.74	2 021.74		
甘肃	34 351.70	32 295.31	25 422.34	1 554.59	860.55	114.28	7.57
青海	24 017.12	18 995.14	12 049.01	4 845.50	1 966.22	54.05	
宁夏	101 135.56	98 662.59	97 638.24	1 934.69	880.25		
新疆	280 545.59	279 508.55	277 209.35				

各地区渔民家庭收支调查(二)

单位:元/人

地区	一、家庭总收入(续)						二、家庭经营费用支出
	(三)财产性净收入(续)	(四)转移性收入	1.社会救济或政策性生活补贴	2.其他转移性收入	(五)生产补贴(惠农补贴)	其中:渔业补贴	
	2.转让经营权租金收入						
全国总计	**105.52**	**944.72**	**38.82**	**57.32**	**1 486.29**	**1 413.61**	**46 892.28**
北京	162.17	2 057.28	0.13		8.20	1.59	44 553.11
天津	1 106.97	1 584.68	152.81		14.93	14.93	148 817.52
河北	362.88	292.48	31.68	28.09	3 265.48	3 265.48	110 110.09
山西	49.71	613.18			59.45	59.45	76 927.84
内蒙古	186.05	430.88			380.45	107.42	27 694.29
辽宁	183.42	1 057.18	36.52	58.88	3 036.66	2 899.36	55 505.38
吉林	31.45	96.42	5.96		177.31	31.02	20 694.77
黑龙江	336.84	404.98		5.26	463.94	203.35	69 839.77
上海	17.56	1 978.93	46.67		3 965.91	3 820.43	97 462.81
江苏	195.56	1 914.98	121.25	50.76	3 435.56	3 276.17	73 530.37
浙江	8.65	1 125.49	96.13	97.86	1 925.60	1 914.14	42 288.48
安徽	97.22	627.81	46.03	45.44	316.67	233.17	31 231.49
福建	23.10	767.03	36.54	34.74	2 104.97	2 097.98	49 342.55
江西	82.28	1 330.89	40.12	81.56	360.97	256.68	29 214.68
山东	66.11	1 108.76	59.54	176.79	4 068.36	4 009.82	64 013.14
河南	55.65	799.28	59.14	89.02	66.04	14.02	28 582.45
湖北	92.13	1 789.35	29.69	81.26	201.38	54.98	20 266.37
湖南	118.44	1 390.45	31.62	75.73	132.98	95.63	21 167.57
广东	10.69	372.71	7.85	22.83	1 748.79	1 724.27	30 624.59
广西	153.07	1 023.73	36.50	59.21	1 770.80	1 751.82	48 948.11
海南		191.81	18.28	68.90	24.17	16.75	17 975.13
重庆	7.07	421.83	1.75	17.92	305.87	240.16	62 009.75
四川	55.71	2 592.86	57.42	102.12	367.95	309.43	23 004.67
贵州		100.07			358.83	358.83	8 336.10
云南	75.13	309.32	5.89	18.48	100.19	74.11	59 568.47
西藏							
陕西		239.13	65.22				97 291.32
甘肃		359.82	27.70	3.53	27.70		19 552.43
青海	54.05	122.43	24.77				6 819.37
宁夏		538.27					85 310.08
新疆		220.03	18.22		817.00	817.00	249 611.53

各地区渔民家庭收支调查(三)

单位:元/人

地　区	二、家庭经营费用支出(续)					三、生产性固定资产折旧	
	其中:经营渔业支出	(1)燃料及冰费用	(2)雇工费用	(3)饲料及苗种费用	(4)其他费用		其中:渔业固定资产折旧
全国总计	**45 379.87**	**9 122.98**	**9 254.27**	**24 751.14**	**2 251.48**	**2 973.25**	**2 664.66**
北　京	44 364.43	5 915.81	6 408.60	31 669.86	370.16	1 846.91	1 357.99
天　津	147 165.11	8 195.04	7 923.28	128 999.79	2 047.00	1 660.50	1 627.33
河　北	108 859.70	15 018.41	40 516.72	46 015.85	7 308.72	6 146.64	6 097.96
山　西	76 443.84	4 645.42	7 947.76	57 041.70	6 808.97	1 801.32	1 789.14
内蒙古	23 259.27	2 225.50	2 669.07	17 491.62	873.07	4 405.01	1 861.36
辽　宁	53 232.86	13 298.84	13 289.20	24 526.13	2 118.68	2 751.53	2 523.35
吉　林	18 763.03	2 421.85	2 895.90	11 967.51	1 477.77	1 574.69	1 076.84
黑龙江	64 578.37	7 902.38	5 035.26	50 742.92	897.81	2 239.39	1 355.72
上　海	96 830.19	9 072.65	14 031.59	67 196.06	6 529.89	2 208.62	1 964.86
江　苏	72 340.91	14 129.29	16 692.08	37 810.09	3 709.46	5 777.99	5 640.99
浙　江	41 619.60	14 762.14	11 813.83	12 078.75	2 964.87	5 720.47	4 790.25
安　徽	29 719.95	1 982.16	4 018.89	22 414.02	1 304.88	1 055.88	898.34
福　建	48 223.52	12 535.70	9 406.82	23 566.75	2 714.25	4 853.91	4 799.73
江　西	27 808.73	1 809.89	2 030.75	22 245.55	1 722.54	420.99	348.74
山　东	62 575.18	19 590.13	26 356.16	12 991.39	3 637.49	8 313.09	7 504.19
河　南	28 006.80	1 897.14	1 111.20	24 382.07	616.39	914.34	613.36
湖　北	19 049.74	1 052.08	1 150.08	15 812.90	1 034.68	742.35	506.94
湖　南	19 291.02	2 192.41	2 021.21	14 044.44	1 032.96	1 100.89	819.73
广　东	29 424.59	14 787.08	8 197.90	5 497.12	942.49	2 286.59	2 220.64
广　西	48 058.37	26 876.41	4 379.13	15 828.56	974.27	5 054.90	4 965.44
海　南	16 576.74	2 733.44	1 378.65	11 982.61	482.04	878.99	864.97
重　庆	57 955.87	4 279.22	4 505.06	46 620.31	2 551.28	3 834.57	3 358.83
四　川	21 687.00	1 331.03	1 371.61	18 024.80	959.55	950.82	791.43
贵　州	7 888.20	1 143.02	984.71	5 325.75	434.71	415.40	348.04
云　南	56 366.10	2 223.99	3 361.67	48 995.20	1 785.24	861.72	719.92
西　藏							
陕　西	97 291.31	8 260.87	7 808.70	77 186.96	4 034.78	3 826.26	3 826.26
甘　肃	18 866.93	3 025.32	1 274.93	13 889.11	677.56	5 749.40	4 255.29
青　海	6 779.73	394.59	1 218.92	5 166.22		1 796.41	1 158.86
宁　夏	85 070.20	2 488.04	4 405.96	59 362.07	18 814.14	2 960.09	1 499.51
新　疆	248 856.27	13 214.33	18 583.89	208 296.97	8 761.08	6 026.88	5 856.84

各地区渔民家庭收支调查(四)

单位:元/人

地　　区	四、税费支出	其中:渔业税费支出	五、转移性支出	六、纯收入	其中:渔业纯收入	七、可支配收入	八、生活消费支出
全国总计	**2 505.63**	**2 416.76**	**1 201.75**	**19 885.00**	**13 194.69**	**18 809.45**	**9 264.52**
北　京	2 268.73	2 136.03	1 025.79	19 299.44	12 729.83	18 322.11	9 699.37
天　津	18 688.21	18 688.21	1 625.75	25 823.05	17 974.00	24 197.30	13 710.92
河　北	10 195.67	10 187.00	1 234.80	16 790.71	13 936.72	15 565.55	11 538.19
山　西	1 263.69	1 259.01	1 088.48	8 747.45	6 547.29	7 658.97	7 845.98
内蒙古	54.54	5.85	1 089.65	12 776.73	7 618.16	11 687.08	11 500.14
辽　宁	1 871.07	1 424.49	1 856.22	18 957.55	11 612.68	17 101.33	9 771.60
吉　林	1 779.79	1 776.44	360.70	14 021.47	8 482.53	13 672.49	7 593.24
黑龙江	3 079.29	3 042.54	540.35	18 157.12	10 538.35	17 821.42	8 178.08
上　海	10 948.25	10 948.25	931.03	28 583.68	18 031.07	27 652.66	12 227.99
江　苏	6 194.96	6 077.39	2 160.22	26 954.67	17 548.88	25 455.84	11 404.41
浙　江	3 139.61	3 111.83	2 240.56	27 637.41	18 500.23	26 120.63	14 279.49
安　徽	4 590.77	4 569.18	1 069.97	16 919.73	10 822.46	15 857.14	8 609.66
福　建	731.12	724.50	765.75	21 417.11	14 833.72	20 651.36	10 223.42
江　西	1 904.29	1 825.89	851.32	14 794.83	10 057.35	13 958.65	7 184.68
山　东	1 439.53	1 411.35	1 669.62	22 427.12	17 548.07	21 036.52	10 296.55
河　南	1 298.74	1 291.75	686.64	14 999.88	9 526.99	14 313.24	7 307.54
湖　北	1 150.20	1 073.44	1 339.69	19 165.34	10 191.94	17 825.65	8 096.98
湖　南	1 011.44	885.13	1 010.90	16 411.11	8 348.48	15 408.69	9 237.47
广　东	174.35	169.03	884.61	20 287.12	15 843.16	19 402.51	8 570.89
广　西	1 521.18	1 517.29	1 180.51	21 969.43	14 700.76	21 325.08	10 579.05
海　南	13.57		271.58	15 950.95	13 331.42	15 679.37	8 526.90
重　庆	7 972.03	7 775.92	1 441.17	18 675.63	12 621.64	17 234.46	6 963.54
四　川	1 772.39	1 743.67	1 091.74	18 494.80	8 880.43	17 403.06	8 761.04
贵　州	130.18	130.18	124.55	11 511.37	9 009.65	11 438.34	3 070.65
云　南	4 531.85	4 474.32	1 349.25	16 394.52	13 167.43	15 084.25	9 118.91
西　藏							
陕　西	8 860.00	8 860.00		14 891.99	14 652.87	15 857.20	4 530.43
甘　肃	42.12	42.12	1 177.70	9 007.75	3 118.56	7 830.04	6 352.32
青　海	63.96		1.08	15 337.37	6 076.64	15 909.61	1 322.61
宁　夏			1 055.06	12 865.39	11 948.77	11 810.33	12 575.64
新　疆	6 297.94	6 297.94	2 531.82	18 609.24	17 015.31	16 077.42	15 930.45

二、生　产

（一）水产品总产量

全国水产品总产量

单位:吨

指　标	2018 年	2017 年	2018 年比 2017 年增减(±)	
			绝对量	幅度(%)
全国总计	**64 576 558**	**64 453 279**	**123 279**	**0.19**
海水产品	33 014 303	33 217 376	−203 073	−0.61
淡水产品	31 562 255	31 235 903	326 352	1.04
养殖产量	49 910 590	49 059 903	850 687	1.73
海水养殖	20 312 206	20 006 973	305 233	1.53
淡水养殖	29 598 384	29 052 930	545 454	1.88
捕捞产量	14 665 968	15 393 376	−727 408	−4.73
海洋捕捞	10 444 647	11 124 203	−679 556	−6.11
远洋渔业	2 257 450	2 086 200	171 250	8.21
淡水捕捞	1 963 871	2 182 973	−219 102	−10.04
养殖产品中:鱼类	26 937 843	26 829 152	108 691	0.41
甲壳类	5 141 053	4 549 725	591 328	13.00
贝类	14 635 099	14 586 132	48 967	0.34
藻类	2 350 810	2 235 012	115 798	5.18
其他类	845 785	859 882	−14 097	−1.64
捕捞产品中:鱼类	8 633 096	9 267 921	−634 825	−6.85
甲壳类	2 238 009	2 365 290	−127 281	−5.38
贝类	642 451	694 737	−52 286	−7.53
藻类	18 349	20 349	−2 000	−9.83
头足类	569 944	616 558	−46 614	−7.56
其他类	306 669	342 321	−35 652	−10.41

各地区水产品产量(一)

单位:吨

地区	2018年							
	总产量	1.养殖产品小计	a.海水养殖	b.淡水养殖	2.捕捞产品小计	a.海洋捕捞	b.远洋渔业	c.淡水捕捞
全国总计	**64 576 558**	**49 910 590**	**20 312 206**	**29 598 384**	**14 665 968**	**10 444 647**	**2 257 450**	**1 963 871**
北京	30 028	25 962		25 962	4 066		1 706	2 360
天津	326 445	279 880	7 652	272 228	46 565	27 002	14 041	5 522
河北	1 096 152	776 187	489 836	286 351	319 965	212 348	65 481	42 136
山西	47 773	45 451		45 451	2 322			2 322
内蒙古	139 499	118 179		118 179	21 320			21 320
辽宁	4 508 240	3 662 362	2 863 634	798 728	845 878	524 394	282 105	39 379
吉林	234 090	214 790		214 790	19 300			19 300
黑龙江	624 320	577 220		577 220	47 100			47 100
上海	262 509	94 293		94 293	168 216	13 739	152 893	1 584
江苏	4 948 443	4 171 270	918 327	3 252 943	777 173	475 170	14 809	287 194
浙江	5 896 129	2 342 009	1 208 973	1 133 036	3 554 120	2 873 946	549 546	130 628
安徽	2 249 625	1 990 499		1 990 499	259 126			259 126
福建	7 838 917	5 589 177	4 788 297	800 880	2 249 740	1 701 208	478 656	69 876
江西	2 559 450	2 335 443		2 335 443	224 007			224 007
山东	8 614 032	6 381 381	5 210 855	1 170 526	2 232 651	1 702 291	447 539	82 821
河南	983 817	875 496		875 496	108 321			108 321
湖北	4 584 045	4 402 981		4 402 981	181 064			181 064
湖南	2 469 383	2 379 514		2 379 514	89 869			89 869
广东	8 424 441	6 984 715	3 167 259	3 817 456	1 439 726	1 271 603	52 828	115 295
广西	3 319 989	2 645 880	1 363 182	1 282 698	674 109	559 066	21 913	93 130
海南	1 758 188	661 052	294 191	366 861	1 097 136	1 083 880		13 256
重庆	529 581	510 746		510 746	18 835			18 835
四川	1 534 754	1 489 358		1 489 358	45 396			45 396
贵州	237 320	226 382		226 382	10 938			10 938
云南	637 500	606 376		606 376	31 124			31 124
西藏	377	43		43	334			334
陕西	163 035	155 835		155 835	7 200			7 200
甘肃	14 136	14 136		14 136				
青海	17 116	17 116		17 116				
宁夏	176 949	176 555		176 555	394			394
新疆	174 342	160 302		160 302	14 040			14 040
中农发集团	175 933				175 933		175 933	

各地区水产品产量(二)

单位:吨

地　区	2017 年							
	总产量	1. 养殖产品小计	a. 海水养殖	b. 淡水养殖	2. 捕捞产品小计	a. 海洋捕捞	b. 远洋渔业	c. 淡水捕捞
全国总计	**64 453 279**	**49 059 903**	**20 006 973**	**29 052 930**	**15 393 376**	**11 124 203**	**2 086 200**	**2 182 973**
北　京	45 098	33 082		33 082	12 016		9 000	3 016
天　津	323 321	278 370	9 172	269 198	44 951	27 517	11 900	5 534
河　北	1 164 600	833 333	529 158	304 175	331 267	234 049	48 200	49 018
山　西	53 047	50 905		50 905	2 142			2 142
内蒙古	156 181	127 827		127 827	28 354			28 354
辽　宁	4 794 374	3 911 374	3 081 374	830 000	883 000	552 000	285 400	45 600
吉　林	220 350	201 046		201 046	19 304			19 304
黑龙江	587 302	535 662		535 662	51 640			51 640
上　海	268 882	122 750		122 750	146 132	14 801	129 900	1 431
江　苏	5 075 922	4 211 765	930 759	3 281 006	864 157	530 322	26 200	307 635
浙　江	5 944 516	2 269 829	1 162 558	1 107 271	3 674 687	3 093 263	467 900	113 524
安　徽	2 179 632	1 901 124		1 901 124	278 508			278 508
福　建	7 445 737	5 205 404	4 453 172	752 232	2 240 333	1 743 208	428 200	68 925
江　西	2 505 549	2 279 506		2 279 506	226 043			226 043
山　东	8 680 030	6 415 409	5 190 836	1 224 573	2 264 621	1 749 591	431 300	83 730
河　南	946 730	835 250		835 250	111 480			111 480
湖　北	4 654 222	4 361 261		4 361 261	292 961			292 961
湖　南	2 415 312	2 320 384		2 320 384	94 928			94 928
广　东	8 335 387	6 725 954	3 029 070	3 696 884	1 609 433	1 441 363	47 700	120 370
广　西	3 207 683	2 483 420	1 299 352	1 184 068	724 263	610 758	8 900	104 605
海　南	1 807 899	667 273	321 522	345 751	1 140 626	1 127 331		13 295
重　庆	515 130	496 187		496 187	18 943			18 943
四　川	1 507 396	1 453 613		1 453 613	53 783			53 783
贵　州	254 782	243 262		243 262	11 520			11 520
云　南	631 182	575 233		575 233	55 949			55 949
西　藏	454	71		71	383			383
陕　西	163 030	155 830		155 830	7 200			7 200
甘　肃	15 441	15 441		15 441				
青　海	16 073	16 073		16 073				
宁　夏	180 889	180 460		180 460	429			429
新　疆	165 528	152 805		152 805	12 723			12 723
中农发集团	191 600				191 600		191 600	

各地区水产品产量(三)

单位:吨

地区	2018年比2017年增减(±)							
	总产量	1. 养殖产品小计	a. 海水养殖	b. 淡水养殖	2. 捕捞产品小计	a. 海洋捕捞	b. 远洋渔业	c. 淡水捕捞
全国总计	**123 279**	**850 687**	**305 233**	**545 454**	**-727 408**	**-679 556**	**171 250**	**-219 102**
北京	-15 070	-7 120		-7 120	-7 950		-7 294	-656
天津	3 124	1 510	-1 520	3 030	1 614	-515	2 141	-12
河北	-68 448	-57 146	-39 322	-17 824	-11 302	-21 701	17 281	-6 882
山西	-5 274	-5 454		-5 454	180			180
内蒙古	-16 682	-9 648		-9 648	-7 034			-7 034
辽宁	-286 134	-249 012	-217 740	-31 272	-37 122	-27 606	-3 295	-6 221
吉林	13 740	13 744		13 744	-4			-4
黑龙江	37 018	41 558		41 558	-4 540			-4 540
上海	-6 373	-28 457		-28 457	22 084	-1 062	22 993	153
江苏	-127 479	-40 495	-12 432	-28 063	-86 984	-55 152	-11 391	-20 441
浙江	-48 387	72 180	46 415	25 765	-120 567	-219 317	81 646	17 104
安徽	69 993	89 375		89 375	-19 382			-19 382
福建	393 180	383 773	335 125	48 648	9 407	-42 000	50 456	951
江西	53 901	55 937		55 937	-2 036			-2 036
山东	-65 998	-34 028	20 019	-54 047	-31 970	-47 300	16 239	-909
河南	37 087	40 246		40 246	-3 159			-3 159
湖北	-70 177	41 720		41 720	-111 897			-111 897
湖南	54 071	59 130		59 130	-5 059			-5 059
广东	89 054	258 761	138 189	120 572	-169 707	-169 760	5 128	-5 075
广西	112 306	162 460	63 830	98 630	-50 154	-51 692	13 013	-11 475
海南	-49 711	-6 221	-27 331	21 110	-43 490	-43 451		-39
重庆	14 451	14 559		14 559	-108			-108
四川	27 358	35 745		35 745	-8 387			-8 387
贵州	-17 462	-16 880		-16 880	-582			-582
云南	6 318	31 143		31 143	-24 825			-24 825
西藏	-77	-28		-28	-49			-49
陕西	5	5		5				
甘肃	-1 305	-1 305		-1 305				
青海	1 043	1 043		1 043				
宁夏	-3 940	-3 905		-3 905	-35			-35
新疆	8 814	7 497		7 497	1 317			1 317
中农发集团	-15 667				-15 667		-15 667	

(二)水产养殖

全国水产养殖产量(按水域和养殖方式分)

单位:吨

指 标		2018 年	2017 年	2018 年比 2017 年增减(±)	
				绝对量	幅度(%)
总 计		**49 910 590**	**49 059 903**	**850 687**	**1.73**
1. 海水养殖		20 312 206	20 006 973	305 233	1.53
按水域分	海上	11 630 385	11 425 072	205 313	1.80
	滩涂	6 228 030	6 196 565	31 465	0.51
	其他	2 453 791	2 385 336	68 455	2.87
养殖方式中	池塘	2 466 523	2 665 160	-198 637	-7.45
	普通网箱	594 562	567 333	27 229	4.80
	深水网箱	153 978	135 032	18 946	14.03
	筏式	6 126 152	5 970 989	155 163	2.60
	吊笼	1 278 542	1 191 006	87 536	7.35
	底播	5 311 699	5 365 280	-53 581	-1.00
	工厂化	255 366	240 154	15 212	6.33
2. 淡水养殖		29 598 384	29 052 930	545 454	1.88
按水域分	池塘	22 109 687	21 222 191	887 496	4.18
	湖泊	977 984	1 332 501	-354 517	-26.61
	水库	2 949 226	3 216 712	-267 486	-8.32
	河沟	637 873	773 275	-135 402	-17.51
	其他	590 345	560 744	29 601	5.28
	稻田养成鱼	2 333 269	1 947 507	385 762	19.81
养殖方式中	围栏	84 030	290 820	-206 790	-71.11
	网箱	591 067	826 583	-235 516	-28.49
	工厂化	213 463	189 380	24 083	12.72

全国海水养殖产量(一)

单位:吨

指　　标	2018 年	2017 年	2018 年比 2017 年增减(±)	
			绝对量	幅度(%)
海水养殖	**20 312 206**	**20 006 973**	**305 233**	**1.53**
1.鱼类	1 495 088	1 419 389	75 699	5.33
其中:鲈鱼	166 581	156 595	9 986	6.38
鲆鱼	107 967	106 237	1 730	1.63
大黄鱼	197 980	177 640	20 340	11.45
军曹鱼	38 831	43 657	-4 826	-11.05
鲕鱼	25 810	25 933	-123	-0.47
鲷鱼	88 375	81 107	7 268	8.96
美国红鱼	68 253	68 559	-306	-0.45
河鲀	23 054	24 403	-1 349	-5.53
石斑鱼	159 579	131 536	28 043	21.32
鲽鱼	13 915	13 655	260	1.90
2.甲壳类	1 702 911	1 631 185	71 726	4.40
其中:虾	1 409 114	1 345 154	63 960	4.75
其中:南美白对虾	1 117 534	1 080 791	36 743	3.40
斑节对虾	75 356	75 227	129	0.17
中国对虾	55 756	37 458	18 298	48.85
日本对虾	55 228	52 466	2 762	5.26
蟹	293 797	286 031	7 766	2.72
其中:梭子蟹	116 251	119 777	-3 526	-2.94
青蟹	157 712	151 976	5 736	3.77

全国海水养殖产量(二)

单位:吨

指　　标	2018 年	2017 年	2018 年比 2017 年增减(±)	
			绝对量	幅度(%)
3. 贝类	14 439 302	14 371 304	67 998	0.47
其中:牡蛎	5 139 760	4 879 422	260 338	5.34
鲍	163 169	148 539	14 630	9.85
螺	239 024	254 736	-15 712	-6.17
蚶	372 303	352 619	19 684	5.58
贻贝	903 361	927 609	-24 248	-2.61
江珧	14 465	16 503	-2 038	-12.35
扇贝	1 917 850	2 007 529	-89 679	-4.47
蛤	4 080 776	4 177 913	-97 137	-2.33
蛏	852 925	862 541	-9 616	-1.11
4. 藻类	2 343 871	2 227 838	116 033	5.21
其中:海带	1 522 537	1 486 645	35 892	2.41
裙带菜	175 503	166 795	8 708	5.22
紫菜	201 779	173 305	28 474	16.43
江蓠	330 344	308 674	21 670	7.02
麒麟菜	1 820	5 629	-3 809	-67.67
石花菜				
羊栖菜	23 246	19 997	3 249	16.25
苔菜		340	-340	-100.00
5. 其他类	331 034	357 257	-26 223	-7.34
其中:海参	174 340	219 907	-45 567	-20.72
海胆(千克)	8 844 373	9 708 159	-863 786	-8.90
海水珍珠(千克)	2 779	2 272	507	22.32
海蜇	72 664	82 280	-9 616	-11.69

全国淡水养殖产量

单位:吨

指　　标	2018 年	2017 年	2018 年比 2017 年增减(±)	
			绝对量	幅度(%)
淡水养殖产量	**29 598 384**	**29 052 930**	**545 454**	**1.88**
1. 鱼类	25 442 755	25 409 763	32 992	0.13
2. 甲壳类	3 438 142	2 918 540	519 602	17.80
其中:虾	2 681 265	2 167 595	513 670	23.70
其中:罗氏沼虾	133 266	137 360	-4 094	-2.98
青虾	234 358	240 739	-6 381	-2.65
克氏原螯虾	1 638 662	1 129 708	508 954	45.05
南美白对虾	642 807	591 496	51 311	8.67
蟹(河蟹)	756 877	750 945	5 932	0.79
3. 贝类	195 797	214 828	-19 031	-8.86
其中:河蚌	58 866	69 436	-10 570	-15.22
螺	95 691	98 894	-3 203	-3.24
蚬	18 006	21 746	-3 740	-17.20
4. 藻类(螺旋藻)	6 939	7 174	-235	-3.28
5. 其他类	514 751	502 625	12 126	2.41
其中:龟	47 676	45 798	1 878	4.10
鳖	319 081	322 102	-3 021	-0.94
蛙	102 255	91 653	10 602	11.57
珍珠(千克)	702 563	939 182	-236 619	-25.19
6. 观赏鱼(万尾)	535 216	415 960	119 257	28.67

全国淡水养殖主要鱼类产量

单位:吨

指　　标	2018 年	2017 年	2018 年比 2017 年增减(±)	
			绝对量	幅度(%)
青鱼	691 296	684 502	6 794	0.99
草鱼	5 504 301	5 345 641	158 660	2.97
鲢鱼	3 858 864	3 852 813	6 051	0.16
鳙鱼	3 096 426	3 097 952	-1 526	-0.05
鲤鱼	2 962 218	3 004 345	-42 127	-1.40
鲫鱼	2 771 565	2 817 989	-46 424	-1.65
鳊鱼	783 534	833 393	-49 859	-5.98
泥鳅	358 418	394 691	-36 273	-9.19
鲇鱼	365 590	382 306	-16 716	-4.37
鮰鱼	230 442	227 454	2 988	1.31
黄颡鱼	509 610	480 032	29 578	6.16
鲑鱼	2 446	3 089	-643	-20.82
鳟鱼	38 606	41 460	-2 854	-6.88
河鲀	12 710	6 283	6 427	102.29
短盖巨脂鲤	64 249	82 119	-17 870	-21.76
长吻鮠	21 610	21 331	279	1.31
黄鳝	319 000	358 295	-39 295	-10.97
鳜鱼	315 906	335 583	-19 677	-5.86
池沼公鱼	14 249	12 067	2 182	18.08
银鱼	16 249	20 699	-4 450	-21.50
鲈鱼	432 058	456 888	-24 830	-5.43
乌鳢	459 277	483 141	-23 864	-4.94
罗非鱼	1 624 547	1 584 680	39 867	2.52
鲟鱼	96 914	83 058	13 856	16.68
鳗鲡	233 222	217 263	15 959	7.35

各地区海水养殖产量(按品种分)(一)

单位:吨

地区	海水养殖产量	1.鱼类	其中					
			鲈鱼	鲆鱼	大黄鱼	军曹鱼	鰤鱼	鲷鱼
全国总计	**20 312 206**	**1 495 088**	**166 581**	**107 967**	**197 980**	**38 831**	**25 810**	**88 375**
天 津	7 652	1 426		131				
河 北	489 836	11 648		3 913				
辽 宁	2 863 634	71 841	7 227	50 660				5
上 海								
江 苏	918 327	83 925	1 479	5 960				56
浙 江	1 208 973	44 692	7 676	87	18 651	30		3 023
福 建	4 788 297	391 007	33 902	4 752	165 378	192	3 955	37 461
山 东	5 210 855	111 454	18 444	39 441				180
广 东	3 167 259	594 793	86 614	3 023	13 951	27 531	21 855	41 387
广 西	1 363 182	59 748	9 932			50		4 187
海 南	294 191	124 554	1 307			11 028		2 076

各地区海水养殖产量(按品种分)(二)

单位:吨

地区	1.鱼类(续)				2.甲壳类	(1)虾	其中	
	其中(续)							
	美国红鱼	河鲀	石斑鱼	鲽鱼			南美白对虾	斑节对虾
全国总计	**68 253**	**23 054**	**159 579**	**13 915**	**1 702 911**	**1 409 114**	**1 117 534**	**75 356**
天 津			198		6 226	6 226	5 966	
河 北		1 988	466	1 373	31 080	29 531	20 566	46
辽 宁		2 922			40 963	34 678	10 512	
上 海								
江 苏		185		1 982	115 289	80 492	20 372	8 766
浙 江	5 832		482	38	112 290	62 717	39 572	1 353
福 建	15 524	9 572	31 532	1 092	202 077	128 610	104 867	6 019
山 东	4 012	3 750	344	4 846	167 039	147 360	102 953	370
广 东	33 547	4 637	71 047	4 584	582 121	507 543	411 498	53 418
广 西	5 944		3 143		316 049	296 528	295 140	886
海 南	3 394		52 367		129 777	115 429	106 088	4 498

各地区海水养殖产量(按品种分)(三)

单位:吨

地 区	2. 甲壳类(续)					3. 贝类
	(1)虾(续)		(2)蟹	其 中		
	其中(续)					
	中国对虾	日本对虾		梭子蟹	青蟹	
全国总计	**55 756**	**55 228**	**293 797**	**116 251**	**157 712**	**14 439 302**
天 津						
河 北	4 864	4 055	1 549	1 547		433 107
辽 宁	12 173	10 775	6 285	6 237		2 294 524
上 海						
江 苏	6 324	703	34 797	30 941	2 047	667 450
浙 江	883	2 034	49 573	23 553	25 358	959 930
福 建	5 209	9 211	73 467	30 749	36 320	3 028 196
山 东	7 130	21 937	19 679	13 986		4 148 921
广 东	19 173	6 463	74 578	9 199	60 691	1 898 078
广 西		50	19 521		19 521	982 804
海 南			14 348	39	13 775	26 292

各地区海水养殖产量(按品种分)(四)

单位:吨

地 区	3. 贝类(续)								
	其 中								
	牡蛎	鲍	螺	蚶	贻贝	江珧	扇贝	蛤	蛏
全国总计	**5 139 760**	**163 169**	**239 024**	**372 303**	**903 361**	**14 465**	**1 917 850**	**4 080 776**	**852 925**
天 津									
河 北			3 634	8 356			378 039	40 967	143
辽 宁	268 019	2 157		60 614	47 718		431 176	1 263 974	38 241
上 海									
江 苏	39 883		67 031	31 770	44 657			368 347	58 076
浙 江	223 039	803	15 192	140 549	177 246		615	94 140	300 287
福 建	1 894 204	134 924	6 438	61 428	104 331		8 828	433 699	279 485
山 东	933 180	13 195	10 565	2 315	439 135		982 637	1 356 225	163 607
广 东	1 141 457	12 000	82 533	58 613	78 018	14 465	113 511	262 138	11 404
广 西	636 055		47 499	4 092	12 256		2 819	254 817	1 682
海 南	3 923	90	6 132	4 566			225	6 469	

各地区海水养殖产量(按品种分)(五)

单位:吨

地区	4.藻类	其中					
		海带	裙带菜	紫菜	江蓠	麒麟菜	石花菜
全国总计	**2 343 871**	**1 522 537**	**175 503**	**201 779**	**330 344**	**1 820**	
天津							
河北	1 003	1 000					
辽宁	341 622	225 897	115 725				
上海							
江苏	42 527	240		42 187			
浙江	88 090	16 376		54 016			
福建	1 118 653	768 304		74 628	220 791		
山东	665 310	506 838	58 653	15 603	50 131		
广东	73 191	3 882	1 125	15 345	49 738	1 009	
广西							
海南	13 475				9 684	811	

各地区海水养殖产量(按品种分)(六)

单位:吨

地区	4.藻类(续)		5.其他	其中			
	其中(续)						
	羊栖菜	苔菜		海参	海胆(千克)	海水珍珠(千克)	海蜇
全国总计	**23 246**		**331 034**	**174 340**	**8 844 373**	**2 779**	**72 664**
天津							
河北			12 998	4 764			4 091
辽宁			114 684	47 096	1 510 456		59 167
上海							
江苏			9 136	137			5 289
浙江	16 584		3 971	147			774
福建	6 633		48 364	29 829			2 610
山东			118 131	92 228	5 498 000		447
广东	29		19 076	115	1 835 917	1 996	286
广西			4 581			783	
海南			93	24			

各地区海水养殖产量(按水域和养殖方式分)(一)

单位:吨

地区	海水养殖产量	按养殖水域分			养殖方式中
		1.海上	2.滩涂	3.其他	1.池塘
全国总计	**20 312 206**	**11 630 385**	**6 228 030**	**2 453 791**	**2 466 523**
天　津	7 652			7 652	6 195
河　北	489 836	394 069	43 736	52 031	34 528
辽　宁	2 863 634	1 910 282	765 262	188 090	183 861
上　海					
江　苏	918 327	226 113	498 557	193 657	285 458
浙　江	1 208 973	474 565	395 136	339 272	339 668
福　建	4 788 297	3 197 354	1 196 967	393 976	250 356
山　东	5 210 855	3 591 020	1 382 489	237 346	244 013
广　东	3 167 259	1 189 355	1 267 551	710 353	690 192
广　西	1 363 182	558 502	536 595	268 085	235 042
海　南	294 191	89 125	141 737	63 329	197 210

各地区海水养殖产量(按水域和养殖方式分)(二)

单位:吨

地区	养殖方式中(续)					
	2.普通网箱	3.深水网箱	4.筏式	5.吊笼	6.底播	7.工厂化
全国总计	**594 562**	**153 978**	**6 126 152**	**1 278 542**	**5 311 699**	**255 366**
天　津						1 457
河　北			360 438		31 401	13 450
辽　宁	3 185	1 590	978 452	59 036	1 314 931	44 097
上　海						
江　苏			110 590	1 198	466 629	14 840
浙　江	22 053	15 222	436 963	3 850	259 310	7 481
福　建	301 193	12 759	1 528 509	125 274	479 092	36 550
山　东	68 931	24 810	1 942 472	992 365	1 817 560	123 484
广　东	113 328	34 415	429 881	93 681	695 241	8 926
广　西	61 941	13 878	338 847	2 903	241 561	51
海　南	23 931	51 304		235	5 974	5 030

各地区淡水养殖产量(按品种分)(一)

单位:吨

地区	淡水养殖产量	1. 鱼类	其中				
			青鱼	草鱼	鲢鱼	鳙鱼	鲤鱼
全国总计	**29 598 384**	**25 442 755**	**691 296**	**5 504 301**	**3 858 864**	**3 096 426**	**2 962 218**
北京	25 962	25 962	321	7 155	2 111	1 726	8 811
天津	272 228	233 095		48 981	29 252	11 362	87 078
河北	286 351	255 782	96	36 100	38 834	15 780	111 113
山西	45 451	45 074	308	16 219	7 041	3 898	11 814
内蒙古	118 179	115 368		16 015	21 091	15 176	43 670
辽宁	798 728	732 087	453	99 960	94 757	53 089	315 241
吉林	214 790	211 425	1 837	21 114	53 711	40 363	51 111
黑龙江	577 220	569 687		58 606	119 912	51 391	192 319
上海	94 293	62 034	3 718	24 371	8 445	5 136	463
江苏	3 252 943	2 353 479	89 796	405 208	437 711	229 346	136 488
浙江	1 133 036	863 893	58 149	94 454	140 233	102 159	34 109
安徽	1 990 499	1 528 063	78 783	265 181	279 137	273 075	103 753
福建	800 880	672 210	12 231	160 727	70 591	59 264	53 814
江西	2 335 443	2 067 367	57 390	527 487	266 568	378 556	145 478
山东	1 170 526	1 055 412	8 002	220 227	193 173	117 783	262 121
河南	875 496	829 720	8 434	146 706	189 037	137 125	230 383
湖北	4 402 981	3 349 133	208 195	874 422	542 443	428 039	131 186
湖南	2 379 514	2 062 924	83 669	602 294	353 848	302 384	174 134
广东	3 817 456	3 497 894	51 989	892 370	210 099	354 038	124 290
广西	1 282 698	1 249 253	13 737	299 481	212 888	165 580	143 533
海南	366 861	361 538	1 247	4 258	5 035	8 237	2 858
重庆	510 746	500 104	2 150	113 435	103 818	49 213	41 968
四川	1 489 358	1 461 816	2 053	265 121	311 047	172 252	186 931
贵州	226 382	224 172	1 987	50 995	23 817	32 280	69 859
云南	606 376	602 525	5 660	99 873	65 380	51 453	144 326
西藏	43	43					
陕西	155 835	149 600	232	38 050	34 341	18 800	41 721
甘肃	14 136	14 039	859	4 372	1 176	285	3 829
青海	17 116	16 913		62	32		419
宁夏	176 555	175 481		55 770	18 673	10 046	69 118
新疆	160 302	156 662		55 287	24 663	8 590	40 280

各地区淡水养殖产量(按品种分)(二)

单位:吨

地区	1. 鱼类(续)						
	其中(续)						
	鲫鱼	鳊鲂	泥鳅	鲇鱼	鮰鱼	黄颡鱼	鲑鱼
全国总计	**2 771 565**	**783 534**	**358 418**	**365 590**	**230 442**	**509 610**	**2 446**
北 京	1 184	970	56	184	156	14	
天 津	40 075	2 483	2 053	701	1 720	1 270	
河 北	24 189	662	3 269	303	158	1 518	1
山 西	1 238	59	7	6	920		7
内 蒙 古	13 824	602	832	1 647	1	93	
辽 宁	64 906	1 009	4 229	42 695	151	1 615	425
吉 林	26 885	1 748	2 402	3 137	1	2 012	179
黑 龙 江	104 823	443	8 171	8 497	27	4 309	
上 海	10 509	1 816	101		1 499	1 502	
江 苏	634 902	165 752	45 815	5 880	1 004	25 131	49
浙 江	101 703	32 579	24 125	1 179	1 669	104 452	80
安 徽	189 082	92 217	41 750	16 900	9 327	34 116	12
福 建	33 751	4 364	3 399	8 013	2 164	4 524	
江 西	214 314	68 278	78 415	32 075	9 363	50 510	40
山 东	112 855	13 637	7 514	20 993	480	2 720	
河 南	57 250	11 960	7 426	9 200	20 150	2 056	
湖 北	363 161	232 900	37 576	17 567	27 530	139 573	
湖 南	200 932	88 503	16 958	25 984	29 863	28 729	
广 东	158 235	18 089	17 473	33 329	21 394	54 065	82
广 西	33 285	1 652	2 727	28 721	14 497	6 199	
海 南	612	445	93	736			
重 庆	110 408	5 749	16 533	8 889	8 306	9 337	78
四 川	193 664	34 237	32 711	82 152	65 334	32 368	607
贵 州	8 670	1 125	2 221	4 239	5 448	1 477	111
云 南	39 003	347	1 121	9 229	3 519	1 223	267
西 藏	3						30
陕 西	5 234	458	500	868	656	661	30
甘 肃	760	66	6	19	12		273
青 海	53						160
宁 夏	13 246	197	866	2 355	3 898	23	
新 疆	12 809	1 187	69	92	1 195	113	15

各地区淡水养殖产量(按品种分)(三)

单位:吨

地区	1. 鱼类(续)						
	其中(续)						
	鳟鱼	河鲀	短盖巨脂鲤	长吻鮠	黄鳝	鳜鱼	池沼公鱼
全国总计	**38 606**	**12 710**	**64 249**	**21 610**	**319 000**	**315 906**	**14 249**
北京	854		10				
天津							
河北	1 494		9		8	36	2 512
山西	962						
内蒙古						16	790
辽宁	3 958					262	1 033
吉林	329					321	3 917
黑龙江	345					1 660	16
上海					58	25	
江苏		3 309	1 385	22	4 922	29 516	
浙江	57	2	83	35	611	11 086	4
安徽	1	16	3 005	73	37 774	38 692	
福建	37	244	2 838	124	739	1 767	
江西	244		6 584	628	77 364	35 851	
山东	165		1 610		1 615	2 499	
河南	188		121	43	3 113	389	2
湖北				1 044	146 996	76 769	
湖南	607		6	125	28 690	20 355	
广东	209	9 139	31 517	4 906	2 636	92 363	3
广西	294		15 700	926	1 048	309	
海南			901	165	67		
重庆	1 519		57	2 106	736	666	2 623
四川	1 895		10	10 308	11 558	2 121	
贵州	238		257	485	316	76	
云南	4 371		135	620	373	329	4
西藏	10						
陕西	1 008		16		365	446	
甘肃	1 786						4
青海	14 753						1 417
宁夏						2	
新疆	3 282		5		11	350	1 924

各地区淡水养殖产量(按品种分)(四)

单位:吨

地区	1. 鱼类(续)						2. 甲壳类
	其中(续)						
	银鱼	鲈鱼	乌鳢	罗非鱼	鲟鱼	鳗鲡	
全国总计	**16 249**	**432 058**	**459 277**	**1 624 547**	**96 914**	**233 222**	**3 438 142**
北京		49	35	728	1 598		
天津		1 110		2 621			38 937
河北	195	636	54	8 437	7 182		27 654
山西	56	101	472	705	1 060		169
内蒙古	155	12	1 030	53			1 047
辽宁	993	19	2 416	1 029	1 263		59 648
吉林	1 134	36	1 132	2	54		3 362
黑龙江	1 655	10	1 089				7 457
上海							31 860
江苏	74	39 714	26 329	2 401	786	6 959	844 028
浙江	4	50 953	44 465	1 954	5 818	3 191	136 478
安徽	3 112	6 177	34 042	3 415	282	2 001	369 215
福建		10 694	2 269	115 865	3 387	95 884	79 164
江西	1 708	17 436	37 895	4 603	3 820	16 419	154 393
山东	1 926	969	57 140	6 747	13 292		108 173
河南	213	2 272	1 519	987	1 146		38 178
湖北	2 496	12 301	26 992	2 253	5 600	721	985 106
湖南	800	3 742	37 773	1 555	6 435	170	258 378
广东	122	258 421	165 236	751 239	2 176	106 423	258 386
广西	228	1 320	1 259	247 321	1 036	410	3 668
海南				305 571		1 040	2 353
重庆		2 623	7 362	6 185	2 442		5 984
四川	510	15 613	10 073	2 657	7 571		16 146
贵州	472	4 459	140	2 197	10 512		1 311
云南	259	1 014	145	154 812	18 178	4	1 877
西藏							
陕西	67	110	160	390	1 960		287
甘肃			1	7	545		75
青海							203
宁夏		910	31		87		1 037
新疆	70	1 357	218	813	684		3 568

各地区淡水养殖产量(按品种分)(五)

单位:吨

地区	2. 甲壳类(续)						3. 贝类	其中
	(1)虾	其中				(2)蟹(河蟹)		
		罗氏沼虾	青虾	克氏原螯虾	南美白对虾			河蚌
全国总计	**2 681 265**	**133 266**	**234 358**	**1 638 662**	**642 807**	**756 877**	**195 797**	**58 866**
北京								
天津	37 959				37 959	978		
河北	23 946		597	4	23 345	3 708	4	4
山西	76		1	1	66	93		
内蒙古	435		136		292	612		
辽宁	12 339				11 814	47 309	2	2
吉林	445		137			2 917	3	3
黑龙江	305			46	40	7 152		
上海	24 490	3 480	190	322	20 498	7 370		
江苏	486 681	64 238	114 989	166 777	140 334	357 347	28 017	6 585
浙江	126 639	18 705	24 610	5 814	70 599	9 839	9 161	2 395
安徽	271 354	2 196	48 722	217 546	2 720	97 861	49 867	25 117
福建	78 091	1 362	1 078	1 197	73 213	1 073	30 341	3 885
江西	136 459	802	24 936	110 214	507	17 934	38 449	10 050
山东	85 300	142	1 413	32 493	46 077	22 873	596	179
河南	35 768	835	2 076	31 661	536	2 410	276	130
湖北	827 637	1 328	9 226	812 435	4 648	157 469	4 237	2 335
湖南	252 231	1 049	3 223	237 591	7 342	6 147	13 011	4 349
广东	249 906	36 121	1 530	117	199 527	8 480	12 870	2 725
广西	3 235	994	793	1 095	21	433	4 977	366
海南	2 353	1 490	46		591			
重庆	5 358	145	50	4 835	315	626	82	2
四川	15 567	143	156	14 813	337	579	2 869	592
贵州	1 002	22	39	660	56	309	221	67
云南	1 618	214	362	1 011	29	259	786	80
西藏								
陕西	189		2		166	98		
甘肃	24				13	51		
青海						203		
宁夏	244			25	219	793		
新疆	1 614		46	5	1 543	1 954	28	

各地区淡水养殖产量(按品种分)(六)

单位:吨

地区	3. 贝类(续)		4. 藻类(螺旋藻)	5. 其他类	其中				6. 观赏鱼(万尾)
	其中(续)								
	螺	蚬			龟	鳖	蛙	珍珠(千克)	
全国总计	**95 691**	**18 006**	**6 939**	**514 751**	**47 676**	**319 081**	**102 255**	**702 563**	**535 216**
北京									35 191
天津				196		196			26 282
河北				2 911		2 810			6 483
山西				208					398
内蒙古			1 728	36					25
辽宁				6 991			6 991		124 789
吉林									32 403
黑龙江				76					
上海				399	81	279	39		85 126
江苏	18 959	2 401	976	26 443	2 285	22 564	590	101 001	85 771
浙江	6 282	165	430	123 074	11 545	101 384	4 054	696	8 905
安徽	23 490	1 260		43 354	5 165	33 218	3 796	274 205	14 249
福建	3 182	8 203	510	18 655	172	5 081	11 963	1 000	2 347
江西	23 303	3 525	2 794	72 440	6 978	28 848	34 920	248 000	4 861
山东	275	4		6 345		6 250	57	800	34 753
河南	133	13	5	7 317	107	7 050	119		22 804
湖北	1 572	330		64 505	7 697	45 455	11 353		838
湖南	6 613	147		45 201	3 384	23 910	13 692	76 228	1 273
广东	4 227	1 804		48 306	7 288	18 434	2 535	41	19 657
广西	4 423	153		24 800	2 769	18 615	634	588	17
海南				2 970	20	371	2 132		150
重庆	80			4 576	3	1 218	3 340	4	12 600
四川	2 265			8 527	163	2 423	5 278		5 728
贵州	153	1		678	15	32	205		113
云南	706		496	692	4	70	555		5 869
西藏									
陕西				5 948		772			3 994
甘肃				22		22			
青海									
宁夏				37		37			524
新疆	28			44		42	2		66

各地区淡水养殖产量(按水域和养殖方式分)(一)

单位:吨

地区	淡水养殖产量	按水域分			
		1.池塘	2.湖泊	3.水库	4.河沟
全国总计	**29 598 384**	**22 109 687**	**977 984**	**2 949 226**	**637 873**
北京	25 962	23 267			
天津	272 228	263 926		6 670	54
河北	286 351	245 649	4 017	29 518	2 033
山西	45 451	32 346	560	12 331	29
内蒙古	118 179	72 149	16 296	27 469	1 964
辽宁	798 728	611 887		106 222	4 286
吉林	214 790	91 763	30 617	83 744	704
黑龙江	577 220	409 659	51 023	70 757	27 508
上海	94 293	92 771			1 303
江苏	3 252 943	2 582 898	127 527	40 571	146 376
浙江	1 133 036	849 219	3 907	78 917	37 002
安徽	1 990 499	1 246 051	258 374	138 302	101 036
福建	800 880	492 744	4 258	158 689	37 431
江西	2 335 443	1 479 749	284 185	391 573	43 639
山东	1 170 526	917 702	43 295	174 187	1 073
河南	875 496	749 153	3 985	80 903	13 993
湖北	4 402 981	3 712 259			
湖南	2 379 514	1 750 574	68 636	199 746	14 336
广东	3 817 456	3 491 612	9 481	230 794	17 634
广西	1 282 698	692 198		430 899	97 838
海南	366 861	334 507	970	24 343	230
重庆	510 746	462 070		38 177	1 123
四川	1 489 358	811 962	1 009	213 910	71 864
贵州	226 382	58 965	478	89 441	7 515
云南	606 376	295 994	5 442	234 965	4 247
西藏	43	43			
陕西	155 835	89 530	3 480	40 515	2 700
甘肃	14 136	10 030	88	2 710	11
青海	17 116	551	452	16 113	
宁夏	176 555	114 801	58 466	1 711	680
新疆	160 302	123 658	1 438	26 049	1 264

各地区淡水养殖产量(按水域和养殖方式分)(二)

单位:吨

地　区	按水域分(续)		养殖方式中		
	5. 其他	6. 稻田	1. 围栏	2. 网箱	3. 工厂化
全国总计	**590 345**	**2 333 269**	**84 030**	**591 067**	**213 463**
北　京	2 695				1 291
天　津	940	638			
河　北	3 885	1 249	205	1 729	1 829
山　西	45	140		254	
内蒙古		301	1 147	140	102
辽　宁	24 224	52 109	1 520	55 939	580
吉　林	222	7 740	1 160	2 546	250
黑龙江	10 693	7 580	145	1 205	80
上　海		219			60
江　苏	105 577	249 994	17 344	18 520	18 272
浙　江	29 115	134 876	3 737	7 778	22 973
安　徽	27 925	218 811	19 892	32 412	11 152
福　建	91 908	15 850	1 221	19 670	76 968
江　西	38 347	97 950	3 932	15 150	14 676
山　东	27 689	6 580	19 142	25 683	31 657
河　南	8 202	19 260		6 227	1 975
湖　北		690 722			8 418
湖　南	48 173	298 049		43 858	7 283
广　东	66 261	1 674	3 305	2 993	637
广　西	36 488	25 275	6 814	175 402	275
海　南	6 599	212	195	660	
重　庆		9 376	980		453
四　川	7 182	383 431		1 859	1 253
贵　州	24 402	45 581	55	33 944	1 183
云　南	1 185	64 543	1 026	102 255	10 657
西　藏					
陕　西	19 450	160	2 210	25 065	530
甘　肃	1 296	1		186	134
青　海				14 853	
宁　夏		897			
新　疆	7 842	51		2 739	775

(三)国内捕捞

全国海洋捕捞产量

单位:吨

指　　标	2018 年	2017 年	2018 年比 2017 年增减(±)	
			绝对量	幅度(%)
海洋捕捞产量	**10 444 647**	**11 124 203**	**-679 556**	**-6.11**
1. 鱼类	7 162 277	7 652 163	-489 886	-6.40
2. 甲壳类	1 979 498	2 075 964	-96 466	-4.65
虾	1 310 000	1 352 269	-42 269	-3.13
其中:毛虾	425 185	440 600	-15 415	-3.50
对虾	223 082	180 696	42 386	23.46
鹰爪虾	245 035	283 310	-38 275	-13.51
虾蛄	220 567	219 087	1 480	0.68
蟹	669 498	723 695	-54 197	-7.49
其中:梭子蟹	479 164	497 763	-18 599	-3.74
青蟹	79 444	79 491	-47	-0.06
蟳	28 462	34 750	-6 288	-18.09
3. 贝类	430 403	442 890	-12 487	-2.82
4. 藻类	18 286	19 976	-1 690	-8.46
5. 头足类	569 944	616 558	-46 614	-7.56
其中:乌贼	127 257	136 772	-9 515	-6.96
鱿鱼	292 018	320 199	-28 181	-8.80
章鱼	107 789	110 835	-3 046	-2.75
6. 其他类	284 239	316 652	-32 413	-10.24
其中:海蜇	160 673	168 538	-7 865	-4.67

全国海洋捕捞主要鱼类产量

单位:吨

指　　标	2018 年	2017 年	2018 年比 2017 年增减(±)	
			绝对量	幅度(%)
海鳗	329 111	340 504	-11 393	-3.35
鳓鱼	67 689	75 167	-7 478	-9.95
鳀鱼	658 395	703 655	-45 260	-6.43
沙丁鱼	105 700	119 275	-13 575	-11.38
鲱鱼	10 304	10 887	-583	-5.36
石斑鱼	101 597	117 204	-15 607	-13.32
鲷鱼	136 529	153 446	-16 917	-11.02
蓝圆鲹	493 952	535 188	-41 236	-7.70
白姑鱼	95 889	94 412	1 477	1.56
黄姑鱼	67 124	62 771	4 353	6.93
鮸鱼	60 944	58 794	2 150	3.66
大黄鱼	68 317	68 890	-573	-0.83
小黄鱼	282 553	290 732	-8 179	-2.81
梅童鱼	230 197	269 839	-39 642	-14.69
方头鱼	41 681	45 842	-4 161	-9.08
玉筋鱼	92 308	100 690	-8 382	-8.32
带鱼	939 372	1 012 329	-72 957	-7.21
金线鱼	334 314	374 572	-40 258	-10.75
梭鱼	118 310	134 800	-16 490	-12.23
鲐鱼	432 504	444 839	-12 335	-2.77
鲅鱼	356 711	355 564	1 147	0.32
金枪鱼	55 057	58 258	-3 201	-5.49
鲳鱼	326 015	329 547	-3 532	-1.07
马面鲀	139 151	157 443	-18 292	-11.62
竹筴鱼	40 613	37 510	3 103	8.27
鲻鱼	90 800	102 102	-11 302	-11.07

全国海洋捕捞产量（按海域、渔具分）

单位：吨

指　　标		2018 年	2017 年	2018 年比 2017 年增减（±）	
				绝对量	幅度（%）
合　计		**10 444 647**	**11 124 203**	**-679 556**	**-6.11**
按捕捞海域分	渤海	790 300	698 002	92 298	13.22
	黄海	2 385 959	2 529 459	-143 500	-5.67
	东海	4 172 797	4 513 623	-340 826	-7.55
	南海	3 095 591	3 383 119	-287 528	-8.50
按捕捞渔具分	拖网	4 887 102	5 355 104	-468 002	-8.74
	围网	931 291	927 676	3 615	0.39
	刺网	2 280 103	2 420 958	-140 855	-5.82
	张网	1 220 525	1 286 275	-65 750	-5.11
	钓具	369 058	332 304	36 754	11.06
	其他渔具	756 568	801 886	-45 318	-5.65

全国淡水捕捞产量

单位：吨

指　　标	2018 年	2017 年	2018 年比 2017 年增减（±）	
			绝对量	幅度（%）
淡水捕捞产量	**1 963 871**	**2 182 973**	**-219 102**	**-10.04**
1. 鱼类	1 470 819	1 615 758	-144 939	-8.97
2. 甲壳类	258 511	289 326	-30 815	-10.65
虾	216 671	244 671	-28 000	-11.44
蟹	41 840	44 655	-2 815	-6.30
3. 贝类	212 048	251 847	-39 799	-15.80
4. 藻类	63	373	-310	-83.11
5. 其他类	22 430	25 669	-3 239	-12.62
其中：丰年虫	556	566	-10	-1.77

各地区海洋捕捞产量(按品种分)(一)

单位:吨

地区	海洋捕捞产量	1.鱼类	其中				
			海鳗	鳓鱼	鳀鱼	沙丁鱼	鲱鱼
全国总计	**10 444 647**	**7 162 277**	**329 111**	**67 689**	**658 395**	**105 700**	**10 304**
天津	27 002	22 626			14 917		
河北	212 348	121 718			44 625		
辽宁	524 394	302 465	276	406	37 289	417	27
上海	13 739	5 692	190	28			
江苏	475 170	258 038	6 980	2 274	1 961	398	35
浙江	2 873 946	1 947 635	81 141	9 444	54 555	8 116	1 875
福建	1 701 208	1 238 632	61 850	11 459	67 588	7 330	3 366
山东	1 702 291	1 161 678	14 558	6	403 166	5 978	
广东	1 271 603	909 677	74 103	24 153	30 013	60 099	3 716
广西	559 066	310 092	12 087	18 625		10 364	871
海南	1 083 880	884 024	77 926	1 294	4 281	12 998	414

各地区海洋捕捞产量(按品种分)(二)

单位:吨

地区	1.鱼类(续)							
	其中(续)							
	石斑鱼	鲷鱼	蓝圆鲹	白姑鱼	黄姑鱼	鮸鱼	大黄鱼	小黄鱼
全国总计	**101 597**	**136 529**	**493 952**	**95 889**	**67 124**	**60 944**	**68 317**	**282 553**
天津								1 339
河北	15				183	25	1 131	9 406
辽宁	4 106	52		1 187	1 563	148	21 499	55 724
上海					26		15	200
江苏	19	87	12	3 371	6 766	1 709	140	26 241
浙江	872	4 751	52 597	48 803	36 193	42 520	553	103 358
福建	16 121	55 137	243 322	9 031	8 369	10 004	3 649	9 450
山东		50		10 211	6 779	422	2 691	40 964
广东	37 095	37 483	96 030	18 750	4 366	5 060	25 647	23 746
广西	5 208	21 196	57 016	1 353	68	700		
海南	38 161	17 773	44 975	3 183	2 811	356	12 992	12 125

各地区海洋捕捞产量(按品种分)(三)

单位:吨

地区	1.鱼类(续)							
	其中(续)							
	梅童鱼	方头鱼	玉筋鱼	带鱼	金线鱼	梭鱼	鲐鱼	鲅鱼
全国总计	**230 197**	**41 681**	**92 308**	**939 372**	**334 314**	**118 310**	**432 504**	**356 711**
天　津				215		426	1 864	1 316
河　北	172		160	2 099		11 170	6 745	10 160
辽　宁	4 236	190	3 187	6 429		12 679	22 818	34 457
上　海	70			294			97	84
江　苏	60 757	164	300	49 602		7 946	4 307	7 217
浙　江	139 678	15 806	30 692	387 968	1 676	8 868	186 502	84 538
福　建	19 429	4 256	12 480	139 086	8 899	14 513	120 828	40 468
山　东			30 741	71 555		26 545	37 100	148 967
广　东	3 451	9 296	2 329	127 925	78 683	24 237	30 198	25 576
广　西		39		25 813	28 504	7 916	10 039	2 001
海　南	2 404	11 930	12 419	128 386	216 552	4 010	12 006	1 927

各地区海洋捕捞产量(按品种分)(四)

单位:吨

地区	1.鱼类(续)					2.甲壳类		
	其中(续)						(1)虾	其中
	金枪鱼	鲳鱼	马面鲀	竹筴鱼	鲻鱼			毛虾
全国总计	**55 057**	**326 015**	**139 151**	**40 613**	**90 800**	**1 979 498**	**1 310 000**	**425 185**
天　津						1 738	1 317	420
河　北		2 626	20		3 909	46 062	32 364	7 257
辽　宁	100	1 075	334		5 033	103 253	69 256	20 381
上　海		120		37		7 828	976	
江　苏		31 095	849		10 370	138 500	46 585	24 092
浙　江	4 088	100 555	19 479	5 201	9 037	751 609	548 512	179 436
福　建	2 378	57 910	41 373	11 124	24 710	304 755	179 751	58 093
山　东		28 916	1 839	6		221 668	180 765	61 648
广　东	31 824	64 754	39 383	5 015	17 956	211 592	138 398	35 872
广　西		9 029	21 203	185	7 499	123 169	69 494	28 136
海　南	16 667	29 935	14 671	19 045	12 286	69 324	42 582	9 850

各地区海洋捕捞产量(按品种分)(五)

单位:吨

地区	2. 甲壳类(续)						
	(1)虾(续)			(2)蟹	其中		
	其中(续)						
	对虾	鹰爪虾	虾蛄		梭子蟹	青蟹	蟳
全国总计	**223 082**	**245 035**	**220 567**	**669 498**	**479 164**	**79 444**	**28 462**
天　津	8		707	421			
河　北	2 165	2 063	16 151	13 698	8 380	8	92
辽　宁	4 472	5 804	30 008	33 997	16 895	3 945	8 383
上　海	41	523		6 852	5 905		
江　苏	2 244	8 577	7 490	91 915	83 617	2 466	1 200
浙　江	78 599	140 217	51 794	203 097	172 363	3 538	6 251
福　建	25 941	40 257	34 159	125 004	83 088	15 789	5 615
山　东	13 420	22 592	48 617	40 903	30 435	70	1 709
广　东	59 305	12 995	22 485	73 194	38 713	29 604	2 707
广　西	17 394	8 101	6 741	53 675	28 990	10 840	1 802
海　南	19 493	3 906	2 415	26 742	10 778	13 184	703

各地区海洋捕捞产量(按品种分)(六)

单位:吨

地区	3. 贝类	4. 藻类	5. 头足类	其中			6. 其他类	其中
				乌贼	鱿鱼	章鱼		海蜇
全国总计	**430 403**	**18 286**	**569 944**	**127 257**	**292 018**	**107 789**	**284 239**	**160 673**
天　津	1 658		980	18	839	123		
河　北	18 773		8 628	1 500	1 609	4 489	17 167	10 488
辽　宁	54 514	216	28 063	3 401	14 159	6 504	35 883	8 405
上　海	2		199	35	39	125	18	
江　苏	40 849	835	13 487	1 938	7 141	3 755	23 461	14 162
浙　江	20 176	1 184	129 485	33 770	67 552	25 651	23 857	3 811
福　建	37 775	1 796	104 200	29 820	52 507	15 197	14 050	11 813
山　东	143 818	1 259	92 135	8 920	38 791	28 543	81 733	60 700
广　东	44 346	6 083	61 006	14 383	26 327	12 136	38 899	11 945
广　西	49 253		40 700	14 685	19 719	5 812	35 852	33 962
海　南	19 239	6 913	91 061	18 787	63 335	5 454	13 319	5 387

各地区海洋捕捞产量(按海域分)

单位:吨

地区	海洋捕捞产量	按捕捞海域分			
		1.渤海	2.黄海	3.东海	4.南海
全国总计	**10 444 647**	**790 300**	**2 385 959**	**4 172 797**	**3 095 591**
天津	27 002	5 193	21 809		
河北	212 348	163 548	48 800		
辽宁	524 394	201 695	316 645	6 054	
上海	13 739			13 739	
江苏	475 170	413	422 778	51 529	450
浙江	2 873 946	138 114	154 973	2 567 972	12 887
福建	1 701 208			1 513 021	188 187
山东	1 702 291	281 337	1 420 954		
广东	1 271 603			20 482	1 251 121
广西	559 066				559 066
海南	1 083 880				1 083 880

各地区海洋捕捞产量(按渔具分)

单位:吨

地区	海洋捕捞产量	按捕捞渔具分					
		1.拖网	2.围网	3.刺网	4.张网	5.钓具	6.其他
全国总计	**10 444 647**	**4 887 102**	**931 291**	**2 280 103**	**1 220 525**	**369 058**	**756 568**
天津	27 002	17 536	3 375	5 333	137		621
河北	212 348	52 560	1 880	87 872	43 870		26 166
辽宁	524 394	184 604	5 953	238 966	37 322	12 243	45 306
上海	13 739	12 073		700	966		
江苏	475 170	65 339	4 344	147 170	183 308	257	74 752
浙江	2 873 946	1 632 432	217 991	321 656	515 893	37 599	148 375
福建	1 701 208	655 186	269 311	257 144	285 301	49 451	184 815
山东	1 702 291	1 118 877	22 988	327 046	112 206	13 438	107 736
广东	1 271 603	609 243	130 573	361 118	8 210	106 134	56 325
广西	559 066	366 861	51 474	71 646	155	6 308	62 622
海南	1 083 880	172 391	223 402	461 452	33 157	143 628	49 850

各地区淡水捕捞产量(按品种分)

单位:吨

地区	淡水捕捞产量	1.鱼类	2.甲壳类			3.贝类	4.藻类	5.其他类	
				虾	蟹				其中:丰年虫
全国总计	**1 963 871**	**1 470 819**	**258 511**	**216 671**	**41 840**	**212 048**	**63**	**22 430**	**556**
北京	2 360	2 360							
天津	5 522	4 204	612	433	179	248		458	
河北	42 136	37 503	2 379	1 760	619	1 571		683	
山西	2 322	2 228	14	11	3			80	80
内蒙古	21 320	20 889	362	340	22			69	59
辽宁	39 379	33 766	4 881	1 958	2 923	187		545	
吉林	19 300	18 269	727	719	8	304			
黑龙江	47 100	45 932	665	665		495		8	
上海	1 584	1 552	16	14	2			16	
江苏	287 194	171 310	49 877	37 201	12 676	61 895		4 112	
浙江	130 628	95 225	9 205	7 574	1 631	24 688	60	1 450	
安徽	259 126	169 742	55 562	49 698	5 864	29 993		3 829	
福建	69 876	46 937	4 918	4 015	903	17 258		763	
江西	224 007	160 088	33 615	31 468	2 147	26 869		3 435	
山东	82 821	67 352	11 440	7 282	4 158	3 715		314	15
河南	108 321	91 917	14 508	13 862	646	1 869		27	
湖北	181 064	143 965	31 415	28 849	2 566	3 858		1 826	
湖南	89 869	73 635	10 503	9 379	1 124	4 334		1 397	
广东	115 295	77 802	12 577	8 238	4 339	23 597		1 319	8
广西	93 130	77 099	6 380	5 333	1 047	8 582		1 069	
海南	13 256	12 047	300	216	84	908		1	
重庆	18 835	16 952	1 677	1 466	211	206			
四川	45 396	42 185	2 731	2 466	265	372		108	
贵州	10 938	9 917	880	813	67	62		79	
云南	31 124	27 006	2 842	2 764	78	1 029	2	245	
西藏	334	25						309	309
陕西	7 200	6 864	124	112	12	8	1	203	
甘肃									
青海									
宁夏	394	381	13		13				
新疆	14 040	13 667	288	35	253			85	85

(四)远洋渔业

各地区远洋渔业

单位:吨、万元

地　　区	远洋捕捞产量	运回国内量	境外出售量	远洋渔业总产值	2018年比2017年增减(±) 远洋捕捞产量	运回国内量	境外出售量	远洋渔业总产值
全国总计	**2 257 450**	**1 462 344**	**795 106**	**2 627 266**	**171 250**	**226 097**	**-54 847**	**269 466**
北　京	1 706	1 273	433	2 786	-7 294	-7 061	-233	-7 714
天　津	14 041	9 898	4 143	12 261	2 141	1 172	969	1 861
河　北	65 481	1 833	63 648	16 691	17 281	-929	18 210	3 391
辽　宁	282 105	113 748	168 357	301 359	-3 295	9 612	-12 907	30 159
上　海	152 893	97 801	55 092	184 868	22 993	19 417	3 576	14 168
江　苏	14 809	3 130	11 679	20 432	-11 391	-11 202	-189	-6 768
浙　江	549 546	474 988	74 558	655 777	81 646	31 649	49 997	87 177
福　建	478 656	262 892	215 764	438 380	50 456	42 963	7 493	110 180
山　东	447 539	360 421	87 118	584 138	16 239	150 672	-134 433	55 838
广　东	52 828	16 170	36 658	93 955	5 128	-4 754	9 882	3 155
广　西	21 913	290	21 623	15 894	13 013	21	12 992	5 494
海　南								
中农发集团	175 933	119 900	56 033	300 725	-15 667	-5 463	-10 204	-27 475

各地区远洋渔业主要品种产量

单位:吨

地　　区	远洋捕捞产量	其中 金枪鱼	鱿鱼	竹筴鱼
全国总计	**2 257 450**	**364 017**	**574 297**	**61 429**
北　京	1 706	201	645	
天　津	14 041	545	714	3 991
河　北	65 481		1 446	
辽　宁	282 105	29 100	14 813	
上　海	152 893	90 034	21 529	
江　苏	14 809	1 473	10 518	
浙　江	549 546	101 013	356 102	14 507
福　建	478 656	27 120	23 502	
山　东	447 539	57 059	102 192	39 781
广　东	52 828	19 397	1 125	
广　西	21 913			
海　南				
中农发集团	175 933	38 075	41 711	3 150

三、生 产 要 素

（一）水产养殖面积

全国水产养殖面积（按水域和养殖方式分）

单位：公顷

指 标		2018 年	2017 年	2018 年比 2017 年增减（±）	
				绝对量	幅度（%）
总 计		**7 189 524**	**7 449 034**	**-259 510**	**-3.48**
1. 海水养殖		2 043 069	2 084 076	-41 007	-1.97
按水域分	海上	1 140 199	1 102 887	37 312	3.38
	滩涂	596 483	658 275	-61 792	-9.39
	其他	306 387	322 914	-16 527	-5.12
养殖方式中	池塘	400 163	400 033	130	0.03
	普通网箱（米²）	51 795 309	48 881 971	2 913 338	5.96
	深水网箱（米³）	13 479 665	12 184 609	1 295 056	10.63
	筏式	339 123	346 942	-7 819	-2.25
	吊笼	131 142	118 681	12 461	10.50
	底播	932 563	875 712	56 851	6.49
	工厂化（米³）	33 736 741	31 051 119	2 685 622	8.65
2. 淡水养殖		5 146 455	5 364 958	-218 503	-4.07
按水域分	池塘	2 666 835	2 527 781	139 054	5.50
	湖泊	746 155	886 492	-140 337	-15.83
	水库	1 441 670	1 615 407	-173 737	-10.75
	河沟	179 414	213 735	-34 321	-16.06
	其他	112 381	121 543	-9 162	-7.54
	稻田养成鱼	2 028 262	1 682 689	345 573	20.54
养殖方式中	围栏（米²）	296 482 148	1 138 294 251	-841 812 103	-73.95
	网箱（米²）	41 183 079	69 810 644	-28 627 565	-41.01
	工厂化（米³）	48 142 207	39 899 956	8 242 251	20.66

全国海水养殖面积(按品种分)

单位:公顷

指　　标	2018 年	2017 年	2018 年比 2017 年增减(±)	
			绝对量	幅度(%)
海水养殖	**2 043 069**	**2 084 076**	**-41 007**	**-1.97**
1. 鱼类	75 123	89 917	-14 794	-16.45
2. 甲壳类	295 010	299 053	-4 043	-1.35
虾	243 570	245 409	-1 839	-0.75
其中:南美白对虾	167 025	165 833	1 192	0.72
斑节对虾	10 991	11 949	-958	-8.02
中国对虾	22 024	22 639	-615	-2.72
日本对虾	23 801	25 741	-1 940	-7.54
蟹	51 440	53 644	-2 204	-4.11
其中:梭子蟹	23 017	24 648	-1 631	-6.62
青蟹	23 129	22 734	395	1.74
3. 贝类	1 241 107	1 286 771	-45 664	-3.55
其中:牡蛎	144 377	138 462	5 915	4.27
鲍	14 014	14 393	-379	-2.63
螺	37 433	38 907	-1 474	-3.79
蚶	38 191	39 167	-976	-2.49
贻贝	34 578	49 039	-14 461	-29.49
江珧	582	676	-94	-13.91
扇贝	443 707	462 927	-19 220	-4.15
蛤	383 132	416 742	-33 610	-8.06
蛏	50 750	54 578	-3 828	-7.01
4. 藻类	144 153	145 263	-1 110	-0.76
其中:海带	45 100	44 236	864	1.95
裙带菜	7 235	6 431	804	12.50
紫菜	76 243	79 607	-3 364	-4.23
江蓠	9 020	8 810	210	2.38
麒麟菜	114	345	-231	-66.96
石花菜				
羊栖菜	1 304	1 095	209	19.09
苔菜		20	-20	-100.00
5. 其他类	287 676	263 072	24 604	9.35
其中:海参	238 183	219 163	19 020	8.68
海胆	9 910	14 366	-4 456	-31.02
海水珍珠	2 008	2 486	-478	-19.23
海蜇	14 834	16 272	-1 438	-8.84

各地区水产养殖面积(一)

单位:公顷

地区	2018 年			
	总面积	海水养殖面积	淡水养殖面积	其中:池塘
全国总计	**7 189 524**	**2 043 069**	**5 146 455**	**2 666 835**
北京	2 606		2 606	2 568
天津	30 570	2 759	27 811	24 702
河北	151 909	111 404	40 505	21 810
山西	11 305		11 305	2 397
内蒙古	112 821		112 821	19 283
辽宁	870 224	693 190	177 034	37 213
吉林	325 493		325 493	32 603
黑龙江	400 310		400 310	109 064
上海	12 826		12 826	11 662
江苏	631 630	186 641	444 989	327 348
浙江	260 688	80 924	179 764	95 020
安徽	487 169		487 169	198 875
福建	248 363	162 464	85 899	34 495
江西	408 404		408 404	164 031
山东	782 255	570 857	211 398	123 684
河南	148 052		148 052	116 571
湖北	535 148		535 148	535 148
湖南	419 303		419 303	255 255
广东	478 897	165 614	313 283	244 478
广西	183 302	47 844	135 458	59 216
海南	52 172	21 372	30 800	19 048
重庆	83 024		83 024	53 043
四川	190 083		190 083	98 351
贵州	47 664		47 664	9 411
云南	94 429		94 429	23 368
西藏	4		4	4
陕西	41 500		41 500	10 210
甘肃	6 542		6 542	1 594
青海	17 400		17 400	340
宁夏	35 007		35 007	14 709
新疆	120 424		120 424	21 334

各地区水产养殖面积(二)

单位:公顷

地区	2017年			
	总面积	海水养殖面积	淡水养殖面积	其中:池塘
全国总计	**7 449 034**	**2 084 076**	**5 364 958**	**2 527 781**
北京	2 928		2 928	2 869
天津	33 345	3 206	30 139	27 261
河北	153 484	107 583	45 901	22 324
山西	10 748		10 748	2 422
内蒙古	137 105		137 105	19 085
辽宁	878 700	698 400	180 300	36 401
吉林	250 697		250 697	30 812
黑龙江	382 677		382 677	92 645
上海	15 621		15 621	14 117
江苏	632 151	192 390	439 761	297 719
浙江	273 998	75 954	198 044	71 868
安徽	477 177		477 177	183 607
福建	241 921	155 739	86 182	34 918
江西	412 784		412 784	161 030
山东	833 586	610 377	223 209	110 429
河南	146 620		146 620	111 952
湖北	797 575		797 575	531 167
湖南	417 478		417 478	240 463
广东	473 771	161 690	312 081	232 031
广西	181 966	47 022	134 944	59 247
海南	61 101	31 715	29 386	20 296
重庆	82 204		82 204	52 288
四川	188 395		188 395	95 725
贵州	35 177		35 177	5 918
云南	93 493		93 493	22 937
西藏	4		4	4
陕西	42 900		42 900	10 211
甘肃	6 500		6 500	1 394
青海	17 400		17 400	139
宁夏	35 097		35 097	15 053
新疆	132 431		132 431	21 449

各地区水产养殖面积(三)

单位:公顷

地区	2018 年比 2017 年增减(±)			
	总面积	海水养殖面积	淡水养殖面积	其中:池塘
全国总计	**-259 510**	**-41 007**	**-218 503**	**139 054**
北京	-322		-322	-301
天津	-2 775	-447	-2 328	-2 559
河北	-1 575	3 821	-5 396	-514
山西	557		557	-25
内蒙古	-24 284		-24 284	198
辽宁	-8 476	-5 210	-3 266	812
吉林	74 796		74 796	1 791
黑龙江	17 633		17 633	16 419
上海	-2 795		-2 795	-2 455
江苏	-521	-5 749	5 228	29 629
浙江	-13 310	4 970	-18 280	23 152
安徽	9 992		9 992	15 268
福建	6 442	6 725	-283	-423
江西	-4 380		-4 380	3 001
山东	-51 331	-39 520	-11 811	13 255
河南	1 432		1 432	4 619
湖北	-262 427		-262 427	3 981
湖南	1 825		1 825	14 792
广东	5 126	3 924	1 202	12 447
广西	1 336	822	514	-31
海南	-8 929	-10 343	1 414	-1 248
重庆	820		820	755
四川	1 688		1 688	2 626
贵州	12 487		12 487	3 493
云南	936		936	431
西藏				
陕西	-1 400		-1 400	-1
甘肃	42		42	200
青海				201
宁夏	-90		-90	-344
新疆	-12 007		-12 007	-115

各地区海水养殖面积(按品种分)(一)

单位:公顷

地区	海水养殖面积	1. 鱼类	2. 甲壳类	虾	其中 南美白对虾	斑节对虾	中国对虾	日本对虾
全国总计	**2 043 069**	**75 123**	**295 010**	**243 570**	**167 025**	**10 991**	**22 024**	**23 801**
天 津	2 759	7	2 752	2 752	2 519			
河 北	111 404	573	25 531	24 036	12 495	70	6 402	4 375
辽 宁	693 190	6 900	18 870	17 935	3 429		7 630	6 350
上 海								
江 苏	186 641	8 660	22 816	14 192	2 727	2 412	1 655	145
浙 江	80 924	2 722	23 910	9 564	6 724	187	106	329
福 建	162 464	16 016	23 068	14 477	9 174	1 426	1 002	2 448
山 东	570 857	5 198	84 753	77 631	59 740	358	3 783	9 338
广 东	165 614	28 450	60 886	52 685	41 699	6 121	1 446	801
广 西	47 844	1 250	19 262	18 157	18 036	99		15
海 南	21 372	5 347	13 162	12 141	10 482	318		

各地区海水养殖面积(按品种分)(二)

单位:公顷

地区	2. 甲壳类(续) 蟹	其中 梭子蟹	青蟹	3. 贝类	其中 牡蛎	鲍	螺	蚶	贻贝
全国总计	**51 440**	**23 017**	**23 129**	**1 241 107**	**144 377**	**14 014**	**37 433**	**38 191**	**34 578**
天 津									
河 北	1 495	695		77 379			1 163	3 564	
辽 宁	935	834		489 300	23 727	950		19 114	3 288
上 海									
江 苏	8 624	8 498	126	110 547	2 555		19 178	3 147	5 740
浙 江	14 346	2 748	9 946	36 370	4 119	37	4 059	5 755	1 800
福 建	8 591	3 985	4 159	76 754	36 169	5 943	465	3 249	1 584
山 东	7 122	5 897		353 033	35 938	6 124	3 851	511	18 006
广 东	8 201	298	6 875	69 163	26 897	949	5 220	2 366	4 008
广 西	1 105		1 105	26 340	14 777		3 139	189	152
海 南	1 021	62	918	2 221	195	11	358	296	

各地区海水养殖面积(按品种分)(三)

单位:公顷

地区	3.贝类(续) 其中(续) 江珧	扇贝	蛤	蛏	4.藻类	其中 海带	裙带菜	紫菜	江蓠
全国总计	**582**	**443 707**	**383 132**	**50 750**	**144 153**	**45 100**	**7 235**	**76 243**	**9 020**
天津									
河北		50 973	15 493	13	7	7			
辽宁		254 415	139 164	3 934	11 374	6 073	5 251		
上海									
江苏			71 823	4 104	43 411	300		43 111	
浙江		67	6 733	12 841	17 540	1 058		15 156	
福建		259	14 159	13 407	43 168	20 397		14 895	6 223
山东		131 478	112 090	15 763	25 336	17 156	1 964	2 313	1 078
广东	582	6 009	16 546	604	2 720	109	20	768	1 433
广西		146	6 170	84					
海南		360	954		597				286

各地区海水养殖面积(按品种分)(四)

单位:公顷

地区	4.藻类(续) 其中(续) 麒麟菜	石花菜	羊栖菜	苔菜	5.其他	其中 海参	海胆	海水珍珠	海蜇
全国总计	**114**		**1 304**		**287 676**	**238 183**	**9 910**	**2 008**	**14 834**
天津									
河北					7 914	7 741			25
辽宁					166 746	139 904	1 842		12 040
上海									
江苏					1 207	462			701
浙江			892		382	52			200
福建			382		3 458	1 618			1 517
山东					102 537	88 116	5 536		325
广东	40		30		4 395	286	2 532	1 253	26
广西					992			755	
海南	74				45	4			

各地区海水养殖面积(按水域和养殖方式分)(一)

单位:公顷

地区	海水养殖面积	按养殖水域分			养殖方式中	
		1. 海上	2. 滩涂	3. 其他	1. 池塘	2. 普通网箱(米^2)
全国总计	**2 043 069**	**1 140 199**	**596 483**	**306 387**	**400 163**	**51 795 309**
天津	2 759			2 759	2 758	
河北	111 404	61 941	22 708	26 755	25 094	
辽宁	693 190	479 386	123 070	90 734	86 493	390 506
上海						
江苏	186 641	48 924	117 387	20 330	35 658	
浙江	80 924	22 634	34 052	24 238	24 766	611 072
福建	162 464	85 974	47 989	28 501	20 686	43 368 816
山东	570 857	370 248	157 542	43 067	104 031	2 091 950
广东	165 614	49 329	64 370	51 915	69 210	3 524 001
广西	47 844	18 022	16 336	13 486	15 962	633 607
海南	21 372	3 741	13 029	4 602	15 505	1 175 357

各地区海水养殖面积(按水域和养殖方式分类)(二)

单位:公顷

地区	养殖方式中(续)				
	3. 深水网箱(米^3)	4. 筏式	5. 吊笼	6. 底播	7. 工厂化(米^3)
全国总计	**13 479 665**	**339 123**	**131 142**	**932 563**	**33 736 741**
天津					200 600
河北		51 108		17 961	3 149 700
辽宁	193 000	46 221	11 340	486 127	2 820 225
上海					
江苏		44 737	250	93 522	659 846
浙江	2 184 980	20 043	222	22 163	2 140 848
福建	517 703	45 906	6 240	17 734	12 311 962
山东	1 732 938	109 430	108 803	239 600	11 330 327
广东	1 572 332	15 835	4 060	46 144	828 569
广西	1 291 761	5 843	159	8 387	2 800
海南	5 986 951		68	925	291 864

各地区淡水养殖面积(按水域和养殖方式分)(一)

单位:公顷

地 区	淡水养殖面积	按 水 域 分			
		1. 池塘	2. 湖泊	3. 水库	4. 河沟
全国总计	**5 146 455**	**2 666 835**	**746 155**	**1 441 670**	**179 414**
北 京	2 606	2 568			
天 津	27 811	24 702		2 968	23
河 北	40 505	21 810	1 560	16 007	771
山 西	11 305	2 397	1 271	7 459	10
内蒙古	112 821	19 283	36 432	53 217	3 889
辽 宁	177 034	37 213		84 010	6 301
吉 林	325 493	32 603	112 906	179 649	330
黑龙江	400 310	109 064	122 185	142 620	20 218
上 海	12 826	11 662			1 164
江 苏	444 989	327 348	56 066	10 188	37 971
浙 江	179 764	95 020	2 406	68 339	11 557
安 徽	487 169	198 875	159 550	78 086	42 904
福 建	85 899	34 495	622	43 418	3 959
江 西	408 404	164 031	92 825	139 377	9 190
山 东	211 398	123 684	7 341	76 583	1 367
河 南	148 052	116 571	2 375	23 911	5 184
湖 北	535 148	535 148			
湖 南	419 303	255 255	56 237	104 124	970
广 东	313 283	244 478	1 682	58 424	1 468
广 西	135 458	59 216		68 733	5 642
海 南	30 800	19 048	169	11 394	7
重 庆	83 024	53 043		28 629	1 352
四 川	190 083	98 351	4 750	70 332	16 511
贵 州	47 664	9 411	239	30 980	4 600
云 南	94 429	23 368	8 401	60 945	1 214
西 藏	4	4			
陕 西	41 500	10 210	6 420	23 090	1 520
甘 肃	6 542	1 594	30	4 771	2
青 海	17 400	340	4 233	12 827	
宁 夏	35 007	14 709	18 059	1 747	492
新 疆	120 424	21 334	50 396	39 842	798

各地区淡水养殖面积(按水域和养殖方式分)(二)

单位:公顷

地区	按水域(续)		养殖方式中		
	5. 其他	6. 稻田	1. 围栏(米²)	2. 网箱(米²)	3. 工厂化(米³)
全国总计	**112 381**	**2 028 262**	**296 482 148**	**41 183 079**	**48 142 207**
北京	38				146 349
天津	118	3 285			60 000
河北	357	2 423	40 020	226 980	1 130 200
山西	168	266		7 412	
内蒙古		6 326	49 284 000	6 800	16 000
辽宁	49 510	51 509	550 000	830 489	168 661
吉林	5	33 171	217 272	70 800	41 300
黑龙江	6 223	47 000	1 424 500	134 620	1 200
上海		75			26 000
江苏	13 416	241 058	30 227 917	2 955 972	2 419 971
浙江	2 442	46 434	4 536 849	526 230	8 135 360
安徽	7 754	150 636	128 545 843	7 070 252	868 304
福建	3 405	15 914	87 030	848 368	19 399 137
江西	2 981	66 996	3 496 361	347 875	1 482 581
山东	2 423	2 298	18 691 600	7 442 928	3 332 381
河南	11	33 709		344 420	165 899
湖北		393 171			3 080 000
湖南	2 717	300 148		2 428 654	396 718
广东	7 231	3 643	981 970	167 581	50 960
广西	1 867	45 414	26 313 633	10 566 506	32 000
海南	182	69	1 753	26 700	
重庆		35 295	13 486 500		26 418
四川	139	312 230		21 490	652 005
贵州	2 434	119 624	170 850	1 630 766	69 427
云南	501	111 947	3 400 170	3 014 656	1 828 814
西藏					
陕西	260	3 155	15 025 880	2 104 540	4 402 650
甘肃	145			56 453	6 547
青海				320 587	
宁夏		2 166			
新疆	8 054	300		32 000	203 325

（二）水产苗种

全国水产苗种数量

指　标	计量单位	2018 年	2017 年	2018 年比 2017 年增减（±）	
				绝对量	幅度（%）
淡水鱼苗产量	**亿尾**	**13 110**	**13 189**	**-79**	**-0.60**
其中：罗非鱼	亿尾	201	222	-21	-9.66
淡水鱼种产量	吨	3 587 746	3 697 172	-109 426	-2.96
投放鱼种产量	吨	4 085 689	4 187 797	-102 108	-2.44
河蟹育苗量	千克	891 829	843 890	47 939	5.68
扣蟹	千克	62 118 402	58 328 556	3 789 846	6.50
稚鳖数量	万只	61 771	60 757	1 014	1.67
稚龟数量	万只	13 024	12 518	506	4.04
鳗苗捕捞量	千克	12 716	17 130	-4 414	-25.77
海水鱼苗产量	**万尾**	**1 283 998**	**1 292 903**	**-8 905**	**-0.69**
其中：大黄鱼	万尾	325 675	391 472	-65 797	-16.81
鲆鱼	万尾	34 787	38 743	-3 956	-10.21
虾类育苗量	亿尾	13 418	12 518	900	7.19
其中：南美白对虾	亿尾	10 225	9 552	673	7.05
贝类育苗量	万粒	280 816 005	248 406 382	32 409 623	13.05
其中：鲍鱼育苗量	万粒	823 999	741 643	82 356	11.10
海带育苗量	亿株	490	484	6	1.20
紫菜育苗量	亿贝壳	12	13	-1	-6.66
海参	亿头	562	528	34	6.40

各地区水产苗种数量(一)

地　　区	淡水鱼苗（亿尾）	其中:罗非鱼（亿尾）	淡水鱼种（吨）	投放鱼种（吨）	河蟹育苗（千克）	扣蟹（千克）
全国总计	**13 109.93**	**200.90**	**3 587 746**	**4 085 689**	**891 829**	**62 118 402**
北　　京	14.14		5 281	5 260		
天　　津	43.73		14 223	25 430	385	6 080
河　　北	43.79	0.23	20 737	31 273	300	2 605
山　　西	2.00	0.13	3 902	5 870		
内 蒙 古	2.50		9 607	13 939		
辽　　宁	82.00		100 513	99 409	70 700	24 844 050
吉　　林	11.92		12 128	19 596		93 906
黑 龙 江	13.19		45 965	56 680		
上　　海	13.75		5 832	13 037		6 066 000
江　　苏	546.74	0.44	296 258	426 757	791 858	9 898 505
浙　　江	184.94	0.52	51 321	85 798	501	37 119
安　　徽	448.09	1.35	294 094	382 843		11 613 634
福　　建	30.89	7.58	16 883	38 707		
江　　西	376.94	2.12	288 961	402 222	4 910	155 068
山　　东	104.24	0.26	96 662	137 212	5 775	69 167
河　　南	60.85		92 382	101 294		42 382
湖　　北	1 181.83		1 051 372	996 424		9 012 073
湖　　南	499.96		433 219	343 222		
广　　东	8 279.25	102.24	222 544	193 027		
广　　西	506.21	17.45	124 355	137 135		13
海　　南	55.21	52.53		5 382		
重　　庆	86.40	1.71	87 091	102 827		
四　　川	269.55	0.66	177 257	252 952		
贵　　州	63.79		10 405	19 734		11 000
云　　南	110.48	13.00	68 489	131 462		31 035
西　　藏	0.04		12	12		
陕　　西	19.42	0.30	14 023	13 570		18 000
甘　　肃	0.74	0.01	2 184	2 499		4 115
青　　海	0.05			54		3 750
宁　　夏	10.20		26 548	27 689		
新　　疆	47.09	0.37	15 498	14 373	17 400	209 900

各地区水产苗种数量(二)

地 区	稚鳖（万只）	稚龟（万只）	鳗苗捕捞（千克）	海水鱼苗（万尾）	其中	
					大黄鱼(万尾)	鲆鱼(万尾)
全国总计	**61 770.79**	**13 024.42**	**12 716**	**1 283 997.51**	**325 674.80**	**34 787.00**
北 京	8.00	2.60				
天 津	97.00			3 513.00		2 207.00
河 北	779.70			3 550.00		1 557.00
山 西	204.00					
内蒙古						
辽 宁	2.00			2 966.00		2 706.00
吉 林						
黑龙江						
上 海	5.00	23.00	61			
江 苏	3 790.00	878.00	4 952	11 497.00	100.00	78.00
浙 江	11 077.00	737.00	1 322	43 321.00	37 411.00	
安 徽	6 267.75	752.53				
福 建	93.00	1.85	6 338	416 384.00	287 880.00	310.00
江 西	11 649.00	5 769.00				
山 东	2 099.00			77 980.00		27 528.00
河 南	1 710.00	11.00				
湖 北	6 944.00	2 539.00				
湖 南	3 560.72	1 075.75				
广 东	6 549.00	665.00	43	508 510.00	252.00	401.00
广 西	5 994.94	544.69		39.20	31.80	
海 南		15.50		216 237.31		
重 庆	71.40	1.20				
四 川	406.50	7.10				
贵 州	0.69	1.20				
云 南	0.09					
西 藏						
陕 西	461.00					
甘 肃	1.00					
青 海						
宁 夏						
新 疆						

各地区水产苗种数量(三)

地　　区	虾类育苗(亿尾)	其中:南美白对虾(亿尾)	贝类育苗(万粒)	其中:鲍鱼(万粒)	海带(亿株)	紫菜(亿贝壳)	海参(亿头)
全国总计	**13 418.11**	**10 224.98**	**280 816 005**	**823 999**	**490.27**	**11.91**	**561.90**
北　　京							
天　　津	179.70	171.10					
河　　北	414.45	393.50	770 000				10.41
山　　西							
内 蒙 古							
辽　　宁	147.00	104.00	7 386 126	19 692	6.00		205.00
吉　　林							
黑 龙 江							
上　　海							
江　　苏	261.12	233.10	50			4.66	
浙　　江	241.00	22.11	49 199 802			1.93	
安　　徽	186.52		34 422				
福　　建	2 511.90	1 824.03	163 564 501	636 460	290.27	5.26	0.20
江　　西	14.11		13 300				
山　　东	1 732.00	1 215.00	59 378 543	11 820	94.00		345.70
河　　南	9.93						
湖　　北	492.00		83				
湖　　南							
广　　东	5 455.00	4 497.00	293 678	155 927	100.00	0.06	0.09
广　　西	208.68	205.96	71 353	100			
海　　南	1 508.10	1 505.10	104 147				0.50
重　　庆	1.30						
四　　川	0.19						
贵　　州							
云　　南	0.91	0.01					
西　　藏							
陕　　西							
甘　　肃	0.63	0.50					
青　　海							
宁　　夏							
新　　疆	53.57	53.57					

（三）年末渔船拥有量

全国渔船年末拥有量（一）

指标		2018年			2017年			2018年比2017年增减（±）		
		艘	总吨	千瓦	艘	总吨	千瓦	艘	总吨	千瓦
渔船合计		**863 892**	**10 801 514**	**20 735 788**	**946 160**	**10 823 609**	**21 089 027**	**-82 268**	**-22 095**	**-353 239**
机动渔船合计		556 150	10 414 394	20 735 788	599 331	10 386 349	21 089 027	-43 181	28 045	-353 239
1. 生产渔船		533 906	9 311 809	18 419 325	575 317	9 272 333	18 795 639	-41 411	39 476	-376 314
（1）捕捞渔船		374 674	8 667 138	16 530 132	391 389	8 541 931	16 696 031	-16 715	125 207	-165 899
441千瓦（含）以上		2 928	1 509 560	2 599 263	2 689	1 333 504	2 272 791	239	176 056	326 472
44.1（含）~441千瓦		54 372	5 762 682	9 702 044	57 527	5 742 298	9 977 402	-3 155	20 384	-275 358
44.1千瓦以下		317 374	1 394 896	4 228 825	331 173	1 466 129	4 445 838	-13 799	-71 233	-217 013
（2）养殖渔船		159 232	644 671	1 889 193	183 928	730 402	2 099 608	-24 696	-85 731	-210 415
2. 辅助渔船		22 244	1 102 585	2 316 463	24 014	1 114 016	2 293 388	-1 770	-11 431	23 075
（1）捕捞辅助船		18 559	935 286	1 596 224	20 345	960 822	1 621 650	-1 786	-25 536	-25 426
（2）渔业执法船		2 716	77 371	608 197	2 581	84 236	593 535	135	-6 865	14 662
机动渔船按船长分	24米（含）以上	37 140	6 952 173	11 034 561	36 224	6 521 773	10 550 923	916	430 400	483 638
	12（含）~24米	72 700	1 931 800	4 210 717	78 642	2 141 587	4 594 103	-5 942	-209 787	-383 386
	12米以下	446 310	1 530 433	5 490 676	484 149	1 721 604	5 934 581	-37 839	-191 171	-443 905
非机动渔船合计		307 742	387 120		346 829	437 260		-39 087	-50 140	

全国渔船年末拥有量(二)

指标		总数			海洋渔船			内陆渔船		
		艘	总吨	千瓦	艘	总吨	千瓦	艘	总吨	千瓦
渔船合计		**863 892**	**10 801 514**	**20 735 788**	**237 583**	**9 174 196**	**16 750 013**	**626 309**	**1 627 318**	**3 985 775**
机动渔船合计		556 150	10 414 394	20 735 788	232 979	9 164 657	16 750 013	323 171	1 249 737	3 985 775
1. 生产渔船		533 906	9 311 809	18 419 325	221 070	8 123 833	14 744 373	312 836	1 187 976	3 674 952
(1)捕捞渔船		374 674	8 667 138	16 530 132	156 018	7 820 086	13 701 490	218 656	847 052	2 828 642
441 千瓦(含)以上		2 928	1 509 560	2 599 263	2 917	1 506 443	2 593 757	11	3 117	5 506
44.1(含)~441 千瓦		54 372	5 762 682	9 702 044	51 333	5 660 197	9 471 702	3 039	102 485	230 342
44.1 千瓦以下		317 374	1 394 896	4 228 825	101 768	653 446	1 636 031	215 606	741 450	2 592 794
(2)养殖渔船		159 232	644 671	1 889 193	65 052	303 747	1 042 883	94 180	340 924	846 310
2. 辅助渔船		22 244	1 102 585	2 316 463	11 909	1 040 824	2 005 640	10 335	61 761	310 823
(1)捕捞辅助船		18 559	935 286	1 596 224	10 636	898 183	1 508 152	7 923	37 103	88 072
(2)渔业执法船		2 716	77 371	608 197	535	50 730	392 051	2 181	26 641	216 146
机动渔船按船长分	24 米(含)以上	37 140	6 952 173	11 034 561	36 493	6 917 125	10 978 721	647	35 048	55 840
	12(含)~24 米	72 700	1 931 800	4 210 717	40 520	1 528 314	3 504 589	32 180	403 486	706 128
	12 米以下	446 310	1 530 433	5 490 676	155 966	719 218	2 266 703	290 344	811 215	3 223 973
非机动渔船合计		307 742	387 120		4 604	9 539		303 138	377 581	

各地区机动渔船年末拥有量

地　区	2018 年			2017 年			2018 年比 2017 年增减（±）		
	艘	总吨	千瓦	艘	总吨	千瓦	艘	总吨	千瓦
全国总计	**556 150**	**10 414 394**	**20 735 788**	**599 331**	**10 386 349**	**21 089 027**	**-43 181**	**28 045**	**-353 239**
北　京	34	10 244	14 602	34	10 252	14 621		-8	-19
天　津	2 547	36 748	77 794	3 122	38 309	93 440	-575	-1 561	-15 646
河　北	7 757	260 621	492 927	8 155	241 771	498 810	-398	18 850	-5 883
山　西	192	370	2 986	194	338	2 765	-2	32	221
内蒙古	1 256	2 246	18 524	1 266	2 206	18 006	-10	40	518
辽　宁	32 209	713 723	1 605 308	34 136	739 946	1 527 946	-1 927	-26 223	77 362
吉　林	4 419	7 025	72 964	4 619	7 201	82 973	-200	-176	-10 009
黑龙江	10 429	17 513	109 265	11 664	21 544	119 636	-1 235	-4 031	-10 371
上　海	856	110 520	162 058	871	112 949	171 918	-15	-2 429	-9 860
江　苏	102 533	908 074	2 003 312	111 458	1 000 367	2 135 273	-8 925	-92 293	-131 961
浙　江	31 847	3 006 930	4 501 478	34 043	3 002 425	4 508 048	-2 196	4 505	-6 570
安　徽	19 633	165 861	301 648	23 278	197 806	356 567	-3 645	-31 945	-54 919
福　建	50 939	1 357 945	2 764 162	54 758	1 249 477	2 710 948	-3 819	108 468	53 214
江　西	30 535	150 025	425 718	31 353	151 811	429 675	-818	-1 786	-3 957
山　东	64 537	1 208 227	2 488 759	65 894	1 223 532	2 531 593	-1 357	-15 305	-42 834
河　南	3 933	18 734	67 502	4 175	15 997	69 474	-242	2 737	-1 972
湖　北	30 855	66 283	272 555	43 371	83 452	353 802	-12 516	-17 169	-81 247
湖　南	34 931	79 148	318 448	34 968	79 231	318 757	-37	-83	-309
广　东	55 432	1 054 569	2 253 150	58 232	1 021 245	2 328 333	-2 800	33 324	-75 183
广　西	24 593	520 408	897 059	25 028	485 506	881 529	-435	34 902	15 530
海　南	24 864	537 057	1 376 162	25 026	505 002	1 389 831	-162	32 055	-13 669
重　庆	5 489	16 466	70 164	5 498	16 334	69 014	-9	132	1 150
四　川	7 714	8 437	63 782	8 192	8 754	65 578	-478	-317	-1 796
贵　州	4 066	6 844	65 814	4 903	7 802	75 554	-837	-958	-9 740
云　南	1 259	3 724	26 046	1 555	5 716	29 353	-296	-1 992	-3 307
西　藏									
陕　西	633	1 708	9 748	814	3 732	11 836	-181	-2 024	-2 088
甘　肃	39	110	1 853	39	112	2 019		-2	-166
青　海	1 127	1 198	13 789	1 127	1 198	13 789			
宁　夏	28	128	1 852	31	131	1 914	-3	-3	-62
新　疆	1 160	4 167	20 030	1 206	4 244	21 050	-46	-77	-1 020
中农发集团	304	139 341	236 329	321	147 959	254 975	-17	-8 618	-18 646

各地区机动渔船年末拥有量(按船长分)

地区	24 米(含)以上			12(含)~24 米			12 米以下		
	艘	总吨	千瓦	艘	总吨	千瓦	艘	总吨	千瓦
全国总计	**37 140**	**6 952 173**	**11 034 561**	**72 700**	**1 931 800**	**4 210 717**	**446 310**	**1 530 433**	**5 490 676**
北京	14	10 146	12 867	7	79	935	13	19	800
天津	81	22 098	36 013	296	11 702	25 324	2 170	2 948	16 457
河北	1 053	148 938	199 803	2 452	75 147	185 331	4 252	36 536	107 793
山西				12	39	203	180	331	2 783
内蒙古				18	525	1 361	1 238	1 721	17 163
辽宁	2 947	357 381	730 439	7 640	269 971	600 503	21 622	86 371	274 366
吉林	7	640	1 669	330	1 440	9 329	4 082	4 945	61 966
黑龙江	16	1 510	5 133	150	986	5 035	10 263	15 017	99 097
上海	288	101 593	138 497	281	8 394	19 432	287	533	4 129
江苏	3 182	320 154	561 862	13 796	243 643	420 842	85 555	344 277	1 020 608
浙江	12 945	2 893 721	4 163 474	2 051	62 022	143 421	16 851	51 187	194 583
安徽	152	9 043	2 956	3 338	96 238	118 207	16 143	60 580	180 485
福建	5 092	1 040 269	1 821 255	5 080	181 056	475 874	40 767	136 620	467 033
江西	7	429	1 747	7 818	68 310	162 012	22 710	81 286	261 959
山东	5 332	835 617	1 398 176	5 883	164 884	394 669	53 322	207 726	695 914
河南	12	904	2 300	991	11 618	18 319	2 930	6 212	46 883
湖北	4	283	1 718	2 408	14 130	34 207	28 443	51 870	236 630
湖南	78	1 058	412	3 452	20 815	36 890	31 401	57 275	281 146
广东	3 515	613 732	1 065 097	8 993	297 394	667 576	42 924	143 443	520 477
广西	1 112	279 671	340 659	1 704	167 910	252 554	21 777	72 827	303 846
海南	1 003	176 374	314 973	4 474	226 411	594 862	19 387	134 272	466 327
重庆	1	50	306	735	3 846	15 000	4 753	12 570	54 858
四川	1	100	516	174	1 026	5 328	7 539	7 311	57 938
贵州	3	146	405	383	1 526	11 090	3 680	5 172	54 319
云南	3	150	1 238	37	294	1 661	1 219	3 280	23 147
西藏									
陕西				32	396	1 714	601	1 324	8 200
甘肃				3	15	309	36	95	1 544
青海							1 127	1 198	13 789
宁夏							28	128	1 852
新疆	2	108	400	148	700	5 046	1 010	3 359	14 584
中农发集团	290	138 058	232 646	14	1 283	3 683			

各地区机动渔船年末拥有量(生产渔船)

地区	生产渔船			捕捞渔船			养殖渔船		
	艘	总吨	千瓦	艘	总吨	千瓦	艘	总吨	千瓦
全国总计	**533 906**	**9 311 809**	**18 419 325**	**374 674**	**8 667 138**	**16 530 132**	**159 232**	**644 671**	**1 889 193**
北京	14	10 146	12 867	14	10 146	12 867			
天津	2 494	34 243	68 051	2 061	33 784	65 156	433	459	2 895
河北	6 959	231 049	419 114	5 000	207 710	321 971	1 959	23 339	97 143
山西	181	303	1 878	127	139	928	54	164	950
内蒙古	1 191	1 469	12 180	1 025	1 235	10 174	166	234	2 006
辽宁	31 355	648 149	1 416 304	18 601	577 589	1 222 677	12 754	70 560	193 627
吉林	4 325	5 778	65 951	2 806	3 425	39 547	1 519	2 353	26 404
黑龙江	10 316	15 088	94 633	7 038	11 149	63 214	3 278	3 939	31 419
上海	800	105 792	146 820	800	105 792	146 820			
江苏	95 887	855 727	1 856 823	53 763	618 365	1 369 817	42 124	237 362	487 006
浙江	29 300	2 461 512	3 655 399	22 687	2 442 581	3 580 524	6 613	18 931	74 875
安徽	19 136	161 303	282 187	16 488	119 645	249 972	2 648	41 658	32 215
福建	48 440	1 176 968	2 423 572	26 022	1 118 089	2 184 955	22 418	58 879	238 617
江西	30 399	148 606	411 903	23 519	123 668	341 305	6 880	24 938	70 598
山东	64 071	1 111 717	2 325 243	46 771	1 034 670	2 023 033	17 300	77 047	302 210
河南	3 826	17 617	59 210	3 006	15 701	48 199	820	1 916	11 011
湖北	30 278	63 331	249 270	16 050	34 574	153 228	14 228	28 757	96 042
湖南	34 735	77 657	302 486	17 250	53 765	203 509	17 485	23 892	98 977
广东	51 285	974 149	1 969 563	46 527	953 380	1 906 182	4 758	20 769	63 381
广西	23 576	511 704	849 887	22 738	510 076	835 735	838	1 628	14 152
海南	24 667	522 803	1 340 453	24 512	521 173	1 331 024	155	1 630	9 429
重庆	5 083	14 942	59 577	5 010	14 647	58 772	73	295	805
四川	7 355	7 543	53 954	6 554	5 874	46 401	801	1 669	7 553
贵州	3 945	5 599	54 181	3 173	3 958	41 263	772	1 641	12 918
云南	1 117	2 944	14 710	937	2 451	12 433	180	493	2 277
西藏									
陕西	605	1 543	7 526	74	268	807	531	1 275	6 719
甘肃	22	22	240				22	22	240
青海	1 112	982	11 660	1 008	765	8 878	104	217	2 782
宁夏	6	10	92				6	10	92
新疆	1 122	3 772	17 262	809	3 178	14 412	313	594	2 850
中农发集团	304	139 341	236 329	304	139 341	236 329			

各地区海洋机动渔船年末拥有量

地区	2018年			2017年			2018年比2017年增减(±)		
	艘	总吨	千瓦	艘	总吨	千瓦	艘	总吨	千瓦
全国总计	**232 979**	**9 164 657**	**16 750 013**	**244 712**	**8 986 677**	**16 806 553**	**-11 733**	**177 980**	**-56 540**
北京	14	10 146	12 867	14	10 146	12 867			
天津	578	35 334	65 541	647	35 566	67 584	-69	-232	-2 043
河北	6 375	257 441	461 683	6 698	238 407	466 478	-323	19 034	-4 795
辽宁	29 898	706 459	1 572 128	31 893	733 242	1 501 057	-1 995	-26 783	71 071
上海	391	105 750	147 373	400	108 402	158 397	-9	-2 652	-11 024
江苏	8 235	408 139	804 530	8 544	410 485	819 009	-309	-2 346	-14 479
浙江	24 420	2 988 110	4 414 582	25 537	2 976 624	4 405 645	-1 117	11 486	8 937
福建	47 656	1 354 140	2 741 769	51 375	1 245 075	2 687 259	-3 719	109 065	54 510
山东	37 155	1 107 093	2 117 229	38 410	1 121 795	2 157 445	-1 255	-14 702	-40 216
广东	44 108	1 025 312	2 130 500	46 394	987 984	2 220 799	-2 286	37 328	-90 299
广西	9 169	501 962	681 524	9 486	466 106	665 446	-317	35 856	16 078
海南	24 676	525 430	1 363 958	24 993	504 886	1 389 592	-317	20 544	-25 634
中农发集团	304	139 341	236 329	321	147 959	254 975	-17	-8 618	-18 646

各地区海洋机动渔船年末拥有量(按船长分)

地区	24米(含)以上			12(含)~24米			12米以下		
	艘	总吨	千瓦	艘	总吨	千瓦	艘	总吨	千瓦
全国总计	**36 493**	**6 917 125**	**10 978 721**	**40 520**	**1 528 314**	**3 504 589**	**155 966**	**719 218**	**2 266 703**
北京	14	10 146	12 867						
天津	81	22 098	36 013	296	11 702	25 324	201	1 534	4 204
河北	1 052	148 857	199 333	2 443	75 086	184 881	2 880	33 498	77 469
辽宁	2 927	356 253	728 655	7 576	268 821	594 671	19 395	81 385	248 802
上海	281	100 869	135 941	102	4 840	11 253	8	41	179
江苏	2 957	310 429	545 624	3 014	81 074	189 053	2 264	16 636	69 853
浙江	12 940	2 893 129	4 162 230	1 843	60 369	136 759	9 637	34 612	115 593
福建	5 092	1 040 269	1 821 255	5 041	180 796	475 069	37 523	133 075	445 445
山东	5 331	835 533	1 397 860	5 853	164 662	393 187	25 971	106 898	326 182
广东	3 467	608 241	1 053 926	8 362	291 184	654 051	32 279	125 887	422 523
广西	1 110	279 624	340 110	1 559	167 076	245 751	6 500	55 262	95 663
海南	951	173 619	312 261	4 417	221 421	590 907	19 308	130 390	460 790
中农发集团	290	138 058	232 646	14	1 283	3 683			

各地区海洋机动渔船年末拥有量(生产渔船)

地区	生产渔船			捕捞渔船			养殖渔船		
	艘	总吨	千瓦	艘	总吨	千瓦	艘	总吨	千瓦
全国总计	**221 070**	**8 123 833**	**14 744 373**	**156 018**	**7 820 086**	**13 701 490**	**65 052**	**303 747**	**1 042 883**
北京	14	10 146	12 867	14	10 146	12 867			
天津	541	32 856	56 332	431	32 696	54 952	110	160	1 380
河北	5 614	228 221	391 131	3 828	205 435	296 710	1 786	22 786	94 421
辽宁	29 118	642 396	1 391 270	16 654	572 950	1 207 050	12 464	69 446	184 220
上海	371	101 996	137 723	371	101 996	137 723			
江苏	8 002	387 030	737 575	6 280	344 620	632 451	1 722	42 410	105 124
浙江	22 186	2 444 621	3 580 893	16 816	2 431 215	3 522 219	5 370	13 406	58 674
福建	45 182	1 173 269	2 402 960	22 951	1 114 680	2 165 984	22 231	58 589	236 976
山东	36 767	1 011 816	1 962 030	20 110	936 020	1 672 938	16 657	75 796	289 092
广东	40 208	946 233	1 860 171	35 694	926 923	1 797 085	4 514	19 310	63 086
广西	8 277	494 226	645 575	8 232	494 000	644 812	45	226	763
海南	24 486	511 682	1 329 517	24 333	510 064	1 320 370	153	1 618	9 147
中农发集团	304	139 341	236 329	304	139 341	236 329			

各地区内陆机动渔船年末拥有量

地区	2018年			2017年			2018年比2017年增减(±)		
	艘	总吨	千瓦	艘	总吨	千瓦	艘	总吨	千瓦
全国总计	**323 171**	**1 249 737**	**3 985 775**	**354 619**	**1 399 672**	**4 282 474**	**-31 448**	**-149 935**	**-296 699**
北京	20	98	1 735	20	106	1 754		-8	-19
天津	1 969	1 414	12 253	2 475	2 743	25 856	-506	-1 329	-13 603
河北	1 382	3 180	31 244	1 457	3 364	32 332	-75	-184	-1 088
山西	192	370	2 986	194	338	2 765	-2	32	221
内蒙古	1 256	2 246	18 524	1 266	2 206	18 006	-10	40	518
辽宁	2 311	7 264	33 180	2 243	6 704	26 889	68	560	6 291
吉林	4 419	7 025	72 964	4 619	7 201	82 973	-200	-176	-10 009
黑龙江	10 429	17 513	109 265	11 664	21 544	119 636	-1 235	-4 031	-10 371
上海	465	4 770	14 685	471	4 547	13 521	-6	223	1 164
江苏	94 298	499 935	1 198 782	102 914	589 882	1 316 264	-8 616	-89 947	-117 482
浙江	7 427	18 820	86 896	8 506	25 801	102 403	-1 079	-6 981	-15 507
安徽	19 633	165 861	301 648	23 278	197 806	356 567	-3 645	-31 945	-54 919
福建	3 283	3 805	22 393	3 383	4 402	23 689	-100	-597	-1 296
江西	30 535	150 025	425 718	31 353	151 811	429 675	-818	-1 786	-3 957
山东	27 382	101 134	371 530	27 484	101 737	374 148	-102	-603	-2 618
河南	3 933	18 734	67 502	4 175	15 997	69 474	-242	2 737	-1 972
湖北	30 855	66 283	272 555	43 371	83 452	353 802	-12 516	-17 169	-81 247
湖南	34 931	79 148	318 448	34 968	79 231	318 757	-37	-83	-309
广东	11 324	29 257	122 650	11 838	33 261	107 534	-514	-4 004	15 116
广西	15 424	18 446	215 535	15 542	19 400	216 083	-118	-954	-548
海南	188	11 627	12 204	33	116	239	155	11 511	11 965
重庆	5 489	16 466	70 164	5 498	16 334	69 014	-9	132	1 150
四川	7 714	8 437	63 782	8 192	8 754	65 578	-478	-317	-1 796
贵州	4 066	6 844	65 814	4 903	7 802	75 554	-837	-958	-9 740
云南	1 259	3 724	26 046	1 555	5 716	29 353	-296	-1 992	-3 307
西藏									
陕西	633	1 708	9 748	814	3 732	11 836	-181	-2 024	-2 088
甘肃	39	110	1 853	39	112	2 019		-2	-166
青海	1 127	1 198	13 789	1 127	1 198	13 789			
宁夏	28	128	1 852	31	131	1 914	-3	-3	-62
新疆	1 160	4 167	20 030	1 206	4 244	21 050	-46	-77	-1 020

各地区内陆机动渔船年末拥有量(按船长分)

地区	24米(含)以上			12(含)~24米			12米以下		
	艘	总吨	千瓦	艘	总吨	千瓦	艘	总吨	千瓦
全国总计	**647**	**35 048**	**55 840**	**32 180**	**403 486**	**706 128**	**290 344**	**811 215**	**3 223 973**
北京				7	79	935	13	19	800
天津							1 969	1 414	12 253
河北	1	81	470	9	61	450	1 372	3 038	30 324
山西				12	39	203	180	331	2 783
内蒙古				18	525	1 361	1 238	1 721	17 163
辽宁	20	1 128	1 784	64	1 150	5 832	2 227	4 986	25 564
吉林	7	640	1 669	330	1 440	9 329	4 082	4 945	61 966
黑龙江	16	1 510	5 133	150	986	5 035	10 263	15 017	99 097
上海	7	724	2 556	179	3 554	8 179	279	492	3 950
江苏	225	9 725	16 238	10 782	162 569	231 789	83 291	327 641	950 755
浙江	5	592	1 244	208	1 653	6 662	7 214	16 575	78 990
安徽	152	9 043	2 956	3 338	96 238	118 207	16 143	60 580	180 485
福建				39	260	805	3 244	3 545	21 588
江西	7	429	1 747	7 818	68 310	162 012	22 710	81 286	261 959
山东	1	84	316	30	222	1 482	27 351	100 828	369 732
河南	12	904	2 300	991	11 618	18 319	2 930	6 212	46 883
湖北	4	283	1 718	2 408	14 130	34 207	28 443	51 870	236 630
湖南	78	1 058	412	3 452	20 815	36 890	31 401	57 275	281 146
广东	48	5 491	11 171	631	6 210	13 525	10 645	17 556	97 954
广西	2	47	549	145	834	6 803	15 277	17 565	208 183
海南	52	2 755	2 712	57	4 990	3 955	79	3 882	5 537
重庆	1	50	306	735	3 846	15 000	4 753	12 570	54 858
四川	1	100	516	174	1 026	5 328	7 539	7 311	57 938
贵州	3	146	405	383	1 526	11 090	3 680	5 172	54 319
云南	3	150	1 238	37	294	1 661	1 219	3 280	23 147
西藏									
陕西				32	396	1 714	601	1 324	8 200
甘肃				3	15	309	36	95	1 544
青海							1 127	1 198	13 789
宁夏							28	128	1 852
新疆	2	108	400	148	700	5 046	1 010	3 359	14 584

各地区内陆机动渔船年末拥有量(生产渔船)

地区	生产渔船			捕捞渔船			养殖渔船		
	艘	总吨	千瓦	艘	总吨	千瓦	艘	总吨	千瓦
全国总计	**312 836**	**1 187 976**	**3 674 952**	**218 656**	**847 052**	**2 828 642**	**94 180**	**340 924**	**846 310**
北京									
天津	1 953	1 387	11 719	1 630	1 088	10 204	323	299	1 515
河北	1 345	2 828	27 983	1 172	2 275	25 261	173	553	2 722
山西	181	303	1 878	127	139	928	54	164	950
内蒙古	1 191	1 469	12 180	1 025	1 235	10 174	166	234	2 006
辽宁	2 237	5 753	25 034	1 947	4 639	15 627	290	1 114	9 407
吉林	4 325	5 778	65 951	2 806	3 425	39 547	1 519	2 353	26 404
黑龙江	10 316	15 088	94 633	7 038	11 149	63 214	3 278	3 939	31 419
上海	429	3 796	9 097	429	3 796	9 097			
江苏	87 885	468 697	1 119 248	47 483	273 745	737 366	40 402	194 952	381 882
浙江	7 114	16 891	74 506	5 871	11 366	58 305	1 243	5 525	16 201
安徽	19 136	161 303	282 187	16 488	119 645	249 972	2 648	41 658	32 215
福建	3 258	3 699	20 612	3 071	3 409	18 971	187	290	1 641
江西	30 399	148 606	411 903	23 519	123 668	341 305	6 880	24 938	70 598
山东	27 304	99 901	363 213	26 661	98 650	350 095	643	1 251	13 118
河南	3 826	17 617	59 210	3 006	15 701	48 199	820	1 916	11 011
湖北	30 278	63 331	249 270	16 050	34 574	153 228	14 228	28 757	96 042
湖南	34 735	77 657	302 486	17 250	53 765	203 509	17 485	23 892	98 977
广东	11 077	27 916	109 392	10 833	26 457	109 097	244	1 459	295
广西	15 299	17 478	204 312	14 506	16 076	190 923	793	1 402	13 389
海南	181	11 121	10 936	179	11 109	10 654	2	12	282
重庆	5 083	14 942	59 577	5 010	14 647	58 772	73	295	805
四川	7 355	7 543	53 954	6 554	5 874	46 401	801	1 669	7 553
贵州	3 945	5 599	54 181	3 173	3 958	41 263	772	1 641	12 918
云南	1 117	2 944	14 710	937	2 451	12 433	180	493	2 277
西藏									
陕西	605	1 543	7 526	74	268	807	531	1 275	6 719
甘肃	22	22	240				22	22	240
青海	1 112	982	11 660	1 008	765	8 878	104	217	2 782
宁夏	6	10	92				6	10	92
新疆	1 122	3 772	17 262	809	3 178	14 412	313	594	2 850

各地区捕捞机动渔船年末拥有量(按功率分)

地区	44.1千瓦以下			44.1(含)~441千瓦			441千瓦(含)以上		
	艘	总吨	千瓦	艘	总吨	千瓦	艘	总吨	千瓦
全国总计	**317 374**	**1 394 896**	**4 228 825**	**54 372**	**5 762 682**	**9 702 044**	**2 928**	**1 509 560**	**2 599 263**
北京				6	788	1 480	8	9 358	11 387
天津	1 737	2 768	12 478	315	24 925	43 933	9	6 091	8 745
河北	3 114	23 216	55 744	1 886	184 494	266 227			
山西	127	139	928						
内蒙古	1 025	1 235	10 174						
辽宁	13 424	87 041	228 133	4 835	364 918	719 007	342	125 630	275 537
吉林	2 779	3 363	38 069	27	62	1 478			
黑龙江	7 030	11 017	62 317	8	132	897			
上海	393	2 454	6 121	365	42 818	69 232	42	60 520	71 467
江苏	48 321	264 846	699 909	5 424	347 324	661 050	18	6 195	8 858
浙江	10 990	43 255	136 790	11 035	1 981 771	2 824 124	662	417 555	619 610
安徽	15 420	76 238	177 427	1 068	43 407	72 545			
福建	17 953	85 119	224 965	7 546	757 166	1 391 758	523	275 804	568 232
江西	23 514	123 601	340 888	5	67	417			
山东	39 336	199 667	545 052	7 073	654 028	1 132 145	362	180 975	345 836
河南	2 972	15 577	46 513	34	124	1 686			
湖北	16 036	34 496	148 199	14	78	5 029			
湖南	17 250	53 765	203 509						
广东	38 282	158 060	438 349	7 744	597 205	1 121 111	501	198 115	346 722
广西	20 446	46 041	239 764	2 199	423 760	541 275	93	40 275	54 696
海南	19 683	132 279	435 315	4 682	323 674	815 347	147	65 220	80 362
重庆	5 005	14 587	58 271	5	60	501			
四川	6 549	5 859	46 114	5	15	287			
贵州	3 171	3 952	41 158	2	6	105			
云南	937	2 451	12 433						
西藏									
陕西	74	268	807						
甘肃									
青海	1 008	765	8 878						
宁夏									
新疆	798	2 837	10 520	11	341	3 892			
中农发集团				83	15 519	28 518	221	123 822	207 811

各地区海洋捕捞机动渔船基本情况

地　　区	合　计		1. 国内海洋捕捞		2. 纳入双控管理渔船数		3. 远洋渔船	
	艘	千瓦	艘	千瓦	艘	千瓦	艘	千瓦
全国总计	**156 018**	**13 701 490**	**153 364**	**10 961 164**	**131 138**	**11 013 693**	**2 654**	**2 740 326**
北　　京	14	12 867					14	12 867
天　　津	431	54 952	415	46 116	416	42 675	16	8 836
河　　北	3 828	296 710	3 808	274 544	3 942	315 258	20	22 166
辽　　宁	16 654	1 207 050	16 320	907 827	15 804	756 593	334	299 223
上　　海	371	137 723	295	42 812	330	50 372	76	94 911
江　　苏	6 280	632 451	6 238	618 172	4 292	519 684	42	14 279
浙　　江	16 816	3 522 219	16 205	2 857 601	17 169	2 983 022	611	664 618
福　　建	22 951	2 165 984	22 437	1 580 485	13 768	1 649 427	514	585 499
山　　东	20 110	1 672 938	19 624	1 054 200	17 063	1 308 568	486	618 738
广　　东	35 694	1 797 085	35 480	1 642 613	29 896	1 665 684	214	154 472
广　　西	8 232	644 812	8 209	616 424	8 314	688 413	23	28 388
海　　南	24 333	1 320 370	24 333	1 320 370	20 144	1 033 997		
中农发集团	304	236 329					304	236 329

各地区海洋捕捞机动渔船年末拥有量(按功率分)

地　　区	44.1 千瓦以下			44.1(含)~441 千瓦			441 千瓦(含)以上		
	艘	总吨	千瓦	艘	总吨	千瓦	艘	总吨	千瓦
全国总计	**101 768**	**653 446**	**1 636 031**	**51 333**	**5 660 197**	**9 471 702**	**2 917**	**1 506 443**	**2 593 757**
北　　京				6	788	1 480	8	9 358	11 387
天　　津	107	1 680	2 274	315	24 925	43 933	9	6 091	8 745
河　　北	1 942	20 941	30 483	1 886	184 494	266 227			
辽　　宁	11 490	83 227	213 647	4 822	364 093	717 866	342	125 630	275 537
上　　海	28	204	751	301	41 272	65 505	42	60 520	71 467
江　　苏	2 404	29 776	80 804	3 858	308 649	542 789	18	6 195	8 858
浙　　江	5 122	31 951	78 731	11 032	1 981 709	2 823 878	662	417 555	619 610
福　　建	14 883	81 720	206 097	7 545	757 156	1 391 655	523	275 804	568 232
山　　东	12 680	101 095	196 165	7 068	653 950	1 130 937	362	180 975	345 836
广　　东	27 521	140 890	343 156	7 681	590 235	1 112 317	492	195 798	341 612
广　　西	5 940	29 965	48 841	2 199	423 760	541 275	93	40 275	54 696
海　　南	19 651	131 997	435 082	4 537	313 647	805 322	145	64 420	79 966
中农发集团				83	15 519	28 518	221	123 822	207 811

各地区海洋捕捞机动渔船年末拥有量(按作业类型分)(一)

地　区	拖　网			围　网			刺　网		
	艘	总吨	千瓦	艘	总吨	千瓦	艘	总吨	千瓦
全国总计	**28 364**	**3 466 618**	**6 063 716**	**6 946**	**829 814**	**1 256 613**	**87 664**	**1 958 132**	**3 820 223**
北　京									
天　津	27	5 851	9 950	7	3 882	2 772	368	14 553	28 651
河　北	187	38 576	59 558	35	10 952	10 215	3 602	155 745	226 576
辽　宁	3 438	249 307	567 989	84	4 166	6 815	10 050	265 579	521 391
上　海	257	64 342	81 370	10	16 411	26 908	12	1 121	2 194
江　苏	975	51 940	108 684	65	6 363	5 929	3 186	233 478	406 430
浙　江	6 306	1 131 771	1 763 850	475	136 257	179 120	5 507	400 621	543 391
福　建	3 253	420 125	865 046	1 304	322 256	446 948	9 442	183 022	429 243
山　东	6 494	581 310	1 056 397	196	49 881	80 445	9 740	151 020	285 783
广　东	4 570	411 169	790 505	1 248	120 419	185 738	25 329	288 253	586 350
广　西	1 919	379 726	469 092	390	34 950	35 481	5 135	23 266	78 831
海　南	790	71 553	174 242	3 127	116 941	262 863	15 289	241 330	710 943
中农发集团	148	60 948	117 033	5	7 336	13 379	4	144	440

各地区海洋捕捞机动渔船年末拥有量(按作业类型分)(二)

地　区	张　网			钓　业			其　他		
	艘	总吨	千瓦	艘	总吨	千瓦	艘	总吨	千瓦
全国总计	**13 125**	**380 279**	**615 223**	**9 100**	**842 091**	**1 341 537**	**10 819**	**343 152**	**604 178**
北　京	6	788	1 480	8	9 358	11 387			
天　津	12	2 010	3 914	9	6 091	8 745	8	309	920
河　北							4	162	361
辽　宁	1 340	7 993	16 900	936	41 123	67 637	806	4 782	26 318
上　海	64	1 278	3 837	28	18 844	23 414			
江　苏	1 801	47 322	97 813	4	109	280	249	5 408	13 315
浙　江	2 664	250 635	333 468	924	383 590	539 395	940	128 341	162 995
福　建	3 264	42 855	94 967	1 376	77 302	129 312	4 312	69 120	200 468
山　东	2 387	17 219	35 774	1 101	131 309	204 845	192	5 281	9 694
广　东	296	1 806	4 316	1 563	72 619	154 888	2 688	32 657	75 288
广　西				297	819	5	491	55 239	61 403
海　南	1 287	7 877	21 874	2 718	34 221	102 324	1 122	38 142	48 124
中农发集团	4	496	880	136	66 706	99 305	7	3 711	5 292

各地区内陆捕捞机动渔船年末拥有量(按功率分)

地　　区	44.1 千瓦以下			44.1(含)~441 千瓦			441 千瓦(含)以上		
	艘	总吨	千瓦	艘	总吨	千瓦	艘	总吨	千瓦
全国总计	**215 606**	**741 450**	**2 592 794**	**3 039**	**102 485**	**230 342**	**11**	**3 117**	**5 506**
北　京									
天　津	1 630	1 088	10 204						
河　北	1 172	2 275	25 261						
山　西	127	139	928						
内蒙古	1 025	1 235	10 174						
辽　宁	1 934	3 814	14 486	13	825	1 141			
吉　林	2 779	3 363	38 069	27	62	1 478			
黑龙江	7 030	11 017	62 317	8	132	897			
上　海	365	2 250	5 370	64	1 546	3 727			
江　苏	45 917	235 070	619 105	1 566	38 675	118 261			
浙　江	5 868	11 304	58 059	3	62	246			
安　徽	15 420	76 238	177 427	1 068	43 407	72 545			
福　建	3 070	3 399	18 868	1	10	103			
江　西	23 514	123 601	340 888	5	67	417			
山　东	26 656	98 572	348 887	5	78	1 208			
河　南	2 972	15 577	46 513	34	124	1 686			
湖　北	16 036	34 496	148 199	14	78	5 029			
湖　南	17 250	53 765	203 509						
广　东	10 761	17 170	95 193	63	6 970	8 794	9	2 317	5 110
广　西	14 506	16 076	190 923						
海　南	32	282	233	145	10 027	10 025	2	800	396
重　庆	5 005	14 587	58 271	5	60	501			
四　川	6 549	5 859	46 114	5	15	287			
贵　州	3 171	3 952	41 158	2	6	105			
云　南	937	2 451	12 433						
西　藏									
陕　西	74	268	807						
甘　肃									
青　海	1 008	765	8 878						
宁　夏									
新　疆	798	2 837	10 520	11	341	3 892			

各地区远洋渔船年末拥有量

地区	2018年		2017年		2018年比2017年增减(±)	
	艘	千瓦	艘	千瓦	艘	千瓦
全国总计	**2 654**	**2 740 326**	**2 491**	**2 551 789**	**163**	**188 537**
北　京	14	12 867	14	12 867		
天　津	16	8 836	16	8 836		
河　北	20	22 166	18	20 566	2	1 600
辽　宁	334	299 223	331	290 351	3	8 872
上　海	76	94 911	70	111 702	6	－16 791
江　苏	42	14 279	53	16 536	－11	－2 257
浙　江	611	664 618	543	610 822	68	53 796
福　建	514	585 499	494	543 098	20	42 401
山　东	486	618 738	452	532 119	34	86 619
广　东	214	154 472	165	125 534	49	28 938
广　西	23	28 388	21	24 383	2	4 005
海　南						
中农发集团	304	236 329	314	254 975	－10	－18 646

各地区辅助渔船年末拥有量

地 区	合 计			其 中					
				捕捞辅助船			渔业执法船		
	艘	总吨	千瓦	艘	总吨	千瓦	艘	总吨	千瓦
全国总计	**22 244**	**1 102 585**	**2 316 463**	**18 559**	**935 286**	**1 596 224**	**2 716**	**77 371**	**608 197**
北 京	20	98	1 735				20	98	1 735
天 津	53	2 505	9 743	41	1 584	5 617	10	921	4 126
河 北	798	29 572	73 813	752	27 867	65 846	44	1 554	7 749
山 西	11	67	1 108				11	67	1 108
内蒙古	65	777	6 344	13	277	736	52	500	5 608
辽 宁	854	65 574	189 004	733	53 984	122 786	116	11 590	66 218
吉 林	94	1 247	7 013	22	27	128	63	1 194	6 516
黑龙江	113	2 425	14 632	4	13	139	96	2 158	10 528
上 海	56	4 728	15 238	10	1 065	1 632	46	3 663	13 606
江 苏	6 646	52 347	146 489	6 382	46 516	97 963	264	5 831	48 526
浙 江	2 547	545 418	846 079	2 268	478 743	708 689	161	13 804	103 922
安 徽	497	4 558	19 461	388	3 064	8 549	109	1 494	10 912
福 建	2 499	180 977	340 590	1 908	142 470	234 219	74	5 537	46 109
江 西	136	1 419	13 815	29	54	153	107	1 365	13 662
山 东	466	96 510	163 516	306	87 755	102 175	150	8 295	59 486
河 南	107	1 117	8 292				107	1 117	8 292
湖 北	577	2 952	23 285	318	656	2 335	259	2 296	20 950
湖 南	196	1 491	15 962				196	1 491	15 962
广 东	4 147	80 420	283 587	3 777	73 180	205 768	213	4 937	69 593
广 西	1 017	8 704	47 172	874	4 289	11 968	134	4 336	34 852
海 南	197	14 254	35 709	160	12 280	22 729	24	1 384	12 120
重 庆	406	1 524	10 587	341	942	2 879	65	582	7 708
四 川	359	894	9 828	170	142	1 068	85	645	7 852
贵 州	121	1 245	11 633	12	5	62	104	1 123	10 729
云 南	142	780	11 336	43	215	594	99	565	10 742
西 藏									
陕 西	28	165	2 222	3	4	20	21	161	2 093
甘 肃	17	88	1 613				16	88	1 613
青 海	15	216	2 129				15	216	2 129
宁 夏	22	118	1 760				22	118	1 760
新 疆	38	395	2 768	5	154	169	33	241	1 991

各地区海洋辅助渔船年末拥有量

地　区	合　计			其　中					
				捕捞辅助船			渔业执法船		
	艘	总吨	千瓦	艘	总吨	千瓦	艘	总吨	千瓦
全国总计	**11 909**	**1 040 824**	**2 005 640**	**10 636**	**898 183**	**1 508 152**	**535**	**50 730**	**392 051**
北　京									
天　津	37	2 478	9 209	34	1 560	5 517	3	918	3 692
河　北	761	29 220	70 552	747	27 857	65 746	13	1 312	4 688
辽　宁	780	64 063	180 858	689	53 134	118 826	91	9 843	61 239
上　海	20	3 754	9 650	7	910	1 362	13	2 844	8 288
江　苏	233	21 109	66 955	206	17 058	38 499	27	4 051	28 456
浙　江	2 234	543 489	833 689	2 083	478 365	706 156	72	12 563	94 985
福　建	2 474	180 871	338 809	1 903	142 451	234 178	54	5 450	43 177
山　东	388	95 277	155 199	306	87 755	102 175	77	7 432	51 291
广　东	3 900	79 079	270 329	3 650	72 936	204 090	137	3 892	58 250
广　西	892	7 736	35 949	856	4 260	9 584	26	1 110	26 365
海　南	190	13 748	34 441	155	11 897	22 019	22	1 315	11 620

各地区内陆辅助渔船年末拥有量

地区	合计			其中					
				捕捞辅助船			渔业执法船		
	艘	总吨	千瓦	艘	总吨	千瓦	艘	总吨	千瓦
全国总计	**10 335**	**61 761**	**310 823**	**7 923**	**37 103**	**88 072**	**2 181**	**26 641**	**216 146**
北京	20	98	1 735				20	98	1 735
天津	16	27	534	7	24	100	7	3	434
河北	37	352	3 261	5	10	100	31	242	3 061
山西	11	67	1 108				11	67	1 108
内蒙古	65	777	6 344	13	277	736	52	500	5 608
辽宁	74	1 511	8 146	44	850	3 960	25	1 747	4 979
吉林	94	1 247	7 013	22	27	128	63	1 194	6 516
黑龙江	113	2 425	14 632	4	13	139	96	2 158	10 528
上海	36	974	5 588	3	155	270	33	819	5 318
江苏	6 413	31 238	79 534	6 176	29 458	59 464	237	1 780	20 070
浙江	313	1 929	12 390	185	378	2 533	89	1 241	8 937
安徽	497	4 558	19 461	388	3 064	8 549	109	1 494	10 912
福建	25	106	1 781	5	19	41	20	87	2 932
江西	136	1 419	13 815	29	54	153	107	1 365	13 662
山东	78	1 233	8 317				73	863	8 195
河南	107	1 117	8 292				107	1 117	8 292
湖北	577	2 952	23 285	318	656	2 335	259	2 296	20 950
湖南	196	1 491	15 962				196	1 491	15 962
广东	247	1 341	13 258	127	244	1 678	76	1 045	11 343
广西	125	968	11 223	18	29	2 384	108	3 226	8 487
海南	7	506	1 268	5	383	710	2	69	500
重庆	406	1 524	10 587	341	942	2 879	65	582	7 708
四川	359	894	9 828	170	142	1 068	85	645	7 852
贵州	121	1 245	11 633	12	5	62	104	1 123	10 729
云南	142	780	11 336	43	215	594	99	565	10 742
西藏									
陕西	28	165	2 222	3	4	20	21	161	2 093
甘肃	17	88	1 613				16	88	1 613
青海	15	216	2 129				15	216	2 129
宁夏	22	118	1 760				22	118	1 760
新疆	38	395	2 768	5	154	169	33	241	1 991

各地区非机动渔船年末拥有量

地区	合计		海洋渔业非机动渔船		内陆渔业非机动渔船	
	艘	总吨	艘	总吨	艘	总吨
全国总计	**307 742**	**387 120**	**4 604**	**9 539**	**303 138**	**377 581**
北京	300	300			300	300
天津	1 154	563			1 154	563
河北	3 193	1 738			3 193	1 738
山西	40	33			40	33
内蒙古	211	158			211	158
辽宁	2 376	3 057	337	352	2 039	2 705
吉林	2 575	1 576			2 575	1 576
黑龙江	1 828	1 123			1 828	1 123
上海	46	26			46	26
江苏	113 562	213 586	203	428	113 359	213 158
浙江	14 726	20 708	311	499	14 415	20 209
安徽	18 301	33 557			18 301	33 557
福建	2 000	1 951	1 892	1 862	108	89
江西	22 379	21 944			22 379	21 944
山东	32 232	16 555	10	5	32 222	16 550
河南	5 046	4 118			5 046	4 118
湖北	44 165	31 022			44 165	31 022
湖南	29 038	19 766			29 038	19 766
广东	2 534	6 788	1 771	6 263	763	525
广西	310	185			310	185
海南	102	166	80	130	22	36
重庆	602	498			602	498
四川	2 872	1 783			2 872	1 783
贵州	494	286			494	286
云南	6 488	4 906			6 488	4 906
西藏	28	83			28	83
陕西	544	248			544	248
甘肃	29	29			29	29
青海	40	40			40	40
宁夏	147	221			147	221
新疆	380	106			380	106

(四)渔业人口

全国渔业人口与从业人员

指 标	计量单位	2018 年	2017 年	2018 年比 2017 年增减(±)	其中:海洋渔业		
					2018 年	2017 年	2018 年比 2017 年增减(±)
1. 渔业乡	个	733	758	-25	392	391	1
2. 渔业村	个	7 965	8 277	-312	3 500	3 663	-163
3. 渔业户	户	4 760 200	4 860 410	-100 210	1 405 488	1 417 718	-12 230
4. 渔业人口	人	18 786 757	19 318 522	-531 765	5 509 305	5 558 764	-49 459
其中:传统渔民	人	6 182 854	6 521 381	-338 527	2 904 722	2 951 161	-46 439
5. 渔业从业人员	人	13 257 230	13 593 913	-336 683	3 743 107	3 776 371	-33 264
(1)专业从业人员	人	7 205 808	7 450 352	-244 544	2 258 023	2 295 780	-37 757
其中:女性	人	1 398 812	1 458 403	-59 591	344 893	338 823	6 070
其中:捕捞	人	1 628 474	1 678 360	-49 886	960 345	990 325	-29 980
养殖	人	4 742 727	4 901 871	-159 144	902 893	910 333	-7 440
其他	人	834 607	870 121	-35 514	394 785	395 122	-337
(2)兼业从业人员	人	4 465 631	4 584 230	-118 599	909 139	911 033	-1 894
(3)临时从业人员	人	1 585 791	1 559 331	26 460	575 945	569 558	6 387

各地区渔业人口与从业人员（一）

地　区	1. 渔业乡（个）	2. 渔业村（个）	3. 渔业户（户）	4. 渔业人口（人）		5. 渔业从业人员（人）
				小　计	其中:传统渔民	
全国总计	**733**	**7 965**	**4 760 200**	**18 786 757**	**6 182 854**	**13 257 230**
北　京	9	34	2 464	9 123	2 079	9 232
天　津		4	11 295	41 594	13 259	28 635
河　北	37	228	63 280	263 146	155 237	204 974
山　西			1 221	5 544		5 398
内蒙古	4	31	7 930	41 993	5 853	29 648
辽　宁	130	671	177 721	677 520	294 431	527 043
吉　林	1	4	22 120	83 847	952	67 999
黑龙江			50 130	188 448	152 643	127 338
上　海		17	8 907	26 172	11 499	17 782
江　苏	41	426	314 856	1 297 887	416 714	1 050 302
浙　江	87	718	304 933	1 002 658	386 071	687 456
安　徽	12	169	180 543	754 619	257 017	606 106
福　建	54	600	418 262	1 694 572	881 359	922 086
江　西	13	263	312 047	1 420 206	321 534	879 347
山　东	93	1 346	452 119	1 676 554	643 978	1 412 728
河　南	24	351	133 896	514 320	24 481	418 213
湖　北	59	876	480 054	1 593 851	629 211	1 202 966
湖　南	5	293	277 553	1 231 361	173 718	907 985
广　东	88	1 004	502 831	2 258 525	977 002	1 250 222
广　西	15	208	229 883	1 022 699	315 404	808 960
海　南	23	311	91 218	429 692	201 139	249 354
重　庆		9	131 331	430 659	10 999	346 240
四　川	36	175	460 073	1 587 542	212 731	1 100 059
贵　州		1	30 162	123 403	7 832	62 417
云　南			66 472	287 920	68 534	240 787
西　藏		1	48	142	142	114
陕　西	2	223	21 212	81 209	14 530	55 091
甘　肃			1 952	9 090	465	7 974
青　海			106	3 750		3 504
宁　夏			2 287	11 480		12 884
新　疆		2	3 294	17 231	4 040	14 386

各地区渔业人口与从业人员(二)

单位:人

地　　区	5. 渔业从业人员(续)						
	(1)专业从业人员					(2)兼业从业人员	(3)临时从业人员
	小　计	其中:女性	a. 捕捞	b. 养殖	c. 其他		
全国总计	**7 205 808**	**1 398 812**	**1 628 474**	**4 742 727**	**834 607**	**4 465 631**	**1 585 791**
北　　京	5 703	1 862	891	3 960	852	2 732	797
天　　津	16 344	280	3 830	11 278	1 236	8 611	3 680
河　　北	101 762	19 263	38 335	47 571	15 856	38 546	64 666
山　　西	3 089	595	349	2 423	317	1 387	922
内 蒙 古	16 602	3 877	5 153	9 691	1 758	10 231	2 815
辽　　宁	333 289	45 018	121 903	183 367	28 019	120 232	73 522
吉　　林	18 245	2 565	3 688	13 140	1 417	43 519	6 235
黑 龙 江	85 309	25 700	19 364	56 451	9 494	34 929	7 100
上　　海	14 648	1 136	4 479	9 380	789	2 486	648
江　　苏	624 767	148 349	142 896	440 976	40 895	297 503	128 032
浙　　江	434 923	79 307	154 957	175 699	104 267	153 631	98 902
安　　徽	295 887	65 093	54 167	213 029	28 691	231 357	78 862
福　　建	560 434	88 535	185 293	299 790	75 351	284 642	77 010
江　　西	404 843	77 506	56 955	291 604	56 284	367 406	107 098
山　　东	695 076	136 086	198 886	328 463	167 727	339 459	378 193
河　　南	189 563	44 720	24 271	143 563	21 729	192 897	35 753
湖　　北	807 355	200 494	66 677	697 224	43 454	280 758	114 853
湖　　南	452 849	94 355	52 466	367 379	33 004	395 656	59 480
广　　东	809 749	133 669	243 592	496 727	69 430	369 352	71 121
广　　西	410 065	51 622	67 328	303 613	39 124	314 192	84 703
海　　南	197 001	28 814	119 768	54 852	22 381	44 900	7 453
重　　庆	176 500	60 255	11 703	151 742	13 055	121 885	47 855
四　　川	377 226	63 034	21 463	308 240	47 523	649 590	73 243
贵　　州	27 547	3 436	8 177	16 261	3 109	28 943	5 927
云　　南	92 217	16 376	15 901	71 371	4 945	101 214	47 356
西　　藏	73		73			41	
陕　　西	32 170	3 451	1 254	28 660	2 256	18 560	4 361
甘　　肃	3 515	575	328	2 878	309	3 050	1 409
青　　海	2 523	227	2 124	349	50	931	50
宁　　夏	7 184	1 292	470	6 170	544	4 145	1 555
新　　疆	9 350	1 320	1 733	6 876	741	2 846	2 190

各地区海洋渔业人口与从业人员(一)

地区	1.渔业乡(个)	2.渔业村(个)	3.渔业户(户)	4.渔业人口(人)		5.渔业从业人员(人)
				小计	其中:传统渔民	
全国总计	**392**	**3 500**	**1 405 488**	**5 509 305**	**2 904 722**	**3 743 107**
北京						
天津		4	2 759	7 884	4 502	3 842
河北	12	70	38 091	146 373	113 328	134 736
山西						
内蒙古						
辽宁	82	365	119 590	496 263	295 517	352 658
吉林						
黑龙江						
上海		4	1 771	5 280	4 146	3 761
江苏	11	88	37 368	227 785	85 555	160 603
浙江	78	560	215 506	654 555	285 619	371 278
安徽						
福建	53	578	347 106	1 384 672	793 738	735 720
江西						
山东	60	857	281 434	902 823	372 248	1 019 108
河南						
湖北						
湖南						
广东	68	618	221 091	1 038 447	662 235	502 262
广西	5	110	64 890	309 240	87 518	260 156
海南	23	246	75 882	335 983	200 316	198 983
重庆						
四川						
贵州						
云南						
西藏						
陕西						
甘肃						
青海						
宁夏						
新疆						

各地区海洋渔业人口与从业人员(二)

单位:人

地区	5. 渔业从业人员(续)						
	(1)专业从业人员					(2)兼业从业人员	(3)临时从业人员
	小计	其中:女性	a. 捕捞	b. 养殖	c. 其他		
全国总计	**2 258 023**	**344 893**	**960 345**	**902 893**	**394 785**	**909 139**	**575 945**
北京							
天津	2 974	86	1 281	773	920	788	80
河北	64 889	2 976	25 916	26 357	12 616	12 962	56 885
山西							
内蒙古							
辽宁	233 550	37 206	106 129	105 304	22 117	64 211	54 897
吉林							
黑龙江							
上海	3 561	100	3 313		248	52	148
江苏	91 250	22 878	45 922	37 481	7 847	53 637	15 716
浙江	258 850	37 005	130 312	57 635	70 903	56 814	55 614
安徽							
福建	463 079	76 131	173 151	223 495	66 433	204 749	67 892
江西							
山东	436 399	80 823	129 537	167 949	138 913	314 274	268 435
河南							
湖北							
湖南							
广东	363 605	48 542	201 509	118 976	43 120	111 291	27 366
广西	175 756	13 011	37 948	127 214	10 594	61 938	22 462
海南	164 110	26 135	105 327	37 709	21 074	28 423	6 450
重庆							
四川							
贵州							
云南							
西藏							
陕西							
甘肃							
青海							
宁夏							
新疆							

四、加工与贸易

（一）水产品加工

全国水产加工情况

指 标	计量单位	2018 年	2017 年	2018 年比 2017 年增减（±）	
				绝对量	幅度（%）
1. 水产加工企业	个	9 336	9 674	-338	-3.49
水产品加工能力	吨/年	28 921 556	29 262 317	-340 761	-1.16
其中：规模以上加工企业	个	2 524	2 636	-112	-4.25
2. 水产冷库	座	7 957	8 237	-280	-3.40
冻结能力	吨/日	868 930	937 190	-68 260	-7.28
冷藏能力	吨/次	4 671 761	4 657 017	14 744	0.32
制冰能力	吨/日	202 420	234 129	-31 709	-13.54
3. 水产加工品总量	吨	21 568 505	21 962 522	-394 017	-1.79
淡水加工产品	吨	3 818 330	4 081 875	-263 545	-6.46
海水加工产品	吨	17 750 175	17 880 647	-130 472	-0.73
（1）水产冷冻品	吨	15 149 561	14 873 451	276 110	1.86
其中：冷冻品	吨	7 732 722	7 300 544	432 178	5.92
冷冻加工品	吨	7 416 839	7 572 907	-156 068	-2.06
（2）鱼糜制品及干腌制品	吨	3 079 607	3 252 542	-172 935	-5.32
其中：鱼糜制品	吨	1 455 460	1 541 893	-86 433	-5.61
干腌制品	吨	1 624 147	1 710 649	-86 502	-5.06
（3）藻类加工品	吨	1 106 594	1 100 541	6 053	0.55
（4）罐制品	吨	355 774	419 973	-64 199	-15.29
（5）水产饲料（鱼粉）	吨	649 934	639 165	10 769	1.68
（6）鱼油制品	吨	72 562	67 564	4 998	7.40
（7）其他水产加工品	吨	1 154 473	1 609 286	-454 813	-28.26
其中：助剂和添加剂	吨	70 151	105 406	-35 255	-33.45
珍珠	千克	152 400	180 829	-28 429	-15.72
4. 用于加工的水产品总量	吨	26 534 066	26 800 176	-266 110	-0.99
其中：淡水产品	吨	5 543 884	5 734 971	-191 087	-3.33
海水产品	吨	20 990 182	21 065 205	-75 023	-0.36
5. 部分水产品年加工量	吨	1 797 118	1 657 675	139 443	8.41
其中：对虾	吨	517 358	520 100	-2 742	-0.53
克氏原螯虾	吨	409 044	309 407	99 637	32.20
罗非鱼	吨	697 229	667 549	29 680	4.45
鳗鱼	吨	129 061	118 701	10 360	8.73
斑点叉尾鮰	吨	44 426	41 918	2 508	5.98

各地区水产加工品总量

单位:吨

地区	2018年		2017年		2018年比2017年增减(±)			
					绝对量		幅度(%)	
	水产加工品总量	其中:淡水加工产品	水产加工品总量	其中:淡水加工产品	水产加工品总量	其中:淡水加工产品	水产加工品总量	其中:淡水加工产品
全国总计	**21 568 505**	**3 818 330**	**21 962 522**	**4 081 875**	**-394 017**	**-263 545**	**-1.79**	**-6.46**
北京	2 020	1 645	2 073	1 675	-53	-30	-2.56	-1.79
天津	1 510	1 000	510		1 000	1 000	196.08	
河北	73 106	12 998	88 247	14 024	-15 141	-1 026	-17.16	-7.32
山西								
内蒙古	6 564	6 564	8 090	8 090	-1 526	-1 526	-18.86	-18.86
辽宁	2 488 199	36 566	2 448 498	36 585	39 701	-19	1.62	-0.05
吉林	250 815	1 975	237 716	1 776	13 099	199	5.51	11.20
黑龙江	10 102	10 102	7 625	7 625	2 477	2 477	32.49	32.49
上海	12 854	10 305	12 384	9 835	470	470	3.80	4.78
江苏	1 282 187	625 058	1 640 182	882 296	-357 995	-257 238	-21.83	-29.16
浙江	1 896 422	78 732	2 083 654	85 594	-187 232	-6 862	-8.99	-8.02
安徽	197 433	192 706	259 472	254 829	-62 039	-62 123	-23.91	-24.38
福建	4 127 756	193 342	3 677 613	165 468	450 143	27 874	12.24	16.85
江西	375 525	375 525	379 075	379 075	-3 550	-3 550	-0.94	-0.94
山东	6 773 128	107 266	6 993 534	121 058	-220 406	-13 792	-3.15	-11.39
河南	21 889	21 889	20 167	20 167	1 722	1 722	8.54	8.54
湖北	1 166 637	1 166 637	1 143 318	1 143 318	23 319	23 319	2.04	2.04
湖南	151 886	151 886	137 990	137 990	13 896	13 896	10.07	10.07
广东	1 446 350	352 372	1 526 477	377 776	-80 127	-25 404	-5.25	-6.72
广西	737 665	121 975	718 223	141 532	19 442	-19 557	2.71	-13.82
海南	476 760	280 090	484 518	200 006	-7 758	80 084	-1.60	40.04
重庆	687	687	1 098	1 098	-411	-411	-37.43	-37.43
四川	3 798	3 798	5 130	5 130	-1 332	-1 332	-25.96	-25.96
贵州	1 872	1 872	1 406	1 406	466	466	33.14	33.14
云南	42 406	42 406	73 996	73 996	-31 590	-31 590	-42.69	-42.69
西藏								
陕西	1 090	1 090	1 090	1 090				
甘肃								
青海	11 000	11 000	3 000	3 000	8 000	8 000	266.67	266.67
宁夏	96	96	116	116	-20	-20	-17.24	-17.24
新疆	8 748	8 748	7 320	7 320	1 428	1 428	19.51	19.51

各地区水产加工品总量(按品种分)(一)

单位:吨

地区	水产加工品总量	淡水加工品	海水加工品	1.水产冷冻品	冷冻品	冷冻加工品
全国总计	**21 568 505**	**3 818 330**	**17 750 175**	**15 149 561**	**7 732 722**	**7 416 839**
北京	2 020	1 645	375	2 020		2 020
天津	1 510	1 000	510	1 510	1 510	
河北	73 106	12 998	60 108	57 367	29 378	27 989
山西						
内蒙古	6 564	6 564		3 706	3 675	31
辽宁	2 488 199	36 566	2 451 633	1 903 788	638 004	1 265 784
吉林	250 815	1 975	248 840	232 537	143 256	89 281
黑龙江	10 102	10 102		6 100	6 100	
上海	12 854	10 305	2 549	12 854	3 054	9 800
江苏	1 282 187	625 058	657 129	639 289	411 322	227 967
浙江	1 896 422	78 732	1 817 690	1 446 997	1 015 460	431 537
安徽	197 433	192 706	4 727	140 854	60 801	80 053
福建	4 127 756	193 342	3 934 414	2 630 474	1 535 147	1 095 327
江西	375 525	375 525		132 944	62 134	70 810
山东	6 773 128	107 266	6 665 862	5 120 807	2 710 264	2 410 543
河南	21 889	21 889		20 442	7 743	12 699
湖北	1 166 637	1 166 637		549 462	233 245	316 217
湖南	151 886	151 886		85 807	56 327	29 480
广东	1 446 350	352 372	1 093 978	1 039 565	416 117	623 448
广西	737 665	121 975	615 690	645 248	167 089	478 159
海南	476 760	280 090	196 670	424 898	201 075	223 823
重庆	687	687		299	230	69
四川	3 798	3 798		3 261	525	2 736
贵州	1 872	1 872		1 071	970	101
云南	42 406	42 406		30 335	11 790	18 545
西藏						
陕西	1 090	1 090		1 090	1 090	
甘肃						
青海	11 000	11 000		11 000	11 000	
宁夏	96	96				
新疆	8 748	8 748		5 836	5 416	420

各地区水产加工品总量(按品种分)(二)

单位:吨

地区	2. 鱼糜制品及干腌制品			3. 藻类加工品	4. 罐制品	5. 鱼粉
		鱼糜制品	干腌制品			
全国总计	**3 079 607**	**1 455 460**	**1 624 147**	**1 106 594**	**355 774**	**649 934**
北京						
天津						
河北	2 837		2 837		8 356	3 406
山西						
内蒙古	995		995	1 728	135	
辽宁	168 688	59 536	109 152	204 777	20 616	59 947
吉林	18 139	4 160	13 979		139	
黑龙江	3 562	206	3 356		205	
上海						
江苏	130 583	24 528	106 055	28 606	18 889	1 457
浙江	193 891	89 733	104 158	35 238	46 457	148 424
安徽	36 127	17 063	19 064		5 262	15 172
福建	726 637	421 493	305 144	452 142	65 725	8 751
江西	211 176	75 070	136 106	1 466	13 996	
山东	736 590	357 183	379 407	376 901	118 617	264 982
河南	1 447	380	1 067			
湖北	559 754	269 463	290 291		15 271	34 840
湖南	60 467	20 808	39 659	500	3 391	326
广东	172 340	90 521	81 819	4 580	37 036	77 995
广西	36 916	17 915	19 001		664	
海南	12 017	5 078	6 939			28 819
重庆	374	1	373		14	
四川	497	415	82		11	
贵州	801	41	760			
云南	5 409	1 759	3 650	656	542	3 625
西藏						
陕西						
甘肃						
青海						
宁夏					96	
新疆	360	107	253		352	2 190

各地区水产加工品总量(按品种分)(三)

单位:吨

地 区	6. 鱼油制品	7. 其他水产加工品	其 中	
			助剂和添加剂	珍珠(千克)
全国总计	**72 562**	**1 154 473**	**70 151**	**152 400**
北 京				
天 津				
河 北	95	1 045		
山 西				
内 蒙 古				
辽 宁	3 412	126 971		
吉 林				
黑 龙 江		235		
上 海				
江 苏		463 363	15	38 000
浙 江	3 663	21 752	4 925	929
安 徽		18		18 000
福 建		244 027	44 620	
江 西		15 943		103
山 东	63 505	91 726	15 260	
河 南				
湖 北		7 310	623	
湖 南	5	1 390	200	89 000
广 东	46	114 788		6 368
广 西		54 837	4 498	
海 南		11 026		
重 庆				
四 川		29		
贵 州				
云 南	1 836	3		
西 藏				
陕 西				
甘 肃				
青 海				
宁 夏				
新 疆		10	10	

各地区用于加工的水产品量

单位:吨

地区	用于加工的水产品量	淡水产品	海水产品
全国总计	**26 534 066**	**5 543 884**	**20 990 182**
北京	2 220	1 845	375
天津	1 510	1 000	510
河北	177 431	9 071	168 360
山西			
内蒙古	9 702	9 702	
辽宁	3 852 002	47 595	3 804 407
吉林	279 423	2 153	277 270
黑龙江	20 107	20 107	
上海	14 020	10 305	3 715
江苏	1 500 813	757 703	743 110
浙江	1 747 122	95 093	1 652 029
安徽	266 160	260 035	6 125
福建	4 858 889	189 489	4 669 400
江西	703 206	703 206	
山东	7 751 109	87 834	7 663 275
河南	34 822	34 822	
湖北	2 153 329	2 153 329	
湖南	174 293	174 293	
广东	1 726 889	515 454	1 211 435
广西	737 283	161 725	575 558
海南	433 190	218 577	214 613
重庆	1 250	1 250	
四川	4 326	4 326	
贵州	1 583	1 583	
云南	65 331	65 331	
西藏			
陕西	990	990	
甘肃			
青海	13 000	13 000	
宁夏	207	207	
新疆	3 859	3 859	

各地区水产品加工企业、冷库基本情况

地区	水产品加工企业			水产品冷库			
	小计（个）	水产品加工能力（吨/年）	其中：规模以上加工企业（个）	数量（座）	冻结能力（吨/日）	冷藏能力（吨/次）	制冰能力（吨/日）
全国总计	**9 336**	**28 921 556**	**2 524**	**7 957**	**868 930**	**4 671 761**	**202 420**
北京	2	2 200	1	11	29	27 334	2
天津	4	1 500		3	190	180	40
河北	229	329 028	29	221	6 087	68 496	4 593
山西							
内蒙古	37	7 750	22	30	340	2 234	227
辽宁	823	3 097 829	320	620	60 963	613 976	18 295
吉林	103	307 095	39	50	230 374	231 780	115
黑龙江	40	9 017		20	165	1 630	170
上海	8	18 995	1	17	486	3 822	164
江苏	1 059	1 942 598	335	1 113	38 795	204 955	24 187
浙江	1 943	2 618 538	261	1 246	40 879	849 196	24 214
安徽	154	275 853	75	437	14 498	50 564	1 565
福建	1 157	5 340 948	401	797	60 039	487 494	21 202
江西	185	284 291	47	193	2 251	18 267	3 003
山东	1 724	8 214 130	547	1 820	212 214	1 371 467	47 157
河南	35	66 900	8	70	1 131	17 145	544
湖北	239	1 940 526	116	339	117 393	176 761	4 756
湖南	170	353 683	56	209	36 748	80 822	2 729
广东	1 023	2 239 707	156	519	21 615	338 153	41 490
广西	178	1 071 290	58	45	1 851	96 622	3 191
海南	123	554 271	19	67	5 514	14 841	4 063
重庆	8	3 945	4	22	12 840	5 662	38
四川	11	29 730	7	10	936	2 421	510
贵州	20	775	1	7	34	120	27
云南	46	171 025	15	48	1 970	3 655	96
西藏							
陕西	1	10		3	27	35	3
甘肃							
青海	2	13 000	2	4			25
宁夏	1	10 000	1	5	500	800	
新疆	11	16 922	3	31	1 061	3 329	14

(二)水产品贸易

各地区水产品进出口贸易情况

单位:万美元,吨

地区	2018年进出口		2017年进出口		2018年比2017年增减(±)			
					绝对量		幅度(%)	
	金额	数量	金额	数量	金额	数量	金额	数量
全国总计	**3 718 787.04**	**9 544 165**	**3 249 598.23**	**9 236 470**	**469 188.81**	**307 695**	**14.44**	**3.33**
北京	67 244.71	134 634	46 445.50	104 577	20 799.21	30 057	44.78	28.74
天津	66 179.57	164 846	19 893.88	45 176	46 285.69	119 671	232.66	264.90
河北	36 962.22	66 643	27 963.39	47 082	8 998.83	19 561	32.18	41.55
山西	32.96	51	158.06	611	-125.09	-560	-79.15	-91.64
内蒙古	9.00	16	19.50	33	-10.50	-17	-53.83	-50.73
辽宁	546 304.52	2 093 032	511 751.04	2 121 425	34 553.48	-28 392	6.75	-1.34
吉林	43 864.26	83 808	40 833.19	165 382	3 031.07	-81 575	7.42	-49.32
黑龙江	1 308.95	3 064	919.70	2 518	389.25	545	42.32	21.66
上海	252 749.42	444 033	183 166.94	431 790	69 582.48	12 243	37.99	2.84
江苏	64 212.96	139 180	57 897.29	114 009	6 315.67	25 170	10.91	22.08
浙江	257 172.44	681 678	232 042.72	655 920	25 129.72	25 758	10.83	3.93
安徽	9 433.02	18 532	5 455.82	12 645	3 977.20	5 887	72.90	46.56
福建	776 851.45	1 615 487	682 617.14	1 553 050	94 234.32	62 437	13.80	4.02
江西	20 507.88	7 750	19 086.48	8 039	1 421.39	-289	7.45	-3.60
山东	831 477.55	2 289 254	759 403.78	2 246 165	72 073.77	43 088	9.49	1.92
河南	2 964.24	5 500	3 401.67	9 232	-437.43	-3 732	-12.86	-40.43
湖北	12 458.04	14 882	19 250.49	25 216	-6 792.45	-10 334	-35.28	-40.98
湖南	10 190.66	18 897	8 294.31	10 237	1 896.36	8 661	22.86	84.60
广东	620 721.75	1 476 878	524 800.59	1 369 170	95 921.17	107 708	18.28	7.87
广西	27 584.72	79 763	37 274.63	110 168	-9 689.91	-30 406	-26.00	-27.60
海南	48 251.39	147 910	51 071.18	148 921	-2 819.79	-1 011	-5.52	-0.68
重庆	4 895.93	19 602	3 539.53	19 856	1 356.40	-254	38.32	-1.28
四川	10 256.24	20 836	7 969.53	20 964	2 286.72	-128	28.69	-0.61
贵州	441.46	150	39.28	98	402.18	52		
云南	4 297.71	7 986	5 147.68	9 480	-849.97	-1 494	-16.51	-15.76
陕西	484.71	311	171.39	186	313.32	125	182.82	66.93
甘肃	29.93	30	0.81		29.12	30		
青海	0.85		0.80		0.05			
宁夏	212.53	950	57.68	230	154.85	720	268.47	312.93
新疆	1 685.95	8 460	924.24	4 289	761.71	4 171	82.41	97.26

各地区水产品出口贸易情况

单位:万美元,吨

地 区	2018 年出口		2017 年出口		2018 年比 2017 年增减(±)			
					绝对量		幅度(%)	
	金额	数量	金额	数量	金额	数量	金额	数量
全国总计	**2 232 640.71**	**4 322 014**	**2 115 009.27**	**4 339 378**	**117 629.40**	**-17 364**	**5.56**	**-0.40**
北 京	237.36	2 577	278.95	255	-41.58	2 322	-14.91	909.19
天 津	2 595.49	3 936	3 592.06	5 270	-996.57	-1 334	-27.74	-25.32
河 北	26 004.90	31 612	25 694.55	37 456	310.35	-5 844	1.21	-15.60
山 西	18.78	13	24.27	32	-5.49	-18	-22.62	-57.70
内蒙古	8.26	16						
辽 宁	311 392.46	854 483	296 262.36	855 858	15 130.10	-1 376	5.11	-0.16
吉 林	12 958.17	29 387	16 327.19	44 043	-3 369.02	-14 656	-20.63	-33.28
黑龙江	380.76	535	232.84	433	147.92	102	63.53	23.53
上 海	10 223.76	8 754	10 605.05	8 191	-381.28	563	-3.60	6.88
江 苏	44 834.48	53 281	37 271.22	48 347	7 563.25	4 935	20.29	10.21
浙 江	203 152.22	498 874	185 685.22	500 441	17 467.00	-1 567	9.41	-0.31
安 徽	7 084.51	4 668	4 165.94	3 578	2 918.57	1 090	70.06	30.46
福 建	637 449.70	919 583	582 200.89	936 628	55 248.81	-17 045	9.49	-1.82
江 西	20 352.78	7 333	18 051.97	7 144	2 300.81	189	12.75	2.64
山 东	515 793.74	1 103 576	487 916.31	1 094 288	27 877.43	9 287	5.71	0.85
河 南	177.49	134	407.80	272	-230.30	-138	-56.47	-50.60
湖 北	9 501.46	6 852	17 197.58	16 831	-7 696.12	-9 978	-44.75	-59.29
湖 南	1 579.49	1 292	3 104.57	1 785	-1 525.08	-494	-49.12	-27.65
广 东	358 331.46	603 976	343 606.22	574 075	14 725.24	29 901	4.29	5.21
广 西	20 337.56	42 316	29 776.73	53 019	-9 439.17	-10 704	-31.70	-20.19
海 南	45 242.91	145 011	47 597.41	146 126	-2 354.50	-1 116	-4.95	-0.76
重 庆	0.27		0.08		0.19		248.11	130.14
四 川	3 322.34	1 543	2 982.07	1 586	340.28	-43	11.41	-2.74
贵 州	18.23	82	24.43	98				
云 南	1 246.90	1 835	1 815.68	3 480	-568.78	-1 645	-31.33	-47.27
陕 西	13.87	22	0.85		13.03	21	1 540.03	4 838.13
甘 肃								
青 海								
宁 夏	22.60	16	13.77	11	8.82	6	64.03	54.90
新 疆	358.76	306	173.25	130	185.51	176	107.07	135.64

各地区水产品进口贸易情况

单位:万美元,吨

地区	2018年进口		2017年进口		2018年比2017年增减(±)			
					绝对量		幅度(%)	
	金额	数量	金额	数量	金额	数量	金额	数量
全国总计	**1 486 146.31**	**5 222 151**	**1 134 588.96**	**4 897 092**	**351 557.35**	**325 059**	**30.99**	**6.64**
北京	67 007.34	132 056	46 166.55	104 321	20 840.79	27 735	45.14	26.59
天津	63 584.08	160 911	16 301.82	39 905	47 282.26	121 005	290.04	303.23
河北	10 957.32	35 031	2 268.84	9 626	8 688.48	25 405	382.95	263.93
山西	14.18	38	133.78	579	-119.60	-542	-89.40	-93.50
内蒙古	0.75		19.50	33	-18.76	-33	-96.18	-99.94
辽宁	234 912.06	1 238 550	215 488.68	1 265 566	19 423.39	-27 017	9.01	-2.13
吉林	30 906.09	54 421	24 506.00	121 339	6 400.09	-66 919	26.12	-55.15
黑龙江	928.19	2 529	686.86	2 085	241.33	444	35.14	21.27
上海	242 525.66	435 279	172 561.90	423 599	69 963.76	11 680	40.54	2.76
江苏	19 378.48	85 898	20 626.07	65 663	-1 247.59	20 235	-6.05	30.82
浙江	54 020.22	182 805	46 357.50	155 479	7 662.71	27 326	16.53	17.58
安徽	2 348.51	13 863	1 289.87	9 066	1 058.63	4 797	82.07	52.91
福建	139 401.75	695 905	100 416.25	616 423	38 985.50	79 482	38.82	12.89
江西	155.10	417	1 034.51	895	-879.42	-478	-85.01	-53.44
山东	315 683.80	1 185 678	271 487.46	1 151 877	44 196.34	33 801	16.28	2.93
河南	2 786.75	5 366	2 993.87	8 960	-207.12	-3 595	-6.92	-40.12
湖北	2 956.58	8 030	2 052.91	8 385	903.67	-355	44.02	-4.24
湖南	8 611.17	17 606	5 189.73	8 451	3 421.44	9 154	65.93	108.32
广东	262 390.29	872 903	181 194.37	795 096	81 195.93	77 807	44.81	9.79
广西	7 247.16	37 447	7 497.90	57 149	-250.73	-19 702	-3.34	-34.48
海南	3 008.49	2 899	3 473.77	2 794	-465.28	105	-13.39	3.76
重庆	4 895.66	19 602	3 539.45	19 856	1 356.21	-254	38.32	-1.28
四川	6 933.90	19 294	4 987.46	19 378	1 946.44	-84	39.03	-0.43
贵州	423.23	68	14.85		408.38	68		
云南	3 050.81	6 151	3 332.00	6 001	-281.19	151	-8.44	2.51
陕西	470.84	289	170.54	186	300.30	103	176.08	55.69
甘肃	29.93	30	0.81		29.12			
青海	0.85		0.80		0.05			
宁夏	189.94	933	43.91	219	146.03	714	332.61	325.33
新疆	1 327.19	8 154	750.99	4 159	576.20	3 995	76.73	96.06

五、科技与推广

(一)科技

全国渔业科技基本情况

一、渔业科研机构个数(个)	**98**	其他	19 621
二、渔业科研机构从业人员(人)	**6 358**	非政府资金	453 815
1. 科技活动人员	5 282	其中:技术性收入	318 042
按职称分:高级职称	1 809	2. 生产经营收入	97 844
中级职称	2 014	3. 其他收入	141 816
初级职称及其他	1 459	**四、科研机构固定资产情况(千元)**	
按学历分:研究生	1 585	年末固定资产合计	4 564 280
大学	1 929	**五、科技著述和专利申请情况**	
大专	587	发表科技论文(篇)	2 739
其他	350	其中:国外发表	683
2. 生产经营活动人员	348	出版科技著作(种)	75
3. 其他人员	728	专利受理数(件)	1 024
三、本年度收入(千元)	**3 217 380**	专利授权(件)	721
1. 科技活动收入	2 977 720	其中:发明专利	333
政府资金	2 523 905	国外授权	13
财政拨款	1 829 935	拥有发明专利总数(件)	2 308
承担政府项目	674 349		

（二）技术推广

各地区水产技术推广机构情况（按层级分）

单位：个

地区	数量			省级站		市级站		县级站		区域站		乡级站	
		专业站	综合站	专业站	综合站	专业站	综合站	专业站	综合站	专业站	综合站	专业站	综合站
全国总计	**11 976**	**2 442**	**9 534**	**33**	**3**	**243**	**51**	**1 376**	**582**	**73**	**109**	**717**	**8 789**
北　　京	14	8	6	1				7	6				
天　　津	13	12	1	1				11	1				
河　　北	226	81	145	1		11		62	82	7	63		
黑 龙 江	518	139	379	1		10		52	5			76	374
山　　西	67	41	26	1		10		25	10			5	16
内 蒙 古	92	62	30	1		8	4	53	26				
辽　　宁	370	127	243		1	13		45	15	5	9	63	219
吉　　林	639	57	582	1		9		47	1		4		577
山　　东	1113	261	852	1		14	1	107	24			139	827
上　　海	99	9	90	1				8	1				89
江　　苏	932	135	797	1		13		71	11	8		42	786
浙　　江	443	79	364	1		10		58	10	4	7	6	347
安　　徽	593	99	494	1		11	4	55	25	6	6	26	459
福　　建	772	155	617	1		8	1	69	4		2	77	610
江　　西	896	130	766	1		9	1	79	16	8	1	33	748
河　　南	133	98	35	1		18		79	33		2		
湖　　北	606	309	297	1		9	2	56	12	9		234	283
湖　　南	202	17	185		1	3		14	7				177
广　　东	798	118	680	1		17	3	62	33	25		13	644
广　　西	921	78	843	1		13	1	64	34				808
海　　南	34	10	24	1		2	1	7	4				19
重　　庆	616	20	596	1				19	19				577
四　　川	961	58	903	1		6	6	49	50	1	15	1	832
贵　　州	341	68	273	1		9		58	33				240
云　　南	182	122	60	1		14	2	107	14				44
陕　　西	104	76	28	1		11		64	28				
甘　　肃	78	31	47	1		8	5	21	42			1	
青　　海	10	1	9	1			1		8				
宁　　夏	38	4	34	1		1	4	2	16				14
新　　疆	25	21	4	1		6	2	14	2				
大　　连	27		27		1				6				20
青　　岛	63	8	55	1				6	1			1	54
宁　　波	33	6	27	1				5	2				25
深　　圳	1	1		1									
厦　　门	1		1	1									
新疆兵团	15	1	14	1			13		1				

各地区水产技术推广机构情况(按机构性质分)(一)

单位:个

地区	行政单位					
	合计	省级站	市级站	县级站	区域站	乡级站
全国总计	**103**	**1**	**9**	**47**	**1**	**45**
北京						
天津						
河北	2			2		
黑龙江						
山西						
内蒙古	1		1			
辽宁	3			3		
吉林						
山东	14			5		9
上海						
江苏	2			1		1
浙江	7					7
安徽	2			2		
福建						
江西	3			3		
河南	11			10	1	
湖北	13			1		12
湖南						
广东	7			5		2
广西						
海南	18		1	3		14
重庆						
四川	15	1	4	10		
贵州						
云南						
陕西	1		1			
甘肃	3		1	2		
青海	1		1			
宁夏						
新疆						
大连						
青岛						
宁波						
深圳						
厦门						
新疆兵团						

各地区水产技术推广机构情况(按机构性质分)(二)

单位:个

地区	事业单位						
	合计	全额拨款					
		小计	省级站	市级站	县级站	区域站	乡级站
全国总计	**11 873**	**11 138**	**34**	**267**	**1 786**	**158**	**8 893**
北京	14	14	1		13		
天津	13	13	1		12		
河北	224	187	1	10	124	52	
黑龙江	518	512	1	9	53		449
山西	67	60	1	8	32		19
内蒙古	91	85	1	11	73		
辽宁	367	341	1	12	57	14	257
吉林	639	638	1	9	48	4	576
山东	1 099	1 030	1	14	119		896
上海	99	97	1		9		87
江苏	930	823	1	13	73	8	728
浙江	436	431	1	10	66	11	343
安徽	591	543	1	15	73	12	442
福建	772	770	1	9	72	2	686
江西	893	869	1	10	90	9	759
河南	122	103	1	16	85	1	
湖北	593	350	1	10	38	5	296
湖南	202	194	1	1	20		172
广东	791	701	1	17	80	24	579
广西	921	921	1	14	98		808
海南	16	14		2	7		5
重庆	616	615	1		37		577
四川	946	942		7	86	16	833
贵州	341	341	1	9	91		240
云南	182	180	1	16	119		44
陕西	103	99	1	9	89		
甘肃	75	73	1	10	61		1
青海	9	9	1		8		
宁夏	38	38	1	5	18		14
新疆	25	24	1	8	15		
大连	27	27	1		6		20
青岛	63	44	1		6		37
宁波	33	33	1		7		25
深圳	1	1	1				
厦门	1	1	1				
新疆兵团	15	15	1	13	1		

各地区水产技术推广机构性质(按机构性质分)(三)

单位:个

地区	差额拨款						自收自支					
	小计	省级站	市级站	县级站	区域站	乡级站	小计	省级站	市级站	县级站	区域站	乡级站
全国总计	**607**	**1**	**13**	**89**	**7**	**497**	**128**		**5**	**36**	**16**	**71**
北京												
天津												
河北	21		1	17	3		16			1	15	
黑龙江	5		1	4			1					1
山西	3		1	1		1	4		1	2		1
内蒙古	6			6								
辽宁	21					21	5		1			4
吉林							1					1
山东	55		1	6		48	14			1		13
上海	2					2						
江苏	99			5		94	8			3		5
浙江	3					3	2			2		
安徽	21			2		19	27			3		24
福建	2			1		1						
江西	21			2		19	3					3
河南	11		1	10			8		1	7		
湖北	235		1	23	4	207	8			6		2
湖南	8		2	1		5						
广东	80		1	3		76	10		2	7	1	
广西												
海南	1	1					1			1		
重庆							1			1		
四川	4		1	3								
贵州												
云南	1			1			1			1		
陕西	4		1	3								
甘肃	2		2									
青海												
宁夏												
新疆							1			1		
大连												
青岛	2			1		1	17					17
宁波												
深圳												
厦门												
新疆兵团												

各地区水产技术推广经费情况(人员经费)

单位:万元

地区	总计	人员经费					
		合计	省级站	市级站	县级站	区域站	乡级站
全国总计	**335 038.54**	**243 932.73**	**24 214.86**	**52 955.40**	**84 321.79**	**3 698.42**	**78 742.26**
北京	6 367.53	4 097.57	1 831.42	2 266.15			
天津	5 440.16	3 320.56	508.94	2 811.62			
河北	7 505.41	5 340.13	438.37	2 080.04	2 514.97	306.75	
黑龙江	5 471.00	4 433.80	346.80	659.60	2 461.10		966.30
山西	2 696.82	1 634.78	165.22	665.78	726.00		77.78
内蒙古	10 872.11	8 883.13	1 228.65	2 848.59	4 805.89		
辽宁	5 988.28	4 178.00	411.40	944.47	1 230.39	77.89	1 513.85
吉林	11 583.00	9 177.60	410.00	1 435.30	1 610.30	83.50	5 638.50
山东	23 084.43	19 429.07	472.90	2 872.16	7 586.58		8 497.43
上海	14 213.06	9 594.86	4 376.08		3 483.18		1 735.60
江苏	32 120.53	24 337.56	1 380.12	3 781.67	7 120.95	353.00	11 701.82
浙江	18 089.06	12 022.98	356.25	1 964.65	4 604.25	323.00	4 774.83
安徽	10 852.06	8 698.67	302.87	1 704.95	3 455.45	362.57	2 872.83
福建	12 598.98	7 880.98	485.51	1 176.84	2 594.01	12.74	3 611.88
江西	9 083.45	7 401.19	395.96	355.37	2 420.09	145.65	4 084.12
河南	6 366.28	4 481.30	480.00	1 801.38	2 195.92	4.00	
湖北	10 380.05	8 554.70	483.00	1 691.94	3 311.36	505.10	2 563.30
湖南	3 665.01	2 619.47	293.07	519.15	689.68		1 117.57
广东	33 681.00	24 222.00	1 558.00	13 159.00	3 916.00	348.00	5 241.00
广西	14 754.67	11 454.16	229.34	1 294.39	2 528.08		7 402.35
海南	1 182.60	511.60	130.00	236.60	130.60		14.40
重庆	18 190.57	9 122.13	786.79		2 023.38		6 311.96
四川	13 760.03	10 840.49	60.00	1 148.07	3 938.14	643.42	5 050.86
贵州	8 373.23	6 146.56	171.67	500.73	2 208.21		3 265.95
云南	13 566.93	10 468.49	323.37	1 932.64	7 243.69	532.80	435.99
陕西	10 185.69	8 012.23	586.62	2 005.16	5 420.45		
甘肃	5 648.56	4 418.49	778.86	1 492.46	2 142.17		5.00
青海	1 414.64	697.99	355.92	18.00	324.07		
宁夏	3 063.68	1 648.18	291.68	436.20	845.60		74.70
新疆	3 489.94	2 234.90	971.61	946.54	316.75		
大连	2 335.50	1 593.86	620.36		678.40		295.10
青岛	2 518.26	2 048.01	325.42		513.45		1 209.14
宁波	4 541.67	2 990.02	1 457.34		1 252.68		280.00
深圳	1 324.50	976.00	976.00				
厦门	95.74	81.14	81.14				
新疆兵团	534.11	380.13	144.18	205.95	30.00		

各地区水产技术推广经费情况(公共经费)

单位:万元

地　区	公共经费					
	合　计	省级站	市级站	县级站	区域站	乡级站
全国总计	**22 856.11**	**2 990.13**	**4 861.68**	**8 061.71**	**427.39**	**6 515.20**
北　京	427.70	201.61	226.09			
天　津	205.92	82.09	123.83			
河　北	593.07	38.67	268.46	216.34	69.60	
黑龙江	306.00	19.30	72.50	188.90		25.30
山　西	135.66	26.82	79.98	28.86		
内蒙古	553.58	71.46	255.49	226.63		
辽　宁	339.93	92.20	108.70	85.48	7.57	45.98
吉　林	385.40	65.30	175.60	144.50		
山　东	991.68	48.80	195.41	438.87		308.60
上　海	1 135.93	556.52		410.70		168.71
江　苏	2 436.29	85.20	413.85	682.69	59.00	1 195.55
浙　江	1 850.31	553.31	219.02	721.49	21.00	335.49
安　徽	1 225.04	31.20	414.55	518.84	50.50	209.95
福　建	650.90	49.70	110.71	271.32	0.60	218.57
江　西	613.77	18.01	37.68	272.73	23.60	261.75
河　南	355.28	38.00	111.92	205.36		
湖　北	706.86	47.00	142.88	262.58	27.60	226.80
湖　南	457.87	14.62	57.14	148.31		237.80
广　东	1 708.00	30.00	560.00	438.00	10.00	670.00
广　西	1 010.15	29.39	97.10	242.05		641.61
海　南	174.50		168.90	5.00		0.60
重　庆	1 759.39	85.15		502.84		1 171.40
四　川	1 369.00	10.00	197.34	517.80	129.92	513.94
贵　州	431.53		79.38	226.05		126.10
云　南	656.38	27.63	214.24	362.36	28.00	24.15
陕　西	830.88	91.80	314.54	424.54		
甘　肃	279.28	22.15	107.47	149.66		
青　海	63.85	32.15		31.70		
宁　夏	136.30	38.20	31.50	63.20		3.40
新　疆	151.85	92.99	45.56	13.30		
大　连	161.04	88.20		56.24		16.60
青　岛	283.48	168.86		55.72		58.90
宁　波	250.31	76.66		119.65		54.00
深　圳	119.00	119.00				
厦　门	10.00	10.00				
新疆兵团	89.98	28.14	31.84	30.00		

各地区水产技术推广经费情况(项目经费)

单位:万元

地区	项目经费					
	合计	省级站	市级站	县级站	区域站	乡级站
全国总计	**68 249.70**	**25 110.52**	**15 448.83**	**25 763.82**	**222.55**	**1 703.98**
北京	1 842.26	1 486.62	355.64			
天津	1 913.68	1 729.61	184.07			
河北	1 572.21	656.48	778.54	81.69	55.50	
黑龙江	731.20	223.60	65.70	441.90		
山西	926.38	352.58	319.80	254.00		
内蒙古	1 435.40	623.00	375.75	436.65		
辽宁	1 470.35	216.80	545.03	618.07	76.49	13.96
吉林	2 020.00	480.00	560.00	980.00		
山东	2 663.68	152.00	385.03	2 099.85		26.80
上海	3 482.27	2 115.77		1 363.15		3.35
江苏	5 346.68	308.00	1 652.40	3 010.81	60.00	315.47
浙江	4 215.77	1 383.89	710.00	1 971.88		150.00
安徽	928.35	75.46	355.84	458.05		39.00
福建	4 067.10	1 659.76	377.04	1 995.30		35.00
江西	1 068.49	591.69	123.00	353.80		
河南	1 529.70	270.00	295.50	964.20		
湖北	1 118.49	50.00	547.85	423.56		97.08
湖南	587.67	192.77	374.90	20.00		
广东	7 751.00	1 982.00	4 128.00	757.00		884.00
广西	2 290.36	289.36	485.18	1 515.82		
海南	496.50	377.00	101.00	18.50		
重庆	7 309.05	4 704.19		2 594.86		10.00
四川	1 550.54	39.00	268.36	1 086.30	30.56	126.32
贵州	1 795.14	1 315.00	15.00	465.14		
云南	2 442.06	201.13	458.40	1 779.53		3.00
陕西	1 342.58	22.00	386.21	934.37		
甘肃	950.79	249.25	603.99	97.55		
青海	652.80	640.80		12.00		
宁夏	1 279.20	179.40	895.60	204.20		
新疆	1 103.19	903.99	48.00	151.20		
大连	580.60	247.40		333.20		
青岛	186.77	145.77		41.00		
宁波	1 301.34	1 001.10		300.24		
深圳	229.50	229.50				
厦门	4.60	4.60				
新疆兵团	64.00	11.00	53.00			

各地区水产技术推广人员编制情况(按层级分)

单位:人

地　区	编制人数					
	合　计	省级站	市级站	县级站	区域站	乡级站
全国总计	**34 185**	**1 800**	**3 810**	**12 730**	**599**	**15 246**
北　京	210	76	134			
天　津	142	25	117			
河　北	1 003	37	164	689	113	
黑 龙 江	1 109	26	87	418		578
山　西	365	16	107	202		40
内 蒙 古	995	61	281	653		
辽　宁	985	32	150	268	38	497
吉　林	1 591	32	143	327	16	1 073
山　东	2 957	21	208	1 124		1 604
上　海	826	535		172		119
江　苏	2 526	52	195	662	32	1 585
浙　江	936	31	83	364	45	413
安　徽	1 377	18	153	512	43	651
福　建	1 529	33	126	393	2	975
江　西	1 758	20	60	586	38	1 054
河　南	992	38	210	738	6	
湖　北	1 308	30	137	442	34	665
湖　南	583	16	43	113		411
广　东	2 476	50	344	640	88	1 354
广　西	2 387	18	111	461	23	1 774
海　南	71	6	17	30		18
重　庆	884	38		282		564
四　川	1 686	10	132	647	121	776
贵　州	1 367	12	84	506		765
云　南	1 088	23	205	809		51
陕　西	1 255	109	198	948		
甘　肃	613	120	156	333		4
青　海	57	20	3	34		
宁　夏	205	28	44	118		15
新　疆	235	76	83	76		
大　连	159	76		52		31
青　岛	274	20		67		187
宁　波	147	44		61		42
深　圳	35	35				
厦　门	6	6				
新疆兵团	48	10	35	3		

各地区水产技术推广实有人员情况（按层级分）

单位：人

地　区	实有人数					
	合　计	省级站	市级站	县级站	区域站	乡级站
全国总计	**31 786**	**1 249**	**3 565**	**12 301**	**504**	**14 167**
北　京	175	71	104			
天　津	162	21	141			
河　北	885	36	160	564	125	
黑龙江	1 001	19	62	422		498
山　西	322	15	93	196		18
内蒙古	914	57	251	606		
辽　宁	923	30	144	254	43	452
吉　林	1 553	29	133	302	16	1 073
山　东	2 916	21	241	1 062		1 592
上　海	405	142		144		119
江　苏	2 323	48	169	619	24	1 463
浙　江	944	29	79	371	44	421
安　徽	1 138	14	125	492	41	466
福　建	1 129	28	116	352	2	631
江　西	1 585	17	55	540	25	948
河　南	971	31	213	723	4	
湖　北	1 595	28	124	578	28	837
湖　南	560	16	46	107		391
广　东	2 320	43	302	592	79	1 304
广　西	2 107	13	109	435	22	1 528
海　南	90	15	25	37		13
重　庆	830	37		233		560
四　川	1 704	5	108	593	51	947
贵　州	1 057	7	69	400		581
云　南	1 033	20	194	777		42
陕　西	1 477	62	211	1 204		
甘　肃	603	85	151	365		2
青　海	52	19	2	31		
宁　夏	195	30	44	108		13
新　疆	195	65	74	56		
大　连	149	70		50		29
青　岛	264	18		37		209
宁　波	134	55		49		30
深　圳	37	37				
厦　门	6	6				
新疆兵团	32	10	20	2		

各地区水产技术推广实有人员情况（按技术职称和文化程度分）

单位：人

地　　区	技术职称					文化程度					
	正高级	副高级	中级	初级	其他	博士	硕士	本科	大专	中专	其他
全国总计	**464**	**2 956**	**9 979**	**9 618**	**8 769**	**73**	**1 266**	**9 627**	**12 310**	**5 265**	**3 245**
北　京	4	29	40	37	65	3	29	90	29	6	18
天　津	6	45	43	33	35	1	6	119	23	10	3
河　北	38	110	278	228	231	1	19	350	278	150	87
黑龙江	20	129	398	291	163	1	14	329	494	135	28
山　西	3	19	108	104	88		4	127	108	53	30
内蒙古	13	122	243	144	392		27	342	396	77	72
辽　宁	33	58	345	279	208		44	305	412	120	42
吉　林	24	130	540	563	296	1	42	291	603	391	225
山　东	27	205	936	1 011	737	7	110	905	1 099	481	314
上　海	13	62	117	148	65	10	76	164	91	37	27
江　苏	69	287	883	727	357	9	162	721	959	293	179
浙　江	31	117	357	227	212	5	84	463	282	73	37
安　徽	25	154	442	293	224		34	344	505	162	93
福　建	8	160	342	377	242	3	62	408	349	241	66
江　西	17	77	392	549	550		26	346	574	396	243
河　南	11	86	301	227	346	1	26	303	375	147	119
湖　北	5	46	381	606	557	2	18	184	600	498	293
湖　南	1	23	153	277	106		20	101	230	134	75
广　东	28	125	400	677	1 090	19	101	692	664	433	411
广　西	10	38	748	888	423		22	492	1 155	343	95
海　南	1	7	15	25	42	2	11	26	20	15	16
重　庆	7	100	379	177	167	1	39	268	306	167	49
四　川	5	110	552	610	427		47	474	790	291	102
贵　州	3	112	482	316	144		32	360	548	97	20
云　南	13	303	381	165	171		22	394	438	124	55
陕　西	6	66	264	285	856		24	291	483	236	443
甘　肃	7	71	167	114	244		19	249	211	78	46
青　海	1	10	14	15	12		3	25	19	4	1
宁　夏	8	61	66	38	22		5	134	46	9	1
新　疆	8	25	43	40	79	1	33	88	53	7	13
大　连	4	11	44	43	47	1	43	45	44	12	4
青　岛	1	11	63	65	124	1	23	83	97	39	21
宁　波	11	34	34	24	31	4	28	69	16	5	12
深　圳	1	3	13	9	11		8	19	6		4
厦　门		2	4				1	3	2		
新疆兵团	2	8	11	6	5		2	23	5	1	1

各地区水产技术推广实有人员情况（按性别和年龄分）

单位：人

地区	性别		年龄结构		
	男性	女性	35岁及以下	36～49岁	50岁以上
全国总计	**23 269**	**8 517**	**6 163**	**16 601**	**9 022**
北京	95	80	48	77	50
天津	91	71	37	74	51
河北	551	334	184	427	274
黑龙江	694	307	144	563	294
山西	221	101	48	198	76
内蒙古	593	321	116	387	411
辽宁	660	263	171	501	251
吉林	1 175	378	147	904	502
山东	2 073	843	577	1 699	640
上海	305	100	121	119	165
江苏	1 740	583	379	1 064	880
浙江	765	179	284	317	343
安徽	882	256	100	692	346
福建	869	260	267	523	339
江西	1 306	279	310	771	504
河南	631	340	164	601	206
湖北	1 212	383	205	856	534
湖南	480	80	72	297	191
广东	1 786	534	629	1 162	529
广西	1 613	494	505	1 191	411
海南	62	28	25	42	23
重庆	603	227	210	355	265
四川	1 316	388	366	953	385
贵州	756	301	297	512	248
云南	714	319	146	574	313
陕西	933	544	261	922	294
甘肃	409	194	121	307	175
青海	30	22	8	32	12
宁夏	124	71	29	94	72
新疆	130	65	60	108	27
大连	102	47	44	54	51
青岛	196	68	40	140	84
宁波	103	31	31	48	55
深圳	26	11	8	18	11
厦门	1	5	1	3	2
新疆兵团	22	10	8	16	8

各地区水产技术推广机构自有试验示范基地情况

单位：个，公顷

地区	合计		省级站		市级站		县级站		区域站		乡级站	
	数量	养殖面积	数量	养殖面积	数量	养殖面积	数量	养殖面积	数量	养殖面积	数量	养殖面积
全国总计	**555**	**11 397.0**	**33**	**1 276.3**	**84**	**1 118.7**	**346**	**6 359.2**	**5**	**30**	**87**	**2 612.8**
北　京	4	24.3	2	19.3	2	5.0						
天　津	3	66.7			3	66.7						
河　北	11	310.3	2	7.7	1	1.0	3	271.6	5	30		
黑龙江	9	215.0	1	16.0	4	19.0	4	180.0				
山　西	5	105.5			2	22.0	3	83.5				
内蒙古	11	248.9	1	20.0	3	37.3	7	191.6				
辽　宁	11	97.3			5	24.6	6	72.7				
吉　林	8	112.0			1	2.0	7	110.0				
山　东	23	2 037.6			3	204.1	19	1 823.5			1	10.0
上　海	11	122.7	3	79.8			4	29.9			4	13.0
江　苏	34	2 614.3	1	35.0	5	219.3	9	445.1			19	1 914.8
浙　江	12	111.7	2	22.4			10	89.3				
安　徽	12	542.6					9	142.6			3	400.0
福　建	14	101.8			2	26.6	12	75.2				
江　西	28	299.7	1	7.0			12	107.7			15	185.0
河　南	31	263.6			6	32.7	25	230.8				
湖　北	52	1 100.2			4	45.4	31	1 054.8			17	
湖　南	5	50.6			2	6.6	3	44.0				
广　东	119	617.0	1	2.0	17	213.0	74	332.0			27	70.0
广　西	10	40.1			2	15.7	8	24.4				
海　南	5	20.0	3		1	10.0	1	10.0				
重　庆	7	43.7					7	43.7				
四　川	37	594.7	1	29.0	3	25.8	33	539.9				
贵　州	15	74.9			3	8.0	12	66.9				
云　南	30	124.6	1	6.0	4	18.8	25	99.8				
陕　西	21	229.5	3	113.0	4	26.2	14	90.3				
甘　肃	8	106.6	3	100.0	3	3.4	2	3.2				
青　海	1	0.4	1	0.4								
宁　夏	1	40.0					1	40.0				
新　疆	7	315.8	1	146.7	1	12.5	5	156.7				
大　连	2	400.0	2	400.0								
青　岛	1	20.0									1	20.0
宁　波	1	3.5	1	3.5								
深　圳	2	245.0	2	245.0								
厦　门												
新疆兵团	4	96.5	1	23.5	3	73.0						

各地区水产技术推广机构合作试验示范基地情况

单位:个,公顷

地区	合计		省级站		市级站		县级站		区域站		乡级站	
	数量	养殖面积	数量	养殖面积	数量	养殖面积	数量	养殖面积	数量	养殖面积	数量	养殖面积
全国总计	**2 527**	**113 822.2**	**91**	**11 577.5**	**285**	**7 834.2**	**1 469**	**75 277.9**	**12**	**50.3**	**670**	**19 082.4**
北京	8	17.0			8	17.0						
天津	11	953.0			11	953.0						
河北	65	924.5	16	286.8	17	145.7	32	492.0				
黑龙江	5	460.0					5	460.0				
山西	11	124.0			5	16.6	6	107.4				
内蒙古	15	1 036.3	2	370.0			13	666.3				
辽宁	70	2 036.5			13	713.3	51	1 275.2	4		2	48.0
吉林	82	5 550.0	3	450.0	7	600.0	72	4 500.0				
山东	177	13 284.3			17	330.0	120	12 076.1			40	878.2
上海	53	680.8	15	361.3			15	189.8			23	129.7
江苏	70	1 967.9			14	520.0	29	895.3			27	552.6
浙江	180	4 603.2	3	61.9	17	85.3	142	4 323.5	3	35.3	15	97.2
安徽	170	9 290.7			13	658.0	96	6 501.1			61	2 131.6
福建	141	2 206.0	25	785.6	5	51.7	106	1 363.7			5	5.0
江西	232	14 790.8	1	67.0	29	325.0	108	7 098.8	5	15.0	89	7 285.0
河南	82	7 098.8	1	15.0	12	310.6	69	6 773.2				
湖北	376	21 637.5			26	742.0	133	14 032.5			217	6 863.0
湖南	30	9 216.4	4	8 500.0	1	23.4	18	543.0			7	150.0
广东	164	2 454.0	5	350.0	36	952.0	89	1 072.0			34	80.0
广西	86	1 655.8			26	511.0	45	994.8			15	150.0
海南	5	40.0			4	29.0	1	11.0				
重庆	77	947.4	1	8.0			60	787.3			16	152.1
四川	196	2 169.2	3	20.0			80	1 645.2			113	504.0
贵州	20	167.3			5	100.0	15	67.3				
云南	31	2 845.0			4	18.4	22	2 806.6			5	20.0
陕西	41	2 008.8			6	613.1	35	1 395.7				
甘肃	40	239.9			6	66.1	34	173.8				
青海	1	12.5					1	12.5				
宁夏	7	1 013.2	1	16.2	2	20.0	4	977.0				
新疆	19	477.4	10	285.0	1	33.0	8	159.4				
大连	11	308.7	1	0.7			10	308.0				
青岛	9	3 116.0					8	3 080.0			1	36.0
宁波	42	489.4					42	489.4				
深圳												
厦门												
新疆兵团												

各地区水产技术推广机构房屋条件情况(一)

单位:米²

地　区	办公用房面积					
	合　计	省级站	市级站	县级站	区域站	乡级站
全国总计	**460 119**	**39 381**	**75 873**	**146 896**	**5 016**	**192 954**
北　京	4 378	375	4 003			
天　津	1 043	210	833			
河　北	8 050	700	2 019	4 276	1 055	
黑龙江	2 529	142	341	2 046		
山　西	3 226	115	2 070	1 032		9
内蒙古	11 301	461	3 988	6 852		
辽　宁	26 170	2 557	2 809	3 561	363	16 880
吉　林	14 688	1 326	3 457	3 080	155	6 670
山　东	32 635	635	2 292	13 385		16 324
上　海	13 198	6 059		5 457		1 682
江　苏	34 485	235	3 701	6 591	1 236	22 722
浙　江	10 047	383	1 792	5 137	520	2 215
安　徽	21 302	176	2 371	6 526	420	11 809
福　建	18 968	3 368	5 536	3 688	15	6 361
江　西	18 305	2 470	525	4 791	175	10 344
河　南	10 335	300	1 804	8 196	35	
湖　北	27 075	571	3 777	13 367		9 360
湖　南	7 635	200	2 148	973		4 314
广　东	26 434	500	6 772	6 843	122	12 197
广　西	52 186	2 400	973	3 330		45 483
海　南	1 311	180	840	171		120
重　庆	17 968	1 178		3 680		13 110
四　川	18 392	60	2 946	8 599	920	5 867
贵　州	8 808	300	2 349	3 453		2 706
云　南	20 612	462	5 971	12 558		1 620
陕　西	17 728	899	4 741	12 088		
甘　肃	6 479	858	2 908	2 443		271
青　海	2 184	1 680	50	454		
宁　夏	2 372	660	522	1 091		99
新　疆	7 698	2 300	4 031	1 367		
大　连	2 225	1 460		715		50
青　岛	3 294	450		223		2 621
宁　波	3 489	2 476		893		120
深　圳	3 000	3 000				
厦　门	58	58				
新疆兵团	509	175	304	30		

各地区水产技术推广机构房屋条件情况(二)

单位:个

地　　区	培训教室					
	合　计	省级站	市级站	县级站	区域站	乡级站
全国总计	**1 344**	**37**	**84**	**391**	**29**	**803**
北　京	6	3	3			
天　津	6	1	5			
河　北	16		1	10	5	
黑龙江						
山　西	6		3	3		
内蒙古	1			1		
辽　宁	9	1		4	4	
吉　林	2	1	1			
山　东	74		2	32		40
上　海	33	5		5		23
江　苏	161	1	5	15	4	136
浙　江	68	3	2	23	1	39
安　徽	123	1	1	19	6	96
福　建	104	1	3	24		76
江　西	166	1		50		115
河　南	36		5	31		
湖　北	86		9	24		53
湖　南	8	1	3	4		
广　东	101	1	22	41		37
广　西	78	1	2	16		59
海　南	1		1			
重　庆	16	1		9		6
四　川	157	2	3	23	9	120
贵　州	8			8		
云　南	13	1	4	8		
陕　西	25	2	3	20		
甘　肃	7		3	4		
青　海	2	1		1		
宁　夏	4	1		3		
新　疆	8	1	2	5		
大　连	3	1		2		
青　岛	3					3
宁　波	11	5		6		
深　圳						
厦　门						
新疆兵团	2	1	1			

各地区水产技术推广机构房屋条件情况(三)

单位:米^2

地区	培训教室面积					
	合计	省级站	市级站	县级站	区域站	乡级站
全国总计	**100 689**	**4 445**	**6 266**	**28 090**	**1 663**	**60 224**
北京	422	182	240			
天津	414	30	384			
河北	690		20	640	30	
黑龙江						
山西	263		169	94		
内蒙古	92			92		
辽宁	673	60		263	350	
吉林	80	30	50			
山东	9 145		150	3 455		5 540
上海	2 942	1 062		225		1 655
江苏	12 355	96	480	900	213	10 666
浙江	7 083	389	550	2 369	80	3 695
安徽	9 200	50	30	1 340	720	7 060
福建	10 068	135	285	2 528		7 120
江西	8 932	400		2 536		5 996
河南	2 847		284	2 563		
湖北	6 956		604	1 694		4 658
湖南	649	70	203	376		
广东	7 931	200	1 579	2 088		4 064
广西	4 178	270	53	1 273		2 582
海南	50		50			
重庆	950	80		690		180
四川	8 941	20	170	1 671	270	6 810
贵州	720			720		
云南	1 034	120	434	480		
陕西	1 131	120	205	806		
甘肃	374		126	248		
青海	290	200		90		
宁夏	184	75		109		
新疆	605	125	100	380		
大连	100	30		70		
青岛	198					198
宁波	966	576		390		
深圳						
厦门						
新疆兵团	226	126	100			

各地区水产技术推广机构房屋条件情况（四）

单位：个

地　区	实验室数量					
	合　计	省级站	市级站	县级站	区域站	乡级站
全国总计	**2 028**	**127**	**230**	**1 263**	**37**	**371**
北　京	9	2	7			
天　津	22	5	17			
河　北	31	1	8	17	5	
黑龙江	22	1		21		
山　西	8		4	4		
内蒙古	13	1	4	8		
辽　宁	35	1	8	22	4	
吉　林	48	1	6	41		
山　东	52	1	8	42		1
上　海	90	48		40		2
江　苏	215	2	16	58	6	133
浙　江	104	1	9	40	4	50
安　徽	177	14	8	62	6	87
福　建	67	1	8	58		
江　西	77	1	3	46	2	25
河　南	45	1	10	33	1	
湖　北	92	1	7	74		10
湖　南	21	1	9	11		
广　东	164	1	27	80		56
广　西	397	13	18	363		3
海　南	19	1	14	4		
重　庆	30	1		29		
四　川	93		2	82	9	
贵　州	12		2	10		
云　南	28	1	6	21		
陕　西	83	11	16	56		
甘　肃	8	1	4	3		
青　海	6	1		5		
宁　夏	12	2	4	6		
新　疆	12	2	2	8		
大　连	8	2		6		
青　岛	12	2		6		4
宁　波	9	2		7		
深　圳	1	1				
厦　门	2	2				
新疆兵团	4	1	3			

各地区水产技术推广机构房屋条件情况(五)

单位:米^2

地 区	实验室面积					
	合 计	省级站	市级站	县级站	区域站	乡级站
全国总计	**168 422**	**33 542**	**29 127**	**88 769**	**893**	**16 092**
北 京	4 862	3 528	1 334			
天 津	779	140	639			
河 北	4 584	1 600	298	2 656	30	
黑 龙 江	943	628		315		
山 西	1 654		770	884		
内 蒙 古	1 914	1 350	230	334		
辽 宁	5 962	1 260	1 835	2 767	100	
吉 林	2 627	200	1 287	1 140		
山 东	8 031	80	2 647	5 267		37
上 海	1 950	1 272		653		25
江 苏	18 358	817	2 893	8 103	183	6 362
浙 江	17 800	6 241	2 756	7 534	20	1 249
安 徽	11 723	1 080	285	8 248	180	1 930
福 建	7 358	1 056	872	5 430		
江 西	8 212	990	62	6 183	260	717
河 南	3 470	900	601	1 939	30	
湖 北	8 556	30	454	7 916		156
湖 南	1 996	600	451	945		
广 东	18 377	120	5 173	7 740		5 344
广 西	6 462	450	775	5 107		130
海 南	1 737	840	669	228		
重 庆	3 907	915		2 992		
四 川	4 201		2 425	1 686	90	
贵 州	1 540		40	1 500		
云 南	2 228	231	264	1 733		
陕 西	2 403	300	733	1 369		
甘 肃	1 026	429	246	352		
青 海	924	700		224		
宁 夏	2 427	1 200	488	739		
新 疆	2 258	1 200	775	283		
大 连	5 102	2 440		2 662		
青 岛	1 787	550		1 095		142
宁 波	2 115	1 369		746		
深 圳	372	372				
厦 门	510	510				
新疆兵团	269	144	125			

各地区水产技术推广机构房屋条件情况(六)

单位:万元

地区	实验室设备原值					
	合计	省级站	市级站	县级站	区域站	乡级站
全国总计	**109 180.6**	**36 361.6**	**21 858.7**	**45 757.0**	**301**	**4 902.3**
北京	5 360.9	3 841.5	1 519.4			
天津	431.5	160.0	271.5			
河北	3 751.9	1 800.0	728.3	1 163.6	60	
黑龙江	810.0	600.0		210.0		
山西	373.0		205.6	167.4		
内蒙古	1 267.3	1 100.0	55.9	111.5		
辽宁	3 720.0	1 400.0	1 160.8	1 150.2	9	
吉林	1 610.5	180.0	850.0	580.5		
山东	6 263.1	550.0	1 599.7	4 113.4		
上海	1 947.8	1 287.9		651.3		8.6
江苏	9 477.6	1 199.0	1 162.6	5 931.7	38	1 146.4
浙江	12 108.9	6 000.0	1 541.6	4 110.5	4	452.8
安徽	3 722.1	641.2	153.4	2 542.1	30	355.5
福建	4 802.5	530.0	2 229.8	2 042.7		
江西	4 037.7	800.0	26.0	3 002.5	130	79.2
河南	2 535.6	1 000.0	125.1	1 390.5	20	
湖北	3 151.1	20.0	401.1	2 671.9		58.0
湖南	2 050.3	700.0	161.3	1 189.0		
广东	12 144.0	480.0	5 478.0	3 437.0		2 749.0
广西	3 401.5	85.7	809.8	2 485.1		21.0
海南	2 149.6	1 050.0	943.5	156.1		
重庆	2 201.2	1 062.0		1 139.2		
四川	2 169.1		955.0	1 204.1	10	
贵州	708.5		31.0	677.5		
云南	937.1	65.1	139.1	732.9		
陕西	1 535.0	187.1	648.6	699.3		
甘肃	496.7	300.0	113.5	83.2		
青海	1 265.4	1 238.4		27.0		
宁夏	1 047.9	450.0	198.3	399.6		
新疆	1 269.5	789.2	185.0	295.4		
大连	5 489.2	3 433.0		2 056.2		
青岛	1 806.2	1 000.0		774.4		31.8
宁波	1 773.7	1 212.5		561.2		
深圳	2 997.0	2 997.0				
厦门						
新疆兵团	367.2	202.2	165.0			

各地区水产技术推广机构信息平台情况

地　区	网站(个)	手机平台(户)	电话热线(条)	技术简报(个)
全国总计	**577**	**5 634**	**27 927**	**3 177**
北　京	1	8	12	7
天　津	1	54	1 711	2
河　北	15	101	119	23
黑龙江			4 650	
山　西	7	47	933	7
内蒙古	8	59	108	23
辽　宁	3	110	568	43
吉　林	4	706	781	81
山　东	42	974	2 906	107
上　海	3	22	59	6
江　苏	57	442	682	393
浙　江	52	211	247	28
安　徽	56	470	966	138
福　建	1	121	257	66
江　西	50	216	240	34
河　南	23	154	586	160
湖　北	20	205	903	161
湖　南	2	49	352	14
广　东	44	146	817	45
广　西	13	522	438	57
海　南	3	26	16	19
重　庆	5	127	577	141
四　川	31	249	3 633	163
贵　州	10	126	4 380	323
云　南	97	214	216	63
陕　西	9	132	1 208	983
甘　肃	1	27	61	24
青　海	1	27	236	6
宁　夏	6	28	31	29
新　疆	2	10	164	18
大　连	4	5	20	5
青　岛	2	30	31	1
宁　波	3	7	10	5
深　圳	1	1	1	1
厦　门		3		
新疆兵团		5	8	1

各地区水产技术推广履职成效情况(一)

地 区	示范关键技术（个）	检验检测（批次）	指导面积（公顷）	服务对象		
				农户（户）	企业（个）	合作组织（个）
全国总计	**4 601**	**380 427**	**3 779 591.4**	**1 323 410**	**27 213**	**24 894**
北 京	28	89 796	10 857.5	928	78	15
天 津	38	5 444	21 385.2	3 608	138	121
河 北	104	8 526	69 670.4	11 579	458	182
黑龙江	224	519	80 110.0	43 931	245	347
山 西	20	214	4 737.9	788	58	135
内蒙古	29	1 178	85 796.6	3 627	159	228
辽 宁	82	7 958	67 105.0	7 983	647	126
吉 林	137	2 400	91 070.0	4 840	268	761
山 东	486	6 869	455 908.5	62 336	1 187	1 243
上 海	43	3 771	13 959.7	6 842	49	432
江 苏	462	32 089	603 321.7	165 629	5 586	3 547
浙 江	337	15 390	227 604.6	25 512	1 440	1 108
安 徽	317	5 773	334 070.3	36 228	2 421	1 849
福 建	188	7 683	78 582.4	23 837	2 057	905
江 西	190	4 374	255 647.7	61 804	1 612	1 374
河 南	171	1 518	93 665.4	45 025	358	712
湖 北	416	16 809	505 887.3	133 979	1 519	4 302
湖 南	46	5 957	33 630.0	13 547	475	383
广 东	163	47 676	146 923.0	78 099	1 679	564
广 西	311	92 132	132 137.3	123 199	1 451	1 667
海 南	14	1 161	5 398.0	5 376	209	92
重 庆	135	1 753	56 969.0	117 207	2 003	642
四 川	136	3 985	88 713.1	63 627	554	2 046
贵 州	63	460	89 567.1	225 884	676	584
云 南	106	1 277	68 937.1	35 879	348	329
陕 西	84	6 915	22 229.2	4 162	485	446
甘 肃	70	384	4 152.3	1 992	222	238
青 海	4	185	247.7	63	10	67
宁 夏	84	1 130	34 983.2	2 628	139	182
新 疆	15	620	19 348.6	676	74	80
大 连	10	2 872	7 960.0	308	43	17
青 岛	26	721	21 317.0	1 586	306	80
宁 波	51	2 689	20 300.0	8 426	208	61
深 圳	2	128	334.0	35	25	5
厦 门		25	1 270.0	1 665	3	
新疆兵团	9	46	25 794.5	575	23	24

各地区水产技术推广履职成效情况(二)

地　区	渔民技术培训		推广人员培训		公共信息服务		
	期数（期）	人数（人次）	业务培训（人次）	学历教育（人次）	信息覆盖用户（户）	发布公共信息（条）	发放技术资料（份）
全国总计	**16 702**	**1 018 636**	**59 303**	**3 266**	**1 394 783**	**5 201 905**	**5 306 757**
北　京	50	2 551	380	1	1 857	45 014	12 760
天　津	124	5 154	1 152	56	7 750	1 770	11 306
河　北	273	13 766	713	53	4 193	8 613	35 214
黑龙江	366	21 950	1 742	141	135 397	5 596	97 741
山　西	76	2 898	613	20	738	1 308	19 252
内蒙古	128	5 662	837	70	2 971	9 479	29 509
辽　宁	144	6 555	666	20	8 256	83 825	56 834
吉　林	151	7 300	2 565	49	16 301	19 695	24 300
山　东	915	68 075	4 083	205	79 503	41 203	507 196
上　海	453	19 195	1 991	23	4 331	8 229	55 044
江　苏	2 463	184 964	8 067	384	148 026	526 788	712 370
浙　江	757	44 726	4 804	40	46 056	79 604	100 148
安　徽	857	62 098	2 298	278	69 379	119 341	280 908
福　建	387	18 590	3 019	101	112 358	740 114	123 125
江　西	634	39 008	4 746	115	61 475	41 927	274 881
河　南	535	48 568	1 337	131	35 226	44 757	318 125
湖　北	3 047	129 228	1 246	148	275 340	759 632	712 737
湖　南	377	43 976	479	13	6 756	27 808	101 009
广　东	805	54 775	3 337	384	87 663	1 131 984	223 747
广　西	757	33 339	5 864	140	133 502	554 863	250 956
海　南	71	6 932	128	6	2 980	1 151	16 606
重　庆	392	18 571	1 140	61	26 259	615 210	123 669
四　川	961	81 433	2 064	150	63 827	162 381	683 474
贵　州	366	19 344	1 585	407	19 386	42 835	75 093
云　南	778	45 109	1 399	23	23 904	41 787	155 412
陕　西	252	11 102	985	64	6 120	33 648	157 897
甘　肃	200	5 580	658	145	987	1 558	43 513
青　海	20	875	292	13	523	2 161	5 665
宁　夏	164	7 433	465	6	1 896	14 415	45 505
新　疆	22	867	208	10	757	424	15 682
大　连	29	1 194	69	1	864	5 824	4 612
青　岛	48	2 887	60	6	2 787	11 890	11 055
宁　波	54	3 042	243		6 090	5 429	10 112
深　圳	12	723	26	2	371	9 556	8 840
厦　门	16	570	19		378	1 895	1 320
新疆兵团	18	596	23		576	191	1 140

各地区水产技术推广机构技术成果

地　区	技术成果数量（个）	审定新品种（个）	获奖情况（个）				获得专利（项）	发表论文（篇）	制定标准/规范（个）	出版图书（本）
			国家级	省部级	市厅级	县级				
全国总计	**148**	**7**	**12**	**67**	**83**	**74**	**189**	**1 450**	**233**	**120**
北　京	4						2	12	4	
天　津										
河　北	5			1	4		5	53	15	1
黑龙江					4		2	122		
山　西								11		
内蒙古								8	17	
辽　宁	10						5	16	13	2
吉　林			5	22	6	2		18	3	
山　东	7				3	1	32	76	6	1
上　海	13		1	2	2		17	44		
江　苏	12	1		4	7	21	21	221	32	14
浙　江	12		2	1	8	3	7	61	12	5
安　徽	13	1		6	7	4	30	180	15	2
福　建	5			3				72	10	6
江　西	8			4	9		2	46	9	5
河　南	2	3		2	2	25	4	66	10	5
湖　北	2		1		2	5	1	72	8	5
湖　南										
广　东	12	1	3	14	8		12	50	15	1
广　西	13			1			5	60	9	4
海　南	7						1	9		
重　庆	1			2		13	6	59	4	6
四　川	3				1			15	16	51
贵　州	4			1	3		4	43	15	2
云　南					2		7	25	6	3
陕　西	2				1			12	2	1
甘　肃	6						10	40		1
青　海								2		
宁　夏										
新　疆							4	23	8	
大　连	1						3	10	1	2
青　岛		1		2	14		8	11		
宁　波	6			2			1	13	3	3
深　圳										
厦　门										
新疆兵团										

六、灾 害

各地区渔业灾情造成的经济损失（一）

单位：万元

地 区	1. 水产品损失					
	小 计	台风、洪涝	病 害	干 旱	污 染	其 他
全国总计	**1 363 365.93**	**475 108.34**	**261 259.43**	**193 329.92**	**82 211.46**	**351 456.78**
北 京	872.00		872.00			
天 津	1 035.00		1 035.00			
河 北	126 336.10	7 757.00	3 154.10		1 380.00	114 045.00
山 西	106.00	56.00				50.00
内蒙古	1 551.00	365.00	171.00	843.00		172.00
辽 宁	235 568.60	238.00	9 048.00	102 503.00		123 779.60
吉 林	259.00			259.00		
黑龙江	3 385.00	3 385.00				
上 海	1 889.58	331.00	1 457.00		101.58	
江 苏	145 306.00	40 454.00	52 937.00	3 476.00	33 049.00	15 390.00
浙 江	48 976.00	24 126.00	23 015.00	431.00	1 292.00	112.00
安 徽	64 571.18	18 919.42	16 944.26	9 176.07	18 168.09	1 363.34
福 建	56 438.00	34 954.00	9 284.00	1 378.00	10 090.00	732.00
江 西	127 302.35	32 256.31	57 635.56	31 009.75	1 699.35	4 701.38
山 东	143 737.00	56 471.00	18 434.00	6 634.00	13 300.00	48 898.00
河 南	7 199.00	1 480.00	4 303.00		641.00	775.00
湖 北	54 302.00	19 861.00	13 890.00	13 094.00	649.00	6 808.00
湖 南	82 423.00	44 650.00	5 895.00	19 200.00	397.00	12 281.00
广 东	173 285.35	127 830.16	25 389.27	1 744.80	953.76	17 367.36
广 西	10 795.26	2 952.02	5 739.74	108.60	133.10	1 861.80
海 南	2 047.80	1 040.00	964.80		43.00	
重 庆	4 704.00	2 756.00	1 381.00	141.00	208.00	218.00
四 川	45 427.56	40 145.16	3 605.50	1 676.90		
贵 州	4 725.72	3 069.17	278.90	581.30		796.35
云 南	13 147.85	7 511.29	3 077.44	708.00	85.12	1 766.00
西 藏						
陕 西	1 600.00	1 000.00	60.00	310.00	20.00	210.00
甘 肃	2 167.78	1 847.81	304.06	0.50	1.46	13.95
青 海						
宁 夏	1 784.00	1 653.00	131.00			
新 疆	2 423.80		2 252.80	55.00		116.00

各地区渔业灾情造成的经济损失(二)

单位:万元

地 区	2.(台风、洪涝)损毁渔业设施							
	小 计	池 塘	网箱(鱼排)	围 栏	沉 船	船 损	堤 坝	泵 站
全国总计	**212 697.03**	**105 005.41**	**47 306.80**	**5 687.00**	**3 046.50**	**11 170.52**	**8 478.53**	**125.00**
北 京								
天 津								
河 北	176.00	110.00						
山 西	5.00	5.00						
内蒙古	102.00	84.00					18.00	
辽 宁	1 238.00				308.00		130.00	
吉 林								
黑龙江	310.00	310.00						
上 海	40.00					29.00		
江 苏	8 229.00	2 632.00	219.00	3 653.00	15.00	1.00	212.00	
浙 江	16 714.00	1 443.00	6 412.00	50.00	1 132.00	379.00	413.00	
安 徽	8 355.05	2 390.00	207.00	1 199.00			786.00	9.00
福 建	35 615.00	8 891.00	12 142.00	1.00	1 071.00	7 471.00	117.00	
江 西	7 352.81	5 117.67	159.00	120.00		18.64	500.50	
山 东	6 588.00	2 602.00	54.00	5.00		121.00	1 489.00	
河 南	421.00	199.00	13.00	26.00			5.00	
湖 北	7 322.00	3 514.00			56.00	1 641.00	1 365.00	44.00
湖 南	15 078.00	9 511.00	1 473.00		29.00	203.00	1 150.00	51.00
广 东	71 629.82	56 676.64	6 906.00	393.00	44.50	1 246.78	1 816.28	17.00
广 西	649.43	333.52	143.30	5.00			54.00	
海 南	20 407.00	1 231.00	18 795.00		381.00			
重 庆	532.00	407.00		5.00		12.00	106.00	
四 川	8 232.35	8 052.15			10.00	2.10	56.80	
贵 州	569.29	220.00	3.00	10.00			4.00	
云 南	1 712.50	1 008.00	660.50				40.00	1.00
西 藏								
陕 西	630.00	70.00	120.00	220.00		20.00	180.00	
甘 肃	538.78	6.43					3.95	3.00
青 海								
宁 夏	224.00	192.00					32.00	
新 疆	26.00					26.00		

各地区渔业灾情造成的经济损失(三)

单位:万元

地区	2.(台风、洪涝)损毁渔业设施(续)							直接经济损失合计
	涵闸	码头	护岸	防波堤	工厂化养殖	苗种繁育场	其他	
全国总计	**585.00**	**3 239.00**	**6 426.10**	**6 442.00**	**4 638.01**	**4 648.61**	**5 898.55**	**1 576 062.96**
北京								872.00
天津								1 035.00
河北	20.00	6.00	10.00		10.00	20.00		126 512.10
山西								111.00
内蒙古								1 653.00
辽宁		50.00	150.00			600.00		236 806.60
吉林								259.00
黑龙江								3 695.00
上海							11.00	1 929.58
江苏	1.00	2.00	110.00	320.00	213.00	450.00	401.00	153 535.00
浙江		1 786.00	2 149.00	1 941.00		720.00	289.00	65 690.00
安徽	5.00		352.00	330.00	2 238.00	42.00	797.05	72 926.23
福建	45.00	515.00	1 281.00	2 496.00		818.00	767.00	92 053.00
江西	18.00		134.00	45.00	399.00	15.00	826.00	134 655.16
山东	1.00	282.00	1.00		1 536.00	489.00	8.00	150 325.00
河南							178.00	7 620.00
湖北	58.00		179.00	12.00	7.00	216.00	230.00	61 624.00
湖南	41.00	298.00	525.00	142.00	70.00	313.00	1 272.00	97 501.00
广东	388.00	300.00	1 529.50	1 137.00	64.22	236.90	874.00	244 915.17
广西						48.81	64.80	11 444.69
海南								22 454.80
重庆	2.00							5 236.00
四川	3.00		3.60	15.00		55.00	34.70	53 659.91
贵州				2.00	100.79	137.50	92.00	5 295.01
云南	3.00							14 860.35
西藏								
陕西							20.00	2 230.00
甘肃			2.00	2.00		487.40	34.00	2 706.56
青海								
宁夏								2 008.00
新疆								2 449.80

各地区渔业灾情造成的数量损失(一)

地区	1.受灾养殖面积(公顷)						2.水产品损失(吨)		
	小计	台风、洪涝	病害	干旱	污染	其他	小计	台风、洪涝	病害
全国总计	**606 791**	**257 658**	**153 192**	**87 154**	**21 810**	**86 977**	**834 383**	**373 458**	**204 976**
北京	430		430				266		266
天津	1 261	1 261					1 021		1 021
河北	20 121	2 491	1 181		172	16 277	62 839	8 609	1 316
山西	7	7					60	35	
内蒙古	2 504	208	54	1 549		693	933	221	71
辽宁	38 226	67	1 099	27 606		9 454	61 059	220	11 909
吉林	680			680			179		
黑龙江	827	827					2 601	2 601	
上海	900	22	853		25		616	82	518
江苏	67 509	25 379	27 118	2 631	8 738	3 643	58 127	19 116	28 878
浙江	14 999	6 065	7 637	731	66	500	15 460	5 504	9 550
安徽	45 585	12 263	14 234	9 622	6 605	2 861	49 654	17 645	12 853
福建	7 290	3 450	1 190	416	2 190	44	55 377	30 537	7 142
江西	78 175	14 643	41 973	19 209	866	1 484	120 790	28 532	54 897
山东	63 252	35 221	7 444	7 941	1 399	11 247	99 748	60 378	15 658
河南	4 736	972	2 727		455	582	7 181	1 664	4 433
湖北	46 677	10 152	17 477	1 188	517	17 343	42 121	12 205	17 910
湖南	64 096	29 988	14 496	13 304	178	6 130	53 456	38 835	5 150
广东	117 659	92 134	8 226	1 163	409	15 727	139 568	102 433	20 861
广西	4 594	1 414	2 268	130	99	683	9 118	2 122	4 831
海南	350	231	109		7	3	3 555	2 840	688
重庆	1 806	434	1 194	95	53	30	4 473	2 334	1 481
四川	14 795	14 143	478	174			29 969	27 770	1 922
贵州	2 592	2 268	18	295		11	1 759	1 282	34
云南	4 254	2 525	1 207	271	21	230	8 643	4 885	1 821
西藏									
陕西	772	500	120	120	10	22	1 321	850	130
甘肃	232	154	71	2		5	760	628	127
青海									
宁夏	1 018	839	179				2 255	2 130	125
新疆	1 444		1 409	27		8	1 474		1 384

各地区渔业灾情造成的数量损失(二)

地 区	2. 水产品损失(吨)(续)			3.(台风、洪涝)损毁渔业设施					
	干 旱	污 染	其 他	池塘(公顷)	网箱(鱼排)(箱)	围栏(千米)	沉船(艘)	船损(艘)	堤坝(米)
全国总计	**110 933**	**46 036**	**98 980**	**50 612**	**49 724**	**7 265**	**868**	**2 354**	**293 298**
北 京									
天 津									
河 北		550	52 364	63					
山 西			25	7					
内 蒙 古	603		38	11					1 200
辽 宁	36 597		12 333				5	1	2 300
吉 林	179								
黑 龙 江				827					
上 海		16						5	
江 苏	2 330	6 890	913	4 487	16	2 219		3	8 570
浙 江	198	137	71	401	1 335	1	767	75	1 586
安 徽	7 851	10 361	944	2 150	645	2 261			13 575
福 建	1 495	15 769	434	1 021	14 813	1	44	1 531	400
江 西	32 301	1 615	3 445	1 174	359	808		16	18 121
山 东	10 937	7 940	4 835	731	93	7		32	166 063
河 南		708	376	20	100	1 801			45
湖 北	7 920	453	3 633	4 968			20	106	29 105
湖 南	7 136	180	2 155	11 108	2 798		14	286	38 673
广 东	1 706	926	13 642	18 969	12 283	149	14	276	6 251
广 西	131	166	1 868	207	236	5			535
海 南		27		105	4 275				
重 庆	242	226	190	241		1		8	837
四 川	277			3 234			4	12	291
贵 州	227		216	83		2			2 240
云 南	547	70	1 320	108	12 351				366
西 藏									
陕 西	220	1	120	55	420	10		2	440
甘 肃	1	1	3	5					200
青 海									
宁 夏				637					2 500
新 疆	35		55					1	

各地区渔业灾情造成的数量损失(三)

地区	3.(台风、洪涝)损毁渔业设施(续)							4.人员损失(人)			
	泵站(座)	涵闸(座)	码头(米)	护岸(米)	防波堤(米)	工厂化养殖(座)	苗种繁育场(个)	小计	失踪	死亡	重伤
全国总计	**123**	**292**	**5 299**	**65 994**	**19 115**	**143**	**72**	**43**	**12**	**27**	**4**
北京											
天津											
河北			230	2 020			1				
山西											
内蒙古											
辽宁			300	1 000			4	19	8	11	
吉林											
黑龙江											
上海								2		1	1
江苏		3	3	6 226	2 769						
浙江			1 774	1 161	1 285		1	9	2	7	
安徽	3	5		7 190	3 345	28	9				
福建		6	678	1 409	6 812		19	9	2	7	
江西		10		27 047	468	4	1				
山东		1	3	301		87	6				
河南											
湖北	52	52		15 850	3	10		4		1	3
湖南	5	9	1 925	1 245	508	9	5				
广东	60	185	386	2 140	2 870	2	9				
广西						3	3				
海南											
重庆		14									
四川		5		205	70		11				
贵州					800		2				
云南	1	2									
西藏											
陕西	2										
甘肃				200	185		1				
青海											
宁夏											
新疆											

七、附　录

附录一

水产品产量数据调整说明

1. 根据第二次农业普查结果调整水产品产量数据说明

第二次全国农业普查结束后，按照国家统计局要求，原农业部对2006年渔业统计数据进行了调整。调整以农业普查水产养殖面积调查结果为依据，以各省、自治区、直辖市2006年的养殖单产水平、养殖结构为参考依据，综合测算各省、自治区、直辖市水产品产量调减比例，核定2006年水产品产量。并以此为基数，参考渔业统计年报中各年度间的产量调整比例，对1997—2005年的水产品产量数据进行了相应调整。

2. 根据第三次农业普查结果调整水产品产量数据说明

第三次全国农业普查结束后，农业农村部联合国家统计局对2016年渔业统计数据进行了调整。调整以农业普查结果为依据，对各省、自治区、直辖市2016年水产养殖面积进行适当核定修正，并以各省、自治区、直辖市2016年水产养殖面积、从业人员、水产苗种等指标数据为参考依据，综合测算核定各省、自治区、直辖市2016年水产品产量。并以此为基数，参考渔业统计年报中各年度间的产量调整比例，对2012—2015年的水产品产量数据进行了相应调整。

附录二

调整后历年产量对照表(一)

单位:万吨

年　份	调整前	调整后	其　中				
			海洋捕捞	远洋渔业	海水养殖	淡水捕捞	淡水养殖
1986	935.76	935.76	430.22	1.99	150.08	58.32	295.15
1987	1 091.93	1 091.93	479.91	6.39	192.61	64.61	348.41
1988	1 225.32	1 225.32	504.66	9.64	249.29	71.98	389.75
1989	1 332.58	1 332.58	548.33	10.71	275.73	80.78	417.03
1990	1 427.26	1 427.26	594.40	17.09	284.22	85.64	445.91
1991	1 572.99	1 572.99	644.35	32.35	333.31	100.39	462.59
1992	1 824.46	1 824.46	720.84	46.43	424.31	99.09	533.79
1993	2 152.31	2 152.31	795.53	56.22	540.23	112.07	648.26
1994	2 515.69	2 515.69	925.61	68.83	604.80	126.79	789.66
1995	2 953.04	2 953.04	1 054.07	85.68	721.51	151.02	940.76
1996	3 280.72	3 280.72	1 152.99	92.65	765.89	175.43	1 093.76
1997	3 601.78	**3 118.59**	1 092.73	103.70	691.66	163.45	1 067.04
1998	3 906.65	**3 382.66**	1 201.25	91.31	751.99	197.51	1 140.60
1999	4 122.43	**3 570.15**	1 203.46	89.91	851.89	197.95	1 226.94
2000	4 278.99	**3 706.23**	1 189.43	86.52	927.96	193.44	1 308.88
2001	4 382.09	**3 795.92**	1 155.64	88.49	989.38	186.23	1 376.20
2002	4 565.18	**3 954.86**	1 128.34	109.64	1 060.47	194.71	1 461.69
2003	4 706.11	**4 077.02**	1 121.20	115.77	1 095.86	213.28	1 530.92
2004	4 901.77	**4 246.57**	1 108.08	145.11	1 151.29	209.60	1 632.49
2005	5 101.65	**4 419.86**	1 111.28	143.81	1 210.81	220.97	1 733.00
2006	5 290.40	**4 583.60**	1 136.40	109.07	1 264.16	220.38	1 853.59
2007	4 747.52	4 747.52	1 136.03	107.52	1 307.34	225.64	1 970.99
2008	4 895.59	4 895.59	1 149.63	108.33	1 340.32	224.82	2 072.49
2009	5 116.40	5 116.40	1 178.61	97.72	1 405.22	218.39	2 216.46
2010	5 373.00	5 373.00	1 203.59	111.64	1 482.30	228.94	2 346.53
2011	5 603.21	5 603.21	1 241.94	114.78	1 551.33	223.23	2 471.93
2012	5 907.68	**5 502.14**	1 190.02	124.40	1 575.20	204.02	2 408.51
2013	6 172.00	**5 744.22**	1 191.99	135.70	1 664.65	204.17	2 547.69
2014	6 461.52	**6 001.92**	1 200.18	203.68	1 732.40	202.49	2 663.17
2015	6 699.64	**6 210.97**	1 216.81	218.93	1 796.56	199.34	2 779.34
2016	6 901.25	**6 379.48**	1 187.20	198.75	1 915.31	200.33	2 877.89
2017		6 445.33	1 112.42	208.62	2 000.70	218.30	2 905.29
2018		6 457.66	1 044.46	225.75	2 031.22	196.39	2 959.84

注:根据第二次全国农业普查结果调整了1997—2006年产量,根据第三次全国农业普查结果调整了2012—2016年产量。

调整后历年产量对照表(二)

单位:万吨

年 份	调整前	调整后	海洋产品			淡水产品		
				捕捞	养殖		捕捞	养殖
1986	935.76	935.76	582.29	432.21	150.08	353.47	58.32	295.15
1987	1 091.93	1 091.93	678.91	486.30	192.61	413.02	64.61	348.41
1988	1 225.32	1 225.32	763.59	514.30	249.29	461.73	71.98	389.75
1989	1 332.58	1 332.58	834.77	559.04	275.73	497.81	80.78	417.03
1990	1 427.26	1 427.26	895.71	611.49	284.22	531.55	85.64	445.91
1991	1 572.99	1 572.99	1 010.01	676.70	333.31	562.98	100.39	462.59
1992	1 824.46	1 824.46	1 191.58	767.27	424.31	632.88	99.09	533.79
1993	2 152.31	2 152.31	1 391.98	851.75	540.23	760.33	112.07	648.26
1994	2 515.69	2 515.69	1 599.24	994.44	604.80	916.45	126.79	789.66
1995	2 953.04	2 953.04	1 861.26	1 139.75	721.51	1 091.78	151.02	940.76
1996	3 280.72	3 280.72	2 011.53	1 245.64	765.89	1 269.19	175.43	1 093.76
1997	3 601.78	3 118.59	1 888.10	1 196.44	691.66	1 230.50	163.45	1 067.04
1998	3 906.65	3 382.66	2 044.55	1 292.56	751.99	1 338.11	197.51	1 140.60
1999	4 122.43	3 570.15	2 145.26	1 293.37	851.89	1 424.89	197.95	1 226.94
2000	4 278.99	3 706.23	2 203.91	1 275.95	927.96	1 502.32	193.44	1 308.88
2001	4 382.09	3 795.92	2 233.50	1 244.12	989.38	1 562.42	186.23	1 376.20
2002	4 565.18	3 954.86	2 298.45	1 237.98	1 060.47	1 656.40	194.71	1 461.69
2003	4 706.11	4 077.02	2 332.82	1 236.97	1 095.86	1 744.20	213.28	1 530.92
2004	4 901.77	4 246.57	2 404.47	1 253.18	1 151.29	1 842.09	209.60	1 632.49
2005	5 101.65	4 419.86	2 465.89	1 255.08	1 210.81	1 953.97	220.97	1 733.00
2006	5 290.40	4 583.60	2 509.63	1 245.47	1 264.16	2 073.97	220.38	1 853.59
2007	4 747.52	4 747.52	2 550.89	1 243.55	1 307.34	2 196.63	225.64	1 970.99
2008	4 895.59	4 895.59	2 598.28	1 257.96	1 340.32	2 297.31	224.82	2 072.49
2009	5 116.40	5 116.40	2 681.55	1 276.33	1 405.22	2 434.85	218.39	2 216.46
2010	5 373.00	5 373.00	2 797.53	1 315.23	1 482.30	2 575.47	228.94	2 346.53
2011	5 603.21	5 603.21	2 908.05	1 356.72	1 551.33	2 695.16	223.23	2 471.93
2012	5 907.68	5 502.14	2 889.61	1 314.41	1 575.20	2 612.53	204.02	2 408.51
2013	6 172.00	5 744.22	2 992.35	1 327.70	1 664.65	2 751.87	204.17	2 547.69
2014	6 461.52	6 001.92	3 136.25	1 403.85	1 732.40	2 865.66	202.49	2 663.17
2015	6 699.64	6 210.97	3 232.29	1 435.73	1 796.56	2 978.67	199.34	2 779.34
2016	6 901.25	6 379.48	3 301.26	1 385.95	1 915.31	3 078.22	200.33	2 877.89
2017		6 445.33	3 321.74	1 321.04	2 000.70	3 123.59	218.30	2 905.29
2018		6 457.66	3 301.43	1 270.21	2 031.22	3 156.23	196.39	2 959.84

附录三

渔业统计指标解释

第一章 水产品产量

第1条 水产品特征及产量统计范围

水产品指渔业(捕捞和养殖)生产活动的最终有效成果,它具有以下特征:

(1)它是渔业生产活动的成果。水产品既是渔业生产的劳动对象,也是渔业生产的劳动成果,它包括全部海淡水鱼类、甲壳类(虾、蟹)、贝类、头足类、藻类和其他类渔业产品。

(2)它是渔业生产活动的最终成果。渔业生产过程中的中间成果,如鱼苗、鱼种、亲鱼、转塘鱼、存塘鱼和自用作饵料的产品,不是最终成果,不能统计在水产品产量中。

(3)它是渔业生产活动的最终有效成果。水产品在上岸前已经腐烂变质,不能供人食用或加工成其他制品的,不统计在水产品产量中。

第2条 产量统计年度和统计者

(1)年水产品产量按日历年度计算。即从每年1月1日至12月31日止已从养殖水域捕捞起水或者已从天然水域捕捞并已返航卸港的水产品均统计在年产量中,有的生产渔船在外地收港卸鱼或者在海上由收购船扒载收购的,也按到港计算产量。

(2)水产品产量统计中,养殖产量按照水域所在地统计,国内捕捞产量按照渔船所属地统计,远洋渔业产量按照远洋渔业管理办法进行统计。

第3条 产量计量标准

除海蜇按三矾后的成品计量、各种藻类按干品计量外,其余各种水产品均按捕捞起水时鲜品实重(原始重量)计量。此外,供观赏的水生动物按个体计算。

第4条 养殖产量与捕捞产量划分原则

凡人工养殖并已起水的水产品数量为养殖产量,凡捕捞天然生长的水产品数量为捕捞产量。

(1)凡是人工投放苗种(不包括灌江纳苗)并进行人工饲养管理的淡水养殖水域中捕捞的水产品产量计算为淡水养殖产量,否则为淡水捕捞产量。

(2)凡是人工投放苗种或天然纳苗并进行人工饲养管理的海水养殖水域中捕捞的水产品产量计算为海水养殖产量,否则为海洋捕捞产量。

(3)稻田养殖起水的水产品,也计算为淡水养殖产量。

第5条 水产品分类

水产品分为海水产品和淡水产品两大类。

一、海水产品

海水产品包括海洋捕捞产品、海水养殖产品和远洋渔业产品。其中,海洋捕捞产品产量指国内海洋捕捞产品产量不包括远洋渔业产量。

1. 海洋捕捞产品:包括海洋捕捞鱼类、甲壳类(虾、蟹)、贝类、藻类、头足类和其他类。

(1)海洋捕捞鱼类:海鳗、鳓鱼、鳀鱼、沙丁鱼、鲱鱼、石斑鱼、鲷鱼、蓝圆鲹、白姑鱼、黄姑鱼、鮸鱼、大黄鱼、小黄鱼、梅童鱼、方头鱼、玉筋鱼、带鱼、金线鱼、梭鱼、鲐鱼、鲅鱼、金枪鱼、鲳鱼、马面鲀、竹筴鱼和鲻鱼等。

(2)海洋捕捞甲壳类:虾和蟹。虾包括毛虾、对虾、鹰爪虾、虾蛄等。蟹包括梭子蟹、青蟹和蟳等。

(3)海洋捕捞贝类:蛤、蛏、蚶和螺等。

(4)海洋捕捞藻类:江蓠、石花菜和紫菜等。

(5)海洋捕捞头足类:乌贼、鱿鱼和章鱼等。

(6)海洋捕捞其他类:海蜇等。

2. 海水养殖产品:包括海水养殖鱼类、甲壳类(虾、蟹)、贝类、藻类、其他类。

(1)海水养殖鱼类:鲈鱼、鲆鱼、大黄鱼、军曹鱼、鰤鱼、鲷鱼、美国红鱼、河鲀、石斑鱼和鲽鱼等。

(2)海水养殖甲壳类:虾和蟹。虾包括南美白对虾、斑节对虾、中国对虾和日本对虾等。蟹包括梭子蟹和青蟹等。

(3)海水养殖贝类:牡蛎、鲍、螺、蚶、贻贝、江珧、扇贝、蛤和蛏等。

(4)海水养殖藻类:海带、裙带菜、紫菜、江蓠、麒麟菜、石花菜、羊栖菜和苔菜等。

(5)海水养殖其他类:海参、海胆、海水珍珠和海蜇等。

3. 远洋渔业产品:见第27条。

二、淡水产品

淡水产品包括淡水养殖产品和淡水捕捞产品。

1. 淡水养殖产品:包括鱼类、甲壳类(虾、蟹)、贝类、藻类和其他类产品。

(1)淡水养殖鱼类:鲟鱼、鳗鲡、青鱼、草鱼、鲢鱼、鳙鱼、鲤鱼、鲫鱼、鳊鲂、泥鳅、鲇鱼、鮰鱼、黄颡鱼、鲑鱼、鳟鱼、河鲀、短盖巨脂鲤、长吻鮠、黄鳝、鳜鱼、鲈鱼、乌鳢和罗非鱼等。

（2）淡水养殖甲壳类：虾和河蟹，其中虾包括罗氏沼虾、青虾、克氏原螯虾和南美白对虾等。

（3）淡水养殖贝类：河蚌、螺、蚬等。

（4）淡水养殖藻类：即螺旋藻。

（5）淡水养殖其他类产品：龟、鳖、蛙和珍珠等。

（6）观赏鱼统计按"条"计量，其重量不计入淡水养殖总产量。

2. 淡水捕捞产品：包括鱼类、甲壳类（虾、蟹）、贝类、藻类和其他类。其他类中包括丰年虫等。

第6条　海洋捕捞产量（按海区、渔具分类）

1. 按捕捞海域分为渤海、黄海、东海和南海区产量。渤海、黄海、东海、南海区划分界线：

（1）渤海：东以辽宁老铁山西角经庙岛群岛至蓬莱角连线与黄海为界。

（2）黄海：南以长江口北角至韩国济州岛西南端连线与东海为界，东至朝鲜半岛与朝鲜海峡。

（3）东海：南以闽粤省界经东山岛南端至台湾省南端的鹅銮鼻灯塔连线与南海为界，东至对马海峡日本琉球群岛与我国台湾省。

（4）南海：东以巴士海峡、巴林塘海峡、菲律宾群岛与太平洋为界，南至加里曼丹，西临中南半岛及马来半岛。

2. 按捕捞渔具分为拖网、围网、刺网、张网、钓具和其他渔具产量。

（1）拖网：单拖和双拖。

（2）围网：单船围网、双船围网和多船围网。

（3）刺网：定置刺网、漂流刺网、包围刺网和拖曳刺网。

（4）张网：单桩、双桩、多桩、单锚、双锚、船张、墙张和并列张网。

（5）钓具：漂流延绳钓、定置延绳钓、曳绳钓和垂钓（如鱿钓）。

（6）其他渔具：地拉网、敷网、抄网、掩罩、陷阱、耙刺、笼壶等类型。

第7条　海水养殖产量（按养殖水域分类）

（1）海上养殖：在低潮位线以下从事海水养殖生产。

（2）滩涂养殖：在潮间带间从事海水养殖生产。

（3）其他养殖：在高潮位线以上从事海水养殖生产。

第8条　淡水养殖产量（按养殖水域分类）

按养殖水面类型不同，分为池塘、湖泊、水库、河沟、稻田及其他养殖方式。

第9条　部分养殖方式分类产量

（1）普通网箱：网箱一般由合成纤维如尼龙、聚氯乙烯等网线编织而成，装置在网箱架上。普通网箱面积均为数平方米到数十平方米。一般安置在港湾、沿岸、湖泊、水库和河沟等水域。

（2）深水网箱：深水网箱是一种大型海水网箱，主要有重力式聚乙烯网箱、浮绳式网箱和碟形网箱三种类型，具有抗风浪性能。网箱水体均为数百立方米到数千立方米。深水网箱一般安置在水深20米以下的海域。

（3）工厂化：工厂化养殖即按工艺过程的连续性和流水性的原则，通过机械或自动化设备，对养殖水体进行水质和水温的控制，保持最适宜于鱼类生长和发育的生态条件，使鱼类的繁殖、苗种培育、商品鱼的养殖等各个环节能相互衔接，形成一个独自的生产体系，以进行无季节性的连续生产，达到高效率、高速度的养殖目的。

第二章　水产养殖面积

第10条　水产养殖面积

水产养殖面积指在报告期内实际用于养殖水产品的水面面积，包括海水养殖面积和淡水养殖面积。在报告期内无论是否全部收获或尚未收获其产品，均应统计在养殖面积中。但有些水面不投放苗种或投放少量苗种，只进行一般管理的，不统计为养殖面积。养殖面积法定计量单位为公顷。

第11条　海水养殖面积

海水养殖面积指利用天然海水养殖水产品的水面面积，包括海上养殖、滩涂养殖、其他养殖。工厂化、深水网箱不计入养殖面积。

第12条　淡水养殖面积

淡水养殖面积指在淡水水域养殖水产品的水面面积，包括池塘、湖泊、水库、河沟和其他五部分。工厂化、稻田养殖不计入养殖总面积。

第13条　养殖面积核算

（1）海上、滩涂、池塘、湖泊、水库、河沟等方式养殖面积按照实际使用的水面计算，计量单位公顷。

（2）普通网箱按照实际占用水面计算面积，计量单位为米^2。

（3）工厂化养殖：按照实际养殖水体的体积计算，计量单位为米^3。

（4）深水网箱：按照实际占用水的体积计算，计量单位为米^3。

（5）在江河、湖泊、水库投放苗种或灌江纳苗、增殖放流的水域不统计面积；湖泊、水库、河沟虽有专人管理，或有苗种投放，但人工养殖水产品起捕量不足

30% 的水面也不统计为养殖面积(其产量列入捕捞产量)。

第三章 渔业经济总产值和增加值

第 14 条 渔业经济总产值和增加值

渔业经济总产值和增加值指以货币表现的核算期内渔业经济活动的总产出和总成果,包括了全社会渔业、渔业工业和建筑业、渔业流通和服务业。

第 15 条 渔业产值和增加值

渔业产值指以货币表现的核算期内捕捞和养殖水产品及水产苗种的总产出和总成果。具体包括人工养殖的水生动物和海藻的产值、天然水生动物和天然海藻采集的产值,即包括海洋捕捞、海水养殖、淡水捕捞、淡水养殖产品以及水产苗种的产出。其计算方法:水产品及苗种的产量分别乘以其产品的现行价格。

渔业增加值指以货币表现的核算期内全社会从事渔业捕捞和养殖生产活动所创造的最终产品的价值,其计算方法:渔业总产出扣除渔业中间投入。

渔业产值和增加值的数据取自同级统计部门。

第 16 条 渔业工业、建筑业产值和增加值

渔业工业、建筑业产值和增加值指以货币表现的核算期内全社会从事水产品加工业、渔用机具制造业、渔用饲料工业、渔用药物制造业、渔业建筑业等的产出和成果。

水产品加工业产值等于加工产品量乘以现行价格,其增加值采用食品加工业增加值率进行推算。

渔用机具制造业产值、增加值等于渔船渔机修造业、渔用绳网制造业和其他设备制造业的产值、增加值之和;其产值计算方法主要采用"工厂法"计算,增加值的计算方法采用统计部门"规模以上工业企业总产值表"中的相应指标增加值率进行推算。

渔用饲料工业产值主要采用"工厂法",增加值是渔用饲料工业现行总产出乘以"规模以上"饲料工业现价增加值率。

渔用药物制造业产值取同级相关部门统计年报表中的有关数据,其增加值等于渔用药物总产出乘以"规模以上"生物制药业现价增加值率。

渔业建筑业产值计算方法是从建筑产品所有方的建筑工程造价角度入手,依据投资完成额计算,其增加值采用建筑业增加值率来推算。

第 17 条 渔业流通和服务业产值和增加值

渔业流通和服务业包括渔业流通业,渔业(仓储)运输业,休闲渔业,渔业文化教育、科学技术和信息等产值和增加值。

渔业流通业产值以营业额来计算,其增加值等于渔业流通业产值乘以批发零售贸易业现价增加值率进行推算。

渔业(仓储)运输业产值即营业收入,其增加值计算方法与建筑业相同。

休闲渔业产值包括涉渔的一切旅游服务业产值,以营业额计算,其增加值用旅游业增加值率进行推算。

渔业文化教育、科学技术和信息等产值及其增加值根据财政部门《一般预算支出决算明细表》和有关资料进行推算。

第 18 条 计算总产值的价格

计算总产值的价格按当年价格计算。

当年价格就是当年出售产品时的实际价格。水产品当年价格以各地渔业生产单位初次出售的价格的平均价格为依据;工业产品以报告期内的产品出厂价格为当年价格。商业以零售价格为当年价格。

第四章 渔业船舶拥有量

第 19 条 渔业船舶

渔业船舶指从事渔业生产的船舶以及为渔业生产服务的船舶,按有无推进动力分为机动渔业船舶和非机动渔业船舶。按生产性质分为生产渔船和辅助渔船。

国内海洋捕捞渔业船舶转为远洋渔业船舶的当年,应纳入远洋渔业船舶统计范围内,在国内渔船统计范围中不再进行统计。

第 20 条 机动渔业船舶

机动渔业船舶指依靠本船主机动力来推进的渔业船舶,分为渔业生产船和渔业辅助船。

渔业生产船是直接从事渔业捕捞和养殖活动的船舶统称。从事捕捞业活动的渔船为捕捞船,从事养殖业活动的渔船为养殖船。捕捞船,按主机总功率分为:441 千瓦(含)以上、44.1(含)~441 千瓦、44.1 千瓦以下三类;按船长分为:24 米(含)以上、12(含)~24 米、12 米以下;按作业方式分为拖网、围网、刺网、张网、钓业、其他共 6 类,有关解释请参照第 6 条的相关内容。

渔业辅助船指从事各种加工、贮藏、运输、补给、渔业执法等渔业辅助活动的渔业船舶统称,包括水产运销船、冷藏加工船、油船、供应船、科研调查船、教学实习船、渔港工程船、拖轮、驳船和渔业行政执法船等。其中捕捞辅助船指水产运销船、冷藏加工船、油船、供应船等为渔业捕捞生产提供服务的渔业船舶。钓业、围网等作业渔船中的子船纳入捕捞辅助船统计范围。

机动渔船年末拥有量应按数量、吨位、功率分别统计,各计量单位规定如下:

(1)数量的单位为“艘”,“艘”应按船舶单元计算,子母式作业船应分别统计。

(2)吨位的单位为“总吨”,“总吨”应为丈量确定的船舶总容积,每2.83米^{3}为1总吨。

(3)功率的单位为“千瓦”,“千瓦”应按主机总功率计算。1马力等于0.735千瓦。

第21条 非机动渔船

非机动渔船指无配置机器作为动力的渔船,依靠人力、风力、水力或其他船只带动的渔业船舶,包括风帆船、手摇船等。

第五章 渔业灾情

第22条 渔业灾情

渔业灾情指由于遭受台风(洪涝)、病害、干旱、污染和其他灾害而造成水产品产量减少、苗种损失、设施损坏、水域污染以及人员伤亡等。

水产品损失指由于灾害造成的水产品损失数量和金额。

受灾养殖面积指由于灾害造成水产品产量损失在10%以上的养殖面积。

渔业设施损毁指由于台风(洪涝)造成池塘、网箱(鱼排)、围栏、渔船损坏或沉没、堤坝、泵站、涵闸、码头、护岸、防波堤、工厂化养殖厂及苗种繁育场等被毁,从而造成的渔业设施毁坏的数量和金额。

人员损失指由于灾害而造成人员失踪、死亡和重伤的人数。

第六章 渔业人口与渔业从业人员

第23条 渔业乡和渔业村

在农村中,从事渔业生产与经营的人员占全部从业人员50%以上或渔业产值占农业产值的比重50%以上的乡、村,即为渔业乡和渔业村;达不到上述标准的,但一直是以经营渔业为主,并经上级主管部门批准定为渔业乡、村的,亦可统计为渔业乡和渔业村。

第24条 渔业户(家庭)

渔业户指农(渔)村和城镇住户中主要从事渔业生产与经营的家庭。凡家庭主要劳动力或多数劳动力从事渔业生产与经营的时间占全年劳动时间50%(6个月)以上或渔业纯收入占家庭纯收入总额50%以上者均可统计为渔业户。

第25条 渔业人口

渔业人口指依靠渔业生产和相关活动维持生活的全部人口,包括实际从事渔业生产和相关活动的人口及其赡(抚)养的人口,具体如下:

(1)直接从事渔业生产和相关活动的在业人口。

(2)兼营渔业和其他非渔业劳动者中,凡从事渔业生产和相关活动的时间全年累计达到或超过3个月者,或者虽全年累计不足3个月,但渔业纯收入占纯收入总额比重超过50%者。

(3)由从事渔业生产和相关活动的人口赡(抚)养的人口。

(4)在既有渔业劳动者又有非渔业劳动者的家庭中,根据渔业与非渔业纯收入比例分摊的被渔业劳动者赡(抚)养的人口。

渔业人口中的传统渔民:指凡渔业乡、渔业村的渔业人口均可称为传统渔民。

第26条 渔业从业人员

渔业从业人员:全社会中16岁以上,有劳动能力,从事一定渔业劳动并取得劳动报酬或经营收入的人员。

渔业专业从业人员:全年从事渔业活动6个月以上或50%以上的生活来源依赖渔业活动的渔业从业人员;

渔业兼业从业人员:全年从事渔业活动3~6个月或20%~50%的生活来源依赖渔业活动的渔业从业人员;

渔业临时从业人员:全年从事渔业活动3个月以下或20%以下的生活来源依赖渔业活动的渔业从业人员。

第七章 远洋渔业

第27条 远洋渔业产量和远洋渔船

远洋渔业产量:由各远洋渔业企业和各生产单位按我国远洋渔业项目管理办法组织的远洋渔船(队)在非我国管辖水域(外国专属经济区水域或公海)捕捞的水产品产量。中外合资、合作渔船捕捞的水产品只统计按协议应属于中方所有的部分。

远洋渔船:按上述办法、协议,在上述水域进行常年或季节性生产的渔船。

第八章 水产苗种

第28条 苗种

鱼苗:卵黄囊基本消失,鱼鳔充气,能平游主动摄食的仔鱼,包括人工孵化和江河湖海港湾采捕的天然鱼苗。

鱼种:鱼苗经培育后,发育至全体鳞片,鳍条长全,外观具有成鱼基本特征的幼鱼,一般全长在1.7~23.3厘米,因出塘季节和培育期的不同,又俗称为夏花、冬片、春片、秋片、仔口和老口。

扣蟹:蟹苗经数次退皮变成外形接近蟹形的仔蟹,

再经过4~5个月饲养培育成每千克100~200只性腺未成熟的幼蟹。

第29条 苗种数量统计原则

由苗种孵化或育成的单位归属统计，从他处购进或以其他方式取得苗种，不再进行统计。

第九章 水产加工业

第30条 水产加工企业

水产加工企业：从事水产品保鲜（保活）、保藏和加工利用的企业。

规模以上企业：年主营业务收入500万元以上的水产加工企业。

水产品加工能力：年加工处理水产品的总量。

第31条 水产冷库

水产冷库指主要用于水产品冻结、冷藏和制冰的场所，一般以低温冷藏库数作为冷库座数。

冷库的冻结能力、冷藏能力、制冰能力均指冷库建造设计的及后来改扩建新增的生产能力之和。

第32条 水产加工品

水产加工品指以水产品为原料，采用各种食品贮藏加工、水产综合利用技术和工艺所生产的产品，如冷冻冷藏品、腌制品、干制品、熏制品、罐头食品、各种生熟小包装食品，以及鱼油、鱼肝油、多烯脂肪酸制剂、饲料鱼粉、藻胶、碘、贝壳工艺品等。

一、水产冷冻品

水产冷冻品指为了保鲜，将水产品进行冷冻加工处理后得到的产品，包括冷冻品和冷冻加工品，但不包括商业冷藏品。

冷冻品泛指未改变其原始性状的粗加工产品，如冷冻全鱼、全虾等。

冷冻加工品指采用各种生产技术和工艺，改变其原始性状、改善其风味后制成的产品，如冻鱼片、冻虾仁、冷冻烤鳗、冻鱼籽等。

二、鱼糜制品和干腌制品

鱼糜制品指将鱼（虾、蟹、贝等）肉（或冷冻鱼糜）绞碎经配料、擂溃成为稠而富有粘性的鱼肉浆（生鱼糜），再做成一定形状后进行水煮（油炸或焙烤烘干）等加热或干燥处理而制成的食品，如鱼糜、鱼香肠、鱼丸、鱼糕、鱼饼、鱼面、模拟蟹肉等。

干腌制品指以水产品为原料，经脱水（烘干、烟熏、焙烤等）或添加腌制剂（盐、糖、酒、糟）制成具有保藏性和良好风味的产品，如烤鱼片、鱿鱼丝、鱼松、虾皮、虾米、海珍干品，以及海蜇、腌鱼、烟熏鱼、糟鱼、醉虾蟹、醉泥螺、卤甲鱼、水生动植物调味品（虾蟹酱、蚝油、鱼酱油）等。

藻类加工品指以海藻为原料，经加工处理制成具有保藏性和良好风味的方便食品，如海带结、干紫菜、调味裙带菜等。

三、水产罐制品

水产罐制品指以水产品为原料按照罐头工艺加工制成的产品，包括硬包装和软包装罐头，如鱼类罐头、虾贝类罐头等。

四、鱼粉

鱼粉指用低值水产品及水产品加工废弃物（如鱼骨、内脏、虾壳等）等为主要原料生产而成的加工品。

五、鱼油制品

鱼油制品指从鱼肉或鱼肝中提取油脂，并制成的产品，如粗鱼油、精鱼油、鱼肝油、深海鱼油等。

六、其他水产加工品

其他水产加工品指除上述加工产品之外的加工品统称，如助剂和添加剂（蛋白胨、褐藻胶、碘、甘露醇、卡拉胶、琼胶等）、珍珠加工品、贝壳工艺品、鱼酒、鱼奶等。

第十章 渔民家庭当年收支情况调查

第33条 家庭常住人口数

家庭常住人口数指全年经常在家或在家居住6个月以上，而且经济和生活与本户连成一体的人口数。外出从业人员在外居住时间虽然在6个月以上，但收入主要带回家中，经济与本户连为一体，仍视为家庭常住人口；在家居住，生活和本户连成一体的国家职工、退休人员也为家庭常住人口。但是现役军人、中专及以上（走读生除外）的在校学生，以及常年在外（不包括探亲、看病等）且已有稳定的职业与居住场所的外出从业人员，不应当作家庭常住人口。

第34条 家庭渔业从业人员人数

家庭渔业从业人员人数指家庭常住人口中从事渔业生产、销售、运输等活动累计6个月以上的人数。

第35条 全年总收入

全年总收入指调查期内被调查对象从各种来源渠道得到的收入总和。按收入的性质划分为家庭经营收入、工资性收入、财产净收入、转移性收入和政府生产补贴（惠农收入）。

第36条 家庭经营收入

家庭经营收入指以家庭为单位进行生产经营和管理而获得的收入，包括渔业（水产品及鱼苗）收入、其他家庭经营收入。

渔业收入：水产品及鱼苗用于市场交易的现金收入或自产自食的实物收入。市场交易的现金收入等于交易的水产品及鱼苗或与水产品有关的劳务活动量乘以市场价格，只要交易发生，包括现款和应收款都要计算为收入；自产自食的实物收入，按自食水产品数量乘以相应水产品成本价格计算。如某个水产品的市场平均价格为 10 元/千克，用于计算该水产品市场交易的现金收入；成本价格为 6 元/千克，用于计算自产自食的该水产品实物收入。

经营其他行业收入：渔民家庭自主经营的除渔业外的其他行业，如种植业、畜牧业、林业等第一产业，或从事第二、三产业所取得的经营收入。第一产业的收入包括现金和实物两个部分，计算方法与渔业收入类似；第二、三产业只计算现金部分。

第 37 条　工资性收入

工资性收入指渔民家庭中从业人员通过各种途径得到的全部劳动报酬和各种福利，包括在渔业生产劳动中获得的工资和在其他行业劳动中获得的工资。

工资的形式包含计时计件劳动报酬、奖金、津贴，以及单位代个人缴纳的养老保险、医疗保险、失业保险、房租费、水电费、托儿费、医疗费等，单位定期或不定期发放过节费、调动工作的安家费、相当于现金的通用购物卡、免费或低价提供的实物产品和服务折价、工作餐补贴折价，零星或兼职劳动中得到现金、实物补贴折价等，还包括股份制企业派发或奖励给员工的股票和期权。

工资按照收付实现制计算，只要是在调查期内实际得到的工资，无论该工资是补发还是预发，都应归为本期得到的工资收入。本调查期内应得但因拖欠等原因未得到的工资不应计入。

工资不包括因员工或员工家属大病、意外伤害、意外死亡等原因支付给员工或其遗属的抚恤金和困难补助金，应该将其列入转移性收入中的社会救济和补助收入。

第 38 条　财产性净收入

财产性净收入指渔民家庭住户或成员将其所拥有的金融资产和自然资源交由其他机构单位、住户或个人支配而获得的回报并扣除相关的费用之后得到的净收入。财产性净收入包括利息净收入、红利收入、储蓄性保险净收益和转让承包土地或水面经营权租金净收入等。

利息净收入指利息收入扣除该住户或个人付给债权方的生活性借贷款利息支出后得到的净值。利息收入指按照双方事先约定的金融契约条件，借出金融资产（存款、债券、贷款和其他应收账款）的住户或个人从债务方得到的本金之外的附加额。利息收入是应得收入，包括各类定期和活期存款利息、债券利息、个人借款利息等，银行代扣的利息所得税也包括在内。

红利收入指住户或个人作为股东将其资金交由公司支配或处置而有权获得的收益。包括股票发行公司按入股数量定期分配的股息、年终分红以及从集体财产入股或其他投资分配得到的股息和红利。股票买卖结算后获得的收益（含亏损）不包含在内。

储蓄性保险净收益指住户或个人参加储蓄性保险，扣除缴纳的保险本金及相关费用后，所获得的保险净收益，不包括保险责任人对保险人给予的保险理赔收入。

转让承包土地或水面经营权租金净收入指住户将拥有经营权或使用权的土地转让给其他机构单位或个人获得的补偿性收入扣除相关成本支出后得到的净收入，也包括从其他机构单位或个人获得的实物形式的收入。

其他财产净收入指住户所得的除上述以外的其他财产性收入扣除相关的维护成本之后得到的净收入。如通过在国外购买的土地、矿产等自然资源获得的财产净收入等。

财产性净收入不包括将非金融资产（如住房、生产经营用房、机械设备、专利、专有技术、商标商誉等）交由其他机构单位、住户或个人支配而获得的回报，应该计入“经营净收入”。财产性净收入也不包括转让资产所有权的溢价所得，这些是“非收入所得”，不包含在本调查中。

第 39 条　转移性收入

转移性收入指国家、单位、社会团体对住户的各种经常性转移支付和住户之间的经常性收入转移。它包括政府、非行政事业单位、社会团体对居民转移的养老金或退休金、社会救济和补助、惠农补贴、政策性生活补贴、救灾款、经常性捐赠和赔偿以及报销医疗费等；住户之间的赡养收入、经常性捐赠和赔偿，以及农村地区（村委会）在外（含国外）工作的本住户非常住成员寄回带回的收入等。

转移性收入不包括住户之间的实物馈赠。

养老金或离退休金指根据国家有关文件规定或合同约定，在劳动者年老或丧失劳动能力后，根据他们对社会、单位所作的贡献和所具备的享受养老保险资格或退休条件，按月以货币形式或实物产品及服务给予的待遇，主要用于保障因年老或疾病丧失劳动能力的劳动者的基本生活需要。包括离退休人员的养老金或离退休金、生活补贴，农民享有的新型农村养老保险金，城镇居民享有的社会养老保险金，国家或地方政府给予城镇无保障老人的养老金，因工致伤离退休人员的护理费，退休人员异地安家补助费、取暖补贴、医疗费、旅游补贴、书报费、困难补助以及在原工作单位所得的各种其他收入，相当于现金的购物卡券也包含在内。也包括发给的实物和购买指定物品的票证、购物卡券，应同时计入相应的实物产品和服务项目中。

社会救济和补助指国家、机关企事业单位、社会团体和个人对各类特殊家庭、人员提供的特别津贴。包括国家对享受城镇居民最低生活保障待遇的家庭发放的最低生活保障金、对农村五保户发放的五保救助金、国家和社会及机构单位对特殊困难家庭给予的困难补助、扶贫款、救灾款、国家或机构单位向由于失去工作能力或意外死亡等原因而失去工作的职工或其遗属定期发放的抚恤金等。也包括发给的实物和购买指定物品的票证、购物卡券，应同时计入相应的实物产品和服务项目中。

惠农补贴指政府为扶持农业、林业、牧业、渔业和农林牧渔服务业，以现金或实物形式发放的各种生产补贴。现金形式发放的补贴包括粮食直补、购置和更新大型农机具补贴、良种补贴、购买生产资料综合补贴、退耕还林还草补贴、畜牧业补贴等生产性补贴。实物形式发放的补贴指政府低价或免费提供的相关产品和服务，如免费或低价提供的种子、农机具服务等。包括经营渔业的生产性补贴和经营其他产业的生产性补贴。在鱼塘改造中，如果是以渔民家庭为主进行投入建设，得到了政府补贴，计入渔民得到的惠农补贴；如果是政府直接奖励或投入改造建设，则按相关市场价格计入生产性固定资产。

政策性生活补贴指根据国家的有关规定，中央财政、各级地方财政给予家庭的相关政策性生活补贴。包括家电下乡和以旧换新等家电补贴、能源补贴、给农村寄宿制中小学生的生活补贴等；也包括其他低价或免费提供的实物产品和服务，如廉租房等。

报销医疗费指参加新型农村合作医疗、城镇职工基本医疗保险、(城镇)居民基本医疗保险、城乡居民大病保险的居民在购买药品、进行门诊治疗或住院治疗之后，从社保基金或单位报销的医疗费。报销医疗费属于一种实物收入。报销医疗费包括使用社保卡进行医疗服务付费时直接扣减的、由社保基金支付的部分。从商业医疗保险获得报销的医疗费不包括在内。

外出从业人员寄回带回收入指在外(含国外)工作的本住户非常住成员寄回、带回的收入。无论是以现金、汇款、转账、银行卡共享等任何形式寄回、带回的收入，都应计入。

赡养收入指亲友因赡养和抚养义务经常性给予住户及其成员的现金和实物收入。

其他经常转移收入指住户从除上述各项转移性收入以外得到的其他经常性转移收入。如经常性捐赠收入、经常性赔偿收入、失业保险金、亲友搭伙费等。

经常性捐赠收入指住户从他人、组织、社会团体处得到的经常性捐献或赠送收入。这种捐赠收入带有义务性和经常性，不包括遗产及一次性馈赠收入、婚丧嫁娶礼金所得、压岁钱等。捐赠收入与赡养收入的区别：赠送是对本住户的成员无赡养义务的其他住户或个人给本住户及其成员的现金。本住户成员内部间的捐赠收入和捐赠支出均不必记账。

经常性赔偿收入指住户及其成员因受到财产损失、人身伤害、精神损失得到的国家、单位、个人定期支付的经常性赔偿，不包括一次性赔偿所得。

第 40 条　全年总支出

全年总支出指渔民家庭全年用于生产、生活和再分配的全部支出。包括：家庭经营费用支出、生产性固定资产折旧、税费支出、生活消费支出、转移性支出。

第 41 条　家庭经营费用支出

家庭经营费用支出指以家庭为单位从事生产经营活动而消费的商品和服务、自产自用产品。包括经营渔业费用支出和经营其他行业费用支出。

经营渔业费用支出包括燃料、水电及加冰费用、雇工费用、饲料费用、购买种苗费用，以及加工费用、修理费、承包或租用费等其他生产支出。其中燃料、水电费指用于生产的，不包括用于生活的支出；修理或改造费用等，指额度在1 000元以下的日常渔需物质支出，在此价值量之上的如渔具的大修理、鱼塘清淤、改造等较大规模投入，则按量按价计入固定资产。

经营其他行业费用支出指从事除渔业经营外的其他行业，如种植业、畜牧业、林业等第一产业，或从事第二、三产业经营的支出。其计算方法参考经营渔业支出。

第 42 条　生产性固定资产原价及折旧

生产性固定资产指使用年限在 2 年及以上、单位价值在1 000元以上的房屋建筑物、机器设备、器具工具、役畜、产品畜等资产，其中渔业生产性固定资产包括生产用车船、精养鱼池、大型网具、防逃设施、涵闸、泵站等。

生产性固定资产原价指固定资产当初的购进价、新建价或开始转为固定资产的价值。自繁自养的幼畜成龄转作役畜、产品畜、种畜，按市场同类牲畜的平均价格计价。国家奖励和外单位赠送的固定资产按购置同类固定资产的价格参照其新旧程度酌情计价。

渔民家庭的生产性固定资产折旧按农业生产性固定资产折旧方法处理，即 15 年的使用期限。

第 43 条　税费支出

税费支出指渔民家庭以现金和实物形式缴纳的从事生产经营活动的各种税赋支出，以及承包费、一事一议款、以资代劳款、乡村提留、集资摊派等费用，包括经营渔业税费支出和经营其他产业税费支出。对于无法区分家庭产业经营活动的税费支出，按一定比例分摊。

第 44 条　转移性支出

转移性支出指渔民家庭或成员对国家、单位、住户或个人的经常性或义务性转移支付，包括缴纳的税款、各项社会保障支出、赡养支出、经常性捐赠和赔偿支出以及其他经常转移支出等。

个人所得税指家庭或成员被扣缴的工资薪金所得、对企事业单位的承包经营承租经营所得、个体工商户的生产经营所得、劳务报酬所得、稿酬所得、特许权使用费所得、利息股息红利所得、财产租赁所得、财产转让所得、偶然所得、经国务院财政部门确定征税的其他所得等个人所得的税款。生产税、消费税不在其内。

社会保障支出指家庭成员参加国家法律、法规规定的社会保障项目中由单位和个人共同缴纳的保障支出。包括养老保险、医疗保险、失业保险、工伤保险、生育保险以及其他社会保障支出。

赡养支出指家庭成员因赡养和抚养义务而付给亲友的经常性现金和定期的实物支出。现金赡养支出应按实际发生的金额计算，不论是从报告期收入中开支的，还是从银行存款、手存现金以及其他所得中开支的，均应包含在内。

其他经常转移支出指家庭或成员除缴纳的税款、社会保障支出、赡养支出以外的其他经常性转移支出，如经常性捐赠支出、经常性赔偿支出、各种罚款（如交通罚款）；政府部门向居民提供服务收取的服务费，如迁户口的办理费、办理身份证费，缴纳工会费、党费、团费以及学会团体组织费等。

经常性捐赠支出指家庭或成员赠予他人的经常性和带有义务性的现金支出，包括向寺庙的经常性捐款、定期资助贫困学生或贫困地区的款项、个人对公共设施建设的各类捐款，如解困基金、水利基金、防洪基金等，但不包括以商品或服务方式给予他人的价值额。婚丧嫁娶礼金支出及一次性馈赠支出如压岁钱、探望病人给予的礼金等不含在内。经常性捐赠支出应按实际发生的金额计算，不论是从报告期收入中开支的，还是从银行存款、手存现金以及其他所得中开支的，均应包括在内。

经常性赔偿支出指家庭或成员向因受到财产损失、人身伤害、精神损失的国家、单位、个人定期支付的赔偿支出，不包括一次性赔偿支出。

第 45 条　生活消费支出

生活消费支出指渔民家庭用于满足家庭日常生活消费需要的全部支出，包括伙食支出、烟酒支出、衣着支出、居住支出、生活用品支出、交通通信支出、教育文化娱乐支出、医疗保健支出、其他用品及服务支出。

伙食支出指渔民家庭住户购买粮、油、菜、肉、禽、蛋、奶、水产品、糖、饮料、干鲜瓜果等食品的支出，也包括在外饮食、餐馆外卖食品和其他饮食服务的支出，但不包括用于宠物食品的支出。

烟酒支出指渔民家庭住户用于烟草和酒类的支出。烟草包括卷烟、烟丝、烟叶。涵盖住户购买的所有烟草，包括在餐馆、酒吧等购买的烟草。不包括烟具。酒指用高粱、大麦、米、葡萄或其他水果发酵制成的含酒精饮料。主要有白酒、黄酒、葡萄酒、啤酒，包括低度酒精饮料或不含酒精的啤酒等。此处指买来在家喝的酒类，不包括在餐馆、旅馆、酒吧等消费的酒（在外饮食）。

衣着支出指渔民家庭住户用于穿着的支出，包括购买服装、服装材料、鞋类、其他衣类及配件，以及衣着相关加工服务的支出。

居住支出指渔民家庭住户用于居住的支出，包括房租、水、电、燃料、住房装潢、物业管理等方面的支出。

生活用品支出指渔民家庭住户购买家具和家用电器、日用杂品的支出。

家具和家用电器包括家具、家具材料、室内装饰品、家庭使用的各类大型器具和电器，小家电等，如冰箱、冷饮机、空调、洗衣机、吸尘器、干衣机、微波炉、洗碗机、消毒碗柜、炊具、炉灶、热水器、取暖器、保险柜、缝纫机、榨汁机、烤面包炉、酸奶机、熨斗、电水壶、电扇、电热毯等。

日用杂品包括床上用品、窗帘门帘和其他家用纺织品，以及洗涤及卫生用品、厨具、餐具、茶具、家用手工工具、其他日用品、护肤品、美容美发用品等。

交通通信支出指渔民家庭户在交通工具、交通费、通信器材、通信服务方面的支出。

交通工具包括家用汽车、摩托车、自行车及其他家庭交通工具。不包括经营用交通工具。

交通费包括乘坐各种交通工具（如飞机、火车、汽车、轮船等）所支付的交通费以及用于车辆使用的燃料费、停车费、维修费、车辆保险等。不包括因公出差暂由个人垫付的交通费。

通信工具包括固定电话机、移动电话机、寻呼机、传真机等。

通信服务费包括电话费、电话初装费、入网费、电信费、邮费等。

教育文化娱乐支出指渔民家庭户用于住户成员的教育活动、文化娱乐活动的支出。

教育包括职业技术培训费、学杂费、赞助费、一揽子教育服务费、教育用品支出等。文化娱乐包括用于文娱耐用消费品、其他文娱用品和文化娱乐服务。

文娱耐用消费品包括各种音像、摄影和信息处理设备,如彩色电视机、照相机、摄像机、组合音响、家用计算机,也包括中高档乐器、健身器材等,还包括文娱耐用消费品的零配件和维修。

其他文娱用品包括除教材及参考书以外的各种书报杂志及音像制品、文具纸张、体育户外用品、玩具、用于花鸟虫鱼等业余爱好的相关用品、宠物及宠物用品等其他文娱用品,也包括以上文娱用品的维修支出。

文化娱乐服务指和文化娱乐活动有关的各种服务费用。包括团体旅游、景点门票、体育健身活动、电影、话剧、演出票、有线电视费以及其他文化娱乐服务支出。

医疗保健支出指渔民家庭户购买医疗器具和药品,支付门诊和住院费方面的支出。

医疗器具和药品包括药品、滋补保健品、医疗卫生器具及用品和保健器具。

门诊和住院费指门诊和住院的医疗总费用,包括从各种医疗保险或其他医疗救助计划中获得的医药费和医疗费的报销款额;挂号费、诊疗费、注射费、手术费、透视费、镶牙费、出诊费、送药费、陪侍费、住院费、救护车费等;提供给门诊病人的药物、医疗器械和设备及其他保健产品。报销医疗费应按收付实现制记录,即仅当医疗费报销到手时才计入。

其他用品及服务指渔民家庭户在其他用品及服务方面的支出。

其他个人用品包括首饰、手表和其他杂项用品。

其他服务包括旅馆住宿费、美容美发洗浴、其他杂项服务。无法归入七大类服务支出的其他各项服务支出,如迷信、丧葬费、诉讼费、公证费、房地产中介服务费等也包含在内。

第 46 条 全年纯收入和渔业纯收入

全年纯收入指渔民家庭当年从各种来源得到的总收入相应地扣除所发生的费用后的收入总和。全年纯收入主要用于再生产投入和当年生活消费支出,也可用于储蓄和各种非义务性支出。渔民人均纯收入是按人口平均的纯收入水平,反映的是一个地区或一个渔民家庭的居民平均收入水平。计算方法:

全年纯收入 = 全年总收入 - 家庭经营费用支出 - 生产性固定资产折旧 - 税费支出

渔业纯收入 = 出售水产品收入 + 从事渔业所获得的工资性收入 - 经营渔业支出 - 渔业固定资产折旧 - 渔业税费支出

第 47 条 可支配收入

可支配收入指渔民家庭户可用于最终消费支出和储蓄的总和,即可以用来自由支配的收入。可支配收入既包括现金,又包括实物收入。本调查按照收入的来源,可支配收入包含四项,分别为:工资性收入、经营净收入、财产净收入、转移净收入。计算公式为:

可支配收入 = 工资性收入 + 经营净收入 + 财产净收入 + 转移净收入

其中:

经营净收入 = 经营收入 - 经营费用 - 生产性固定资产折旧 - 税费支出

转移净收入 = 转移性收入 - 转移性支出

第 48 条 渔民家庭收支调查台账首页及问卷

渔民家庭收支调查台账首页是用于采集渔民家庭收支情况基础数据的方法。在调查户中建立台账首页,按一定时间将发生收支情况通过问卷访问进行记录,由县级渔业统计人员按时间要求,直接通过村干部或村农业技术员收集或调查。本台账首页及问卷为参考表样,各地可根据实际情况自行设计,方便渔民理解。在台账首页中需要一次性填写的内容包括样本户地址及代码、居住房屋面积和估价、拥有大型网具价值、养殖面积、机动渔船数量、功率和吨位等。

样本户地址及代码指渔民家庭收支调查样本户的居住地址,按省、地、县、乡、村的行政地址填写,代码是国家统计局公布的标准代码(12 位)。村内的样本户按自然顺序编码。样本户所在的行政区划名称发生改变,但尚未获得国家标准名称和代码的,原地址和代码不变,可在备注中说明。

居住房屋面积指住宅用于生活居住的建筑面积,应扣除住宅中非生活居住(出租、生产或商用)的建筑面积。

建筑面积以房屋产权证或租赁证为准,也可按使用面积乘以 1.333 计算得出。如果没有相应证明,则由调查员根据本住宅或类似住宅判断填写。建筑面积应填写整数,不为整数时应四舍五入。

居住房屋的估价指居住房屋建筑本身的市场估值,仅包含建筑物本身的价值,不包含宅基地的价值。市场估值主要由调查员辅助住户进行填报。按农村地区的住宅市场估值方法进行估价,调查员预先了解本地区目前平均的房屋建造成本,并将这些信息提供给调查户。针对某个具体住宅,首先估计目前如果要建造同类住房所需要的成本,然后按照 30 年折旧的期限，根据住宅的建筑年份对剩余的价值进行折算。例如，农村的一栋两层小楼，于1997年建成，已经使用了15年。目前建造同类住房的成本约为20万元，则按照30年的折旧期限，目前该住宅的价值为10万元。如果住宅的使用年限已经超过30年，则根据住宅目前的实际情况酌情进行估价。对于竹草土坯房，原则上住宅的市场估值不超过5 000元。

（中国水产学会　高宏泉）

农业农村部部长韩长赋在全国海洋牧场建设工作现场会上的讲话

（2018 年 10 月 25 日）

同志们：

今天我们召开全国海洋牧场建设工作现场会，这是农业农村部新组建之后召开的第一次渔业会议，也是首次以海洋牧场为主题召开的全国性现场交流会。会议的主要任务是，贯彻落实习近平总书记关于做好“三农”工作的重要论述特别是关于建设海洋牧场的重要指示精神，交流各地推进海洋牧场建设的好经验好做法，分析面临的新形势新任务，部署下一阶段工作，全面推进海洋牧场健康发展，促进海洋渔业转型升级、提质增效，为实现渔区乡村全面振兴提供坚实支撑。

这次会议在山东召开，很有意义。今年 6 月，习近平总书记在山东考察时强调，海洋牧场建设是发展趋势，可以在山东试点。山东是经济大省、农业大省、海洋大省，也是渔业大省。近年来，山东省把海洋牧场作为“海上粮仓”建设的主战场，列为经略海洋、建设海洋的“十大行动”之一，坚持生态优先、科技支撑、融合发展、创新驱动，全方位提升海洋牧场建设质量效益，取得了显著成效。上午我们大家参观了山东烟台的现场，相信大家都有直观感受和体会。刚才家义书记全面介绍了情况，山东省经验值得学习借鉴。6 位同志从不同方面做了典型发言，讲得都很好，听了很受启发，希望互相借鉴。

下面，我讲三点意见。

一、充分认识加快海洋牧场建设、促进海洋渔业转型升级的重要意义

海洋牧场，通俗地讲，就是用人工鱼礁给鱼在海底建房子，种上海藻海草，再配套一些集鱼的辅助措施，让鱼可以有地方安身繁殖。我国海洋牧场建设起步于 20 世纪 70 年代，经过多年发展，为推进海洋生态资源养护和海洋渔业转型升级发挥了重要作用。近年来，特别是党的十八大以来，党中央、国务院对发展海洋牧场做出一系列部署安排，农业农村部会同各地各有关部门认真贯彻落实中央决策部署，扎实推进相关工作，取得了阶段性成效。目前，全国已建成海洋牧场 233 个，投放鱼礁超过 6 094 万空立方米，据专家测算，通过贝藻类增殖养殖，每年可以固碳 19.4 万吨、消氮 1.7 万吨、减磷 1 690 吨，生态效益超过 600 亿元。同时，我们大力推进海洋渔业结构调整，养殖区、限养区、禁养区依法科学划定，海洋渔业水域生态环境明显好转；严格控制捕捞强度，海洋渔业资源总量管理制度正式出台，史上最严伏季休渔制度得到广泛好评，海洋渔业资源急剧衰退的趋势得到有效遏制；水产品加工转化率达到 41.6%，辐射带动能力明显提升，休闲渔业等新产业新业态蓬勃发展，成为渔区新的经济增长点和渔民增收新渠道。成绩来之不易，值得充分肯定。这是党中央、国务院高度重视的结果，是各地各部门开拓创新、勠力攻坚的结果，是广大渔民群众辛勤努力、拼搏奋斗的结果。

按照高质量发展要求，我国农业发展正在由增产导向转向提质导向，渔业发展也到了这个阶段。今年 4 月，习近平总书记在庆祝海南建省办经济特区 30 周年大会上明确提出，要支持海南建设现代化海洋牧场，6 月在山东考察时又对海洋牧场试点建设作出重要指示。2017 年中央 1 号文件明确提出，发展现代化海洋牧场。海洋牧场作为推进海洋渔业高质量发展、可持续发展的重要抓手，关系海洋生物资源和生态环境保护，关系海洋渔业发展方式转变，关系渔民富裕和渔村兴旺。我们要深刻学习领会习近平总书记重要指示精神，按照中央部署要求，充分认识加快海洋牧场建设、促进海洋渔业转型升级对建设海洋生态文明、建设海洋强国的重要意义，切实增强工作的责任感使命感，扎实抓好海洋牧场建设各项工作。

第一,发展海洋牧场为建设海洋生态文明,保护海洋渔业资源发挥了重要作用。我国海域面积广阔,渔业资源丰富,但长期以来,受海水污染、围填海工程建设等影响,特别是海洋捕捞强度居高不下,涉渔"三无"船舶、"绝户网"问题突出,海洋渔业资源持续衰退,渔获物"小型化、低龄化、低值化"现象严重,海洋渔业资源保护和可持续发展面临严峻挑战。2013 年 7 月,习近平总书记在十八届中央政治局第八次集体学习时强调,要下决心采取措施,全力遏制海洋生态环境不断恶化趋势,让我国海洋生态环境有一个明显改观,让人民吃上绿色、安全、放心的海产品,享受到碧海蓝天、洁净沙滩。贯彻落实总书记重要指示精神,我们在大力打击"绝户网"、涉渔"三无"船舶的同时,启动了国家级海洋牧场示范区建设,组织编制发展规划、管理规范、技术标准,积极争取财政投入,目前已评审公布了 3 批 64 个国家级示范区。从监测结果看,海洋牧场所在海域渔业资源和生物多样性明显增加,海水水质状况明显改善。实践证明,海洋牧场建设是贯彻落实中央推进海洋生态文明建设精神的重要举措,是科学合理开发利用海洋资源、维护海洋自然再生产能力的重要手段,实现海洋渔业永续发展,必须加快海洋牧场建设。

第二,海洋牧场是全面改造提升传统渔业、带动渔民就业增收的重要途径。这些年,我国渔业特别是海洋渔业实现长足发展,水产品产量已经连续 27 年稳居世界第一,占全球总产量的约 1/3,为改善城乡居民膳食营养提供了约 1/4 的优质动物蛋白,沿海渔港渔村面貌有了很大改善,渔民收入水平不断提高。但与实施乡村振兴战略的要求相比,与渔业高质量发展的要求相比,还面临诸多短板和薄弱环节。部分沿海地区过度养殖、污染环境、产品质量存在隐患,引起社会诟病;传统海洋渔业效益不高,品牌弱、链条短等问题突出,带动渔区经济发展和渔民增收能力不强。海洋牧场不仅能有效恢复海洋生物资源、改善海域生态环境,也能提供更多优质安全的海水产品,推动养殖升级、捕捞转型、加工提升、三产融合,有效延伸海洋渔业产业链条。据测算,我国已建成的海洋牧场通过增殖养殖加工经济价值高的水产品,发展休闲渔业、观光旅游等,每年可产生直接经济效益 300 多亿元。推动海洋渔业转型升级,提质增效,带动渔民就业增收,加快海洋牧场建设是一条重要路子。

第三,建设海洋强国、发展海洋经济,对加快海洋牧场建设提出了新的更高要求。自古以来,经略海洋是很多国家走向繁荣强盛的重大战略选择。我国拥有 1.8 万公里大陆海岸线和 1.4 万公里岛屿海岸线,长期以来,海洋渔业都是海洋经济的重要组成部分,也是我国强大海洋实力的重要体现。今年全国"两会"期间,习近平总书记在参加山东代表团审议时强调,海洋是高质量发展的战略要地,要更加注重经略海洋。这些年,通过加快建设海洋牧场,推动海水养殖从近海走向远海、从普通网箱向大型装备跃升、从传统人工养殖向自动化智能化养殖转变,开启了深蓝渔业发展的新纪元,也开辟了经略海洋、加快海洋经济发展的新篇章。在这一过程中,还带动我国海洋渔业装备建设取得长足发展,在智能化大型网箱和养殖工船、多营养层级立体养殖等方面取得一系列重大成果。今年 5 月,我国首座全潜式深远海大型智能养殖装备"深蓝 1 号"率先在山东成功建造并下水,这是世界上最大的全潜式大型网箱,也是亚洲第一大深远海智能网箱,将海水养殖战线向外推进 130 海里。这是彰显我海洋主权、维护国家海洋权益的国之重器,也是树立渔业部门与装备制造部门跨界合作共赢的成功典范。推动海洋牧场与海水养殖融合发展,既能够促进深远海渔业拓展,永久守护"蓝色国土",又能够充分发挥海洋工程领域"中国制造"的优势,可以说是一举多得。

二、准确把握加快海洋牧场建设、促进海洋渔业转型升级的总体要求和重点任务

当前,伴随我国社会主要矛盾的变化和城乡居民消费水平的提升,人民群众对优质安全水产品和优美海洋生态环境的需求愈加旺盛,海洋渔业可持续发展与资源环境过度利用、水产品供给结构性矛盾突出等问题愈发凸显,追求数量已不是主要目标。面对新形势新任务,各级渔业部门要深入贯彻落实习近平总书记关于做好"三农"工作的重要论述和发展海洋牧场的重要指示精神,以海洋牧场建设为抓手,以推进海洋渔业转型升级为主线,坚持提质增效、减量增收,坚持绿色发展、富裕渔民,推动形成绿色高效、安全规范、融合开放、环境友好的海洋渔业发展新格局。重点推进"一带多区"(近海"一带"和黄渤海区、东海区、南海区"多区")海洋牧场建设,到 2025 年,在全国创建 178 个国家级海洋牧场示范区;力争到 2035 年,基本实现海洋渔业现代化。

当前,要重点抓好 4 件事。

一是坚持生态优先,科学把握现代化海洋牧场建设的定位。海洋牧场建设要始终将资源环境保护放在首要位置,不能盲目或片面追求经济效益,更不能以损害生态环境为代价来追求产量的增长。首先一条是选址科学、布局合理,选择条件适宜的水域,保证人工鱼礁的稳定性和海水水质,根据不同海域条件,合理布局

养护型、增殖型和休闲型等不同类型海洋牧场,确保生态功能充分发挥。同时,充分发挥海洋牧场环境优美的优势,创造条件让普通老百姓可以走进海洋牧场,近距离了解渔业生产、体验渔业环境、感受渔业文化、品尝美味海鲜,通过海洋牧场建设带动海洋渔业转型、传统渔民转产、落后渔村发展。要继续加大对涉渔"三无"船舶和"绝户网"的清理取缔力度,进一步推动减船转产,完善并实施好海洋伏季休渔制度,科学有序开展资源增殖放流活动,大力养护海洋生物资源,实现永续利用、可持续发展。经过努力,中国渔业将不再是越捞越少、越捞越小,也不再是海水越养越浑,而是水清草绿、鱼虾成群。

二是坚持质量兴渔、绿色兴渔,充分发挥海洋牧场对海水养殖的示范带动作用。海水养殖是"蓝色农业"的重要组成部分。要以海洋牧场为抓手,加快推进海水养殖业变革,走绿色发展之路。按照"多规合一"的要求,将养殖水域滩涂空间规划和海洋牧场建设规划纳入国土空间统一规划,统筹安排好海洋牧场建设空间布局。大力发展水产种业,培育绿色生态特色品种,在近海以海洋牧场为载体,推广贝藻间养、立体生态养殖,在深远海推广深水网箱、大型智能平台养殖,全面推进水产健康养殖,建立健全绿色养殖制度体系。同时,以近海滩涂规范养殖为重点,集中开展养殖水域滩涂环境治理,逐步减少近海网箱,要全面清理非法养殖。我国渔业生产规模已经很大,人均水产品消费水平已经不低,要从过去追求数量转到重点追求质量,把质量效益、环境友好放在更加突出的位置,让优质、特色、绿色、生态成为中国渔业、中国水产品的代名词和新形象,实现渔业转型升级。

三是坚持产业融合发展,把海洋牧场打造为涉渔产业融合发展的新平台。现代市场竞争实质上是产业体系的竞争,必须在延长产业链、提升价值链上下功夫,向产业融合要效益。要充分发挥海洋牧场的平台集成作用,推动海洋牧场与水产品加工流通、旅游观光、休闲垂钓等二、三产业紧密融合,不断提高海洋渔业发展的质量效益和竞争力。继续推进海洋牧场建设与文化、旅游等深度融合,大力发展休闲垂钓、渔家乐、渔事体验等综合性休闲渔业,不断拓宽渔民增收渠道。同时,大力发展水产品加工业,推广绿色加工技术,培育壮大加工流通龙头企业,遴选推介一批叫得响、过得硬、有影响力的海洋渔业品牌。

四是坚持体制机制创新,推进海洋牧场与渔港经济区建设协调并进。渔港作为渔区重要的基础设施,既是渔船管理和捕捞监管的关口,更是渔区经济和社会发展的枢纽。要充分发挥国家级海洋牧场示范区的先行先试和示范带动作用,以点带面,提升渔港经济区发展整体水平,推动渔区乡村振兴战略实施。充分发挥渔港经济区的枢纽作用,与海洋牧场统筹布局、协调推进,带动海洋渔业产业链条延伸,把渔港经济区建成辐射带动渔区及周边地区经济发展的重要增长极。山东烟台在全市渔港推广"港长制",压实渔民渔船教育管理和安全生产责任,这个办法值得总结推广。同时,加快推进渔业管理重心由海上向渔港转移,强化依港管船、管人、管渔获。依托渔港发展特色小镇,推动渔港经济区成为各方面资源聚集融合的重要平台,大力打造特色渔文化,使渔港经济区成为融自然风光、历史风貌、人文景观、渔家风情、海景养生等于一体的生态之港、文化之镇。

三、加强组织领导,形成加快海洋牧场建设、促进海洋渔业转型升级的工作合力

大力推进现代化海洋牧场建设,是促进海洋渔业转型升级和生态资源养护的一场革命,是一项复杂的系统工程,涉及多个部门、多个学科领域。我们要将海洋牧场建设放在海洋经济发展和生态保护的大局中统筹谋划,积极协调争取各方面支持配合,在规划引领、科技支撑、政策支持和法制保障等方面下功夫,不断提升全国海洋牧场发展的整体水平。

一要加强规划引领。坚持规划先行,制定现代化海洋牧场建设规划,综合区位优势、海域生态类型、渔业资源特点和渔区经济社会发展现状,科学安排建设空间布局,合理确定建设类型和规模,创新海洋渔业资源开发模式,探索将海洋牧场建设与海洋规划、维护海洋权益相结合的新模式。要加强部门协调,抓紧制定国家海洋渔业转型升级战略规划,明确近浅海和深远海产业发展重点,更好指导和协调全国现代化海洋牧场建设有序发展。

二要加强科技支撑。海洋牧场水下建设、水上参观、陆上收获,涉及环节多,技术要求高,建设难度大。以创新生态增殖技术、海洋牧场生态容量及效果评估等关键共性技术作为科研重点,加强产学研联合攻关和集成示范。从牧场选址、礁体设计、施工投放、增殖品种等多方面,加强对海洋牧场建设的科学指导,继续建设可视性、智能化数据平台,促进科技成果推广应用。加快"海洋(蓝色)粮仓科技创新"国家重点研发计划实施,着力打造一批新品种、新装备、新技术和新模式,催生海洋牧场、休闲渔业等新业态。

三要加强政策支持。海洋牧场建设成本高、周期长、收益慢。中央财政已经对渔业油价补贴资金作出调整,加强对国家级海洋牧场示范区建设的支持。今

后还要继续加大支持力度，再建设一批代表性强、特色鲜明、预期成效明显的国家级示范区。各地区及有关部门也要在政策、项目和资金安排上对海洋牧场建设和大水面增殖渔业予以倾斜。要建立多渠道长效投入机制，按照“谁投资、谁管理、谁受益”的原则，鼓励更多社会资本参与海洋牧场建设、发展增殖渔业；金融保险等机构要加大信贷支持力度和风险防范支持。要积极协调有关部门，推动解决沿海各地普遍反映的海洋牧场海域使用金征收标准高、海域使用期限短等问题。

四要加强制度保障。目前，一些地方针对海洋牧场或人工鱼礁出台了相应的管理办法，这些都是有益的探索。下一步，要结合《渔业法》修订，加快推进海洋牧场相关配套法律法规和规章制度制（修）订，强化海洋牧场建设管理顶层设计。同时，继续创新建设管理机制，明确投资、经营和管理主体，合理确定利益分配和责任分工。进一步完善海洋牧场监管制度，明确监管责任和职责分工，搞好绩效评估和监测考核，确保海洋牧场建设有序推进，取得实效。

同志们，建设现代化海洋牧场、推进海洋渔业转型升级，意义重大，前景广阔，任务艰巨。让我们紧密团结在以习近平同志为核心的党中央周围，以奋发有为、只争朝夕的精神状态，以改革创新、真抓实干的工作举措，锐意进取，攻坚克难，为促进海洋渔业持续健康发展、海洋生态文明建设和渔区乡村振兴做出新的更大贡献。

农业部副部长于康震在渔业转型升级推进会上的讲话

（2018年1月23日）

同志们：

这次会议是十九大后农业部召开的第一个全国性的三类会议，体现了农业部党组对这次会议的高度重视。上个月，中央农村工作会议和全国农业工作会议已经对渔业渔政工作作出了重要部署，渔业渔政的大政方针已定。按照韩长赋部长对这次会议的要求，这是一次学习会、动员会、落实会、推进会，主要任务是，深入学习贯彻党的十九大和中央经济工作会议、中央农村工作会议精神，全面落实全国农业工作会议的部署要求，总结回顾2017年以及过去5年的渔业渔政工作，分析当前渔业渔政事业发展面临的形势，研究新时代渔业发展的目标任务，谋划部署2018年及今后一个时期渔业渔政工作。刚才，我们对过去一年在渔业发展、渔政工作方面表现突出的地方、单位及个人进行了通报表扬并颁发证书，7个省份渔业主管部门的负责同志从不同方面介绍了做法和经验，大家工作做得好，经验总结得好。

下面，我讲七个方面的意见。

一、2017年以及过去5年渔业渔政工作成效显著

2017年，在农业部党组和地方各级党委政府的领导下，全国渔业系统坚决贯彻新发展理念和中央“三农”决策部署，坚持“提质增效、减量增收、绿色发展、富裕渔民”的总目标，牢牢抓住转方式调结构主线，着力推进渔业供给侧结构性改革，创新渔业资源管理举措，巩固和发展了渔业的好形势。总体上可以用“减量、增收、提质、平稳”4个关键词概括。减量，水产品总产量增幅回落2.7个百分点，捕捞产量同比下降4.7%。增收，渔民收入持续增长，预计渔民人均纯收入18 450元，同比增长9.2%。提质，产业结构逐步调优，二、三产业发展提速，休闲渔业继续保持快速增长。平稳，渔业安全形势稳定向好，全年渔业船舶水上事故、死亡（失踪）人数同比分别下降34.7%和45%，水产品产地抽检合格率99.7%。

2017年渔业发展巩固了十八大以来的好形势。5年来，党中央、国务院高度重视渔业，国务院印发了《关于促进海洋渔业持续健康发展的若干意见》，并召开了全国现代渔业建设电视电话会议和远洋渔业座谈会，汪洋副总理均出席会议并做重要讲话，经国务院同意，农业部印发了《关于进一步加强国内渔船管控 实施海洋渔业资源总量管理的通知》。农业部对渔业转型升级进行全面部署，印发了《关于加快推进渔业转方式调结构的指导意见》和《全国渔业发展第十三个五年规划》，将渔业发展重心由注重数量增长转到提高质量和效益上来。各级渔业部门主动适应新常态、引领新常态，坚持问题导向和目标导向，开拓创新，扎实工作，渔业转型发展取得重要成效，为农业农村经济发展做出了重要贡献。

一是持续推进转方式调结构，渔业绿色协调发展呈现新气象。5年来，我们深入推进渔业结构调整和生产方式转变。持续推进水产健康养殖，大力推广循环水养殖、大水面养殖和综合种养等生态健康养殖模式，启动新一轮养殖水域滩涂规划编制，组织划定养殖区、限养区、禁养区，开展洞庭湖区水产养殖污染治理试点，创建29个水产健康养殖示范县、4 020个水产健康养殖示范场、33个稻渔综合种养示范区，稻渔综合种养面积达187万公顷。控制和调整捕捞业，启动实施海洋渔业资源总量管理制度，开展限额捕捞试点，坚持渔船双控制度，加快减船转产，共减船7 767艘、功

率46万千瓦。大力开展以长江为重点的水生生物保护行动，实施史上最严的海洋伏季休渔制度，坚持和完善长江、珠江、闽江等重要水域禁渔期制度，实施中华鲟、长江江豚、斑海豹、中华白海豚等4个保护（拯救）行动计划，开展长江江豚迁地保护，完成赤水河流域捕捞渔民退捕转产。划定国家级自然保护区3个、水产种质资源保护区167个，建设海洋牧场示范区64个，增殖放流各类水产苗种及珍稀濒危物种超过1 800亿单位。

二是持续加强监管治理，渔业安全发展水平迈上新台阶。5年来，我们始终坚持问题导向，强化责任，综合施策，着力抓好渔业生产安全、水产品质量安全和水生生物安全。进一步强化部门监管和属地管理责任，严格落实企业主体责任。持续开展渔业安全生产大检查，组织开展渔业突发事件应急演练，加强渔船和船用产品检验，规范渔业互助保险发展。创建平安渔业示范县90个、文明渔港17个，渔业船舶水上事故呈明显下降趋势。坚持“产出来”与“管出来”相结合，持续开展“三鱼两药”整治，产地水产品抽检合格率连续5年稳定在99%以上，创建4个全国水产品质量安全示范县。开展水产品质量安全追溯试点建设，推动河鲀市场有条件放开。组织实施国家水生动物疫病监测计划，在江苏启动水产苗种产地检疫，开展渔业官方兽医资格认定试点，未发生区域性重大水生动物疫情。

三是持续拓展产业功能，渔业融合发展取得新突破。5年来，我们以市场为导向，着力延伸渔业产业链，不断拓展渔业新功能。积极发展水产品加工业，水产品加工转化率达到38%，辐射带动能力明显提升。大力发展休闲渔业，认定27个国家级最美渔村、25个全国示范性渔文化节庆活动、477个全国休闲渔业示范基地。加强渔业品牌建设，先后涌现出潜江小龙虾、盱眙小龙虾、阳澄湖大闸蟹、三门青蟹、宁德大黄鱼等一批叫得响、过得硬、有影响力的渔业品牌。小龙虾、大闸蟹等水产品，带火一条街，兴盛一座城。推进“互联网+渔业”深度融合，用数字化、智能化和信息化手段改造渔业、提升渔业。

四是持续加强渔政执法，渔业规范发展取得新成效。5年来，我们坚持依法治渔、依法兴渔。持续清理取缔涉渔“三无”船舶和“绝户网”，打击电毒炸鱼等各类非法捕捞行为，全国共清理取缔涉渔“三无”船舶3万余艘、“绝户网”90多万顶，极大震慑了违规违法行为。组织开展“亮剑2017”渔政执法行动，查处违规案件近1.5万件，处理涉案人员1.34万人，向公安机关移送2 962人，成为中国渔政的一项品牌工作。加强远洋渔业规范管理，先后对78家企业、264艘远洋渔船和206名船长进行处罚，并将15名违规责任人员列入第一批远洋渔业从业人员“黑名单”。

五是持续推动渔业“走出去”，渔业开放发展取得新进展。5年来，我们围绕中心、服务大局，积极开展渔业对外交流合作。全面参与7个区域渔业管理组织事务，与毛里塔尼亚、阿根廷、伊朗、塞拉利昂等国建立政府间合作机制，中美、中欧、中俄等渔业合作进一步拓展。我们与越南联合开展北部湾增殖放流活动，与菲律宾开展水产养殖合作，为稳定南海局势、维护外交大局做出特殊贡献。远洋渔业产业规模和素质大幅提升，作业渔船达2 500多艘，其中1 300多艘进行了更新改造，总产量约200万吨，总体规模居世界前列。水产品国际贸易保持高位运行，出口额、顺差连续5年分别稳定在200亿美元和100亿美元以上，稳居国内大宗农产品首位。

六是持续健全支撑保障，渔业综合发展能力有新提升。5年来，我们会同财政部推进渔业油价补贴政策改革取得重大突破，为促进渔业转型升级和绿色发展提供了强有力的支撑保障。中央对渔业的投入超过1 300亿元，实施了海洋渔船更新改造和以船为家渔民上岸安居工程，启动国家海洋生物种质资源库和大型海洋渔业资源调查船等重大建设项目，恢复对水生动物防疫体系建设支持，开展数字渔业试点，水产良种、渔港和渔政装备建设平稳推进。渔业科技支撑能力进一步提升，产业技术体系覆盖面进一步扩大，审定58个新品种、297项渔业国家和行业标准，科技贡献率从55%提升到60%。我们积极推进产业扶贫，重点实施稻渔综合种养、盐碱地渔农综合利用、大水面增殖业等六大行动，开展试点示范，打造渔业产业扶贫模式，取得了较好效果。

过去5年，我们牢牢把握转型升级的主基调，渔业发展方针发生了转变，提出了生态优先、绿色发展；发展目标发生了转变，由保供给重数量，转变为提质增效、减量增收；工作重心发生了转变，由重生产发展转为重生态保护；工作方法发生了转变，由片面追求快速增长，转变为转方式调结构重监管。这些转变是符合十九大精神的，体现了渔业渔政人的担当精神和创新意识。5年来的成绩是喜人的，转变是深层次的，经验是弥足珍贵的。成绩的取得，根本是有党中央国务院高度重视，有习近平总书记对渔业的亲切关怀。在总书记治国理政新理念新思想新战略指引下，各级渔业部门坚持改革创新，用新的发展思路、管理方式、经营模式，积极试验试点，大胆创新示范，不断破除沉疴顽疾；坚持市场导向，充分发挥市场在资源配置中的决定性作用，因地制宜，因市制宜；坚持科技引领，推进产学研推一体化发展，发挥科技支撑和人才带动作用；坚持统筹推进，促进发展和保护、生产和生活、海洋和内陆、国际和国内协调发展。

成绩的取得，得益于中央强农富渔的方针政策，得益于各级党委政府的高度重视和各有关部门的大力支持，得益于全国渔业系统干部职工的努力工作和广大渔民群众的辛勤劳动。在这里，我代表农业部向各地区、各部门、社会各界，向大家一并致以崇高的敬意和衷心的感谢！

二、准确把握新时代渔业渔政工作的新形势新要求

党的十九大作出了中国特色社会主义进入新时代的重大政治论断，确立了新时代的指导思想和基本方略，进一步指明了党和国家事业的前进方向。中央农村工作会议对实施乡村振兴战略作了系统部署，对渔业渔政工作提出了新的要求。渔业是农业和国民经济的重要产业。在中国特色社会主义事业发展中，渔业不仅在保障农产品供应、促进农渔民增收、繁荣农业农村经济中发挥了重要作用，在维护国家海洋权益、建设海洋强国、国家生态文明建设、“一带一路”国际合作等方面也做出了突出贡献。在决胜全面建成小康社会和建设现代化国家的新征程中，我们要系统谋划新时代渔业发展思路，制定时间表、路线图、施工单，锲而不舍，接续奋斗，只争朝夕，扎扎实实走好新时代的长征路，加快建设现代化渔业强国。

（一）要把乡村振兴战略作为渔业渔区工作的总抓手

十九大明确提出实施乡村振兴战略，并将其作为七大战略之一写入党章，促进农业农村发展提到了前所未有的高度。乡村振兴战略的实施对渔业发展带来了重大战略机遇。渔业要按照20字总要求，全面对接、系统谋划、统筹推进。要抓住产业兴旺这个着力点，不断发展渔业生产力，做大做强渔业产业。按照生态宜居的新要求，渔业不仅要为人民群众提供丰富的水产品，还要提供优美的水生态环境。促进乡风文明，要求我们注重传承渔文化，不断满足城乡居民日益增加的休闲、度假和健康等方面的要求，提供更好的休闲文化生活。推进治理有效，就要创新渔业渔区管理，依法治渔，维护渔区稳定。实现生活富裕，就要不断提高渔业发展质量效益，实现渔民增收致富，提高渔民群众获得感、幸福感。

（二）要在美丽中国建设中把渔业生态养护得更美丽

坚持人与自然和谐共生，是新时代的基本方略之一。十九大要求，坚持节约资源和保护环境的基本国策，建设美丽中国。习近平总书记对渔业生态环境十分重视，在中央农村工作会上，多次讲到渔业。总书记强调，要在长江流域水生生物保护区实施全面禁捕，加大近海滩涂养殖污染治理力度，继续实施重要生态系统保护和修复工程，健全耕地草原森林河流湖泊休养生息制度，建立山水林田湖草系统治理体系。水生生物资源和水域生态环境是水生态系统的核心，渔业资源环境不美丽，就没有水域生态环境的美丽，美丽中国就是不完整、不充分的。我们要切实践行“两山”理念，保护绿水青山，还渔业美丽本色，再塑“日暮紫鳞跃，圆波处处生”的景象，为人民提供更多清新美丽的渔业生态环境产品，使渔业成为渲染美丽中国的一道亮丽风景线，给党中央、给习总书记交上满意答卷。

（三）要把质量效益作为提高渔业核心竞争力的牛鼻子紧紧扭住不放

十九大指出，我国经济已由高速增长阶段转向高质量发展阶段。中央农村工作会议上，总书记强调要走质量兴农之路。在全国农业工作会上，农业部提出要坚持质量兴农、效益优先。今年是农业部的质量年。质量效益是现代渔业核心竞争力的集中体现，渔业要强、渔民要富，产业发展的质量必须高、效益必须好。我们要把推动高质量发展作为确定思路、制定政策、落实工作的根本要求，紧紧依靠科技，创新现代渔业产业体系、生产体系和经营体系，大力发展绿色水产养殖业，用加工业提升渔业、用休闲体验拓展渔业、用品牌建设做强渔业，促进产业融合发展，延长产业链、提升价值链，不断提高渔业质量效益和竞争力。

（四）要在深化改革开放中激发渔业发展活力

改革开放是强国之路。十九大强调，只有改革开放才能发展中国、发展社会主义、发展马克思主义；奉行互利共赢的开放战略，推动构建人类命运共同体。在改革开放的伟大进程中，渔业是改革的试验田、开放的先行者，渔业最早放开、率先走出去，为改革开放的全面展开探索了路子、积累了经验、提供了样板。在新时代、新征程中，渔业要继续发扬改革先行者的传统，不断完善体制机制，不断优化政策供给，不断激发改革创新活力，解放和发展生产力，加快渔业现代化步伐。要继续做开放排头兵，持续深入走出去，在维护国家海洋权益、“一带一路”建设、参与全球渔业治理、推进开放型经济建设等方面发挥更大作用。

（五）对表对标十九大，理清渔业渔政工作思路

按照十九大关于中国特色社会主义现代化国家建设的总体安排，建设现代化渔业强国的任务也要分步安排，第一步，力争到2020年，渔业现代化建设取得明显进展；第二步，到2035年，基本实现渔业现代化；第

三步，到本世纪中叶，建成现代化渔业强国。虽然目前现代渔业建设发展势头良好，但我们要清醒地认识到，当前我国渔业的主要矛盾已经转化为人民对优质安全水产品和优美水域生态环境的需求，与水产品供给结构性矛盾突出和渔业对资源环境过度利用之间的矛盾。渔业发展不平衡不充分问题还很突出，主要表现为，水产养殖业数量规模和质量效益不平衡，质量效益发展不充分；渔业生产发展和生态保护不平衡，生态保护不充分；养殖水域利用不平衡，深远海发展不充分；渔业一二三产业发展不平衡，二、三产发展不充分；国内国际两个市场两种资源的利用不平衡，国际市场和资源的利用不充分。

面对这些不平衡不充分的问题，我们要保持清醒的头脑，既要增强危机感和紧迫感，也要坚持制度自信和道路自信，要在今年及今后一个时期的渔业渔政工作中，全面贯彻党的十九大精神，以习近平新时代中国特色社会主义思想为指导，牢固树立新发展理念，落实高质量发展要求，以实施乡村振兴战略为总抓手，以渔业供给侧结构性改革为主线，以提质增效、减量增收、绿色发展、富裕渔民为目标，不断创新发展机制，培育发展新动能，提高发展质量效益，完善管理措施，修复资源生态，防控发展风险，改善渔民民生，推动形成绿色高效、安全规范、融合开放、资源节约、环境友好的渔业发展新格局，加快建设现代化渔业强国。

我们一定要准确把握十九大对新时代渔业发展的新要求，认清形势、顺应时势，及时转变思想观念、调整工作重心方法，抓重点、强弱项、补短板，加快推进转方式调结构，切实将渔业从数量增长、规模扩张转到高质量发展和绿色发展上来。

三、以推进渔业供给侧结构性改革为主线，加快推进水产养殖绿色发展

水产养殖业大发展是改革开放以来我国渔业最鲜明的特点。近几年，我们大力推进渔业供给侧结构性改革，重点围绕去产能、增动能方面下了不少功夫，尤其是在捕捞业上我们出台了很多制度和措施。接下来，水产养殖业绿色发展将是渔业供给侧结构性改革的重点。绿色是水产养殖业的本色，但是，由于部分地区过度养殖，导致污染较重、产品质量存在隐患，引起社会诟病。养殖的大路货太多，有的养殖户辛辛苦苦养一年，到头连饲料钱都挣不回。当务之急，我们必须加快推进水产养殖业变革，走绿色发展之路，把过多的网箱养殖退出来，调整养殖结构，转变养殖方式，推广清洁生产，防控养殖污染，实现由粗放经营、单一增产向提质增效、绿色生态转变，增加绿色、优质、安全水产品供给。

第一，要优化区域布局。养殖水域滩涂规划是水产养殖业发展的基石，是水产养殖业与其他行业协调发展的依据。目前，各地都在开展主体功能区划定、编制生态功能区负面清单。沿海渔业生产者利用海域发展生产，是法律赋予的基本权利；划定水域滩涂养殖区、限养区、禁养区，组织编制养殖水域滩涂规划，是国务院交给农业部和各级渔业部门的任务，也是《渔业法》《水法》等法律赋予我们的职责，必须加快推进。2017 年年底，农业部开展的渔业渔政综合督查发现，各地规划编制进展还很不平衡，一些地方不够重视，工作进展明显缓慢。韩部长在全国农业工作会上两次对这项工作进行了部署，各地务必抓好落实。在组织领导上，要加强部署协调，层层落实工作责任；在工作进度上，要进行严格考核，确保年底前完成规划编制并发布；在规划质量上，要避免抢进度、重产业、轻布局，编好养殖业发展的空间底图。

第二，要美化养殖环境。养殖水域滩涂是水域生态环境的重要组成部分，推进水产养殖绿色发展是一场产业革命，也是一场环境保卫战。要建立健全绿色养殖的制度体系，加强全程监管，提升养殖者环境保护责任意识。要以近海滩涂养殖污染治理为重点，集中开展养殖水域滩涂环境治理，全面清理非法养殖，治理网箱养殖污染，治理池塘养殖、工厂化养殖尾水，推进达标排放。要科学确定养殖容量，节约利用资源，鼓励循环水养殖，探索建立轮养模式。要积极发展碳汇渔业、净水渔业，把水产养殖场建设成为美丽渔场、水上景观。这里，我要强调一下，在清理整治网箱养殖过程中，该减的一定要减下来，但是该留的也要留下来，绝不能搞一刀切。特别是影响到养殖生产者合法权益的，要合理补偿、妥善解决。

第三，要调整养殖结构。针对日益多元化和个性化的市场需求，加强养殖品种创新，大力发展水产种业，培育绿色生态特色品种，调减结构性过剩的大路货，做到产得出、产得优、卖得出、卖得好。要着力调整生产结构，在内陆推广池塘和工厂化循环水、大水面生态养殖、稻田养鱼和盐碱水养殖，在近海推广贝藻间养、立体生态养殖，在深远海推广深水网箱、大型智能平台养殖。要引导养殖水域、劳动力、资金、科技、装备等生产要素，流向深远海养殖、稻渔综合种养、循环水养殖等领域，提高水产养殖全要素生产率。

第四，要提升养殖品质。要坚持“产出来”与“管出来”相结合，不断提升养殖水产品品质。全面推进水产健康养殖，进一步完善创建内容，把创建活动引向深入。加快水产配合饲料研发和推广，替代、减少冰鲜

野生幼杂鱼使用。要切实加强水产品质量安全监管，完善质量安全追溯体系，深入开展"三鱼两药"等重点品种、重点问题的专项整治，实施检打联动，保持监管高压态势。切实加强水生生物安全监管，强化水生动物疫病防控，支持渔用疫苗研发推广，加强水生动物疫病监测预警，推进水产苗种产地检疫试点，从源头控制疫源疫病传播。

2018年，农业部将出台关于推进水产养殖业绿色发展的指导意见，还要召开现场会，各地要提前研究，做好准备，抓好落实。

四、以全面修复水域生态环境为抓手，加强以长江为重点的水生生物保护

党的十八大以来，党中央、国务院高度重视水域生态环境保护工作，习近平总书记等中央领导同志多次就打击涉渔"三无"船舶、清理取缔"绝户网"、长江全面禁渔等作出重要指示批示。在这些问题上没有讨价还价的余地，必须坚决贯彻落实党中央、国务院的决策部署，贯彻落实好习近平总书记的重要指示精神，采取更加有力的措施，尽快遏制并扭转水生生物资源衰退的趋势。

第一，要持之以恒保护长江水生生物资源，抓好长江大保护。长江水生生物保护是长江共抓大保护的重要方面。农业部目前正在积极推进以国办文件出台《关于加强长江水生生物保护工作的意见》。意见出台后，各级渔业主管部门要积极争取地方党委政府的重视和支持，健全工作机制，落实工作措施，争做"共抓长江大保护"的先行示范。2018年，长江流域水生生物保护区全面禁捕已正式启动，这是落实长江水生生物保护的第一个大动作。沿江各省要推动成立由党委政府牵头、各相关部门参加的禁捕工作领导机构，完善工作机制，整合项目资金，统筹各方力量，切实把中央决策部署贯彻落实到位，坚决打好长江水生生物大保护的第一仗。

科学划定江河湖海限捕、禁捕区域是水域生态环境修复的重要措施。目前，全国七大流域中长江、珠江和淮河流域已实行禁渔期制度，2018年农业部将启动实施黄河禁渔，松花江、海河和辽河流域禁渔工作也要纳入议事日程，还要深入研究和推动长江流域以外的水生生物保护区长期禁捕工作，争取早日取得更大突破。

第二，要持之以恒清理取缔涉渔"三无"船舶和"绝户网"，保持渔政执法高压态势。涉渔"三无"船舶和"绝户网"的存在，严重危害群众生命财产安全、破坏渔业资源、扰乱作业秩序、影响国家周边安全和国际形象，是危害渔业转型升级的"毒瘤"，必须铲除、根除。连续4年来的清理取缔工作为我们积累了经验，取得了明显成效，各地都完善了工作机制，明确了地方党委政府的牵头责任，制定了清理取缔目标，辽宁、浙江、山东等省还明确了"时间表"。但是，打击涉渔"三无"船舶和"绝户网"就如同割韭菜，割了又会长出来，要研究治本之策，还要年年割。下一步，我们要持之以恒，以抓铁有痕、踏石留印的决心，继续强化执法攻坚，形成严防、严控、严查、严处的长效机制。农业部将会同有关方面，制定新一轮的清理取缔行动计划，进一步统一各地、各部门思想，明确任务目标和职责分工，设计路线图，规划时间表，在全国掀起清理取缔工作热潮。农业部将继续组织开展"亮剑2018"系列渔政执法行动，将清理取缔涉渔"三无"船舶和"绝户网"作为主要内容，向深度和广度推进。2018年是中国渔政成立60周年，农业部将开展系列纪念活动，对全国渔政先进集体和先进个人进行表彰，深入推进渔政执法队伍建设。

第三，要持之以恒开展减船转产，推动捕捞总量管理制度落实落地。要从投入和产出两方面用力，推动捕捞能力与渔业资源可再生能力相适应。2017年，我们组织实施了"十三五"海洋渔船"双控"制度、海洋渔业资源总量管理和史上最严伏季休渔制度三项重大改革措施。各地积极响应，迅速行动。总的看，伏季休渔制度得到各界热评，取得良好效果；"十三五"渔船"双控"和海洋渔业资源总量管理取得良好开局，沿海各省份都出台了实施方案，重点举措和试点强力推进，很多地方渔民群众减船积极性高涨。下一步，要乘势而上进一步抓好落实，继续加大减船转产力度，保障减船进度，切实降低捕捞能力；要继续创新渔船管理机制，加快实施渔船分类分级分区管理，落实船籍港和停泊港监管责任，强化渔运船管控，加大幼鱼资源保护力度；要继续完善并实施好海洋伏季休渔制度，加强休渔效果评估，没有最严只有更严；要在科学评估渔业资源可捕量的基础上，总结浙江、山东试点经验，有序扩大限额捕捞试点范围，探索产出控制的新路子，完善总量管理手段。

第四，要持之以恒完善养护措施，推进渔业生态环境修复。保护和修复渔业生态环境，既要通过系统保护做好"减法"，还要实施生态修复做好"加法"。要坚持质量和数量并重，科学有序开展水生生物资源增殖放流活动，确保增殖放流效果。要坚持生态优先、开发和保护并重，继续稳慎推动海洋牧场建设，着重打造一批生态型、公益型的海洋牧场示范区。要健全水生生态保护修复制度，完善渔业资源增殖保护费征收使用

管理办法，完善渔业资源生态补偿机制。珍稀濒危水生野生动物是水生生物链条上最薄弱的环节，要予以特别保护。要全面贯彻落实新修订的《野生动物保护法》，加快配套法规规章制度的制（修）订，组织实施好中华鲟、长江江豚、斑海豹、中华白海豚等旗舰物种保护行动计划。要持续加强珍稀濒危物种调查监测和科学研究，积极推动保护区建立或升级，实施好长江经济带绿色发展专项生态修复工程。

五、以提高发展质量和效益为目标，加快推进产业融合发展

当前，渔业产业质量效益存在一些突出问题：一是规模大、效益不高。我国渔业总产值超过 1.2 万亿元，产业规模不小，但是比较效益不高，劳动生产率远低于国民经济二、三产业。二是产品多、品牌不强。我国水产品品种齐全，区域品牌和企业品牌众多，但是大品牌不多，市场号召力强、全国闻名，尤其是具有国际影响力的水产品品牌更少。三是产业全、链条不长。渔业产业体系全，“养、捕、加、增、休”都有，但是第一产业大，精深加工发展不足，二、三产业带动能力弱，产业融合度不高。现代市场竞争实质上是产业体系的竞争，必须在延长产业链、提升价值链上下功夫，向产业融合要效益，不断提高渔业发展的质量效益和竞争力。

第一，要加工促渔。水产品加工业一头连着原料生产，一头连着市场销售，在产业链中不仅处在前延后展的关键位置，而且具有产业融合发展的内生动力，能够有效提高传统产业效益。要顺应国内新消费群体的需求，发展优质、便捷、健康水产加工品，推进水产品进学生餐，引导和培育国内消费，拓宽水产加工品国内市场。在水产品主产区积极发展加工业，建立加工技术目录，推广绿色加工技术，创建一批农产品精深加工示范基地和加工示范园区，增强聚集和带动能力。培育壮大水产加工流通龙头企业，打造一批产加销一体化的全产业链企业集群。要继续稳固水产品加工出口优势，支持加工企业走出去，进一步扩大水产品出口，提高水产品国际竞争力。

第二，要休闲拓渔。近年来，休闲渔业快速发展，市场空间十分广阔，是渔民增收的新渠道，成为渔业经济的新增长极。2017 年，全国休闲渔业产值 700 多亿元，接待游客 2.2 亿人次。2017 年，我到浙江省湖州市南浔区荻港渔庄了解到，他们通过发展休闲渔业，每年将价值 50 万元的鱼卖到 2 000 多万元，增值近 50 倍，还带动旅游住宿等消费 4 000 多万元，增值幅度和山东测算的差不多，增收和生态效益十分明显。下一步，我们要继续推进渔业与文化、旅游等深度融合，结合海洋牧场、人工鱼礁、健康养殖示范场建设，大力发展休闲垂钓、渔家乐、渔事体验和渔文化等综合性休闲渔业。要继续在 2017 年“四个一”创建的基础上，培育休闲渔业精品，打造类似哈尼稻渔综合种养、鲤鱼溪民俗文化基地那样的休闲渔业典范。

第三，要品牌强渔。品牌就是质量，品牌就是效益，品牌就是竞争力。福建省以 20 大渔业品牌为主导，培育区域特色品牌，目前已拥有中国驰名商标、国家注册地理标志商标等 441 个，以品牌带动了苗种、养殖、加工、流通等一条龙全产业链条，效果十分明显。2017 年，农业部开展了农业品牌推进年活动，一批渔业重点市县、水产品牌获得特色农产品优势区和百强区域农产品公用品牌称号。今年，农业部还将结合“三区三园”建设、绿色食品认证等，再遴选推介出一批更优农业品牌。我们要积极营造渔业品牌成长的环境和土壤，支持水产品品牌建设，将有影响力的水产品品牌遴选出来。还要针对重点品种，做好产销对接，组织发布产业发展报告，继续支持办好品牌推介活动。

第四，要科技兴渔。渔业要实现转型升级，提高发展质量和效益，必须插上科技的翅膀，跟上科技创新的步伐，享受科技进步的红利。要整合渔业优势科研资源，形成创新合力，重点在现代种业、疫病防控、质量安全、加工流通、装备升级等方面开展联合攻关。要推进产学研推大联合，加快渔业先进技术成果推广应用，提高转化率。推进“互联网 + 现代渔业”深度融合，引导渔业生产主体与电商平台对接，开展“数字渔业”示范项目，推进水产养殖物联网应用推广，让产业和产品带电、上网。

第五，要产业扶贫。渔业产业扶贫，既是一项重要的工作任务，也是一项光荣而艰巨的政治使命。要充分发挥贫困地区资源环境优势，发展特色水产业，走出一条具有产业特色和地域特点的渔业扶贫开发及援疆援藏道路。要加强对口帮扶，加大培训力度，培育新型职业渔民，帮助贫困地区脱贫致富。要及时总结推广优秀范例，筛选一批可复制、可推广、接地气的产业扶贫案例，推介贫困地区渔业品牌建设成果，以点带面推动全国渔业扶贫工作开展。

六、以体制机制改革为动力，加快推进渔港经济区建设

渔港是渔船的家，不仅具有停泊、卸货、避风等基本功能，也是渔业管理和渔政执法的关键节点，还是渔港经济区的重要依托、渔区经济社会发展的枢纽。渔业要强，渔港必须强；渔区要兴，渔港必须兴；渔村要美，渔港必须美。推进渔船管理、资源管理、安全监管、

清理取缔涉渔“三无”船舶和“绝户网”等重大工作，都离不开渔港。这些年，我们在渔港方面投入了很多，建设了不少，但是总体上，渔港基础设施仍然薄弱、管理效能还不高、功能发挥不充分，一些渔港环境恶劣。必须创新机制，推进改革，提升效能，加快推进渔港经济区建设。初步思路是统筹规划，合理布局，不断加强渔港建设，完善综合管理体系，加强环境整治，拓展渔港功能，实现依港管渔、依港促安、依港兴业、依港兴城，建设美丽兴旺的新型渔港经济区。

第一，要加强渔港建管。依港管渔兴业，建港是基础。实现有港可依，需要中央、地方、社会齐发力。近期，农业部印发了《渔港升级改造和整治维护规划》，还将印发《全国沿海渔港建设规划(2017—2025年)》，规划建设以沿海中心渔港、一级渔港为核心的渔港体系。各地渔业部门要主动入位，积极推动把渔港建设纳入当地城镇发展规划，优先保障渔港用地用海指标；将渔港建设纳入当地政府和有关部门约束性指标进行目标责任考核，层层落实责任。加大渔港公益性设施建设的资金扶持，渔业油价补贴要向渔港建设维护倾斜。进一步拓宽投资融资渠道，吸引社会资金参与渔港经营性设施建设。要积极推进渔港立法，建立健全渔港建设、管理、维护机制。

第二，要实施以渔港为中心的综合监管。要提升渔港综合监管效能，积极探索建立渔港港长制，推进渔船检验和渔政执法与渔港监督机构协同进驻渔港，并协调公安边防、海警、海事等部门现场办公，推进渔业执法关口前移。要落实依港管船管人管渔获管安全的新要求，加快推进渔港管理可视化、船人实时动态化、渔获数据信息化，建立渔船进出港报告制度，把安全隐患消除在港内，把违规行为整治在港口，把非法渔获截留在港区。要逐步推行渔获物定点上岸制度，采取切实有效措施，鼓励、引导和规范定点卸货、在港销售或转运，力争在2020年前，所有大中型渔船定点卸货。加快构建渔获物可追溯登记体系，实施渔获物统一绿色标签，强化港口核查监管，会同市场监管部门开展流通加工环节的跟踪检查，让非法渔获物无法流通交易。

第三，要大力发展渔港经济区。要把渔港经济区纳入乡村振兴整体规划，以渔港为中心吸引和集聚各类生产要素，巩固和提升传统功能，带动加工贸易、冷链物流、休闲渔业、海洋牧场、滨海旅游等多元化产业发展，建设渔业综合生产基地。要在产业集聚的同时促进人口集聚，鼓励和引导优秀企业，深入挖掘渔港渔业文化，加强品牌渔港商标注册，打造人文渔港、景观渔港、主题渔港，建设特色渔乡小镇和渔业城镇，实现港、产、城一体化，塑造现代化渔港样板区。要鼓励有条件的渔港和渔港经济区先行先试，利用自由贸易区规则和国家优惠政策，积极参与“一带一路”和海洋强国建设，尽快形成在国内外有影响力的海洋渔业综合发展平台。这方面，我在浙江、江苏、福建等省看到了不少好样板。

第四，要加强渔港生态环境整治。要顺应人民群众对美好生活的新追求，建设文明、美丽渔港，彻底告别渔港“脏乱差臭”的旧面貌。要改善港区生产生活设施布局，切实开展油污水、废弃网具以及生活垃圾等集中处理。加强港容港貌整治，开展渔港水域清理、港池航道疏浚，规范渔船停泊，推进渔港道路硬化、港区亮化、生态绿化、环境美化，把渔港经济区打造成为生态良好、环境优越、具有独特魅力的新渔区。拓展“文明渔港”创建的外延，丰富活动内涵，增加环境指标，抓点带面，推动美丽渔港建设。

为切实提高渔港的综合效能，推进渔港振兴，今年农业部拟专门出台指导意见，初稿已印发给大家。下午还要专门研讨，希望大家认真研究，多方面提出意见建议。

七、以“一带一路”倡议为契机，加快推进渔业走出去

不久前，农业部召开专题会议对渔业走出去进行了全面部署，并印发了《“十三五”全国远洋渔业发展规划》。新时代渔业走出去，必须牢固树立新发展理念，以“一带一路”倡议为契机，统筹利用两个市场两种资源，重点在规范、参与、拓展上下功夫。这里，我再重点强调几点。

第一，推进提质增效，促进远洋渔业转型升级。“十三五”期间，全国远洋渔船数量将稳定在3 000艘以内，企业数在2016年基础上“零增长”。我们的意图很明确，就是要让远洋渔业“墩墩苗”，实现从规模扩张型向质量效益型转变，让发展之路走得更稳健、更长远，正所谓“行稳致远”。各有关地方和企业要转变思想观念，丢掉盲目造船、以规模数量论英雄的传统思维，把精力用在提质增效上。控制不等于不发展，我们鼓励企业兼并重组、做大做强，培育壮大一批现代化远洋渔业龙头企业。要着力推进优化区域与产业布局，延长远洋渔业产业链，推进远洋渔业海外基地建设，提高后勤保障能力。同时，积极寻找新的增长点，积极稳妥参与南极渔业资源开发利用，积极参与北极渔业资源调查与管理研究。

第二，强化规范管理，树立我负责任国家形象。近些年，涉外渔业出了一些事，有的影响还很恶劣，引起中央领导、国际社会、新闻舆论、社会各界高度关注。下一步，打击涉外渔业违法违规行为必须越来越严，要以负责任态度参与国际渔业资源开发利用。要继续稳定开展周边涉外渔业合作，维护我传统渔业权益，同时，在中央外事工作领导小组办公室的领导下，严厉打击非法越界捕捞，维护周边水域渔业秩序稳定。各地要进一步强化渔船源头管控，严格落实属地责任，哪个地方的船哪个地方负责。

第三，参与全球渔业治理，贡献中国智慧和中国方案。中国一直都是国际渔业治理的重要力量，是参与者、履行者、贡献者。我国水产养殖为减轻世界天然渔业资源的利用强度，为人类提供优质动物蛋白做出了突出贡献。我国已经加入 8 个区域渔业管理组织，签署了 14 个政府间渔业合作协定，按照相关规定开展渔业捕捞活动，积极开展打击 IUU 国际合作，认真履行国际渔业义务，积极支持发展中国家特别是最不发达国家发展渔业经济。今后，我们要继续参与全球渔业治理体系改革和建设，加快研究批准或加入《联合国鱼类种群协定》《粮农组织港口国措施协定》等重要国际文书，全面参与国际和区域渔业管理组织事务，不断提升我渔业国际话语权与全球影响力。不断拓展双边渔业合作，完善渔业双边对话机制，通过双边交流合作让世界更加了解中国渔业。在做的同时，还要加强宣传，通过各类宣传渠道，讲好中国渔业故事，传播中国渔业正能量。

第四，推动水产养殖走出去，拓展渔业合作新空间。水产养殖是我国渔业发展的优势，是世界渔业发展新趋势。近些年来，在渔业"走出去"的过程中，很多国家和地区希望与我国开展养殖领域的合作。我们要积极回应，充分发挥我国水产养殖业的技术优势与产业优势，推进水产养殖企业对外交流合作，发展水产养殖、苗种繁育、水产品加工、饲料、物流等相关产业，推进海外水产养殖基地建设。鼓励支持水产科研推广单位开展科研技术、人才培训等对外合作，加强与有关国家开展渔业资源养护与管理以及水生生物、濒危物种保护等合作，拓展渔业合作发展领域和空间。

加快推进转型升级、大力实施乡村振兴战略、建设现代化渔业强国的方向、目标、任务已经明确，关键在于落实。习近平总书记强调，一分部署，九分落实；抓落实是衡量领导干部党性和政绩观的重要标志。

要狠抓工作落实落地。创新机制抓落实，加快以渔业法为重点的法律法规制（修）订；扩面、提速、集成，深化渔业改革；加强政策创设，大力培育新型经营主体；创新工作方法，建立完善与有关部门的协调联系机制，共促渔业发展。典型带动抓落实，善于发现典型、宣传典型，开展试验示范，树立样板标杆，以点带面推动落实。调查研究抓落实，大兴调查研究之风，围绕新时代新要求，深入了解新情况，研究新问题，提出新方案。宣传引导抓落实，大力宣传长江水生生物资源保护、"绝户网"和涉渔"三无"船舶清理整治等重点工作，曝光反面典型案件；妥善应对水产品质量安全、渔业生产安全、涉外渔业事件等舆情，正面引导社会舆论，为渔业渔政事业发展营造良好氛围。依法履职抓落实。各级渔业部门必须严格依法履职，履行好渔业渔政管理职能，组织好渔业执法。要配合中国海警局做好禁渔区线外渔业执法工作，维护好国家海洋渔业权益。已经完成综合执法改革的地方，渔业部门要发挥行政主导作用，指导开展渔业行政执法；正在改革的地方，要严格按照中央有关精神，依法推进，不能在改革中削弱渔政执法。要让渔业行政执法紧紧围绕渔业中心工作展开，为维护渔民权益、促进渔业持续健康发展服务。

要持续加强自身建设。各级渔业部门的同志要切实加强十九大精神学习，不忘初心、牢记使命，为渔民谋幸福，为渔区谋振兴，着力培养造就一支懂农业、爱农村、爱农民，懂渔业、爱渔村、爱渔民的"三农"工作队伍。要切实加强纪律和作风建设，进一步巩固拓展落实中央八项规定精神成果，继续整治"四风"问题。要加大强渔惠渔政策落实情况的督导检查，特别是油补政策执行情况的监督检查，加快项目实施。近期，听说个别地区将渔业油补政策资金用于渔业以外的工作，这不是我们想看到的，既不符合政策调整文件规定，也不符合政策改革的初衷，可能会对该项政策的稳定和延续造成冲击。有关地方要加强协调，尽快纠正，杜绝损害渔民、渔业利益的行为。

春节将至，各地要切实抓好春节、两会期间的渔业安全监管，妥善应对突发情况，确保春节、两会期间渔业生产安全、水产品质量安全，维护渔区社会和谐稳定。

同志们，让我们紧密团结在以习近平同志为核心的党中央周围，不忘初心，牢记使命，锐意进取，奋发有为，进一步加快渔业转型升级步伐，为实施乡村振兴战略、推动渔业现代化、决胜全面建成小康社会做出新的更大贡献！

农业部副部长于康震在全国渔业安全生产工作视频会议上的讲话

（2018 年 2 月 11 日）

同志们：

新春将至，农业部召开全国渔业安全生产工作视频会议。这次会议的主要任务是：深入学习贯彻习近平新时代中国特色社会主义思想和党的十九大精神，认真贯彻落实全国安全生产工作电视电话会议、农业部安委会2018年第一次全体（扩大）会议、农业部渔业转型升级推进会议要求，总结2017年渔业安全生产工作，安排部署2018年重点工作。国家安全监管总局一直以来非常关心支持渔业安全生产工作，交通运输部和中国海警局与农业部在渔业安全生产方面一直保持着密切的合作，这次王力争监察专员专门代表安监总局作了讲话，对进一步加强渔业安全生产提出了要求。各地渔业部门的同志要认真学习领会，贯彻落实。下面，我讲三点意见。

一、2017年渔业安全生产工作卓有成效

一年来，农业部和各级渔业主管部门齐心协力、克服困难，深入贯彻落实党中央、国务院安全生产工作部署，高度重视渔业安全生产，紧密围绕"抓落实"这一工作主线，坚持问题导向，促进责任落实，推进平安渔业建设，做了大量扎实有效的工作。据统计，2017年1～12月，全国共发生渔业船舶水上事故197起，死亡（失踪）192人，同比分别减少104.5起、157人，下降34.7%、45%，渔业安全生产形势总体平稳，为渔业持续稳定健康发展做出了重要贡献。一年来，我们着重从6个方面加强渔业安全生产工作。

（一）加强组织领导，强化责任落实

农业部在山东日照组织召开全国渔业安全生产工作现场会，对全年工作进行了部署。各地渔业部门在党委政府领导下，密切与有关部门的协调配合，深入清理整治涉渔"三无"船舶，打击渔船非法捕捞作业，进行渔船安全隐患治理，层层压实安全生产监管责任。各地渔业行政主管部门和渔政渔港监督机构狠抓"主体责任"落实，从源头管起，严格执法，加大处罚力度，特别是对只顾生产，罔顾船舶、船员安危的企业、船东、船长，进行从重从严处罚，震慑效应明显。

（二）加强平安创建，夯实基层基础

2017年，农业部会同国家安监总局继续组织创建了一批"全国平安渔业示范县"。自2009年起，经过创建单位申报、地方逐级推荐、两部局联合考评，共创建"全国平安渔业示范县"168个、"全国文明渔港"54个，平安渔业示范县、乡、村、船创建活动广泛开展。目前，"两个创建"已成为当前加强渔业安全生产工作的重要抓手，基层安全基础工作进一步加强，为构建渔业安全监管长效机制奠定了坚实基础。

（三）加强督促检查，强化监督管理

农业部坚持问题导向，突出"两个健全、两个落实、两个完善、两个强化"，细化实化105项检查指标，采取交叉互检和自查自检相结合的方式，组织开展了全国渔业安全生产大检查活动，交叉互检范围由6组18省扩大到8组24省。我们从部安委办、渔业渔政局、长江办、船检局抽调业务骨干，以观察员的身份参加交叉互检活动，配合交叉互检组牵头单位开展工作，切实做到"实"字当先、真查真改。通过交叉互检和集中交流，各地进一步提高了认识、压实了责任，完善了制度、堵塞了漏洞，借鉴了经验、促进了工作。

（四）加强安全演练，提升应急水平

2017年7月，农业部在江苏省如东县牵头组织了首次全国渔业水上突发事件应急演练活动；9月，又在安徽省安庆市牵头组织了首次全国内陆渔业水上突发事件应急演练。通过演练，达到了增进协作、锻炼队伍、检验设备、熟练程序、评估预案、提升渔民自救互救水平的效果。2017年，全国共组织（参与）救助渔业海难事故（险情）785起，调动公务船、渔船1 239艘次，救起渔民5 401人，挽回经济损失5.45亿元。今年1月6日，我国东海海域发生撞船事件，我们的渔民兄弟冒着巨大风险参与救助，"浙岱渔03187"船救起了"长峰水晶"轮全部21名船员，充分展现我国渔民见义勇为、同舟共济的大无畏精神，可谓是德耀中华，可歌可泣。

（五）加强能力建设，提高风险保障

升级完善渔业船员管理系统，编写出版《全国渔业船员培训统编教材》，探索建立远洋渔业船员境外考试机制，船员管理和行政服务水平显著提升。组建全国渔业安全事故调查专家委员会，推动渔业安全事故调查专业化、组织化、科学化。推进远洋渔船境外检验"检管分离"，建立渔船制式电台执照监管新机制。实施检验队伍能力素质提升专项行动，组织开展全国知识竞赛和救生筏维修技能大赛。渔业互助保险保障能力稳步提升，2017年，全国渔业互保系统共承保渔民85万人、渔船6.4万艘、养殖水面3.93万公顷，提供风险保障3 577亿元，支付经济赔偿金近8亿元。

（六）加强协调配合，形成管理合力

为适应改革形势要求，结合党中央、国务院最新部署和各地实际需要，我们邀请了国家安监总局监管二司、民政部救灾司、交通运输部海事局有关领导和专家，对重大政策文件进行解读。针对商渔船碰撞事故高发、重发的问题，加强与交通运输部的合作，共同建立了商渔船碰撞防控会商机制。会同国家安监总局，联合开展督查调研。深化与国家气象局、国家海洋局的工作联系，积极参与气象会商，及时通报台风、洪涝、

海浪等灾害性天气信息。

过去的一年,渔业安全生产工作成效显著,在此,我代表农业部向长期以来给予农业部渔业安全生产工作大力支持的国家安监总局、交通部、海警局等有关部门表示衷心的感谢!向辛勤工作在渔业安全生产战线上的各级渔业部门的广大干部职工致以亲切的问候!

二、清醒认识当前渔业安全生产形势

虽然全国渔业安全生产形势总体稳定,但一些影响和制约渔业安全生产的热点难点问题依然突出,渔业安全生产形势不容乐观。通过对2017年统计数据进行深入分析,有以下几个显著特点:

(一)生产性事故仍然多发

渔船水上生产安全事故实现大幅下降,但仍居于渔船水上事故的首位,事故起数和死亡(失踪)人数占比分别达到86.29%和72.92%,是渔业安全生产的第一"杀手"。从事故类型看,人员溺水、机械损伤、船舶自沉是生产性事故的主要类型。这些事故发生,与渔民安全生产自觉性和主动性不强,渔业企业、船长船东主体责任落实不到位有关,也与船舶质量差、船员素质和技术水平不高、流动性大有关,还与单船航行作业造成救助不及时、不到位等因素有关。

(二)商渔船碰撞事故风险仍然较高

渔业与海上运输、油气开采等产业用海矛盾依然突出,渔船传统作业渔场与商船航线交叉重叠的基本现状没有改变,商船与渔船的碰撞风险和概率仍然较高。事故往往导致渔船沉没、渔民群死群伤,造成重大生命财产损失,仍然是当前我国水上交通安全管理的重点和难点。

(三)自然灾害事故仍然频发

2017年,全国渔业船舶自然灾害事故虽然下降但占比仍然较高。近年全球气候变化异常,每年冬春两季大雾、寒潮、大风等灾害性天气多发,夏秋两季超强台风、洪涝、巨浪等极端天气频繁侵袭,且具有突发性,不可控因素多,对渔业安全生产威胁极大。此外,渔港建设滞后,安全生产基础条件较差,渔港基础设施还不能满足渔船安全停泊避风的实际需要,船上人员尤其是船长思想麻痹、盲目乐观,采取预防措施不当也是重要原因。

渔业特别是海洋渔业是高风险行业,面临着严峻的自然灾害挑战和复杂的海上周边形势,渔业基层基础建设滞后,渔业安全管理水平发展不平衡,渔船船况差、船员素质不高等现象仍然困扰着渔业安全生产工作。各级渔业部门要深刻认识渔业安全生产工作的艰巨性、复杂性、突发性和长期性,任何时候都不能掉以轻心,坚持警钟长鸣、常抓不懈,兢兢业业做好各项工作。

三、认真学习贯彻习近平总书记关于安全生产的系列重要讲话,扎实做好2018年渔业安全生产工作

党中央、国务院对安全生产工作高度重视,习近平总书记站在党和国家发展全局的战略高度,发表了一系列关于安全生产的重要讲话,这是习近平新时代中国特色社会主义思想的重要组成部分,对指导我们做好渔业安全生产工作具有重要意义。各级渔业部门一定要学习好、领会好总书记关于安全生产的重要思想,坚决贯彻好落实好。

总书记指出,"各级党委和政府、各级领导干部要牢固树立安全发展理念,始终把人民群众生命安全放在第一位,牢牢树立发展不能以牺牲人的生命为代价这个观念。"并强调"这必须作为一条不可逾越的红线。""不能要带血的生产总值。"这就要求我们必须牢固树立安全发展理念,切实把安全作为渔业发展的前提、基础和保障。总书记指出:"坚持最严格的安全生产制度,什么是最严格?就是要落实责任。要把安全责任落实到岗位、落实到人头"。这就要求我们要按照"谁主管、谁负责"和"党政同责、一岗双责"的要求,落实领导责任和部门岗位责任,强化责任考核和追究,推动责任层层落实。总书记指出:"解决深层次矛盾和问题,根本出路就在于创新,关键要靠科技力量。"这就要求我们要坚持把科技兴安摆在更加重要的位置,鼓励引导科技创新服务渔业安全,像山东日照搞的智能AIS防碰撞系统就很好,解决了实际问题。总书记指出:"要坚持标本兼治,坚持关口前移,加强日常防范,加强源头治理、前端处理……""要站在人民群众的角度想问题,把重大风险隐患当成事故来对待……""宁防十次空,不放一次松。"这就要求我们要从源头上管控风险、消除隐患,坚决杜绝走形式、走过场,从渔业安全监管最薄弱环节着手,查漏洞、补短板,切实做好渔船和船用产品检验,切实做好渔业安全生产日常防范,切实做好渔业安全隐患排查治理。总书记指出:"加强基层安全监管执法队伍建设,制定权力清单和责任清单,督促落实到位。"这就要求我们要把加强渔业安全监管干部队伍建设作为重要工作内容,统筹协调,积极争取,强化保障,配足执法力量,配齐执法设备,加强业务培训,规范执法行为,全面提升业务水平,强化责任担当。

2018年,是全面贯彻落实十九大精神的开局之

年，各级渔业行政主管部门和渔政渔港监督机构、船舶检验机构要认真学习贯彻习近平总书记关于安全生产的重要思想，按照国务院安全生产会议、农业部安全生产会议、渔业转型升级推进会的工作部署，在坚持做好渔业安全生产管理常规工作的基础上，重点做好以下工作。

（一）全面落实安全生产领域改革发展任务

今年1月，我在渔业转型升级推进会上，对渔业安全生产工作也做了部署。今天，我再强调一下，渔业安全生产事关渔民生命财产安全和渔区稳定，各级渔业部门要牢固树立红线意识和底线思维，坚持问题导向，扎实推进重点工作，确保主体责任、监管责任和属地管理责任全面落实。要认真贯彻落实好《中共中央 国务院关于推进安全生产领域改革发展的意见》，农业部渔业渔政局和各地渔业行政主管部门要组织力量，明确任务分工，拟定具体措施，把握时间节点，确保工作有序推进。

（二）继续扎实推进"平安渔业"创建

渔业安全生产工作重点在基层、关键在基础。"平安渔业示范县"和"文明渔港"两个创建活动得到了各地的广泛认可，已经成为渔业安全生产工作的重要抓手和良好品牌，有力促进了安全生产责任制的落实，夯实了渔业安全生产基层基础建设，必须继续坚持、抓点带面、扎实推进并不断完善。2018年，要继续开展"文明渔港"创建活动，进一步丰富活动内涵，增加生态等创建内容。同时，广泛组织开展省级平安渔业示范县、乡、村、船创建活动，充分调动地方政府积极性，充分发挥渔民群众主动性和创造性。

（三）依托渔港强化安全生产管理职能

各地渔业行政主管部门和渔政渔港监督机构，要以渔港为综合监管的主阵地，优化执法力量配置，大力推进驻港监管，实现管理要素向渔港集聚，推动监管关口前移。建立健全渔业安全生产常态化港口检查机制，探索建立渔业安全风险分析研判预警机制，推行渔船安全风险评估、分级管控和船长记分管理制度。切实履行好渔船船籍港和停泊港监管职责，停泊港要全面履行在港渔船的安全监管工作，特别是伏休、避风和渔获物上岸期间的在港渔船安全管理。鼓励有条件的渔港探索建立渔港港长制，大力推进船舶进出渔港签证制度改革，推行船舶进出渔港报告制度。面向新晋人员、业务骨干和领导干部，组织开展全国渔港监督和安全生产业务轮训，分层次、分批次、分重点、分时段开展轮训，全面提升渔港监督履职能力。

（四）组织开展安全生产督查工作

总结前两次全国渔业安全生产大检查工作成效，进一步增强工作力量，突出督查重点，组织开展全国渔业安全生产督查工作。督查内容要以大检查内容和评分标准为主体，着重督导各地重点渔业市、县、乡工作落实情况。督查要继续采取交叉互检和自查自检相结合的方式进行，交叉互检工作组要将自查自检省份有关人员一并纳入，进一步扩大工作人员组成。农业部渔业渔政局要制定好督查工作方案，提前印发督查内容，科学制定工作进度，并根据工作实际，组织开展一轮"回头看"工作，组织一次集中交流汇报活动。

（五）做好渔业船舶检验监督管理

渔船检验是确保渔船安全的第一道关口，把握好重要船用产品质量监管和渔船图纸审核、渔船建造检验、营运检验等各项具体检验环节，对于有效减少渔船安全事故的发生具有重要作用。要全面推进渔船检验"四大体系"建设，严格渔船及船用产品检验监管，开展海洋渔船安全技术状况和船用产品质量监督检查。积极推进渔船检验条例修订和深远海养殖设施等检验法规的研究与制（修）订。加大检验机制改革力度，全面推进注册验船师制度实施。引导渔船及装备技术创新与发展，推进渔船标准化，严格渔船设计、建造质量管理。

（六）不断提高应急处置和风险保障能力

积极探索完善渔业应急值班制度，强化应急值班工作保障，认真做好渔业应急处置和风险防范，坚持做好渔业应急值守工作，特别是沿海地区，要严格执行渔业24小时应急值班和重要时段领导带班制度，做好渔船作业、涉外安全、渔船在港管理，配合做好卫星发射、导弹试验等重大行动保障。密切关注台风、洪涝等重大灾害预警预报信息，落实好各项灾害防范措施，组织做好隐患排查治理、应急值守救援，强化灾情统计报送和灾后恢复生产指导。农业部渔业渔政局要继续加大工作力度，加强与中国保险监督管理委员会、民政部、国家安监总局的沟通，继续推动渔业互保改革。在此期间，各地渔业主管部门要继续加强对渔业互保工作的领导和支持，将渔业互助保险作为渔业安全管理工作的重要组成部分和渔业防灾减灾体系的重要环节，统一谋划、统一部署，从政策、资金等方面给予扶持，确保"人心不散、队伍不乱、工作不断"。

（七）进一步完善部门间协调配合机制

继续加强部门协调配合，充分发挥管理合力，共同推进渔业安全生产形势的稳定。联合国家安监总局，深入推动渔业安全生产领域发展改革任务落实，大力推进"平安渔业"创建活动，联合开展渔业领域安全生产检查、事故处置督导工作。深化与海事部门的交流合作，深入推动落实"商渔船安全会商机制"，加强协调联动,共同做好培训教育、现场检查、事故调查和隐患整改等工作,将防范商渔船碰撞事故作为安全生产监管的一项重要工作内容抓实抓好。加强与海警局配合,强化周边涉外渔业管理。加强与气象、海洋环境监测部门的合作,完善渔业灾害监测预警系统,建立完善灾害监测预警信息共享机制。

同志们,2018年农历新年在即,目前是传统渔业生产旺季,同时又是恶劣天气密集、海况复杂的季节,是渔船事故特别是碰撞事故高发期。一年之计在于春,请各级渔业主管部门千万不能麻痹大意,要把渔业安全生产作为重中之重的工作抓实抓好,确保两会期间和春季渔业安全生产形势稳定。

最后,祝广大渔民新春快乐、平安幸福!祝全国渔业安全工作者工作顺利、万事如意!

农业部副部长于康震在“中国渔政亮剑2018”系列专项执法行动部署会上的讲话

（2018年2月28日）

同志们：

今天,我们在上海召开“中国渔政亮剑2018”系列专项执法行动部署会,这是继全国渔业转型升级推进会后,又一个全国性、全局性的重要会议。本次会议的主要任务是,全面落实渔业转型升级推进会的部署要求,总结2017年渔政执法工作,分析当前渔政执法工作面临的新形势,部署2018年渔政工作,启动“中国渔政亮剑2018”系列执法行动,推进渔政队伍更好为建设现代化渔业强国发挥保驾护航作用。这既是一次总结会、部署会,也是一次动员会、誓师会。今天上午,我们启动了春季禁渔执法行动;刚才,我们通报表扬了在“亮剑2017”系列渔政专项执法行动中表现突出的集体和个人,9个省份渔业渔政部门的负责同志从不同侧面介绍了各自的做法和经验,值得大家学习借鉴。有关部门的领导作了讲话,讲得都非常好,我希望大家能够结合今年的执法行动,认真贯彻落实。下面,我讲三点意见。

一、举旗亮剑、除恶务尽,2017年专项执法工作成效显著、亮点突出

2017年,全国渔政队伍在党中央国务院的关怀下,在农业部党组和地方各级党委政府的领导下,在有关部门的配合下,以“亮剑2017”系列渔政执法行动为载体,重拳出击,打非治违,渔政执法工作取得了积极成效。

一是极大地提振了队伍士气。2013年海上执法体制改革以来,首次在全国范围内开展了以“亮剑2017”为统一代号的渔政执法行动,高举了渔政大旗,创出了渔政品牌,凝聚了渔政队伍,发出了渔政强音。全国渔政队伍面貌焕然一新,重塑了“全国渔政一盘棋、心往一处想、劲往一处使”的良好局面,用实际行动向社会展示了“特别能吃苦、特别能战斗、特别能奉献、特别有作为”的渔政精神。

二是系统地完善了执法机制。进一步强化了渔政队伍协调配合、闭环管理的执法机制,巩固了渔政与公安、边防、海警、水警等部门联动执法机制。强化了省(自治区、直辖市)党委政府牵头、多部门合作的涉外渔业综合管理协调机制,推进了与周边有关国家渔政部门间的协调配合机制。通过完善巩固执法机制,提高了渔业执法合力,为打击涉渔违法违规行为、推动依法治渔能力现代化提供了强有力的机制保障。

三是充分地彰显了渔政力量。全年“亮剑”行动共出动执法人员46万余人次,执法船艇5万艘次,执法车辆6万辆次,检查渔船停靠点1.6万个,渔船20.7万艘,市场1.2万个,船网修造厂1 700余个,海上巡查里程131万余海里,执法力量投入的规模、频度、范围远超往年。伏休期间,各地基本做到了每天有渔政船在水上巡查,每个渔港都有渔政船值班。

四是有力地打击了违法行为。全年查处违法违规案件近1.5万件,处理涉案人员1.34万人,向公安机关移送2 962人,形成了对违法违规行为的高压态势,力度之大,前所未有。2017年,伏季休渔执法被全社会广泛认可,获得了无数“点赞”,被称为“史上最严”。清理取缔涉渔“三无”船舶7 000余艘、“绝户网”40余万张(顶),分别比2016年提高10%和160%。2013年至今,共清理取缔涉渔“三无”船舶3万余艘、“绝户网”等禁用渔具90余万张(顶)。农业部部长韩长赋批示“2017年打击‘三无’船舶和‘绝户网’取得新成效,值得总结”。

五是有效地稳定了渔区形势。在海洋、内陆水域休渔禁渔时间提前、时段延长的情况下,措施到位,严格监管,工作细致,使得休渔禁渔秩序明显好于往年。在“三无”船和“绝户网”清理取缔进入攻坚期、深水区的情况下,渔政队伍不松懈、不疲沓,力度更大,干劲更足,没有在党的十九大、金砖国家领导人厦门峰会、周边局势敏感时期发生重大涉外渔业事件,确保了渔区社会稳定。

总体看,2017年渔政执法工作成效显著,做法可圈可点,主要体现为“五个着力”。

第一，着力顶层设计。中央海洋权益工作领导小组办公室再次就清理取缔涉渔“三无”船舶和“绝户网”工作发文，明确沿海地方党委政府的主体责任，山东、辽宁等地都开展了党委政府牵头的清理取缔工作。农业部部长韩长赋专门召开部常务会，研究深入推进包括以长江为重点的水生生物保护在内的农业绿色发展五大行动，为渔政执法工作提供了强有力的组织领导和政策支撑。农业部调整完善海洋伏季休渔、珠江禁渔期制度，对闽江、海南省内陆水域禁渔管理作出相应规定，印发《“亮剑 2017”系列渔政专项执法行动方案》，为全年渔政执法工作制定了施工单和路线图。

第二，着力联合执法。“亮剑 2017”渔政执法行动中，着力突出“三个联合”。一是部门联合，渔政与海警、公安、海事、工商、港航、水利、环保等部门联合清理取缔“三无”船和“绝户网”、海洋伏休监管、长江珠江禁渔，探索建立了中央海权办协调、农业部、外交部、公安部、中国海警局四部门联合办案的工作机制。二是省际联合，京津冀三省（直辖市）、青甘川宁四省（自治区）、鲁辽冀苏四省、桂湘粤三省（自治区）等地区开展了渔政执法协作，有力打击了交界水域、共管水域涉渔违法行为。三是中外联合，黑龙江、云南、广西与俄罗斯、老挝、越南渔政部门开展边境联合执法与增殖放流，维护了边境水域渔业捕捞秩序，彰显了我负责任渔业国家形象。

第三，着力督查督办。由中央海权办牵头，农业部、外交部、公安部、海警局等涉海部门组成督查组，赴地方督导涉渔“三无”船舶清理取缔。农业部派出 7 个督查组赴沿海督查伏休执法，发出 43 期《伏休执法督办》，实现了“有举必督，有举必查”；长江珠江禁渔期间，组织 6 艘长江办直属渔政船在 20 个省（自治区、直辖市）水域开展了多次大规模联合巡航执法检查；开展渔政重点工作督查，促使地方全面加强渔政执法监管。通过督查督导，有效地强化了执法攻坚，向社会传达了我们打击涉渔违规违法行为的决心。

第四，着力营造氛围。2017 年的执法宣传贯穿全年、形式多样、有声有色、高潮迭起，做到了“电视上有影、广播上有声、报纸上有字、朋友圈里有转、新闻发布有会”，为全年的执法工作创造了良好的舆论氛围。农业部制作专题宣传片，用“亮剑 2017，我们准备好了”的响亮口号擂起战鼓。先后组织了伏季休渔、长江淮河禁渔、黄河上游、京津冀、中俄、中老、中越渔政执法启动等重大活动，吹响了“亮剑 2017”执法行动冲锋号。全年在央视播出“亮剑 2017”渔政执法相关内容 6 次。组织了渔业执法监管新闻发布会，公布了年度十大典型案例，反响强烈，为全年宣传工作画上圆满句号。

第五，着力打造铁军。2017 年，全国渔政人员尤其是基层渔政干群，连续奋战，忘我工作，用铁一般的意志、铁一般的纪律、铁一般的担当，用忠诚、辛劳、汗水、泪水、热血乃至生命，将一项项执法任务做实落地。金砖厦门会晤安保中，他们服务大局，圆满实现了“万无一失，绝对安全”的总体目标；清理涉渔“三无”船和“绝户网”中，他们不惧黑恶势力人身威胁，坚决与违法行为做斗争；长江珠江禁渔中，为了抓捕电鱼团伙，整晚蹲守在江边、湖边；黄河上游渔政执法中，克服强烈高原反应等种种困难，无一人中途退出执法行动。伏季休渔时间延长，执法压力大、强度大，先后有十几名渔政人员负伤，浙江、广东各有一名渔政执法人员，因劳累过度，牺牲在执法一线。在执法攻坚的同时，广大渔政人员不忘学习，用知识武装头脑，2017 年全国 2.3 万名渔政人员通过了全国渔政执法资格统一考试，队伍素质进一步提升。

2017 年，我们的渔政执法工作交上了圆满的答卷、取得了突出的成绩，这都得益于党中央国务院的重视和关怀，得益于有关部门的支持和配合，得益于地方党委政府的坚强领导，最重要的是得益于全国渔政系统特别是一线渔政干群们的辛勤付出和忘我工作。在这里，我代表农业部向重视、关心、帮助、支持渔政工作的各有关部门、各级党委政府、全国渔政系统广大干部职工，致以衷心的感谢和崇高的敬意！

二、统一思想、凝聚共识，准确把握新时代渔政工作新要求

党的十九大作出了中国特色社会主义进入新时代的重大政治论断，确立了新时代的指导思想和基本方略，进一步指明了党和国家事业的前进方向。中央农村工作会议对实施乡村振兴战略作出了系统部署，全国农业工作会议、渔业转型升级推进会对渔政执法工作提出了新的要求。渔政队伍拥有优良的传承、光荣的历史，站在新时代的历史起点上，更要认真学习、深刻领会把握新要求，作出新成绩。

（一）牢牢把握乡村振兴的战略思想

党的十九大鲜明提出实施乡村振兴战略，并将其作为七大战略之一写入党章。实施乡村振兴战略是农业农村发展理论和实践上的又一重大飞跃，是新时代农业农村工作的总纲领和中心任务。渔政部门是渔业法律法规的执行者、监督者，进入中国特色社会主义新时代，渔政队伍要更加自觉地在实施乡村振兴战略中积极作为，要更加善于运用法治的思维、途径、手段和武器，化解渔区矛盾、处理渔区问题，要正确处理渔区

经济发展与法治建设、政绩指标与渔民权益、上级指示与法治原则、权力行使与法纪约束的关系等问题，维护渔区稳定，在“产业兴旺、生态宜居、乡风文明、治理有效、生活富裕”5个方面协调发展，促进乡村振兴战略健康有序推进。

（二）牢牢把握以人民为中心的发展思想

以人民为中心是我们一切工作的出发点和落脚点。党的十九大提出，把坚持以人民为中心作为新时代坚持和发展中国特色社会主义的重要内容，始终坚持以人民为中心的价值追求和执政为民的责任担当，把人民对美好生活的向往作为奋斗目标。多年来，经济快速发展积累的生态环境问题十分突出，生态环境的破坏和污染对人民群众健康、心情的影响已经成为一个突出的民生问题。老百姓意见大、怨言多，对良好的生态环境，对美丽中国非常向往。渔业资源环境是整个生态环境的重要组成部分，是美丽中国的应有之义。渔政工作开展的好与坏，对渔业资源环境的保护和修复产生直接的影响。我们要以更加认真负责的态度、更加饱满的热情、更加忘我的精神开展渔政执法工作，斩断破坏渔业资源环境的黑手，根除危害渔业“肌体健康”的“毒瘤”，保护好“那群鱼那方水”，不断满足人民对良好生态、美丽渔村和美好生活的向往。

（三）牢牢把握治理体系和治理能力现代化的目标要求

党的十九大报告指出，全面深化改革的总目标是实现国家治理体系和治理能力现代化，实现路径是推进依法行政。依法行政的难点和重点在执法。近些年来，包括渔政执法在内的行政执法领域，依然不同程度地存在着体制不顺、权威不足、效率不高、执法不规范、甚至不作为和乱作为等问题。渔业治理体系和治理能力现代化程度不高、依法行政能力不强、执法不规范已经影响到了渔业政策制度的真正落地和效果发挥，成为渔业渔政工作中的短板。强化规范执法，提高依法治渔能力现代化水平刻不容缓。渔政队伍要牢牢把握治理体系和治理能力现代化的目标要求，深入推进渔政执法规范化建设，严格实行渔政人员持证上岗和资格考试制度，健全完善覆盖不同渔政执法岗位、执法环节的执法程序、执法标准、执法细则和实战指引，切实把严格规范公正文明的执法要求落实到渔政执法的全过程，努力让渔民群众在每一起渔业案件的办理中，都感受到社会公平正义。

三、抓铁有痕、踏石留印，扎实开展2018年渔政执法专项行动

2018年是决胜全面建成小康社会的关键一年，是实现“十三五”目标承上启下的一年，同时也是中国渔政成立60周年，对于渔政队伍来说，是具有特殊意义的一年。全国各级渔政部门，要全面贯彻党的十九大精神，落实好中央农村工作会议、全国农业工作会议、渔业转型升级推进会议的各项决策部署，扎实开展“中国渔政亮剑2018”系列专项执法行动，切实担负起为渔业转型升级事业保驾护航、推进现代化渔业强国建设的重大职责使命。今年，渔政执法工作要全面推进、重拳出击、突出重点、开拓创新，达到“四个促进”的目标。

（一）全面推进，促进水域生态文明建设

今年，农业部组织开展“中国渔政亮剑2018”系列专项执法行动，其中共包括九大行动，时间贯穿全年，地域覆盖全国，力度更大，范围更广，工作要求更高，执法标准更严，这就是要凝聚全国渔政之力，向危害大、影响恶劣、社会普遍关注、人民群众反映强烈的涉渔违法违规行为宣战。全国渔政部门要全面对标农业部下发的《“中国渔政亮剑2018”系列专项执法行动方案》，完善各自执法行动方案，将执法行动扎扎实实开展好。一是伏季休渔执法行动，在做好线内执法的同时，积极配合海警开展联合执法，继续保持“史上最严”高压态势，绝不能一年紧一年松。二是清理取缔“三无”船和“绝户网”，积极推进依托渔港规范渔船和网具。这方面内容，我一会还要专门讲。三是长江、珠江、黄河、海河等内陆大江大河禁渔执法行动，在省际交界、共管水域、重要渔业水域，组织跨省、跨部门联合执法巡航，严查电毒炸鱼、使用违规网具等行为，保护水域渔业生态环境。四是边境水域渔政执法行动，重点做好黑龙江、乌苏里江、水丰云丰水库、图们江、鸭绿江、澜沧江、北仑河等界江界河水库渔政管理工作，并积极推动与俄罗斯、越南、老挝等国开展联合执法与水生生物增殖放流活动，展示负责任渔业大国形象。五是水生生物保护区渔政执法行动，查处保护区内非法捕捞行为，查处未经评审擅自开工、补偿资金落实不到位的工程项目。在长江流域水生生物保护区开展禁捕执法，落实中央长江大保护精神。今年是我们全面落实长江禁捕的第一步，是保护区全面禁捕的关键一年。长江流域水生生物保护区的禁捕执法一定要做好，确保令行禁止，违法必究。六是近海养殖水域滩涂环境整治执法行动，重点检查水产养殖证件、生产记录、用药记录，对水产品质量安全药残抽检案件进行查处，促进水产养殖业绿色发展。

（二）重拳出击，促进涉渔领域扫黑除恶取得实效

党中央国务院在全国范围内部署开展了扫黑除恶专项斗争，并将“在渔业捕捞行业滥捕滥采的黑恶势

力”作为重点打击对象。各级渔业渔政部门要按照党中央国务院的要求，主动将渔政执法工作融入扫黑除恶总体安排，主动向政法系统、特别是公安部门汇报沟通、争取支持，主动通报渔业领域涉黑涉恶线索，主动配合扫黑除恶各项行动。重点打击涉渔“三无”船舶和“绝户网”、暴力抗法、组织船舶非法越境偷捕、电毒炸鱼、滩涂非法养殖等行为，以及海洋捕捞中划地为界、渔港码头“扒皮”等船霸、渔霸黑恶势力，解决渔业执法领域长期想解决而没能解决的难题。中央高度关注涉渔“三无”船舶和“绝户网”清理取缔工作。今年，沿海地方尤其是黄渤海区的辽宁、山东、河北等省份渔业渔政部门，一定要借助扫黑除恶“东风”，配合公安部门，强化执法攻坚，形成对组织涉渔“三无”船舶赴朝韩水域偷捕、暴力抗法的黑恶势力压倒性态势，排查清理异地挂靠渔船，还渔民群众一个井然有序、良性竞争的捕捞生产环境。总之，要通过严明的法治，形成鲜明的导向：遵纪守法，可以一帆风顺，鱼虾满仓；有违规行为，油补一律扣除，坚决不能奖励违规行为；有违法，必处罚；有犯罪，就要彻底砸掉涉渔犯罪分子的“饭碗”。

（三）加强监管，促进渔港渔区稳定和振兴

长期以来，由于种种原因，渔港作为渔政管理的关口作用体现还不到位，依托渔港查处非法捕捞渔船、非法网具、非法渔获物的目标没有得到有效落实。为了实现渔港振兴和有效执法监管，农业部今年将重点强化渔港执法，把渔港打造成为渔业执法监管的“岸上堡垒”。要优化执法力量配置，实现渔业执法重心由水上向渔港倾斜，实现执法关口前移，建立渔港综合监管和闭环管理机制，强化渔政队伍执法联查联动，形成渔港监管合力。从执法角度来说，渔港处于执法网络的中心位置，是管理渔船、渔具和渔获的最有力环节。从传统作用来说，渔港的第一职能是为渔船提供停靠、避风场地。除此之外，渔港还有第三个功能，我在江苏、浙江、福建、山东等地调研期间，看过很好的典型，那就是渔港经济区的建设和发展。依托渔港，拓展渔港的功能，使之成为当地社会经济发展的一个重要增长点、亮点。鉴于渔港的重要性，我们将联合有关部门，尽快下发渔港振兴的指导意见。从今年开始，要把渔港执法、建管等提到更加重要的议事日程。伏休期间，要掌握渔船在港情况、特别是未按规定回船籍港休渔渔船动向，将监管责任落实到人。要实施“依港管船”“依港管网”，采用常态督查、定期检查、随机抽查等方式，强化港内渔船执法检查。整治异地挂靠、脱离渔船检验、船证不符、标识不规范渔船，对涉渔“三无”船舶，采取禁止离港、指定地点停靠等强制措施。对携带禁用和违规网具的，强化检查，督促整改，并严格按照法律法规进行处罚。通过采取一系列渔港监管措施，实现渔港有效治理，带动渔村渔区振兴。

（四）提升能力，促进渔政队伍建设再上新台阶

开展好“中国渔政亮剑2018”行动，必须要有一支优秀的渔政队伍作为保障。为此，一要强化制度创新，提升队伍精气神。各地要开动脑筋，主动作为，结合本地实际，出台有效、有力的渔政执法监管措施，并及时上升为政策制度固定下来。这方面起码要向浙江好好地学习，浙江2014年就开始清理取缔涉渔“三无”船舶和“绝户网”，2016年又通过省人大出台了幼鱼保护执法专项决定。我相信只要思想不滑坡，办法总比困难多。通过制度改革创新，解决执法难题，队伍的成就感、威风、精气神自然就出来了，队伍建设自然就加强了。二要强化手段创新，提升执法效能。要运用新技术、新手段来解决人工办法、传统方式解决不了的难题，采用信息化方式提升渔政管理水平，强化渔政执法基础设施建设，引进雷达、无人机等新装备，打造“陆港海空一体化”渔政执法监管模式。要继续组织做好渔政人员执法资格全国统一考试、渔政制服换装等工作，全方位提高队伍能力和形象。三要强化思想根基，锤炼队伍作风。渔政队伍要切实打牢高举旗帜、听党指挥、忠诚使命的思想根基，不断强化“四个意识”，强化学习培训和实战训练，加强专业人才培养，着力提升队伍依法履职水平，持之以恒正风肃纪，积极营造风清气正的良好氛围，努力打造一支懂渔业、爱渔村、爱渔民、忠诚干净担当、党和人民满意的渔政队伍。四要加强部门联动、地方联动、内外联动。渔政执法涉及各级、各地、各部门，甚至海内外，不是一个部门、一个地区，单打独斗就能做得好的，必须协调配合，同步联动。只有形成合力，才能形成震慑力。我希望，各级渔政部门内部要协同联动，同时要积极主动地与公安、边防、海警、水警等部门密切配合好。

最后，我再提两点具体要求：一是确保“开门红”。为期4个月的长江珠江等内陆大江大河禁渔执法将于明天3月1日开始，这也标志着“中国渔政亮剑2018”执法行动的大幕正式拉开，长江办要指导督促相关省份做好执法工作，把“亮剑2018”第一炮打响、打好、打出声势。二是确保“中国渔政60周年”纪念活动办得有意义、有成效。各地要利用纪念60周年的契机，总结渔政工作，展示渔政风采，提振渔政士气，凝聚渔政力量，让渔政旗帜飘扬得更高。

同志们，渔政是一支纪律部队，是一支历史悠久的队伍，更是一支朝气蓬勃、有战斗力的队伍。我们要以实际行动，让农业部党组对这支队伍很放心、有信心。

让我们紧密团结在以习近平同志为核心的党中央周围，大力弘扬中国渔政精神，在实干中攻坚克难、彰显担当，以更加圆满的“亮剑2018”，为建设现代化渔业强国、实施乡村振兴战略做出新的更大贡献！

农业农村部副部长于康震在全国养殖水域滩涂规划集中督导活动上的讲话

（2018年6月11日）

同志们：

今天，我们在这里集中开展养殖水域滩涂规划编制发布工作督导，目的是贯彻党中央、国务院和农业农村部党组的有关决策部署，进一步提高认识、统一思想、明确任务，进一步严肃纪律、压实责任、狠抓落实，共同推进养殖水域滩涂规划工作尽快落实落地。针对一项具体工作，部里专门集中督导，请各位厅局长亲自来，进行检查汇报不多见，一方面说明这项工作十分重要，有特殊意义，另一方面也说明这项工作总体上推进得不理想。刚才，10个省份介绍了工作推进有关情况，总结了一些好的经验和做法，我想令大家印象深刻的是浙江省的发言，首先是领导重视，然后是如何提高认识，采取有力措施推进工作。大家的发言也反映了一些实际困难和问题，提出了一些好的意见和建议。总的来看，大家已经初步认识到这项工作的重要性，各地都在统筹协调、积极努力、加快推进。今天就是要坚持问题导向，针对各地工作进度不一，部分地区进展缓慢，甚至还有一些地区工作停滞、年底完成任务还有压力等问题，下大力气，下大决心，推进此项工作。

2016年年底，农业部印发《养殖水域滩涂规划编制工作规范》和《养殖水域滩涂规划编制大纲》以来，各地高度重视，认真组织实施。一是抓紧组织发动，加强部署动员。浙江、河北等地第一时间发布部署文件，制定细化方案，召开部署会议，统一思想，完成前期准备工作。有的省采用东海水产研究所高分辨率的水产养殖卫星遥感影像，实现统一底图。有的省联合省发改、国土、水利、林业、环保等部门组成了规划编写领导小组，并由各部门推荐专家组成技术指导组。二是加强督促检查，不断压实责任。大连市连续两年将该项工作纳入部门重点工作，并实行季报制度。有的省将规划编制发布工作纳入本部门和地方绩效考核指标体系，严格考核。浙江、宁波等地多次召开规划工作座谈会、培训会、督导会，明确任务，落实责任。辽宁整合编制力量，实行统一方案、统一标准、统一合同、统一编制。三是解决突出问题，统筹推动工作。江西、河北等地积极向省财政沟通汇报，为规划编制安排工作经费。浙江省和宁波市积极利用中央环保督察工作时机，将规划编制发布工作作为整改落实的主要措施，督促地方政府出台发布，目前浙江沿海各县和宁波全市已全部完成规划编制发布工作。

截至目前，全国所有省份均已启动规划编制工作，631个县完成规划编制，浙江、四川、湖南等18个省份222个县级规划已由人民政府发布，总体任务推进初见成效。

但是，从目前的情况来看，还有一些地方没有行动起来，工作推进滞后，进展缓慢，规划编制完成率为零的还有11个省份。突出表现在，一是认识仍不到位，不重视规划编制工作的现象仍然存在，甚至在一些地方还普遍存在。一些地方以人民政府不重视为由，有关工作的重要性和农业部的要求没有向同级政府汇报，规划编制工作没有进展。一些地方没有认识到规划编制工作的紧迫性，没有细化的时间表和任务书。二是依法履职意识不强，推进合力尚未完全形成。一些地方以生态红线划定为由，推迟规划编制工作，对本地的养殖水域滩涂底数不清楚，对相关法律法规规定也不清楚，导致大量养殖水域滩涂流失，养殖渔民失水失海。一些地方存在严重畏难情绪，不与相关部门协调，具体工作层面存在推诿扯皮的现象，编制完成的规划放在抽屉里。一些地方为了便于规划出台，避重就轻，以产业发展规划替代空间规划，拟发布的规划只划定禁养区和限养区，不明确养殖区的类型、地理位置和范围，这样的规划不是产业空间规划，而是产业限制规划，对于产业发展就是一纸空话。三是任务不分解不落实，工作推动走过场。有的以规划专业性强、缺乏经验等为由，长期拖沓不启动工作。有的对于文件内容没有学懂吃透，文件有关规定到现在还没弄清楚，也不主动向已经开展规划编制工作的省份，特别是规划编制工作开展好的省份学习借鉴，导致今年的任务重、工作紧。有的任务没有分解下达，导致任务停留在省级部门。有的没有督导跟踪，没有调研座谈，没有下大力气抓督促检查，等等。

对于这些情况，各地要自己对照检查，立即整改。对于进度缓慢的地方，要尽快查缺补漏，填平补齐，自觉与其他先进地区保持一致，向前看齐，保持工作的主动性，为下一步落实绿色发展各项任务和指标打下基础。为此，农业部近期印发了《关于进一步加快养殖水域滩涂规划编制发布工作的通知》，明确了各项工作任务和时间安排，要求在2018年年底前全面完成水产养殖重点县(区、市)规划编制及地方人民政府发布工作,任务明确到县级。其他应编制规划的地区2018年年底前全面完成规划编制工作,2020年年底前全面完成规划发布工作,实现规划全覆盖。各地要认真学习文件精神,抓紧落实。

习总书记反复强调,一分部署,九分落实,不抓落实,再好的蓝图都只能是一纸空文,再近的目标只能是镜花水月。要以踏石留印、抓铁有痕的劲头,切实干出实效,做到言必信、行必果。养殖水域滩涂规划编制发布相关工作,目标已经确定,任务已经分解,责任已经明确,关键要在贯彻执行上下功夫、见行动。这不是搞一次活动、吹一阵风,而是一项制度落实、一次顶层设计。这是渔业发展的基础性工作,没有这个基础,现代渔业将是一句空话。各地要增强责任感和紧迫感,狠抓工作落实。为此,提出以下几点要求。

一、提高认识,强化渔业高质量绿色发展的规划引领

党的十九大以来,以习近平同志为核心的党中央对新时代我国农业农村工作做出了全方位的战略部署,提出了实施乡村振兴战略和质量兴农、绿色兴农、品牌强农的根本方向和基本路径。各级渔业主管部门要提高认识、对焦入位、贯彻落实。

(一)养殖水域滩涂规划是国土空间规划的重要组成部分。党的十九大报告提出,要构建国土空间开发保护制度,完善主体功能区配套政策。习近平总书记在多种场合多次强调,要优化国土空间开发布局,调整产业结构。当前,各地正在积极推进主体功能区建设和生态保护红线划定,这是党中央、国务院对经济、社会和生态环境协调发展作出的重大战略部署。合理开发和保护国土空间,前提在于科学布局农业、生态和城镇空间,重点在于将空间格局在市、县层面精准落地,关键在于合理确定开发强度和管控措施。养殖水域滩涂是水产养殖的基本生产资料,养殖水域滩涂规划是国土空间规划的重要组成部分。要将养殖水域滩涂规划纳入国土空间规划的大局中统筹考虑,按照“多规合一”要求,做到养殖水域滩涂规划符合国土空间规划并与各专项规划有效衔接。要将养殖水域滩涂规划纳入农业空间规划中统筹考虑,在确定水域滩涂承载力和环境容量基础上,主动合理调整水产养殖生产力布局,划定养殖区,布局限养区,明确禁养区,实现县域空间统一规划相协调、一张蓝图绘到底。同时,还要处理好生产与生态之间的关系,关注地方生态红线划定相关要求和进展,在山水林田湖草系统治理中,统筹确定水产养殖业发展空间新格局。

(二)优化水产养殖生产布局是推进水产养殖业高质量发展的必然要求。编规划主要目的是优化水产养殖的生产布局。当前,我国经济已由高速增长阶段转向高质量发展阶段,这是习近平总书记继提出经济发展新常态之后作出的又一重大科学判断,是当前和今后一段时期做好经济工作的根本遵循和方向指引。高质量发展,集中体现了坚持以提高发展质量和效益为中心,以满足人民日益增长的美好生活需要为目标,是体现新发展理念的发展。水产养殖业是农业农村经济的重要组成部分和基础性产业,随着内外部环境的变化,水产养殖业发展也进入了转变发展方式、优化经济结构、转换增长动力的关键时期。今年中央1号文件提出,要合理确定湖泊水库等内陆水域养殖规模,推动水产养殖减量增效。全国农业工作会上,韩长赋部长再次强调,要以退出不合理产能、改善养殖生态环境为重点推进渔业结构调整,降低水库、湖泊网箱密度。为贯彻落实好中央和农业农村部党组有关指示精神,目前我们首要的任务,就是依法划定禁养区、限养区和养殖区,优化水产养殖生产布局。要主动“转”“调”,依法退出禁养区内的养殖,规范限养区内的生产,已有养殖区内环境污染比较重、不宜继续开展生产的要实行阶段性休养,水域滩涂利用强度过大的实行轮作,把养殖水域滩涂的利用强度降下来,一方面保护好水产养殖业赖以生存和持续发展的水域环境,另一方面利用好规划这一有力手段,合理确定养殖水域滩涂利用规模,节约利用资源,退出违法的、落后的、对环境破坏严重的不合理产能,推进产业在更高起点上实现高质量发展。

(三)优化水产养殖生产布局是推动绿色发展解决环境突出问题的基础。党的十八大以来,党中央国务院高度重视生态文明建设。今年5月,习总书记在出席全国生态环境保护大会时指出,要全面推动绿色发展,把解决突出生态环境问题作为民生优先领域,还老百姓清水绿岸、鱼翔浅底的景象。绿色是水产养殖业应有的本色。绿色发展不等于限制发展,更不是不发展,而是要以绿色生态为导向,以不破坏自然生态为前提。没有统一规划,水产养殖业就是一盘散沙,池塘乱挖、网箱乱摆、排筏乱布不是现代水产养殖。没有空间布局,产业发展的方向就有可能脱离绿色的本质,产业发展的根基就不牢,就难以走得长远。在新形势下,产业发展要按照生态环保的有关要求跨越一些关口,完成一些调整。爬坡过坎可能会有一些阵痛,这是产业发展的必经阶段,要正确看待、妥善处理,浴火重生、壮士断腕。要通过优化水产养殖生产布局,在公共自然水域推进养殖网箱网围布局景观化,科学发展生态养殖;推动集中连片池塘和工厂化养殖,通过进排水改

造、生物净化、人工湿地等措施进行养殖尾水处理，逐步实现养殖尾水资源化利用或达标排放，实现生产与生态的平衡和和谐。要更加准确地理解水产养殖的生产和生态两大属性，两者不是你死我活的关系。新形势下，要突出强调水产养殖的生态属性，发展生态健康养殖，开展以渔净水、以渔控草、以渔抑藻，修复水域生态环境；发展碳汇渔业，净化和修复近海环境，为生态文明建设做出应有的贡献。

（四）编制发布养殖水域滩涂规划是水产养殖领域依法行政的基本要求。依法治国是我国的基本国策，法定职责必须为、法无授权不可为是对行政部门的基本要求，各级政府部门都要勇于负责、敢于担当，坚决克服懒政、怠政。编制发布养殖水域滩涂规划是《渔业法》《水法》等明确的法定职责。依法划定可以用于水产养殖业的水域滩涂、有序布局水产养殖发展空间，是地方人民政府及有关部门的职责所在。俗话说“基础不牢、地动山摇”，没有养殖水域滩涂规划，发展水产养殖就是空中楼阁、无本之木。对此，各地必须要有清醒的认识。必须认识到规划编制工作是一项法定职责，把握好新一轮规划编制工作的总体要求和进度安排，切实履职尽责，认真组织实施。当前各地出现在环保督查风暴中大范围拆除网箱网围的现象，这既有地方简单化对违规一刀切的问题，也有规划不到位造成非法养殖的问题。必须认识到空间规划和相关管控措施涉及广大渔民切身利益，编制规划工作要严格细致，空间划定要依法依规，不能随意改变原有养殖水域滩涂用途，没有法律法规明确禁止的已经在养的水域滩涂不能随意划为禁养区。生产管控措施要尊重历史、依法管理，不搞禁限养扩大化，也不搞产业保护主义，该减的要减下来，该留的也要留下来，要防止全区域、全流域、全海域一刀切。划定为禁止养殖的区域，水产养殖退出要依法给予合理补偿，妥善安置养殖渔民生产生活，防止产生社会问题和矛盾。

二、加强领导，建立层层抓落实的领导机制

省级渔业主管部门主要负责同志要切实加强对养殖水域滩涂规划编制工作的领导，亲自抓、亲自管，特别是在规划工作的各个时间节点上，亲力亲为，确保贯彻落实不走偏、不走样。农业农村部印发的通知已经将任务明确到省、到市、到县，各省也要对工作进行分解、细化和量化，明确各地工作任务和时间要求，做到紧之又紧、细之又细、实之又实。要推动建立政府统一领导、渔业主管部门牵头负责、相关职能部门分工配合的工作机制，形成合力，共同推进。报人民政府发文颁布是规划编制工作的“最后一公里”，也是最关键的一步，决定着我们工作的成效。近期，自然资源部已在对我们相关文件的意见回复中明确，将养殖水域滩涂规划纳入国土空间规划，按照“多规合一”的要求，做到养殖水域滩涂规划符合国土空间规划并与专项规划有效衔接。各地规划出台也要征求自然资源管理、生态环境等有关部门的意见，主动向同级人民政府汇报说明，确保规划按时发布出台。

三、落实责任，建立完善的考核监督体系

要层层落实工作责任，传导工作压力，同时利用好考核督查这个利器，逐级开展考核评价。农业农村部将按季度统计汇总各省规划完成情况，向各省厅通报相关工作进展排名。年底前按照应完成规划的数量对各省进行考核，相关结果通报省级人民政府。此外，农业农村部已将优化水产养殖生产空间布局作为落实污染防治攻坚战等中央重大部署的重要举措，下一步将把规划编制发布工作纳入相关考核指标体系，进一步严格考核。省级渔业主管部门也要将规划编制发布工作作为推动水产养殖业转型升级和绿色发展的首要举措，纳入地方政府绩效管理指标体系，形成上下一致的工作合力。要按照农业农村部对于规划编制发布工作的时间要求，倒排时间表，进行分类指导。对于没有完成编制工作的，要查摆解决问题，加快编制完成，否则农业农村部将对其专项资金进行核减直至取消。对于已经完成编制的，帮助市、县渔业主管部门向人民政府汇报沟通，推动政府及时发布出台。对于原有规划需要修订的，尽快修编更新，接续公布。要注重典型引导，及时总结推广先进经验做法，以点带面推动工作。要建立责任追究制度，不能早完成、晚完成一个样，规划编与不编一个样，早发布、晚发布一个样。对不作为、乱作为的情况要进行严肃处理，确保工作任务落到实处。

四、增强本领，千方百计保障规划质量

养殖水域滩涂规划编制是一项政策性、系统性很强的工作，各地要在深入研究的基础上，认真编制，充分论证。一要把好政策关。自觉加强政策理论和业务知识学习，深入领会习近平新时代中国特色社会主义“三农”思想和生态文明建设思想，熟悉行业管理和环境相关法律法规，密切关注新发布的相关规范性文件。要在干中学、学中干，提高解决实际问题的能力和水平。要自觉维护养殖渔民合法权益，依法保护使用水域滩涂从事养殖的权利，水产养殖退出的应给予合理补偿，要向有关部门做好解释说明工作，妥善安置养殖渔民生产生活。二要把好协同关。将产业发展现状与

今后发展空间统筹考虑，按照因地制宜、生态优先、科学发展、协调衔接的规划编制原则，合理划定三区。要将生产发展与环境保护统筹考虑，保护水域滩涂生态环境，设定发展底线，稳定基本养殖面积，保障养殖生产空间。三要把好产业关。按照渔业转方式调结构、减量增效的总体要求，调减近海过密网箱养殖，合理发展外海深水养殖，大力发展循环水、稻田综合种养和盐碱地养殖等，调整生产力布局。要积极争取惠渔政策，引导和支持养殖渔民主动"转"、主动"调"，发展绿色生态健康养殖。

五、真抓实干，坚持踏实肯干的工作作风

要继续保持渔业渔政工作的优良传统，锤炼求真务实、敢于担当的工作作风，进一步加强纪律和作风建设。早在2002年农业部就印发了《完善水域滩涂养殖证制度试行方案》的通知，并召开了部级会议，对养殖水域滩涂规划工作提出了要求。根据形势的变化，农业部又于2016年底再次印发了《养殖水域滩涂规划编制大纲》和《工作规范》，启动了新一轮规划编制修订工作。对于这项工作，思路、方法、步骤是清楚的，关键在于有没有扑下身子，脚踏实地，真抓实干。抓工作，是停留在一般性号召还是身体力行，结果和成效大不一样。比认识更重要的是决心，比方法更关键的是担当。要发扬钉钉子的精神，立下愚公移山志，咬定青山不放松。要把准方向，敢于担当，对一些意见分歧较大、协调起来有难度的事项，在符合中央大政方针、国家法律法规，符合基层实际的情况下，我们就要敢于坚持，在重大原则问题上不妥协不让步。我国是世界水产养殖大国，在当前形势下，我们作为主管部门有责任、有义务把产业生产空间安排好、规划好，相关工作要分秒必争、加紧推进。

同志们，落实养殖水域滩涂规划制度，是法律赋予我们的职责，在新时代具有特殊重要的意义。今年，农业农村部拟报请国办发布《关于加快推进水产养殖业绿色发展的若干意见》，目前已经完成各部委意见征求工作，已将优化养殖生产空间布局、加快落实养殖水域滩涂规划制度作为首要任务。下一步我们还将在规划基础上，加强水产养殖业各项管理，推进规范发展。各级渔业主管部门要深刻认识到这项工作的重要性和紧迫性，不忘初心，牢记使命，克服困难，主动作为，推进工作。今年是主产县区规划编制出台的收官之年，各地要积极行动起来，抓住各方重视水产养殖业绿色发展的有利时机，加快工作进度，确保规划编制发布任务圆满完成，为推进农业农村现代化、实施乡村振兴战略做出应有贡献。

农业农村部副部长于康震在全国渔业扶贫及援疆援藏工作座谈会上的讲话

（2018年7月11日）

同志们：

这次会议是经农业农村部常务会审议同意召开的一次重要会议，也是农业农村部召开的第一个全国性渔业扶贫及援疆援藏工作会议。会议的主要任务是，深入贯彻落实党的十九大精神和党中央、国务院关于打好脱贫攻坚战的系列决策部署，以及打好精准脱贫攻坚战三年行动指导意见，总结交流党的十八大以来渔业扶贫及援疆援藏工作成效与经验，安排部署当前和今后一段时期的工作，合力推动渔业扶贫及援疆援藏工作再上新台阶、取得新成效。刚才，大家参观了党的十八大以来渔业扶贫及援疆援藏成果图片展，举行了渔业对口援疆合作协议签订仪式，中国水产科学研究院、全国水产技术推广总站（中国水产学会）和山东、广东、广西、湖南、四川渔业主管部门、上海海洋大学等8家单位做了典型交流发言。从成果展示和交流情况看，党的十八大以来，各地、各单位的渔业扶贫及援疆援藏工作有突破、有亮点、有成效，也积累了宝贵的工作经验，值得大家相互学习与借鉴。下面，就渔业扶贫和援疆援藏工作，我讲三点意见。

一、整合力量、积极作为，渔业扶贫及援疆援藏工作迈出新步伐

党的十八大以来，以习近平同志为核心的党中央把脱贫攻坚工作纳入"五位一体"总体布局和"四个全面"战略布局，作为实现第一个百年奋斗目标的重点任务，作出一系列重大部署，全面打响了脱贫攻坚战。过去5年，我们认真贯彻落实党和国家脱贫攻坚及援疆援藏决策部署，统筹中央和地方的力量，采取前所未有的力度和措施，坚持把发展产业作为脱贫攻坚的根本之策，合力推进渔业扶贫及援疆援藏工作取得积极进展，成效显著。

一是注重规划引导。2016年2月，韩长赋部长在农业部定点扶贫工作座谈会上指出，推进产业扶贫，要重点抓好"五个一"，即要编制一个好规划、选准一个好产业、打造一个好龙头、创新一个好机制、形成一个好体系。为加快推进贫困地区渔业发展，切实打赢贫困渔民脱贫攻坚战，2016年初，农业部印发了《关于加大渔业扶贫力度 打赢贫困渔民脱贫攻坚战的通知》，成为新时期渔业扶贫开发的一个非常重要的指导性文件。2016年底，农业部发布《全国渔业发展第十三个五年规划》，提出富裕渔民目标，要坚持精准扶贫，强化各级渔业部门扶贫责任，把革命老区、民族地区、边疆地区、集中连片贫困地区等重点地区产业扶贫作为渔业扶贫的重点。2017年、2018年连续两年，农业部印发《渔业扶贫及援疆援藏行动方案》，明确年度工作任务和重点，确保中央决策部署和农业农村部任务分工落到实处。

二是注重政策扶持。十八大以来，农业农村部切实加大对贫困渔民和贫困地区渔业发展支持力度，对符合中央预算内投资方向的项目予以优先安排，并把扶贫作为中央财政专项资金分配的重要因素。2013年6月，国家出台《关于实施以船为家渔民上岸安居工程的指导意见》，2013年至2015年，中央财政累计下达资金13.48亿元，安排以船为家渔民上岸安居74 164户，其中新建63 344户，改造10 820户。据统计，2012年至2018年，中央累计投入122亿元（包括基本建设项目、部门预算项目、转移支付项目和渔业油价补贴等），支持内蒙古、广西、重庆、四川、贵州、云南、西藏、陕西、宁夏、甘肃、青海、新疆等西部12个省（自治区、直辖市）开展水生生物资源增殖放流以及水产种业、渔政渔港等渔业基础设施建设、渔民生产成本补助，在夯实贫困地区渔业发展基础、促进渔民持续增收方面发挥了重要作用。

三是注重科技扶贫。十八大以来，农业农村部充分利用贫困地区资源禀赋，发展特色水产养殖业，推动渔业科研成果的转化利用，不断激活贫困地区的渔业发展潜力。农业农村部在云南哈尼梯田开展稻渔鸭绿色高产高效综合种养模式示范，带动建档立卡贫困户3 900户、16 000人实现增收，稻渔鸭综合种养核心示范区年人均增收1 200元。中国水科院、推广总站与当地政府和推广部门、企业密切合作，建设苗种繁育场，加固梯田田埂，建立博士后工作站，开展技术培训，打造山区型稻渔综合种养产业扶贫模式。农业农村部在定点扶贫县结对帮扶湖南永顺太坪村，开展稻渔综合种养试点示范，每亩新增收益千元以上。农业农村部在甘肃景泰开展盐碱水渔农综合利用技术示范，充分利用水生生物的耐盐碱性能，通过挖塘抬田方式，在低洼处养鱼，在台田上恢复种植农作物，打造了“以渔降盐、以渔治碱”盐碱地渔农综合利用模式，产生了良好的生态、经济和社会效益。

四是注重生态扶贫。十八大以来，农业农村部在贫困地区划定56个国家级水产种质资源保护区，在重要渔业水域增殖放流各类水生生物苗种和珍稀濒危水生野生动物12.16亿尾。结合贫困地区天然湖泊、水库多的特点，开展了池沼公鱼、大小银鱼、花白鲢等品种的移植和大水面增殖，取得了积极成效。农业农村部先后与内蒙古、广西、重庆、四川、贵州、云南、西藏、陕西、甘肃、宁夏、青海等省（自治区、直辖市）联合开展增殖放流活动，加大了贫困地区、民族地区水生生物资源养护力度。农业农村部在长江、珠江、黄河三大流域实施禁渔期制度，开展长江渔民生计问题调研，建立长江捕捞渔民数据库，研究制定实施方案，积极推进长江捕捞渔民退捕上岸，今年落实20亿元用于支持长江流域水生生物保护区全面禁捕。

五是注重人才培养。十八大以来，在农业农村部统一安排下，渔业渔政局、长江办、水科院、推广总站选派干部赴湖北来凤、湖南永顺、龙山、吉林镇赉、河北易县、涿鹿等地挂职，积极推动定点地区、片区渔业发展和农民脱贫致富。近年来，农业农村部渔业渔政局、长江办、水科院、推广总站及有关协会的同志多次深入武陵山区、大兴安岭南麓片区、环京津贫困地区、深度贫困地区开展专题调研，了解当地产业发展需求，落实有关帮扶措施，积极推进贫困地区发展渔业，促进农民增收。渔业渔政局、水科院、推广总站还加大了人才培养力度，在贫困地区组织开展上百次渔业渔政管理、水产健康养殖、稻渔综合种养、盐碱水渔农综合利用等培训活动，为贫困地区培养了一大批渔业技术人才。

六是加强渔业援疆援藏工作。援疆方面，2012年至2014年，连续3年召开渔业援疆工作座谈会，水科院、推广总站、十余个省份渔业部门、上海海大、大连海大和新疆维吾尔自治区水产局签署了合作协议。2013年、2016年，农业部扶贫办举办新疆水产养殖技术专题培训班，介绍水产养殖技术和国际冷水鱼养殖经验，并在北京市现场考察冷水鱼养殖情况，取得很好效果。十八大以来，中央累计支持新疆维吾尔自治区和新疆生产建设兵团2.5亿元，支持建设水产原良种场14个，渔政执法船艇37艘，内陆渔港2个，农业综合开发水产类项目11个、数字渔业示范项目1个。

援藏方面，2014年，农业部在西藏启动实施雅鲁藏布江中游渔业资源调查与利用行业科研专项，总投入1 400多万元，明年将结题。2017年，又启动了“西藏重点水域渔业资源与环境调查”专项，总投入2 300多万元，目前已组织近60人次深入澜沧江、怒江西藏段开展野外调查，调查河段达1 600多公里，获取了第一手资料。2018年，农业农村部成立渔业科技援藏工作组，并会同水科院、西藏自治区农科院在拉萨举行渔业科技援藏启动仪式，为推进西藏特色渔业发展提供科技支撑。水科院、华中农大、西南大学、上海海大等科研院校还选派科研人员赴西藏挂职任职、开展合作研究，对推动西藏渔业科技事业发展起到了积极作用。

到目前为止，贫困地区包括新疆、西藏等区域的渔业产业呈现出良好的发展势头。青海、新疆、甘肃、西藏的冷水鱼产业，云南、广西、湖南、吉林、内蒙古等省（自治区）贫困地区的稻渔综合种养产业，河南、贵州、西藏集装箱养鱼，西北及沿黄盐碱水渔业，重点贫困地区大水面生态增养殖产业开始形成，优质特色品牌开始创立，产品销路不断拓展，产业发展基础得到夯实，对贫困地区群众就业和增收发挥了积极作用。青海湖裸鲤资源保护、新疆和西藏重点水域渔业资源养护也取得积极进展。

以上成绩的取得，得益于农业农村部党组的高度重视和部内相关司局的大力支持。近两年，农业农村部领导先后到云南红河哈尼梯田、定点扶贫地区湘西和大兴安岭南麓片区进行调研，对稻渔综合种养予以充分肯定，提出要推动稻渔综合种养模式向更大规模、更高水平发展，带动当地农渔民尽快脱贫致富。农业农村部财务司和计划司，落实资金支持哈尼梯田稻渔综合种养技术示范、西藏重点水域渔业资源与环境调查，将云南元阳哈尼梯田稻渔综合种养项目列入生态循环农业项目，新疆尼勒克数字渔业建设项目顺利启动。这些成绩的取得，得益于各省（自治区、直辖市）渔业部门和有关水产院校的不懈努力和积极配合。各地在当地党委、政府的统一领导下，统筹兼顾中央和地方工作要求，既加强了省内渔业扶贫，又加强了省外的对口帮扶、产业扶贫，把在贫困地区发展渔业作为一项重要措施加以推进，工作可圈可点。大多数省（自治区、直辖市）成立了渔业扶贫开发工作领导机构，召开专题会议，制定工作方案，对渔业帮扶工作进行了部署。稻田资源丰富的地区大都把稻渔综合种养作为精准扶贫的重要措施，在贫困地区积极推广，取得了显著的经济与生态效益。广西的稻田综合种养“三江模式”已覆盖三江县 70% 以上的贫困户，贫困人口年均增收 1 000 元以上；广东省从 2016 年起在西藏开展集装箱循环水养殖试验并取得成功；各地还积极筹措和整合资金，支持和帮助贫困地区发展特色水产养殖。山东、安徽、广西、四川等省份近年累计投入的渔业扶贫资金在 5 000 万元以上，上海市先后投资 2 亿多元支持西藏开展亚东鲑人工繁育和养殖基地建设，成功实现了亚东鲑规模化苗种繁育。各地还不断创新渔业扶贫机制，通过打造和推广“渔民合作社 + 贫困户”“龙头企业 + 贫困户”“集装箱养鱼 + 固定收益扶贫”等扶贫模式，吸纳贫困户、贫困人员参与渔业生产、脱贫致富。上海海大和大连海大积极开展新疆渔业管理人才和水产技术专业人才的培训与培养工作，为新疆渔业发展提供了后备力量。

在此，我代表农业农村部向在渔业扶贫及援疆援藏工作中做出突出成绩和积极贡献的单位和个人表示衷心的感谢！向在渔业扶贫及援疆援藏一线辛勤工作的人员致以崇高的敬意！

二、认清形势、理清思路，明确渔业扶贫及援疆援藏工作重点任务

党中央、国务院对脱贫攻坚和援疆援藏工作高度重视，作出了一系列重大部署，我们要不折不扣全面贯彻落实。当前，渔业扶贫及援疆援藏工作面临许多新情况新问题。一是近年来渔业发展的资源环境约束日益加大，部分地区受环保督查等因素影响，在工作上把握得不是太好，出现了偏差，实行“一刀切”，大搞禁限养扩大化，不论青红皂白一律取缔水库网箱网围养殖，后续经济补偿措施又跟不上，部分养殖渔民损失比较大，失去生活来源。二是渔业是一个高风险的行业，渔民缺乏生产风险保障，部分渔民因台风、洪涝灾害和爆发性鱼病造成大量的经济损失，因灾因病致贫的现象还是较为突出。三是国内水产品市场千变万化，国外水产品大量进口，对国内水产品生产和销售造成较大冲击。贫困地区由于交通不便，冷链物流体系滞后，经营手段单一等不利因素，在一定程度上制约了贫困地区水产业的发展。四是目前脱贫攻坚和援疆援藏的主体依然在各级政府，渔业系统虽然在产业指导、科技支撑、人才培养等方面具有优势，但没有固定的资金支持渠道，相关工作的推进难度较大。五是党中央、国务院要求注重扶贫同扶志、扶智相结合，把提高脱贫质量放在首位，把激发贫困人口内生动力、增强造血能力作为根本举措，原来采取的那种简单送钱、送物、送苗种的做法，已不适应新形势下开展脱贫攻坚及援疆援藏工作的需要。渔业扶贫及援疆援藏，授人以鱼不如授人以渔，最确切不过。实现到 2020 年现行标准下渔业贫困人口全面脱贫的任务依然十分艰巨，迫切要求我们进一步提高思想认识，出实招、干实事，集中力量攻坚克难，以实际行动促进脱贫攻坚和援疆援藏总体目标的实现。

当前和今后一段时期，做好渔业扶贫及援疆援藏工作，要全面贯彻党的十九大和十九届二中、三中全会精神，以习近平新时代中国特色社会主义思想为指导，坚持精准扶贫精准脱贫基本方略，坚持中央统筹、省负总责、市县抓落实的工作机制，聚焦深度贫困地区和特

殊贫困群体，以产业扶贫为主线，优化政策供给，着力激发贫困人口的内生动力，着力夯实贫困人口稳定脱贫基础，着力加强渔业扶贫领域的作风建设，力争到2020年现行标准下渔业贫困人口全面脱贫，贫困地区渔民人均可支配收入的增长幅度高于全国平均水平，为打赢脱贫攻坚战和新疆、西藏的长治久安、繁荣稳定贡献渔业系统的力量。为此，要把握好以下几点：

一是把渔业扶贫及援疆援藏作为一项重要的政治任务。总书记指出，打赢脱贫攻坚战，对全面建成小康社会、实现两个一百年的奋斗目标具有十分重要的意义，各级党委和政府要把打赢脱贫攻坚战作为重大政治任务，强化中央统筹、省负总责、市县抓落实的管理体制，强化党政一把手负总责的领导责任制，明确责任、尽锐出战、狠抓实效。我们要从讲政治、讲大局的高度，紧紧围绕党中央和农业农村部脱贫攻坚及援疆援藏决策部署，调动系统力量，立足贫困地区发展实际，采取超常规措施，发扬务实作风，持续用力帮扶，坚决打好打赢脱贫攻坚战。

二是把渔业作为脱贫攻坚及援疆援藏的重要产业。贫困地区既有丰富的水资源，且水质良好，又有独特的品种资源，具有发展特色渔业，促进脱贫致富的巨大潜力。我们要系统谋划新时代贫困地区渔业发展思路，坚持把提高脱贫质量放在首位，坚持产业扶贫为根本之策，尊重自然规律，立足资源禀赋，找准比较优势，加强政策保障，不断发展渔业生产力，推动渔业产业扶贫在打赢脱贫攻坚战中发挥更大的作用。

三是把深度贫困地区作为渔业扶贫及援疆援藏的重点区域。总书记强调，打赢脱贫攻坚战，要向深度贫困地区聚焦发力，以解决突出制约问题为重点，强化支持保障体系，加大政策倾斜和扶贫资金整合力度。"三区三州"（西藏、四省藏区、南疆地区，四川凉山彝族自治州、甘肃临夏回族自治州、云南怒江傈僳族自治州）、定点扶贫地区、环京津贫困地区、大兴安岭南麓片区，是农业农村部脱贫攻坚工作的重点和难点。我们要按照党中央和农业农村部工作部署，全力支持"三区三州"等深度贫困地区发展特色水产养殖，在定点扶贫地区打造产业扶贫的典型模式，积极配合推进环京津贫困地区产业扶贫，加大对大兴安岭南麓片区、武陵山区等渔业扶贫工作的协调推动，扎实做好渔业援疆援藏各项工作。

四是把资源养护作为渔业扶贫及援疆援藏的重要内容。总书记多次强调"绿水青山就是金山银山""像保护眼睛一样保护生态环境，像对待生命一样对待生态环境"。总书记对渔业生态环境十分重视，在中央农村工作会上举了很多例子，都是渔业方面的。总书记提出，要在长江流域水生生物保护区实施全面禁捕，继续实施重要生态系统保护和修复工程。贫困地区和新疆、西藏生态环境脆弱，一旦破坏恢复起来难度很大。我们必须更加牢记总书记的嘱托，始终按照绿色发展的有关要求，坚持生态优先，推动实现可持续发展。要创新生态扶贫机制，加大贫困地区资源养护和生态修复力度，吸纳贫困人员参与资源养护，实现生态改善和脱贫的双赢。要完善生态补偿机制，不断健全禁捕退养补偿制度，维护渔民合法权益，让保护资源、保护生态的贫困县、贫困村、贫困户能够更多受益。

五是把科技扶贫作为渔业扶贫及援疆援藏的优先选项。科学技术是第一生产力。科技扶贫是打赢脱贫攻坚战的重要途径。我们要统筹协调全国渔业科技优势力量，解决贫困地区渔业发展和生态建设中的关键技术问题。加快先进适用技术在贫困地区的转化应用，重点推进节水减排降耗、资源可持续利用、环保渔业装备、水产品加工综合利用等先进技术在贫困地区的应用，提升渔业设施化水平。利用现代农业产业技术体系、农业农村部重点实验室和共建院所大学等科研平台，加强与贫困地区水产科研机构的交流协作，努力为贫困地区培养一支留得住、用得上的渔业科研团队。强化贫困地区水产技术推广，加大先进技术示范和人才培训。

六是把对口帮扶作为渔业系统扶贫及援疆援藏的共同行动。对口帮扶是打赢脱贫攻坚战的重要方式。我们要把科技支撑、人才支持、市场对接等作为帮扶重点，深化东西部扶贫协作，深化对口援疆，深化对口援藏。要突出产业帮扶，引导企业精准结对。突出科技帮扶，推进科研成果转化应用。突出人才支援，推进双向挂职和双向交流，加大技术培训力度。各受援单位和受援地区要加强与对口帮扶单位的联系沟通，加强对受援项目资金管理使用情况的监督检查，确保使用效益和项目切实落地。

三、加强领导、狠抓落实，推动渔业扶贫及援疆援藏工作再上新台阶

当前，脱贫攻坚进入关键时期，国际形势也在发生深刻变化，以美国贸易制裁为导火索引发的多国贸易战已经打响，对经济全球化、国际经济秩序、各国经济发展都将会造成严重影响。我们要高度警惕、沉着应战，进一步把思想认识统一到党中央、国务院的统一决策部署上来，统一到农业农村部的工作要求上来，以高度的责任感、强烈的政治意识、务实的工作作风，全面完成渔业扶贫及援疆援藏各项工作。当前和今后一段时期，要重点抓好以下几个方面的工作：

（一）切实做好渔业产业扶贫工作。产业扶贫是打赢脱贫攻坚战的根本。传统优势产区要加快池塘标准化改造，积极发展工厂化循环水养殖、池塘循环水养殖，优化养殖结构，推广生态复合品种养殖、鱼菜共生等实用技术，提高养殖综合效益。湖库资源丰富的地区，要积极发展大水面增养殖和环保型网箱养殖，保障水产品质量，保护水体不受污染。稻田资源丰富的地区，要积极推广稻鱼、稻虾、稻蟹、稻鳖、稻鳅、稻螺等多种养殖模式，推进稻田综合种养工程，促进农民增收。盐碱水资源丰富的地区，要发展耐盐水生动植物品种养殖，挖掘渔业生产潜力。冷水和土著鱼类资源丰富的地区，要积极发展符合区域特色的水产养殖，形成新的经济增长点。支持贫困地区发展水产品加工业，提升就地转化能力和精深加工水平。延长产业链，提升价值链，让更多附加值留在贫困地区，让贫困渔民分享渔业产业的附加值。加大市场开拓力度，充分利用“互联网+”技术和大数据手段，加强产品营销，发展电子商务与冷链运输相结合的物流体系，拓宽水产品销售渠道。引导支持贫困地区渔业发展与休闲渔业有机结合，大力发展乡村旅游。近年来，新疆维稳形势持续向好，旅游业有很大潜力。在新疆发展休闲渔业，配合旅游业的恢复和发展，大有可为。

（二）实行更有力的倾斜政策。政策扶贫是打赢脱贫攻坚战的保障。乡村振兴相关支持政策要优先向贫困地区倾斜，补齐渔业基础设施短板，以乡村振兴巩固脱贫成果。加强沟通协调，推动落实渔业扶贫及援疆援藏财政支持政策。充分利用扶贫资金和涉农资金整合政策，支持有条件的贫困地区发展水产养殖。推动渔业油价补贴一般性转移支付资金和省级统筹资金向贫困地区倾斜。既有投资渠道继续向贫困地区及新疆、西藏倾斜，确保渔业扶贫及援疆援藏项目经费逐步增长。推动相关部门和地方落实金融扶贫政策，创新符合贫困地区特色渔业发展的金融产品和服务方式。推动相关部门和地方落实保险支持政策，发展特色水产品保险，给予相应的保费补贴。完善新型农业经营主体与贫困户联动发展的利益联结机制，实现贫困户与现代渔业发展有机衔接。

（三）加快新技术新模式示范推广。近年来，农业农村部在全国十余个省（自治区、直辖市）推进稻渔综合种养，已成为贫困地区农民脱贫致富的新兴产业。下一步，农业农村部还要在云南元阳、红河、广西三江、湖南永顺等贫困地区打造产业扶贫典型模式，推动稻渔综合种养成为立得住、叫得响、推得开的农业精准扶贫、绿色发展典型样板。今年，农业农村部还将继续在甘肃景泰开展盐碱水渔农综合利用试验示范。渔业渔政管理局、水科院、推广总站和云南、广西、湖南、甘肃等省（自治区）渔业主管部门要分工做好相关工作。渔业系统各单位要在现有工作的基础上，系统总结推广产业扶贫、科技扶贫、企业扶贫、社会组织扶贫等优秀范例，树立一批通过渔业产业扶贫的脱贫典型，强化现场观摩培训，更好地发挥典型引路、以点带面作用。

（四）切实做好渔业援疆工作。新疆是精准扶贫的主战场，也是丝绸之路经济带的核心区域，东联内地，西接中亚、中东地区，幅员辽阔，人口众多，需求旺盛，新疆渔业发展有很大潜力。各援疆单位要积极对接新疆需求，让渔业援疆工作更加精准。要重点支持新疆加强水产种业和水生动物防疫体系建设，推动形成以冷水性和亚冷水性鱼类开发为主的北疆特色经济鱼类产业带和以土著鱼开发为主的南疆特色渔业产业带。支持新疆以丝绸之路经济带建设为纽带，继续加强与中亚和欧洲地区合作，推动渔业走出去，不断提升新疆渔业国际影响力。新疆生产建设兵团肩负着党和国家赋予的屯垦戍边的重要使命，兵团渔业部门同样担负着建设现代渔业和生态文明的重大职责，各援疆单位要按照中央确定的对口支援关系，把兵团渔业部门一并纳入对口支援范围，积极支持兵团渔业发展。

（五）继续做好渔业援藏工作。渔业援藏是一项重要的政治任务，但更要考虑西藏的特殊性。青藏高原渔业资源独特，生态环境脆弱，文化传统也很独特，不同于一般地区，渔业发展的重点首先是资源保护和相关研究，其次才是开发利用。农业农村部将组织水科院、推广总站等有关单位充分发挥渔业科技援藏工作组作用，实施好“西藏重点水域渔业资源与环境调查”专项，搭建西藏重点水域渔业资源数据库，引领和促进我国西藏地区重点水域的渔业资源可持续开发利用。同时，指导西藏开展土著鱼类繁育、卤虫资源开发利用、虹鳟和亚东鲑养殖产业化，促进形成苗种繁育、养殖生产、产品加工、市场推广一体化的特色经济鱼类产业体系。农业农村部还将加快水产种质资源保护区建设，指导西藏编制增殖放流规划和放流物种名录，扩大土著鱼类放流规模，放流一定不能乱放，非土著物种一定要谨慎。

同志们，打赢脱贫攻坚战，推动新疆、西藏跨越式发展和长治久安，是全党全国各族人民的共同心愿，也是全国渔业系统义不容辞的重大责任。让我们团结一心，扎实工作，认真贯彻落实中央脱贫攻坚及援疆援藏决策部署，努力提高全国渔业扶贫及援疆援藏工作水平，为贫困地区全面脱贫致富和新疆、西藏的繁荣稳定做出新的更大的贡献！谢谢大家！

农业部渔业渔政管理局局长张显良在渔业转型升级推进会上的部署讲话

（2018 年 1 月 23 日）

同志们：

上午，于部长围绕学习贯彻十九大和中央农村工作会议精神作了重要讲话，系统总结了 2017 年渔业渔政主要特点和十八大以来渔业渔政工作的主要成效，分析了新时代对渔业渔政工作的新要求，指出了新时代渔业发展主要矛盾，提出了战略目标和主要思路，对当前和今后一个时期渔业渔政工作进行了全面部署，我们要认真学习、深刻领会、抓好落实。刚才，大家就《关于推进水产养殖绿色发展的若干意见》《关于加快推进渔港振兴的意见》《“亮剑 2018”系列渔政专项执法行动方案》《2018 年渔业渔政工作要点》等文件草案进行了审议，提出了许多好的意见建议，对理清思路、起草好文件、做好工作很有帮助，我们将认真研究吸收。

2018 年是全面贯彻落实党的十九大精神、实施乡村振兴战略的第一年，是决胜全面建成小康社会的关键一年，是实现“十三五”目标承上启下的一年。我们要认真学习贯彻十九大精神，以习近平新时代中国特色社会主义思想为指引，大力实施乡村振兴战略，切实落实好中央农村工作会议、全国农业工作会议的各项决策部署，加快推进渔业供给侧结构性改革，深入推进渔业转方式调结构，持续推进渔业绿色、安全、融合、开放、规范发展，促进绿色兴渔、质量兴渔、品牌强渔。重点做好以下 8 个方面工作。

一、大力推进水产养殖绿色发展

（一）全面完成养殖水域滩涂规划编制工作

对养殖水域滩涂规划编制工作，农业部韩部长和于部长多次提出明确要求，各地要高度重视，抓好落实，到今年底必须全面完成。要主动加强沟通协调，争取地方人民政府和相关部门的重视和支持，统筹解决规划编制修订所需要的人力、财力、物力，做好与主体功能区划、土地利用总体规划、海洋功能区划以及相关专项规划的衔接，推动规划顺利出台。农业部将适时开展专项督查，通报进展情况，各省也要建立工作督查机制，压实工作责任，确保按时完成。要研究完善重要养殖水域滩涂保护制度，稳定养殖水域滩涂承包经营关系，做好养殖水域滩涂确权登记工作，保障养殖生产者合法权益。

（二）深入推进水产生态健康养殖

继续实施水产健康养殖示范创建，新创建农业部水产健康养殖示范场 500 个以上，渔业健康养殖示范县 10 个以上，推进养殖生产清洁化。利用油价补贴资金，全面推进池塘标准化改造，改进生产设施，配套水处理等设施设备，推广现代节水、循环、减排的设施设备，推进养殖设施装备环保化。大力发展稻渔综合种养，力争面积达到 200 万公顷以上，继续做好国家级稻渔综合种养示范区创建，新创建 30 个左右。落实李克强总理和汪洋副总理关于深远海大型智能养殖装备批示精神，加强深远海养殖设施装备研发，支持开展深远海大型智能养殖装备的试验示范，继续推广深水抗风浪网箱 1 500 只以上。积极发展大水面生态增养殖、循环水养殖、稻渔综合种养、海洋立体养殖等健康养殖模式，推进池塘工程化循环水养殖等现代养殖模式应用。加强绿色环保现代渔业技术集成攻关和模式应用，继续实施循环水、零用药、零排放等绿色节能减排养殖技术推广。

（三）切实开展养殖水域滩涂环境整治

建设优美水产养殖环境，全面清理非法养殖，坚决退出禁止养殖区水产养殖，集中整治限制养殖区污染水体的养殖生产，全面落实各项管控措施。加强水产养殖尾水治理，推广养殖网箱废弃物收集等环保设施，鼓励集中连片池塘开展进排水系统改造，支持工厂化养殖开展循环水改造，推动养殖尾水达标排放或循环利用。建立健全养殖生产管理制度，推动出台《水产养殖绿色生产操作规程》，加强水产养殖绿色生产监管。组织实施水产养殖业面源污染普查，确定水产养殖产排污系数和水产养殖污染物排放量，摸清水产养殖污染现状。

（四）加强水产现代种业建设

构建现代水产种业体系，建设一批种质资源场、育种创新基地和品种测试中心，审定并推广一批水产新品种，推进国家海洋渔业种质资源库和国家淡水渔业种质资源库建设，探索建立重点水产养殖品种联合育种机制和平台。加强水产苗种生产监管，严格苗种生产许可核发，规范水产新品种审定，支持绿色、优质、安全的水产品种选育，做大做强种业。

（五）加强水产养殖监管

加强水产养殖投入品监管，严厉查处违法违规用药行为，加强养殖生产相关记录监管。加强研发和推广全价人工配合饲料，加快替代冰鲜幼杂鱼直接投喂。深入实施水产养殖“用药减量”行动试点，推广水生动物疫苗和生态防病技术，逐步减少化学药品和抗生素等使用量，开展水产养殖规范用药科普下乡活动。以生态系统容纳量为基础，研究制定不同区域、不同品种、不同模式的养殖容量技术标准，探索建立水产养殖容量管理制度。

今年，农业部将研究出台推进水产养殖绿色发展的意见，各地要认真抓好贯彻落实。

二、大力推进渔业产业融合发展

（一）加快推动水产加工业转型升级

成立水产品加工技术评定专家组，制定标准规范，推动建立水产品加工绿色发展技术目录，重点提升低质水产品、海洋药物和海洋化工水产品加工水平。加强水产品加工人才培养，造就一批学术水平高、技术转化好、服务行业能力强的水产品加工业青年科技人才。开展水产品加工技术供需对接活动，促进初级加工、精深加工、综合利用协调发展，引导水产品消费。积极开展水产品精深加工示范基地和加工示范园区创建。

（二）深入推进休闲渔业发展

继续实施休闲渔业"四个一"创建，创建休闲渔业品牌，培育休闲渔业带头人和管理人才200名以上，评定国家级最美渔村20个以上、全国休闲渔业示范基地60个以上、全国示范性休闲渔业文化节庆（会展）活动20个以上、全国有影响力的休闲渔业赛事10个以上，不断提升休闲渔业带动能力。推进内陆村庄水系治理，以传统渔文化为根基、以捕捞及生态养殖水域为景观，大力发展休闲渔业，推动美丽渔村建设。建立休闲渔业专家服务平台，重点强化休闲渔船、钓饵安全等规范管理。做好休闲渔业发展监测工作，组织编制《休闲渔业产业发展报告》。出台《关于推动休闲渔业规范健康发展的意见》，强化休闲渔业发展顶层设计。

（三）加强水产品品牌和市场体系建设

积极参与"三区三园"建设和绿色食品认证，推选一批更优农业品牌。开展水产品专业市场的认定工作，继续认定一批专业市场。做好产销对接，发布河蟹等主导水产品产业发展报告，引导重点水产品产业发展。完善水产品贸易监测、跟踪制度，加强对水产品国际贸易的分析、预测和研判。顺应国内鲜活水产品消费习惯，开展从池塘、渔船到餐桌的水产品全程鲜活冷链、物流仓储体系建设。

（四）不断提升渔业信息化支撑能力

推进"互联网+现代渔业"深度融合，深化渔业生产、经营、加工、管理等各领域的信息化服务，重点在国家现代农业示范区开展"数字渔业"示范项目，推进水产养殖物联网示范。建立完整的渔情数据监测发布机制，多渠道、多形式发布产品价格指数，引导渔民生产和水产品销售，提升渔情数据服务效率。开展渔民电脑、手机端信息化专业技能培训，全面提升渔民获取先进技术、市场信息等方面的能力和水平。挖掘一批渔业信息化技术应用的典型和样板，全面推动渔业系统政务信息资源整合共享，搭建全国一体化的渔业渔政管理综合平台，提升对产业和渔民的管理服务能力。

（五）深入推进渔业扶贫

继续推进产业扶贫、定点扶贫、环京津渔业扶贫、片区扶贫、援疆援藏，落实好2018年渔业扶贫及援疆援藏行动方案。今年，农业部将召开全国渔业援疆援藏及产业扶贫现场会，并推进渔业部门、科研院校和龙头企业与贫困地区签署一系列合作协议。各地要主动作为，争取将渔业扶贫和援疆援藏纳入同级地方政府扶贫和援疆援藏的总体行动方案，在产学研和引进企业等方面进一步加强与贫困地区的合作。在云南红河、广西三江、甘肃景泰等区域，打造稻渔综合种养、盐碱水渔农综合利用等产业扶贫典型模式，并组织开展推广，各地也要总结渔业扶贫的典型案例，提高渔业扶贫的社会影响力。

三、大力推进渔业水域生态修复工程

（一）抓好长江水生生物保护

推动出台《关于加强长江水生生物保护工作的意见》（简称"鱼十条"），加快编制《长江珍稀水生生物保护工程建设规划（2018—2020）》，努力为保护和修复以长江为代表的水域生态环境提供政策支撑和投资引领。加快设立长江水生生物保护基金，积极整合水域生态保护领域相关社会资本和涉水工程建设生态补偿资金，实现水生生物保护资金来源多元化和投入精准化，进一步增强生态修复措施的系统性、有效性。利用长江经济带绿色发展专项投资，启动实施一批以中华鲟、江豚为代表的珍稀濒危物种拯救工程，切实抓好长江珍稀濒危物种保护工作。在做好就业帮扶和社会保障的基础上，积极引导捕捞渔民退捕转产。因地制宜、分类施策、完善方案、健全机制，设定"时间表"，明确"路线图"，稳步做好长江流域332个水生生物保护区全面禁捕工作。加快推进长江干流和重要支流其他重要水域实施全面禁捕。在鄱阳湖、洞庭湖等通江湖泊实施禁渔期、禁渔区和专项特许捕捞及组织化养护相结合的资源管理措施。长江流域各省份应统筹使用油价补贴资金，重点用于引导和支持捕捞渔民退捕转产。以"保护生命长江 建设美丽中国"为主题，筹备举办第二届长江水生生物保护论坛。

（二）加强渔业资源保护制度建设

加快划定江河湖海禁捕、限捕区域。加强江河湖泊休养生息，启动黄河禁渔，组织开展松花江、辽河、海河等流域禁渔期制度研究，研究推动其他水域的保护区禁捕工作。进一步完善幼鱼保护和伏季休渔制度，出台海洋重要经济鱼类幼鱼比例管理制度，按照“总体稳定、局部调整、堵塞漏洞、便于执法”的原则，优化伏季休渔规定，减少休渔制度的开口。继续组织实施好海洋渔业资源总量管理制度，确保实现年度海洋捕捞产量减幅不低于5%的目标。认真总结浙江、山东限额捕捞试点经验，完善试点方案，扩大试点范围，启动福建、辽宁和广东试点。

（三）切实加强国内渔船管控

加大工作落实和督导力度，完善延伸绩效考核评价体系，促进渔船管控各项改革措施真正落到实处。继续推进减船转产，2018年全国压减渔船不少于4 000艘、功率不低于30万千瓦。全力推进渔船管理制度改革创新，抓好《渔业捕捞许可管理规定》修订和宣传贯彻，研究制定渔船标识、休闲渔船管理规定及检验规则，落实渔船分类分级分区管理改革，完善捕捞作业分区管理制度，严禁渔船跨海区买卖，严格限制渔船跨区作业。推进海洋小型渔船管理机制创新，推动地方制定小型渔船控制指标，开展海洋小型渔船“三证合一”改革研究。加强渔船渔民组织化管理，引导基层管理组织参与资源和渔船管理。全面推进注册验船师制度实施和渔船检验“四大体系”建设，研究制定深远海养殖设施检验法规，开展海洋渔船安全技术状况和船用产品质量监督检查，继续整治渔船“船证不符”和“异地挂靠”，强化源头监管。推动修订《南沙渔业生产管理规定》和《港澳流动渔船管理规定》，进一步做好南沙和港澳流动渔船管理。

（四）组织实施渔业资源生态修复

组织开展重大水生生物增殖放流活动，继续举办6月6日“放鱼日”活动，进一步扩大社会影响。落实《国家级海洋牧场示范区建设规划》，新创建国家级海洋牧场示范区20个以上。加快推进海洋牧场装备化信息化建设，支持海洋牧场观测网和海上平台建设，提升海洋牧场监测管理水平。发布国家级海洋牧场示范区评价办法和指标，建立健全生态、经济、社会效益评估机制，启动国家级海洋牧场示范区年度评价。加强增殖放流和人工鱼礁建设项目监督管理，组织开展绩效评价和专项检查。

（五）继续加强珍稀濒危物种保护

进一步加强重点水生野生动物及其栖息地保护，组织实施好中华鲟、长江江豚、斑海豹、中华白海豚等重点物种保护行动计划，制定并组织实施海龟保护行动计划。成立全国斑海豹保护联盟和海龟保护联盟，完善多方参与机制。组织开展水生野生动物保护及履约执法培训，加强执法和履约管理，严厉打击非法捕捉、杀害、买卖、利用、走私等行为。加大水生野生动物保护宣传，举办第八届水生野生动物保护宣传月。

（六）组织开展渔业资源环境调查监测

加快推进3 000吨级渔业资源调查船建设和极地渔业科考船前期工作。继续组织实施好近海渔业资源和近岸产卵场调查项目，尽早推出近岸产卵场分布图，并研究确定下一个五年调查计划。组织实施好长江、西藏、白洋淀等内陆重要水域渔业资源环境调查项目，研究推进其他内陆重要流域和边境水域资源环境调查工作。继续组织开展全国渔业生态环境常规监测，与环保部联合发布《2017年中国渔业生态环境状况公报》。

四、大力推进渔港渔区振兴

今年，农业部将渔港经济区建设作为渔区振兴的重要推手来抓，将出台关于加快推进渔港振兴的意见、召开贯彻落实现场会，请各地提前准备并认真抓好落实。

（一）加强渔港和渔港经济区建设

今年农业部将发布《全国沿海渔港建设规划（2017—2025年）》，并召开会议部署。各地要按照《规划》要求，推动地方政府将沿海渔港和渔港经济区建设纳入地方政府和有关部门约束性指标进行目标责任考核，层层落实责任。要加强与财政、发展改革等部门的沟通，积极推动与国家开发银行、中国农业发展银行、中国农业银行等金融机构的合作，拓宽沿海渔港和渔港经济区建设投资渠道。要及时总结沿海渔港和渔港经济区建设经营的成功模式，推进将渔港经济区纳入国家现代农业产业园建设。对已有支持渠道的渔港升级改造和整治维护项目，要做好2018年项目复核、公示和资金申请工作，组织开展2019年项目申报、评审和批复工作。同时，要加强在建项目的督导检查，落实项目月报和季报制度，尽快形成实物量。组织开展渔港升级改造和整治维护项目实施情况专项督导和绩效评价，并与今后项目安排挂钩。请各地予以高度重视。

（二）推进渔港综合监管

加强驻港监管机构建设，加快推进基层渔业行政执法机构综合执法，优化执法力量配置，引导基层管理组织进驻，实现管理要素向渔港集聚，推动监管关口前移，力争到2020年底所有中心渔港和一级渔港配齐驻港监管机构、统一机构标识、配足执法人员、保障装备经费。推进实施渔获物定点上岸制度，建立捕捞渔获物可追溯管理机制，推行渔获物可追溯绿色标签管理，逐步实现渔获物有序管理。各省要根据渔港分布、渔民交易习惯和渔业执法力量情况，合理确定渔获物定点上岸渔港。以中国渔政管理指挥系统和中国渔业船员管理系统为基础，构建起业务综合、上下贯通、开放高效的全国渔业大数据平台，提升渔港渔船信息化水平。

（三）切实加强渔港监督

探索建立渔港港长制，改革船舶进出渔港签证制度，推动实施船舶进出渔港报告制度。强化船籍港管理，探索建立渔业安全风险分析研判预警机制和渔业安全生产诚信管理体系，推行渔船安全风险评估和风险分级管控、船员记分管理等。继续开展文明渔港创建，增加生态等创建内容。开展渔港防污染试点，建立健全渔港污染治理体制，推动渔港配套建设污水处理、油水分离、港区绿化、公共卫生等设施，推动建设生态渔港、绿色渔港、节能渔港。

五、大力加强渔业安全监管

（一）强化渔业安全生产

继续推进平安渔业示范县创建，开展全国渔港监督与安全监管业务轮训，夯实基层基础，提升管理能力，压实安全责任。扩大督查范围，开展安全生产督查，确保安全生产管理措施有效落实。修订完善渔业安全事故调查统计制度，积极推动渔业部门参与商渔船碰撞事故调查。扎实推进渔业无线电规范管理，加强渔业航标、岸台基站的管理维护和优化布局，做好渔船海上移动通信业务标识码管理等职能承接。强化应急值守，加强寒潮、洪涝、台风和节假日、重大活动期间安全防范，坚持24小时值班制度，积极配合专业力量开展救援。

（二）强化水产品质量安全

积极开展“农业质量年”活动，强化水产品质量安全监测力度，全年监测样品1万个以上，力争产地水产品监测合格率保持在98%以上。加强对渔用投入品和捕捞、稻渔等重点水产品的监测，提高风险防范能力。开展水产品质量安全可追溯试点，探索实现水产品“从池塘到餐桌”全过程追溯管理。狠抓“三鱼两药”专项整治，实施检打联动，对药残超标案件做到100%查处，对不合格生产单位实施公开曝光。加强标准制（修）订，加快制定质量安全监管、海洋牧场建设、转方式调结构等重点标准，提高渔业生产标准化水平。继续做好河鲀养殖鱼源基地和加工基地备案，规范河鲀有条件放开后的管理，从源头保障质量安全。继续做好贝类产品卫生监测和生产区域划型。加强舆情监测、分析研判和质量安全科普宣传，及时处置、应对水产品质量安全事件。

（三）强化水生生物安全

总结推广江苏水产苗种产地检疫试点工作经验，拓展产地检疫试点范围，在山东、浙江、天津等有基础的省份开展试点。加快建立渔业官方兽医队伍，壮大渔业执业兽医队伍。加强水生动物疫病防控能力建设，落实全国动植物保护能力提升工程建设规划，加快国家级水生动物疫病监控中心前期工作。加强疫病监测和风险评估，继续组织实施以《国家水生动物疫病监测计划》为主，省级水生动物疫病监测计划为补充的疫病监测制度，及时开展疫情处置。开展水生动物防疫系统实验室检测能力测试，制定无规定疫病苗种场建设规范，加快无规定疫病苗种场建设。

六、大力推进渔业走出去

（一）深入推进远洋渔业规范有序发展

推动尽快修订《远洋渔业管理规定》，为强化远洋渔业规范管理提供制度保障。认真落实《“十三五”全国远洋渔业发展规划》，严格控制新增远洋渔业企业数量和远洋渔船规模，建立新增渔船项目专家论证机制，强化项目风险评估。研究建立远洋渔业企业履约综合评价考核体系，开展现代化远洋渔业明星企业创建活动，培育壮大一批现代化远洋渔业龙头企业。继续实施老旧渔船更新改造，推进远洋渔业海外基地建设，提升远洋渔业装备水平和后勤保障能力。稳妥推进专业南极磷虾渔船建造，加大远洋渔业资源探捕力度。农业部今年将组织召开远洋渔业规范管理经验交流会，进一步完善远洋渔业“黑名单”制度，继续以“零容忍”态度严厉打击涉外违规行为。完善远洋渔船船位监测和预警系统，研究建立职业化科学观察员制度。及时妥善处置远洋渔业涉外事件，维护我企业渔民合法权益。

（二）深入推进渔业双边合作

稳定周边渔业合作，落实好与日本、韩国、越南、俄罗斯等周边国家有关渔业协定的谈判与执行，组织好渔船渔民入渔生产和管理。切实加强涉外渔船管控，严格落实属地责任，严厉打击非法越界捕鱼。深化双边渔业合作，加强与美国、欧盟等重要经济体对话，落实中菲渔业合作成果，深化与毛里塔尼亚、塞拉利昂等国的双边渔业合作。积极研究争取相关扶持政策，推进水产养殖走出去。组织实施好澜湄机制早期成果项目，推动建立澜沧江－湄公河“1+5”水生生物保护合作平台，开展2018年水生生物增殖放流暨渔政联合执法行动。

（三）深度参与多边渔业合作

积极参与相关国际、区域渔业组织事务。加快研究批准或加入《联合国鱼类种群协定》《粮农组织港口国措施协定》等重要国际文书，推动建立公平合理、可持续的国际渔业治理机制。研究推动建立西南大西洋公海区域渔业管理组织。认真履行负责任国家义务，会同国际社会坚决打击非法、不报告和不受管制（IUU）等违法违规渔业活动，树立我负责任渔业大国良好形象。

七、大力推进渔政执法和法律体系建设

（一）组织实施“中国渔政亮剑2018”系列专项执法行动

强化问题导向，突出关键领域，组织实施伏休执法、“三无”船和“绝户网”整治、长江珠江黄河海河等流域禁渔执法、内陆边境水域执法、水生生物保护区执法、沿海养殖滩涂整治、海洋渔船规范管理等九大行动。各地要强化组织领导和沟通协调，统筹渔政、港监、船检执法力量，加强与公安、海警、环保、工商等部门的合作。强化督察督办和交叉检查，农业部将组织督导组，对重大行动、案件进行督察。

（二）打好涉渔“三无”船舶和“绝户网”清理取缔攻坚战

涉渔“三无”船舶和“绝户网”是危害渔业转型升级的“毒瘤”。习近平总书记等中央领导多次作出指示批示，农业部韩部长高度重视，上午于部长专门进行了强调。今年要把清理取缔“三无”船和“绝户网”作为“中国渔政亮剑2018”执法行动的重中之重，再拆解一批涉渔“三无”船，再清理一批“绝户网”，重点打击拖网、帆张网加装衬网或使用密眼囊网，力争用一到两年时间，使网目尺寸严重偏离国家规定标准现象明显改善。计划于6月和11月，各组织一次全国范围的涉渔“三无”船和“绝户网”公开清理活动。开展多地联动执法，特别是黄渤海区三省一市要开展统一行动。要加强执法督察，促进清理取缔工作开展。

（三）加强渔政队伍建设

今年是中国渔政成立60周年。农业部将组织渔政精神征文、风采摄影作品征集、比武练兵、召开座谈会等系列活动，系统总结回顾中国渔政60周年工作，对全国渔政工作先进集体和先进个人进行表彰，各地积极配合抓好工作落实。组织开展渔政执法人员能力培训，强化队伍规范化建设，完善渔政执法资格考试制度，指导做好新式渔政制服管理，继续开展渔政文明执法窗口单位创建活动，着力培育一支“懂渔业、爱渔村、爱渔民、善执法”的渔政队伍。

（四）协调推进渔业法制建设

全力推动《渔业法》修订进程，聚焦问题，突出重点，积极协调，力争修订工作取得新进展。积极推动《野生动物保护法》相关配套规章制度的制（修）订工作，加快调整重点保护水生野生动物名录，发布CITES附录水生物种国内保护级别核准名录，研究制定水生野生动物重要栖息地名录，推动出台水生野生动物基准价值标准。加快推进渔港管理立法和《渔业船舶检验条例》修订，加快修订《长江渔业资源管理规定》，制定《长江水生生物保护管理规定》。

八、大力推进渔业改革创新

（一）强化科技支撑

加强现代渔业产业技术体系和国家渔业科技创新联盟等协同创新平台建设，促进渔业科技联合协作。推动“蓝色粮仓科技创新”重点专项、种业自主创新工程、深远海养殖等渔业重大科研项目的设立和实施。围绕渔业绿色发展，加强新品种培育、节能减排、生态修复、负责任捕捞等科学研究和技术研发。各地要主动适应科技体制改革新要求，增强科技创新能力，不断提高科技对现代渔业发展的支撑引领作用，继续深化基层水产技术推广体系改革。高度重视渔业人才队伍建设和培养，着力造就一支懂经营善管理的新型渔业经营人才队伍，着力造就一支懂技术爱渔业的专业人才队伍，着力造就一支强大的科研人才队伍，为现代渔业发展提供强大人才支撑。

（二）抓好油补政策实施和改革

实施好专项转移支付项目，通过落实责任、上下联动、协调配合，加快项目实施进度，提高资金使用效率，避免资金沉淀。各地要按照“省长负责制”要求，抓好一般性转移支付项目实施，加快推进按天核算油补，尽快将国内生产成本补贴发放至渔民手中。同时，抓好“退坡”资金使用与管理，在优先保证国家重点任务配套资金的基础上，集中资金办大事、出效率，避免面面俱到、小而散。推进渔业渔价补贴政策改革，及时总结好经验、好做法，为推动建立以绿色为导向的渔业产业政策体系提供支撑。

（三）加强新型经营主体培育

开展渔业新型经营主体带头人培训行动，培养造就一批渔业实用人才和渔业致富带头人。选树一批渔业新型经营主体典型，带动渔民自发组织发展新型经营主体。优化政策扶持资金使用方式，把渔业新型经营主体的政策扶持力度与其带动的渔民数量挂钩，鼓励各地将政府补贴量化到渔民、折股到渔业新型经营

主体，支持新型经营主体与渔民建立紧密利益联结关系，通过保底分红、股份合作等多种方式，带动渔民分享产业链增值收益。

（四）推进渔业改革试验试点

针对渔业发展管理中的突出矛盾和要求，开展关键领域和关键环节的改革试验试点。开展渔情统计抽样调查试点。建设好浙江省国家海洋渔业可持续发展试点和舟山市国家绿色渔业实验基地，先行先试渔业重点改革事项，打造现代渔业发展样板区。鼓励和支持地方开展改革试验试点，突破体制机制障碍，解放和发展渔业生产力。

以上，是2018年我们要抓的8个方面主要工作。落实好各项工作，关键靠人，靠群众，靠干部。各级渔业部门要认真学习领会习近平新时代中国特色社会主义思想，按照于部长的讲话要求，大兴调查研究之风、求真务实之风，持续加强作风建设，狠抓工作落实落地。做好春节前渔业安全生产，水产品质量安全监管工作。

同志们，渔业渔政工作任务艰巨、使命神圣、责任重大。我们要开拓进取，攻坚克难，推动渔业渔政工作不断取得新发展、新提高、新突破，为实现现代化渔业强国目标做出新的更大贡献。

农业农村部渔业渔政管理局局长张显良在2018年全国水产品质量安全监管工作会议上的讲话

（2018年4月10日）

这次会议是经农业农村部常务会议研究同意召开的。会议的主要任务是深入贯彻落实全国农业工作会议、全国推进质量兴农绿色兴农品牌强农工作会议和全国渔业转型升级推进会精神，总结回顾2017年以及过去5年的水产品质量安全监管工作，分析当前面临的新形势和问题，研究部署下一阶段的水产品质量安全监管工作。刚才，广西、辽宁、浙江、山东、湖北和广东省（自治区）渔业主管部门代表，以及农业部渔业环境及水产品质量监督检验测试中心（广州）代表从不同方面做了大会典型交流，讲得都很好，各地都有好的经验，好的做法，值得大家学习和借鉴。下面，我讲三点意见。

一、2017年以及过去5年水产品质量安全监管工作成效显著

2017年，各级渔业部门坚决贯彻新发展理念和中央“三农”决策部署，始终把水产品质量安全作为重大政治任务抓紧抓好，开拓进取、砥砺奋进，按照韩部长“打赢水产品质量安全提升硬仗”的要求，坚持产管并重，扎实推进质量安全主体责任和监管责任落实，取得显著成效。总体上可以用“稳、严、准、绿”4个字概括。质量安全水平“稳”，全国水产品质量安全水平继续保持稳定向好的势头，2017全年产地监测合格率99.7%，比5年前提高1.2个百分点，连续5年稳定在99%以上。市场监测合格率稳步提升，2017年达到96.3%，比5年前提高了5.8个百分点，创历史最好水平，禁用药物检出率持续下降，全年未发生重大水产品质量安全事件。监管执法“严”，严格执行检打联动，深入开展“三鱼两药”专项整治，2017年，各地共抽检水产品11.2万批次，出动执法人员12.7万人次，行政立案166件，移送司法机关18件，超标样品查处率达100%，有效震慑了违法用药行为。质量安全检测“准”，坚持严格按标准规范开展检测，按标准规范提高能力和水平，保障检测数据客观、公正和高效，每年坚持开展检测机构能力验证和数据复核工作，2017年，检测机构高质高效完成了30万个数据的检测任务。养殖生产“绿”，践行绿色发展理念，把质量安全产出来。推进养殖水域滩涂环境治理，开展渔药减量行动和水产养殖用药科普下乡活动，加强绿色养殖标准制（修）订，开展推进水产健康养殖示范场创建，2017年，新创建全国水产健康养殖示范场750个，渔业健康养殖示范县12个，国家级稻渔综合种养示范区33个，集成示范推广了循环水、零用药和零排放等绿色健康养殖技术模式。

回顾十八大以来5年的工作，主要有以下经验和成效。

（一）持续加强监管体系建设，全国一盘棋的水产品质量安全监管体系初步形成。坚持推进水产品质量安全监管体系建设，特别是新《食品安全法》实施以来，各级政府履行属地管理职责的积极性和主动性显著增强，不断强化水产品质量安全监管体系建设，广东省出台了全国首个水产品质量安全地方性法规《广东省水产品质量安全条例》，以前普遍性的缺机构缺人员缺经费状况有了很大改观。各省级渔业部门都明确了水产品质量安全监管工作主管处室，安排了专职负责人员，据统计，已有20个省（自治区、直辖市）建立了省、市、县、乡四级水产品质量安全监管体系，从事监管工作人员达2.89万人，部分省份还将水产品质量安全工作纳入到属地政府的年终目标考核，为水产品质量安全监管工作提供了有力的组织保障。各级政府加大了资金投入力度，2017年中央财政拨付

4 000 多万元用于水产品质量安全监测和执法,5 年累计总投入超过 2 亿元。2017 年各省(自治区、直辖市)水产品质量安全监管工作经费达到 2.5 亿元,5 年累计投入超过 10 亿元,为水产品质量安全监管工作提供了有力的资金保障。加强水产品质量安全追溯体系建设,国家级平台已开始试点运行,建成省级平台 21 个,市(县)级平台 169 个,各类水产养殖企业可追溯终端 1.6 万个,建成 13 个全国水产品质量安全可追溯试点,广西、江苏、福建、上海、大连等地也建立了地方质量安全信息化监管平台,推动水产品质量安全智慧监管。

(二)持续加强检测体系建设,水产品质量安全监测水平和能力不断提升。坚持加强水产品质量安全检测体系建设,2015 年和 2016 年投资新建两个部级检测中心,6 个风险监测能力建设项目。截至目前,形成了 22 个国家级和省部级质检中心为骨干,地、县、乡级质检中心为补充的水产品质量安全监测体系,各级水产品质检中心数量已达 2 260 个,各地还根据任务需要引入了一些第三方检测机构,增强了检测力量。坚持开展检测机构能力验证和随机进行检测数据复核工作,坚决取消不合格检测机构承担检测任务资格,5 年来,累计检测机构开展 492 次能力验证和 76 次 500 多个检测数据的复核工作,先后根据能力认证结果 2 次取消有关机构承担产地水产品检测任务资格。开展水产品质量安全学科研究,在水产品质量安全高效检测技术、水产品质量安全控制与预警技术及相关基础性研究等方面获得一系列进展。

(三)持续加强专项整治,水产品质量安全重点突出问题治理取得成效。5 年来,按照重点突破与整体推进相结合的原则,针对重点问题、重点区域和重点环节,开展"三鱼两药"和水产苗种专项整治,不断强化贝类产品管控。"三鱼两药"治理成效明显,2017 年检测"三鱼"、孔雀石绿、硝基呋喃样品分别为 600 个、4 800个和 2 300 个,比 5 年前样品数增加 50%,"三鱼"、孔雀石绿和硝基呋喃的合格率分别为 99.5%、99.8%和 99.7%,比 5 年前分别提高 8.2、1.1 和 0.1 个百分点。"三鱼"中鳜鱼全部合格,乌鳢和大菱鲆合格率分别为 99.4%和 98.4%,比 5 年前分别提高5.4、21.1 和 1 个百分点。连续多年开展水产苗种专项整治,重点针对国家级良种场、现代水产种业示范场以及小规模苗种生产厂家开展监督抽查,5 年来抽检 1 952 个样品,2017 年合格率达到 99.2%,比 5 年前提高 6.5 个百分点。严格执法,坚持检打联动,以"零容忍"的态度查处违法用药行为,确保超标样品查处率 100%,在媒体上公布不合格生产单位名单,倒逼生产者主体责任落实。每年开展贝类监测和划型工作,5 年累计监测样品 1.5 万个,严格按照贝类监测结果进行划型和采捕上市管理,杜绝超标区域贝类产品上市,2017 年秦皇岛和漳浦县等对超标区域采取暂时性关闭的紧急管理措施,保障了贝类产品的消费安全。各地不断创新监管方法,严格查案办案,广东会同食药监部门、公安部门联合执法,实行"一月一行动",联合北京市首创了"产销对接"监管模式,打通监管壁垒。福建龙岩市鳗鱼孔雀石绿超标案件责任人被判有期徒刑 5 年,并处罚金人民币 10 万元。山东与公安部门做了大量协调沟通工作,对大菱鲆超标案件进行了司法移交,有力震慑了违法用药行为。

(四)持续加强绿色发展,推进水产品质量安全"产出来"。长期以来,我们坚持树立和践行绿水青山就是金山银山的理念,以绿色发展为导向,推进渔业转型升级,从源头上保障安全水产品"产出来"。一是完善渔业绿色标准体系,加强标准的制(修)订,重点推进节能减排、健康养殖和清洁生产等绿色发展标准的制(修)订,截至目前共制定国家和行业标准 900 多项,地方标准 1 918 项,水产品"三品一标"总数达到 1.27万个。二是优化养殖布局和环境,启动新一轮养殖水域滩涂规划编制,合理划定养殖区、限养区和禁养区,这项工作也是今年渔业渔政工作重点,要求今年年底全部完成。开展洞庭湖等重点流域水产养殖污染治理试点。三是持续推进健康养殖,全国共创建 4 个水产品质量安全示范县,29 个全国渔业健康养殖示范县,6 129 家水产健康养殖示范场,大力推进循环水、零用药和零排放等健康养殖技术模式应用。四是积极发展稻渔综合种养,稻渔生态健康安全产品异军突起,2017 年带动农民增收 300 多亿元。五是防控水生动物疫病,启动水产苗种产地检疫,开展渔业官方兽医资格认定试点,组织水产养殖主要病原微生物耐药性普查和水产养殖用药减量行动试点,开展水生动物疫病监测,未发生区域性重大水生动物疫情。

(五)持续加强规范管理,养殖河鲀有条件放开市场经营工作得到社会认可。我国河鲀食用历史悠久,开展养殖也有 30 年的历史,目前全国有 4 000 余家养殖场(户),产业链从业人数超过 50 万,产值百亿元。鉴于河鲀的特殊性,我们始终坚持疏堵结合,联合有关部门做了大量调研、协调和沟通工作,同时加强河豚毒素的监测和相关标准的制(修)订工作,先后制定颁布河豚毒素监测和加工等 39 项国家和行业标准。经过多方努力,2016 年,农业农村部和国家食品药品监管总局联合印发通知,先行有条件放开养殖红鳍东方鲀和暗纹东方鲀两个品种的市场经营,河鲀的合法经营迈出了关键一步。自养殖河鲀有条件放开市场经营以来，给河鲀产业带来利好，受到社会广泛认可，河鲀市场逐步扩大，红鳍东方鲀改变了多年来单一依靠日本、韩国市场的局面。文件出台后，农业农村部坚持推进河鲀产业规范有序发展，已认证河鲀养殖鱼源基地20个，认证加工企业7个。总体来看，河鲀行业实现了很好的自律管理，较好地执行了有关标准和要求，截至目前，未发生因食用养殖河鲀中毒事件。

（六）持续强化舆情监测，水产品质量安全应急处置能力进一步增强。始终高度重视和关注水产品质量安全舆情，舆情监测分析与应对能力明显增强，已基本上能够做到重大舆情事件发生后，第一时间发出权威声音，做到及时有效应对处置。2017年1月成立全国水产品质量安全专家工作组，建立了水产品质量安全舆情监测系统，实现每日采集信息约3 000条，与新华网、人民网等约50家媒体建立日常和快速沟通渠道，做到日常科普宣传与应急处置相结合，与媒体实现良性互动。日常宣传工作全面得到加强，组织开展了大量科普等正面宣传报道，组织专家在谣言多发时点有针对性地提前做正面宣传文章，制作新闻宣传片，例如近年来开展的大闸蟹、小龙虾等重点水产品上市季节的宣传报道，取得了非常明显的成效，有效遏制了负面谣言信息的传播。应急处置工作有条不紊，近年来先后有效应对处置了“北京活鱼下架”“天津不吃自家池塘养殖鱼”“塑料紫菜”和“桑吉轮”溢油等重大水产品质量安全舆情事件。各地在舆情应对方面也做了大量有成效的工作，不少地方通过“食品安全周”“水产品质量安全开放日”和“知识问答”等形式进行了培训和宣传，据统计，2017年各地共举办活动7 700多场、培训人数29万人次，发放资料130万册，营造了良好的社会舆论氛围。多数省份都制定了水产品质量安全应急预案，上海、福建等地还专门成立了水产品质量安全专家工作组，全面提高水产品质量安全事故应急处置能力和工作水平。

同志们，以上成绩的取得来之不易，这得益于党中央国务院的正确决策和领导，得益于各级政府的积极作为和大力支持，是各级渔业部门，科研教学推广单位，渔政执法和检测机构共同努力的结果，也是有关部委和部内司局密切配合、大力支持的结果，特别是中国水产科学研究院、现代农业产业技术体系渔业体系、全国水产技术推广总站作为技术支撑保障力量，在水产品质量安全监管工作中发挥了不可替代的作用。在此，我代表农业农村部渔业渔政管理局向相关部门、各级渔业主管部门和有关单位同志们的辛勤工作和艰苦付出表示崇高的敬意和衷心的感谢！

二、做好新时代水产品质量安全监管工作要重点解决的突出问题

（一）养殖场底数不清，情况不明，监督抽查覆盖养殖主体范围有限。毋庸讳言，目前就全国绝大部分地区而言，养殖场底数是一笔糊涂账，多年前农业农村部曾根据各地上报数据建立了一个养殖场（户）数据库，上报总数仅20多万个，而根据第三次全国农业普查数据，我国目前养殖户数320万个，其中规模户数仅35万个，就算一个养殖户一个养殖场，各级渔业部门仅掌握了养殖场总数的6%，这反映出我们在做到底数清、情况明上还存在相当大的差距，同时，也说明我们的质量安全监督抽查数据还存在一定的缺陷，还不能完全根据这些数据来决策。由于渔业部门掌握的情况有限，每年监督抽查抽样覆盖主体范围有限，仅在20万个养殖场中来回打转，质量安全状况相对较好的规模化养殖场被抽检比例远大于其在养殖场总数中的比例，有的多年来反反复复在为数不多的养殖场抽样，有的地方甚至同一年上下半年在同一个养殖场抽样，有的地方大量临时更换抽查养殖场，无法真正做到随机抽查养殖对象，这既严重影响了水产品质量安全监督抽查的效果，一定程度上降低了抽查数据的科学性、全面性和客观性。这些问题往小了说抽样覆盖面不够，往大了说监管责任落实不到位，落实国务院“双随机一公开”要求不到位，我们要认识到这个问题是严重的，是可以被追责的。

（二）“三鱼两药”仍然是打赢水产品质量安全这场硬仗中的硬仗。“三鱼两药”一直是水产品质量安全监管的重点和难点，农业农村部高度重视，连续开展专项整治，各级渔业部门在这方面下了很大气力，应该说取得了很大的成效，但不得不承认“三鱼两药”仍然是难啃的硬骨头，是硬仗中的硬仗。目前，国家产地监督抽查计划中，加大了“三鱼两药”的抽检比例，虽然“三鱼”产量仅占2%，但抽检比例达到了12%，重点对孔雀石绿、硝基呋喃、氯霉素、己烯雌酚、喹乙醇和甲基睾酮等6种禁用药物进行检测，其中孔雀石绿抽检比例近90%，硝基呋喃抽检比例近40%。根据近年来检测结果看，除偶有氯霉素检出个别超标外，超标全部为“两药”，2017年15个超标样品中全部为孔雀石绿和硝基呋喃，“三鱼”超标比例占了超标总数的20%，例行监测中大菱鲆合格率基本上处于最低水平。近几年，监测还发现了一些新的动向，连续5年在鲤鱼和草鱼等大宗品种中检出孔雀石绿，提示我们“两药”，特别是孔雀石绿的顽固性，需引起高度重视。

（三）水域环境等外源性污染将会在很长时期内

成为制约水产品质量安全的重要因素。中国是世界上最大的抗生素生产和使用国。抗生素使用后通过各种途径大量进入水域环境,研究表明我国水域环境内存在大量抗生素。我国化肥用量是世界平均水平的4倍,每年180万吨的农药用量,有效利用不足30%。这些农药化肥和兽药多数最终通过各种途径进入到水域环境,全国渔业生态监测网显示,2016年内陆渔业水域中总氮、总磷、高锰酸盐指数超标面积分别为99%、52.6%和24.1%;海洋渔业水域中无机氮、活性磷酸盐、化学需氧量超标面积分别为85.1%、61.8%和23.6%。水域环境污染对海水贝类和捕捞水产品质量安全造成很大影响,根据风险隐患排查结果显示,贝类、虾蛄、梭子蟹的重金属镉超标问题比较严重,部分海域产品的多环芳烃和石油烃等污染物检出率甚至达到100%,当然这些问题有的是标准本身有问题(比如镉),有的检出率高但没有超标或者没有限量标准(比如多环芳烃和石油烃)。此外,渔用饲料,渔药,水质改良剂、底质改良剂、微生物制剂等投入品隐形添加违禁药物还在一定范围内普遍存在,甚至成了"潜规则",一些没有登记在册的小厂家长期处在监管灰色地带,"三剂"等环境投入品由于缺乏明确的监管部门,生产和经营混乱,打击难度大,根据风险监测结果,渔用饲料、渔用化学药品和非药品中禁限药物隐形添加问题较为突出,检出率分别达35.2%、21.2%和11.6%。这些环境因素和投入品的外源性污染将会长期存在,短期内还难以完全消除,需要引起我们高度重视。

(四)贝类和捕捞产品质量安全不确定性因素多,防控难度大。贝类和捕捞产品来自开放性水域,受水域环境影响大,不确定性因素多,一方面风险隐患很大,另一方面防控难度很大。贝类产品产量大、消费量大,捕捞产品在我国也深受推崇,但这些产品的生物特性决定了其极易受环境影响,特别是贝类和甲壳类产品,对重金属都具有易富集性,贝类产品易产生贝毒对人体造成急性中毒。长期以来,我们将贝类和捕捞产品作为监测和防控的重点,每年用于贝类和捕捞产品防控经费近1 000万元,监测样品近4 000个。尽管如此,贝类食用中毒仍时有发生,2016年和2017年连续发生的食用贻贝中毒事件提示我们任何时候都不能放松警惕。贝类和捕捞产品的重金属超标问题应引起我们高度重视,特别是甲壳类产品的镉超标问题,2017年监测显示超标率达100%,我们已就标准问题紧急商卫计委进行修订,避免对消费者造成恐慌,在水域环境等不可控因素影响下,如何做好贝类和捕捞产品监测预警、防止问题产品流向市场是我们监管工作的重点和难点。

(五)质量安全舆情仍然多发频发,给有效应对提出新的挑战。食品安全领域是网络谣言的重灾区,数据显示,网络谣言中"舌尖上的谣言"占45%,水产品更是屡屡中招。谣言往往借助网络煽动公众情绪,甚至不惜通过编造、偷换概念等手段,还有的实在无可炒作时,将旧闻拿来再炒,刻意将问题推向极端,轻者对消费者造成恐慌,对产业造成冲击,重者有的甚至将国家和政府形象推向负面。"北京活鱼下架""天津养殖者不吃自己养殖鱼""海参用药""塑料紫菜"以及"云南三文鱼不能吃"等事件,都是网络谣言传播的典型事件,造谣成本低,传播速度快,产业损害大,事后追责难。随着国家对网络环境的治理和我们持续不断的努力,水产品质量安全舆情有所好转,但总体上仍处于质量安全舆情易发多发频发时期,仍是我们工作面临的严峻挑战。

上述这些问题有的是与渔业现阶段发展水平相关联的,有的是渔业部门自己的问题,有的涉及其他部门,有的是老问题,有的是新问题,无论什么样的问题,解决不好,最终受损的是渔业,最终遭殃的是渔民,新时代新要求,我们要自觉提高站位,树立大局意识,即使1%的问题也要付出100%的努力,既要有找准病根把线头、打七寸的果断,更要有持之以恒的决心和信心,确保不发生重大水产品质量安全事件。

三、扎实做好新时代水产品质量安全监管工作

当前,中国社会发展全面进入新时代,渔业发展也进入新的阶段,面临着新的形势和任务,新时代渔业发展的主要矛盾已经转变为人民对优质安全水产品和优美水域生态环境的需求,与水产品供给结构性矛盾突出和渔业对资源环境过度利用之间的矛盾,解决这个矛盾是我们今后一段时期建设渔业现代化强国要重点解决和完成的首要任务。各级渔业部门要围绕这个首要任务,坚持底线思维,牢固树立质量安全是质量兴渔绿色兴渔品牌强渔的底线意识,采取切实有效措施,坚决打赢水产品质量安全提升的硬仗。

(一)切实做好养殖场动态数据库建设,推动渔业部门监管责任落实。落实国务院"双随机一公开"要求,必须做到对养殖场底数清、情况明。韩部长也多次强调,管行业首先要做到底数清、情况明,这是行业管理的基本要求和前提。目前,有的地方建立了养殖场数据库,更多的地方尚未建立,对本地养殖场情况不能完全掌握,监督抽查做不到随机抽样,抽查对象长期在小范围内循环,这既不公平也不科学,从监管责任的角度说,我们渔业部门是有责任的,新时代的水产品质量

安全监管要有新作为，这样的情况不应该再持续下去，希望各地高度重视，一定要有责任感和紧迫感。从今年开始，我们要加强对监督抽查养殖场的管理，选定后不得随意更改，各地要采取切实措施，避免和减少临时更换抽查养殖场的情况，加大不定期随机抽查的力度。同时各地要采取措施开展本地养殖场数据库建设工作，2020 年前各省都要建立养殖场动态管理数据库，最迟 2021 年，我们要按照"双随机一公开"要求随机抽样检测，为全面有效落实监管责任打下坚实基础。

（二）切实做好专项整治，推动水产品质量安全重点问题解决。要针对"三鱼两药"、水域环境污染、抗生素滥用等重点突出问题，开展专项整治，巩固 2017 年国务院食品安全委员会办公室等 5 部门联合开展的畜禽水产品抗生素、禁用化合物及兽药残留超标专项整治行动成果。2018 年，农业农村部将继续组织开展"三鱼两药"专项整治行动，希望各地根据方案要求加大整治力度，切实打好这个硬仗中的硬仗，全年保持对这个水产品质量安全顽疾的高压态势。各地要根据本地存在的突出问题，开展本地区专项整治行动，特别是长期积累涉及多个部门的一些老大难问题，比如限用药遵守停药期问题、水产饲料等投入品隐形添加问题等，要用好专项整治这把利剑，联合有关部门一起通过专项整治的方式推动问题的解决，为问题最终解决和建立长效机制赢得时间、打下基础。

（三）切实做好质量安全执法，推动养殖者主体责任落实。质量安全执法工作是质量安全监管的牛鼻子，是推进养殖者主体责任落实的第一推动力，今年农业农村部已将水产品质量安全药残超标案件查处纳入到《"中国渔政亮剑 2018"系列专项执法行动方案》，做到发现一起，查处一起，曝光一起，警示一片，必要时将对查办不到位的地方发督办通知。各地要充分利用产地监督抽查结果，坚持检打联动，确保做到超标样品查处率 100%，要加大对违法用药的打击力度，做好行刑衔接工作，符合条件的坚决移送公安机关追究刑事责任。各地要探索建立养殖主体质量安全信用档案，完善执法检查记录，实现养殖主体风险分级，实行量化监督。农业农村部将继续公布产地监督抽查不合格名单，各地要建立"黑名单"制度、失信联合惩戒等信用约束机制，将水产品质量安全信用作为项目评选、行政审批、补贴发放等工作的前提条件。面对点多、量大、面广的养殖经营主体，必须创新问题发现机制，建立健全明察暗访和投诉举报制度，推动水产品质量安全社会共治，倒逼生产者主体责任落实。

（四）切实做好质检机构管理，推动检测工作规范高效运行。检测是水产品质量安全监管的重要环节，是水产品质量安全执法的前提和技术支撑保障，必须确保检测机构高效准确、客观公正检验。今后一段时期，我们将重点加强对检测工作的规范管理，一是请中国水产科学研究院举办研讨培训班，从面上提高检测工作质量；二是坚持开展检测机构能力验证工作，把验证结果作为检测机构考核的重要内容；三是加大检测机构数据复核工作力度，有针对性地发现问题，及时整改；四是严格检测程序管理，检测机构要严格执行检测工作程序规定，确保检测时效性。2018 年，农业农村部将公开检测机构能力验证结果，对连续 2 年不合格的检测机构取消承担任务资格，对数据复核问题严重的机构进行通报，对违反程序规定，抽样单不规范填写，不按时报送结果的机构的要严肃处理。质检机构是水产品质量安全监管的重要组成力量，一定要提高认识，加强内部质量控制，提高能力和水平，确保检测质量和效率。

（五）切实做好河鲀、贝类、捕捞产品和稻渔等重点水产品管控，推动风险隐患化解和防范。一是继续推进河鲀产业规范有序发展。河鲀有条件放开后，价格稳中有升，发展势头良好，有关地方要严格按两部委文件要求，继续推进河鲀产业规范发展，特别要防范野生河鲀违法销售。要继续做好鱼源基地和加工基地的备案管理，试点运行河鲀可追溯管理平台。二是继续加强贝类和捕捞产品预警管控。沿海各地要做好贝类的监测和生产区域划型，密切关注海洋环境监测预报，根据历史数据科学布置监测位点，尤其在赤潮爆发时期，要主动提高监测频率和数量，及时发布预警公告并对相关区域实行暂时性关闭，确保不发生因监管不到位而引起的食用贝类中毒事件。农业农村部将继续开展捕捞产品风险监测，发现风险因素及时预警，各地要重点关注捕捞产品中甲壳类镉超标问题，农业农村部将做好标准修订工作。三是继续完善稻渔产品监测。围绕服务和做大做强稻渔综合种养产业，做好稻渔产品风险监测，重点是对国家级稻渔综合种养示范区的监测，促进示范区切实贯彻生态种养绿色发展理念，切实发挥好示范带动作用。

（六）切实做好"产出来"工作，推动质量兴渔绿色兴渔。2018 年中央 1 号文件和《中共中央办公厅 国务院办公厅关于创新体制机制推进农业绿色发展的意见》，均对水产养殖绿色发展提出了要求，明确了方向，农业农村部也将出台水产养殖绿色发展的指导意见，大力推进绿色生态健康养殖。一是加快渔业绿色发展标准体系建设。今年重点做好养殖尾水排放和捕捞产品中镉标准的修订工作，加强标准宣传贯彻，推进绿色标准化生产。二是大力推进健康养殖。继续开展水产健康养殖示范场和示范县创建，加快水产配合饲料研发和推广，深入实施水产养殖"用药减量"行动，进行池塘标准化改造，推进养殖尾水达标排放。示范推广工厂化循环水、贝藻间养、零用药、零排放等生态健康养殖模式。三是推进稻渔综合种养。据专家测算，稻渔综合种养可减施化肥60%，减施农药50%以上。下一步我们还要加大工作力度，在重点地区开展稻渔综合种养技术示范，继续开展国家级稻渔综合种养示范区创建。四是强化水生动物疫病防控。推进水产苗种产地检疫试点，完善水生动物疫病监测和预警，确保不发生区域性重大水生动物疫情。五是大力推进水产品质量安全可追溯。这项工作我强调多次，各地要高度重视扩大试点范围，加大建设力度，力争在"十三五"末，重点地区重点品种全部实现质量安全可追溯。

（七）切实做好科技创新工作，推动渔业高质量发展高质量监管。我国是渔业大国也是水产养殖大国，但还不算是渔业强国，一个重要的差距就是科技创新能力还不够，要围绕渔业供给侧结构性改革加强渔业科技创新工作，一是要围绕绿色发展，重点研发节本增效、优质安全和绿色环保等技术。长期的粗放式发展造成了水产养殖业数量规模和质量效益不平衡，质量效益发展不充分，特别是有的产品长期存在质量安全问题，就是因为长期以来，重视数量忽视了质量，我们要深刻认识到不讲质量的数量是极大地浪费，坚决调整科研重点和方向。二是要围绕质量安全监管，重点研发先进快速检测、健康养殖标准和质量安全可追溯等技术。水产品质量安全监管是技术性很强的工作，也可以说是渔业监管工作中科技含量高的工作，必须插上科技的翅膀，实现高质量监管。由于我国质量安全监管工作起步晚，基础差，在前期工作中，我们借鉴和引用国外标准和技术多，有的知其然不知其所以然，存在一些与我国实际不相适应的问题也在所难免，目前的可追溯技术对人的依赖还比较大，存在人为干扰问题，这些都是实现高质量监管必须解决的问题，最终要依靠科技创新来解决。科技是兴渔之基，创新是强渔之魂，科研院所、大专院校、龙头企业今后要在推进健康养殖和提高监管科学性上下功夫，渔业产业技术体系要发挥好体系的整体力量，特别是健康养殖和质量安全岗位科学家的作用，要有针对性地加强这方面工作。

（八）切实做好舆情监测分析，推动创造良好社会舆论氛围。任何时候都不能放松质量安全舆情工作，某网络调查，食品消费者最看重食品质量安全，关注度超过92%，但同时数据显示，消费者对食品安全的不满意度近80%，这表明质量安全问题是很容易引发关注的。舆情事件往往是有意无意的谣言造成，谣言貌似不合逻辑，但传播速度快，美国麻省理工一项研究表明，谣言的传播速度是真实信息的6倍。我们要更加审慎的态度加强舆情工作，千万不能好了伤疤忘了痛，一时的好转就掉以轻心，要充分地发挥全国水产品质量安全专家工作组的作用，不厌其烦地强化正面科普宣传工作，既要争分夺秒又要事无巨细地做好辟谣工作，让正面的舆论信息跑在谣言前面，为质量安全工作营造良好舆论氛围。

同志们，习近平总书记强调农产品和食品安全是底线要求，是人民日益增长美好生活需要的基本要求，各级渔业部门要牢固树立"四个意识"，按照"三严三实"精神，落实"四个最严"的要求，以时不我待、责无旁贷的紧迫感和责任感，不忘初心，牢记使命，撸起袖子加油干，坚决守住水产品质量安全这个底线，为新时代渔业发展做出新的更大的贡献。

谢谢大家！

2018 年渔业大事记

1 月

1 日　自即日起，农业部渔业渔政管理局依据新版《中华人民共和国无线电管理条例》的规定，正式对渔业船舶水上移动通信业务标识码实施管理，开展保障船舶管理、保障安全生产、组织应急搜救、维护海上无线电秩序等工作。

12 日　农业部公布第三批农业部渔业健康养殖示范县名单，授予江苏省常州市金坛区等 12 个县（市、区）“农业部渔业健康养殖示范县（第三批）”称号。

12 日　农业部渔业专家咨询委员会在北京召开专题咨询会议，组织专家委员就今后一个时期渔业渔政发展提出意见和建议。于康震副部长出席会议并讲话。

12 日　农业部公告第 2640 号公布首批 33 个国家级稻渔综合种养示范区名单，鼓励推进稻渔综合种养，发挥促进绿色发展、农民增收、三产融合、产业扶贫等作用。

16 日　张显良局长主持召开农业部渔业渔政管理局主题会议，传达落实 16 日上午国务院研究部署做好巴拿马籍油船“桑吉”轮燃爆沉没后的相关工作会议精神，成立渔业应对工作机制和机构，部署当前和下一步工作。

17 日　农业部印发通知，成立新一届农业部濒危水生野生动植物种科学委员会，并在北京召开第一次全体会议，39 位来自科研单位、大专院校、管理部门的专家被聘任为新一届科学委员会委员。

19 日　农业部渔业渔政管理局召开“桑吉”轮燃爆沉没涉渔后续处置工作组扩大会，请相关领域的专家和有关省份渔业主管部门的代表通报交流情况，研判形势，研究部署下一步工作。

23 日　农业部在北京召开渔业转型升级推进会。会议总结回顾 2017 年以及过去 5 年的渔业渔政工作，分析当前渔业渔政事业发展面临的形势，研究新时代渔业发展的目标任务，谋划部署 2018 年及今后一个时期渔业渔政工作。于康震副部长出席会议并讲话。

2 月

1 日　交通运输部联合环境保护部、农业部、国家海洋局联合召开“桑吉”轮碰撞燃爆事故处置工作新闻发布会。

2 日　农业部办公厅印发 2018 年度远洋渔船境外检验和远洋渔业船员境外考试考核工作计划。

11 日　农业部召开全国渔业安全生产工作视频会议，深入学习贯彻习近平新时代中国特色社会主义思想和党的十九大精神，总结 2017 年渔业安全生产工作，安排部署 2018 年重点工作。于康震副部长出席会议并讲话。

12 日　农业部发布关于实施带鱼等 15 种重要经济鱼类最小可捕标准及幼鱼比例管理规定的通告，为促进海洋渔业资源恢复和可持续利用提供了制度保障。

24 日　农业部印发通知，发布《“中国渔政亮剑 2018”系列专项执法行动方案》，对全年重点渔政执法工作进行了安排和部署。该方案包括海洋伏季休渔执法，清理取缔涉渔“三无”船舶，违规渔具渔法清理整治，长江流域、珠江、闽江及海南省内陆水域禁渔期执法，黄河流域、海河流域（京津冀地区）渔政联合执法，内陆边境水域渔政执法，国家级水生野生动物自然保护区执法，近海养殖水域滩涂环境整治执法和海洋渔船规范管理执法等 9 个子行动。

24 日　农业部印发紧急通知，再次重申相关严防远洋渔船非法越界捕捞的规定，要求加大公海作业渔船的管控力度，所有公海作业渔船必须与邻近国家专属经济区线保持 3 海里安全距离，避免引发涉外违规事件。要求进一步强化远洋渔业安全规范生产，促进远洋渔业规范有序发展。

27 日　农业部渔业渔政管理局召开新闻通气会，张显良局长向中央各大媒体通报当前渔业渔政工作有关情况和 2018 年重点宣传内容及有关安排，就如何进一步做好渔业渔政宣传工作与媒体记者进行交流讨论。

28 日　农业部渔业渔政管理局印发通知，要求各地渔业行政主管部门提高思想重视程度，进一步强化渔船港口监管、涉外渔船管理、商渔船碰撞防控和渔业应急值守，坚决防范和遏制重大、特大事故发生。

28日　农业部在上海市召开“中国渔政亮剑2018”专项执法行动部署会，同时启动春季禁渔同步执法行动。于康震副部长出席会议及执法启动活动。

3月

8日　阿根廷就我涉嫌进入阿专属经济区的“京远626”等5艘渔船发出国际刑警紫色通缉令事，农业部渔业渔政管理局立即召集有关单位、中国远洋渔业协会和涉事公司紧急研究会商，形成下一步处置工作意见。

12～16日　中国俄罗斯渔业合作混合委员会第27次会议在厦门举行，双方就中俄两江议定书执行、海洋捕捞合作、中俄政府间打击非法捕鱼协定的实施等问题进行了会谈。

22日　中国加拿大渔业委员会第四次会议在北京举行，双方就国际和区域渔业事务以及双边贸易、打击IUU、北极渔业等问题进行了会谈。

29日　农业农村部印发通知，部署2018年全国违规渔具清理整治工作。

29日　农业农村部渔业渔政管理局支持成立斑海豹保护联盟，凝聚社会各界力量做好斑海豹保护工作，推动水生野生动物保护事业发展。

29日　中国与坦桑尼亚桑给巴尔举行渔业会谈，就双方渔业合作谅解备忘录文本内容达成一致。

29日　农业农村部决定在浙江省台州市开展国家渔船综合管理改革实验基地建设。重点推进渔船分类分级分区管理改革，实施渔业资源总量管理，探索建立渔港港长制。

4月

1日　农业农村部在北京密云水库启动“中国渔政亮剑2018”海河流域（京津冀地区）渔政联合执法行动。

1日　农业农村部和河南省人民政府在黄河小浪底水库举行了黄河禁渔期制度暨渔政联合执法启动活动。于康震副部长出席并讲话。

2日　农业农村部印发《2018年国家水生动物疫病监测计划》，将在全国30个省（自治区、直辖市）和新疆生产建设兵团全面开展鲤春病毒血症、白斑综合征等8种重大水生动物疫病的专项监测，重点监测水产原良种场和苗种场，强化阳性养殖场净化和突发疫情处置，保障水产养殖生物安全。

2日　农业农村部印发通知，开展2018年全国水产健康养殖示范创建活动，以依法兴渔、绿色兴渔、质量兴渔为重点，推动创建农业农村部渔业健康养殖示范县10个以上，创建（综合提升）农业农村部水产健康养殖示范场500个以上，并作为2018年农业农村部“农业质量年”活动的重要措施启动实施。

4日　张显良局长主持召开农业农村部渔业渔政管理局常务会议，传达学习国务院机构改革推进会议精神和农业农村部机构改革工作小组会议精神，研究部署涉及渔业机构改革有关事项，成立渔业渔政管理局机构改革工作小组及办公室。

8日　张显良局长主持召开农业农村部渔业渔政管理局第8次局常务会议，集中专题研究了渔船渔港动态监控管理系统异地容灾备份中心项目建设工作，正式启动项目建设。

9日　农业农村部渔业渔政管理局会同江苏省农业农村厅在南通市组织开展“中国渔政亮剑2018”涉渔“三无”船舶集中拆解活动，现场拆解6艘大型钢制涉渔“三无”船舶、近500艘（张、顶）浮子筏及禁用渔具。

10日　生态环境部、农业农村部、水利部三部门联合发布《重点流域水生生物多样性保护方案》，为重点流域水生生物多样性保护行动提出了具体的保护重点和保护任务。

10日　农业农村部办公厅印发通知，确定新一届黄河流域渔业资源管理委员会委员组成。

10日　农业农村部在广西召开2018年全国水产品质量安全监管工作会。会议总结回顾了2017年以及过去5年的水产品质量安全监管工作，分析了当前监管工作面临的新形势和问题，并就下一阶段的水产品质量安全监管工作进行研究部署。农业农村部渔业渔政管理局局长张显良出席会议并讲话。

16日　农业农村部副部长于康震接待来访的香港立法会议员、香港渔民团体联会会长何俊贤一行，就继续支持港澳流动渔民发展以及渔民关心的捕捞辅助船休渔和发展远洋渔业等问题深入交换了意见。

19日　农业农村部渔业渔政管理局在重庆召开2017年度渔业统计年报数据集中会审会，关于渔业统计年报与第三次全国农业普查数据衔接问题在会上基本落实。

24日　《中国农业百科全书·渔业卷》修订编撰工作启动会在青岛举行，会议对渔业卷修订编撰工作进行了部署，初步确定了编写大纲和各分支主要内容，明确了任务分工和工作要求。农业农村部渔业渔政管理局局长张显良参加会议并讲话。

26日　农业农村部渔业渔政管理局在福建省厦门市召开海洋渔业限额捕捞试点工作推进会，研究部署进一步完善试点方案，扩大试点范围，推动试点工作深入开展。

27日 国家绿色渔业实验基地海洋生态牧场建设暨海洋渔业执法亮剑启动仪式在舟山市举办。

27日 农业农村部渔业渔政管理局、全国水产技术推广总站、中国水产学会和云南省农业厅在云南省红河哈尼族彝族自治州元阳县联合举办哈尼梯田稻渔综合种养产业扶贫技术培训活动。

5月

1日 农业农村部会同中央外事工作领导小组办公室、中国海警局在广东湛江组织开展2018年海洋伏季休渔执法启动活动。农业农村部渔业渔政管理局局长张显良出席活动并致辞。

2日 农业农村部印发通知，将水产苗种产地检疫试点范围扩大到天津、浙江、安徽、山东、广东5省（直辖市），全力保障水产品质量安全和生物安全，推动水产养殖业绿色高质量发展。

4日 我国首座全潜式大型智能网箱"深蓝1号"在山东日照成功下水。农业农村部副部长于康震出席现场会并致辞。

7日 农业农村部印发通知，全面部署渔政执法"全国统考"工作。

8日 由农业农村部渔业渔政管理局支持，全国首届"中华白海豚保护宣传日"活动在各地同步举行，并确定将每年农历三月廿三日（即妈祖诞辰日）作为"中华白海豚保护宣传日"。

8日 农业农村部印发开展2018年休闲渔业质量提升年活动的通知，农业农村部及地方各级渔业主管部门将重点组织开展规范管理、能力提升、品牌建设、支撑引领、宣传推广等五大系列活动。

8日 2018中越北部湾渔业资源联合增殖放流与养护活动在中越边境广西东兴市北仑河口举行。农业农村部副部长于康震出席活动并致辞。

11日 农业农村部办公厅印发通知，部署渔业安全生产督查工作。

11日 农业农村部渔业渔政管理局在山西省太原市组织沿黄9省（自治区）集中研究、推进黄河禁渔渔政交叉联合执法工作。

17日 农业农村部渔业渔政管理局召集河北、辽宁、江苏、浙江、山东以及天津等6省（直辖市）在山东省威海市集中研究和部署加强渔船管控、构筑环鲁"护城河"机制问题，要求相关省份渔业渔政部门提高政治站位，切实履行属地管理责任，从严落实执行伏季休渔制度和船籍港休渔政策，强化交界水域和赴韩国、朝鲜海域生产渔船的管理，确保伏休秩序和相关海域稳定、可控。

18日 农业农村部渔业渔政管理局在浙江省德清县组织开展了渔业节能减排技术现场观摩交流活动。实地参观了德清县水产养殖尾水治理系统现场，有关专家进行了循环水养殖技术专题讲座。来自地方渔业主管部门、科研机构、推广体系和企业的60余人参加活动。

21日 农业农村部发布第28号公告，公布审定通过的"异育银鲫""中科5号"等18个水产新品种。

21日 农业农村部渔业渔政管理局支持中国水产科学研究院黄海水产研究所在青岛启动"黄渤海江豚种群数量和洄游分布及其保护调查"，将为全面了解掌握黄渤海区江豚种群现状和提出保护措施提供科学支撑和科学依据。

23日 农业农村部渔业渔政管理局和部分沿海省份渔业主管厅局在海南三亚举办世界海龟日主题宣传活动暨中国海龟保护联盟成立大会，刘烨被授予"中国水生野生动物保护公益形象大使"称号，90多家单位成为首届海龟联盟成员。活动期间，还集中放生了37只救助罚没海龟，并对6 000余件罚没水生野生动物制品进行了销毁活动。农业农村部渔业渔政管理局局长张显良出席活动并讲话。

25日 由农业农村部渔业渔政管理局发起，委托国家大宗淡水鱼产业技术体系和国家水产品加工技术研发中心主办的淡水鱼加工技术与产业发展需求对接活动在华中农业大学举行。活动共征集到52项科技成果、15项技术需求，现场达成合作协议并签约6项。

25日 农业农村部联合辽宁省人民政府和中国海洋石油集团有限公司在葫芦岛市举办"2018辽东湾水生生物增殖放流活动"，共放流中国对虾、褐牙鲆等经济苗种500余万尾，放生救助斑海豹8头。

25日 农业农村部发出通知，决定从5月下旬至6月上旬，在沿黄9个省（自治区）同步开展黄河禁渔交叉联合执法行动，同时开展渔政执法工作督查。

25日 农业农村部发出通知，通报各地伏季休渔执法情况和存在问题，要求各地切实落实船籍港休渔制度，人防与技防相结合加强渔港动态监管，重点强化异地休渔和挂靠渔船管理；健全省际间、部门间协调联动机制，推进海陆执法联动监管；建立违法违规渔船黑名单制度，全面加强执法宣传和队伍规范化建设。

28～30日 中越北部湾渔业联合委员会第15次会议在越南岘港举行。双方对既定议题进行了深入讨论，并签署了会谈纪要。

30日 农业农村部渔业渔政管理局组织沿黄9个省

(自治区)渔业渔政部门同步开展为期一周的黄河禁渔联合交叉联合执法行动。此次联合交叉执法行动共派出 9 个执法工作组,调派 20 多艘渔政船艇和相关执法车辆,对农业部 2018 年 2 号通告规定的黄河干流、主要支流及通河湖泊等黄河禁渔水域的重点地区以及相关渔船停靠点开展异地执法检查。执法工作组同时对基层渔政机构开展了执法督查活动。农业农村部渔业渔政管理局局长张显良在河南省参加了交叉执法活动。

6 月

7 日　农业农村部会同江西省人民政府在鄱阳湖联合举办"全国放鱼日"主会场水生生物增殖放流活动。农业农村部部长韩长赋出席活动。活动期间,共向鄱阳湖放流四大家鱼、河蟹和胭脂鱼等水生生物苗种 230 余万尾,还首次采用无线电遥测技术,对鄱阳湖长江江豚的昼夜活动规律开展研究。

7 日　农业农村部渔业渔政管理局在江苏苏州召开新增远洋渔船远洋渔业项目论证会,组织专家对 19 家企业申报的坦桑尼亚桑给巴尔、塞拉利昂及金枪鱼围网共 205 艘新增远洋渔船项目进行了集中论证。

12 日　农业农村部渔业渔政管理局联合全国水产技术推广总站、中国水产学会在江苏省盱眙县发布《中国小龙虾产业发展报告(2018)》。

11 日　农业农村部在北京集中开展养殖水域滩涂规划编制发布工作督导,农业农村部副部长于康震听取 10 省份情况汇报并作重要讲话,强调各省要提高认识,强化渔业高质量绿色发展的规划引领作用,狠抓落实,确保全面完成养殖水域滩涂规划编制发布各项任务。

12～13 日　2018 年全国水产苗种产地检疫培训班在杭州举办。各省(自治区、直辖市)负责产地检疫的渔业主管部门,以及渔政执法和水生动物疫控机构的 90 余名人员,接受了检疫相关法律法规和执法业务的培训。

14 日　农业农村部和福建省人民政府,联合举办鲤鱼溪国家级鱼文化主题公园共建暨部省联合增殖放流活动。农业农村部副部长于康震和福建省人民政府副省长杨贤金共同为国家级鱼文化主题公园揭牌,当天共在鲤鱼溪投放 1 500 尾,之后陆续投放 150 余万尾鱼。

15 日　农业农村部向国务院行文,申请开展全国渔业执法工作先进集体和先进个人评选表彰活动。

18 日　农业农村部副部长于康震和塞拉利昂渔业与海洋资源部部长艾玛·科娃在塞拉利昂首都弗里敦主持召开第一届中国－塞拉利昂渔业混合委员会会议。双方就科学合理确定中方渔船入渔规模、共同打击非法捕捞活动、建立捕捞信息交流机制、共同创造良好投资环境、加强塞渔业资源评估、港口设施建设和促进塞内陆捕捞以及水产养殖发展等议题进行了商讨并达成了共识。

21 日　农业农村部渔业渔政管理局、中国水产科学研究院、西藏自治区农牧科学院在西藏自治区拉萨市共同举办渔业科技援藏启动仪式。活动期间,与会专家就渔业科技援藏工作进行了专题研讨,签订了渔业科技援藏五年规划书、渔业科技援藏专家三方协议书,举行了西藏农口院士专家工作站揭牌仪式,签订了中国水产科学研究院、西藏农牧科学院共建水生生物资源研究中心协议。

29 日　农业农村部对辽宁省营口市人民政府进行安全生产约谈,要求营口市深入学习贯彻落实党中央国务院关于安全生产的重要部署。进一步强化红线意识,严格按照"四不放过"原则,做好"4·14"事故调查处理。农业农村部渔业渔政管理局局长张显良受农业农村部副部长于康震委托主持约谈并讲话。

7 月

11 日　农业农村部在新疆维吾尔自治区乌鲁木齐市召开全国渔业扶贫及援疆援藏工作座谈会。会议总结交流了党的十八大以来全国渔业扶贫及援疆援藏工作情况,展示了渔业扶贫及援疆援藏工作成果,签署了渔业援疆对口合作协议,并对今后一段时期全国渔业扶贫及援疆援藏工作进行了部署。农业农村部副部长于康震出席会议并讲话。

15 日　2018 年度渔业行政执法人员执法资格统一考试在全国 22 个考区同步举行,来自全国 31 个省(自治区、直辖市)的 6 300 多渔政人员参加考试。为严肃考试纪律,农业农村部派出 12 个巡察组就考场布置、考试组织、监考员履职和试卷及答题纸回收等情况开展巡察。

16 日　农业农村部下发通知,启动辽宁省普兰店区中国对虾、福建省厦漳海域梭子蟹、广东省珠江口白贝限额捕捞试点工作,这是继 2017 年浙江、山东开展限额捕捞试点后的新增试点地区,至此,我国海洋渔业资源限额捕捞第一批试点已全部启动。

18 日　农业农村部渔业渔政管理局调整农业农村部渔业无线电管理办公室人员组成,农业农村部渔业渔政管理局局长张显良任办公室主任,副局长韩旭任办公室副主任。

24 日　农业农村部公布违反海洋伏季休渔期制度、损害海洋生态文明建设的渔政执法监管十大典型案例。

25 日　农业农村部印发通知，决定从 7 月下旬开始，在沿海 11 省（自治区、直辖市）同步开展海洋伏季休渔交叉联合执法督察行动。

27 日　农业农村部在广东省湛江市举办减船转产渔船集中拆解活动。

8 月

1～7 日　农业农村部组织开展海洋伏季休渔交叉执法督察行动。

9 日　2018 年全国渔业安全事故调查专家委员会全体会议在吉林省白城市举办。

9 日　2018 年全国水产品市场信息工作会议暨上半年全国水产品市场形势分析会商会在乌鲁木齐召开。

17 日　根据农业农村部党组 2018 年 8 月会议决定：张显良任渔业渔政管理局局长，李书民任渔业渔政管理局副局长，刘新中任渔业渔政管理局副局长，韩旭任渔业渔政管理局副局长，江开勇任渔业渔政管理局副巡视员。

21～23 日　农业农村部在广西柳州举办全国渔业油价补贴政策改革培训班。

9 月

4 日　农业农村部渔业渔政管理局、中国水产科学研究院、甘肃省农牧厅、白银市人民政府在甘肃省景泰县共同举办盐碱水渔农综合利用典型模式现场观摩活动。

6 日　根据 2018 年 9 月 3 日签署的《中华人民共和国农业农村部与坦桑尼亚桑给巴尔革命政府农业、自然资源、畜牧和渔业部关于渔业合作谅解备忘录》，农业农村部副部长于康震与坦桑尼亚桑给巴尔农业、自然资源、畜牧和渔业部部长拉希德 · 阿里 · 朱马于当日上午共同主持召开中桑渔业联合委员会第一次会议，就加强中桑渔业合作进行磋商并达成广泛共识。

7 日　农业农村部渔业渔政管理局组织召开全国稻渔综合种养集中研讨会议，交流各地稻渔综合种养工作进展情况和经验，部署下一步工作。农业农村部渔业渔政管理局局长张显良出席会议并讲话。

11 日　农业农村部决定自 2018 年起开展为期三年的海洋违规渔具清理整治“清网”行动，并对相关工作进行安排部署。

11 日　农业农村部渔业渔政管理局组织召开渔业国际贸易跟踪研究专家会商会，邀请国务院发展研究中心、中国海洋大学等研究机构、高校的有关专家就应对中美经贸摩擦、WTO 渔业谈判等问题开展研讨交流。会议宣布成立中美经贸摩擦跟踪研究专家组和 WTO 渔业谈判研究专家组，聘请有关专家对相关问题开展跟踪研究。

15 日　农业农村部渔业渔政管理局、长江流域渔政监督管理办公室联合湖南省农业委员会和岳阳市人民政府共同举办“2018 全国内陆渔业水上突发事件应急演练”活动。

16 日　首届中国农民丰收节系列活动，第二十一届中国（宁波象山）开渔节举行。农业农村部副部长于康震出席活动并致辞。

17 日　农业农村部印发通知，批复渔业渔政管理局职能配置、内设机构、人员编制等内容，设综合、行业发展、科技与市场加工、养殖、渔船渔港、远洋渔业、资源环保、国际合作、渔政和安全监管与应急等 10 个处。

19 日　农业农村部印发通知，决定即日起到 2019 年 11 月，在全国范围内组织开展打击电鱼活动专项执法行动。

20 日　经农业农村部领导批准，渔业渔政管理局联合全国水产技术推广总站 中国水产学会，联合发布《2017 年全国渔业经济统计公报》，并编印《2018 中国渔业统计年鉴》。

21 日　农业农村部渔业渔政管理局组织召开农业农村部渔业渔政管理局和交通运输部海事局第三次商渔船安全工作会商会议，农业农村部渔业渔政管理局局长张显良主持会议并讲话。

30 日　农业农村部渔业渔政管理局组织召开渔业一二三产融合发展工作现场会。通过现场观摩和集中会议，总结交流各地推动渔业融合发展的经验和做法。农业农村部副部长于康震出席会议并讲话，安排部署下一阶段重点工作。

10 月

9 日　农业农村部制定并公布《〈濒危野生动植物种国际贸易公约〉附录水生动物物种核准为国家重点保护野生动物名录》。

24 日　农业农村部渔业渔政管理局组织沿海 11 省（自治区、直辖市）渔业主管部门组成 11 个工作组，开展为期 7 天的海洋违规渔具清理整治交叉监督检查。

27 日　农业农村部渔业渔政管理局联合各省（自治区、直辖市）渔业主管部门启动第九届全国水生野生动物保护宣传月活动。

11 月

9 日　中韩渔业联合委员会第十八届年会在韩国釜山举行，双方签署会议纪要。根据纪要，2019 年，双方各自许可对方国进入本国专属经济区管理水域作业的渔船数为 1 450 艘(不含辅助船)、捕捞配额维持 57 750 吨不变。中韩联合增殖放流活动将于 2019 年在中国举行,中韩暂定措施水域联合执法巡航将于 2018 年年底前开展。

21 日 农业农村部召开《中华人民共和国渔业法》《中华人民共和国农产品质量安全法》修订领导小组第一次会议,对《中华人民共和国渔业法》修订工作做出总体部署。农业农村部副部长于康震出席会议并讲话。

12 月

3 日 经农业农村部 2018 年第 7 次常务会议审议通过,《渔业捕捞许可管理规定》正式印发,自 2019 年 1 月 1 日起施行。

5 日 农业农村部印发通知,明确自 2020 年 1 月 1 日起,严格依据流动渔船船长和船舶安全技术状况等核定其捕捞作业场所。

11 日 农业农村部发布公告,修订海洋渔船、港澳流动渔船船网工具指标和捕捞许可证书证件样式。

11 日 农业农村部印发通知,部署新版渔业船员证书换发工作。

20 日 农业农村部与国务院港澳事务办公室联合召开港澳流动渔船渔民工作座谈会,交流港澳流动渔船渔民管理工作,研究完善管理工作机制,进一步加大政策扶持力度,切实做好流动渔船渔民管理,保持和稳定爱国爱港爱澳力量。农业农村部副部长于康震出席会议并讲话。

27 日 农业农村部印发公告,公告了全国第二批共 34 个国家级稻渔综合种养示范区。

27 日 农业农村部发布《海龟保护行动计划(2019—2033 年)》。

27 日 农业农村部办公厅印发通知,授予 1 259 家单位“农业农村部水产健康养殖示范场(第十三批)”称号,其中,经考核验收合格的原农业部水产健康养殖示范场(第五批和第八批)纳入农业农村部水产健康养殖示范场(第十三批)管理。

27 日 农业农村部印发通知,组织评选全国渔业执法工作先进集体和先进个人。

(农业农村部渔业渔政管理局)

索　引

说　明

一、本索引采用分析索引方法，按汉语拼音顺序排列，同音字按声调排列。

二、"法律法规文献""渔业经济统计""领导讲话""2018 年渔业大事记"栏目中的具体内容未作索引。"各地渔业"栏目中的条目按正文排列，不参与排序。

三、索引词条后的数字表示内容所在的正文页码。

S

T

X

Y

Z

图书在版编目(CIP)数据

中国渔业年鉴. 2019 / 农业农村部渔业渔政管理局主编. --北京:中国农业出版社,2020.6
ISBN 978-7-109-26964-4

Ⅰ.①中… Ⅱ.①农… Ⅲ.①渔业经济-中国-2019-年鉴 Ⅳ.①F326.4-54

中国版本图书馆CIP数据核字(2020)第104956号

中国渔业年鉴 2019
ZHONGGUO YUYE NIANJIAN 2019

中国农业出版社出版
地址:北京市朝阳区麦子店街18号楼
邮编:100125
责任编辑:贾 彬 徐 晖
文字编辑:贾 彬 耿增强
印刷:北京通州皇家印刷厂
版次:2020年6月第1版
印次:2020年6月北京第1次印刷
发行:新华书店北京发行所
开本:787mm×1092mm 1/16
印张:22.25 插页:36
字数:883千字
定价:300.00元

ISBN 978-7-109-26964-4

“今日中国渔业”彩版专栏

目　录

美国大豆出口协会

美国大豆出口协会是由美国大豆协会、美国大豆基金会等美国大豆产业主要的利益攸关方共同创立的代表大豆种植者、农产品出口企业、贸易企业、相关涉农企业和农业组织，从事国际市场推广活动的非营利性的、会员制的民间组织，总部设在美国“大豆玉米带”中心的密苏里州圣路易斯市。自1982年在北京成立办事处以来，美国大豆产业组织同中国农业界建立起长期的密切合作关系，致力于服务中国的农业经济，帮助中国农业经营企业提高经营能力和经营效益，为保障中国可持续的粮食安全和食品安全做出自己的贡献。

美国大豆出口协会在中国开展水产养殖项目近30年。我们在不同的水产养殖发展阶段，结合中国水产养殖的实际现状和特点，重点研发和推广高效、先进的水产养殖理念和现代化的水产养殖技术，其中包括小体积高密度网箱养殖技术（LVHD）、80 ： 20池塘养殖技术（80 ： 20）和池塘循环流水养殖技术(IPRS)等。每年通过举办大量的水产养殖示范试验、培训班和现场技术服务，我们一如既往地致力于帮助推进中国水产养殖业绿色发展，实现可持续发展，从而生产出优质、安全、健康的水产品。

美国大豆出口协会力求不断创新，研发先进的水产养殖技术，服务于可持续发展的绿色水产养殖业。早在2007年，由美国大豆产业出资在美国奥本大学与该校共同开展了一系列有关池塘循环流水养殖系统的技术研究。早在2013年，美国大豆出口协会在江苏省苏州吴江率先开展了首例池塘循环流水技术养殖草鱼示范试验。该试验结果十分成功，取得了较高的经济、社会和生态效益，引起了中国政府相关职能部门以及水产行业的极大关注和认可。鉴于美国大豆出口协会IPRS技术具有资源节约、环境友好、技术先进、操作简便、生产可控、产品安全和效益倍增等显著特点，目前已在中国20个省份广泛推广应用。同时，IPRS技术已被列入重点现代化水产养殖技术之一在中国推广应用。据不完全统计，截至2018年底IPRS流水槽数量达6 000条。目前，美国大豆出口协会正继续加大IPRS技术的研发和推广力度，同时也在探索IPRS+ 的新思路、新模式，进一步提高IPRS的综合效益和技术潜力。IPRS正向标准化、规模化、智能化、产业化不断发展，将为中国绿色水产养殖业的可持续发展奠定坚实的基础。

江苏省海洋水产研究所

青年文明号1

江苏省海洋水产研究所成立于1978年，是江苏省农业农村厅和科技厅双重领导的公益一类省属科研机构，专业从事海洋与渔业科学研究，主要承担海洋生态与渔业资源监测监控及重点海域生态环境修复研究，海洋渔业种质资源保护与开发利用，海洋生物技术应用基础研究，海水养殖技术研究与推广，水生动物重大疫病与控制技术研究，海洋与渔业技术咨询服务，水产品质量检测，水产职业技能与技术工人等级培训、考核和鉴定等工作。

近年来，研究所在人才队伍建设、科技平台创新、海水养殖技术研发、海洋资源环境保护等方面取得了骄人业绩，构建了海水增养殖、海洋生物与遗传育种、海洋渔业资源、海洋生态环境监测与评估、水产养殖病害等五大学科，涵盖20余个研究方向，成立了藻类、贝类、海水虾蟹类、海水鱼类四大创新团队，形成了优势突出、多学科并进的科研创新体系。在紫菜种质创新与栽培、贝类苗种培育与增养殖技术等方面处于国内领先地位。

现有在职职工83名，其中正高级专业技术人员14名，副高级17名，硕博士学位人员40余人，留学归国人员7人，在职享受国务院特殊津贴人员2人，国家现代农业产业体系岗位科学家1人，全国农业先进工作者1人。

秉承“创新、协调、绿色、开放、共享”的发展理念，该所5年来先后主持承担国家海洋公益性行业科研专项、国家“863”计划、国家科技支撑计划、蓝色粮仓科技计划、国家自然科学基金以及江苏省水产三新工程重大项目、江苏省农业自主创新重大科技专项等121项，取得重大科研成果20余项，获省部级奖20余项，在国内外发表科技论文127篇（SCI收录30余篇），制（修）订标准27项，获专利授权33件，科技创新能力不断增强。

紫菜种质检测

渔业资源室研究人员开展渔具渔网鉴定

海洋生物技术研究室人员

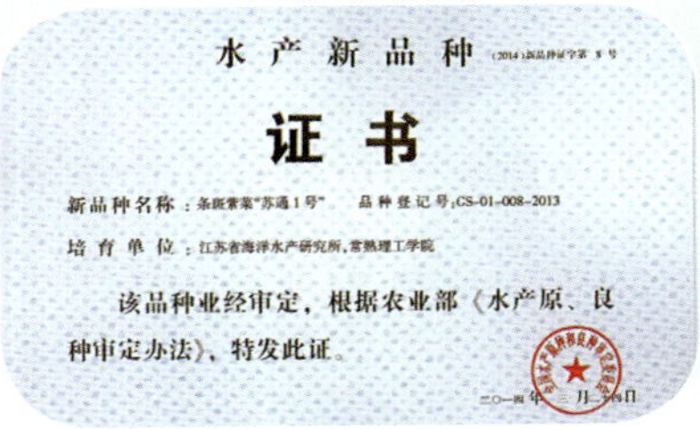

水产新品种 (2014)新品种证字第 8 号

证书

新品种名称：条斑紫菜"苏通1号"　品种登记号：CS-01-008-2013

培育单位：江苏省海洋水产研究所，常熟理工学院

该品种业经审定，根据农业部《水产原、良种审定办法》，特发此证。

二〇一四年 月 日

条斑紫菜新品种

紫菜种质保存

海洋水生生物增殖放流及效果评估

上海水产集团有限公司

大型金枪鱼围网船JABBUK

金枪鱼围网船载助渔用小型直升机

大型金枪鱼围网船在中西太平洋渔场捕捞作业场景

上海水产集团有限公司（以下简称“上海水产集团”）是从事远洋渔业生产经营为主业的大型国有企业。2017年5月，上海水产集团与光明食品（集团）有限公司实施联合重组，现为光明食品（集团）有限公司旗下，专业从事海洋食品资源开发和利用的全资子公司，注册资本15亿元，总资产为52.83亿元。

上海水产集团拥有各类专业远洋渔船80余艘，船舶总吨位8.45万吨，主机总功率9.94万千瓦，常年作业于太平洋、大西洋和南极公海海域，以及有关国家专属经济区海域，年捕捞产量约15万吨。上海水产集团通过战略布局，在海外10多个国家和地区投资建立了19家合资（合作）企业或代表处，已发展成为一家以利用国际渔业资源进行远洋捕捞和水产品精深加工及贸易为核心业务的跨国企业集团，形成了外向型经济格局，获得过上海市政府颁发的“走出去”贡献奖和“走出去”企业领头羊光荣称号，是上海市跨国经营20强企业之一。

“十二五”以来，在我国远洋渔业政策的指引下，上海水产集团加快了老旧渔船更新建造步伐，船舶平均船龄明显下降，渔船装备技术得到全面提升，安全系数大为提高，产能效率上了新的台阶。在渔业捕捞技术上，运用了直升机探捕和电子浮标跟踪等先进手段，产能、技术、安全、节能诸要素上了新台阶，奠定了远洋渔业可持续发展的基础。

在确保有效生产的前提下，上海水产集团在产能和产品结构的调整中，聚焦适合国内消费市场的海鲜类品种，以水产品消费新需求为抓手，承担国有企业的社会责任，扩大产品开发和有效供给，积极服务国内市场供应，为国民提供优质深海水产品，改善国民饮食质量，打造“从渔场到市场”的高效远洋渔业产业链。不断提高自捕鱼回运国内比重，每年运回数量已占捕捞总产量的50%以上。同时，借助海外自有基地的优势，推进落实海外并购项目，并通过一般贸易渠道采购适合市场需求的海产品加以补充，满足了国内市场优质海产品的有效供给，让国人越来越多地得到国家发展远洋渔业的政策红利。

上海水产集团致力于海洋资源获取和市场渠道拓展的双推进，稳步建设“从渔场到市场”的高效远洋渔业产业链，以“产业外扩，产品回国”发展战略驱动产业发展，并以此作为支撑公司发展提质增效的新动力，努力打造成为国内领先、国际知名的海洋资源食品集团。

毛里塔尼亚项目新更新的38米单甲板拖网远洋冰鲜渔船

举办冰鲜蓝鳍金枪鱼品鉴秀

海外企业优质海产品参展中国国际进口博览会展示

水产地理标志品牌——余姚甲鱼

余姚地处浙东宁绍平原，因南有句余山，北有姚水，于是以山川之名命名为“余姚”，素有浙东名邑，文献名邦之称。余姚甲鱼原产地养殖区域为北纬29° 39' ~ 30° 21'，东经120° 52' ~ 121° 25'之间区域内，该区域地理地貌、水文独特，繁衍生长出具余姚特色的余姚甲鱼。

政府的鼓励引导是余姚甲鱼产业持续快速发展的重要因素。近年来，宁波市、余姚市各级政府重视现代渔业发展，各级财政投入加大，扶持甲鱼产业发展建设。宁波市“3+2”主导产业发展规划，余姚市“315”“415”示范工程，余姚市甲鱼产业发展规划，中华鳖养殖病害互助保险，余姚市水产养殖池塘标准化建设和改造项目专项资金管理办法等产业发展政策频频出台，为甲鱼产业的发展和提升提供了政策保障，成为余姚甲鱼行业发展的助推器和加速器。2011年12月，余姚市被授予“中国生态甲鱼之乡”称号。为有效解决单个生产者生产规模小、服务领域窄、市场竞争弱等问题，余姚市于2013年正式成立余姚甲鱼产业协会，并成功申报“余姚甲鱼”为农业部地理标志保护农产品，在政府的扶持引领下，甲鱼产业全面进入“合力搞生产、抱团闯市场”的发展新时期。在2015年中国农产品区域公用品牌价值评估中，余姚甲鱼品牌价值为2.48亿元。截至2018年12月，实现全市养殖总产量1 500吨，产值3亿元。2016年1月，余姚甲鱼获“全国十大魅力农产品”称号，为浙江省唯一获此荣誉的农产品。同年，被评为“2016最具影响力水产品区域公用品牌”。2017年余姚甲鱼网上销售总量近千万元，稳居电子商务甲鱼销售榜第一。2018年1月，在宁波知名水产品品牌发布推介会上，“余姚甲鱼”喜获宁波知名水产品区域公用三大品牌之一。2019年，余姚甲鱼被评为“2018全国绿色农业十佳水产地标品牌”。

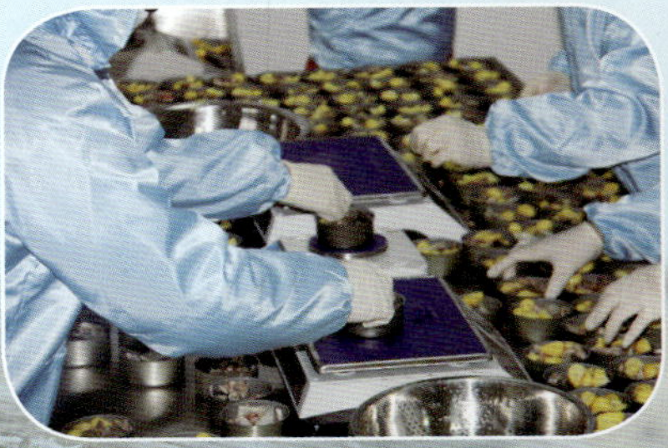

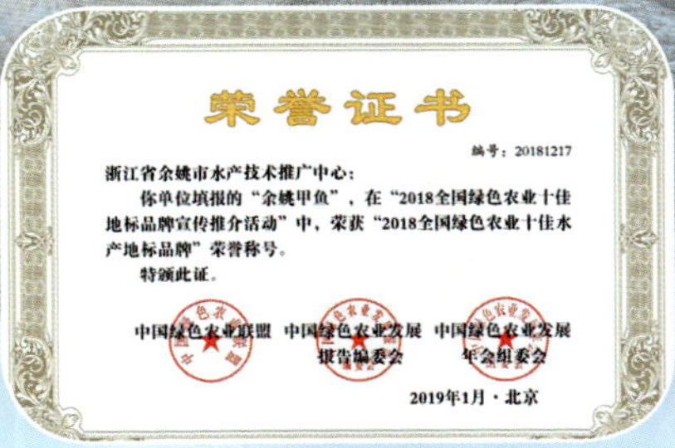

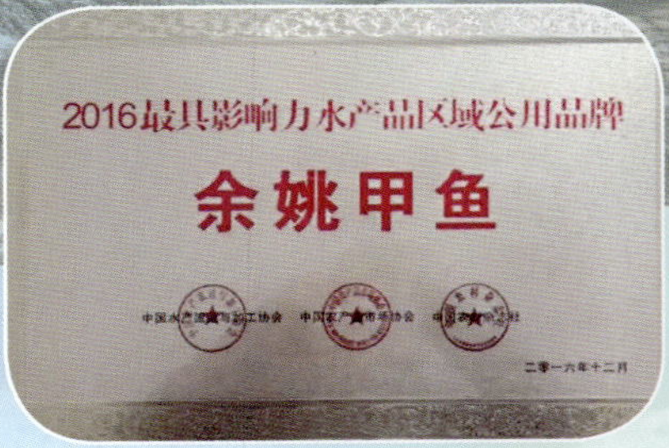

中国水产科学研究院
东海水产研究所

中国水产科学研究院东海水产研究所创建于1958年10月，前身是中国科学院上海水产研究所，1963年1月更名为中华人民共和国水产部东海水产研究所，1982年10月更名为中国水产科学研究院东海水产研究所。我所是面向东海区的国家非营利性综合渔业研究机构，经农业农村部批准的中国水产科学研究院发展规划中确定将我所建成国家远洋、东海和河口渔业研究中心。

全所现有职工约300人，研究员33人，副研究员59人，博士生导师4人、硕士生导师62人，国家新世纪百千万人才工程国家级人选2人，院首席科学家4人，农业农村部有突出贡献的中青年专家5人，享受政府特殊津贴的专家28人，上海市领军人才6人。

全所设9个研究室，8个管理处室。在上海奉贤、海南琼海、福建福鼎、江苏赣榆和浙江宁海分别建有实验研究基地。所鱼类标本馆是由第一任所长、我国著名鱼类学家朱元鼎先生创建，收藏的海洋鱼类标本量居国内前茅，2009年被授予全国科普教育示范基地称号。编辑出版《海洋渔业》（核心期刊）、《渔业信息与战略》等学术期刊。

建所60余年来，为我国渔业科技发展做了大量开创性工作，取得了一大批科研成果，先后获国家级科技奖励22项，省部级科技奖励130余项，突出体现了科技创新在服务“三农”、推进渔业现代化建设中起到的支撑保障作用。2019年我所庄平研究员，因在农业领域的突出贡献，荣膺“科学中国人2018年度人物”称号。

地址：上海市杨浦区军工路300号
邮编：200090
联系电话：021-65684690
网址：www.ecsf.ac.cn　　微信关注：

3000吨级海洋渔业综合科学调查船首航

庆祝中华人民共和国成立70周年主题活动

颁奖现场——国家科技进步二等奖

颁奖现场——上海市科技进步一等奖

靖海集团有限公司

靖海集团有限公司位于山东省荣成市沙窝岛，成立于1978年，职工5 000人，固定资产50亿元，现已形成远洋捕捞、水产品精深加工、船舶修造、海水养殖、渔港贸易、休闲渔业等六大产业格局。公司沙窝岛中心渔港区域于2016年被农业部批准为沙窝岛国家远洋渔业基地，基地一期规划投资20亿元，占地80万平方米，重点建设中心渔港、精深加工、交易市场、综合服务四大功能区，建成后将成为我国北方规模最大的现代化远洋渔业综合基地和东北亚地区重要的水产品加工及贸易集散地。公司先后荣获“全国先进基层党组织”“农业产业化国家重点龙头企业”、“省级文明单位”等荣誉称号。

远洋捕捞：具备农业农村部远洋渔业资质企业3家，分别是山东沙窝岛远洋渔业股份有限公司、荣成市荣远渔业有限公司、山东海裕远洋渔业有限公司，拥有各类专业生产船只78艘，在印度尼西亚建有远洋渔业基地，在斐济、阿根廷设有办事处，船只类型为鱿鱼钓、金枪钓、拖网、运输，捕捞规模、产量、效益等指标均居山东省同行业前列。

水产品精深加工：主要从事鱿鱼、金枪鱼、藻贝等系列产品的精深加工及仓储、物流等，现已取得HACCP、CS及欧盟、美国、俄罗斯等质量管理体系认证，产品远销欧盟及东南亚国家和地区，为山东省远洋渔业产品精深加工及冷链物流基地、山东半岛蓝色经济区海洋食品产业联盟秘书长单位。

船舶修造：所属荣成市远通船舶修造有限公司拥有水深-10米舾装码头2 600米，3万吨以上泊位6个，获得ISO9001质量体系认证及中国船级社CCS质量管理体系认证，具备一级渔船建造和设计资质，为山东省远洋渔船研发与制造基地，远通码头于2014年被国务院批准为一类对外开放口岸。

海水养殖：所属荣成市绿源海水养殖有限公司主要养殖品种为海带、裙带、贻贝、扇贝、海参、牡蛎等，产品取得CS及无公害产品、有机食品资质认证，为部级健康养殖示范场、省海水养殖重点企业之一。

渔港贸易：沙窝岛国家远洋渔业基地中心渔港长1 500米，港池面积42公顷，泊位24个，为国内较大规模中心渔港之一，主要建设大宗水产品交易市场、远洋水产品专用码头、海产品免税仓储及燃料油专用库等。为国家5A级物流企业、国家5星级冷链物流企业、水产品冷链物流国家标准试点企业、中国（荣成）冷链物流产学研基地。

休闲渔业：以九顶铁槎山、苏山岛、凤凰尾、靖海卫古城为核心，集山、海、岛、礁、滩、渔港、古城等诸多旅游元素为一体，为全国休闲渔业示范基地、省级休闲海钓综合钓场，是山东半岛滨海休闲旅游度假胜地。

靖海集团远洋渔业基地、渔场分布图

沙窝岛国家远洋渔业基地规划图

靖海集团有限公司厂区图

沙窝岛中心渔港实景图

担当作为，佑海护渔
——2018年山东省海洋与渔业执法工作综述

执法编队巡航

2018年，在大事要事多、应急任务重的情况下，山东省海洋与渔业监督监察总队以习近平新时代中国特色社会主义思想为指导，牢固树立新发展理念，主动作为，狠抓落实，扎实做好海洋与渔业资源和生态保护执法，积极推动渔区乡村振兴，保障渔业高质量发展，助力海洋强省建设。

强化重大活动海域安保维稳。全力做好上海合作组织青岛峰会相关服务保障工作，承担的海底光缆巡护、渔船综合管控、渔船风险评估、渔船安全隐患排查、浒苔防控等重要任务圆满完成。全力做好涉界海域海上捕捞生产维稳工作。

强化渔业资源保护执法。严格伏季休渔执法，强化港口管控、海上联控、市场监控和违规渔船处置等关键环节，全省查办违法违规案件1 409件，罚款2 254余万元，没收渔获物15万余千克，移交司法机关处理案件28起，追究刑事责任294人。持续开展以违规渔具整治为主要内容的“清网”行动，全省清理整治违规网具32 709套（张）。持续推进涉渔“三无”船舶清理取缔，全省排查出涉渔“三无”船舶6 037艘，清理取缔5 929艘，集中看押108艘。强化水生生物资源开发与保护监督管理，组织开展了渔业资源限额捕捞试点工作，办理水生生物自然保护区和水产种质资源保护区执法案件10起。

海上执法检查

强化渔船渔港规范化管理。积极推进海洋捕捞渔船减船转产和更新改造。加快推进渔港认定工作和15处渔港经济区建设。强化渔船和海洋渔业装备监督检验，组织编写了钢质、玻璃钢海洋牧场平台等4个省级技术规范，服务海洋牧场生态建设。

强化渔业安全生产监管。实施领导带队安全生产督查制度，健全渔业安全问责机制。扎实开展渔业安全生产执法检查，检查渔船9 279艘次、渔港831处次，查改安全隐患454处。强化商渔船防碰撞工作，遏制商渔船碰撞事故多发态势。

渔具执法检查

强化围（填）海严管严控。全力开展非法围（填）海问题整改工作，中央环保督察反馈的53起非法围（填）海案件全部按期完成整改，22起不符合海洋功能区划、违反海洋生态红线的非法围（填）海案件恢复海域原状。全力组织海域使用疑点疑区核查整改工作。深入开展“海盾”“碧海”和无居民海岛专项执法行动。

“地笼网”清理整治

执法宣传教育

中国水产科学研究院
黄海水产研究所

现任（第七任）所长金显仕研究员，海洋渔业资源与生态学家

科研项目与成果。2018年共主持、承担各级各类科研课题459项；有产业技术体系1个首席科学家岗位，19个科学家岗位；新上各类科研项目（课题）201项。

2018年，共获各级各类奖励10项，其中山东省科技进步二等奖1项、中国产学研合作创新成果二等奖1项；发表论文414篇，其中SCI收录192篇，出版专著7部；获国家授权专利64件，其中发明专利42件；获软件著作权21项；颁布实施标准26项，其中国家标准8项、行业标准17项。培育出中国对虾“黄海5号”、刺参“参优1号”、脊尾白虾“黄育1号”3个水产新品种。

成果转化与科技服务。2018年“四技服务”登记数395项，签订合作协议205项，创收3 000余万元；新上院士工作站4个，挂牌基地4个；科技下乡220余次，培训人员20 000余人次；办理认定技术合同51个，专利转让7项；在第二届中国水产科技大会上获2018中国水产科技年度杰出成果转化奖；1项成果获中国产学研合作创新成果二等奖；获批青岛市极地渔业资源开发工程研究中心。

学术交流与国际合作。2018年获批农业农村部“一带一路”海水养殖技术培训基地，举办科技部2018年发展中国家技术培训班计划东南亚海水养殖技术培训班、2018年农业农村部“扬帆出海”培训工程——渔业“走出去”企业主要负责人能力建设培训班暨涉渔农技协负责人国际合作能力建设培训班；新上国际合作项目14项，签署3项合作备忘录；外宾来访交流共31批次、154人次。

人才队伍建设。2018年共获得省部级以上人才奖项10余次，其中1人获第十二届光华工程科技奖、1人获“全国农业先进工作者”称号、1人入选国家“万人计划”、1人入选科技部中青年科技创新领军人才，黄海水产研究所获批科技部创新人才培养示范基地。在中国水产学会、中国渔业协会主办的“改革开放40周年渔业重大科技成果与突出贡献人物遴选活动”中，9项成果入选渔业科技标志性成果，3人入选渔业科技突出贡献人物，4人入选改革开放40周年渔业科技纪念人物。

科研条件建设。坚持优化科研基础条件建设布局，基本建设规模持续增长、专业覆盖领域不断拓展、项目管理水平显著提升，实现了从“规模建设”向“体系建设”的根本转变，工程项目建设成效显著，荣获农业农村部“农业工程建设先进集体”称号；不断加强船舶运行安全管理责任制，圆满完成各项出海调查任务，全年共出海17个航次，完成各种调查站位590个，累计安全航行约17 771海里。

2018年9月12日，黄海水产研究所3 000吨级海洋渔业综合科学调查船“蓝海101”号在沪东中华造船（集团）有限公司正式下水

2018年3月24日，黄海水产研究所国家级海洋渔业生物种质资源库项目召开项目建设推进会，标志着我国渔业生物资源保存体系启动建设，会后举行了资源库奠基活动

2018年7月3日，黄海水产研究所举办“不忘初心跟党走 砥砺奋进再起航”“两学一做”党的知识竞赛

海南省海洋与渔业科学院

海南省海洋与渔业科学院是海南热带海洋学院管理的独立科研事业单位。全院现有在职干部职工157人，其中高级职称57人，中级职称33人；博士研究生13人，硕士研究生61人。内设综合处、科研管理和信息处2个管理机构；海洋工程研究所、规划与信息研究所、海洋生态研究所、海水渔业研究所、淡水渔业研究所5个研究机构。下属琼海、海口曲口和文昌谭牛3个科研基地。

全院现组建了海洋类和水产类15个科研团队（学科组）。在河口海岸动力环境与工程、海域与海岛资源开发与保护、产业经济与规划、热带典型海洋生态系统研究、南海渔业资源与保护研究、海洋环境与生物技术、海水养殖技术研究、种质资源与工程育种研究、设施渔业工程与技术研究、养殖生态与环境、淡水生物资源环境与可持续利用研究、淡水养殖技术与环境、食品工程与质量安全、水产养殖生物病害防控和渔业技术推广等领域开展了卓有成效的工作。

近年来，全院紧紧围绕建设海洋经济强省的产业发展战略，坚持自主创新，取得了较好的成绩。先后承担了一批国家科技支撑计划、“863”计划、水产良种体系建设以及省重点水产科研项目共100余项，获国家、部、省、厅级科研成果20多项，多项成果得到转化并形成了产业化，为海南的海洋与渔业发展做出了突出贡献。其中获国家科技成果奖2项，全国农牧渔业丰收奖一等奖1项，国家海洋创新成果奖2项；海南省科技成果转化奖特等奖1项；海南省科技进步一等奖2项、二等奖4项、三等奖6项，海南省农业新技术成果一等奖1项、二等奖2项、三等奖1项，海南省星火科技成果三等奖1项。荣获全国星火科技先进集体、省先进基层党组织、海南省科研体制改革创新奖、海南省对外科技合作贡献奖等。

开展珊瑚礁生态修复

地址：海南省海口市美兰区灵山镇白驹大道12号

邮编：571126

电话：0898-66728238　　传真：0898-66517570

网址：http://www.hnhky.cn

深水网箱养殖的卵形鲳鲹商品鱼

开展海洋资源调查

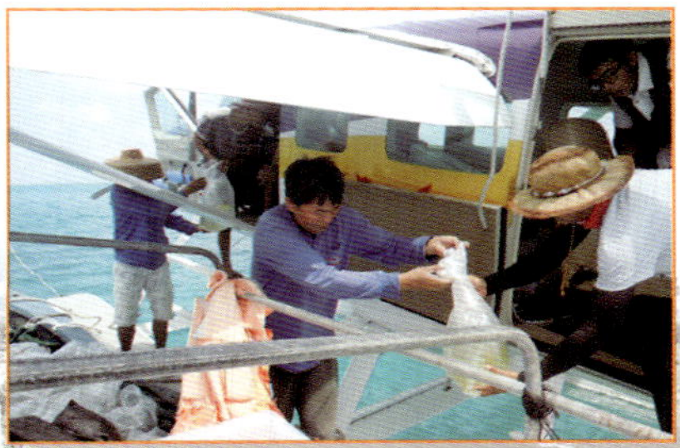

卵形鲳鲹早繁受精卵直升机运输模式

加快生态渔业建设
推进太湖绿色发展

近年来，江苏省太湖渔业管理委员会办公室（以下简称太湖渔管办）以习近平新时代中国特色社会主义思想为指导，贯彻落实绿色发展理念，大力推进渔业转型升级，全面提高太湖渔业高质量发展水平。

一、突出一个“增”字，提升质量做加法

以大水面生态渔业发展为重点，加大资源增殖养护和生态修复，彰显净水渔业生态功能。一是着力强化资源增殖养护工作。每年投入放流资金1000多万元，增殖放流太湖鱼类苗种10余种、1亿多尾，利用鱼类生物特性改善太湖水体质量，推进太湖生态保护和渔业融合发展。二是不断创新渔业资源增殖方式。联合科研院所开展太湖渔业资源增殖放流绩效评估，持续实施乌仔零投喂培育夏花试验，创新推广资源增殖新技术，不断优化放流品种结构，提高太湖生态渔业的综合效益。三是以渔为媒扩大社会参与度。连续10年举办“太湖放鱼节”活动。利用“国家级示范性渔业文化节庆”品牌，以重大节庆宣传“以渔净水、以渔养水”生态理念，提高了生态、经济、社会综合效益。

二、突出一个“退”字，降低负荷做减法

严控捕捞强度，实施退养还湖，为太湖减压增绿。一是全面拆除围网养殖。截至2019年6月底，太湖0.3万公顷围网养殖全部拆除，全面改善太湖水域生态环境，促进太湖渔业可持续发展。二是加大生物多样性保护。稳妥推进太湖国家级水产种质资源区退捕工作，全面禁止保护区内生产型捕捞。三是强化保护区管理。建成了种质资源保护区管护站，形成了管护站联合湖区渔政大队齐抓共管的保护区管理新机制，确保核心区禁捕、实验区限捕。

三、突出一个“管”字，多措并举做乘法

加强湖区渔政执法、“两法衔接”和团结管湖，有力保护太湖生态和渔业资源。一是加强封湖禁渔管理。在每年2月1日至8月31日的封湖禁渔期内，针对全太湖2 338平方千米水域，组织开展“亮剑”系列渔政专项执法行动，打非治违，有效维护了湖区秩序。二是加强渔政信息化建设。建成太湖渔政综合管理信息系统和“太湖安全监管再提升”项目，使用扫描半径20千米的雷达全天候监控北太湖。三是加强团结管湖和“两法衔接”。开辟公、检、法、渔合作新途径，近年来累计向司法机关移交涉渔案件87起175人，缴纳补偿金21万元，“两法衔接”发挥出强大的震慑力，为渔业资源的增殖养护保驾护航。

四、突出一个“转”字，腾笼换鸟做除法

深刻理解“绿水青山就是金山银山”理论内涵，推动太湖渔业产业转型升级，将高密度投饵的太湖大闸蟹围网养殖模式转变为天然无投饵的“人放天养”模式。一是全面拆除0.3万公顷太湖大闸蟹围网养殖。2018年配合苏州市人民政府耗时一年基本完成东太湖围网清拆任务。同时组织开展专项课题，科学评估围网拆除后渔业资源变化及生态效应评估，加快推进东太湖渔业生态修复和渔业功能规划，形成东太湖绿色发展的生态新优势和渔业新功能。二是加强品牌建设。与地方政府共同构建“政府搭台、企业唱戏”水产品牌建设模式，大力推介太湖大闸蟹、太湖三白等名优水产品，打品牌、增效益、惠民生。

第十届太湖放鱼节启动仪式

第十届太湖放鱼节启动仪式上农业农村部长江流域渔政监督管理办公室主任马毅宣布活动开始

太湖围网拆除现场

大北农神爽水产科技集团

大北农神爽水产科技集团始终秉承报国兴渔、科技创富、互联众赢、胜在神爽的理念，依托智慧大北农平台战略和饲用微生物工程国家重点实验室为支撑，志创全球水产营养和健康高效生态养殖解决方案领导者。

目前，已在福建、湖南、湖北、天津、江苏、广东、江西等地建立及规划10多个高档高端水产饲料、生物科技生产与研发基地，引领水产养殖走向健康、高效、生态的养殖道路，助力实现我国水产养殖的现代化！

神爽科技 扬帆未来

——志创全球水产营养和健康高效生态养殖解决方案领导者

勇立潮头奋发有为 砥砺前行彰显风采
——记全国渔业执法工作先进集体上海市渔政监督管理处

一、固本培元　打造忠诚履职的渔政队伍

干事创业，关键在人。近年来，上海渔政坚持一手抓业务拓展、一手抓思想建设，进一步强化政治能力建设，努力打造一支政治过硬、能力突出，让组织放心、让群众满意的渔政队伍。广大干部牢固树立"四个意识"，自觉弘扬"特别能吃苦、特别能战斗、特别能奉献、特别有作为"的中国渔政精神、钓鱼岛水域护渔巡航的敢为人先精神、服务上海世博会的无私奉献精神，践行"团结、责任、公正、务实"的上海渔政价值理念，努力营造风清气正、情真劲足的工作环境，始终保持了队伍不乱、思想不松、干劲不减、工作不断。屡获上海市文明单位、工人先锋号、五一劳动奖状，农业部先进单位、文明执法窗口等荣誉称号。

二、攻坚克难　专项行动向纵深推进

近年来，面对渔业行政执法的新形势、新要求，上海渔政跨前一步、积极作为。持续推进"两法衔接"机制，不断深化区域间、部门间联勤联动机制，组织开展一系列跨区域、多部门参与的专项执法行动。2018年全市共查获（侦破）107件非法捕捞水产品罪案件，158人被追究刑事责任，同比2017年翻了一番；3艘从事非法捕捞的"三无"船舶被依法没收并拆解，实现真正意义的"取缔"。

三、革故鼎新　大调研活动成绩喜人

在上海市开展的以"争当改革开放排头兵 创新发展先行者"为主题的大调研活动中，上海渔政除不折不扣完成上级部署的任务，还开展了以"找症结、破瓶颈、补短板"为方向的自主调研活动。通过问卷调查、座谈访谈、头脑风暴等形式，排摸了长江大保护、野生动物保护、外来渔船监管等7个领域存在的诸如能力不足、体制机制不健全、法律法规不完善、职能职责不清、信息共享不足等方面的具体问题，并通过原因分析，进而提出管理建议、措施、对策，为上海渔政工作再上新台阶奠定一定的基础。

四、凝神聚气　新起点上再度启航

2018年，以纪念中国渔政成立60周年（上海渔政成立40周年）为契机，组织一系列干部职工广泛参与的回顾、总结活动，形成了一首渔政之歌，一本渔政历史画册，一套渔政专题纪录片等"三个一"纪念成果。在"改革再启航，砥砺再奋进"的总结活动中，上海渔政又奏响了"初心不改、使命不渝、奋斗不息"的最强音。

农业行政执法综合改革的号角已经吹响，站在新的起点，广大渔政人必将逆势奋进、顺势而为，以更加饱满的激情、昂扬的斗志投身新的征程，争当新时代渔业执法的排头兵，资源养护的先行者。

2018年春季禁渔同步执法行动

市渔政处领导看海图

中国渔政31001船

广东省龟鳖养殖行业协会

Guangdong Province Tortoise And Turtle Culture Association

会长　李德良

广东省龟鳖养殖行业协会是经省有关部门批准登记注册成立的全省性行业社团组织。协会前身是成立于1999年的广东省中华鳖健康养殖行业协会，于2003年更名为广东省龟鳖养殖行业协会（GTCA）。2017年6月协会进行换届选举，李德良当选为第六届协会会长，常务副会长35人，理事单位27个，协会秘书处设在广东省东莞市中堂镇东汇酒店行政楼2楼。

协会是由广东省从事龟、鳖养殖和饲料渔药生产等经济组织，以及科研和技术推广服务单位等自愿组成的全省性龟鳖养殖行业非营利性社会组织，是依法登记的独立法人社团。协会遵守宪法、法律、法规和国家政策，遵守社会道德风尚，协助政府搞好行业管理、规范行业行为，向政府反映会员的意见和要求，维护会员的合法权益，协调会员之间的关系，为本行业提供技术交流、市场引导，组织协调、沟通信息，为促进广东省龟、鳖行业的健康发展服务。

协会业务范围：

（一）组织市场开拓，宣传龟鳖产品的价值，推介优质产品，公示协会的运作，编辑协会刊物等服务；

（二）开展龟鳖养殖行业调查、评价论证、培训、交流、咨询、展览展销、科普教育、资源增殖等服务活动；

（三）收集省内外、国内外龟鳖生产、销售、科技进步的动态和信息，向会员发布，与主要龟鳖养殖省份建立信息和技术合作关系；

（四）协调龟鳖养殖行业的产供适应市场需求，协调会员之间、会员与非会员之间、会员与消费者之间涉及经营等活动的争议；

（五）接受与龟鳖养殖行业有关的政策论证咨询，提出相关建议；接受会员投诉，提出合理合法措施，维护会员和行业的合法权益；

（六）加强会员和行业自律，促进会员诚信经营、互相协作、公平竞争，推动产品质量行业自律，加强产品质量监督，让社会和消费者放心；

（七）参与龟鳖养殖行业标准论证和制定，组织龟鳖养殖、病害防治技术的试验研究，提出科学实用的养殖、防病规范，向会员推广先进技术、标准，督促会员执行强制性标准，组织会员参加技术和管理经验交流；

（八）组织会员学习相关法律、法规和国家政策；

（九）开展本协会宗旨允许的业务和政府及其工作部门授权或委托的其他事项；

（十）开展与本行业有关的各种有偿和无偿的产、供、销等中介服务。

广东省龟鳖养殖行业协会：

联系方式：13318432336（微信同步）

13926832336

0769-88882923

联系地址：广东省东莞市中堂镇东汇酒店行政楼二层

年会表彰优秀协会、优秀会长

水生生物病害防治员培训合影

组织会员外出参观、调研学习

广东省龟鳖养殖行业协会第六届二次会员大会会员（领导）合影

第六届二次会员大会会员合影

江苏瑞沃农业开发有限公司

江苏瑞沃农业开发有限公司位于江苏省连云港市东海县，是李前方于2018年为响应关于“创建国家级稻渔综合种养示范区”的政策号召，整合江苏泽瑞现代渔业科技有限公司、东海县丰顺淡水鱼养殖专业合作社的水产养殖优势与人员优势组建的。

该公司将原长期处于效益低、利用率低的单种植模式低畦地彻底改造成“一水多用、一田多收、立体开发、稳产高效、生态发展”可持续发展的宝地。探索出一条让“米、鱼、虾、果”等变得“安全、健康、绿色”的现代新路。

该公司结合当地自然条件和地理条件，明确了构建以水稻种植、水产养殖、水果种植、苗木栽培等为主体的立体多元化现代农业园区的发展思路。最大限度合理利用土地，将现有园区逐步改造成集种养、休闲、观赏、采摘、科研、科普为一体的现代农业种养示范园，最终实现经济效益、社会效益双赢。

江苏瑞沃农业开发有限公司与南京农业大学、淮海工学院、江苏省水产技术推广中心、湖北省水产科学研究所、华中农业大学等多所院校和研究机构展开合作与交流。聘请部分专家为公司长期顾问，参与管理，为公司发展献策把关，使更多的先进理念、新特品种能第一时间被公司掌握。该公司以院校和科研机构为平台，逐步具有新品种实验示范基地、新农业技术科研基地、新农业知识科普基地等功能。

“瑞沃稻渔综合种养项目”采用“无农药、无化肥、无残留”的立体生态循环种养方式，在无公害、无添加的稻田中放养鱼、虾。小龙虾以稻田中的野杂草和水生生物为食，能消灭田间危害性幼虫，具有除草除害的作用。采用“稻虾共生＂的立体生态技术，稻田不使用任何农药，种出来的生态稻米达到绿色标准；所产的小龙虾更是肚白壳青，肉质细嫩饱满。鱼、虾的游动、觅食有助于稻田松土、活水、通气，增加水溶氧量，鱼、虾排出的粪便可以为稻田起到增肥效果。

通威泗洪“渔光一体”养殖模式

通威泗洪“渔光一体”养殖模式是通威“渔光一体”技术在泗洪的应用，是在大水面开展“渔光一体”技术应用的创新和探索，具有示范性和引领性。项目实施地点位于泗洪县天岗湖乡国家级光伏发电应用领跑基地，总面积405公顷。主要建设内容为：在天岗湖建设光伏发电基地200兆瓦；在近岸建设漂浮式流水槽30个；在陆地建设集装箱式养殖系统5套；沿湖岸建设水生植物种植区33.3公顷；湖面围栏放养花白鲢等净水鱼类。以通威“365”模式、工业化流水槽养殖模式等为技术支撑，以泗洪县委、县政府的大力支持及通威成熟的产业链为保障，以建设全国“渔光一体”示范基地、推动泗洪现代渔业发展为目标。计划年发电量156 327兆瓦时，年产加州鲈、黄颡鱼、河蟹、草鱼、花白鲢等优质水产品900吨、产值1 400万元。该模式是充分利用空间、节约土地资源、优化地区能源结构、改善环境，提高单位面积产值，实现增产增收的绿色养殖模式，对促进传统渔业向现代渔业的转型具有重要意义。

通威泗洪现代渔业产业园揭牌仪式

通威大学揭牌仪式

视察稻渔综合种养基地

泗洪县稻虾蟹综合种养模式

稻虾蟹综合种养模式具有经济效益高、生态效益好等特点。具体做法是：每年1月开始开挖田块；2月中旬完成边沟、水渠开挖工作；3月完成清塘、网围、看管房建设工作；3月底到4月中旬每亩放养规格240尾/千克小龙虾苗20～35千克；5月底到6月上旬起捕销售小龙虾；6月中旬栽植水稻，每亩放养600～800只扣蟹；11月收割水稻、起捕河蟹暂养销售。可亩产小龙虾80千克、河蟹35千克、水稻502千克，亩均利润5 000元左右。

稻虾蟹综合种养模式当年投入，当年回收，比传统“一麦一稻”种植模式效益高3～4倍，养殖风险小，同时可减少50%以上化肥使用量、50%以上农药使用量，具有很好的生态效益。2018年6月，泗洪县稻渔综合种养做法被中央电视台7套“美丽中国生态行”栏目报道，2018年12月，泗洪县获评“国家级稻渔综合种养示范区”。

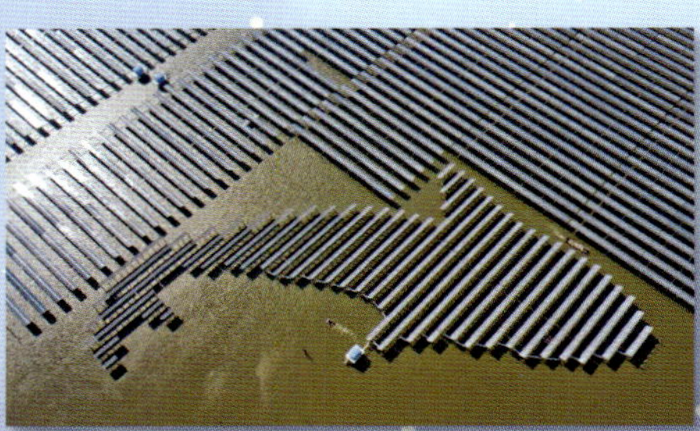

天岗湖渔光互补基地

国家级稻渔综合种养示范区

中国小龙虾种源保育基地

淳安县渔政渔港监督管理局

淳安县渔政渔港监督管理局现有渔政执法人员57人，协查人员80人，护渔人员68人，全天候守卫在千岛湖上“护渔保水”，永葆千岛湖“天下第一秀水”，被赞誉为千岛湖“生态建设主力军、渔业经济保护神”。目前，千岛湖生态渔业发展模式已成为全国内陆大水面保水渔业成功的典范，淳安县“放鱼养水”的保水渔业发展模式入选中央党校“两山理论”教学案例。

近些年，淳安县渔政渔港监督管理局在五水共治护秀水、渔业转型促发展、严格执法保安全、清正廉洁守党纪等工作中做出了优异的成绩。一是执法管控再上新台阶。修编了《千岛湖渔业管理办法》，实施千岛湖全域禁渔，通过建立有奖举报、挂牌督办、案件评查、快速反应、管理模式、司法协调六大机制，形成了以渔政为主体、以公安为后盾、以乡镇为支撑的管理体系，开创了执法与护渔、专管与群管、分片管理与资源专管、水面管理与市场监管、日常管理与快速反应、目标考核与监督检查六结合的渔政管理新模式，年查处各类渔业违法案件2 000余起。淳安渔政连续荣获全国渔政执法工作先进集体、浙江省海洋与渔业执法工作先进集体、杭州市先进基层党组织等荣誉称号。二是生态保护再获新突破。2014—2018年，淳安县渔政渔港监督管理局共向千岛湖增殖放流各类优质鱼苗3.28亿尾，在全县营造了“全民关注自然水域环境，自觉开展渔业资源保护”的良好氛围。特别通过承办2016年“国家放鱼日”浙江省主会场、2017年“国家放鱼日”全国主会场、2018年中国首届农民丰收节暨千岛湖“人欢鱼跃庆丰收”节庆系列活动等大型放流活动，在全省乃至全国范围树立了千岛湖增殖放流优质品牌。三是渔业产业再展新风采。“好水出好鱼”，千岛湖优质的水域生态环境孕育了一批优质的渔业品牌。其中千岛湖发展集团有限公司生产的有机鲢、鳙鱼先后荣获中国有机鱼之乡、中国名牌农产品等荣誉称号。杭州千岛湖鲟龙科技股份有限公司“卡露伽”牌鲟鱼籽酱2018年出口82吨；千岛湖钓鱼岛被评为全国休闲渔业示范基地。

杂交黄颡鱼“黄优1号”

黄颡鱼是我国重要的名特养殖品种，适合在全国各地可控水体中进行养殖。2017年全国总产量48万吨，较2016年增长10.5%，是淡水养殖主要鱼类中产量增长速度最快的品种之一。因其适应性强、肉质鲜美、无肌间刺（无小刺），深受养殖户和消费者的青睐，2016年黄颡鱼养殖产值更是达到9.9亿美元。

杂交黄颡鱼“黄优1号”，由华中农业大学樊启学教授领衔的黄颡鱼团队，联合射阳康余水产技术有限公司、南京师范大学、扬州市董氏特种水产有限公司、南京市水产科学研究所、湖北黄优源渔业发展有限公司等单位联合育成，新品种于2019年经全国水产原种和良种审定委员会审定通过。

该品种是以2011年从梁子湖水域采捕并经连续3代选育的黄颡鱼为母本，以2011年从长江岳阳段至武汉段采捕并经连续2代选育的瓦氏黄颡鱼为父本，以生长为主要的选育目标，而后经人工杂交获得的F1代，即杂交黄颡鱼“黄优1号”。2015年育成杂交黄颡鱼“黄优1号”后，每年继续进行黄颡鱼选育，补充选育亲本。

在相同的养殖条件下，与普通黄颡鱼相比，1龄鱼生长速度平均提高31.13%，成活率平均提高30.85%。除此优良养殖性能外，养殖户普遍反映，“黄优1号”群体中“毛毛鱼”比例极低，红头病等疾病较少见，在合适的养殖条件下，当年可达上市规格100～150克，养殖效益相当可观。

湖北黄优源渔业发展有限公司攻克黄颡鱼反季节繁育关键技术，可长年供应“黄优1号”黄颡鱼苗种。

联系方式：吴爱明13035103865，樊启学15307131228。

中国水产科学研究院渔业机械仪器研究所

Fishery Machinery and Instrument Research Institute, Chinese Academy of Fishery Sciences

中国水产科学研究院渔业机械仪器研究所创建于1963年，隶属于农业农村部，是中国水产科学研究院下属的专业研究所。主要从事渔业装备与工程及相关学科的应用技术研究和技术成果推广，是我国在渔业装备应用基础和集成创新方面开展综合研究与科技攻关的国家级研究机构。

发展定位 国家渔业装备科学研究中心

重点研究领域 工业化养殖工程
渔业水域生态工程
海洋渔船与装备工程
智慧渔业
水产加工装备
渔业装备质量安全
渔业装备科技战略

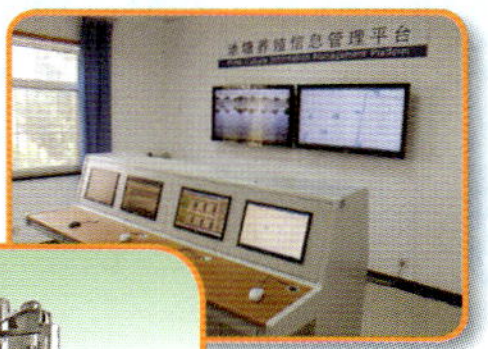

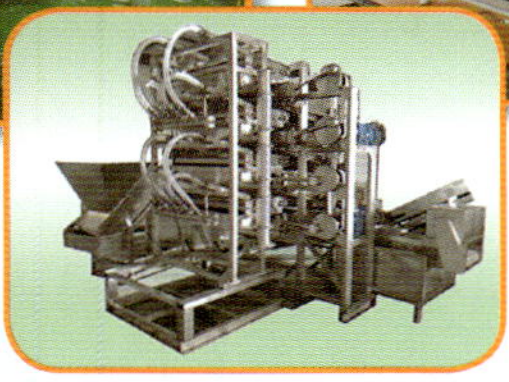

科研平台

农业农村部远洋渔船与装备重点实验室
青岛海洋科学与技术试点国家实验室深蓝渔业工程联合实验室
农业农村部渔业装备与工程技术重点实验室
农业农村部渔业船舶与装备研究中心
国家水产品加工装备研发分中心（上海）

地址：上海市杨浦区赤峰路63号
网址：http://www.fmiri.ac.cn **电话**：021－65977260
传真：021－65976741

连江县海洋与渔业

2018年，连江县水产品总产量110.29万吨，同比增长6.5%，渔业总产值212.5亿元，同比增长6.06%，其中远洋渔业15.33万吨，同比增长9.43%；海洋捕捞22.37万吨，同比增长-4%；海水养殖71.99万吨，同比增长9.66%，淡水捕捞640吨，同比增长0.79%，淡水养殖5 391吨，同比增长0.07%。水产品加工量62.4万吨，同比增长6.09%，产值66.98亿元，同比增长7.09%。全县水产品总产量连续30多年居全国县级第二位，全省、全市第一位，获得中国鲍鱼之乡、中国海带之乡、全国水产品质量安全示范县、全国平安渔业示范县称号。"连江丁香鱼""连江虾皮""连江海带"获得福建省十大渔业品牌称号。

2018年，连江县举办福建鲍鱼节暨第五届连江鲍鱼节系列活动，活动场地规模1 500平方米，展位126个，参展产品40多种。设立科普展示馆、烹饪品鉴馆、连江鲍鱼品牌馆3个主题展馆，从养殖生产、加工制作、烹饪做法等3个方面向社会各界介绍福建及连江鲍鱼产业状况。同年，连江县有3家企业的4个鲍鱼产品获得海峡（福州）渔业周·中国（福州）渔业博览会金奖产品称号。

水产新品种鲌鲂“先锋2号”

鲌鲂“先锋2号”

水产新品种

证书

新品种名称：鲌鲂“先锋2号”　品种登记号：GS-01-005-2018

培育单位：武汉市农业科学院、武汉先锋水产科技有限公司

该品种业经审定，根据农业农村部《水产原、良种审定办法》，特发此证。

鲌鲂“先锋2号”水产新品种证书

鲌鲂“先锋2号”是由武汉市农业科学院和武汉先锋水产科技有限公司联合培育、全国水产原种和良种审定委员会2018年审定的水产新品种，品种登记号为GS-01-005-2018。

该品种是以2007年从采捕于湖北梁子湖并经连续4代选育的团头鲂（母本）与采捕于长江上游并经连续4代选育的黑尾近红鲌（父本）的杂交子一代群体中挑选生长快、体型为菱形的3 000尾个体为基础群体，以菱形体型、生长速度为目标性状，采用群体选育技术，经连续4代选育而成。体型呈菱形。在相同养殖条件下，与普通团头鲂相比，18月龄鱼生长速度平均提高21.9%，成活率平均提高37.5%，性情温顺，鳞片不易脱落；与黑尾近红鲌相比，18月龄鱼生长速度平均提高84.8%。适宜在我国各地人工可控的淡水水体中养殖。

武汉市农业科学院水产研究所、武汉先锋水产科技有限公司种业基地

江西莱源现代农业开发有限公司

江西莱源现代农业开发有限公司是一家以“天然、生态、绿色、休闲”为发展宗旨，以“立足三农、服务三农、推动三农”为发展目标的现代生态农业休闲企业。该公司成立于2017年5月，注册资本1 000万元，业务涵盖稻渔生态种养、有机大米生产加工、特种水产苗种繁育、休闲观光农业、高素质农民培训、科普教育等多个领域。公司已注册了“新农老魏”“瑞源”“稻蛙源”等富硒品牌商标。

该公司基地位于全国淡水渔业重点县、中国军山湖螃蟹之乡——进贤县现代农业示范园太泊湖水产产业核心区，距离南昌市区50千米。该公司与南昌大学、江西省农业科学院等校院企单位开展深入合作，先后获得了黑斑蛙和虎纹蛙驯养证书，现已建成标准黑斑蛙稻田繁育、稻蛙综合种养基地33.3公顷，建设稻虾共生示范基地667公顷。2018年6月22～23日，该公司承办了首届鄱阳湖蛙产业技术论坛，并在基地召开现场观摩会。该公司获得授权专利8件，被评为南昌市龙头企业、国家高新技术企业。该公司先后主持县科技项目1项、中央地方财政引导专项1项，参与省级科技项目1项，承担了江西省水产研究所主持的江西省重点研发计划稻鱼养殖示范基地任务。该公司总经理2018年6月当选全国工商联水产业商会稻渔种养专业委员会副会长。

深圳市渔业服务与水产技术推广总站

深圳市渔业服务与水产技术推广总站（深圳市水生动物防疫检疫站）全体同仁同心协力，圆满完成2018年的重点工作。

1.人工鱼礁建设。建设生态公益型东冲—西冲人工鱼礁区，面积1.43平方千米，总投资6 650.3万元，制作8种类型的礁体共3 900个，总容量为264 532立方米。截至2018年12月底，建造礁体2 899个，投放礁体1 935个，完成进度74%，计划至2019年底全面完工。

2.增殖放流。2018年完成政府在深圳海域的增殖放流任务：海水对虾苗450万尾、海水鲷科鱼苗80万尾。实际投放657万尾斑节对虾苗，118万尾黑鲷鱼苗。超额完成了任务。

3.水产技术推广。开展大鹏湾蕨藻和小龙虾杂交水稻共作模式试验示范。

4.水生动物防疫检疫实验室能力建设。农业农村部下发的2018年能力验证共11项，该站全部通过，同时获得2019年国家及省级水生动物疫病监测计划相应疫病检测实验室备选资格。

鱼礁制作场

5.渔业技能培训和科技下乡。举办渔业冻灾、渔业信息、水产绿色养殖、水产品质量安全、农业相关政策宣传贯彻和龟鳖等水生动物病害防治员技能鉴定培训班，对深圳海马、珠海台山牡蛎及其他养殖基地开展科技下乡活动。全年共举办培训及科技下乡27次，培训175人次，发放资料8 840册。

6.生产安全管理。积极落实一岗双职，紧抓安全工作不放松。加强蛇口、盐田渔港公共设施管理维护、海洋渔业办公大楼维护，保障渔港正常使用，在台风季节，开放渔民防台风庇护所，保障我市渔港生产安全，渔民安全。

乌拉特前旗水产管理站

乌拉特前旗水产管理站隶属于乌拉特前旗农牧业局，主要负责辖区内渔政执法、渔业安全生产监督管理、渔业生产基地水产品质量安全监督管理、禁渔期管理、水产养殖技术推广服务等工作。现有在编在岗渔政执法人员15名，执法管辖水域6万余公顷，渔政人员人均管辖水域4 000多公顷，多年来未发生渔业安全生产及水产品质量安全事故。

2018年代表内蒙古自治区接受农业农村部黄河禁渔期交叉互查，并得到好评；接受农业农村部水产品质量安全监督抽检样品2个，检查结果合格；2018年共检验渔船225艘，检查船用产品550套。会同公安、海事部门联合开展执法行动，查处电鱼案件2起，查处非法捕捞案件3起。

开展违禁药品、养殖用药专项整治行动，以及水产养殖业亮剑执法行动，对养殖场（户）实行网格化管理，覆盖率达100%。

创新执法形式，为了降低执法检查成本，在黄河、乌梁素海等重点管理水域聘请联络员15名，下发聘书，随时上报发现的违法行为。

加强水产技术推广，水产站投入资金3万元。继续实施鱼菜共生试验13公顷；帮助渔民试验小龙虾套养河蟹养殖1公顷，投放小龙虾苗600千克，河蟹苗250千克；指导8户渔民进行河蟹养殖，指导面积177公顷；指导养殖户进行南美白对虾养殖，指导面积107公顷，投放南美白对虾苗3 785万尾，建设600平方米工厂化养殖南美白对虾厂房一处，并组织南美白对虾养殖户进行技术培训；投资6万多元，引进涌浪机、黑光灯、变频增氧机等进行试验；引进新品种框鲤夏花鱼种5万尾、鸭嘴鲟200尾，分别进行试验示范推广。

江苏盱眙恒旭科技有限公司

江苏盱眙恒旭科技有限公司位于江苏盱眙洪泽湖畔，是一家集科研、育苗、养殖、养殖技术推广、速冻虾加工出口、餐饮服务加盟、电商销售于一体的综合型现代农业科技企业。该公司是江苏盱眙龙虾协会、盱眙龙虾养殖协会副会长单位。“红富贵”是公司注册品牌，公司注册资金1 142万元，建有高效养殖基地145公顷。

该公司是农业农村部无公害养殖、无公害农产品养殖基地。拥有自己的养殖专利技术、富硒养殖技术。该公司培育出红富贵小龙虾苗种，生长快、个头大、成活率高；养殖出来的小龙虾产量高、品质好。该公司年产小龙虾150吨、小龙虾苗50吨。

该公司红富贵小龙虾获得了2014年度盱眙政府科技成果奖。该公司推广红富贵小龙虾特有的养殖技术，每年免费培训上千名农户，为广大农户致富发挥了积极作用。

该公司加工生产速冻系列熟制小龙虾，专业从事龙虾熟食加工和龙虾调味料研发，是盱眙龙虾加工QS认证企业，通过了ISO 22000食品安全体系认证。

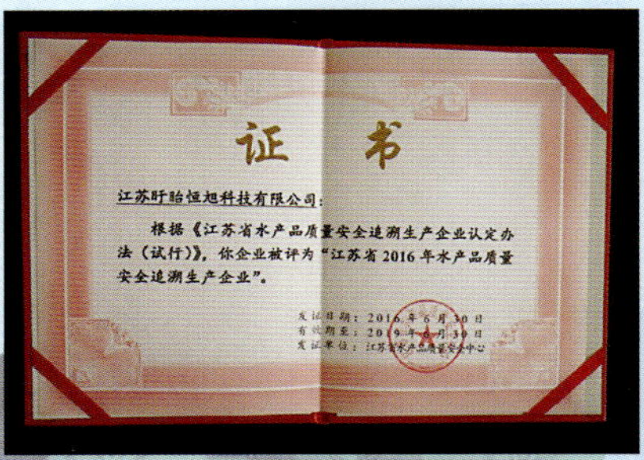

香港渔民互助社

把握“一带一路”建设及“粤港澳大湾区”规划 为行业走出康庄大道

适逢国家推出“一带一路”建设及“粤港澳大湾区”规划，同时在香港确实不缺勇于尝试新事物的流动渔民朋友，流动渔民朋友们理应争取国家立项，协助香港流动渔民参与“一带一路”建设及“粤港澳大湾区”规划，为渔业寻找新出路。

善用“粤港澳大湾区”建设契机 促进业界发展

现时，在邻近香港的内地水域有不少优良的养殖空间、渔场及岛屿，有鉴于地方较为偏远，故仍未被国家开发，然而有关位置却极为适合本已在较偏远地区生产的流动渔民做出尝试。流动渔民应争取国家在规划“粤港澳大湾区”时参考“横琴”及河套区等的深港合作模式，研究划出部份邻近香港的内地水域及岛屿，以内地与特区政府共管形式，让香港渔民及流动渔民可转型从事捕捞、养殖渔业，或试验创新渔农业等生产作业。这既可维持香港渔民的生产作业空间，也可促进香港与各省份在渔业科研及技术上的交流，强化香港渔业内涵。

渔业的持续发展，永远不可能是一成不变的，而是要经过大大小小的不断变化和进步。望各位渔民朋友继续保持活力，让行业可以创出与过往不同的精彩和辉煌！

香港渔民团体联会

2018年是香港渔民团体联会成立20周年纪念日子，感谢国家、省政府、地方政府、特区政府及各社会贤达廿年来长期支持，细心聆听渔民的意见，促进渔业持续发展，并让该行业可以继续为国家发展壮大及香港的繁荣稳定，作出贡献。

香港渔民团体联会由来自全港110多个渔民团体所组成，多年来为爱国爱港、团结渔民、维护渔业界权益，推动业界持续发展而努力。团结就是力量，香港渔民团体联会成立20年以来，真真正正见证着渔民强大的团结精神。再次感激各位渔民多年来一直众志成城联系渔业同仁，亲力亲为为渔业界贡献力量，为渔业可持续发展奠下了坚实的基础，让这股爱国爱港力量继续为国家和香港发光发热，同时，让香港渔民团体联会不断向前迈进。

福建省水产技术推广总站

福建省水产技术推广总站成立于1990年5月，2009年7月加挂“福建省水生动物疫病预防控制中心”牌子，是福建省海洋与渔业厅下属相当正处级全额拨款事业单位。核定编制33名，现有在编人员27人。本科及以上学历24人，大专学历3人；高级职称13人（正高2人），中级职称6人，初级职称6人，其中高、中级职称中占现有在编人员总数的70.4%。现内设办公室、人事政工部、推广体系部、资源养护部、质量指导部、病防检疫部、中心实验室等7个部门；设有特有工种职业技能鉴定站（农业-47003349）。

近年来，福建省水产技术推广总站稳步推进水产技术推广体系改革与建设，加强绿色生态健康养殖新技术、新模式的示范和推广，深化水产养殖病害测报和防治，加强水生生物疫病防控体系建设，强化技术培训与职业技能鉴定，拓展公共信息服务、水生动物资源养护和水产品质量安全监管技术领域，不断提升水产技术推广体系公共服务能力，有效促进渔业科技创新和产业转型升级。2013年荣获农业部“全国农业先进集体”，荣获国家科技进步奖二等奖1项、省部级奖一等奖1项、省部级奖二等奖5项、省部级奖三等奖3项，获得专利1项。

举办县级站长集训班

参与“6·6八闽放鱼日”活动

荣获全国水产技术推广职业技能竞赛团体奖三等奖

易捕鲤新品种培育及应用

易捕鲤外形图

由中国水产科学研究院黑龙江水产研究所完成的“易捕鲤新品种培育及应用”项目，主要针对我国湖泊、水库等大水面资源中鲤鱼这种底层鱼类逃网能力强、回捕率低、水域利用率不高的产业难题，通过种质再塑技术结合现代生物技术的方法选育出鲤鱼新品种。

该品种集合了黑龙江鲤抗寒和大头鲤易起捕的优点，在大水面活动水层为中上层，中上层捕获的易捕鲤达89.14%。在池塘养殖条件下，一龄鱼起捕率为93%以上，比黑龙江鲤和松浦镜鲤分别提高113.4%和38.7%；二龄鱼起捕率可达96%以上，比黑龙江鲤、松浦镜鲤、松荷鲤分别提高96.7%、56.0%、71.3%。生长速度较黑龙江鲤和大头鲤快，与松荷鲤无显著差异。易捕鲤一、二龄鱼的平均饲养成活率为95.91%和96.93%，分别比大头鲤高29.72%和11.20%，与黑龙江鲤、松浦镜鲤、松荷鲤无显著差异；一、二龄鱼的平均越冬成活率为95.31%和97.08%，显著优于无法在北方冰下越冬的大头鲤。

目前该品种已推广到黑龙江、吉林、辽宁、湖北、广东、云南、宁夏、新疆、重庆、陕西等地。多年的应用结果显示，易捕鲤鲃粑数量显著多于其他鲤鱼，能摄食部分浮游动物，饲料系数较低，养殖过程中氮排放减少，大大改善养殖水域生态环境。特别是起捕率方面，解决了大水面鲤鱼不易捕捞的问题，进一步提升了大水面的利用率。同时在鲤池塘养殖生产过程中，特别是高温或低温季节，在不排或少排水的情况下，捕获大量鲤商品，达到减小劳动强度和节约能耗的目的，应用前景看好。

易捕鲤大水面增殖

大连市大李家海域迈童国家级海洋牧场示范区

“大连市大李家海域迈童国家级海洋牧场示范区人工鱼礁建设项目”定位为增殖养护型海洋牧场，由大连迈童生物科技有限公司申报。大连迈童生物科技有限公司成立于2016年，注册资本900万元，以海洋生物技术开发为主，是集海参、贝类苗种繁育、海上底播增养殖、科研开发及人工鱼礁建设为一体的水产生物科技企业。

该项目已确权海域面积302.334公顷。通过投放井字型混凝土构件礁、沉船礁等组成人工鱼礁群，结合人工放流鱼苗，形成海洋牧场。投礁总规模达18.24万空立方米。该项目于2018年12月27日通过了农业农村部批准，属于“第四批国家级海洋牧场示范区”。

选址海域为辽宁省大连市金普新区大李家街道南侧海域，海底以砂质、泥质为主，地势平坦，自然条件适宜，海域功能为渔业水域，渔业生产工作基础好。该海域的水深、海流、底质、海洋水文、海洋化学、海洋生物等条件均适合生态礁的投放，具备项目建设的基本条件。项目位于辽宁省海洋功能区划中的“长山群岛农渔业区”，不在辽宁省黄海海域生态红线区范围内，属于大连市规划的“东部黄海人工鱼礁区”中的“满家镇-大李家-登沙河-大刘镇周边人工鱼礁群”。

大连鑫玉龙海洋生物种业科技股份有限公司

大连鑫玉龙海洋生物种业科技股份有限公司（证券代码：834795）（以下简称公司）创立于2004年，注册资本6 070万元，2015年12月，公司在“新三板”挂牌上市，是普兰店区第一个国家级农业产业化上市公司；是一家掌握辽参基因及种苗培育核心技术，完整运营辽参苗种繁育、野生放养、产品精深加工及营销全产业链的农业产业化龙头企业。

公司拥有逾1 333公顷辽刺参守护区，育苗室规模达18万立方米水体，整体苗种产能100余万千克，现已发展成为总资产近15亿元，年产值突破2亿元的综合苗种创制、繁育、鲜活海参增殖放养、海上设施养护、产品精深加工以及科研开发与产品营销为一体的海参全产业链龙头企业。2018年成立了大连海洋大学鑫玉龙研究院。近年来，申请海参育苗养殖相关专利120余项，授权30余项，承担国家级课题8项。

多年来，公司先后获得农业部刺参遗传育种中心鑫玉龙分中心、国家级海洋牧场示范区、辽参特色小镇、辽参产业创新示范园区等资质，并获得国家级农业产业化龙头企业、鑫玉龙农村产业融合发展示范园、国家级高新技术企业、辽宁省级原良种场、辽参地理标志保护产品、农业部健康水产品示范区、都市现代渔业示范区、全国有机农业一二三产业融合示范园区、大连市市长质量奖提名奖等一系列荣誉。发起组建中国辽参产业联盟，为理事长单位。

公司培育出水产新品种“水院一号”和“鑫玉龙一号”。“水院一号”具有多刺、出皮率高、成活率高、生长速度快等优良性状；“鑫玉龙一号”具有耐高温、多刺、出皮率高、成活率高、生长速度快等优良性状。公司将优质的有机刺参良种投放到海参生态养殖区，养殖过程中不投放任何饵料，使海参完全原生态生长。所产海参刺多肉厚、肉质紧密，营养元素含量高。

公司旗下鑫玉龙、喜玉、平岛村、渔参乐等品牌销售网络遍布全国，与北京同仁堂、香港华润堂、杭州李宝赢堂、广州陈李济等企业，以及京东、天猫等电商平台建立了长期合作伙伴关系。

广东海茂投资有限公司

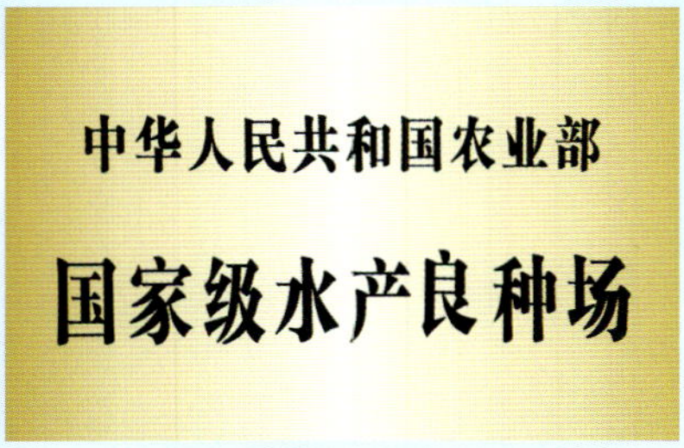

PRIMO公司是一家致力于选育适应复杂养殖环境种虾的公司，通过全病原攻毒(APE)选育理念，成功选育出了能耐受早期死亡综合征(EMS)和白斑病(WSSV)等常见对虾养殖疾病的南美白对虾。该项成果是目前市场上成熟的、经过全球各个养殖环境验证过的高抗力南美白对虾品系。目前公司在美国得克萨斯州和佛罗里达州拥有两个亲虾选育基地，年产高抗力品系亲虾10万对。

PRIMO公司自2000年开始，在厄瓜多尔开始选育第一代耐受白斑病(WSSV)的亲虾，经过数年艰苦选育工作，在2011年成功将种虾进行无病原纯化(SPF)并将核心家系引入美国。

自2016年PRIMO被海茂集团收购后，在原有基础上，加大了种质资源研发的投入，除了加强与美国亚利桑那大学和佛罗里达州立大学的合作外，另投入巨资进行基因组芯片开发。目前，PRIMO公司的虾苗除了拥有抗病特性外，还具有极强的养殖适应性，养殖成功率高，养殖效益好，广受世界范围养殖户的喜爱，为破解当前对虾养殖成功率低下提供了优质的良种解决方案。

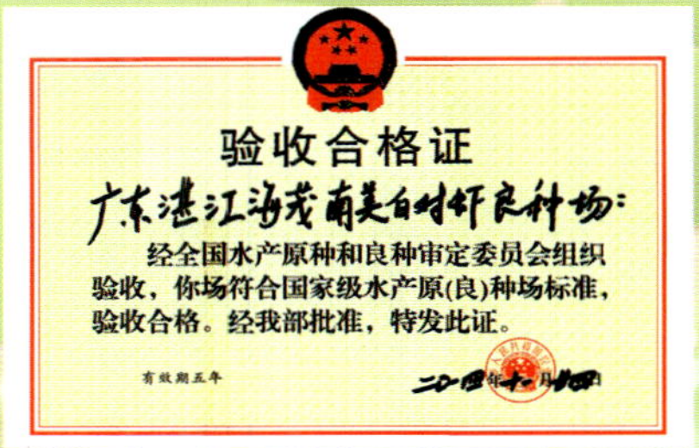

马氏珠母贝“海选1号”养殖品种培育与推广养殖

2002年，广东海洋大学开始了马氏珠母贝的遗传育种研究，结合家系与群体选择技术培育了“海选1号”，即以北部湾收集的野生群体为亲本建立基础群体，从基础群体挑选个体建立家系，利用选择指数筛选具有优良性状的家系繁育子代群体，然后按照育种指标持续对子代群体进行5代选择，2014年培育了养殖新品种“海选1号”(通过农业部认定)。该养殖品种的特征：壳宽系数大、生长快，成贝的壳宽和壳长比对照群体均提高了16.0%以上；育珠期间，能明显提高留核率、珠层厚度与珍珠产量，育珠母贝的留核率、珠层厚度和珍珠产量比对照群体均提高了17.0%以上。2011—2013年，在雷州市覃斗腾飞珍珠养殖合作社进行了“海选1号”生长性能测试。与对照群体比较，“海选1号”成贝的壳宽提高了17.5%～21.7%，壳长提高了16.7%～20.2%。在徐闻县银辉珍珠养殖农民专业合作社进行了“海选1号”育珠性能测试。与对照群体比较，“海选1号”育珠贝的留核率、珠层厚度与珍珠产量比对照群体分别提高了16.9%～22.6%、18.3%～23.1%和17.6%～25.9%。2007—2018年，在广东湛江进行了马氏珠母贝优质苗种规模化繁育，共培育苗种超过50亿粒；在湛江与北海进行了推广养殖，产生了良好的经济效益与社会效益。

互助共济 服务渔民
——广东省渔业互保协会

广东省政策性渔业保险工作启动仪式

广东省渔业互保协会获得“5A级社会组织”称号

广东省渔业互保协会（下称“协会”）是由广东省农业农村厅主管、在广东省民政厅注册登记的非营利性社会组织，主要职能是开展渔业互助保险。协会在全省各地开设了100个分支机构，遍布广东省内各大渔港，为渔民群众提供全天候、便利的渔业互助保险服务，成为广东省渔业保险的主要市场主体。主要开设的险种有：雇主责任互助保险、渔民人身意外伤害互助保险、渔船财产互助保险、休闲渔业观光人员人身平安互助保险。

2013—2014年，协会承担并顺利完成广东省政策性渔业保险试点工作，受惠渔民逾22万人次，受惠渔船16 000余艘次；2014年，圆满完成广东省政府下达的“组织11万渔民、1万艘渔船参加渔业政策性保险”的民生实事工作任务；2018年，积极推动《广东省政策性渔业保险实施方案》和《广东省政策性水产养殖保险实施方案（试行）》出台。实践证明，渔业互助保险是渔业安全生产管理的重要组成部分，是化解渔业生产风险行之有效的途径之一。

成立26年来，协会始终坚持党的领导，始终坚决服从并贯彻落实党和国家的各项方针政策和决策部署，不忘初心，牢记使命，坚持“互助共济，服务渔民”的服务理念，在渔业互助保险领域逐步发展壮大、成绩突出，为广东省渔区安定和渔业经济发展发挥了积极作用，获得广东省政府及有关上级部门的肯定，曾先后获得全省先进民间组织、全国先进民间组织、5A级社会组织、广东省海洋与渔业安全生产管理先进单位、广东省优秀社会组织等荣誉称号。

山区稻渔综合种养技术研究与应用

为认真贯彻农业农村部稻渔综合种养产业工作要求，广元市昭化区农业技术推广中心、广元市水产技术推广站、四川农业大学等单位组织实施了“山区稻渔综合种养技术研究与应用”项目，并在四川东北秦巴山区巴中、达州、阆中、仪陇以及陕西汉中南郑等地进行了应用推广。项目对山区稻渔综合种养技术进行了深入细致的应用研究，取得了突破性进展，在国内成功探索出山区稻渔综合种养发展新路径，促进了秦巴山区贫困地区农民增收，已带动2 143户7 218名贫困人员脱贫摘帽。

3年累计推广山区稻渔综合种养面积2万余公顷，在水稻稳产的前提下，实现亩均收益4 000元以上，经济、社会、生态效益显著。

项目联系和示范带动周边种养农户和业主2万余户，新增稻渔综合种养公司35个、农民专业合作社102个、家庭农场206个，百亩以上种养大户500余户，提高了秦巴山区农户和业主对稻渔综合种养的认知程度和技术水平。通过水产品的排泄物向水稻提供充足的有机质和养分，显著提升了稻谷品质，产出的优质稻谷每千克售价突破4元，实现了稻渔双丰收。

先后建成国家级稻渔综合种养示范区2个、全国青少年儿童食品安全示范基地1个、四川省稻渔综合种养重点县3个、省级稻渔综合种养示范基地15个、国家地理标志产品2个，先后荣获全国稻渔综合种养优质渔米评比金奖（籼米）、全国绿色粮油十佳地标品牌。

“山区稻渔综合种养技术研究与应用”项目获2018年度广元市科技技术一等奖，四川省农业农村厅推荐为全国农牧渔业丰收奖成果奖二等奖。

河北皓海生物科技有限公司

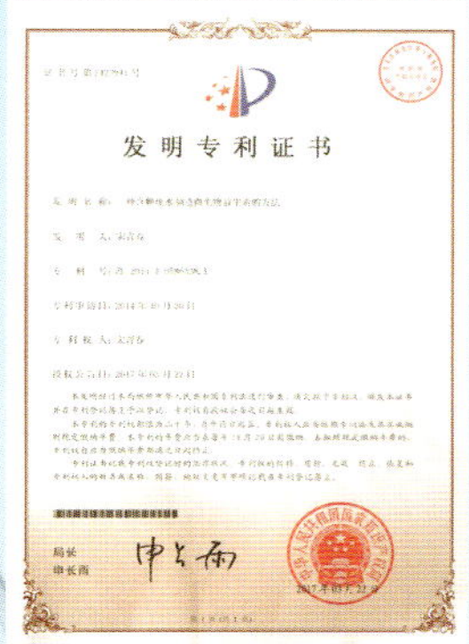

河北皓海生物科技有限公司(前身是成立于1986年的河北农业大学水产学院饲料药物添加剂厂)，由河北农业大学宋青春、陈秀敏两位教授创立，两位教授均为农业农村部专家，每年培养博士、硕士研究生30余名，获得多项国家发明专利及省、市科学技术进步奖。

该公司于2008年通过农业部GMP认证，生产的动保产品剂型有粉剂、散剂、预混剂、固体杀虫剂、液体杀虫剂、固体消毒剂、液体消毒剂、水质改良剂、水环保处理剂等。该公司分别于2013年和2018年两次通过农业农村部GMP复检。2019年，该公司为与国际GMP标准接轨，在秦皇岛市国家级经济技术开发区投资1.95亿元建设标准化GMP厂区35000平方米，建有全自动生产线21条。该公司分为生产区、仓储区、检测中心区、研发大楼、食品安全检测区、博士后流动工作站、行政办公区、化验大楼等。

该公司长期与国内外多所院校进行技术交流，为其提供科研基地并为员工提供技术与产品培训。

河北皓海生物科技有限公司
地址：河北秦皇岛市海港区海阳温家洼工业园
电话：0335-8386099
传真：0335-8383277
邮编：066000
网址：www.hhswkj.com
E-mail：haohaishengwu@163.com

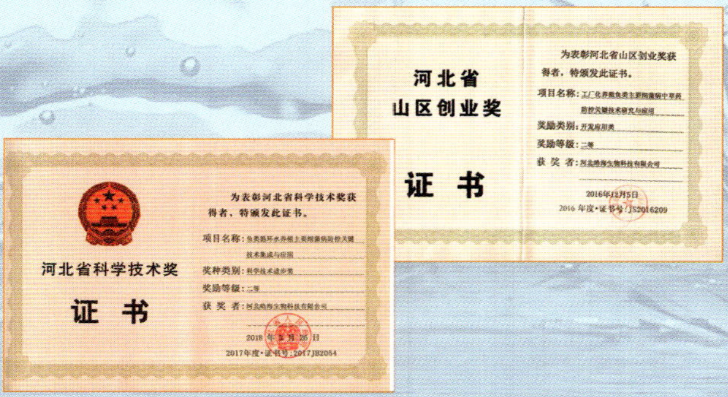

潢川县水产业概况

潢川县位于河南省南部，隶属信阳市，历史悠久，是黄姓发源地，境内水网纵横，塘湖堰坝密布，有豫南小苏州之美誉。辖22个乡、镇、场、办事处，272个行政村，总人口88万，土地总面积1 666.1平方千米，农业人口71.2万，水域面积2.47万公顷，中小型水库102座，淮河、小潢河、春河、白露河、紫泥河5大水系穿境而过，是河南省渔业资源大县，水产养殖大县，先后获得河南省渔业重点县、渔业十强县、渔业互保先进单位等称号。域内有国家级中华鳖种质资源保护区1个、国家级稻渔综合种养示范区2个、省级稻渔综合种养示范区6个，建有稻渔综合种养院士工作站1个，是国家级淡水渔业工程中心稻渔综合种养分中心所在地，2018年成功创建农业农村部渔业健康养殖示范县。

截至2018年，全县有农业农村部渔业健康养殖示范场7个，无公害生产基地3个。全县水产种养殖水面近1.1万公顷，水产品总产量4.97万吨，生产鱼苗2.2亿尾，培育鱼种1.86亿尾，甲鱼产量超过500万千克，虾产量1 250万千克；全县休闲渔业经营水面0.2万公顷，垂钓水面达1 333公顷，渔业产值达13.2亿元。全县拥有规模商品鱼基地49个，省级水产苗种繁育基地1个，水产业农民专业合作组织390家，成员3 000户左右，经营水面达0.33万公顷；水产品龙头加工企业5家，其中省级龙头企业2家，具有自主出口权的企业2家，2018年出口创汇超过2 000万美元。“潢川甲鱼”获得国家地理标志称号，“邬桥鱼”获农业农村部原产地认定。

中国淡水渔都
——湖州市南浔区菱湖镇

菱湖镇历史文化悠久，以“其地宜菱，因旁菱湖”得名，其桑基鱼塘闻名于世，是中国历史文化名镇。渔业产业是全镇农业的主导产业。池塘面积5 014公顷，水产品年产量8万吨、产值16亿元。有国家健康养殖示范场4家，农产品区域公用品牌3个，创建了中国淡水渔都产研学中心基地和菱湖渔校。

菱湖渔业养殖历史悠久。唐朝中期，菱湖“尤多水产，商贾四方云集，号为水市”。三国时期，杨俊成在菱湖镇查家簖村掘盼幸塘，从长江采苗，培育青、草、鲢、鳙四大家鱼，成为掘池养鱼的鼻祖。菱湖又是中国桑基鱼塘农耕系统的重要发源地，被列入“全球重要农业文化遗产”。

菱湖养鱼技术传播全球。20世纪60年代初，受国家派遣，菱湖技工20余人输出到日本、越南等28个国家和地区指导淡水养殖；80年代菱湖技工有组织地输送到全国22个省份。

优化养殖模式，助推绿色发展。大力推广“油基鱼塘”“鱼菜共生”“配合饲料替代冰鲜鱼”“立体套养”“跑道养鱼”“物联网应用”“尾水治理”等模式，实现了渔业绿色发展。

中共湖州市南浔区菱湖镇委员会 书记 王培华
湖州市南浔区菱湖镇人民政府 镇长 沈其民
湖州市南浔区菱湖镇人民政府分管镇长 沈峰勇
湖州市南浔区菱湖渔业协会 会长 沈学能

葫芦岛春贺食品有限公司

葫芦岛春贺食品有限公司现有3家水产品加工出口企业（葫芦岛春贺食品有限公司、绥中县铁山食品有限公司、葫芦岛衡大食品有限公司），位于绥中县王宝镇申江渔港，拥有固定员工500余人，在增加就业的同时带动了地方经济的发展。公司已经成为绥中县贝类出口示范区内的重点示范企业，并连年被评为省级农业产业化龙头企业，2018年纳入葫芦岛市绥中县水产品省级外贸转型升级基地。

绥中县铁山食品有限公司成立于2000年，拥有储量为3 000吨的储藏冷库；主要加工销售杂色蛤、虾姑肉、贻贝等产品，产品远销日本、韩国、美国等地。

葫芦岛衡大食品有限公司成立于2007年，主要加工销售章鱼产品，产品主要供应韩国市场。

葫芦岛春贺食品有限公司成立于2008年，拥有储量为3 000吨的储藏冷库，主要加工销售扇贝柱、虾夷贝、海松贝、江珧贝等海产品，主要销往美国、日本、俄罗斯、澳大利亚、中国香港以及东南亚等国家和地区，出口总额占销售收入的95%以上。

公司通过了ISO 9001、ISO 22000、HACCP、BRC、BAP等国际认证。

为了打造葫芦岛名牌产品，葫芦岛特产协会认定公司为“葫芦岛对虾”和“葫芦岛海参”中国地理标志产品生产基地。公司正在将“蓝海金贝”打造成为响彻国内外的品牌。

潜江市农业发展中心
（潜江市龙虾产业发展中心）

潜江龙虾走进第七届世界军人运动会

加工场景

潜江市位于湖北省中南部，是武汉城市圈成员之一，地处美丽富饶的江汉平原腹地，素有“水乡”的美誉。2018年底，全市池塘养殖面积1.05万公顷（含池塘养虾面积3.00万公顷），虾稻共作面积5万公顷；水产品产量19.43万吨，其中小龙虾产量13.5万吨；渔业产值60.22亿元，其中小龙虾产值54亿元。

经过19年的探索、创新和发展，潜江龙虾产业已形成集选育繁育、生态养殖、加工出口、餐饮旅游、冷链物流、精深加工、电子商务、节会文化等于一体的产业化格局。潜江龙虾产业已成为潜江农业经济的支柱产业、特色产业，有力地促进了农业供给侧结构性改革，拓展了农民增收空间，取得了显著的经济、社会和生态效益，潜江一举成为“中国小龙虾之乡”和“中国虾稻之乡”，成就了“世界龙虾看中国、中国龙虾看湖北、湖北龙虾看潜江”的美誉。2018年潜江龙虾全产业链综合产值超320亿元。

第十届湖北潜江国际龙虾节暨第三届虾稻产业博览会开幕式上，发布潜江龙虾区域公用品牌价值203.7亿元，成功登顶中国龙虾区域品牌第一名。“潜江龙虾”荣获国家地理标志证明商标、中国百强农产品区域公用品牌，被列为中欧互认免检农产品地理标志产品。湖北省政府工作报告连续两年提出支持“潜江龙虾”打造区域公用品牌，计划将潜江龙虾打造成省级核心大品牌，使之成为“中国第一、世界有名”的水产品区域公用品牌。

日照市水产集团总公司

党委书记、董事长、总经理：焦峰

党委书记、董事长、总经理：焦峰

日照市水产集团总公司是一家集渔、工、贸于一体的综合国有大型企业。下设生产、经营单位24 家,现有职工8 000多人，拥有专业技术人员460人，中级及以上职称126人，高级职称16人。资产总额17亿元，年销售收入33亿元，年加工水产品能力10万吨，出口创汇3.9亿美元。主要从事水产品与蔬菜冷藏加工出口、水产育苗养殖等多个门类的业务，有海水育苗、养殖单位8个，工厂化育苗养殖水体6万立方米，用海海域近1 000公顷。

多年来，日照水产集团坚持走“专业化、集团化”发展的道路，致力于国内外市场开拓，保持了良性健康发展。集团与中国水产科学研究院黄海水产研究所、中国科学院海洋研究所、自然资源部第一海洋研究所、浙江省海洋水产研究所等科研院所建立了密切的技术依托关系，参加了国家、省、市科技兴海项目等几十个课题的研发、试验工作。在鱼病防治、水质调控、生产管理等方面积累了丰富的经验，为海水养殖鱼类的养殖、繁育提供了可靠的技术保证，是我国北方较早成功进行海水养殖品种育苗、养成、越冬的重点单位之一。

公司为适应国际经济一体化和渔业可持续发展战略要求，大力推行健康养殖模式，全面实施渔业无公害标准化生产，产品质量不断提高，被确立为省级渔业标准化示范基地、省级星斑川鲽良种场，有3家直属养殖单位被认定为农业部第四批水产健康养殖示范场。公司于2018年12月27日顺利获批国家第四批海洋牧场示范区。

三亚市渔政渔港监督管理处

三亚市渔政渔港监督管理处隶属于三亚市综合行政执法局，现有执法人员55人。近年来，坚持以提升海洋渔业执法能力为主线，着力抓渔业安全生产、海洋环境监察、伏季休渔，重点难点任务完成圆满。2017年被三亚市政府评为安全工作先进单位，2016年、2017年被三亚海上搜救中心评为先进单位。2019年被农业农村部评为全国渔业执法工作先进集体。

渔业行政执法坚强有力。积极贯彻《中华人民共和国渔业法》《水生野生动物保护工作条例》等法律法规，不断加大海洋渔业资源保护力度，近年来，共组织海上巡查275次、港口检查468次，检查渔船7 661艘次，查处违规案件97宗，确保了渔业捕捞有序生产。

执法管理制度不断完善健全。近年来，结合海上执法实际，制定了《渔政管理制度汇编》，规范了执法工作的组织、检查、立案查处等程序，建立了案件审批、重要案件会审和案件评审制度。落实"双随机、一公开"制度，及时向社会公开执法信息，广泛接受社会监督。坚持按制度管人、管事，杜绝错误办案和违规办案现象，切实做到了服务对象满意、上级机关认可。

执法队伍综合能力持续提升。狠抓政治思想教育，扎实开展"勇当先锋、做好表率"专题活动和"不忘初心、牢记使命"主题教育，深入推进"两学一做"学习教育常态化、制度化，执法人员事业心、责任感不断增强。狠抓执法业务培训，采取送出去学、请进来教、自己办班等方式，认真组织执法业务培训。近年来，共选送外出培训人员186人次，组织集中培训156课时，聘请法律顾问授课30课时，通过培训，执法人员业务素质得到整体提高。注重队伍作风建设，坚持密切联系群众，主动、热情、周到为渔民群众做好服务，建立联系点，经常深入渔村帮助渔民排忧解难。

石斑鱼种质库和远缘杂交育种技术创建及产业化应用

云龙石斑鱼

主要完成单位：中国水产科学研究院黄海水产研究所，莱州明波水产有限公司

主要完成人：田永胜、李波、陈超、陈松林、梁友、庞尊方、李炎璐、李文升、王娜、马文辉、王清滨、翟介明等

一、项目背景

石斑鱼是我国重要的海水养殖鱼类资源，是工厂化和深远海网箱养殖的优选品种，对于改善我国北方鱼类养殖产业结构、提质增效、实现新旧动能转换具有重要作用。但是由于对原种资源缺乏有效保护、育种技术相对滞后等因素影响，导致石斑鱼种质退化、病害频发、养殖新种质缺乏，已严重影响石斑鱼产业可持续发展。因此，本项目通过石斑鱼种质库构建、远缘杂交育种技术、优良苗种规模化繁育和健康养殖模式的研究，实现了"南鱼北育、南鱼北养"的新突破，产生了显著的经济效益。

二、项目的创新点

1.创建了石斑鱼育种活体库、冷冻库及信息化平台，实现了在北方石斑鱼种质多元化长期保存及产业化应用。

2.率先研发了石斑鱼远缘杂交育种技术并培育出优良杂交种质，突破了"南鱼北育、南鱼北养"的技术瓶颈。

3.创新了北方石斑鱼苗种大规模培育技术及高效健康养殖模式，实现了"陆海接力"高效养殖。

四、技术成果

该项目研制了石斑鱼种质冷冻和应用技术，建立石斑鱼远缘杂交育种技术，北方石斑鱼大规模繁育和养殖技术；发表学术论文47篇，其中SCI收录9篇；获国家发明专利4项，实用新型专利13项。

五、应用情况

项目技术和培育优良石斑鱼苗已经在辽宁、天津、山东、浙江、福建、广东、海南等沿海地区的30多家养殖企业推广应用，并出口日本、韩国，优良新品种云龙石斑鱼得到了市场青睐，项目累计繁育和推广石斑鱼优良苗种1 720万尾，产生了重大经济和社会效益。

沈阳华泰渔业有限公司

高征总经理获得新民市“鱼王”称号

渔业科研中心

沈阳华泰渔业有限公司成立于2007年8月，位于辽宁省沈阳新民市前当堡省级淡水鱼产业经济区，占地面积43公顷，有工厂化鱼苗繁育车间5 000平方米，科研中心650平方米，有专业技术人员6人。从事淡水鱼类繁育、养殖、收购及相关技术服务，年均生产鱼苗10亿尾，涵盖特色和大宗品种，有鳜鱼、大鳞鲃、柳根、重唇、卡拉白、黄颡鱼、福瑞鲤、法罗、鲫鱼、草鱼、鲢鱼及鳙鱼等10余个品种，规格有水花、乌仔、夏花、秋片及春片，产品销往东北三省及河北等地区，年产值2 000万元。近3年为各大水库供应鱼苗10亿尾，为池塘供应鱼苗20亿尾，得到广大客户一致好评。

该公司牵头成立辽宁省淡水鱼产业创新联盟，和辽宁省内外20余家大专院校、科研院所及推广机构合作，促进东北渔业振兴。公司采取“公司＋合作社＋联盟＋农户”的经营模式，带动10 000余户农户提质增效，社会效益、经济效益及生态效益显著。

公司先后被评为全国高新技术企业、农业部健康养殖示范场、省级水产良种场、省级现代农业示范基地、省级渔业科技型企业、市级龙头企业等称号。公司拥有“一种黄颡鱼鱼苗人工繁殖方法”(ZL200810011101.3)（2015年获得沈阳市政府二等奖）、“一种投喂漂浮性水产饲料用的装置”和“一种杂交鲤鱼与彭泽鲫的杂交育种方法”3项专利技术和1项科技成果。增健达牌黄颡鱼和镜鲤入选全国第十二届运动会指定用鱼，增健达牌淡水鱼被评为辽宁省名牌农产品，产品多次获得各级农博会金奖。

苏州市南环桥市场发展股份有限公司
江苏苏州市南环桥农副产品批发市场

交易大棚

苏州市南环桥农副产品批发市场（简称南环桥市场）成立于1997年，位于苏州市吴中区东方大道1688号，占地近27公顷，总投资6.16亿元，是集蔬菜、鲜肉、水产、家禽、豆制品、南北干货等交易为一体的综合性农产品批发市场，是苏州市政府“菜篮子”重点工程，同时也是苏州最大的“市民菜篮子”，具有强大的集散力和辐射功能。2018年，南环桥市场实现综合成交量256.22万吨，综合成交额250.40亿元。

南环桥市场拥有现代化交易大棚17万平方米，设蔬菜、鲜肉、水产、豆制品、水果、干货、家禽、冷冻批发经营8个功能区，市场综合农产品日均交易量7 000吨，承担了苏州城区90%的农副产品市场供应，并向长三角地区辐射。

为迎合苏州市经济发展需求，南环桥市场将再度移扩建，打造集农产品交易、仓储、物流、信息、检测、加工等为一体的现代农产品物流园。物流园项目位于吴中区甪直车坊苏同黎路3099号，绕城高速北侧，毗邻吴淞江。新市场一期规划占地40.19公顷，总投资30亿元。经营品种在现有基础上，将新增和扩容水果、冷冻品、海鲜类的经营业务，新建1.2万平方米农产品电商园，冷库扩容至6万吨。南环桥市场迁建项目被政府定为江苏省重点项目和苏州市重大民生项目，该项目集高起点、现代化、信息化三大特征为一体，高标准建设与苏州经济社会发展相适应的现代化农产品物流园。

国家级天津市换新水产良种场

育种创新62年，推广良种遍神州

红白长尾鲫

国家级天津市换新水产良种场（以下简称换新场）是集淡水鱼类良种育、繁、推一体化的大型种业企业，农业农村部全国现代渔业种业示范场、水产健康养殖示范场。“换新”牌苗种获天津市知名农产品企业品牌，黄金鲫获天津市首届优质农产品金农奖。场内建有农业农村部天津鲤鲫鱼遗传育种中心等5大科研平台。全场占地58公顷，苗种生产车间8栋，配套设施齐全。年生产13～15个淡水鱼类品种的优质苗种30亿尾以上，推广到全国30个省（自治区、直辖市）。

换新场多年来致力于淡水鱼类良种选育和新品种、新技术创新，获国家发明专利12项。先后育成11个国家审定新品种。

长期推广的优良品种主要有：黄金鲫、津新鲫、津新乌鲫、津新鲤2号、框鳞镜鲤、芦台鲂鲌等，还生产销售名特珍稀鱼类：中华胭脂鱼、大鳞鲃；观赏鱼：红白长尾鲫、蓝花长尾鲫、晶体红白鲫、虎皮鲫、日本锦鲤等苗种。

换新场优良苗种生产已形成了一套先进成熟的苗种产业化生产技术体系，实现标准化培育、规范化操作、规模化生产、工厂化育苗。获得省部级科技进步二等奖1项、三等奖9项。

芦台鲂鲌

新品种津新鲤2号（超级鲤）

雅安雅鱼

雅鱼

雅鱼，又名丙穴鱼，主产于青衣江上游和周公河，其天堂骨似一把宝剑，剑柄、剑把、剑韧栩栩如生是其特有的重要标志。

雅鱼为历代贡品，是“三雅”文化名片之一，与雅女、雅雨并称“雅安三绝”。雅鱼红尾形似鲤而鳞如鳟,体长，稍侧扁，头呈锥形，口下位呈马蹄形；上下唇为肉质，肥厚，下唇分3叶；鳞细小，排列整齐，胸部和腹部有明显的鳞片，体上部青灰色，腹部银白，尾鳍淡红色。相传，慈禧吃过雅鱼之后赞美“龙凤之肉难比此佳肴”；唐代诗人杜甫在其《将赴成都草堂，途中有作，先寄严郑公五首》之第一首诗中写到：“鱼知丙穴由来美，酒忆郫筒不用酤。”雨城本地的砂锅雅鱼、砂锅鱼头亦是久负盛名。

雅鱼对环境、水质、水温、溶氧量要求极高，主要生长在雅安雨城区的冷水性高山峡谷和宽谷河流中。秋后在河流的深坑或水下岩洞中越冬，性成熟后在水流较急的河滩处产卵繁殖，其生长缓慢，长到0.5千克需要2～3年的时间。优越的生长环境也造就了雅鱼极高的营养价值，经权威机构检测，其蛋白质含量16.5%～20%，脂肪含量1.5%～3.5%，氨基酸总达量16%～18.5%。

雅安雨城区共18个乡镇，107个行政村有雅鱼分布。雅鱼人工繁育关键技术于2005年突破，生产能力达年产300余吨，年销售收入达到1 000万元以上。带动雅鱼专业营销、运输、餐饮共计1 000余户，从业人口约2 000余人。“雅鱼”于2009年取得国家工商行政管理总局商标局地理标志证明商标，2011年国家质量监督检验检疫总局正式批准对雅鱼实施地理标志产品保护。2018年12月底，“雅鱼”通过农业农村部农产品地理标志登记专家评审。

优良食（北京）生物科技有限公司

优良食（北京）生物科技有限公司（以下简称优良食公司），由留美博士张骊创立于2016年，是一家以微生物反应技术为核心的科技企业。通过专利的微生物技术，优良食公司可以极低的成本和极高的作用效率，处理农业养殖过程中所产生的污水和废弃物，在杜绝排放污染的同时，还可进一步对有机废弃物进行转化，发展新型的生态循环种养殖模式。

优良食公司拥有专利的微生物反应技术，针对农业养殖过程中的污水和废弃物排放，以及生态循环种养殖效率问题，开发了ECS高效循环中养殖系统、渔业养殖污水处理系统、畜牧养殖污水处理系统、ABF活性生物膜废弃物处理系统等。优良食公司为使用上述设施的客户提供方案规划、建设督导、技术员培训在内的一站式技术服务。

基于该技术的鱼菜共生生产系统——ECS高效种养殖系统已在河南、北京、江苏、山东、山西、安徽、河北等地实施，可完全实现无农药、无化肥、无抗生素的健康绿色生产，并提升亩产4～10倍。

渔业尾水处理系统、畜牧禽畜养殖污水处理系统及ABF活性生物膜废弃物处理系统也在河北、宁夏、江苏等地得到迅速推广与实施。

洞庭楫水护生态

湖南岳阳县东洞庭湖渔政监察执法局有渔政执法人员89人，下设5个渔政站队，有50吨级渔政船4艘，执法公务船3艘，冲锋舟6艘。辖东洞庭湖1 328平方千米，占洞庭湖面积的49%，纳湘、资、沅、澧四水，是开放性季节性湖泊，是内陆大江大湖渔政执法和渔业水生态保护的主战场。人均执法水域近0.3万公顷，渔业资源丰富，有鱼类8目23科125种，有国家级保护水生动物中华鲟、江豚等2种，有鱼类种质资源保护区3处，有专副业渔民近万人（其中专业渔民759户，2 216人），有捕捞渔船2 885艘。

近两年，该局认真落实习近平总书记"守护好一江碧水"的殷殷嘱托，始终坚持"生态优先、严格执法"的原则，履职尽责，依法行政，严格执法，攻坚克难，有效保护了洞庭湖的渔业水域生态环境。2017年被农业部评为"亮剑2017渔政专项执法"先进单位，2018年被农业农村部评为全国渔业执法工作先进集体，彭向明同志被评为全国渔业执法工作先进个人。

2016年农业部渔业渔政管理局在岳阳县组织洞庭湖非法捕捞联合整治行动

2017年农业部长江流域渔政监督管理办公室在岳阳县东洞庭湖举行江豚协助巡护首航启动仪式

2017年岳阳县开展东洞庭湖春季禁渔工作部署会

莼湖镇桐照村

桐照村是位于宁波市奉化区东部、象山港北岸的专业渔村，与宁海县强蛟村、象山县柴溪村隔港相望。据《奉化市志》记载，五代时已有桐照之名：“后山名高梧，山上梧桐繁生，枝叶对照映辉，故名桐照。”

全村村域总面积16平方千米，耕地面积127公顷，山林面积逾551公顷，滩涂面积逾110公顷，浅海面积253.2公顷；现有户籍人口7 000余人，流动人口5 000多人，全村有85%的人从事外海捕捞和近海养殖，目前全村拥有大马力钢质渔船550余艘，约80%经济收入来自海洋，海洋渔业经济收入达10亿元以上。桐照在1996年投资3 000万元建成一个国家一级渔港，可停靠500多艘渔船，年吞吐量达150万吨，依托渔港建设建成了修船、加水、加冰、供油、物料补给等配套服务设施，为上千人提供了就业机会，为村级经济发展提供了有力保障。渔业经济相关企业30多家，村集体经济收入300万元以上，村民人均收入3万元以上，并在近几年陆续获得了国家级最美渔村、宁波市中心村、宁波市渔业互保协会十周年先进集体、奉化区法制宣传教育先进集体和奉化区五星级基层党组织等多项荣誉。目前村中有4个党支部，共约220名党员。

近年来，桐照村在上级党委、政府的支持和帮助下，投入上千万元陆陆续续完成了村庄自来水改造、桐坡休闲公园建设、大潘岭水库和溪坑改造、码头停车场建设和金夹岙公墓地扩建等各项民生实事工程。特别是总投资约3亿元的桐照栖凤标准海塘的建设，将极大地促进桐照村融入“浙东维多利亚港”建设，正在建设中的宁波滨海旅游休闲区、风情渔港小镇、沿海中线复线建设、疏港高速建设更为桐照村的后续发展提供源源不断的动力。

枝江市水产局

枝江市位于鄂西山区与江汉平原的过渡地带，是宜昌的东大门。枝江水域广阔，鱼类资源丰富。全市拥有水面2.67万公顷，长江枝江江段102千米，是长江鱼类资源重要的天然产卵场。境内有河流14条、湖泊8座、水库56座。全市有浮游生物160种、底栖动物171种、水生高等植物182种、鱼类100多种，还有国家重点保护一级水生野生动物4种（白鱀豚、中华鲟、白鲟、达氏鲟）、国家重点保护二级水生野生动物3种（江豚、胭脂鱼、水獭）、省级重点保护的水生野生动物20多种。

全市有养殖水面0.872万公顷，其中湖泊0.18万公顷、水库0.187万公顷、精养鱼池0.472万公顷、堰塘沟渠等330多公顷。2018年，全市水产养殖面积稳定在0.869万公顷，水产品产量达到8.3万吨，渔民人均纯收入达到2.2万元，比上年度绝对增长2 000元，渔业总产值达到48亿元。

2016年以来，枝江市启动渔业健康养殖示范县创建工作，经过2年多的努力，成功创建成为农业农村部渔业健康养殖示范县。

中国水产科学研究院渔业工程研究所

中国水产科学研究院渔业工程研究所1978年由国家批准成立，是我国从事渔业工程研究的科学研究单位，承担着我国渔业工程与装备学科领域的基础性、关键性和方向性重要科技任务；是农业农村部相关部门渔业工程技术重要支撑单位，是中国水产科学研究院十大优势学科中“渔业工程与装备”学科的重要实施单位，是中国水产学会渔业工程专业委员会的技术服务单位。经过30多年建设和发展，取得研究设计成果140余项，其中获得国家级奖励2项，省部级奖励11项，院级奖励6项。在渔港与渔场工程、设施渔业工程、渔业船舶工程、渔业防灾减灾、渔业信息工程等专业领域中学科特色突出，在渔业工程、渔业生态环境修复研究、科技咨询、学术交流和国际合作等方面开展了卓有成效的工作。在全国渔业工程科技攻关，服务宏观决策，实现渔业大国向渔业强国转变等重要方面，发挥了不可替代的作用。渔业工程研究所现有编制80人。科技人员77人，在编在职人员61人，科技人员中，高级职称20人，本科以上59人。

星光农机股份有限公司

星光农机股份有限公司成立于2004年，是一家集研发、制造、销售、服务于一体的农机企业，是国家高新技术企业，2015年4月27日在上海证券交易所挂牌上市（代码603789）。

近年来，公司根据国家产业导向和市场需求，致力于数字农机、生态农机研发、制造和推广。其池塘内循环流水养鱼系统（跑道养鱼）设备，是一种革命性的新型养鱼系统设备。

该系统实现了生态化、科技化养鱼，养殖效率提高，养殖水产品品质好，同时实现了捕捞方式的革新。该系统设备已申请并获专利8件，其中发明专利2件，实用新型专利4件，外观专利2件；制定企业标准1项。星光养鱼跑道设备产品的各项设备经济技术指标，目前在国内处于领先位置，是实现生态治水、数字化养鱼、高素质农民培养、精准扶贫的“良器”。星光农机股份有限公司强大的设备研发制造能力、覆盖全国及有关国家和地区的农机服务网络，更是星光跑道养鱼设备产品有力的体系支撑。

重庆市水产科学研究所

重庆市水产科学研究所位于重庆市江北区红石路6号，成立于1984年，正县级事业单位。2013年6月，经重庆市编制委员会办公室批准加挂了重庆农垦农产品质量安全检验检测站牌子，实行两块牌子一套班子运行模式。建有院士工作站，是全国渔业生态环境监测网成员单位、全国农业科学野外观测实验站建设单位。主要开展渔业新品种开发、养殖模式研究、渔业资源调查和水产品质量安全等工作。

一、创新科研，助推科研发展。该所开展了长江鲟、大鳍鳠、泉水鱼、胭脂鱼、岩原鲤、长薄鳅、中华沙鳅、光唇鱼等长江土著经济鱼类开发、保护和利用等研究工作，开展全雄性黄颡鱼、异育银鲫等新品种开发、推广。

二、大胆创新探索，拓宽业务工作。针对重庆市及周边地区进行名优苗种推广、水产规划、养殖技术服务、渔业资源环境调查和农产品质量检验检测等工作，开展了嘉陵江下游渔业资源调查和监测、乌江水域生态环境调查、保护区环境修复、三峡库区增殖放流、三峡水库消落对产黏性卵鱼类卵孵化影响的调查，承担重庆市渔业资源环境监测和渔业污染事故调查鉴定工作。积极开展自然保护区、种质资源保护区等涉渔工程专题影响评价和水生态环保措施验收。

三、建有重庆农垦农产品质量安全检验检测站，有仪器设备100余台，已获得重庆市农产品质量安全检测机构考核合格证书和重庆市质量技术监督局颁发的资质认定计量认证证书，能够开展药物残留检测、水环境分析、营养成分分析、重金属分析，参与了第二次全国农业污染源普查水产养殖板块定点监测和统计核查工作。

舟山市普陀远洋渔业有限公司

舟山市普陀远洋渔业有限公司坐落于世界闻名的沈家门渔港，前身为成立于1995年7月的普陀区政府直属企业舟山市普陀远洋渔业总公司。在舟山国家远洋渔业基地指挥部和普陀区政府的大力支持下，公司于2016年3月重新组建，注册资本金3亿元，法人代表吴布伟，具备农业部核发的远洋渔业资格证书和外经贸部批准的进出口经营权。

公司下设综合管理部、远洋捕捞部、计划财务部、市场销售部、后勤保障部、项目开发部等6个部门。主要经营范围为：远洋渔业捕捞，水产品运输、养殖、收购、加工、销售，劳务技术协作，助渔、导航设备，通讯设备，电子设备，渔用原材料，渔业机械设备、配件销售，船舶买卖及租赁，货物及技术进出口业务，对远洋渔业相关产业投资等。公司现有船只近50艘，年捕捞总产量达到27 000吨，总产值3亿元。

在“互联网+”的巨大契机下，公司依托国家远洋渔业基地的平台优势，联合多所院校以及多家科技型企业，通过项目合作方式，使科研成果有效地转化为生产力，将第三代LED聚鱼灯、国产品牌钓机、水下机器人探鱼器等各类科技创新产品应用于公司的捕捞生产之中，进一步提高了远洋渔业的发展水平。

海阔凭鱼跃，风正一帆悬。普陀远洋人将继续追寻模式创新、产业融合，实现资源整合、品牌输出、市场开拓，进一步带动远洋渔业的新发展。

产业为基　生态为先　品质为本

——吴兴区成功创建浙江省首个渔业健康养殖示范区的主要做法

湖州市吴兴区是全省第一批“渔业转型发展先行区”培育创建单位，也是全国淡水渔业重点县（区）。近年来，该区立足渔业产业优势，通过夯实基础、管控源头、提升品质等举措，加快渔业生态、绿色、健康发展。截至目前，该区水产养殖面积5 200公顷，水产品总产量达7.3万吨。2017年渔业总产值14.68亿元，渔民人均收入达3.43万元。2018年11月，该区成功创建全省首个农业农村部渔业健康养殖示范区。主要做法是：

一、夯实基础，做优产业发展“大环境”　一是加快产业集聚化发展。二是加快产业组织化发展。三是加快产业标准化发展。

二、源头整治，打好生态治理“组合拳”　一是优化布局，严把准入关。二是斩断污染，严把治理关。三是养护资源，严把修复关。

三、转型升级，做好“渔业+”“大文章”　一是打造高端精品型渔业。二是打造智能智慧型渔业。三是打造休闲观光型渔业。

北京海洋馆

北京海洋馆坐落在北京动物园内，南倚长河，环境优美，交通便捷。北京海洋馆占地12万平方米，建筑面积达4.2万平方米，绿化面积达8万多平方米。场馆整体外形采用“海螺”形状设计，色彩以蓝色和橘红色为基调，代表着浩瀚的海洋和无尽的生命力，并将一个蔚蓝色的世界呈现在人们面前。

北京海洋馆以“陶怡大众、教益学生、维系生态”为宗旨。馆内共设七大展区，展出海水、淡水观赏鱼类及水生物百余品种数千尾。而在强大的科研养殖团队的努力下，其中部分种类已实现在人工环境下自然繁殖。

北京海洋馆采用全新的展示理念，由浅入深地认识海洋。馆内七大展区分别命名为：雨林奇观、鲨鱼码头、白令小镇、中华鲟鱼馆、海底环游、鲸豚湾和海洋剧院。游客可领略到在不同水生环境下孕育的生命所带来到绚丽光彩，还可亲身体会到与海洋生物亲密和谐的关系，感受到来自大自然的力量。

多年来，北京海洋馆在给游客带来无比欢愉体验的同时，将海洋知识文化的科学普及作为至高的服务理念。馆内除丰富的海洋科普知识导览展示，还开展多种丰富的科普体验。专业的科普讲解，有趣的海洋生物公开课、科普社会大课堂，环保创作展览，不同主题的科普宣传月等活动，为不同群体提供全方位科普服务，传播海洋科普知识，倡导环保理念。

赤水市月亮湖生态渔业有限公司

赤水市月亮湖生态渔业有限公司成立于2011年，主要从事湖泊、水库、山塘、溪流河谷等淡水鱼的规模化生态养殖，稻田综合种养，有机水产品的加工与销售等业务。该公司以振兴黔鱼为己任，立足健康养生农渔业，着力打造贵州健康型水产品牌。

该公司提出遵循“地球、自然、人类、人性、安全、健康、环保”七大元素的辩证规律，以厚德理念和大爱文化为引领，逐渐形成以“诚信、学习、创新、合作、共赢”为核心价值观的“敬畏自然，互惠共生”的企业文化。

按照贵州省农业农村厅的政策引领与产业发展要求，在贵州省水产研究所、贵州省特种水产工程技术中心的生产技术设计与指导下，经过不断努力和改善，2018年赤水市月亮湖生态渔业有限公司获选为遵义市农业产业化经营市级龙头企业，逐步实现标准化养殖、规范化管理、规模化经营，“公司+专业合作社+农户+农业标准化”的现代农业经营模式已基本形成。月亮湖养殖基地2015年获得有机认证、2016年获得长寿之乡养生（老）名优产品认证、2017年获得绿色农产品评价认证。

该公司现有湖库有机鱼养殖基地1 300多平方米、内循环养殖生产线4条、山地生态易位循环水养殖系统1套（7套在建）、鱼苗繁育场基地一个。

为建设"百姓富、生态美"的新福建贡献力量

——福建省海洋与渔业执法总队扎实履职作为

闽江禁渔执法巡查

"闽在海中"。福建是海洋大省、渔船大省，拥有13.6万平方千米的海域面积和3 752千米的海岸线长度，在册渔船17 000多艘，海洋与渔业执法监管任务繁重。2018年，福建省海洋与渔业执法总队认真学习贯彻党的十九大精神，围绕福建省海洋与渔业局的决策部署，依法履行职责，扎实有效作为，结合开展中国渔政"亮剑2018"专项行动以及"扫黑除恶"专项斗争，依托福建海洋"蓝剑"联合执法行动，坚持陆海并举、多层布控，以值守监控、港口监管为重点，以海域管控为防线，严厉打击非法采捕红珊瑚，清理整治涉渔"三无"船舶、违规渔具，切实强化海洋伏季休渔执法监管。开展水产品养殖执法监管、水生野生动物保护等专项行动。尤其是在"两节"，全国"两会"，海洋伏季休渔的前期、中期、后期等关键时间节点，总队组织省、市、县三级执法机构打破执法常规，注重情报收集，执法人员、执法船艇放弃周末、节假日等休息时间，24小时屯兵海上，反复研究不法分子作案规律和作案特点，毫不手软，坚决打击各类违法违规行为，有力保障渔区社会的安定稳定，为建设"百姓富、生态美"新福建贡献力量。

福建连江鲍鱼养殖场抽取鲍鱼样品检测

据统计，2018年全省共办理渔业案件978起，罚款740.615万元，拆解涉渔"三无"船舶280艘；清理违规渔具8 769张；处置救护受伤、搁浅、误捕、查获水生野生动物事件24起；查处水产品质量安全案件16起，移送公安机关7起，销毁问题苗种109.5万尾；举办174期渔业船员培训班，培训5 091人。

乳山牡蛎

半壳牡蛎

乳山地处山东半岛黄金南海岸，位于青岛、威海、烟台三市中心腹地，因山得名、因海而兴，海岸线全长199.27千米，海域面积1 209平方千米，是全国著名的牡蛎养殖大市。乳山牡蛎产业已形成育苗育种、养殖、加工、销售、文化旅游、废弃物利用六大关键环节产业链，全产业链产值达百亿元，有效带动2万渔民年均增收近3亿元，是乳山市海洋经济的支柱产业和富民产业。

乳山牡蛎养殖水域面积达1.33万公顷，年产量30万吨，养殖产值24亿元，养殖面积、产量和产值均居全国县级单位首位，是著名的"中国牡蛎之乡"。乳山海洋生态环境优越，全部养殖海区均达到国家一类海水水质标准。大陆架宽阔延展，海水清澈丰沃，境内东西两侧各有一条大河入海，为养殖海区提供大量的营养盐，促进了海洋基础生物的繁殖和生长。优越的资源条件为乳山牡蛎提供了得天独厚的生长环境。乳山牡蛎品质独特，个头大、肉质饱满、入口爽滑、汁液鲜美。成品乳山牡蛎壳长能够达到15～18厘米，肥满度能够达到18%～20%，个体大、肥满度高、肉质爽滑、味道鲜美，含有丰富的蛋白质、牛磺酸、糖原以及锌、铁、锰、硒、铜等微量元素。

"乳山牡蛎"已在全省和全国形成了品牌领先优势，业已成为中国牡蛎产业一张靓丽的名片。乳山牡蛎相继获评国家地理标志证明商标、2016最具影响力水产品区域公用品牌、山东省优秀地理标志产品、中华品牌商标博览会金奖等。

为保护乳山牡蛎品牌、保障产品质量安全，制定了山东省地方标准《地理标志产品 乳山牡蛎》，将生鲜牡蛎升级为标准化产品，确保乳山牡蛎标准一致、品质如一。构建了全国首个牡蛎质量安全追溯体系，给每一件牡蛎产品都设定唯一的防伪标签，通过牡蛎协会官网查询或使用手机等设备扫描二维码，查询牡蛎身份信息，实现了产品来源可查询、去向可跟踪、责任可认定的全流程质量追溯体系。

中国水产科学研究院淡水渔业研究中心

中心主任：徐跑

中国水产科学研究院淡水渔业研究中心成立于1978年，隶属农业农村部，是农业农村部淡水渔业种质资源利用学科群建设依托单位，以及国家大宗淡水鱼、特色淡水鱼两个产业技术研发中心。

现有在职职工195人，其中高级研究人员62人，博士及硕士生导师38人，全国农业科研杰出人才其团队3个，中国水产科学研究院首席科学家4人，国家现代农业产业技术体系首席科学家2人、岗位学家10人。2018年，共承担科技项目285项，合同经费2.18亿元；发表学术论文182篇（SCI&EI86篇）出版专著2部；获国家专利授权40项（发明专利14项）；科技奖励成果6项，其中“长江口重要渔业资养护技术创新与应用”成果荣获国家科技进步二等奖；“科教协同：高校与科研院所联合培养研究生研究与实践”成果荣获中国学位与研究生教育学会“研究生教育成果奖”；培育水产养殖新品种暗纹方鲀“中洋1号”。

作为“联合国粮食及农业组织（FAO）水产养殖及内陆渔业研究培训参考中心”，2018年共承担家技术援外培训项目18项，为58个国家培训了678名高级渔业技术和管理人才；中心被评为“中国-F南南合作特别贡献单位”。中心与南京农业大学共同创办的“南京农业大学无锡渔业学院”，现拥有产学博士学位授权一级学科点、水产养殖学和水生生物学2个博士、硕士学位授权点和1个水产养殖博士后科研流动站。

重点学科领域

- 水产养殖基础生物学和生物技术
- 种质资源保存和遗传育种
- 内陆水域渔业资源养护
- 渔业水域生态环境监测与保护
- 渔业重大病害灾变预警与控制
- 水产养殖容量和健康养殖
- 水产动物营养与饲料
- 渔业经济信息技术

南京农业大学无锡渔业学院 2018年毕业典礼　中国-FAO“南南合作”特别贡献单位　红河哈尼梯田稻渔综合种养产业扶贫　国家科技进步二等

地址：江苏省无锡市山水东路9号；电话：0510-85551424；http://www.ffrc.c

象山县水利和渔业局

渔业经济：2018年，全县水产品总产量59.6万吨，同比增长3.03%，渔业总产值59.9亿元，同比增长3.71%，其中海洋捕捞产量44.9万吨，产值36.3亿元，水产养殖产量12.3万吨，产值20.1亿元，渔民人均收入达32 200万元，同比增长0.7%，水产品总产量、渔业总产值、渔民人均收入均实现增长。水产种业强势而上，实现梭子蟹、岱衢族大黄鱼等40余个品种的规模化生产，年育苗能力50亿尾，产值7 000万元，大黄鱼、银鲳、乌贼、小黄鱼育苗技术填补国内空白。

渔业安全生产：2018年7月中旬开始，象山相继开展了“清‘三无’、保平安”、渔业生产领域大整治大提升、“五严一实”铁拳行动等专项行动。坚持政府领导、属地管理、部门联动，在地毯式、全覆盖摸底排查基础上，围绕全面开展渔船大整治、规范渔业生产秩序、优化渔业经营体制，推动清剿涉渔“三无”船舶、渔船挂靠租赁、船员持证上岗、编组生产和单船航行管控等问题攻坚克难。

渔业资源：结合东海伏季休渔制度，通过全面开展“一打三整治”、推进渔业供给侧结构性改革、推行“湾（滩）长制”、增殖放流等，助力浙江渔场修复振兴，多管齐下，促进象山海洋渔业资源明显好转。

渔业领域改革创新：2018年“海上枫桥经验”成为样板，渔业领域“最多跑一次”改革深度推进，出台涉海涉渔领域“铁律十五条”等相关规定，渔业领域改革创新进一步深化。自主研发“设备检测流转系统”平台，打通审批与检测机构的信息壁垒，融合渔船船舶检验证书、登记（国籍）证书和渔业捕捞许可证等三本证书事项，实现渔业船舶“三证联办”，共有1 228艘渔船通过“三证联办”完成船检和许可证年审。

亚东鲑鱼

野生亚东鲑鱼其身有彩色斑点，体型小，平均不足20厘米；一般重量达0.1～0.25千克，最重则达0.75千克。背部绿褐色，从背部至腹部颜色渐变淡，鳍上另有红色和绿色花点，色彩艳丽动人。亚东鲑鱼以水生昆虫和甲壳动物为食。生活在水流湍急，底质多为石头的洄水处。1992年被列入西藏自治区二级重点水生野生保护动物，仅分布于亚东县上亚东乡至下亚东乡近20千米的河域范围内。

自1996年，在有关专家的指导下，开始了亚东鲑鱼人工养殖研究。2012年，开始向亚东河流域投放鱼苗20.25万尾，存活率达80%；成鱼250千克，存活率达100%，保持生态平衡。2017年，亚东养殖鲑鱼成鱼产量3万千克，增殖放流鱼苗5.5万尾。2019年，亚东鲑鱼成功人工培育成活300余万尾。

亚东鲑鱼2013年被评为农产品地理标志产品，成功申报国家级水产种质资源保护区；2014年获得国家工商总局农产品地理标志证明商标；2016年，完成亚东鲑鱼有机认证工作。

营口海蜇

营口地处辽东半岛中部，是辽宁省重要的渔业生产基地，海蜇资源丰富。这里得天独厚的区域位置和优越的水质条件孕育出了优质的海蜇品种，肉质饱满，营养丰富，古今中外都有所记载。

营口地区绵蜇、沙蜇（以下统称海蜇）资源丰富，其养殖、捕捞及加工一直是渔业传统支柱产业。“营口海蜇”加工历史悠久，主要品种为绵蜇和沙蜇。“营口海蜇”采用传统的工艺方法，加工出的海蜇入味清甜，爽脆可口，是老少皆宜的海鲜美食。其中鲅鱼圈为“营口海蜇”的主要产地及加工地。

据粗略统计，全国海蜇加工出口所需半成品原料80%出自营口，主要集中在鲅鱼圈区。营口海蜇贸易量约占全国海蜇贸易总量的80%以上。营口地区现有海蜇加工企业50余家，规模以上企业（主营业务收入500万元以上的水产品加工企业）10余家，年加工海蜇产量约9万吨。2018年“营口海蜇”年出口量4 000吨，年创汇5 000万美元，占全省加工海蜇出口总量的80%左右，加工产量在全省排名第一位。

目前，营口有省级名牌产品2个、著名商标2个，市级名牌产品2个、著名商标4个。营口海洋食品有限公司为海蜇专项欧盟注册的海蜇进出口企业。营口海洋食品有限公司、营口星海食品有限公司两家企业的4项产品荣获首届辽宁海参节暨名优水产品博览会金奖。鲅鱼圈区先后被评为营口市首家省级海蜇出口示范区、辽宁省现代渔业园区（水产品精深加工）；2016年9月，被评为全国首家国家级出口海蜇质量安全示范区；2018年3月，鲅鱼圈海蜇及其制品正式成为受国家质量监督检验检疫总局保护的生态原产地保护产品。

兴化市农业农村局

兴化位于江苏中部、里下河地区腹部，境内水域辽阔，河道纵横，水网密布，是全国淡水产品重要产区之一，也是中国河蟹养殖强县（市）。2018年，全市水产品总产量30.66万吨，连续29年位居江苏内陆渔业县级之首；渔业经济总产值191.3亿元，同比增长7.49%；完成《兴化市养殖水域滩涂规划》编制发布；连续7年发布“中国兴化河蟹价格指数”。

兴化市农业农村局作为全市渔业主管部门，坚定不移地走渔业产地优美、产品优质、产出高效、产业优化的绿色可持续高质量发展道路。

一、与中国水产科学研究院淡水渔业研究中心开展渔业绿色高质量发展战略协作，与上海海洋大学开展新品种新技术推广协作。

二、坚持节约资源和转型升级，精准用力推动养殖水环境的生态保护和修复，全面激活渔业生态绿色发展的内生动力。

三、实施市级主干河道开放管理，严格规范渔业捕捞行为，每年开展冬春两季渔业增殖放流活动。

四、加强蟹塘水草排放和清塘药塘尾水排放管控，加大水产养殖投入品执法监管。

五、成功举办2019兴化大闸蟹开捕季发布会和江苏泰州·兴化古朴唐庄农民丰收节。

通过注重生态健康养殖，注重区域品牌效应，注重产业融合创新，促进特色产业发展，实现渔业综合效益和竞争力共同提升，开启了兴化农业农村发展的新篇章，兴化市农业农村局被表彰为第九届全国“人民满意的公务员集体”。

兴化大闸蟹开捕季发布会

渔业绿色高质量发展战略协议签订现场

兴化市农业农村局 上海海洋大学授牌仪式

年非洲法语国家来兴开展水产养殖技术培训班

兴化陈堡中国农民丰收节